Ex Libris

Paul Bairoch

Victoires et déboires

Histoire économique et sociale du monde du XVIᵉ siècle à nos jours

III

Gallimard

AVERTISSEMENT

L'ouvrage de Paul Bairoch se compose de trois tomes.

Le tome premier comporte un Prologue (« La révolution industrielle et les autres grandes ruptures ») et la première partie (« Les sociétés traditionnelles occidentales et la révolution industrielle 1500-1850 »).

Le tome deuxième couvre la deuxième partie (« Les pays développés au XIXe siècle — 1815-1914 ») et la troisième (« Les Tiers-Mondes face aux pays industrialisés — 1492-1913 »).

Le tome troisième traite du XXe siècle (quatrième partie : « Le XXe siècle chez les nantis » ; cinquième partie : « Le XXe siècle dans le Tiers-Monde »).

Chaque tome comprend sa propre bibliographie, mais l'index général se trouve à la fin de ce tome.

À la fin de chaque tome, le lecteur trouvera la table des matières détaillée du tome, ainsi que le sommaire des deux autres.

QUATRIÈME PARTIE

LE XXᴱ SIÈCLE CHEZ LES NANTIS : GUERRES, CRISES, PROSPÉRITÉ, SCHISMES ET INTÉGRATIONS

Le xxe siècle — que les historiens font débuter en 1914 avec ce qui, à juste titre, est qualifié de Première Guerre mondiale — a peut-être pris fin avec les bouleversements de 1989. En effet, un élément important dans la division du monde — apparu au cours de la Première Guerre mondiale, à savoir le système d'économie communiste — s'est pratiquement effondré durant cette année. De ce fait, un des clivages importants entre monde capitaliste et monde communiste disparaissait presque totalement. Dans le monde développé, au moment de l'achèvement de la rédaction de ce livre (au début de 1995), plus aucun pays ne se prévaut encore d'un régime communiste ou socialiste. Certes, dans le Tiers-Monde, la Chine, qui, à elle seule, représente 30 pour 100 du Tiers-Monde, se réclame encore du socialisme ; mais, dès 1978, l'économie de marché, pour ne pas dire le capitalisme, a officiellement droit de cité dans nombre de secteurs et régions (même d'une façon absolue dans certaines régions, pas très grandes il est vrai). Et, en mars 1993, au cours du XIVe congrès du parti communiste, l'« Économie de marché socialiste » a été inscrite dans la Constitution. Les deux autres seuls pays se réclamant du socialisme sont Cuba et la Corée du Nord qui ne représentent même pas 1 pour 100 de la population du Tiers-Monde. Et si rien ne semble ébranler la ligne économique de la Corée, en juillet 1993, lors de son discours marquant le 40e anniversaire de la révolution cubaine, Fidel Castro a annoncé une «ouverture économique» autorisant notamment la possession de devises étrangères. Mais tout cela est une autre histoire qui sera traitée dans la dernière partie de ce livre.

C'est également dans la cinquième partie que nous traiterons d'un autre clivage, qui est bien plus important et qui n'a pas disparu, bien au contraire! Il s'agit de celui qui sépare les pays développés de ceux du Tiers-Monde. Dans ce cas, la dernière décennie (1980-1990) a été une période d'accentuation de ce clivage. L'écart entre le niveau réel de vie de la moyenne des pays développés et la moyenne du Tiers-Monde (de l'ordre de 3,4 à 1,0 vers 1913) est passé de 5,1 à 1,0 vers 1950, et de 8,2 à 1,0 pour 1990, et ce, malgré un certain ralentissement de la croissance dans les pays développés, et notamment les pays développés socialistes.

Dans le monde développé, le XXe siècle aura été fertile en événements aussi bien politiques qu'économiques et sociaux. Confirmation, si besoin en était, de l'accélération de l'histoire qui, en quelque sorte, a commencé avec la révolution industrielle et ne s'est pas ralentie au XXe siècle. De ce fait, l'objectif de cette partie d'ouvrage est de présenter les éléments saillants de notre siècle. Mais cela ne sera pas un objectif facile, car même en limitant le XXe siècle à la période allant de 1914 à 1995, c'est-à-dire 81 ans, nous ne pourrons couvrir cette période qu'avec beaucoup moins de détails que pour le XIXe siècle. Le sous-titre de cette partie fait déjà apparaître la diversité de ce XXe siècle non encore arrivé à son terme. En effet, non seulement nous sommes en présence d'une accélération de l'histoire, mais également de nouveaux phénomènes économiques et politiques, tels que les deux guerres mondiales et l'apparition puis la disparition de régimes économiques différents du capitalisme, qu'ils soient fascistes ou communistes.

Dans ce contexte, le fait le plus important a certes été le communisme issu des projets socialistes du XIXe siècle et mis (ou que l'on a cherché à mettre) en place dès 1917 dans le plus grand mais aussi l'un des plus arriérés pays d'Europe : la Russie. Les conséquences de la Seconde Guerre mondiale ont étendu ce régime à sept autres pays. Régime qui, sur le plan économique, a impliqué entre autres la planification complète de l'économie et une certaine autarcie.

Parmi les autres phénomènes nouveaux, il faut citer les éléments suivants : la véritable intégration économique qui touche de grands ensembles diversifiés ; l'ampleur sans précédent d'une crise économique, celle de 1929, qui avec les deux guerres mondiales (qui ont occasionné directement la mort de 50 à 60 millions de personnes), montre que l'histoire des «nantis» n'est pas une histoire sans tragédies ; l'ampleur, aussi sans précédent, de la période d'inflation des années 1920-1924 ; l'instauration, après la Seconde Guerre mondiale, dans la majorité des pays développés non communistes de ce qu'il est convenu d'appeler l'État-providence. Enfin, et toujours sans être exhaustif, il ne faut surtout pas négliger ce fait primordial que le xxᵉ siècle a également connu la période de plus forte croissance économique jamais enregistrée, ainsi que des périodes de chômage le plus élevé. Donc victoires et déboires.

Donc une forte diversité. De ce fait, pour passer en revue ce que l'on pourrait appeler la conjoncture contrastée du xxᵉ siècle, il faut distinguer — outre les deux guerres mondiales et sans compter la phase qu'a peut-être amorcée l'écroulement du communisme à l'Est — quatre phases principales. Quatre phases loin d'être totalement homogènes mais qui, néanmoins, sont distinctes : 1919-1929, des années de prospérité non généralisée ; 1929-1939, la crise et la dépression (non généralisée elle aussi) ; 1945-1973, une croissance très rapide sans crises ; 1973-1995, une phase économique nouvelle, faite de croissance plus lente, mais non de stagnation, et dans laquelle s'inscrivent de nombreux phénomènes, tels que l'émergence d'un chômage structurel, d'une instabilité conjoncturelle plus grande, d'un démantèlement de l'État-providence, etc. ; et peut-être aussi la fin des États-nations et la naissance d'une économie mondiale, étape que l'on qualifie aussi de globalisation et surtout de mondialisation.

Afin d'examiner les multiples phénomènes de ces huit décennies, il ne sera pas de trop d'y consacrer les deux premiers chapitres de cette partie. Les deux chapitres suivants seront chacun consacrés à un thème spécifique ; d'une part, l'histoire de l'intégration des pays occidentaux, dont l'aspect dominant est la création de l'UE

(Union Européenne) ; d'autre part, l'histoire encore plus mouvementée du communisme en Europe. Le chapitre XXVIII dresse le bilan des multiples changements structurels que le monde développé a subis au cours du XXᵉ siècle. Puis nous nous intéresserons à la vie sociale, essentiellement aux étapes de la mise en place de l'État-providence. Mise en place et aussi, depuis les années 1980, démantèlement de celui-ci. Enfin, nous examinerons les changements intervenus dans le domaine important de la technologie.

XXIV. LA PREMIÈRE GUERRE MONDIALE : LA FIN D'UN MONDE ET UN ENTRE-DEUX-GUERRES TROUBLE

Les vingt-cinq ans qui séparent 1914 de 1939, c'est-à-dire la période séparant le début des deux guerres mondiales, sont probablement le quart de siècle le plus fertile en événements dans l'histoire du monde occidental. Événements politiques et militaires certes, mais aussi et peut-être surtout événements économiques et sociaux. Dans les trois premières sections nous parcourrons les trois principales phases, très distinctes, de ces 25 ans : la Première Guerre mondiale et ses conséquences pour ainsi dire immédiates ; puis ce qui a été qualifié, à tort, de décennie de prospérité, et, de décennie de dépression. Nous terminerons par un aperçu de l'histoire des économies fascistes et militaristes qui ont mené le monde à la terrible catastrophe de la Seconde Guerre mondiale. Bien plus meurtrière, et surtout plus inhumaine que la Première, car elle a impliqué des massacres de civils (hommes, femmes, enfants, vieillards) d'une ampleur sans précédent dans toute l'histoire de l'humanité.

Mais c'est la vie économique et sociale qui constituera l'essentiel de ce chapitre. Par conséquent, nous présenterons les multiples facettes

des changements qui ont marqué ces domaines.
Toutefois, il convient de signaler à l'attention du
lecteur que le chapitre XXVIII, consacré aux
bouleversements des sociétés développées, traite
d'un certain nombre d'aspects ignorés ou peu
abordés ici : les chapitres XXIV et XXV privilégient les aspects de nature plus conjoncturelle, alors que le chapitre XXVIII privilégie les
changements structurels. De plus, nous aborderons également des problèmes plus spécifiques,
qu'il s'agisse de l'intégration économique (chapitre XXVI), de la vie sociale (chapitre XXIX) ou
des techniques (chapitre XXX).

LA PREMIÈRE
GUERRE MONDIALE
ET SES CONSÉQUENCES
DIRECTES

Le qualificatif de Première Guerre mondiale se
justifie d'abord par la couverture géographique
des pays impliqués dans le conflit. Pour la première fois dans l'histoire mondiale, une guerre
touchait directement un aussi grand nombre de
belligérants et la mobilisation militaire et économique n'a jamais été aussi importante. Tout cela
explique le coût humain très élevé de ce conflit.

L'ampleur et le coût de la guerre

Commençons par l'inventaire des participants. Les pays impliqués ont été au nombre de 35, et, de surcroît, répartis sur les cinq continents. En Europe, seulement 6 pays sont restés totalement à l'écart du conflit : le Danemark, l'Espagne, la Norvège, les Pays-Bas, la Suède et la Suisse ; cet ensemble de pays ne représentait qu'un douzième de la population du continent. Les colonies européennes ont également participé au conflit mais de manière très limitée pour ce qui est des opérations militaires sur leurs territoires. Toutefois, cette participation s'opérait à la fois par la mobilisation de certaines ressources économiques et surtout des hommes, ce qui constitue une justification supplémentaire au qualificatif de « mondiale » rattaché à cette guerre, puisque des soldats du monde entier y participèrent. Mais c'est aussi la première guerre dans l'histoire qui mobilisait un si grand nombre de combattants ; leur nombre total s'est élevé à 65,4 millions. Et, parmi ces dizaines de millions de soldats, les victimes ont été très nombreuses : 8,6 millions de tués ; et un nombre encore plus élevé de blessés : 20,5 millions (et 7,8 millions de prisonniers). Donc un chiffre très élevé de belligérants tués, les Alliés (c'est-à-dire Belgique, France, Grande-Bretagne, États-Unis, Italie, Russie, etc.) ayant eu plus de soldats tués : 5,2 millions que ce que l'on appelle souvent les Empires centraux (Allemagne, Autriche-Hongrie, Bulgarie, Turquie) : 2,4 millions. Nombre de tués très élevé aussi en termes relatifs. Ce sont donc les jeunes qui payent surtout ce lourd tribut, comme c'est le cas depuis l'aube de l'histoire. Homère, le plus célèbre des poètes grecs, ne disait-il pas déjà, il y a plus de 2 800 ans, «dans la paix, les fils ensevelissent les pères, dans la guerre les pères ensevelissent les fils». En importance relative de jeunes sacrifiés (nombre de morts en pourcentage des hommes âgés de 20 à 35 ans), la France vient en tête avec pas moins de 31 pour 100, suivie par l'Allemagne: 24 pour 100; l'Autriche-Hongrie: 20 pour 100; le Royaume-Uni: 17 pour 100; l'Italie: 12 pour 100; le Canada: 5 pour 100; et les États-Unis: 1 pour 100.

La Première Guerre mondiale est aussi la dernière guerre majeure où les civils sont «relativement» épargnés. En effet, si au cours de la Seconde Guerre mondiale le nombre de civils tués a dépassé celui des soldats, ce n'est pas le cas lors de la Première Guerre mondiale. Ce qui ne veut pas dire que cette guerre a épargné les civils. Aux 8,6 millions de soldats, il faut encore ajouter environ 6 millions de civils tués et des dizaines de millions de victimes «indirectes» dues aux famines, aux massacres d'Arménie, et surtout à la grippe espagnole. Cette grippe, dernière des grandes épidémies mortelles ayant touché le monde, se place en 1918-1919, et selon les estimations aurait fait entre 20 et 23 millions de victimes. On l'appela grippe espagnole car l'on croyait que des marins espagnols l'avaient ramenée d'Asie. Elle frappa le monde en deux vagues: à la fin de 1918, et d'une façon moins virulente au printemps 1919. Frappa le monde... En effet, ce ne fut pas seulement l'Europe qui fut touchée, mais pratiquement le monde entier: notamment l'Inde, où elle fit probablement 6 millions de

morts, le Middle West des États-Unis, les îles du
Pacifique, l'Afrique occidentale, etc.

Si l'on néglige les décès dûs à la grippe espagnole, il y eut 22 à 25 millions de morts, dont
environ 14 à 16 millions de victimes directes.
Même sans la grippe espagnole, cela fait de cette
Première Guerre mondiale la guerre ayant fait
jusqu'alors le plus de morts. En effet, avant elle
aucune des guerres précédentes n'avait fait
autant de victimes ; par exemple, l'ensemble des
guerres au cours du xixe siècle a fait environ
5,5 millions de victimes (directes). Mais, hélas,
comme nous le verrons, la Seconde Guerre mondiale a été encore plus meurtrière.

C'est aussi la première guerre où la mobilisation du potentiel économique a été si grande,
notamment celle du potentiel industriel, ne serait
ce qu'en raison des engins « automobiles » : voitures, chars, et encore avions qui sont largement
utilisés. Très grossièrement, le coût économique
de la guerre a été estimé à 7 ou 9 fois le PNB
annuel total de 1913 des pays en guerre, ce qui
représente environ 5 fois le PNB annuel de l'ensemble des pays développés, ou environ 3 fois le
PNB mondial. Mais cette guerre, comme toute
guerre, a eu aussi ses « profits ». Nous ne faisons
pas allusion aux individus que l'on qualifie de
« profiteurs » qui, comme dans toute période de
pénurie, tirent avantage des possibilités de profits
illégaux et aussi légaux ; nous pensons aux pays
demeurés, soit totalement, soit partiellement, à
l'écart du conflit et dont l'économie a pu profiter
de la demande économique qu'engendrait la
guerre.

Dès lors, il est compréhensible que les conséquences économiques de cette Première Guerre mondiale ont été importantes et divergentes, car il n'y a pas eu d'égalité ni dans les coûts ni dans les bénéfices de cette guerre. En outre, la victoire des Alliés ayant été très nette, ceux-ci ont pu imposer des dommages de guerre massifs et des réaménagements territoriaux importants. D'ailleurs, certains de ces réaménagements ont semé des germes qui ont contribué à la Seconde Guerre mondiale. Incidemment, signalons que l'on a pu avancer l'idée que, plus tard, dans un ou deux siècles, le recul historique aidant, on considérerait les deux guerres mondiales comme ayant été une seule interrompue par une trêve de vingt ans.

À présent, voyons brièvement l'éssentiel de ces réaménagements et l'ampleur des dommages de guerre réclamés avant de nous arrêter plus longuement sur les conséquences économiques. Le réaménagement le plus important concerne l'Empire austro-hongrois qui éclate avec la création ou l'accession à l'indépendance de trois pays : Autriche, Hongrie, Tchécoslovaquie. L'Allemagne perd des territoires, notamment au profit de la Pologne qui retrouve son indépendance et récupère aussi, et surtout, des territoires sur la Russie. Celle-ci perd ses trois « États » baltes, lesquels accèdent à une indépendance momentanée jusqu'en juillet 1940. La Roumanie voit son territoire plus que doubler, passant de 138 000 à 295 000 km^2, grâce notamment à l'adjonction de la Transylvanie. La Roumanie devint ainsi le 8e pays le plus peuplé d'Europe, après, dans l'ordre : l'URSS, l'Allemagne, le Royaume-Uni, la France, l'Italie, la Pologne et l'Espagne. Bien sûr, la France retrouve l'Alsace et la Lorraine ; mais l'Italie n'obtient qu'une faible partie de ce qu'elle escomptait. L'Allemagne perd aussi ses colonies. Les dommages de guerre (ou réparations de guerre) ont été fixés à l'origine, c'est-à-dire en avril 1921, par la Commission interalliée des dommages de guerre à 132 milliards de marks or[1], c'est-à-dire 31 milliards de dollars d'avant la guerre, ou encore l'équivalent de deux ans et demi du PNB de l'Allemagne d'avant la guerre. Notons que, dans un premier temps, on avait proposé le chiffre de 269 milliards de dollars.

Passons à présent aux conséquences économiques et financières de cette Première Guerre mondiale. Conséquences qui ont été très importantes.

Un déplacement du centre de gravité économique

Une des plus importantes conséquences, mais qui n'a pas été pleinement perçue comme telle par son bénéficiaire, est le déplacement du centre de gravité économique, et, dans une moindre mesure, financier, de l'Europe vers les États-Unis. Déjà vers 1890[2], les États-Unis étaient devenus la première puissance économique du monde. La guerre accélère et accentue le phénomène, et ce, malgré le fait que les États-Unis y participent. Mais leur participation fut plus tardive (avril

---

1. Le mark or est le mark selon sa définition d'avant la guerre.
2. Nous le verrons plus en détail dans le chapitre XXVIII.

TABLEAU XXIV.1
QUELQUES INDICATEURS
DU POTENTIEL ÉCONOMIQUE DES ÉTATS-UNIS
ET DE L'EUROPE AVANT ET APRÈS
LA PREMIÈRE GUERRE MONDIALE

	1913	*1925*
PNB total[a]		
États-Unis	131	187
Europe (sans la Russie)	211	234
États-Unis en % de l'Europe	*62*	*80*
PNB par habitant[a]		
États-Unis	1 351	1 617
Europe (sans la Russie)	655	653
États-Unis en % de l'Europe	*206*	*247*
Potentiel industriel[b]		
États-Unis	298	472
Europe (sans la Russie)	451	485
États-Unis en % de l'Europe	*66*	*97*
Production d'acier[c]		
États-Unis	32	46
Europe (sans la Russie)	39	40
États-Unis en % de l'Europe	*82*	*120*
Exportations totales[d]		
États-Unis	2,4	5,0
Europe (sans la Russie)	9,8	14,3
États-Unis en % de l'Europe	*24*	*35*
Capitaux à l'étranger[d]		
États-Unis	4	15
Europe (sans la Russie)	44	29
États-Unis en % de l'Europe	*9*	*52*

a En dollars et prix des États-Unis de 1960 (milliards pour le PNB total, unités pour le PNB par habitant).
b Sur base Royaume-Uni de 1900 = 100.
c En millions de tonnes.
d Milliards de dollars courants (1929 au lieu de 1925).

Sources : Voir les tableaux relatifs à chacune des rubriques.

1917), et surtout ils ne subirent pas de dégâts sur leur sol. Malgré la mobilisation, leur industrie a pu développer sa capacité de production d'armement. Très approximativement, cela a fait gagner à ce pays l'équivalent de 6 ans de croissance sur les pays européens engagés plus précocement et plus directement dans le conflit, et notamment sur les deux autres grandes puissances de l'époque, à savoir le Royaume-Uni et l'Allemagne. Le tableau XXIV.1 permet de situer une partie de cette évolution en présentant quelques indicateurs significatifs.

Pour cette comparaison, nous avons surtout retenu la moyenne 1923-1927 (ou une période postérieure) afin de ne pas trop accentuer ce renversement. Vers 1925, les dégâts de la guerre étaient pratiquement réparés. Une comparaison que l'on établirait autour de 1920 (ou même 1923) ferait apparaître un revirement encore plus important. Si l'on prend la production de fer, qui, à l'époque (et même jusqu'au début des années 1950) était en quelque sorte un critère de puissance industrielle, on peut observer dans le tableau XXIV.1 que l'Europe qui, avant 1914, produisait 40 pour 100 de plus que les États-Unis, en produit 10 pour 100 de moins pour 1923-1927. Le volume total et par habitant du PNB réel est évidemment plus significatif. En ce qui concerne le volume du PNB total, les États-Unis, qui ne représentaient que 49 pour 100 de celui de l'ensemble de l'Europe en 1913, en représentaient 68 pour 100 en 1925. En termes de PNB par habitant, on est passé d'une supériorité des États-Unis de 144 pour 100 en 1913 à 195 pour 100 en 1925. Or, ce qui fait surtout la puissance économique d'un pays, c'est la conjonction d'un PNB total élevé avec un PNB par habitant élevé. Enfin, sans être exhaustif, il est très significatif de relever (voir toujours le tableau XXIV.1) que si, vers 1913, les capitaux américains investis à l'étranger ne représentaient que 9 pour 100 de ceux que l'Europe avaient investis à l'étranger, vers 1930 ils étaient de 50 pour 100 (en termes de capitaux par habitant, on est passé de près de trois fois moins à deux fois plus).

Disparition du Gold Standard (Étalon or) et naissance du Gold Exchange Standard

On peut, en fait, parler de l'effondrement du système monétaire mis progressivement en place au cours du XIXe siècle, basé sur l'or et la libre convertibilité de presque toutes les monnaies. Effondrement donc du système du *Gold Standard*, système dans lequel le Royaume-Uni et la livre sterling jouaient un rôle primordial[1]. Dans cette perspective, la décision britannique prise au début de la guerre de suspendre la convertibilité or de la livre sterling est un événement-clé. Même si, à partir de 1922 et surtout 1925, le Gold Exchange Standard (étalon de change-or) va remettre un peu d'ordre, les conséquences ont été très importantes, notamment dans les problèmes d'inflation qui ont caractérisé de nombreux pays dans les années d'immédiat après-guerre. Conséquences aussi, bien entendu, sur les mouvements de capi-

1. Voir chap. XIV, tome II.

taux qui ont mis beaucoup de temps à retrouver leur niveau antérieur.

Comme nous n'aurons plus l'occasion de revenir sur le Gold Exchange Standard, fournissons ici une description sommaire de ce système. Malgré son nom, ce système n'est pas directement rattaché à l'or, comme ce fut le cas du Gold Standard. La circulation intérieure est pratiquement limitée au papier-monnaie. Il existe la possibilité d'achats de devises convertibles en or, mais cela est le privilège des banques nationales d'émission. Si c'est à la conférence de Gênes de 1922 (avril-mai), réunie afin d'examiner les problèmes de reconstruction financière, que furent décidées la création et les modalités de base du Gold Exchange Standard, son application effective ne débuta que le 25 avril 1925, c'est-à-dire quand le Royaume-Uni, qui demeurait la place financière dominante, réintroduisit la convertibilité de la livre : la valeur-or de la livre fut fixée au même niveau qu'avant la suspension de la convertibilité. Rappelons que la valeur-or de la livre fut fixée à l'origine en 1717 par l'illustre physicien Isaac Newton. En termes métriques, cette valeur est de 7,32 grammes d'or fin (22 carats). Rappelons encore que la convertibilité de la livre avait été suspendue une première fois entre 1797 et 1819, et qu'à la reprise de 1925 la valeur-or revint aussi au niveau de 1717.

Le Royaume-Uni, le premier pays à avoir à nouveau rattaché sa monnaie à l'or, devint ainsi à nouveau le pivot du système monétaire international. La France ne rentra, *de facto*, dans le système qu'à partir du 25 juin 1928. Et ce furent les exigences de la France, de n'accepter que de l'or

en règlement de son énorme excédent, qui favorisèrent le dérèglement du système et forcèrent
directement l'Angleterre à abandonner la parité-
or de la livre (21 septembre 1931). Entre-temps, il
est vrai, se place la crise de 1929, qui va accentuer
l'effondrement du système du Gold Exchange
Standard. Donc, le même succédané de l'étalon
or ne fut qu'éphémère.

Restriction de la liberté de circulation
des personnes et surtout freinage
des migrations transocéaniques

Déjà le morcellement de l'Autriche-Hongrie et,
d'une façon moindre, de la Russie a entraîné une
certaine restriction de la mobilité géographique
des personnes. Cependant l'essentiel des restrictions a résulté de la quasi-fermeture des frontières
du pays d'asile par excellence : les États-Unis. Des
premières mesures, limitées il est vrai, sont prises
dès 1882. En 1921, ce pays instaure un système de
quotas (par pays de naissance) qui a pour conséquence de réduire d'une manière draconienne
l'immigration. Le quota était fixé à 3 pour 100 du
nombre d'étrangers de chaque pays d'origine du
recensement de 1910. En 1924, le système fut
encore renforcé, puisque la limite fut fixée à 2
pour 100 et par rapport au recensement de 1890.
De surcroît, le nombre annuel total d'immigrants
fut fixé à 150 000 mais à répartir proportionnelle-
ment, ce qui conduisit à ne pas remplir le quota
d'immigration pour certaines nationalités. La prise
de ces mesures a été induite par une opposition
croissante de la population à l'ampleur du mou-

vement migratoire et encore davantage envers l'origine géographique des nouvelles vagues d'immigrants. D'ailleurs, déjà avant ces mesures générales, en 1882 le Congrès avait passé le premier des *Chinese Exclusion Acts* (les suivants furent pris en 1892 et 1902), limitant fortement l'arrivée de migrants du pays le plus peuplé du monde. Pourtant les migrants chinois avaient été assez peu nombreux : 13 000 par an en moyenne, entre 1870 et 1881. Mais revenons aux effets des mesures restrictives générales, prises après la guerre. En 1914, le nombre d'immigrants s'était élevé à 1,22 million et, de 1922 à 1930, à seulement 0,37 million annuellement. Avec la crise et la dépression, qui entraînèrent de nouvelles restrictions de l'importance des quotas, un creux de 0,03 million annuellement sera atteint entre 1932 et 1936.

On constate des évolutions très voisines dans les autres pays de peuplement européen. Au Canada, c'est en 1923 que sont prises les premières mesures restrictives, essentiellement envers les personnes originaires d'Asie. À partir de 1933, c'est l'Europe du Sud et de l'Est qui est visée, alors qu'à partir de 1931, on encourageait l'immigration en provenance du Royaume-Uni. Entre 1910 et 1913, on comptait en moyenne annuelle 349 000 immigrants, ce chiffre tombe à 103 000 pour 1921-1924, et à 12 000 pour 1934-1936. L'Australie qui, comme nous l'avons vu, avait déjà pris des mesures bien avant la guerre, les renforça dans l'entre-deux-guerres, surtout envers les non-Britanniques. En 1922, le gouvernement britannique prend le *Empire Settlement Act*, destiné à promouvoir et aider l'immigration et l'installa-

tion de Britanniques en Australie. En septembre
1925 est promulguée une nouvelle législation aus-
tralienne restreignant sévèrement l'immigration
des non-Britanniques, en permettant de refuser
l'entrée du pays d'après des critères de nationalité, de race et d'occupation. Cette loi visait
surtout les Italiens. En 1924, sur les 105 000 personnes arrivées en Australie, 88 000 étaient Britanniques et sur les 17 000 restant les Italiens
étaient proches de 5 000. Mais l'ensemble du flux
migratoire s'en trouva affecté. Pour 1910-1913,
l'immigration nette annuelle était de 67 000 personnes ; pour 1931-1935, il s'agissait même d'une
émigration nette de 3 000.

Une partie de ces flux migratoires se détourne
vers l'Amérique latine et vers certains pays
d'Europe occidentale. C'est ainsi que l'Amérique
latine accueillit dans la décennie 1921-1930 pratiquement autant d'émigrants (environ 3,2 millions) que dans la décennie 1901-1910, alors que
pour l'ensemble des pays développés d'outre-mer
(Australie, Canada, États-Unis, Nouvelle-Zélande),
on passe d'environ 10,5 millions à 4,9 millions.
Pour ce qui concerne les pays d'accueil d'Europe,
il s'agit notamment de la France et de la Belgique ; ces pays absorbent un nombre appréciable
d'émigrants de l'Europe de l'Est et du Sud. Ainsi,
dans les années 1920, l'excédent migratoire de la
France est de l'ordre de 2 millions de personnes,
contre moins d'un quart de million entre 1900 et
1910.

Dans les années 1930, face à la tendance générale de restriction à l'immigration, même l'Amérique latine modifie sa politique en ce domaine.
Comparé à une immigration brute d'environ

3,2 millions de personnes pour 1921-1930, il ne s'agit plus que de 0,8 million pour 1931-1940. Cependant, c'est une chute plus faible que celle enregistrée dans les pays développés d'outre-mer, où seulement 0,7 million d'immigrants débarquent au cours de la décennie 1931-1940 (donc comparés à 4,9 millions pour 1921-1930). Les pays d'immigration en Europe, qui sont aussi ceux qui subissent le plus longuement la dépression des années 1930, se referment également. En France, un déficit de 0,1 million pour la période 1931-1935 succède à l'excédent migratoire de 2 millions de personnes.

Retrait de l'URSS de l'économie mondiale

Certes, c'est davantage une conséquence de la révolution bolchevique que de la guerre proprement dite ; toutefois, dans la mesure où la victoire de la Révolution russe est assez directement liée à la guerre, il faut faire intervenir cet élément ici. Dans ce contexte, il faut rappeler que, même amputée d'une fraction de son territoire, l'URSS des années 1920 était non seulement le pays le plus grand et le plus peuplé d'Europe, mais également de l'ensemble du monde développé, puisque avec ses 21 millions km² l'URSS était trois fois plus grande que les États-Unis ; et avec ses quelque 140 millions d'habitants (vers 1920), 1,3 fois plus peuplée que les États-Unis. Toutefois, comme il s'agissait d'un des pays les moins développés d'Europe, l'impact de ce retrait s'en est trouvé réduit. Mais rappelons que c'était aussi le pays d'Europe qui, à la veille de la Première Guerre mondiale, comptait, et de loin, le plus de capitaux étrangers : environ le tiers des capitaux investis en Europe l'était en Russie. Or, le gouvernement soviétique répudia toutes les dettes et nationalisa toutes les entreprises, y compris celles appartenant en totalité ou en partie à des étrangers.

À la veille de la Première Guerre mondiale, la Russie fournissait environ 7 pour 100 du commerce extérieur européen. L'instauration du communisme allait entraîner un arrêt presque total des échanges avec l'extérieur : c'est ainsi qu'en 1923 la valeur (or) du commerce extérieur de l'Union soviétique se situait au neuvième du niveau de 1913. Malgré la reprise (partielle) des échanges, et malgré l'effondrement du commerce européen par suite de la dépression, l'Union soviétique à la veille de la Seconde Guerre mondiale ne fournissait plus que le quarantième du commerce extérieur européen, soit quatre fois moins qu'à la veille de la Première Guerre mondiale. Les pays qui effectuaient une partie importante de leurs échanges avec la Russie ont été évidemment davantage affectés. C'est évidemment le cas de la Finlande où, en 1913, 28 pour 100 des exportations étaient destinés à la Russie, alors qu'en 1924 cette proportion n'est plus que de 4 pour 100. L'autre pays, dont les échanges avec la Russie représentaient une part appréciable de ses exportations, était l'Allemagne où, entre les mêmes dates, la proportion passa de 9 à 1 pour 100.

Autre conséquence du changement de régime : l'arrêt des flux migratoires. Certes, la révolution

bolchevique entraîna un flot de réfugiés essentiellement composé de nobles et de riches bour-
geois, mais, par la suite, le gouvernement limita
d'une façon draconienne la sortie des personnes.
À partir de la fin des années 1920, les autorisa-
tions de sortie furent pratiquement réduites à
néant, alors que, rien qu'entre 1891 et 1914, plus
de 7 millions de Russes avaient émigré, dont une
importante proportion (environ les deux tiers) il
est vrai provenait de la Pologne, alors partie intégrante de la Russie.

L'inflation de guerre et l'hyperinflation
des vaincus

La forte mobilisation des ressources économiques et la durée de la guerre entraînèrent dans
pratiquement tous les pays belligérants une forte
inflation. Les économies modernes n'avaient
jamais été confrontées à un tel problème ; et surtout, s'attendant à un conflit de durée limitée, les
autorités n'avaient pris que très peu de mesures
pour contenir cette inflation. Entre 1913 et 1919,
les prix de détail ont été multipliés par deux aux
États-Unis, par deux et demi en France et au
Royaume-Uni, par près de trois en Italie, par
plus de 10 en Allemagne, et par plus de 20 en
Autriche, etc. Même dans les pays demeurés à
l'écart du conflit, il y eut inflation. Ainsi, durant
la même période, les prix ont été multipliés par
plus de deux en Suisse, et par plus de deux et
demi en Suède.
Dans la quasi-totalité des pays vainqueurs du
conflit, comme dans ceux demeurés neutres, la

paix ramena une évolution plus normale des prix. Il y eut l'exception majeure de la Belgique et de la France qui ont continué à souffrir d'une inflation, cependant modérée. Mais dans tous les pays vaincus, on assista à ce que l'on pourrait appeler une véritable hyperinflation. L'hyperinflation chez les vaincus fut essentiellement celle de l'Allemagne, bien que les choses fussent aussi graves en Autriche.

L'HYPERINFLATION EN ALLEMAGNE

Hyperinflation... Le terme est encore trop faible. En effet, déjà pendant la guerre, les prix avaient fortement grimpé. C'est ainsi que, entre 1913 et janvier 1923, les prix de gros avaient été multipliés par 13. Mais le véritable drame commence dans la seconde moitié de 1922 : entre juin et décembre, les prix de détail furent multipliés par 16. Cette première phase de l'hyperinflation est largement causée par les paiements très élevés des réparations de guerre. La montée de l'extrémisme de droite fut favorisée par cette inflation, bien que le chômage demeure encore très faible. Et l'action des extrémistes (assassinat notamment en juin 1922 du ministre Rathenau) alimente l'inflation par le climat d'instabilité qu'elle créa. En janvier 1923, à la suite de la forte réduction des livraisons de produits (en guise de réparations), la France occupa la Ruhr. L'inflation s'accéléra en 1923. Un doublement des prix à peu près chaque mois entre décembre 1922 et juin 1923 ; puis une véritable explosion, une véritable spirale : multiplication par 5 en juillet, par 16 en août, par 26 en septembre, par 244 en octobre, etc.

À partir du début de l'année 1923, l'économie commença à s'effondrer et le chômage à exploser. La proportion des chômeurs complets parmi les ouvriers syndiqués passa de 4,2 pour 100 en janvier à 28,2 pour 100 en décembre. Entre le 5 et le 11 novembre a lieu le premier putsch de Hitler, appelé le «putsch de la brasserie». Les prix continuèrent leur course folle jusqu'à l'ouverture, en novembre 1924, de la Rentenbank que gère le Dr Schacht en vue de créer une nouvelle unité monétaire qui stopperait l'inflation. Entre 1913 et décembre 1923, les prix ont été multipliés par environ 1 000 milliards (ou, si l'on préfère, par environ 1 000 000 000 000). À partir de février 1924, les anciens marks furent échangés contre des nouveaux marks (appelés *rentenmarks*) qui, en pratique, étaient gagés sur l'or[1]. Avant cela, en avril 1923, le gouvernement avait accepté le plan Dawes qui impliquait un paiement annuel de réparations de 1 milliard de marks or (2 milliards à partir de 1929); ce qui est considérablement moins que le montant fixé à l'origine (132 milliards au total). Le plan Dawes impliquait également un prêt des Alliés à l'Allemagne. Ce fut un facteur supplémentaire de stabilité de la monnaie et, par là, d'arrêt de l'inflation. Un allégement supplémentaire fut apporté par le plan «Young» approuvé en août 1929 qui prévoyait l'échelonnement des paiements des dommages de guerre jusqu'en... 1988.

L'Autriche, vaincue et privée de son Empire, a également connu une hyperinflation, laquelle,

---

1. L'échange se fit sur la base de 1 nouveau mark contre 1 milliard de marks anciens.

néanmoins, n'a pas atteint l'ampleur de celle de l'Allemagne. Cette inflation débuta dès la fin de la guerre. La situation économique était surtout catastrophique à Vienne, qui se retrouvait avec une population démesurée eu égard à la taille du nouveau pays (au début des années 1920, Vienne concentrait 28 pour 100 de la population de l'Autriche). Le nouveau shilling fut échangé en 1924, contre 14 400 shillings anciens. L'inflation toucha, mais de façon encore moins marquée, la Finlande (prix multipliés par 12 par rapport à l'avant-guerre), la Grèce (par 15), la Bulgarie (par 32) et la Roumanie (par 35). Dans ces quatre cas, l'inflation s'arrêta au milieu de 1925.

Les conséquences démographiques

Première conséquence déjà évoquée : les pertes humaines directement et indirectement liées aux effets de la guerre. Mais pertes humaines aussi en raison de la diminution des naissances.

UN RECUL DES NAISSANCES

Par exemple, en France, on comptait en moyenne par an 755 000 naissances de 1909 à 1913 ; or, entre 1915 et 1919, il n'y en eut que 369 000. Donc, rien que de ce fait, une perte de 2 millions d'habitants pendant la guerre, car il n'y eut pratiquement pas de phénomène de «rattrapage», pas de *baby boom* comme ce fut le cas dans de nombreux pays après la Seconde Guerre mondiale. En outre, comme ces pertes humaines ont touché surtout une classe d'âge bien déterminée, il en résulta une sérieuse échancrure dans la pyramide des âges qui allait se répercuter 18 à 22 ans plus tard sur les taux de nuptialité et de natalité, ce qui, bien sûr, a eu les conséquences qui ont été exposées dans le chapitre XV, consacré aux fluctuations économiques, puisque cela insuffla dans la conjoncture des vagues que l'on retrouve encore sept décennies plus tard.

DES POPULATIONS DÉPLACÉES

Bien que, comme nous l'avons vu, l'après-guerre ait été marqué par une série de mesures restreignant l'arrivée de migrants, la guerre a aussi suscité des mouvements de populations, volontaires ou forcés. Nous avons déjà évoqué les réfugiés de la Révolution russe, dont le nombre est estimé à 1,2 million, auquel il faut ajouter 1,3 million de personnes «rapatriées» (surtout des Polonais). Les guerres des Balkans, qui ont immédiatement précédé la guerre mondiale, ont impliqué un transfert de 2,5 millions de personnes, auxquelles il faut ajouter environ 2 millions de personnes déplacées, en raison des changements de frontière de l'Allemagne et de l'éclatement de l'Empire austro-hongrois.

LES ANNÉES 1919-1929 :
UN APRÈS-GUERRE TROUBLÉ
ET DES ANNÉES DE PROSPÉRITÉ
NON GÉNÉRALISÉE

Bien que cette période soit assez courte, elle doit encore être partagée en deux. Il y a les années 1919 à 1923-1924 qui sont celles de la reconstruction et qui incluent aussi une des crises économiques les plus graves, avant celle de 1929, que les pays développés aient jamais connues. Ces années incluent aussi cette période extrêmement négative d'hyperinflation dans un certain nombre de pays que nous venons d'examiner. Voyons donc d'abord deux aspects importants, qui, d'une part, ont largement conditionné des décisions prises à la fin de la Seconde Guerre mondiale et, d'autre part, sont en partie à la base de la montée du nazisme en Allemagne.

La reconstruction et la crise
de 1920-1921

L'ampleur du conflit entraîna des destructions importantes mais dont il n'a pas été établi une statistique complète. On estime que, rien qu'en France, 810 000 immeubles ont été totalement ou partiellement détruits. En 1918, dernière année des hostilités, le niveau de la production totale des pays où se déroulait le théâtre des opérations, se situait à 30 à 40 pour 100 au-dessous du niveau de

1913. Dès 1919, la production reprenait fortement, progressant par exemple de 18 pour 100 en
Belgique et en France (mais reculant en Allemagne et en Autriche). En 1920, cette expansion
se poursuivit et la reconstruction était en marche.

Mais à peine ce processus de reconstruction se
mettait-il en place que l'on assista à une crise économique qui eut son origine aux États-Unis. Dans
ce pays, la guerre avait entraîné une très forte
expansion économique. Au moment où l'armis-
tice fut signé en novembre 1918, les États-Unis
avaient 4 millions d'hommes sous les drapeaux et
environ 9 millions de personnes travaillant dans
l'industrie d'armement. Ensemble, cela représentait environ le tiers de la population active. La
démobilisation rapide et le coup de frein donné à
la production d'armement entraînèrent à la fin de
1918 une récession qui, néanmoins, fut rapidement résorbée par la demande des pays européens. Cette demande fut d'ailleurs soutenue par
des prêts alloués à ces pays par le gouvernement
américain. Il s'est ensuivi un boom qui prit fin au
milieu de 1920. Puis ce que l'on appelle d'une
façon plutôt inadéquate la crise de réadaptation
d'après-guerre commençait. Cela débuta par une
forte chute des prix, notamment agricoles. C'est
ainsi que le prix du blé (mesuré sur le marché
principal qu'était Chicago), qui en 1911-1913
était de 36,0 dollars la tonne, atteignit 93,7 dollars
en 1919, ce qui, en termes de prix constants, constitue une augmentation de près de 30 pour 100. Le
sommet a été atteint en 1920, avec 95,5 dollars.
Or, dès avril, un creux de 53,7 dollars était atteint.

La chute fut encore plus marquée pour d'autres
produits agricoles. Ces baisses ont été causées par

les besoins plus restreints en Europe, où la production locale remontait. La baisse des prix agricoles affecta fortement le niveau de vie des
agriculteurs : entre 1919 et 1920, le revenu net de
ceux-ci baissa d'un quart, et, entre 1920 et 1921,
de près de la moitié. Or comme les agriculteurs
représentaient alors encore 27 pour 100 de la
population active, cela affecta l'ensemble de
l'économie américaine. Cela se transforma en la
crise la plus grave qu'ait connue jusqu'alors ce
pays, avec notamment un chômage qui toucha 12
pour 100 de la population active totale, et près de
20 pour 100 dans l'industrie. La reprise intervint
dans la seconde partie de 1921.

Des États-Unis, la crise se propagea à un grand
nombre de pays développés et à presque tous les
pays fortement industrialisés. Cette distinction
est importante, car elle met en relief l'impact
qu'avait encore l'agriculture sur la conjoncture
globale de l'économie, non seulement au début
des années 1920, mais aussi durant l'ensemble de
l'entre-deux-guerres. La crise de 1921, causée aux
États-Unis par l'agriculture, a été largement
amortie en Europe par une très bonne récolte qui
entraîna une hausse de 6 pour 100 de la production. Dans les pays fortement industrialisés (à
l'exception de l'Allemagne où l'année 1920 avait
été très négative, l'année 1921 a, elle, été marquée
par une reprise), on constata partout un recul du
PNB, alors que, par contre, dans les pays où
l'agriculture jouait un plus grand rôle, la croissance de l'économie se poursuivait, qu'il s'agisse
du Danemark ou des Pays-Bas, de l'Espagne ou
de l'Italie, etc. La crise de 1921 a été particulièrement sévère au Royaume-Uni : baisse de près de

10 pour 100 du PNB par habitant, et taux de chômage multiplié par plus de 5. D'ailleurs, d'après
nos calculs [1], au niveau de l'ensemble de l'Europe
le taux de chômage dans les industries est passé,
entre 1920 et 1921, de 3,9 à 9,7 pour 100 ; et celui
dans l'ensemble de la population active de 1,9 à 5
pour 100.

Dans les autres pays développés, la crise toucha évidemment le Canada, toujours fortement
déterminé par la conjoncture des États-Unis, et
aussi la Nouvelle-Zélande. En revanche, l'Australie échappa à cette baisse conjoncturelle de même
que le Japon. Sur le plan du commerce international, en raison de la baisse des prix, on assista
en 1921 à un véritable effondrement de la valeur
des exportations des pays développés : un recul
de l'ordre de 40 pour 100. Mais, en termes de
volume, l'expansion fut forte, sans que ce volume
ait encore retrouvé le niveau d'avant la guerre.
Outre l'ampleur de cette crise, son importance
historique réside dans le fait que c'est la crainte
d'une répétition, après la Seconde Guerre mondiale, d'une crise du même type qui a été largement à la base de toute une série de décisions
prises par les Alliés durant la Seconde Guerre
mondiale afin de réorganiser le système financier
et commercial.

1. Bairoch, 1996c.

Les années 1922-1929 : une période
de prospérité non généralisée

La période des années 1922-1929 est généralement qualifiée d'années de prospérité sur le plan économique. Elles sont même qualifiées, sur le plan culturel, d'«années folles» tant ont été nombreux les bouleversements, que ce soit dans la musique, la danse, la littérature, le cinéma ou la peinture. Bref, des années d'insouciance. Cependant, sur le plan économique, la réalité doit être nuancée. Dans de nombreux pays, il y eut d'abord les graves problèmes d'hyperinflation que nous avons présentés plus haut. Certes, globalement, la croissance économique durant cette période fut rapide. En Europe (sans l'URSS), le PNB par habitant s'accroît à un rythme annuel de 2,8 pour 100, soit près de trois fois plus rapide que la moyenne du XIXe siècle, qui se situait, rappelons-le, autour de 1 pour 100. Cette croissance des années 1920 est aussi près de deux fois plus rapide que la meilleure des décennies précédentes de l'histoire de cette région. Aux États-Unis, la croissance est encore un peu plus rapide qu'en Europe : en termes de croissance par habitant, il s'agit de 2,9 pour 100.

De même, nous le verrons plus loin, cette décennie est aussi celle où débuta la consommation de masse des produits manufacturés non essentiels, ce qui a conforté l'idée de prospérité. Certes cela a davantage touché les États-Unis que l'Europe et davantage la classe moyenne que le milieu ouvrier. Cependant, même en Europe et dans la classe ouvrière, l'augmentation du niveau

de vie et l'accessibilité croissante à certains services (cinéma, transport, etc.) et à certains biens
(phonographe, radio, éclairage électrique, etc.)
transformèrent la vie de cette fraction encore
dominante de la société. D'où cette notion de prospérité, d'insouciance. Prospérité et insouciance
qui certainement ressortent encore davantage si
on les replace dans le contexte historique, par
comparaison avec la terrible guerre qui a précédé
et la grave crise qui va suivre.

LES EXCLUS DE LA PROSPÉRITÉ DES ANNÉES 1920

Mais, peut-on parler de prospérité généralisée ?
Non, car il faut signaler que trois des plus importants pays d'Europe font exception et connaissent, durant cette décennie, une croissance très
faible, voire une régression. Mais peut-être la
principale raison du caractère erroné du qualificatif de prospérité, raison assez peu mise en
avant, provient du fait que, pour la première fois
dans l'histoire, on assiste à l'émergence d'un
chômage structurel assez important, qui touche
même maints pays à croissance économique très
positive. Dans certains pays, c'est près d'un cinquième des ouvriers qui est ainsi en chômage, et
la moyenne européenne n'est pas très éloignée
des 10 pour 100. En fait, comme le chômage s'est
évidemment aggravé dans la décennie suivante et
qu'il a persisté même dans les bonnes années, ce
phénomène a été retenu également comme une
caractéristique de l'entre-deux-guerres ; par conséquent nous y reviendrons encore plus loin. En
outre, dans un certain nombre de pays où les
années 1920 ont été celles de la prospérité, on a

assisté à un élargissement des inégalités de revenus. C'est le cas notamment des États-Unis.

Revenons aux pays exclus de la croissance
généralisée. Il s'agit d'abord de l'Allemagne, où la
forte inflation a entraîné une désorganisation très
forte de l'économie. La stabilité financière qui suivit à partir de 1924, n'a été, quant à elle, accompagnée que d'une croissance économique modeste,
de sorte que le niveau de 1929 de la production
par habitant ne dépassa que de 10 pour 100 celui
de 1913. Après l'Allemagne, évoquons ce qu'était
devenue la patrie du communisme : l'URSS.
L'instauration d'un régime nouveau, sans précédent historique, et la guerre civile qui suivit ont
conduit à une complète désorganisation de l'économie ; et malgré la remise en ordre de la NEP[1],
le niveau de 1928 n'est guère supérieur, pour ne
pas dire un peu inférieur, à celui de 1913. Bien
entendu, nous reviendrons plus largement sur
cette histoire dans le chapitre XXVII, consacré à
l'expérience communiste. Enfin, évolution économique peu favorable aussi dans ce qui, alors,
demeurait encore l'une des trois plus grandes
puissances économiques du monde, à savoir le
Royaume-Uni. Là, nous sommes en présence
d'une stagnation de la production par habitant
entre la fin de la guerre et 1926. Une des causes de
cette stagnation a été la fixation de la valeur de la
livre sterling après la guerre à un niveau trop
élevé, ce qui a renchéri les prix d'exportation et a
causé une perte de certains marchés d'exportation pour les articles manufacturés britanniques[2].

1. Nouvelle Politique Économique, instaurée par Lénine.
2. Nous reviendrons plus longuement à ce cas dans le chapitre XXVIII, dans lequel nous consacrons une section à l'ac-

Donc, si l'on tient compte de l'URSS, trois grands pays n'ont pas réellement participé à la prospérité. À ces trois cas majeurs, on doit encore ajouter l'Irlande, la Pologne et la Roumanie. En termes de population (en 1929), ces 6 pays représentaient 311 millions de personnes, ou 59 pour 100 de la population totale de l'Europe, ou 46 pour 100 de celle de l'ensemble des pays développés.

Début de la consommation de masse de produits manufacturés non essentiels

Une des principales caractéristiques de ces deux décennies qui séparent 1919 de 1939 — outre la pluralité des systèmes économiques et les modifications monétaires déjà signalées — est qu'il s'agit d'une période où commence d'une façon marquée la consommation de masse de produits manufacturés non essentiels.

Certes, la distinction entre produits essentiels et produits non essentiels est largement arbitraire, mais les exemples que nous allons fournir sont assez explicites. Le XIXᵉ siècle a vu une augmentation très importante de la production d'articles manufacturés ; mais en ce qui concerne les biens consommés par les particuliers ou biens de consommation, il s'agissait essentiellement de vêtements et de chaussures, et de quelques autres produits de type similaire qui, pratiquement tous,

célération du déclin du Royaume-Uni en tant qu'économie dominante.

étaient dans leur forme finale assez identiques à ceux de la période précédant la révolution industrielle, la différence essentielle étant leur plus faible prix grâce aux nouvelles technologies. En revanche, pour ce qui est des biens d'équipement, on était en présence, dès la fin du premier tiers du XIXᵉ siècle, de produits nouveaux, qu'il s'agisse de la machine à vapeur ou de la moissonneuse, en passant par la multitude d'équipements industriels et agricoles, cela du côté de l'industrie métallurgique et mécanique. Du côté de l'industrie chimique, il y eut certes au XIXᵉ siècle quelques médicaments, mais l'essentiel de la production chimique nouvelle concerne les colorants, les acides, les explosifs et les engrais chimiques.

Dans l'entre-deux-guerres, ces deux industries, ainsi que d'autres, commencent à fournir des quantités croissantes de biens de consommation. Du côté de l'industrie mécanique, cela va de la voiture au réfrigérateur. Du côté de l'industrie chimique, cela va de la soie artificielle aux films pour appareils de photo. Certes, comme nous l'avons vu, tout cela apparaît déjà dans les dernières années du XIXᵉ siècle, mais ce sont des prémices qui éclosent après la Première Guerre mondiale. Donnons quelques ordres de grandeur. En 1914, il y avait dans le monde environ 2,5 millions de voitures automobiles en circulation (dont 1,8 million aux États-Unis) ; en 1939, on atteignait pratiquement les 50 millions. Les premiers postes de radio commencent à se diffuser dans les années 1922-1925 ; or, dès 1938, on en compte dans le monde 97 millions, dont 93 millions pour les seuls pays développés. Ce qui implique dans le monde développé en moyenne plus d'un foyer sur deux

possédant un tel appareil, et ce, dans un laps de
temps que l'on peut considérer comme étant très
bref (13 à 15 ans). Très bref même si l'on utilise le
critère du dernier tiers du xxᵉ siècle et si l'on se
réfère aux États-Unis. En effet, il s'est écoulé
20 ans aux États-Unis entre l'apparition réelle sur
le marché des téléviseurs en couleur et le moment
où la moitié des ménages en a été équipé. Et ce
délai s'avère paradoxalement encore plus long
pour les micro-ordinateurs dits domestiques.

Comme nous le verrons dans le chapitre XXX,
en 1995, c'est-à-dire 19 ans après l'apparition du
micro-ordinateur, seulement 29 pour 100 des
ménages américains en étaient équipés. Les postes
de radio, ce sont des informations, des pièces de
théâtre, mais aussi et surtout à l'époque c'était de
la musique. Et, dans ce contexte, il ne faut pas
négliger le phonographe, dont on peut faire
remonter l'invention à 1877 quand Edison réalisa
son prototype à cylindre. Le disque a été inventé
11 ans plus tard, par un autre Américain (mais de
fraîche date), Emile Berliner. Là aussi, c'est
l'entre-deux-guerres qui constitue la période de
large diffusion ; mais on ne dispose pas de données de synthèse. Ce qui est certain, c'est qu'à la
veille de la Seconde Guerre mondiale, presque
chaque ménage des pays développés était en possession d'un phonographe.

Sans connaître le même succès phénomé-
nal, la diffusion d'autres équipements ménagers
(machines à laver, réfrigérateurs, aspirateurs,
etc.) a également été rapide. Dans ce cas, le déca-
lage entre l'Europe et les États-Unis est plus
grand que pour les radios. Malgré la dépression,
la production de machines à laver est passée de

570 000 en 1929 à 1 504 000 en 1939, ce qui laisse supposer qu'une dizaine de millions de ces machines étaient en usage vers 1939 dans les 42 millions de ménages que comptait alors ce pays (soit un taux de l'ordre de 25 pour 100). Plus importante encore a dû être la proportion des ménages possédant un réfrigérateur, puisque, en 1950, il s'agissait de 80 pour 100. Pour mettre en relief la variété et l'importance de ces équipements aux États-Unis, voici la statistique des ventes de certains de ces appareils en 1940 (en millions) : radios 11,9 ; réfrigérateurs 2,7 ; fers à repasser 2,6 ; grille-pain 2,3 ; ventilateurs 1,9 ; machines à laver 1,5 ; gaufriers 1,5 ; aspirateurs 1,3 ; etc. À propos des aspirateurs, il convient de signaler que, à l'époque et surtout aux États-Unis, à côté des aspirateurs tels que nous les connaissons (c'est-à-dire mobiles), un grand nombre de maisons étaient équipées d'une unité centrale d'aspiration qui, grâce à une tuyauterie, fournissait dans chaque pièce une «prise aspirante». En Europe, l'expansion des équipements ménagers a été plus tardive et les données sont très lacunaires.

*La première émergence
d'un chômage structurel*

Le chômage structurel — cette terrible plaie qui, depuis le milieu des années 1970, touche la très grande majorité des pays occidentaux — a fait sa première apparition au cours des années 1920. Comme nous l'avons déjà signalé, paradoxalement ce fait est très peu mis en évidence. Les deux principales raisons de la non-mise en avant de l'apparition du chômage structurel des années 1920 résident dans le caractère incomplet de statistiques en la matière, et surtout dans le fait que les États-Unis ont échappé à cette évolution. Dans ce pays, la période 1922-1929 est même une des plus favorables en la matière, puisque, en moyenne, le taux de chômage de l'ensemble de la population active ne s'élève qu'à 4,1 pour 100, comparé à 4,9 pour 100 pour 1904-1913 ; et qu'en fait l'économie américaine n'a retrouvé qu'une seule fois (en tout cas jusqu'ici), une telle période de plein emploi. La meilleure période des sept années de faible chômage (grandes guerres exclues) est celle des années 1964-1970 : le taux a été aussi de 4,1 pour 100. Or, à l'époque, les États-Unis étaient déjà la principale puissance économique et déjà aussi le pays qui intéressait le plus les analystes de la conjoncture.

Avant de poursuivre la présentation de l'évolution historique du chômage, il convient de s'arrêter un peu aux problèmes de définition. On dispose principalement de deux séries d'estimations du taux de chômage : celle concernant l'ensemble de la population active, et celle concernant les industries. L'inconvénient de la première résulte de l'importance très inégale de l'agriculture où, en termes pratiques, il n'y a pas de chômage, puisque non seulement la proportion de salariés est très faible et qu'il est très rare de réduire volontairement les activités. Par conséquent, à taux de chômage égal dans l'industrie, un pays dont l'agriculture est encore prépondérante a un taux de chômage de l'ensemble de la population active beaucoup plus faible qu'un pays dont l'agriculture est très marginale. Mais, d'un autre

côté, il est évident que la présence massive d'un
secteur industriel à fort taux de chômage implique
plus de répercussions négatives que lorsque ce
secteur est plus marginal (avec le même taux de
chômage). En définitive, les deux approches ont
leur cohérence et expriment deux réalités différentes, toutes deux significatives d'une certaine
situation. C'est la raison pour laquelle toutes deux
seront reprises dans le tableau XXIV.2. Enfin,
bien qu'il s'agisse des données les plus comparables internationalement, cela ne veut pas dire
que la comparabilité soit parfaite, loin de là (c'est
même le cas des statistiques contemporaines).

Certes, en quelque sorte, il est normal que les
deux pays dans lesquels les années 1920 ont été
négatives sur le plan économique, c'est-à-dire
l'Allemagne et le Royaume-Uni, aient été caractérisés par un chômage plus élevé qu'avant la
guerre. Mais ce qui est significatif, c'est que ce
phénomène ait touché un très grand nombre de
pays. En fait, en sus du cas des États-Unis, «pays
à faible chômage», il n'y a que la Belgique et la
Suisse qui ont échappé à l'apparition de ce que
l'on peut qualifier de chômage structurel, en ce
sens qu'il n'est pas causé par des conditions économiques défavorables. Les raisons de ce phénomène important ont été peu étudiées, puisque,
comme nous le notions, sa réalité n'a été que peu
mise en relief. Le renouveau d'intérêt découlant
du chômage structurel actuel nous apportera
peut-être des éléments explicatifs valables.

TABLEAU XXIV.2

TAUX DE CHÔMAGE DANS UN CHOIX
DE PAYS DÉVELOPPÉS ; 1911-1938
(en pourcentage des secteurs considérés)

	Industrie				*Ensemble de la population active*		
	1911/ 1913	*1922/ 1929*	*1930/ 1933*	*1934/ 1938*	*1922/ 1929*	*1930/ 1933*	*1934/ 1938*
Allemagne	3,5	10,0	34,3	11,8	4,5	13,9	4,7
Australie	5,4	5,1	24,3	12,5	5,7	16,9	10,7
Belgique	1,9	1,5	12,6	15,0	0,9	7,9	9,4
Canada	5,4	7,9	20,7	16,8	3,2	14,4	12,5
Danemark	8,2	16,8	23,0	20,9	8,4	11,6	10,4
États-Unis	–	6,2	28,4	27,5	4,1	18,2	18,3
France	–	–	–	–	0,4	0,6	3,5
Italie	–	–	–	–	0,9	4,6	4,1
Norvège	1,6	16,7	25,8	23,4	5,6	9,8	6,3
Pays-Bas	3,6	7,9	18,7	28,9	2,4	7,4	10,9
Royaume- Uni	2,8	11,4	19,9	13,8	7,8	14,7	8,7
Suède	5,1	12,7	18,6	13,5	3,0	6,3	5,2
Suisse	–	–	–	–	0,1	2,5	3,9

Note : Le choix des pays est aussi en fonction de la disponibilité des données.

Sources : Taux de chômage dans les industries : d'après Galenson, W. et Zellner, A. (1957).
Taux de chômage de l'ensemble de la population, 1922-1938 : d'après Maddison, A. (1991).

LES ANNÉES 1929-1939 :
CRISE, DÉPRESSION
ET DÉSORDRES
DES RELATIONS ÉCONOMIQUES
INTERNATIONALES

Période troublée, période tragique même, que ces années 1930. Tragique car de nombreux pays développés connaîtront des niveaux de chômage jamais enregistrés auparavant, ni par la suite (et longtemps sans allocations de chômage). Tragique, car de nombreux pays passeront à des régimes dictatoriaux. Tragique encore pour une de ses conséquences majeures : la Seconde Guerre mondiale, encore plus meurtrière et cruelle que la Première.

Afin d'expliquer le rôle que joua la dépression dans le déclenchement de la Seconde Guerre mondiale, il faut faire intervenir l'émergence des régimes fascistes. Certes, le premier régime fasciste, celui de l'Italie, a précédé la grande crise, puisque c'est dès 1922 que Mussolini accède au pouvoir, et que c'est dès 1927 qu'il instaure un véritable régime fasciste. Mais il est plus que probable que, sans la dépression, Hitler n'aurait pas obtenu en 1931 un si grand nombre de suffrages, mais non la majorité, ouvrant la voie à sa prise de pouvoir en janvier 1933. En 1932, 44 pour 100 des ouvriers et employés syndiqués étaient au chômage, et 23 pour 100 en chômage partiel. Et c'est l'Allemagne nazie qui a joué le rôle-clé dans le déclenchement de la guerre mondiale de 1939-

1945. Bien que le régime nazi allemand n'ait duré «que» 12 ans et le régime fasciste de l'Italie 19 ans, nous avons décidé de leur consacrer (ainsi qu'à d'autres régimes fascistes et militaristes) une place assez large, vu leur impact.

La crise de 1929 : la plus grave et la plus généralisée de l'histoire

Sans aucun doute, nous sommes en présence de la crise économique la plus grave que le système capitaliste ait connu depuis le XIXe siècle jusqu'à nos jours[1]. Cette crise débute avec les fameux krachs boursiers dont, notamment, le fameux «mardi noir» du 29 octobre 1929 où, à Wall Street, les prix des actions subissent une baisse extrêmement importante. Cette crise financière est suivie, très tôt aux États-Unis, d'une véritable crise économique, avec une forte baisse de la production, et un accroissement considérable du chômage. Très vite aussi la crise boursière et la crise économique touchent pratiquement tous les pays développés.

LA CRISE AUX ÉTATS-UNIS

Aidé par un crédit à court terme très aisé à obtenir, le cours des actions aux États-Unis avait triplé de 1924 à septembre 1929. À partir d'octobre, il y eut une série d'effondrements du cours, qui se retrouve en 1932 au niveau de 1913. La première baisse eut lieu le 3 octobre 1929 et alla en s'accen-

---

1. Voir aussi chap. XV, tome II.

tuant après le 14 octobre, pour aboutir au premier krach boursier du «jeudi noir» du 24 octobre où près de 13 millions d'actions (et d'autres titres) changèrent de mains, comparé à une moyenne habituelle d'environ 4 millions. Mais la panique ne dura qu'une demi-journée, l'intervention massive des banques ayant permis de redresser le cours. La véritable panique se place le «mardi noir» du 29 octobre où 16 millions d'actions changèrent de mains et où les cours des actions à Wall Street s'effondrèrent. Certes des retournements boursiers ont été observés plus précocement dans certains pays européens. C'est ainsi, par exemple, que cela se produisit en mars 1927 en Allemagne, à mi-1928 au Royaume-Uni, et en février 1929 en France.

Mais, dans la plupart de ces pays, les baisses des cours étaient loin d'atteindre l'ampleur de celle des États-Unis, et c'est indiscutablement de ce pays qu'est partie la grande crise économique de 1929. Donc revenons à l'histoire de la crise aux États-Unis et au krach du «mardi noir» du 29 octobre qui fut suivi de nombreuses faillites et aussi de suicides. Suicides pas aussi nombreux que le laissent entrevoir les images d'Epinal de cette période (notamment les films), mais représentant cependant un nombre significatif d'épilogues tragiques, de drames humains. Suicides qui certes ont touché les financiers, mais ont surtout touché les gens modestes. Par rapport à la normale des années 1926-1929, le nombre de suicides «supplémentaires» au cours de l'année 1932, où le taux a atteint son sommet, s'est élevé à environ 5 100, ce qui d'ailleurs est une constante historique qui s'est encore vérifiée lors des dépressions récentes des années 1970 et 1980 : le taux de suicides et de dépressions psychologiques des chômeurs est sensiblement plus élevé que celui de la population active.

Entre septembre et novembre 1929, le cours des actions à la Bourse de New York baissa de 33 pour 100. Le creux (mensuel) fut atteint en juin 1933, avec un niveau inférieur de 85 pour 100 à celui de septembre 1929, et même inférieur de 53 pour 100 au niveau de 1924, dernière année avant la forte montée. La crise financière se transforma très rapidement en une profonde crise économique. Selon certains chercheurs, la baisse de l'activité économique a commencé avant les événements boursiers d'octobre. Effectivement, on peut constater que le milieu de l'année 1929 constitue un sommet. Cependant, le niveau de septembre n'était inférieur que de quelques points de pourcentage et dépassait le niveau de septembre 1928. D'autre part, l'année 1927 avait le même profil conjoncturel. Enfin, et c'est peut-être le plus important, le chômage était resté à un niveau «normal». La production industrielle des États-Unis n'a commencé à baisser fortement que dès le mois de novembre 1929. Le chômage ne s'accrut que dès juillet 1930 et d'une façon marquée dès novembre. Et enfin, et ce n'est pas du tout un aspect marginal, les prix des produits agricoles ne commencèrent à baisser que dès novembre 1929, et d'une façon plus marquée qu'à partir de juillet 1930. Par exemple, le prix du blé, qui pour les neuf premiers mois de 1929 était de 44,3 dollars la tonne, n'est plus que de 31,2 dollars en juillet 1930, et atteint un creux avec 16,9 dollars en décembre 1932. Or, comme nous l'avons vu pour la crise de 1921, le monde rural américain était encore une composante importante de la vie de ce pays. De surcroît, la situation des *farmers* américains va être encore négativement influencée par les mesures protectionnistes en matière agricole prises par la plupart des pays européens.

L'EXPLOSION DU CHÔMAGE
ET LA BAISSE DU NIVEAU DE VIE

Les États-Unis, qui avaient échappé à la montée du chômage structurel dans les années 1920, voient dès 1930 une très forte poussée du chômage. Le taux de chômage complet aux États-Unis, qui, entre 1923 et 1929, s'établissait en moyenne autour de 3,7 pour 100 de la population active, atteint dès 1930 les 8,7 pour 100 et le sommet est atteint en 1933 avec 24,9 pour 100. En ce qui concerne le chômage dans les industries, on passe de 5,3 pour 100 en 1929 à 37,9 pour 100 en 1933. À quoi s'ajoutent encore les chômeurs partiels (ne travaillant qu'une partie de la semaine) mais pour lesquels on ne dispose pas de statistiques. La production industrielle atteignit un creux en 1932, avec un niveau qui n'était que de 55 à 60 pour 100 de celui de 1929. On assista à une forte baisse du niveau de vie qui, entre 1929 et 1933, est estimée avoir été de l'ordre d'un tiers. Et, bien entendu, le cours des actions continua à reculer, et ce jusqu'en 1932 où en juin le creux est atteint, creux qui se situe à un niveau 7,5 fois inférieur de celui du sommet de septembre 1929.

LA CRISE DANS LE RESTE DES PAYS DÉVELOPPÉS

Très rapidement la crise financière et économique toucha l'essentiel des pays développés. En mai 1931, l'écroulement d'une des plus importantes banques de l'Europe centrale (la Credit Anstalt de Vienne) aggrava la crise financière. Laissons de côté l'aspect financier et concentrons-nous sur l'économie afin de suivre la diffusion et l'ampleur de la crise. Sur les 25 pays pour lesquels on dispose de données (voir le tableau XXIV.3), 18 ont vu une première baisse de leur PNB par habitant dès 1930 (ou 1929), et 4 autres en 1931. Seuls le Danemark, la Bulgarie et la Roumanie ont subi leur première baisse en 1932. La généralisation de la crise a été facilitée par une évolution peu favorable de l'agriculture ; donc une situation très différente de celle de la crise de 1921. En Europe, la production agricole recula de 3 pour 100 en 1930, et progressa modérément les années suivantes. L'évolution a été dans le même sens dans les autres pays développés, et particulièrement au Canada où, en 1930, la production de blé a reculé de près de la moitié.

L'année du creux de la crise et l'ampleur de celle-ci ont été très variables (voir le tableau XXIV.3). Le plus souvent (11 pays sur 28), le creux a été atteint en 1932 et en 1933 (6 pays). Mais, dans 3 cas, cela se produisit déjà en 1931, particulièrement au Royaume-Uni, qui est un des pays importants ayant connu une bonne décennie 1930. Les plus fortes baisses du PNB par habitant (par rapport à 1929) parmi les pays importants furent celles des États-Unis (– 28 pour 100) et de

TABLEAU XXIV.3

ÉVOLUTION DU VOLUME DU PNB PAR HABITANT DURANT LA CRISE DE 1929

	Niveau 1929 1913 = 100	Première année de baisse Année	Première année de baisse niveau 1929 = 100	Année du minima Année	Année du minima niveau 1929 = 100
EUROPE					
Allemagne	110	1930	98,1	1932	83,0
Autriche	102	1930	96,9	1933	76,6
Belgique[a]	125	1930	95,0	1932	91,1
Bulgarie[a]	120	1932	98,8	1935	85,2
Danemark	108	1932	96,5	1932	96,5
Espagne	131	1930	95,4	1933	93,8
Finlande	114	1930	98,1	1932	93,9
France	133	1930	96,2	1932	84,1
Grèce	122	1931	97,3	1931	97,3
Hongrie	113	1930	97,4	1932	86,5
Irlande[b]	107	–	–	–	–
Italie	116	1930	94,4	1930	94,4
Norvège	138	1931	98,3	1931	98,3
Pays-Bas	132	1930	97,6	1934	86,6
Pologne	98	1930	90,9	1932	64,9

	Niveau 1929 1913 = 100	Première année de baisse Année	niveau 1929 = 100	Année du minima Année	niveau 1929 = 100
EUROPE (suite)					
Portugal[b]	113	–	–	–	–
Roumanie[a]	99	1932	93,1	1937	91,9
Royaume-Uni	109	1930	98,9	1931	93,4
Suède	124	1931	97,8	1931	97,8
Suisse	128	1931	97,4	1932	93,8
Tchécoslovaquie	130	1930	96,1	1935	78,9
Yougoslavie	123	1930	95,4	1932	80,9
Europe sans l'URSS	106	1931	95,8	1932	89,3
AUTRES PAYS DÉVELOPPÉS					
Australie[c]	93	1929	94,1	1931	94,1
Canada[c]	114	1929	97,9	1933	65,2
États-Unis	130	1930	90,0	1933	69,2
Japon	146	1930	91,8	1931	90,7
Nouvelle-Zélande	102	1930	94,3	1932	82,2

a Le volume du PNB par habitant progresse jusqu'en 1931. Par conséquent, il s'agit de baisses par rapport à cette année.
b Absence de données valables pour cette période.
c Une baisse ayant eu lieu en 1929, par conséquent il s'agit de baisse par rapport à 1928.

Sources : Bairoch, P. (1997b) ; avec calculs complémentaires pour les pays extra-européens.

l'Allemagne (– 17 pour 100). Pour le cas de l'Allemagne, il faut souligner que le niveau de 1929 était un des plus faibles, ce qui implique que le creux de la crise (1932) se situa même à environ 5 à 7 pour 100 au-dessous du niveau de 1913. Donc plus qu'un simple déboire de l'économie, il s'agit d'un phénomène qui a débouché sur un désordre économique. Parmi les pays d'importance moins grande, la crise a été très grave au Canada (– 24 pour 100). Dans ce cas, elle s'inscrit également à l'intérieur d'une des plus graves crises agricoles (celle-ci étant surtout d'origine météorologique) qu'ait connues ce pays et qui toucha les années 1930-1938, avec un creux en 1938.

LA GÉNÉRALISATION DE LA MONTÉE DU CHÔMAGE

Comme ce fut le cas aux États-Unis, la crise entraîna presque partout une forte hausse du chômage. Selon les calculs du BIT, dès les premiers mois de 1930 le niveau international du chômage (basé surtout sur les statistiques des pays développés) dépasse de près de 40 pour 100 le niveau de l'année précédente. Si l'on utilise l'indice que nous avons élaboré pour l'Europe (sans l'URSS), le taux de chômage dans les industries est passé de 9 pour 100 en 1929 à 15 pour 100 en 1930, pour atteindre un sommet de 25 pour 100 en 1932. Dans le tableau XXIV.4 on peut suivre l'ampleur approximative de la crise pour les principaux pays à travers les taux de chômage parmi les ouvriers des industries. Comme on peut le voir, le sommet du chômage est atteint dans la plupart des pays en 1932 ou 1933. En termes de taux de chômage de l'ensemble des industries (et pour les

pays pour lesquels on dispose de données relativement valables et relativement comparables), le
maximum se situe surtout dans les années 1931-
1933. Pour l'Allemagne, il s'agit de 44 pour 100!
Les États-Unis ne sont pas loin derrière (36 pour
100); et l'on notera les taux très élevés du Danemark, de la Norvège et des Pays-Bas. Certes, pour
le chômage de l'ensemble de la population active,
les taux sont plus faibles et dépendent largement
de l'importance relative du secteur agricole. Nous
y reviendrons plus loin lors de l'analyse du maintien du chômage structurel.

TABLEAU XXIV.4
TAUX DE CHÔMAGE DANS L'INDUSTRIE
DURANT LA CRISE DE 1929

	1928	1929	1930	1931	1932	1933	1934
EUROPE							
Allemagne	8,6	13,3	22,7	34,3	43,8	36,2	20,5
Belgique	0,9	1,3	3,6	10,9	19,0	16,9	18,9
Danemark	18,5	15,5	13,7	17,9	31,7	28,8	22,2
France	4,0	1,0	2,0	6,5	15,4	14,1	13,8
Norvège	19,2	15,4	16,6	22,3	30,8	33,4	30,7
Pays-Bas	5,6	5,9	7,8	14,8	25,3	26,9	28,0
Royaume-Uni	10,8	10,4	16,1	21,3	22,1	19,9	16,7
Suède	10,6	10,2	11,9	16,8	22,4	23,2	18,0
AUTRES PAYS DÉVELOPPÉS							
Australie	10,0	10,2	18,4	26,5	28,1	24,2	19,6
Canada	2,6	4,2	12,9	17,4	26,0	26,6	20,6
États-Unis	6,9	5,3	14,2	25,2	36,3	37,6	32,6

Sources: Bairoch, P. (1997b); avec données complémentaires pour les pays
extra-européens.

Pour les pays pour lesquels on ne dispose pas de statistiques aussi valables que celles reprises dans le tableau XXIV.4, les indications disponibles laissent préjuger une évolution non dissemblable. C'est ainsi que dans les pays suivants le sommet du chômage aurait été atteint en 1933 : Autriche, Finlande, Italie, Japon, Suisse, et en 1934 pour la Tchécoslovaquie.

LE REFLUX DES INVESTISSEMENTS INTERNATIONAUX
ET L'EFFONDREMENT DU COMMERCE MONDIAL

Sur le plan des relations internationales, on constate un reflux des investissements internationaux et un véritable effondrement du commerce mondial. Commençons par le premier aspect. Car, pour certains économistes, le reflux des investissements internationaux serait un des facteurs explicatifs de la crise. Ce reflux commença dès 1930. Conséquence de ce recul des flux de capitaux, mais aussi de la conjoncture défavorable, les rentrées provenant des investissements internationaux auraient diminué de moitié entre 1929 et 1932.

On peut effectivement parler d'un effondrement du commerce international, car le recul en ce domaine a été encore plus profond que pour l'industrie. Déjà l'année 1930 est marquée par une régression de près d'un quart de la valeur des exportations mondiales ; ce qui, malgré la chute des prix, se traduit par un recul de l'ordre d'un cinquième du volume de ces exportations. Là aussi, le creux est atteint en 1932 (toujours par rapport à 1929), avec un recul de 72 pour 100 de la valeur et d'environ 60 pour 100 du volume des échanges mondiaux. La chute des prix touche surtout les produits bruts, et notamment les produits agricoles. Les prix mondiaux des exportations de l'ensemble des produits bruts baissent d'environ 55 pour 100 de 1929 à 1932, contre 33 pour 100 pour les articles manufacturés. Même s'il y a une reprise à partir de 1933, en 1938 — dernière année que n'affecte pas encore la guerre — le volume du commerce mondial est encore inférieur de plus de 10 pour 100 au niveau de 1929. Les prix s'étant beaucoup moins redressés que le volume, la valeur des exportations mondiales en 1938 était d'un tiers inférieure à celle de 1929. Le recul a été un peu plus accusé en Europe que dans les autres pays développés; quant au recul de la valeur des exportations, il a été encore pire dans le Tiers-Monde[1].

Les conférences économiques
internationales ou l'échec
de la concertation tarifaire

L'effondrement du commerce international ne résulte pas seulement de la baisse de l'activité économique, mais également de l'accentuation du protectionnisme. Le coup d'envoi de la véritable escalade de mesures protectionnistes est donné par la mise en vigueur en juin 1930 aux États-Unis du tarif dit « de Smoot-Hawley », le plus protectionniste que ce pays, pourtant peu libéral, ait jamais connu. C'est ainsi que les recettes provenant des droits de douane par rapport à la

1. Voir chap. XXXV.

valeur des produits soumis à de tels droits ont
atteint 55 pour 100 pour 1931-1933, niveau le
plus élevé de toute l'histoire des États-Unis.
Notons que le projet de ce tarif fut déposé et
adopté par les deux Chambres législatives avant
la crise (juin 1929, donc avant le krach). Il est
donc erroné de présenter, comme on le fait
souvent, la montée du protectionnisme comme
la cause de la crise de 1929; c'est là un des
nombreux mythes qui encombrent l'histoire économique (à l'instar de ceux qui probablement
encombrent d'autres disciplines)[1]. Le vote du
tarif ultra-protectionniste américain entraîna une
tentative internationale afin d'écarter la montée
du protectionnisme. Il s'agit de la deuxième des
conférences économiques (dites «mondiales»)
organisées entre 1920 et 1933 par la SDN.

Dans le chapitre XXVI, on trouvera un historique de ces conférences, car elles font en quelque
sorte partie des projets d'harmonisation économique des pays développés qui menèrent après la
Seconde Guerre mondiale aux divers projets
d'intégration économique. Ici, ce sont essentiellement les aspects douaniers de ces conférences qui
nous intéressent. Celle que l'on qualifie de première parmi ces conférences (en fait, la deuxième)
se tint à Genève en mai 1927 (la première étant
celle, peu importante, de 1920 à Bruxelles). Parmi
les décisions qui y furent prises, figurent l'abolition des prohibitions d'importation et l'engagement des pays participants à une «paix tarifaire».

---

1. Pour un aperçu de ces mythes, nous nous permettons de
renvoyer le lecteur à notre livre *Mythes et paradoxes de l'histoire économique* (1994).

Devant la perspective de la hausse du tarif américain, la SDN vota le 23 septembre 1929 (donc avant le krach) une résolution demandant la tenue d'une conférence sur ce problème. Elle eut lieu en février 1930, c'est-à-dire déjà dans le contexte de la crise. Ce fut un échec, parce que débouchant sur des considérations très générales. La troisième des conférences économiques internationales (appelée «Deuxième conférence économique mondiale») fut décidée en juillet 1930 et se tint à Londres en juin 1933. Cette conférence fut un échec total ; elle marqua la fin des tentatives de coopération internationale et accéléra les mesures individuelles, souvent au détriment du reste de la communauté économique mondiale.

Mais, entre-temps, la crise avait précipité les mesures de rétorsion : avant la fin de 1931, 25 pays avaient accru leurs droits de douane sur les produits américains. D'ailleurs, l'année 1931 fut émaillée de mesures restrictives en matière de commerce international. Dans 6 pays européens (Belgique, Espagne, France, Suède, Suisse, et Tchécoslovaquie), les importations de céréales devinrent le monopole ou le quasi-monopole de l'État. Au cours de la même année, 8 pays introduisirent des restrictions quantitatives à l'importation pour de nombreux produits. Le renforcement du protectionnisme agricole aggrava la situation de l'agriculture américaine, de même qu'il handicapa celle des autres exportateurs de céréales (Argentine notamment). Ce qui créa un gonflement important des stocks de céréales, qui se manifeste dès 1929 et s'aggrave et atteint un sommet en 1931.

Le Gold Exchange Standard, qui s'était péni-

blement remis en place, s'effondra. Comme nous
l'avons vu, le 21 septembre 1931, le Royaume-
Uni suspendit la convertibilité de la livre, donc
abandon de l'étalon or. Il avait été précédé, en
décembre 1929, par l'Australie, et en 1931 par
quelques autres pays peu importants. En tout, au
cours des seuls derniers mois de 1931, 9 autres
pays développés abandonnèrent l'étalon or ou
dévaluèrent leurs monnaies. Les États-Unis ne le
feront que le 20 avril 1933 ; nous y reviendrons
plus loin et, dans le tableau XXIV.6, on trouvera
la chronologie de ces mesures pour tous les pays
développés.

Et puisque nous quittons la crise de 1929, revenons à ce que nous écrivions à propos de son millésime. Parler de crise de 1930-1933 serait plus
adéquat, car comme les pages précédentes l'ont
bien montré, elle ne débuta que dans les dernières
semaines de 1929 et a essentiellement touché les
années de 1930 à 1933, qu'il s'agisse du chômage,
de la baisse de production ou des échanges. Toutefois cette crise étant entrée dans l'histoire comme
celle de 1929, nous nous conformons à cet usage.
De surcroît, cela a comme avantage de réduire les
équivoques quand on parle (comme on le fait dans
pratiquement toutes les études) de la dépression
des années 1930, que nous abordons à présent.

*Les années 1930 :
la dépression aux États-Unis*

Le caractère négatif des années 1930 ne provient pas seulement de la forte ampleur de la
durée de la crise de 1929, mais surtout du fait

que, dans quelques pays importants, cette crise sera prolongée par une dépression qui dura jusqu'à la Seconde Guerre mondiale, et qui toucha notamment la principale puissance économique : les États-Unis. Ainsi, de 1934 à 1939, le taux de chômage de l'ensemble de la population active s'éleva en moyenne à 18,2 pour 100, avec un minimum de 14,3 pour 100 pour 1937. Ce n'est qu'en 1942 que le chômage a atteint un niveau raisonnable : 4,7 pour 100 (il était encore de 9,9 pour 100 en 1941). Enfin, le niveau de vie de 1936-1938 se situe entre 9 et 11 pour 100 au-dessous de celui de 1929. Donc, une longue et profonde dépression. Dépression dans laquelle s'inscrit le phénomène important qu'a été le *New Deal* de Franklin Roosevelt.

LE NEW DEAL : UN PROGRAMME DE RELANCE ET AUSSI DE RÉFORMES SOCIALES

Le *New Deal*, qui se met en place dans les années 1933-1935, peut être succinctement défini comme un ensemble de mesures économiques et sociales de nature dirigiste prises par le gouvernement fédéral afin de relancer l'économie, mais aussi afin de corriger certains éléments structurels négatifs de l'économie et du système social. C'est un aspect fondamental de l'histoire des États-Unis qui a marqué ce pays pratiquement jusqu'à aujourd'hui, ou, en tout cas, jusqu'au début des années Reagan (1980). D'ailleurs, avec l'élection du démocrate William « Bill » Clinton à la présidence (novembre 1992), et surtout avec ses tentatives de réformes sociales, on parle parfois d'un nouveau *New Deal*. De même qu'avec l'arrivée, lors des élections de novembre 1994, d'une majorité républicaine aux deux chambres, on a parlé de la fin du *New Deal*. C'est la raison pour laquelle nous y reviendrons plus longuement dans le chapitre XXIX consacré à l'histoire sociale, et notamment à l'émergence de l'État-providence. Les appellations des deux grands partis politiques américains pouvant prêter à confusion (hors des États-Unis), signalons ici que le parti démocrate est plutôt à gauche, et que le parti républicain est plutôt à droite. Cela, bien entendu, compte tenu que la gauche américaine est peu influencée par le socialisme.

DES DÉFICITS BUDGÉTAIRES IMPORTANTS
EN TEMPS DE PAIX

Si, de tout temps, au cours des guerres les besoins financiers ont entraîné des déséquilibres budgétaires, les années 1930 sont le premier cas d'une période de graves déficits en temps de paix. Cela a concerné les États-Unis comme les autres pays, même ceux que la dépression a moins touchés. Aux États-Unis, la première année de déficit du budget du gouvernement fédéral fut 1931, avec un montant représentant 15 pour 100 des recettes. Dès 1932, en raison des effets combinés d'une baisse des recettes, découlant du recul de l'activité économique, et d'une hausse des dépenses, ce déficit a atteint 142 pour 100 des recettes et 4,8 pour 100 du PNB (le sommet fut atteint en 1936 avec 5,3 pour 100 du PNB). Le recours à des emprunts du gouvernement fédéral fit monter rapidement le niveau de la dette publique : de 17 milliards de dollars en 1929, elle

passa à 40 milliards en 1939, ce qui, respectivement, représente 16 pour 100 et 44 pour 100 du
PNB (le cap des 100 pour 100 fut dépassé en
1945). Malgré la forte baisse des taux d'intérêt, les
paiements des intérêts de la dette progressèrent
durant les années 1930, aggravant de ce fait le
déséquilibre budgétaire.

Tous les autres pays développés débutèrent (ou
aggravèrent) leur déficit budgétaire entre 1930 et
1932. Et, dans tous ces pays, ces déficits (plus ou
moins accusés) persistèrent jusqu'au début de la
guerre (pour s'aggraver encore durant les années
du conflit). Bien entendu, la conjoncture économique différente selon les pays a modulé l'ampleur
de ces déficits.

Une dépression généralisée ?

La dépression des années 1930 aux États-Unis
a si profondément marqué l'histoire de ce pays
— et, de ce fait, aussi celle du reste du monde —
que dans beaucoup d'analyses on en est réduit
à considérer que la dépression a été un phénomène généralisé. En outre, comme il s'agissait
de l'économie capitaliste la plus développée, cela
constituait pour les sympathisants du monde
communiste la preuve que le capitalisme menait
à une impasse. Relevons que, même dans la pensée économique classique, cela a favorisé l'éclo-
sion d'une théorie de la maturité prévoyant un
arrêt de la croissance. De surcroît, surtout dans
le monde francophone, la perception générale a
été aussi celle d'une dépression généralisée à
l'ensemble du monde capitaliste développé. Car,

non seulement les États-Unis, principale puissance économique, étaient en dépression, mais tous les pays francophones (ou partiellement francophones) l'étaient aussi : France, Belgique, Suisse et Canada. Le renouveau de la recherche sur cette période, qui avait été négligée à la suite des très bonnes décennies d'après-guerre, a permis de nuancer fortement l'image d'une dépression généralisée, et surtout le mythe que seules les économies fascistes avaient réussi à la surmonter.

Ainsi qu'on peut le voir dans le tableau XXIV.5, si l'on exclut l'Espagne, encore en proie à la guerre civile, sur les 26 pays développés, 19 (soit près des trois quarts) ont vers 1938 un niveau de vie supérieur à celui de 1929. Et dans 12 de ces pays, il s'agit d'une progression supérieure à 15 pour 100, ce qui est à peu près la moyenne des décennies antérieures. Ce sont les pays suivants : Allemagne, Bulgarie, Danemark, Finlande, Grèce, Norvège, Pologne, Roumanie, Royaume-Uni, Suède, Japon et Afrique du Sud. Il en est d'ailleurs de même de l'URSS[1].

LE ROYAUME-UNI : DE TRÈS BONNES ANNÉES 1930

Parmi les pays à évolution positive, on doit s'arrêter un peu sur le cas de deux principales puissances économiques d'Europe : l'Allemagne et le Royaume-Uni. En raison de sa spécificité politique, le cas de l'Allemagne sera traité dans la section suivante consacrée aux économies fascistes. Voyons donc le cas du Royaume-Uni qui,

---

1. Mais là c'est un problème spécifique auquel nous reviendrons dans le chapitre XXVII.

TABLEAU XXIV.5

PNB PAR HABITANT DES PAYS DÉVELOPPÉS ;

1913-1938

(exprimé en dollars et prix des États-Unis de 1960)

	1913	1929	1938
EUROPE			
Allemagne	790	870	1 260
Autriche	700	715	655
Belgique	815	1 020	1 000
Bulgarie	285	340	420
Danemark	885	955	1 065
Espagne	400	520	390
Finlande	525	600	915
France	670	890	855
Grèce	335	405	585
Hongrie	380	430	440
Italie	455	525	560
Norvège	615	845	1 020
Pays-Bas	740	980	940
Portugal	335	380	410
Roumanie	370	365	375
Royaume-Uni	1 035	1 160	1 280
Suède	705	875	1 060
Suisse	895	1 150	1 130
URSS	340	350	515
Yougoslavie	300	370	360
AUTRES PAYS DÉVELOPPÉS			
Afrique du Sud	350	410	495
Australie	1 095	990	1 000
Canada	1 110	1 220	1 050
États-Unis	1 350	1 775	1 570
Japon	310	425	660
Nouvelle-Zélande	800	1 060	1 070

Note : Pour passer en dollars et prix des États-Unis de 1995 il convient de multiplier ces chiffres par 5,0.

Sources : Bairoch, P. (1997a).

s'il avait cessé d'être la principale puissance économique du monde, était encore au début des années 1930 sur le plan européen le pays à niveau de vie et à potentiel économique les plus élevés et était encore sur le plan mondial la deuxième puissance commerciale assurant, à elle seule, un septième des importations mondiales. Enfin, au début des années 1930, la City de Londres était encore la principale place financière du monde. Or, dans la décennie 1930, le Royaume-Uni connaît non seulement une croissance plus positive que durant la décennie 1920, mais enregistre le rythme de croissance le plus élevé depuis celui de la décennie de 1850 qui fut une des meilleures de l'histoire britannique. La crise, qui a été relativement modérée, est surmontée dès 1933, année qui voit une progression sensible du PNB par habitant et un premier recul du chômage. De 1932 (année où déjà la croissance avait repris) à 1938 (dernière année avant la guerre), le PNB par habitant fait un bond de 20 pour 100 (3 pour 100 par an) et se retrouve à 14 pour 100 au-dessus du niveau historique de 1929, et à 20 pour 100 au-dessus de celui de 1913. Les États-Unis, qui, vers 1929, avaient un niveau de vie surpassant celui du Royaume-Uni de 50 à 55 pour 100, ne le dépassent plus que de 18 à 20 pour 100 en 1938.

Quelles sont les causes de la croissance économique rapide du Royaume-Uni dans les années 1930? La fixation à un niveau trop élevé de la livre sterling ayant été mis en avant afin d'expliquer les mauvaises années 1920, il faut naturellement rappeler que, dès septembre 1931, le Royaume-Uni abandonna l'étalon or. D'autre part, cela est suivi

cinq mois plus tard par un autre événement historique : le 29 février 1932, le pays bastion du libre-
échange instaure un tarif protectionniste, allant
jusqu'à remettre en place les Corn Laws supprimées en 1846[1]. Si l'unanimité ne se fait pas pour
considérer cette mesure comme étant à la base du
succès britannique, mettons néanmoins en relief
une évolution indiscutable. Alors que dans la
décennie 1920, la part du Royaume-Uni dans le
commerce mondial a reculé sensiblement, et
qu'elle a perdu dès la fin de la guerre, au profit
des États-Unis, sa place de principale puissance
commerciale du monde, dans la décennie 1930,
sa part dans le commerce mondial (et dans celui
de l'Europe) cesse de régresser et progresse même
un peu. Et surtout un sérieux coup d'arrêt est
donné au déclin relatif du Royaume-Uni dans
les exportations d'articles manufacturés. Dans ce
domaine, la part du Royaume-Uni dans les exportations des pays développés, qui était passée de 29
pour 100 pour 1911-1913 à 23 pour 100 pour
1926-1929, ne recule qu'à 20 pour 100 pour 1936-
1938 (si l'on exclut l'Allemagne et le Japon qui se
préparent à la guerre, les pourcentages respectifs
sont : 38, 29 et 28). Et puisque nous évoquons les
Corn Laws, signalons que, pour la première fois
depuis le milieu du xixᵉ siècle, à partir de 1932-
1934 la production de céréales cesse de diminuer,
pour amorcer quelques années plus tard une
courbe ascendante qui durera longtemps.

Mais il faut aussi évoquer le revers de la
médaille : le maintien du chômage structurel.
Certes, par rapport au sommet de la crise, le taux

---

1. Voir chap. XIII (tome II).

de chômage recule de plus de la moitié dans les années 1936-1939. Mais un taux de chômage dans l'industrie de l'ordre de 11 pour 100 ne peut pas être considéré comme une situation favorable, ni en lui-même, ni en termes de comparaison historique, puisque cela constitue un niveau au moins deux fois plus élevé que la moyenne d'avant la Première Guerre mondiale. Et dans le cas du Royaume-Uni dire «avant la Première Guerre mondiale», c'est remonter au milieu du XIXe siècle, puisque c'est un des rares cas où des indications de l'ampleur du chômage remontent très loin (jusqu'en 1851). Le Royaume-Uni n'est pas le seul pays développé où, malgré une reprise de la croissance, on reste en présence d'un taux de chômage très élevé. Quant au cas du Japon, il rejoint celui de l'Allemagne : il s'agit donc d'une réduction du chômage obtenue grâce à des mesures exceptionnelles parmi lesquelles la préparation à la guerre (ou la guerre tout court dans le cas du Japon).

LES AUTRES PAYS AUX «BONNES» ANNÉES 1930 :
DES PAYS SCANDINAVES À L'AFRIQUE DU SUD

La réserve du terme «bonnes» est motivée par le phénomène déjà décrit à propos du Royaume-Uni, à savoir la persistance d'un niveau de chômage élevé malgré de bonnes performances de l'économie. C'est donc là une situation que nous allons aussi rencontrer dans les autres pays qui ont connu de «bonnes» années 1930.

Les pays scandinaves dans leur ensemble enregistrent une croissance très rapide. Si l'on compare les années 1936-1938 même aux bonnes années de 1927-1929, le PNB par habitant a progressé en moyenne pour ces quatre pays de 2,5 pour 100 par an. Dans les pays scandinaves, il faut relever le cas de la Suède, car il s'agit à la fois du pays le plus important de ce groupe mais aussi d'un pays dont on considère, à tort, que c'est essentiellement grâce à la demande de l'Allemagne que sa bonne conjoncture s'explique. Certes, la demande allemande a favorisé les exportations suédoises, mais l'essentiel de la réussite résulte des mesures adéquates tant financières qu'économiques.

La Bulgarie, la Grèce, l'Irlande, les Pays-Bas et le Portugal ont aussi connu une bonne décennie. Hors d'Europe, les années 1930 furent évidemment une phase de croissance rapide pour le Japon, en partie grâce à ses besoins en armements. Mais elles furent également une très bonne période pour la Nouvelle-Zélande et, dans une moindre mesure, pour l'Australie. Enfin l'Afrique du Sud, grâce à l'augmentation des prix de l'or et aussi en raison d'une politique d'industrialisation, connut elle aussi une très bonne décennie. Ainsi l'exception est-elle, en tout cas pour ce qui concerne le nombre de pays, la règle, puisque sur les 23 pays développés dont on peut suivre valablement la conjoncture, 14 ou 15 ont connu une décennie 1930 favorable.

LES PAYS AUX « MAUVAISES » ANNÉES 1930

Passons à présent aux pays qui ont connu une dépression économique à la fois sous la forme d'une croissance négative et, bien sûr, du maintien d'un taux de chômage élevé. Outre les États-Unis, ce sont les pays suivants : Autriche, Belgique,

Canada, France, Pays-Bas, Pologne, Suisse, et
Tchécoslovaquie. À ces pays, on peut encore ajouter le cas de l'Espagne; mais, ici, il s'agit des
conséquences de la guerre civile. Voyons avec un
peu plus de détails les cas du Canada et de la
France.

PAUVRE CANADA, SI PRÈS DES ÉTATS-UNIS

À propos du Canada, pour lequel on pourrait
presque paraphraser la formule qui concerne le
Mexique (et attribuée au président Porfirio Diaz):
«Pauvre Canada, si loin de Dieu et si près des
États-Unis», il n'est pas superflu d'ouvrir d'abord
une brève parenthèse sur le rôle de l'agriculture
dans cette période. Si, contrairement à la crise de
1921, l'agriculture n'a pas joué de rôle décisif
dans le déclenchement de la crise de 1929, son
rôle est cependant important dans le dépression
des années 1930. Rôle important à la fois positivement et négativement. Positivement, car l'agriculture joue en quelque sorte le rôle du matelas
amortisseur; mais aussi négativement dans les
cas de mauvaises récoltes, comme notamment au
Canada, qui a connu en 1937 l'une des plus mauvaises récoltes de céréales de son histoire. Les
rendements de blé sont tombés en 1937 à seulement 4,7 q/ha (chiffre le plus faible jamais enregistré depuis le début des statistiques régulières
en la matière, à savoir 1870). D'ailleurs, c'est l'ensemble des années 1933-1937 qui est exceptionnellement mauvais en Amérique du Nord. Au
Canada, pour 1936-1937, les rendements de blé
se sont élevés à 5,3 q/ha, contre 11,5 q/ha pour la
période 1921-1932.

À cette véritable calamité se sont ajoutées les conséquences de la dépression du puissant voisin du sud. Si l'essentiel des exportations de céréales était dirigé vers l'Europe, il n'en allait pas de même pour les articles manufacturés qui, eux, étaient dirigés vers les États-Unis. De surcroît, beaucoup d'entreprises manufacturières canadiennes étaient des succursales d'entreprises situées de l'autre côté de la frontière, et ressentaient dès lors encore plus durement les effets de la dépression des États-Unis.

S'ajoutant aux effets de la dépression économique, cela entraîna un véritable désastre économique dans les régions spécialisées dans les cultures céréalières. C'est ainsi que le revenu réel par habitant dans la province de Saskatchewan en 1937 se situait à peine à un peu plus du tiers du niveau de 1926-1928. Pour l'ensemble du Canada, et en comparant la situation autour de 1937 à celle d'autour 1928, le recul du PNB par habitant est de l'ordre de 10 pour 100. Le Canada vient donc immédiatement après les États-Unis pour la sévérité de la dépression.

LA FRANCE : DÉVALUER OU NE PAS DÉVALUER,
UNE INDÉCISION COÛTEUSE

Le cas de la France nous permet de revenir au problème crucial auquel ont dû faire face les responsables économiques après septembre 1931 : à savoir la dévaluation. Car, à la suite de l'écroulement de l'étalon or, résultant de la décision prise par le Royaume-Uni de l'abandon de la convertibilité de la livre, les autres pays avaient, en simplifiant les choses, deux options : soit suivre l'exemple de la principale puissance commerciale, soit pratiquer une politique de déflation des prix afin de demeurer compétitifs malgré une monnaie non dévaluée. La France figure parmi les rares pays à avoir opté pour la seconde option. De surcroît, ce choix fut très tardif, puisque la décision ne fut prise qu'en juillet 1935, avec notamment une baisse des dépenses de l'État et une baisse de 10 pour 100 des traitements des fonctionnaires. Il est vrai que la France était, à l'époque, le pays dont les réserves d'or comptaient parmi les plus importantes. Ainsi, à la fin de 1934, celles-ci représentaient 49 pour 100 de celles de l'ensemble de l'Europe (25 pour 100 de celles du monde entier).

Comme on peut le voir dans le tableau XXIV.6, cette première série de mesures intervient à un moment où 25 pays développés avaient déjà dévalué. En 1935, la part de la France dans les exportations européennes était tombée à 11,4 pour 100, comparée à 13,6 pour 100 pour 1927-1929. La politique de déflation ne s'avéra pas suffisante pour réduire le chômage ou pour améliorer la compétitivité sur les marchés internationaux : en 1936, la part de la France dans les exportations européennes reculait encore et fortement, s'établissant à 9,8 pour 100. En outre, cette politique entraîna une fuite des capitaux qu'aggrava encore la crainte d'une victoire du Front populaire (alliance des socialistes et des communistes) aux élections d'avril à mai 1936. Et ce fut le gouvernement dirigé par le Front populaire qui dévalua le franc le 1er octobre 1936. Mais, auparavant, au début de juin, le gouvernement avait introduit un vaste programme social (appelé accords de Mati-

TABLEAU XXIV.6

DATES DE DÉVALUATION (OU D'ABANDON DE L'ÉTALON OR) DES PAYS DÉVELOPPÉS

Pays	Dates		Pays	Dates		Pays	Dates	
Australie	1929	17 déc.	Yougoslavie*a*	1931	7 oct.	Estonie	1933	28 juin
Espagne*a*	1931	18 mai	Canada	1931	10 oct.	Italie*a*	1934	26 avril
Allemagne*a*	1931	15 juil.	Finlande	1931	12 oct.	Belgique	1935	30 mars
Hongrie*a*	1931	15 juil.	Bulgarie*a*	1931	15 déc.	Lituanie*a*	1935	1er oct.
Nouvelle-Zélande	1931	21 sept.	Japon	1931	17 déc.	URSS	1935	15 nov.
Royaume-Uni	1931	21 sept.	Portugal	1931	31 déc.	Pologne*a*	1936	26 avril
Norvège	1931	28 sept.	Grèce	1932	26 avril	Pays-Bas	1936	26 sept.
Suède	1931	28 sept.	Roumanie*a*	1932	17 mai	Suisse	1936	27 sept.
Danemark	1931	29 sept.	Afrique Sud	1932	28 déc.	Lettonie	1936	28 sept.
Irlande	1931	29 sept.	États-Unis	1933	6 mars	France	1936	2 oct.
Tchécoslovaquie*a*	1931	2 oct.	Autriche	1933	5 mai	Albanie	1939	12 avril

a Introduction du contrôle des changes.

Sources : Société des Nations, *Annuaire statistique*, diverses livraisons.

gnon) qui, entre autres, comportait des hausses de
7 à 15 pour 100 des salaires. Cette dévaluation de
30 pour 100, donc inférieure à celle de la livre ou
du dollar qui avait été de l'ordre de 40 pour 100,
ne permit pas une reprise des exportations, au
contraire : en 1939, celles-ci ne représentaient plus
que 7,8 pour 100 de celles de l'Europe, soit presque
la moitié du niveau de la fin des années 1920.

Comme on peut le voir dans le tableau XXIV.6,
parmi les pays qui ont réajusté la valeur de leur
monnaie tardivement, comme la France, on trouve
la Belgique et la Suisse. Or ces pays, à l'instar de
la France, ne se sont pas sortis de la dépression.
Cela a souvent été invoqué comme preuve que ce
fait constitue l'élément explicatif de l'évolution
conjoncturelle. Il est certain que cela est inter-
venu, mais ce ne fut certainement pas le seul
facteur en cause. D'ailleurs, les Pays-Bas n'ont
suspendu l'étalon or que le 26 septembre 1936,
c'est-à-dire un an et demi après la Belgique, et un
jour avant la Suisse. Or les Pays-Bas ont connu
une très bonne décennie. Comme souvent, les
explications mono-causales sont insuffisantes.

Le chômage conjoncturel et structurel
des années 1930

Puisque la crise a réellement débuté aux États-
Unis, voyons d'abord ce qu'il en a été de l'évolution de l'emploi et du chômage dans ce pays qui
était alors déjà l'économie dominante et qui a été
l'un des plus affectés par la crise et la dépression ; après quoi nous passerons au reste des pays
développés.

LES ÉTATS-UNIS : UN CHÔMAGE IMPORTANT
ET DURABLE

Les séries américaines concernant l'emploi sont meilleures que celles du chômage et elles sont éloquentes. C'est ainsi que l'emploi dans l'industrie manufacturière, qui avait atteint un sommet au milieu de 1929 (à 6 pour 100 au-dessus du niveau de l'année précédente), a amorcé son déclin dès septembre. La baisse fut d'abord modérée puis s'accéléra à partir de juillet 1930, pour se retrouver, dès décembre, à un niveau de près d'un quart inférieur à celui de mi-1929. Le creux a été atteint en mars 1933, avec un niveau de l'emploi presque la moitié de celui de mi-1929. Hors de l'industrie, le recul a été moins accusé bien qu'important. La série sur le chômage, dont on disposait à l'époque, était celle concernant les ouvriers syndiqués. Ce chômage n'amorça son mouvement ascendant qu'en juin 1930 ; et, entre mai 1930 et janvier 1931, le nombre de ces chômeurs passa de 3,1 à 7,1 millions, pour atteindre un sommet de 13,1 millions en juin 1933. En termes de pourcentage des ouvriers syndiqués, on est passé de 8,2 pour 100 pour l'année 1929 à 24,3 pour 100 pour 1933. De meilleures séries, dont on dispose aujourd'hui et qui, de surcroît, sont relativement comparables sur le plan international, figurent dans le tableau XXIV.7. Elles concernent le chômage total dans l'industrie et pour les États-Unis ce chômage est passé de 5,3 pour 100 en 1929 à 37,6 pour 100 en 1933, avec probablement au moment du sommet (en juin) plus de 40 pour 100 !

TABLEAU XXIV.7

TAUX DE CHÔMAGE DANS L'INDUSTRIE[a]

ET DANS QUELQUES PAYS DÉVELOPPÉS

(en pourcentage de la population active
de ce secteur)

	1900/ 1913	1920/ 1929	1930/ 1933	1934/ 1938	Maximum annuel pour la période 1930-1938		1935
					Année	%	
EUROPE							
Allemagne	3,5	8,7	34,2	11,8	1932	43,8	16,2
Belgique	(2,6)[b]	2,4[f]	12,6	15,1	1932	19,0	17,8
Danemark	8,8	16,0	23,0	20,9	1932	31,7	19,7
France	4,2[c]	3,8	9,5	10,8	1932	15,4	14,5
Norvège	2,0	15,4	25,8	23,4	1932	30,8	25,3
Pays-Bas	3,0[d]	8,0	18,7	28,9	1936	32,7	31,7
Pologne	–	(5,8)[g]	(11,3)	(15,2)	1935	(16,7)	(16,7)
Royaume-Uni	3,3	11,1	19,9	13,8	1931	21,3	15,5
Suède	5,1[d]	13,4	18,6	13,5	1933	23,3	15,0
Suisse	–	(2,2)[h]	(17,3)	(15,5)	1932	(21,3)	(17,7)
Tchécoslovaquie	–	(2,4)[h]	(10,8)	(12,5)	1934	(17,4)	(15,9)
AUTRES PAYS DÉVELOPPÉS							
Australie	5,4[e]	7,9	24,3	12,5	1932	28,1	15,6
Canada	–	5,4	20,7	16,8	1933	26,6	19,2
États-Unis	10,0	7,8	28,4	27,5	1933	37,6	30,2
Japon	–	–	(6,0)	(4,1)	1932	(6,8)	(4,6)

a Y compris mines et construction.
b Données moins complètes.
c 1901 et 1906; d 1911-1913; e 1913; f 1921-1929; g 1927-1929; h 1926-1929.

Note : Les chiffres entre parenthèses sont moins comparables internationalement.

Sources : Bairoch, P. (1994).

En 1934, le taux de chômage dans l'industrie américaine a atteint 30,2 pour 100; et si, lors de la reprise économique de 1937, il y eut une nette amélioration, le chômage touchait cependant encore plus d'un cinquième (21,3 pour 100) de l'effectif de l'industrie. En fait, comme la dépression perdura, le chômage n'a retrouvé son niveau «normal» que lors de la Seconde Guerre mondiale. Ce n'est qu'en 1943 que le taux de chômage a retrouvé le niveau de 1929. Donc, si la plupart des secteurs autres que l'industrie ont été moins affectés par le chômage (et, bien sûr, l'agriculture pratiquement pas), il n'en reste pas moins que durant toute la décennie 1930 ce fléau a frappé une proportion non négligeable de l'ensemble de la population active américaine. La moyenne pour la période 1931-1938 est de 19,9 pour 100. Le sommet de 1933 a été de 24,7 pour 100 (1929: 3,1 pour 100).

UNE SITUATION DIVERSIFIÉE DANS LES AUTRES PAYS

Certes l'ampleur du chômage a été très inégale, mais tous les pays développés (URSS exceptée) ont connu une forte augmentation du chômage durant la crise. Dans tous les pays pour lesquels on dispose de statistiques et sauf le Danemark, l'année 1930 a vu déjà une progression du chômage. Comme on peut le voir dans le tableau XXIV.7, le maximum s'échelonne entre 1931 (Royaume-Uni) et 1936 (Pays-Bas), avec une concentration pour les années 1932 et 1933. Lors des années 1930-1933, qui correspondent au maximum triennal, le taux de chômage dans l'industrie s'est échelonné entre un minimum de l'ordre de 6 à 11

pour 100 pour la France, le Japon et la Tchécoslovaquie et un maximum de l'ordre de 24 à
35 pour 100 pour l'Allemagne, l'Australie, les
États-Unis et la Norvège. Avec 34,2 pour 100,
l'Allemagne avait le triste privilège d'occuper
la première place en ce domaine ; ce qui fut,
bien sûr, un des facteurs de la polarisation de
la politique entre l'extrême droite et l'extrême
gauche, qui allait aboutir, en mars 1933, à la dictature nazie. En 1932, le taux de chômage dans
l'industrie allemande était de 43,8 pour 100. Un
autre pays[1] où le chômage fut très élevé a été
l'Autriche.

La «décrue» du chômage s'est amorcée en
général entre 1933 et 1934. Cependant, pratiquement partout, le taux de chômage était demeuré
très élevé à la veille de la Seconde Guerre mondiale. Cela allait (pour 1934-1938) d'un minimum de l'ordre de 10 à 14 pour 100 pour
l'Allemagne, l'Australie, la France, le Royaume-
Uni, la Suède et la Tchécoslovaquie (avec le
Japon : aux environs de 4 pour 100) à un maximum de l'ordre de 23 à 29 pour 100 pour la Norvège, les Pays-Bas et les États-Unis. Les deux
seuls pays où, en 1938, le chômage avait pratiquement disparu étaient l'Allemagne et le Japon
(avec 3 pour 100). Comme nous aurons l'occasion de le voir plus loin, ces réussites sont très
largement imputables (surtout en Allemagne) aux
dépenses militaires, qui durant cette année attei-
gnirent 28,2 pour 100 du PNB, comparé à 7,2
pour 100 pour la France et à 1,3 pour 100 pour
les États-Unis. À propos de pays fascistes, signa-

1. Il ne figure pas dans le tableau XXIV.7.

lons qu'en Italie[1], selon les dernières recherches sur le sujet[2], le chômage en 1935 se serait situé entre 11,5 et 23,2 pour 100.

LES ÉCONOMIES FASCISTES
ET MILITARISTES

Sur le plan politique et social, le fascisme constitue probablement un des plus importants phénomènes du xxᵉ siècle, et certainement aussi un des plus grands drames de la société occidentale. Si la naissance du fascisme est antérieure à la crise de 1929, cette crise et surtout l'énorme chômage qu'elle engendre ont été le terreau dont s'est nourri ce mouvement pour prendre le pouvoir. La naissance du fascisme doit beaucoup aux conséquences de la Première Guerre mondiale; et ce fascisme a mené l'Occident à la terrible Seconde Guerre mondiale et à la *shoha* perpétrée par le nazisme. Ce fut une tragédie sans réel précédent historique, en raison de la conjonction de l'ampleur du phénomène, de son caractère systématique et de son extrême cruauté. Cela rend d'ailleurs difficile l'utilisation d'un qualificatif pour décrire cet horrible crime. Le plus utilisé est «holocauste», qui vient de deux termes grecs: «tout» et «brûlé» et qui renvoie aux fours crématoires. Personnellement, comme beaucoup, je

---

1. Non reprise dans le tableau XXIV.7 pour cause de déficiences des données.
2. G. Toniolo et F. Piva, 1988.

pense que le terme *shoah*, qui, en hébreu, signifie
«anéantissement, destruction», est plus adéquat,
car le terme «holocauste» implique, dans sa définition générale, un sacrifice d'ordre religieux ; ce
qui est totalement inadéquat, pour ne pas dire
plus. C'est pourquoi le terme de *shoah* sera
employé ici. Mais commençons par le début : le
fascisme en Italie.

L'Italie :
un système fasciste corporatiste

On peut considérer que le fascisme italien est
en très grande partie une conséquence de la Première Guerre mondiale et notamment de ce que
les Italiens ont appelé la «victoire mutilée», car
certaines promesses faites par les Alliés n'ont pas
été entièrement tenues. L'histoire de l'ascension
du fascisme est liée à Mussolini et commence
lors de son accession au pouvoir avec la fameuse
«marche sur Rome» d'octobre 1922.

MUSSOLINI : DE L'INSTITUTEUR SOCIALISTE
AU DUCE FASCISTE

La personnalité de Benito Mussolini résume, en
quelque sorte, les conflits politiques et sociaux de
l'Italie d'après la Première Guerre mondiale et de
la montée du fascisme en général. Fils d'un forge-
ron socialiste et d'une institutrice, Benito Mussolini suivra au début la trace de ses parents :
instituteur, il s'inscrivit à 17 ans au parti socialiste dont il devint un membre important et dirigea, à partir de la fin de 1912, le journal du parti

Avanti!. Jusqu'en 1914, il est le leader de la tendance anticolonialiste et surtout antimilitariste du parti. Il changea brusquement de point de vue et milita en faveur de l'entrée en guerre de l'Italie (du côté des Alliés). Expulsé du parti, il fonda, en novembre 1914, un journal, *Il Popolo d'Italia*, grâce au support financier des milieux intéressés à l'entrée en guerre du pays dans le camp des Alliés. Soldat et blessé (comme Hitler), il prend progressivement une place importante dans la lutte contre le «bolchevisme» et fonda, en mars 1919, le parti fasciste. Le terme «fasciste» provient du mot *fasci* (faisceaux) et a été utilisé d'abord en 1892 par un groupement socialiste de travailleurs agricoles du sud de l'Italie. Le parti fasciste de Mussolini essuya un échec cuisant aux élections de novembre 1919, où les socialistes obtinrent le plus grand nombre de sièges. Même aux élections de mai 1922, les premières sous le principe du suffrage universel, les fascistes n'obtinrent que 22 sièges (sur 535). L'année 1922 fut une année très troublée sur le plan social, et n'oublions pas que l'Italie était aussi profondément affectée par ce que l'on a appelé la «victoire mutilée».

Après avoir brisé la grande grève d'août 1922, les fascistes organisèrent la «marche sur Rome», dont l'idée fut lancée par le célèbre écrivain Gabriele D'Annunzio. Organisée par Mussolini, elle commença au matin du 27 octobre avec 26 000 hommes mal armés; le lendemain à l'arrivée ils étaient au nombre de 40 000. Le roi refusa de s'opposer au mouvement et, le 30 octobre, après cette manifestation, il acceptait la liste gouvernementale que lui proposait Mussolini. Progressivement, entre 1922 et 1925, les fascistes consolidèrent leur pouvoir, sans toutefois modifier réellement le régime social et politique. Il s'agit de ce que l'on a appelé la « période libérale » du régime. En juin 1925, les libertés syndicales furent supprimées ; et, en décembre de la même année, le président du parti fasciste, c'est-à-dire Mussolini, devenait aussi le chef du gouvernement et allait progressivement se faire appeler le *Duce* (le « Chef »).

LE RÉGIME FASCISTE

Le véritable régime fasciste fut instauré à partir d'avril 1927 avec la Charte du Travail, où un système dit corporatiste s'installait qui conduisit à un contrôle de l'État, à la fois évidemment sur les syndicats, et aussi (mais partiellement) sur le patronat. Chaque secteur économique est dirigé par un groupe au sein duquel siègent les ouvriers, le patronat et des représentants du parti fasciste, ces derniers jouant, en fait, le rôle déterminant. Les grèves, mais aussi le lock-out ont été interdits. Des mesures furent aussi prises afin d'encourager la natalité. L'année suivante, en mai 1928, une nouvelle loi électorale fut adoptée, abolissant le suffrage universel : n'avaient le droit de vote que les hommes de plus de 21 ans qui payaient des taxes de plus de 100 lires, ce qui réduisit le corps électoral de 10 millions de personnes à 3 millions. Afin d'expliquer, sans du tout le justifier, le large soutien populaire aux débuts du fascisme, il faut signaler la création d'un système de sécurité sociale, auparavant pratiquement inexistant, et la mise en place d'une politique de grands travaux. Parmi les mesures dans le domaine de la législation sociale, notons ce qui, apparemment, fut la première (hors du monde soviétique) loi pour des vacances payées, et aussi un régime de retraite pour les ouvriers. En ce qui concerne les travaux publics, certes il y eut l'infrastructure routière (qui inspirera le programme de construction d'autoroutes de Hitler), mais également l'infrastructure urbaine et des travaux de bonification des sols (notamment l'assèchement des marais). Également facteur de soutien populaire, l'appui apporté à l'Église catholique qui, entre autres, bénéficia du traité de Latran (à la fin de 1929) qui créa l'État du Vatican. Mussolini s'attaqua assez vivement à la Mafia, ce qui explique le soutien apporté par celle-ci aux Alliés lors du débarquement en Italie. D'autre part, l'Italie fasciste, contrairement à l'Allemagne nazie, n'a pas mené de politique d'extermination à l'égard des juifs, et la répression envers les opposants politiques a été beaucoup moins dure que dans l'Allemagne nazie. On peut considérer que, jusqu'en août 1938, il n'y a pratiquement pas eu de mesures discriminatoires à l'égard des juifs. Et ce fut la pression allemande qui explique une modification en ce domaine. Ce qui ne veut nullement dire qu'il ne s'est pas agi d'un système dictatorial réduisant durement les libertés et menant une politique d'expansion territoriale.

Puisque, à propos du fascisme italien, nous venons d'évoquer le nazisme allemand, il n'est peut-être pas superflu de fournir une brève définition de ces deux notions. Le fascisme est la dénomination de la doctrine de Mussolini ; et, par extension, désigne tous les régimes dits de droite impliquant une dictature de type nationaliste. Le

TABLEAU XXIV.8

INDICATEURS DE L'IMPORTANCE
DU SECTEUR MILITAIRE DANS UN CHOIX
DE PAYS DÉVELOPPÉS

	Allemagne	*Italie*	*France*
Dépenses militaires (en % du PNB)			
1929-1932	0,9	3,7	3,8
1933	3,2	5,5	4,0
1934	4,4	6,8	6,3
1935	8,9	7,3	7,4
1936	11,4	15,7	8,2
1937	14,4	16,1	7,1
1938	28,2	9,2	7,2
Personnel militaire (en milliers)			
1929-1932	114	319	433
1933	118	330	422
1934	315	331	449
1935	461	336	458
1936	596	343	548
1937	603	362	613
1938	782	383	581

Sources : D'après des statistiques provenant de la banque de données : Singer, J.D. (dir.), *The Correlates of War Project*.

nazisme peut donc être considéré comme une forme de fascisme élaboré par Hitler ; le terme est l'abréviation du nom de ce système : **N**ational **So**z**i**alismus.

Le régime fasciste italien réussit à maintenir plus ou moins le plein emploi, mais ce seulement à partir des années 1936-1937 grâce au réarmement et aussi à une baisse des salaires réels.

Royaume-Uni	URSS	États-Unis	Japon
2,0	3,4	0,9	2,5
2,1	4,1	1,0	1,6
3,9	18,3	1,2	2,4
5,1	26,4	1,1	2,3
7,1	12,8	1,1	2,1
9,4	13,7	1,1	5,2
12,8	19,7	1,3	9,8
338	562	235	485
325	562	228	555
318	940	230	589
321	1 300	234	597
336	1 300	274	598
350	1 433	294	561
376	1 566	304	525

D'autre part, selon les estimations disponibles, déjà entre 1927 et 1935, les salaires réels auraient baissé de 10 à 15 pour 100. La politique d'expansion coloniale se matérialisa avec l'ouverture, en décembre 1934, du conflit avec l'Éthiopie qui allait entraîner de plus en plus l'Italie sur la voie d'une économie de guerre. Parallèlement (comme en Allemagne), une politique d'apaisement fut

menée, cherchant à amadouer les puissances européennes. Dans ce cas, ce fut la France (et Pierre
Laval) qui, en janvier 1935, entérina les préten-
tions italiennes en Afrique. Mais la condamnation
de la Société des Nations (octobre 1935) à la suite
de l'agression italienne contre l'Éthiopie, ainsi
que la guerre civile espagnole (qui commença en
juillet 1936) rangèrent définitivement le « Duce »
du côté du « Führer » allemand, qui lui avait rendu
visite la première fois en juin 1934. L'expansion
italienne se tourne même vers l'Europe, puisque,
après s'être retirée, en décembre 1937, de la
Société des Nations, l'Italie a commencé, en avril
1939, l'invasion de l'Albanie, qui fut rapidement
conquise.

L'Allemagne : le nazisme

Si la prise de pouvoir d'Hitler est plus tardive
que celle de Mussolini, le parti nazi allemand est,
quant à lui, très actif dès le début des années
1920, jouant sur l'esprit nationaliste heurté par
les exigences des vainqueurs et sur le désordre
économique lié à l'hyperinflation. À l'instar de
la montée du fascisme en Italie, la montée du
nazisme en Allemagne est très liée à un personnage : Adolf Hitler. Et davantage encore que pour
l'Italie, il faut replacer les débuts de ce mouvement à la prise de pouvoir des communistes dans
certaines régions ou villes. Phénomène qui a même
été très important en Allemagne, notamment avec
la révolte des « spartakistes » en janvier 1919.

ADOLF HITLER :

DES BEAUX-ARTS À L'ART DE LA GUERRE

Hitler était d'origine encore plus modeste que Mussolini et poursuivit ses études moins loin que lui. Pour des raisons de santé, il ne termina pas ses études secondaires ; et sa formation de peintre fut très décousue (bien qu'il ait réussi à vendre quelques tableaux). Hitler, qui était d'origine autrichienne, vivait depuis 1913 à Munich. Rappelé pendant la guerre afin de servir dans l'armée austro-hongroise, il fut réformé mais s'engagea dans l'armée allemande. Blessé à deux reprises, et décoré, il fut employé, entre 1919 et le début de 1920, par l'armée pour servir d'éducateur et de propagandiste en vue de contrer les idées communistes. C'est d'ailleurs ses supérieurs militaires qui l'envoyèrent, en septembre 1919, à Munich afin de réorganiser un groupuscule de droite (comptant une douzaine de membres) dont le nom était « Parti ouvrier allemand ». À la veille du putsch de novembre 1923, le parti, rebaptisé « Parti national-socialiste des travailleurs allemands », comptait quelque 56 000 membres. C'est en prison, après le putsch, que Hitler rédigea son livre *Mein Kampf* (« Mon combat ») dans lequel apparaît clairement déjà un racisme extrême et « grossier ». En fait, plutôt qu'un parti politique, le nazisme était pratiquement une religion sans dieu, où un ensemble de structures mystiques coiffait un ensemble de croyances irrationnelles. Cette « religion » reposait notamment sur une pseudo-science anthropologique qui établissait une hié-

rarchie entre les races, races déterminées sans
véritable caractère scientifique.

Les élections de mai 1928, qui se placent donc
dans un contexte économique assez positif, sont
un échec : le futur parti nazi n'obtenant que
12 sièges (sur 491). La gravité de la crise de 1929
renforce l'assise populaire du parti qui joue aussi
sur les sentiments racistes, ce qui n'a pas été le
cas du fascisme italien. Dans le mois précédant
les élections de juillet 1931, le taux de chômage
complet atteint les 33 pour 100 des ouvriers et
employés syndiqués, auxquels s'ajoutent 18 pour
100 de chômage partiel. Le parti nazi obtient
230 sièges, contre 138 pour les socialistes, 89 pour
les communistes et 97 pour le centre. Soulignons
que ce sont essentiellement la classe moyenne et
la paysannerie qui votèrent en faveur du parti
nazi, les ouvriers étant, dans leur majorité, restés
socialistes ou communistes. Malgré sa position
minoritaire, Hitler réussit à prendre le pouvoir le
30 janvier 1933 quand le maréchal Hindenburg,
président de l'Allemagne, l'appela au poste de
Chancelier. (Durant ce mois, 46 pour 100 des
ouvriers et employés syndiqués étaient en chômage complet, et 24 pour 100 en chômage partiel.)

La dictature nazie fut établie en mars 1933, le
Parlement ayant donné, pour une durée de quatre
ans, les pleins pouvoirs à Hitler qui, très rapidement, prit des mesures de vaste ampleur aussi
bien constitutionnelles, administratives, juridiques,
politiques, économiques, religieuses que raciales.
Sur le plan constitutionnel, on passe en définitive
d'un État fédéral à un État national. Sur le plan
administratif, interdiction est faite aux non-aryens
(essentiellement les juifs) d'occuper toute fonc-

tion étatique, y compris dans l'éducation. Sur le plan juridique, tout le système légal est modifié afin d'accorder la priorité au parti ; les sentences sont renforcées et comportent la possibilité d'exécutions sommaires. C'est dans ce nouveau cadre légal que les camps de concentration furent mis en place. Sur le plan religieux, bien qu'au début les nazis aient reçu un soutien non négligeable des Églises catholique et protestante, le régime favorisa l'émergence de mouvements néopaganistes, auxquels on peut rattacher la création notamment des *Hitler Jugend* («Jeunesse hitlérienne»). À la mort d'Hindenburg (2 août 1934), Hitler s'était non seulement proclamé chef de l'État, mais le jour même officiers et soldats durent prêter serment d'«obédience inconditionnelle au Führer du Reich et du Peuple allemands, Adolf Hitler chef suprême des forces armées».

En juin 1934, Hitler fit procéder à la liquidation brutale de la SA (*Sturm Abteilung*), troupes d'assaut du parti nazi, appelées aussi «chemises brunes». Ce fut ce que l'histoire a retenu sous le nom de «Nuit des longs couteaux», celle du 30 juin 1934, au cours de laquelle les principaux leaders de cette unité, y compris Ernst Röhm — chef de celle-ci, et ami personnel de longue date de Hitler —, furent arrêtés et exécutés dans l'heure (ou le jour) qui suivit. La SA étant l'aile la plus anticapitaliste du parti nazi, ce fut là un gage donné à l'armée et surtout aux grands patrons de l'économie allemande, qui, dans leur grande majorité, continuèrent ainsi à accorder leur appui à Hitler. Enfin, et cela renforçait ses pouvoirs dictatoriaux, en février 1936, la Gestapo, créée dès 1933, devint par décret la police secrète de l'État dont les décisions étaient sans appel.

LES MESURES RACIALES : DU BOYCOTT À LA SHOAH

Sur le plan racial, les mesures prises en mars 1933 (interdiction aux juifs de pratiquer le droit et la médecine ; boycottage et liquidation forcée des entreprises juives ; etc.) furent encore renforcées par les lois dites « de Nuremberg » de septembre 1935. Entre autres, celles-ci privaient les juifs (y compris ceux qui n'avaient qu'un seul grand-parent juif) de la citoyenneté et interdisaient les mariages mixtes. Le port de l'étoile jaune comme signe distinctif ne fut introduit que pendant la guerre, et d'abord dans les pays occupés (dès octobre 1939 dans certaines villes polonaises). En Allemagne proprement dite, la mesure date de septembre 1941 ; et tous les pays et territoires occupés furent obligés d'appliquer le même règlement. La seule exception étant le Danemark où, à la suite de la menace du roi Christian X de porter lui aussi l'étoile, la mesure ne fut jamais introduite. Si la décision d'exterminer physiquement les juifs (et aussi les tsiganes) fut prise en janvier 1942, auparavant déjà, notamment lors de l'invasion à l'Est, environ un million de juifs avaient été massacrés. Cela mena en tout à l'extermination d'environ 6 millions de personnes, dont environ 600 000 enfants de moins de 5 ans, et d'environ 250 000 personnes âgées de plus de 70 ans, puisque, par principe, personne ne fut épargné et qu'il y eut extrêmement peu d'enfants et de vieillards parmi les survivants des camps de concentration. C'est la raison pour laquelle le terme de *shoah* est plus adéquat que celui d'holocauste.

L'idéologie allemande de la « race de seigneurs » ne considéra pas seulement les juifs et les tsiganes comme inférieurs, mais aussi de nombreux autres groupes nationaux ou ethniques. Afin d'illustrer le caractère extrême de cette position, qui va aboutir à la *shoah*, citons cette déclaration faite en 1943 à Kiev par Koch, commissaire du Reich en Ukraine : « Nous sommes une race de seigneurs et nous ne devons jamais oublier que le plus humble des ouvriers allemands est racialement et biologiquement mille fois plus précieux que la population d'ici. » Et les Allemands considéraient, par exemple, les Russes comme inférieurs encore aux Ukrainiens.

LA LUTTE CONTRE LE CHÔMAGE

Sur le plan économique, c'est au chômage que Hitler va s'attaquer en premier avec un plan de 4 ans qui comprenait trois séries de mesures, sans compter le début du réarmement : 1) un programme de travaux publics dans la lignée du précédent italien ; 2) des subsides au secteur privé pour la construction de logements (en mars 1933, 88 pour 100 des ouvriers syndiqués du bâtiment étaient en chômage complet) ; 3) des mesures de répartition de l'emploi. Ces dernières mesures étaient très nombreuses, allant de la réduction de la durée du travail à la mobilisation des jeunes dans un service de travail, en passant par l'interdiction pratique de plus d'un revenu par ménage, un bonus pour la femme mariée ne travaillant pas et des exemptions fiscales pour l'emploi de domestiques.

Ce fut une réussite ; il est vrai, comme les études récentes le mettent en relief, cette réussite fut aussi due aux mesures économiques prises avant l'accession de Hitler au pouvoir. Entre juin 1932 et décembre 1934 le chômage recule de plus de la moitié, passant de 5,5 millions à 2,5 millions ; dans le même temps, en raison des mesures prises, la population active a aussi diminué de 1,2 million de personnes et, en outre, plus d'un demi-million de jeunes furent mobilisés dans le Service du travail.

LA MISE EN PLACE D'UNE ÉCONOMIE DE GUERRE

Un nouveau plan (de 4 ans) fut lancé en octobre 1936 ; c'est-à-dire avant même l'achèvement du plan précédent. La réduction du chômage n'en constituait plus le point central. Le but essentiel était d'accroître les ressources pour le réarmement, et aussi de rendre l'Allemagne indépendante des ressources extérieures. L'économie était divisée en six secteurs, dirigé chacun, en fait, par un officier de l'armée. D'ailleurs, le général Hermann Goering, bras droit de Hitler depuis le début de l'ascension du nazisme (il avait participé au putsch de 1923), fut nommé, en 1936, commissaire du plan de 4 ans pour l'économie de guerre, ce qui faisait de lui le « dictateur économique » du IIIe Reich. Et preuve supplémentaire de la mainmise des nazis sur l'économie, en novembre 1937, Schacht était démis de son ministère de l'Économie et remplacé par un nazi. Sur le plan économique, ces mesures entraînèrent une croissance rapide. En 1937, le PNB progressa de 11 pour 100, et en 1938 encore de 10 pour 100. Bon indicateur du programme d'armement : la production d'acier, qui avait déjà fortement progressé à partir de 1933, fit un nouveau bond de 14 pour 100 en 1937, aboutissant à une production de 23 millions de tonnes, soit autant que le Royaume-Uni, la France et la Belgique réunis. Toutefois, ces mesures se sont aussi traduites par une baisse des salaires réels et une détérioration des conditions de travail, notamment par une augmentation des accidents de travail. Entre 1932 et 1937, les salaires horaires réels ont baissé de 13 pour 100, mais cela a été compensé en grande partie par une augmentation de la durée du travail. Relevons également un véritable effondrement de la fréquentation du système universitaire. Alors qu'en 1929 un peu plus de 113 000 jeunes étaient inscrits dans les universités et les écoles polytechniques, ils étaient un peu moins de 53 000 en 1937 ; faisant de l'Allemagne le pays où le taux de scolarisation de niveau universitaire était le plus faible des pays développés. Ce taux était de 0,8 pour 100 (2,1 pour 100 en 1929), soit la moitié de celui du reste de l'Europe (et presque le quart de celui de l'URSS).

Bien que le régime se qualifie de national-socialiste, il n'y a pas de socialisation des moyens de production, au contraire : certaines entreprises nationalisées entre la période 1919 et 1932 retournent au secteur privé. Mais ce qu'il faut reconnaître, c'est qu'à partir de 1934-1935, en raison de la croissance économique rapide, l'Allemagne fait figure de pays prospère. Ce, bien entendu, en tenant compte des réserves importantes émises ci-dessus, et surtout de la cause principale qui est à la base de cette croissance, à savoir une politique d'armement qui va déboucher sur la guerre.

Dès 1936 (voir le tableau XXIV.8), les dépenses militaires dépassent 11 pour 100 du PNB, comparées à 8 pour 100 pour la France, 7 pour 100 pour le Royaume-Uni et 1 pour 100 pour les États-Unis. En 1938, ce sont 28 pour 100 du PNB qui sont consacrés au secteur militaire (contre 7 pour 100 en France) ; mais le chômage ne touche plus que 1 pour 100 de la population active (alors que, aux États-Unis, il s'agissait de 19 pour 100). Ce qui, sans aucun doute, était le taux de chômage le plus faible depuis la fin de la Première Guerre mondiale, et probablement le plus faible jamais enregistré dans l'histoire de l'Allemagne industrielle ; et c'est ce qui explique, sans pour autant le justifier, le support populaire allant grandissant à Hitler et à son régime, qui allait précipiter le monde dans une terrible guerre et commettre des crimes sans précédents historiques.

Et puisque nous parlons de guerre, signalons qu'en novembre 1937, lors d'une réunion secrète, Adolf Hitler présenta ses plans de guerre à l'état-major militaire, et les officiers qui émirent des objections à ces plans furent renvoyés. À la suite du succès du *Blitzkrieg* de 1939-1940, il fut qualifié par ses partisans de « plus grand commandant militaire de tous les temps ». Mais, heureusement pour l'humanité, contre l'avis de maints de ses généraux, il prit des options stratégiques qui facilitèrent la victoire des Alliés.

Les autres économies fascistes,
militaristes ou autoritaires de droite

Comme presque toujours, les classifications
posent des problèmes. Le qualificatif de fasciste
a été appliqué à des pays qui ne s'en prévalaient
pas nécessairement. Hormis l'Italie et l'Allemagne,
les pays développés concernés avant la guerre par
un régime fasciste ou militariste, de plus ou moins
longue durée, sont les suivants : Autriche, Espagne,
Grèce, Hongrie, Lettonie, Lituanie, Pologne,
Portugal et, hors d'Europe, le Japon. Parmi ces
neuf pays, le qualificatif de fasciste ne pourrait
être accordé sans problème qu'à un seul pays :
l'Espagne du général Franco. Mais, par exemple,
la Grèce du général Metaxas, qui prit le pouvoir
grâce à un coup d'État en août 1913, présente un
certain nombre d'aspects du fascisme. Très succinctement, voici les dates auxquelles les autres
pays sont passés à des régimes plus ou moins
proches du fascisme : Autriche, juillet 1935 ; Hongrie, mai 1938 ; Lettonie, mai 1934 ; Lituanie,
décembre 1932 ; Pologne, avril 1935 ; Portugal,
juillet 1932 ; Japon, mars 1936. Bien entendu,
certaines de ces dates sont en partie arbitraires,
puisque, dans de nombreux cas, l'évolution se fit
graduellement. En outre, dans un grand nombre
de pays (pratiquement la quasi-totalité), des partis
fascistes ont existé, allant de groupuscules à des
partis bien structurés rassemblant un grand
nombre d'adhérents et réalisant des scores appréciables lors des élections.

Il n'est évidemment pas question de faire ici
une histoire économique de ces diverses expé-

riences, et encore moins des réels régimes fascistes, qui, à la suite de l'occupation allemande,
se sont implantés dans tous les pays occupés.
Nous nous limiterons à un bref examen de deux
cas en raison de leur intérêt sur le plan économique et social. Il s'agit de l'Espagne et du Portugal.

L'ESPAGNE: DE LA GUERRE CIVILE À L'OPUS DEI

C'est largement grâce à l'appui militaire de l'Allemagne nazie et de l'Italie fasciste que le général
Francisco Franco remporta, en mars 1939, la
guerre civile qui avait commencé en juillet 1936
quand il prit la tête d'une rébellion des troupes
dans le Maroc espagnol. Rébellion contre le gouvernement de gauche parvenu au pouvoir aux
élections de 1936 et qui avait mis en route un
vaste et profond programme de réformes sociales,
éducatives et politiques (notamment distribution
de terres aux paysans; développement de l'enseignement; et restauration de l'autonomie cata-
lane). Le caractère tardif de l'instauration d'un
régime très proche du fascisme et sa survie jusqu'en novembre 1975 (date de la mort de Franco)
nous conduiront à dépasser la borne chronologique de ce chapitre.

Régime néofasciste, car le pays est dirigé par le
seul «Caudillo», et qu'il n'existe plus qu'un seul
parti politique: les phalanges, nettement fascistes
et même inspirées des nazis. Et si Franco a
résisté aux pressions en vue d'instaurer un
régime réellement fasciste, et notamment aux
pressions pour l'introduction de lois racistes,
cela ne l'a pas empêché de garder dans des

camps, assez sinistres, les étrangers qui voulaient gagner l'outre-mer. Il est vrai que la situation économique générale était assez mauvaise.

Globalement, l'économie ne connut pas une évolution positive, en tout cas pas jusqu'au milieu des années 1950. Certes, il faut tenir compte du coût élevé de la guerre civile qui a notamment entraîné un recul de l'ordre de 23 à 29 pour 100 du PNB par habitant entre 1935 et 1939. Mais cela a été compensé en partie par la non-participation (en termes pratiques) du pays à la Seconde Guerre mondiale. Le PNB par habitant de l'Espagne, qui représentait environ 60 pour 100 de celui de l'Europe occidentale vers 1929, n'en représentait plus qu'environ 40 pour 100 vers 1960.

L'Opus Dei est une société sacerdotale fondée en 1928. Elle fut reconnue en 1947 par le pape Pie XII comme une «association internationale de fidèles gouvernés par des laïcs» et qualifiée par ses opposants de «Sainte Mafia», désireuse d'acquérir le pouvoir politique et économique. Ce pouvoir économique s'établit sur une longue durée et de façon importante. En effet, de 1956 à 1973, des membres de l'Opus Dei ont occupé des postes clés de nature économique dans le gouvernement. De plus, l'Opus Dei contrôlait certains journaux et une banque, la Banco Atlantico ; mais l'étendue précise de son contrôle direct ou indirect et l'ampleur exacte de son pouvoir économique restent difficiles à cerner et à établir.

LE PORTUGAL DE SALAZAR : LA LONGUE DICTATURE
D'UN PROFESSEUR D'ÉCONOMIE

Si le régime instauré par l'économiste Antonio
de Oliveira Salazar ne peut être qualifié de fasciste, il fut néanmoins, sans aucun doute, un
gouvernement autoritaire de droite, une forte
dictature et l'une des plus longues de l'histoire
contemporaine de l'Europe, puisqu'elle a duré
36 ans : de juillet 1932 à septembre 1968 (quand
Salazar tomba dans le coma). Déjà en 1926, pour
une brève période, et surtout à partir d'avril
1928, cet ancien séminariste, devenu professeur
d'économie en 1918 à l'université de Lisbonne,
devint ministre des Finances. En 1933, une année
après sa prise de pouvoir, Salazar promulgua
une nouvelle Constitution, créant ainsi un régime
proche du fascisme : le « Estado Novo ». Le pouvoir s'appuyait sur l'armée ainsi que sur une
milice (les « chemises vertes ») et sur une police
secrète.

La vision économique de Salazar était très
conservatrice : l'objectif principal était un budget
équilibré. Il y parvint totalement ; cependant sur
le plan économique on ne peut certainement pas
parler de réussite, sauf dans le domaine de l'infrastructure. Infrastructure des transports (chemins de fer, routes, ports), mais aussi irrigation.
On met souvent en avant les mesures dans le
domaine de l'éducation ; cependant, les progrès y
ont été assez modestes. Globalement, et bien que
le Portugal soit demeuré à l'écart de la guerre, le
pays s'appauvrit en termes relatifs ; en tout cas,
de la fin des années 1920 au début des années

1960, le PNB par habitant est passé de 42 pour
100 de la moyenne d'Europe occidentale vers
1929 à 38 pour 100 vers 1960. Le Portugal est
resté ainsi le pays le plus pauvre d'Europe
occidentale, et peut-être même, avec l'Albanie,
d'Europe.

XXV. LA SECONDE
GUERRE MONDIALE
ET CINQ DÉCENNIES
DE CROISSANCE RAPIDE

La Seconde Guerre mondiale a probablement été une rupture plus importante que la Première. D'ailleurs, comme nous le verrons, cette Seconde Guerre mondiale a été encore plus totale, plus meurtrière, plus longue et plus dévastatrice que la Première. D'autre part, les quelque cinq décennies qui nous séparent de la fin de la Seconde Guerre mondiale ont été la plus longue période de paix relative jamais enregistrée dans les pays développés, et plus particulièrement en Europe, ce même si l'on tient compte de la guerre en ex-Yougoslavie qui a éclaté à la fin de mars 1991. Sur le plan politique, après les accords de Yalta de février 1945, le phénomène le plus important est très récent : nous parlons bien entendu des conséquences de l'écroulement, qui débute en mars 1989, du communisme en URSS et dans les pays de l'Est. La date la plus symptomatique étant celle de la chute du mur de Berlin le 9 novembre 1989.

Est-ce dire alors que cette période est une période sans histoire économique ? Non, bien entendu, ne serait-ce qu'en raison du fait qu'elle a été différente, même très différente, des autres périodes. Différente d'abord et surtout dans le rythme de croissance économique. Cette croissance a été sans commune mesure avec celle des périodes antérieures de même durée ; de ce fait, elle a entraîné de profonds bouleversements des structures économiques[1]. Période différente aussi dans la politique économique extérieure, surtout de la part des pays européens. Un quadruple mouvement d'intégration économique a caractérisé cette période. En Europe, il s'agit d'abord du Marché Commun, mis en œuvre en janvier 1958 et devenu une réalité encore plus complète le 1ᵉʳ janvier 1993, date de la mise en vigueur de l'Union Européenne et du « Marché unique ». Pratiquement à la même période se mettait en place l'AELE (Association Européenne de Libre-Échange), qui s'est affaiblie progressivement. Mais il y a eu aussi un mouvement parallèle à l'Est qui, bien qu'ayant pratiquement disparu en 1991, mérite d'être décrit. Cela fera l'objet d'une partie du chapitre XXVII qui traite de l'URSS et de l'Europe de l'Est en général. Enfin, à la fois moins large — car ne concernant que trois pays — et plus importante — car impliquant la plus grande puissance économique — l'ALENA. Au départ, il ne s'agissait que des États-Unis et du Canada, mais depuis janvier 1994 le Mexique a rejoint l'Union. Sans connaître les soubresauts de l'entre-deux-guerres, ces cinq décennies ont été caractérisées par une conjoncture non uniforme tant à l'Ouest qu'à l'Est. Pour ce qui concerne l'Est, le chapitre XXVII traitant de cet aspect, par conséquent, les pages qui suivent sont consacrées presque exclusivement aux pays développés occidentaux.

1. Voir chap. XXVIII.

Autre évolution importante, et le phénomène est presque commun à l'ensemble des pays développés occidentaux, on constate, depuis 1965-1973 un réel processus de désindustrialisation. Presque commun à tous les pays occidentaux ? Oui, car l'exception se limite pratiquement au seul Japon, même si certains pays ont mieux résisté, surtout les États-Unis et l'Allemagne. Certes, ce phénomène ne revêt pas l'ampleur de la désindustrialisation subie par le Tiers-Monde au XIXe siècle ; mais une de ses causes principales est la même : l'afflux d'articles manufacturés moins chers car produits soit plus efficacement, soit grâce à des salaires beaucoup plus faibles. Nous traiterons de cette évolution importante et inquiétante pour plus des huit dixièmes de la population des pays développés occidentaux dans la dernière section de ce chapitre.

Enfin, sans être exhaustif, dernière évolution importante (et l'on peut même parler de rupture) : la réapparition, à partir du milieu des années 1970, d'un chômage structurel, qui a touché pratiquement tous les pays occidentaux et qui a atteint des niveaux extrêmement graves dans certains d'entre eux, affectant douloureusement les jeunes. On peut parler de rupture, car parallèlement, et les deux phénomènes sont en partie liés, on a assisté à un ralentissement de la croissance économique[1].

---

1. Rappelons ici que maints éléments de nature plus structurelle que conjoncturelle concernant l'ensemble du XXe siècle seront présentés dans le chapitre XXVIII.

LA SECONDE
GUERRE MONDIALE (1939-1945)
ET LA RECONSTRUCTION
EN OCCIDENT

Cette section, comme les suivantes, sera consacrée presque exclusivement aux pays développés
occidentaux. Bien que le passage au communisme
de 7 pays européens et les gains territoriaux de
l'URSS aient élargi de l'ordre de la moitié, en
termes de population, le domaine de l'économie
non capitaliste, l'économie «capitaliste», ou l'Occident, demeurait cependant la partie dominante
du monde développé représentant, vers 1950, 68
pour 100 de la population et 82 pour 100 du PNB
de cet ensemble. Cet Occident est très diversifié,
puisque dans l'Europe occidentale on trouve des
pays aussi différents que la Grèce, le Portugal et
la Finlande. Cette région comprend également
l'Amérique du Nord, les pays développés d'Océanie, l'Afrique du Sud et le Japon. Davantage que
sur la guerre, nous mettrons l'accent dans cette
section sur les événements et les décisions qui ont
permis d'une part une reconstruction rapide, et
d'autre part une stabilité financière, et surtout
monétaire, qui a duré une trentaine d'années.

La Seconde Guerre Mondiale
et ses conséquences directes

Insistons d'abord sur l'ampleur de cette Seconde Guerre mondiale qui fut encore plus importante que celle de la Première ; d'ailleurs, les hostilités durèrent près de six ans, soit un an de plus. Parmi les indicateurs de son ampleur, citons l'essentiel, c'est-à-dire les décès. Le nombre de décès dus directement à la Première Guerre mondiale est estimé à environ 14 à 16 millions, celui de la Seconde à environ 37 à 44 millions. En ce qui concerne les militaires, sur un total de 92 millions de combattants, le nombre de tués est estimé à 17,1 millions, dont 11,4 pour les Alliés (7,5 pour l'URSS) et 5,7 pour les pays de l'Axe (3,5 pour l'Allemagne), donc, globalement, deux fois plus qu'à la Première Guerre mondiale. Dans cette Seconde Guerre mondiale, encore davantage que les militaires, ce sont les civils qui ont payé un tribut beaucoup plus lourd que lors de la Première Guerre mondiale, et ce tant en termes absolus que relatifs, puisqu'il s'agit respectivement de 20 à 27 millions de victimes civiles directes (contre 6 à 7 millions, soit 3 à 4 fois plus) et que celles-ci représentaient 55 à 60 pour 100 de l'ensemble des victimes (contre 40 à 45 pour 100). En revanche, les victimes indirectes, celles ayant succombé aux maladies et épidémies, ont été plus réduites, car il n'y a pas eu de phénomène voisin de celui de la « grippe espagnole », qui a fait de 20 à 23 millions de victimes en 1918-1919. Aux 37 à 44 millions de victimes directes, il faut encore ajouter des déplacements de population beaucoup plus importants que lors de la Première Guerre mondiale : environ 28 à 30 millions, dont 15 millions d'Allemands et 5 millions de Polonais. Pour la Première Guerre mondiale, le nombre de personnes déplacées a été de l'ordre de 3 à 5 millions. On ne peut quitter cette terrible comptabilité du coût humain de cette guerre sans rappeler brièvement l'extermination planifiée et systématique de quelque 5 à 6 millions de juifs et de centaines de milliers de tsiganes. Ces morts sont comprises dans le chiffre, cité plus haut, de 20 à 27 millions de victimes civiles directes.

D'autre part, la mobilisation du potentiel économique a été encore plus complète que durant la Première Guerre mondiale ; de ce fait les conséquences économiques ont été aussi très importantes. Toutefois, l'organisation économique ayant été meilleure, cela a permis durant la guerre une désorganisation plus faible en termes relatifs. Par contre, en raison notamment des possibilités de bombardement par l'aviation, les destructions ont été très importantes, beaucoup plus importantes que lors de la Première Guerre mondiale. En ce qui concerne les logements, durant la Seconde Guerre mondiale on estime qu'en URSS (la plus touchée) 50 pour 100 de ceux-ci ont été détruits. En Allemagne, en Pologne et en Grèce, il s'agit de 20 pour 100 ; et ce taux de destruction varie entre 5 et 9 pour 100 en Autriche, en Belgique, en France, en Italie, aux Pays-Bas et au Royaume-Uni. Les destructions de la capacité industrielle ont été aussi très importantes, mais une partie de celle-ci a été reconstituée durant les hostilités vu les besoins en armement.

Spatialement, l'implication dans le conflit a été

encore plus large que lors de la Première Guerre mondiale. En Europe, alors que durant la Première Guerre mondiale six pays étaient demeurés à l'écart du conflit, il n'y en a eu que trois en 1939-1945 (Portugal, Suède et Suisse), auxquels on pourrait ajouter l'Espagne. Mais l'Espagne fut dévastée par la guerre civile qui, en quelque, sorte, fut l'essai général de la Seconde Guerre mondiale ; et ce pays envoya un corps expéditionnaire afin de combattre au côté des puissances de l'Axe. Hors d'Europe, la différence importante concerne évidemment la forte participation à la guerre du Japon et de la Chine, et une participation plus massive de soldats des colonies européennes. Un des plus importants effectifs fut celui de l'Inde, avec (à son maximum) 2,2 millions de soldats.

Traditionnellement, on fait débuter la Seconde Guerre mondiale avec l'attaque de la Pologne par l'Allemagne (le 1er septembre 1939), cause de la déclaration de guerre (deux jours plus tard) de la France et du Royaume-Uni. Mais, dès mars 1938, les troupes allemandes avaient envahi l'Autriche, et occupé pratiquement toute la Tchécoslovaquie ; et un an plus tard, en avril 1939, l'Italie avait annexé l'Albanie. Autre précédent, que certains historiens rattachent à la Seconde Guerre mondiale : le début d'invasion, en juin 1937, de la Chine par le Japon. Mais on ne peut cependant rattacher directement ce dernier fait très grave à l'éclatement de la Seconde Guerre mondiale. La réponse penche plutôt vers la négative, car il est presque certain que, sans les événements d'Europe, l'occupation de la Chine par le Japon n'aurait pas entraîné une guerre mondiale, et peut-être pas même un soutien massif des Alliés à la Chine. La datation de la fin de la guerre est plus aisée. En Europe, le 8 mai 1945 l'Allemagne a capitulé; et le Japon le fit le 2 septembre de la même année.

CHANGEMENTS TERRITORIAUX

Sur le plan géographique, les bouleversements dus directement à la guerre ont été en définitive moins importants que ceux dus à la Première Guerre mondiale. Les principaux changements territoriaux ont concerné une perte de territoires, et surtout le partage de l'Allemagne et la perte d'indépendance des pays Baltes. Ces deux modifications ont duré moins longtemps que la division de l'Empire austro-hongrois. L'Allemagne a perdu 24 pour 100 de son territoire à l'est au profit de la Pologne, laquelle en perd davantage (à l'est) au profit de l'URSS, ce qui, pour la Pologne, conduit à une perte nette de 19 pour 100. L'URSS (d'Europe) accroît son territoire de 6 pour 100 (ce qui signifie 380 000 km^2, soit un peu plus que la superficie de l'Allemagne réunifiée). Les autres changements importants sont un rétrécissement territorial de la Roumanie et de la Tchécoslovaquie. D'autre part, le passage d'un certain nombre de pays de l'est de l'Europe au communisme[1] est important, cependant moins important que ne l'a été le passage, en 1917, de la Russie à ce régime.

1. Voir chap. XXVII.

BOULEVERSEMENT DU RAPPORT DES FORCES

Parmi les autres conséquences directes de la guerre, il faut insister sur le bouleversement des rapports de forces économiques résultant à la fois des changements territoriaux et de la croissance rapide des pays demeurés à l'écart des effets directs du conflit. En Europe (au sens large du terme), l'URSS est devenue la première puissance économique vu sa masse relative, puisque l'autre plus grand pays d'Europe, l'Allemagne, était coupée en deux. Conséquences de la croissance rapide... Notons d'abord que, généralement, beaucoup de pays demeurés à l'écart du conflit ont profité davantage de cette situation que lors de la Première Guerre mondiale. Les États-Unis, ayant connu une expansion économique extrêmement rapide durant la guerre, deviennent, bien davantage qu'auparavant, la puissance dominante dans le monde et, surtout, ils deviennent conscients de cette situation, alors que ce n'était pas le cas dans l'entre-deux-guerres. Nous reviendrons plus en détail sur cette évolution[1]; mais nous donnerons ici quelques indicateurs à ce propos en comparant l'avant et l'après-guerre. En termes de PNB, les États-Unis représentaient, en 1938, 31 pour 100 de celui de l'ensemble des pays développés; et les cinq autres plus grandes puissances (URSS, Allemagne, Royaume-Uni, Japon, et France) en représentaient ensemble 44 pour 100. En 1950, le rapport est presque inversé: États-Unis 41 pour 100; et les cinq autres puis-

1. Voir chap. XXVIII.

sances 35 pour 100. Si l'on compare les deux principales puissances que sont donc les États-Unis et l'URSS aux quatre suivantes, on voit très bien l'expression du monde bipolaire qui a caractérisé les presque quatre décennies qui ont suivi la Seconde Guerre mondiale. En 1938, les deux puissances représentaient 42 pour 100 du PNB des pays développés, et les quatre suivantes 33 pour 100 ; en 1950, il s'agit respectivement de 54 pour 100 et de 22 pour 100. Les États-Unis, qui fournissaient 19 pour 100 des exportations de l'ensemble des pays développés en 1938, en fournissent 25 pour 100 en 1950.

*La mise en place d'institutions
économiques internationales*

C'est dès 1941 que les Alliés se préoccupent sérieusement de l'organisation de l'après-guerre afin d'éviter notamment la répétition d'une crise comme celle de 1920-1921 et afin d'éviter aussi les problèmes de l'hyperinflation et ses conséquences politiques et sociales. En effet, c'est en août 1941, lors de la rencontre historique à bord d'un navire de guerre, que Winston Churchill — au nom du Royaume-Uni — et Franklin Roosevelt — au nom des États-Unis — ont signé la charte de l'Atlantique qui, entre autres, prévoyait la prise de mesures afin de rétablir après la guerre un système de relations économiques plus équilibrées.

LES ACCORDS DE BRETTON WOODS

L'essentiel des institutions internationales, qui allaient jouer un rôle très important, fut prévu dans ce que l'on a qualifié d'accords de Bretton Woods, nom d'une localité dans le New Hampshire où se réunirent, en juillet 1944, les représentants de 44 pays du côté des Alliés. L'URSS, qui avait participé aux réunions préparatoires, ne fut pas présente à la Conférence. Il fut décidé notamment de créer la Banque Internationale pour la Reconstruction et le Développement (BIRD; en anglais IBRD) et le Fonds Monétaire International (FMI; en anglais IMF). La BIRD, plus connue sous le nom de Banque Mondiale, a été conçue au départ pour aider la reconstruction de l'Europe. Mais cette fonction ayant été assumée par le Plan Marshall, la Banque Mondiale a à présent surtout pour objectif d'aider les pays moins développés, et notamment ceux du Tiers-Monde. Cette aide se fait essentiellement sous forme de prêts à conditions favorables. Le FMI allait jouer un rôle-clé dans la stabilisation monétaire qui a marqué l'Occident jusqu'au début des années 1970. On peut considérer que le système monétaire mis en place fut en quelque sorte une restauration du Gold Exchange Standard.

Il fut également décidé de procéder à une libéralisation des échanges internationaux, notamment par le biais d'une Organisation Internationale du Commerce (OIC). Cette organisation, qui devait englober l'ensemble des problèmes du commerce international (y compris des aspects socio-économiques), avait fait l'objet d'une conférence prépa-

ratoire (mars 1948) qui déboucha sur la charte de
Havane (du nom de la ville où cette conférence
s'était tenue). Mais cette institution ne vit pas le
jour, car n'ayant pas été ratifiée par les États-
Unis. En décembre 1950, le président démocrate
Harry Truman a retiré cette question de l'ordre
du jour du Congrès à majorité républicaine,
congrès qui a ainsi eu raison des ambitions libres-
échangistes des deux présidents démocrates. La
tâche de l'OIC fut reprise partiellement par la
création de deux institutions. La première, le
GATT[1], fut créée en octobre 1947 ; la seconde, la
Conférence des Nations Unies sur le Commerce et
le Développement (CNUCED ; en anglais UNC-
TAD) fut créée en 1964. Le GATT a axé son activité essentiellement sur la réduction des barrières
douanières, surtout entre pays développés. La
CNUCED au contraire s'est consacrée au problème du développement du Tiers-Monde par une
amélioration de la nature des relations commerciales, notamment par des accords sur les prix
des produits de base. Plus loin, nous aurons l'occasion de revenir sur la plupart de ces institutions, et nous verrons que, paradoxalement, c'est
le GATT, et non la CNUCED, qui, en 1995 fera
revivre, sous le nom d'Organisation Mondiale du
Commerce (OMC ; en anglais WTO), l'Organisation Internationale du Commerce prévue dans les
accords de Bretton Woods.

1. Initiales du nom anglais de l'Accord Général sur les
Tarifs Douaniers et le Commerce.

Le Plan Marshall : un transfert massif de ressources

Dès la fin de la guerre, des mesures d'urgence furent prises afin de pallier les difficultés économiques des pays libérés de l'occupation allemande et italienne, et les difficultés de la Grande-Bretagne qui avait supporté un lourd fardeau pendant la guerre. En décembre 1945, les États-Unis, conjointement avec le Canada, octroyaient un prêt de 5 milliards de dollars à la Grande-Bretagne. D'autre part, par le biais de l'UNRRA (sigle anglais de l'Administration des Nations Unies pour le Secours et la Reconstruction) essentiellement financée par les États-Unis, entre mi-1945 et mi-1947 environ 4 milliards de dollars d'aide ont été fournis à l'Europe (auxquels il faut ajouter 3 milliards de dollars pour le reste du monde). À tout cela s'ajouta un montant beaucoup plus important : 13,2 milliards de dollars dans le cadre du Plan Marshall proprement dit. Vu l'importance de ce plan, à la fois quant à ses conséquences positives pour l'époque et pour son retentissement comme concept qu'il a gardé jusqu'à aujourd'hui (ainsi, un plan de même portée a été préconisé afin d'aider à reconvertir l'URSS), il convient de fournir ici quelques détails sur le Plan Marshall proprement dit.

L'HISTORIQUE DU PLAN MARSHALL

En juin 1947, le secrétaire d'État américain, George Marshall[1], prononça un discours à l'Université Harvard dans lequel il met en évidence le fait que les besoins de l'Europe dans les prochaines années seront beaucoup plus importants que ses moyens de paiement. Par conséquent, et afin d'éviter des troubles économiques et sociaux, les États-Unis se déclarent prêts à aider le vieux continent si les pays se mettent d'accord pour s'organiser en vue d'utiliser efficacement cette aide. La France et le Royaume-Uni invitèrent tous les pays européens (sauf l'URSS et l'Espagne) à participer à une conférence (tenue en juillet 1947) d'où naîtra, en 1948, l'OECE[2], devenue depuis 1961 l'OCDE[3]. L'URSS, qui dans un premier temps avait envoyé son ministre des Affaires étrangères à une réunion préliminaire organisée par ses collègues britannique et français, exerça une pression pour que les pays de l'Europe de l'Est ne participent pas à ce projet.

Les très mauvaises conditions climatiques dans une grande partie de l'Europe (hiver froid et sécheresse en été) amenèrent en 1947 un fort recul de la production agricole. Par exemple, la production de blé en France chuta de 52 pour 100 et fut la plus faible depuis 1815 ! Au niveau de l'ensemble de l'Europe occidentale, la baisse de la production de blé a été de 32 pour 100. Cet

1. Ancien chef d'état-major pendant la guerre.
2. Organisation Européenne de Coopération Économique.
3. Organisation de Coopération et de Développement Économiques ; en anglais OECD.

«accident» accrut les besoins en devises pour l'importation de céréales. Les États-Unis débloquent à la fin de 1947 des fonds d'aide d'urgence. Cette pénurie alimentaire et aussi le poids croissant des partis communistes dans certains pays d'Europe occidentale (France et Italie notamment) ont accru la pression en vue d'une aide massive à l'Occident. C'est en mars 1948 que le Congrès américain adopta le *Foreign Assistance Act* qui, en fait, est ce que l'on qualifie généralement de «Plan Marshall», et qui à l'origine s'appelait *European Recovery Program*.

Du côté américain, il convient de signaler qu'une grave crise a marqué l'année 1946 et une partie de 1947. En fait, il s'agit d'une crise d'une ampleur voisine de celle qui a suivi (en 1921) la Première Guerre mondiale. Le PNB par habitant a reculé en 1946 de 13 à 20 pour 100 (selon les séries utilisées) mais se situait à environ 42 à 53 pour 100 au-dessus du niveau de 1937-1939. Le recul de la production manufacturière fut du même ordre, mais le niveau de 1946 dépassa de presque 70 pour 100 celui de 1937-1939. Passons à présent à l'ampleur et aux modalités de l'aide fournie par le Plan Marshall.

L'AIDE ET SES MODALITÉS

L'aide fut fournie essentiellement sous la forme de dons à utiliser pour les importations. Sur les 13,2 milliards de dollars plus de 12 milliards étaient des dons ; le (petit) reste : des crédits. Mais l'utilisation de ces moyens devait être approuvée par les missions américaines implantées dans ce but dans chaque pays ; le tout était coordonné par l'OECE. Et différence fondamentale par rapport à la Première Guerre mondiale, les anciens «ennemis» (notamment Allemagne et Italie) sont aussi bénéficiaires. Il est vrai que l'on était déjà entré dans la «guerre froide», qui a opposé l'Occident aux pays communistes, et notamment les États-Unis à l'URSS, pendant près de quatre décennies. Guerre froide que, traditionnellement, on fait commencer au début de 1946 quand, dans un discours (en mars), Winston Churchill parla du «rideau de fer» que l'URSS avait fait tomber en Europe. Le terme de guerre froide a été popularisé en 1947, par Bernard Baruch, l'influent conseiller du président des États-Unis d'alors (Harry S. Truman) et qui avait déjà conseillé le président Woodrow Wilson lors de la Première Guerre mondiale[1].

On a souvent insisté sur le caractère utilitaire pour les États-Unis de l'aide fournie par le Plan Marshall; cela est indiscutable. Les États-Unis voulaient éviter la répétition de la grave crise survenue en 1921; et leur balance commerciale étant énormément excédentaire cela aurait très tôt poussé les Européens à réduire leurs importations américaines. Toutefois, le caractère altruiste ne doit pas être négligé, car les États-Unis, en raison de leurs attaches profondes avec l'Europe, avaient une attitude très différente de celle que pourrait avoir un pays européen vis-à-vis d'un autre pays, même européen. Pour la grande majorité des Américains, l'Europe est (et surtout était

---

1. En fait, c'est George Orwell qui, apparemment, a utilisé la première fois ce terme dans un de ses articles de presse, le 19 octobre 1945.

alors) leur patrie d'origine. Pour terminer cette
phase de l'histoire, insistons sur le fait que le flux
des moyens financiers a été très important, en
termes absolus et relatifs, dans les années cru-
ciales d'après-guerre. De 1947 à 1950, il a représenté 4 milliards de dollars par an, l'équivalent de
2 pour 100 du PNB des États-Unis (ou 4 pour 100
du PNB de l'Europe, ou 25 pour 100 des importations de l'Europe). Le déficit commercial de
l'Europe occidentale, qui, en 1947, représentait
40 pour 100 des importations, tomba à 13 pour
100 en 1953.

*Une reconstruction rapide
et le* baby boom

La reconstruction après la Seconde Guerre
mondiale a été beaucoup plus rapide qu'après la
Première Guerre mondiale, ce malgré des destructions plus importantes. On retrouva trois,
quatre ans après la guerre, le niveau de production d'avant-guerre qui, il est vrai, était influencé
négativement dans certains domaines par la
dépression des années 1930. Mais, en règle générale, on peut considérer que l'on réalisa en trois,
quatre ans, ce qui avait été réalisé en six, huit ans
après la Première Guerre mondiale. L'élément,
sinon essentiel du moins important, qui explique
cette reconstruction rapide, en tout cas pour ce
qui est des pays occidentaux, fut le Plan Marshall.

Regardons un peu, secteur par secteur, quand
on a retrouvé le niveau d'avant-guerre en Europe
occidentale. Pour l'acier, à l'époque encore un
produit très important, il s'agit de 1949. Pour

l'ensemble de la production de l'industrie manufacturière, c'est probablement en 1948 et certainement en 1949. Pour le charbon, alors produit
vital, cela se place vers 1951. En ce qui concerne
le PNB par habitant, cela se situe en 1948, ce qui
peut paraître précoce par rapport à ce qui vient
d'être présenté ; mais il faut tenir compte du
recul de la population. Le volume des exportations a atteint le niveau de 1938 en 1948 ou 1950
selon les indices ; mais, contrairement aux autres
indicateurs, pour ce cas le niveau d'avant-guerre
n'avait pas dépassé le sommet de 1929. Rappelons que le niveau du volume des exportations de
l'Europe occidentale vers 1938 était inférieur
de près d'un quart à celui de 1929. Néanmoins
l'expansion fut si rapide après la guerre que
même le niveau de 1929 fut retrouvé vers 1950-
1951.

Bien que nous y revenions plus longuement
dans le chapitre XXVII, signalons dès maintenant
qu'en Europe de l'Est et en URSS, malgré l'absence
des ressources du Plan Marshall, la reconstruction semble avoir été aussi rapide grâce à un très
gros effort d'investissement entrepris au détriment de la consommation. Mais, bien sûr, il subsiste des problèmes quant à la validité des données
et à la qualité des unités de production. Pour le
Japon, qui, lui non plus, n'a pas bénéficié du Plan
Marshall, mais où le niveau d'avant-guerre était
élevé, ce stade fut atteint 2 à 4 ans après celui de
l'Europe occidentale : par exemple, pour l'industrie manufacturière il s'agit de 1951, mais pour le
PNB par habitant, il faut attendre 1954-1955.

LE BABY BOOM

Ce que l'on a qualifié aux États-Unis de *baby boom* est la forte montée de la fécondité qui a touché ce pays entre 1946 et la fin des années 1950. Le taux brut de natalité, qui était de l'ordre de 19 à 20 pour 1000 tant à la fin des années 1920 que des années 1930, dépasse les 24 pour 1000 de 1946 à 1959. Plus significative, bien sûr, est l'évolution du taux net de reproduction, c'est-à-dire le nombre de filles qu'une fille nouveau-née mettra au monde au cours de sa vie dans l'hypothèse de taux fixes de mortalité et de fécondité de l'époque considérée. Un taux de 1 signifie un remplacement de la population. Or ce taux, qui était tombé au-dessous de l'unité durant la dépression des années 1930, commence à remonter déjà au cours de la guerre, atteignant 1,25 en 1944. À partir de 1946, l'augmentation de la fécondité s'accélère, et le sommet est atteint en 1957, avec un taux net de reproduction de 1,77. La décrue est d'abord modérée, s'accélère après 1961 (le taux est encore de 1,70) puis tombe à 1,17 en 1968. Donc un *baby boom* qui a duré une quinzaine d'années. Combiné à une baisse de la mortalité infantile, cela a conduit à une forte augmentation du nombre absolu, mais aussi relatif, d'enfants. Alors qu'au recensement de 1940, le nombre des enfants de moins de 5 ans s'élevait à 10,5 millions (ce qui représentait 8 pour 100 de la population), au recensement de 1960 il s'agissait de 20,3 millions (11,3 pour 100 de la population). À l'instar du creux démographique de l'Europe de la Première Guerre mondiale, le *baby boom* a introduit une lame de fond dans la conjoncture économique américaine.

Dans les autres pays développés, on ne peut guère parler d'un *baby boom* ; et les taux de fécondité ont été, en règle générale, bien plus faibles qu'aux États-Unis. Ainsi, pour la période 1950-1954, alors que le taux net de reproduction s'élevait à 1,60 aux États-Unis, pour l'ensemble de l'Europe celui-ci était à 1,13. Même dans l'Europe du Sud, il ne s'agissait que de 1,17 ; et en Europe occidentale on était près de l'unité (1,03). Seuls les pays de l'Europe de l'Est (1,32) et l'URSS (1,28) avaient un taux de fécondité assez élevé, mais pas de réel *baby boom*. Cependant, dans un assez grand nombre de cas, on peut parler d'une reprise de la natalité, après la baisse qui a marqué l'entre-deux-guerres, et surtout les années 1930. C'est notamment très marqué en France où le taux brut de natalité a dépassé pendant cinq ans (de 1946 à 1950) les 20 pour 1 000, retrouvant ainsi les niveaux des années précédant 1908. Pour 1935-1939, ce taux était tombé au-dessous de 15 pour 1 000, malgré la création en 1932 du système d'allocations familiales.

1950-1973 : UNE PHASE DE CROISSANCE SANS PRÉCÉDENT HISTORIQUE

En faisant débuter la période de croissance rapide à l'immédiat après-guerre — ce qui, en partie, se justifie —, l'économiste français Jean Fourastié a parlé des «trente glorieuses», terme qui est entré dans le langage commun (en tout cas dans le monde francophone). Effectivement, de 1945 à 1973 il s'est écoulé presque 30 ans, pendant lesquels la croissance a été très rapide. Cependant, il est peut-être arbitraire de faire figurer dans cette phase les années 1945-1950, c'est-à-dire les années de reconstruction dans une phase économique «normale», et ce même si cette reconstruction a été rapide. C'est la raison pour laquelle nous nous concentrerons sur la période débutant en 1950. Comme nous aurons l'occasion de le voir dans le chapitre XXVIII, cette période de croissance rapide a accéléré les mutations profondes de la société occidentale en général. Ici, nous examinerons surtout l'essentiel des caractéristiques de cette croissance rapide et non ses conséquences structurelles.

Un rythme de croissance économique
d'une ampleur sans précédent
historique

Une croissance économique rapide sans précédent historique? En effet, et pour s'en convaincre il suffit de comparer le taux de croissance du PNB par habitant. Dans l'ensemble des pays développés, de 1950 à 1973 le volume du PNB par habitant croît à un rythme annuel de 3,9 pour 100, ce qui signifie qu'en 23 ans il a été multiplié par un peu plus de 2,4 (voir le tableau XXV.1). Or, au cours de la période qui a précédé la Seconde Guerre mondiale, il a fallu 80 ans pour assister à une évolution similaire. Toujours en termes de PNB par habitant, comparé au 3,9 pour 100 de la période 1950-1973 nous sommes en présence des taux annuels suivants pour les pays développés : 1750-1830 : 0,3 pour 100 ; 1830-1913 : 1,3 pour 100 ; 1920-1939 : 2,0 pour 100. Si l'on recherche dans l'avant-guerre la période de 23 ans durant laquelle la croissance a été la plus rapide, celle-ci se place entre 1890 et 1913. Or, durant cette période, la croissance du PNB par habitant des pays développés n'a été que de 1,6 pour 100, soit près de deux fois plus faible que de 1950 à 1973.

TABLEAU XXV.1

ÉVOLUTION HISTORIQUE DU VOLUME DU PNB
PAR HABITANT DANS L'ENSEMBLE
DES PAYS DÉVELOPPÉS
(exprimé en dollars et prix des États-Unis de 1960)

Années	Niveau	Taux annuel de croissance (%)	Années	Niveau	Taux annuel de croissance (%)
1750	182	–	1939	894	1,1
1800	197	0,2	1945	825	– 0,9
1870	361	0,9	1950	1 050	4,4
1890	454	1,2	1973	2 530	3,9
1913	662	1,7	1990	3 460	1,9
1923	647	– 0,2	1995	3 320	– 0,8[a]
1929	799	1,3			

a Pour les pays développés occidentaux, il s'est agi d'une progression de 1,5 % ; pour les pays développés ex-communistes, d'une régression annuelle de 8,9 %.

Note : Pour passer en dollars et prix des États-Unis de 1995 il convient de multiplier ces chiffres par 5,0.

Sources : Bairoch, P. (1997a).

En élargissant la période de comparaison historique aux années d'immédiat après-guerre (1945-1950), donc en faisant porter la comparaison sur la période 1945-1973, ces 28 années correspondent à plus d'un siècle de croissance d'avant 1945. Pour ces 28 ans, on aboutit à un PNB par habitant multiplié par 2,9. Si l'on se limite aux seuls pays développés occidentaux, ce qui a l'avantage d'éliminer les pays de l'Est dont les données sont sujettes à caution et laissent entendre une croissance sensiblement plus rapide qu'en Occident, la différence avec la période antérieure se trouve modifiée, mais de très peu. La progression annuelle du PNB par habitant entre 1950 et 1973 passe ainsi de 3,9 à 3,6 pour 100 ; que l'on peut comparer à 1,6 pour 100 pour la meilleure période de 20 ans (qui reste celle de 1890 à 1913). Donc, là aussi, cela reste une phase de croissance sans précédent historique… une victoire. Oui, victoire, car cette croissance a permis une amélioration considérable des conditions économiques et sociales de la population de ces pays ; et ce, d'autant plus que cette période est marquée par une égalisation de la distribution des revenus et aussi par une amélioration des législations sociales. C'est aussi la période de la société de consommation, en ce sens qu'une vaste gamme de produits, notamment des produits manufacturés, est devenue accessible à de très larges couches de la population.

UNE CROISSANCE UNIFORME ?

Cette période de croissance rapide a-t-elle été uniforme au niveau des régions et des pays ? Cer-

tainement pas. À l'intérieur du monde occidental,
on constate un écart important entre l'Europe et
le reste des pays développés, et notamment les
États-Unis. De 1950 à 1973, la progression du
PNB par habitant a été de 3,8 pour 100 en Europe
occidentale, et de 2,1 pour 100 aux États-Unis. Au
Japon, la croissance a été encore plus rapide (7,7
pour 100), mais le niveau de 1950 était très faible
(le niveau d'avant-guerre n'ayant été atteint dans
ce pays qu'au milieu des années 1950). À l'intérieur de l'Europe, en règle générale la croissance
a été encore plus rapide dans les pays qui étaient
moins développés au départ. Tout cela entraîna
une égalisation du niveau de vie des divers pays.

*Et aussi une expansion des échanges
économiques internationaux*

   Contrairement à une idée assez largement
répandue, l'expansion du commerce international n'a pas été, au cours des «trente glorieuses»,
sensiblement plus rapide que celle de la production. Mais les choses sont loin d'être simples, car
si indiscutablement le volume de ces échanges
s'est accru près de 1,7 fois plus rapidement que le
volume de la production, la différence est beaucoup plus faible pour les valeurs de ces deux agré-
gats (1,2 fois plus rapidement), de sorte que le
taux d'exportation de l'économie n'a que peu progressé. Nous arrêtons d'abord l'analyse à l'année
1972, car 1973 a été très affectée par la hausse
du prix du pétrole et nous nous limiterons aux
pays développés occidentaux. De 1950 à 1972, le
volume des exportations s'est accru à un rythme

annuel de 7,4 pour 100 et le volume du PNB de 4,4 pour 100. La valeur des exportations a, quant à elle, progressé annuellement de 9,9 pour 100 et celle du PIB de 8,2 pour 100 (remarquons que, en règle générale, pour ce type de calcul on préfère le PIB au PNB, car le PIB n'inclut pas les «revenus nets versés au reste du monde»). De sorte que le taux d'exportation de l'économie (pourcentage des exportations des marchandises par rapport au PIB) est passé de 7,8 pour 100 en 1950 à 10,2 pour 100 pour 1969-1971. C'est là un niveau plus faible que celui de 1913 (près de 13 pour 100). Mais si l'on effectue le même calcul[1] en termes de volume, on est passé de 7,8 pour 100 à 14,4 pour 100. Cela implique, *ipso facto*, que les prix d'exportation ont augmenté plus lentement que les prix intérieurs.

UN DUMPING GÉNÉRALISÉ?

Certes une telle évolution différenciée des prix pourrait provenir d'une différence du rythme de croissance de la productivité des secteurs d'exportation par rapport à celui de la productivité de l'ensemble de l'économie. Il est possible, et peut-être même probable, qu'une partie de l'explication réside dans ce phénomène, mais l'analyse des séries des prix laisse aussi présager qu'il s'agit, en quelque sorte, d'un phénomène de dumping généralisé, un nombre significatif d'entreprises acceptant de vendre moins cher une partie de leur production destinée à l'exportation afin de sauvegarder ou d'accroître leur volume total de pro-

1. Bairoch, 1996a.

duction et de sauvegarder aussi la rentabilité. Signalons que le phénomène s'est poursuivi et s'est même accentué au-delà de 1972. Toujours pour l'ensemble des pays développés occidentaux, selon nos calculs le taux d'exportation en valeur a progressé de 45 pour 100 de 1969-1971 à 1989-1991, alors que celui exprimé en volume a progressé de 65 pour 100. Et même au début de la décennie 1990, le phénomène s'est poursuivi. Le phénomène est encore beaucoup plus accusé pour le Japon, où il y a eu un recul du taux d'exportation en valeur, mais une forte progression en termes de volume. Donc une présomption de dumping plus généralisé pour ce pays que pour la moyenne du reste des pays développés occidentaux.

La troisième révolution agricole

Un des phénomènes importants, qui a marqué la seconde moitié du xxᵉ siècle, est ce que nous appelons la troisième révolution agricole. Dans cette chronologie, la première est celle liée aux débuts de la révolution industrielle et la deuxième celle qui marqua le milieu du xixᵉ siècle. De quoi s'agit-il? L'élément essentiel est la très forte accélération de la progression de la productivité de ce secteur. Nous avons vu [1] que, durant le xixᵉ siècle, cette productivité s'était accrue à un rythme annuel de l'ordre de 0,7 pour 100 en Europe, et de 1 pour 100 aux États-Unis. Dans l'entre-deux-guerres, les choses ne sont pas très différentes.

1. Voir chap. VI, tome I.

Mais, dès les années 1940 aux États-Unis et le début des années 1950 en Europe, on passe à des taux de croissance plus de 5 fois supérieurs. Globalement, pour l'ensemble des pays développés occidentaux (et malgré un ralentissement dans la décennie 1980), du début des années 1950 au début des années 1990, le taux annuel de progression de la productivité agricole a été de 4,8 pour 100. Ou, si l'on préfère, une productivité multipliée par 5 en quatre décennies. Ce bond de la productivité a été rendu possible par deux ensembles de facteurs. Le premier est l'usage massif de pesticides (qu'il s'agisse d'herbicides, de fongicides ou d'insecticides), la forte progression de la consommation d'engrais et l'intensification de la sélection des semences et des animaux. La consommation d'engrais a pratiquement été multipliée par 10 entre la veille de la Seconde Guerre mondiale et le début des années 1990; cela explique largement l'augmentation des rendements qui, par exemple pour le blé, sont passés en Europe au cours de cette période de 15 q/ha à 50 q/ha. Le second ensemble de facteurs est lié essentiellement à l'utilisation de plus en plus massive de machines agricoles et à la concentration des exploitations agricoles, concentration favorisée par la diminution du nombre d'agriculteurs.

UN RENVERSEMENT HISTORIQUE DE LA PROGRESSION
DE LA PRODUCTIVITÉ AGRICOLE ET INDUSTRIELLE

Cette troisième révolution agricole a conduit à une rupture historique importante. Depuis la fin des années 1940 aux États-Unis et le début des années 1950 en Europe, la productivité agricole a commencé à croître à un rythme extrêmement élevé, dépassant même, pour la première fois dans l'histoire, les rythmes de progression de la productivité de l'industrie. Comme nous venons de le voir, au niveau de l'ensemble des pays développés occidentaux, la productivité agricole a progressé de près de 5 pour 100 par an entre le début des années 1950 et le début des années 1990, ce malgré un ralentissement dans la décennie 1980. De 1950 à 1980, la progression a même été de l'ordre de 5,6 pour 100 par an. De 1950 à 1980, la productivité dans l'industrie manufacturière a elle progressé de 3,4 pour 100 par an.

Une période
aux fluctuations économiques
très atténuées

Dans cette analyse de la conjoncture des pays développés occidentaux, nous laisserons de côté l'année 1946 dont l'évolution a été fortement affectée par la profonde crise des États-Unis. Durant cette année, le volume du PNB de ce pays recula de plus de 10 pour 100. Comme durant cette période le PNB des États-Unis représentait presque la moitié de celui de l'ensemble des pays développés occidentaux, et bien que dans les autres pays la croissance ait été forte, on se trouve placé devant un recul. Si l'on fait une analyse statistique de la courbe de la production totale des pays développés occidentaux de 1947 à 1973, celle-ci se révèle être 7 à 8 fois plus stable que celle de 1921 à 1939, et même 3 fois plus stable que celle de 1884 à 1913. Si, au cours des

27 années qui séparent 1947 de 1973, le rythme des crises constaté auparavant s'était poursuivi, on aurait dû être en présence de trois de ces crises ; or, il n'y en a eu aucune.

LA DISPARITION DES CRISES ÉCONOMIQUES ?

D'ailleurs, au cours de cette période (et, en partie, aussi après), on ne parle plus de crises économiques mais de ce que l'on appelle dorénavant les récessions. Celles-ci sont considérablement plus faibles que les crises du siècle et demi précédent. Au niveau de l'ensemble des pays développés occidentaux, on ne peut discerner dans la période 1946-1973 que deux récessions : 1954 et 1958. Notons, en passant, que l'intervalle entre ces deux récessions est la moitié de ceux qui séparent les crises « classiques ». Dans les deux cas, on ne peut certainement pas parler de crise (d'ailleurs c'est pour cette raison que les économistes utilisent le terme de récession), car il n'y a pas de baisse du volume de la production totale mais un très sensible ralentissement de la croissance. En 1954, le PNB total progressa d'environ 1 pour 100, c'est-à-dire un peu plus lentement que la population, laquelle connaissait alors une période de progression très rapide. D'autre part, la qualification de récession découle surtout du fait que, aux États-Unis, le recul a été assez sensible : en termes de PNB par habitant, une baisse de l'ordre de 2 pour 100, et qui de plus est survenue après quatre très bonnes années. À part le Canada, l'année 1954 a été assez favorable dans le reste du monde développé. Avant de passer à la récession de 1958, il convient d'ouvrir une brève parenthèse sur la

guerre de Corée (juin 1950 à novembre 1951).
Bien que celle-ci ait entraîné une forte, mais
brève, hausse des prix internationaux, la croissance économique n'a pas été affectée par ces
événements.

La récession de 1958 concerne un plus grand
nombre de pays, même si, sur le plan de l'ensemble du monde développé occidental la croissance est du même ordre qu'en 1954. Cela
s'explique du fait que la récession a été moins
sévère aux États-Unis que n'avait été celle de
1954. Outre les États-Unis, la récession a touché
les pays suivants : Belgique, Finlande, Norvège,
Pays-Bas, Suède, Suisse et Royaume-Uni. Les
baisses les plus accusées du PNB par habitant
ont été de l'ordre de 2 pour 100. Rappelons que
pour la crise de 1929 les baisses du PNB par
habitant ont dépassé, dans maints pays, les 15
pour 100 (et, dans certains, même 25 pour 100) ;
et que dans les crises « majeures » du XIXᵉ siècle
les baisses étaient de l'ordre de 5 à 7 pour 100.
Néanmoins les reculs du XIXᵉ siècle étaient surtout dus à l'agriculture.

Comme l'a laissé entrevoir la présentation des
deux récessions, cette période est aussi caractérisée par une relative absence de synchronisme de
la conjoncture des divers pays développés, les
périodes de ralentissement et les récessions se
produisant souvent à des dates différentes. Ainsi
l'année de récession de 1954 fut-elle une très bonne
année pour l'Allemagne, l'Autriche, la Finlande,
les Pays-Bas et la Suisse. De même, 1958 fut une
très bonne année pour l'Australie et l'Italie. La
période 1961-1964 fut relativement négative pour
le Japon, avec une croissance économique infé-

rieure à la moitié de celle enregistrée au cours des 10 années précédentes et suivantes; or, en Europe, il s'est agi d'une période à croissance nettement plus rapide qu'au cours des périodes environnantes. Nous pourrions encore multiplier les exemples.

COMMENT EXPLIQUER L'ATTÉNUATION
DES FLUCTUATIONS?

Cette atténuation des fluctuations économiques peut s'expliquer par un ensemble de facteurs. Puisque nous avons rappelé l'origine agricole des baisses du PNB durant le XIXe siècle, signalons qu'il est évident que l'impact de l'agriculture sur l'ensemble de l'économie s'est trouvé fortement réduit par le simple fait de l'importance plus restreinte de ce secteur. Pour l'ensemble des pays développés occidentaux, l'agriculture occupait encore 40 pour 100 de la population active à la veille de la Première Guerre mondiale, comparée à 23 pour 100 pour 1950 (10 pour 100 pour 1970). L'amélioration de la connaissance des mécanismes économiques, notamment à la suite des travaux de l'économiste britannique John Maynard Keynes, a certainement contribué non seulement à éviter des surchauffes, mais aussi à relancer l'économie. La stabilité monétaire, favorisée par les institutions mises en place par les accords de Bretton Woods, a dû également contribuer à cette plus grande stabilité conjoncturelle. L'adoption dans un certain nombre de pays d'Europe occidentale d'une planification souple a également favorisé une croissance plus régulière. Mais probablement plus importantes

encore auront été les conséquences de trois changements structurels de l'économie.

Le premier d'entre eux concerne la progression
de l'importance relative du tertiaire. Alors que,
vers 1910, ce secteur occupait dans les pays développés occidentaux 27 pour 100 de l'emploi total,
vers 1960 cette proportion était déjà de 44 pour
100. Or, la grande majorité des emplois du tertiaire sont beaucoup plus stables que ceux des
autres secteurs. C'est le cas surtout des emplois
de l'administration, de l'éducation, de la santé,
etc. Le deuxième changement structurel est
l'accroissement rapide de l'importance de ce que
l'on qualifie de revenus de transfert, c'est-à-dire
de revenus qui ne sont pas directement liés à
l'activité économique : pensions, retraites, etc.
L'amélioration des indemnités de chômage, qui
font partie évidemment de ces revenus de transfert, permet d'atténuer les conséquences négatives des pertes d'emploi. Comme nous le verrons
au chapitre XXIX, les seules dépenses publiques
de la sécurité sociale sont passées, pour l'ensemble
des pays développés occidentaux, de 4 à 5 pour
100 vers 1938 à 14 à 16 pour 100 vers 1970.
Enfin, le dernier élément que l'on peut inclure
dans les aspects structurels concerne l'agriculture devenue non seulement plus marginale, mais
dont la production est devenue à moyen terme
plus stable, les moyens modernes dont on dispose
permettant en effet de réduire sensiblement les
aléas du climat. Toutefois, notons que, depuis le
début des années 1980, la courbe de la production
est marquée par une plus grande instabilité. Ainsi,
si l'on prend l'indice de la production agricole de
la FAO, pour l'ensemble de l'Europe occidentale

il y a eu, au cours de la période 1980-1994, huit
années de recul, alors qu'au cours de la période
précédente de même durée (1955-1979) il n'y en a
eu que quatre. Certains chercheurs rattachent cette
instabilité aux conséquences de l'effet de serre[1],
mais les choses sont loin d'être prouvées, ce problème étant très controversé et le climat connais-
sant parfois des périodes d'instabilité « naturelle ».

Les conséquences écologiques d'une croissance économique très rapide

Dès la seconde moitié des années 1960, on a
commencé à s'interroger de plus en plus sur les
coûts de cette croissance économique exceptionnelle. En effet, c'est déjà avant le choc médiatique et culturel qu'a représenté la publication,
en 1972, du rapport de l'équipe Meadows : *Limits
to Growth*, que des chercheurs ont attiré l'attention sur les aspects négatifs de cette croissance
rapide, sur les atteintes à l'écosystème, sur ce
que les économistes appellent les coûts de la
croissance. L'étude, dirigée par D.L. Meadows, a
été très tôt traduite dans pratiquement toutes les
langues[2]. Ce rapport avait été commissionné en
juillet 1970 par le Club de Rome à l'équipe de
Gay Forrester du MIT[3]. Le Club de Rome, dont la
genèse remonte à une réunion en automne 1967
entre Aurelio Peccei et Alexander King, est offi-

---

1. Voir la section suivante.
2. En français dès 1972 sous le titre *Halte à la croissance?*
3. Massachusetts Institute of Technology.

cialisé en quelque sorte en juin 1970, quand le gouvernement fédéral suisse l'accueille à Berne. Son nom résulte de sa première réunion qui se tint dans la «ville éternelle» en avril 1968.

Mais déjà avant la publication en 1972 du rapport de Meadows, des études et des articles avaient paru, s'interrogeant sur les dangers de la croissance économique rapide des années 1950 et 1960 et sur les soubassements techniques de cette croissance. Citons trois livres parmi les plus marquants. Le premier, paru en 1962, est celui de Rachel Carson, *Silent Spring*, qui stigmatisait l'utilisation abusive des pesticides. Paul R. Ehrlich, dans *The Population Bomb*[1], insiste sur les dangereuses inadéquations entre la croissance démographique et le caractère limité des ressources de la terre, notamment les ressources alimentaires. Enfin, non moins important mais moins médiatique, le livre de E.J. Mishan: *The Costs of Economic Growth*[2]. Nous-même, dans la première édition de notre livre *Le Tiers-Monde dans l'impasse*[3], nous nous interrogions sur les coûts sociaux et écologiques de cette croissance économique rapide. Sans chercher à répondre de façon univoque à cette brûlante question, voyons les principales composantes des problèmes que pose l'aspect environnemental de cette croissance économique rapide.

1. 1968.
2. 1967.
3. 1971.

UN ÉPUISEMENT DES RESSOURCES NATURELLES ?

Il n'y a aucun doute que le mode et le rythme d'utilisation des ressources naturelles se sont considérablement accrus depuis la révolution industrielle et encore davantage depuis la Seconde Guerre mondiale. Commençons par l'énergie, qui non seulement est d'une grande importance stratégique mais qui, en termes quantitatifs, dépasse de loin les autres matières premières non renouvelables. Ainsi, à la veille de la publication du premier rapport au Club de Rome, la production mondiale de houille (charbon et lignite) s'élevait, en 1970, à 2 940 millions de tonnes et celle de pétrole à 2 280 millions de tonnes. Pour le minerai de fer, il s'agissait de 440 millions de tonnes ; pour l'ensemble des autres minerais, de 90 millions de tonnes, et pour le phosphate, de 80 millions de tonnes.

Du début de notre ère à 1700, la production cumulée de houille et de pétrole (en équivalent-charbon) s'est élevée à environ 3 à 6 milliards de tonnes ; de 1700 à 1937, à 77 à 82 milliards de tonnes, et, de 1937 à 1972, à 124 milliards de tonnes. Vers 1972, les réserves connues de charbon s'élevaient à environ 1 100 milliards de tonnes et celles probables à sept fois plus. Ainsi le total des réserves représentait-il alors environ 2 900 ans de la consommation de 1970. Pour le pétrole, les réserves ne représentaient au début des années 1970 qu'environ 70 à 80 milliards de tonnes, soit 35 à 40 années de consommation. Mais, à la fin de 1994, ces réserves étaient évaluées à environ 115 à 125 milliards de tonnes, bien que la production cumulée entre-temps ait été proche des 60 milliards de tonnes. Notons toutefois que les pays développés occidentaux, qui consomment la plus grande partie de ce pétrole, ne disposaient que de 5 pour 100 de ces réserves (et le Tiers-Monde, de 89 pour 100). Donc les craintes étaient sinon infondées du moins prématurées. En définitive, vu les probabilités de progrès techniques, et notamment l'utilisation de l'énergie solaire, à long terme les craintes de pénurie sont peu fondées, mais pas celles concernant les effets négatifs de cette consommation de combustibles fossiles. D'ailleurs, entre le début des années 1970 et le milieu de la décennie 1990, cette consommation s'est encore accrue, passant pour l'ensemble des combustibles fossiles de 7 à 11 milliards de tonnes (d'équivalent-charbon), avec une participation croissante de charbon à forte teneur en soufre, en raison notamment de l'accroissement de la production en Chine qui est devenue la plus importante du monde. Pour les minerais, l'évolution de la problématique, sans être similaire, a de fortes analogies avec celle de l'énergie. Dans ce cas, les possibilités de recyclage pourront jouer le rôle de l'énergie solaire. Cependant, notons-le, le recyclage ne permet de récupérer qu'une partie des produits et il nécessite une consommation d'énergie, toutefois souvent inférieure à celle utilisée pour la production.

UNE POLLUTION SANS PRÉCÉDENT?

Beaucoup plus graves, plus pressants et réels sont les problèmes de la pollution résultant de l'explosion de la production industrielle. Ce qui ne fait plus aucun doute c'est l'augmentation de la pollution, qu'il s'agisse de l'atmosphère, des mers ou des sols. Plus matière à discussion sont les conséquences présentes et surtout futures de ces pollutions.

LA POLLUTION DE L'ATMOSPHÈRE

Pour ce qui est de l'atmosphère, historiquement cela a commencé par les pluies acides observées déjà au milieu du XIXe siècle à Manchester. Cela a été suivi par l'augmentation de la concentration du gaz carbonique dans l'atmosphère et par la destruction de la couche d'ozone. Si la couche d'ozone dans la haute atmosphère joue un rôle positif, en revanche, dans l'air ambiant, l'augmentation de la proportion d'ozone est toxique, entraînant des troubles respiratoires. Cette augmentation dans l'air ambiant, surtout saisonnière, provient essentiellement de l'action des rayons solaires sur certains gaz d'échappement des véhicules à moteur. La diminution de la couche d'ozone dans la haute atmosphère est essentiellement causée par les émissions de gaz CFC, notamment utilisé pour les systèmes de réfrigération. Cette diminution entraîne un accroissement de la quantité de rayons ultraviolets touchant la surface de la terre, causant une augmentation des cancers de la peau (sans parler de la dégradation du phytoplancton à la surface des océans). L'évolution du phénomène est difficile à quantifier avec tant soit peu de précision.

En revanche, les mesures de la proportion de CO_2 dans l'atmosphère, en provenance essentiellement de la combustion de carburants fossiles :

houille, pétrole, gaz (et aussi de la déforestation, les arbres absorbant le gaz carbonique) sont maintenant suffisamment précises. Vers 1860, on estime que la concentration moyenne du gaz carbonique atmosphérique était environ de 280 parties par million. Or, il apparaît que sur le très long terme (à l'échelle géologique), cette concentration n'a jamais dépassé ce niveau, se situant à 160 lors des périodes géologiques froides et à 280 lors des périodes chaudes (notamment lors de la période des dinosaures). À partir de 1958, les mesures devinrent précises : en 1960 il s'agissait de 319 et, en 1995, de 360. Grâce aux nouvelles techniques, on arrive même à établir une distinction entre le CO_2 contenu dans l'atmosphère, originaire de la combustion de bois, et celui provenant des combustibles fossiles (charbon, pétrole et gaz). Or, c'est seulement à partir de 1950 que la part du CO_2 «fossile» a nettement dépassé celle du bois.

La forte augmentation du CO_2 dans l'atmosphère à l'échelle géologique conduit à ce que l'on appelle l'«effet de serre». La théorie et les modèles numériques prédisent une forte probabilité d'un réchauffement de la température terrestre moyenne. Les incertitudes scientifiques sont encore importantes, mais les risques sont très sérieux. Le rapport (1995) du groupe d'experts internationaux, réunis par les Nations Unies, prévoit d'ici l'an 2100 une augmentation de la température de 1,0 à 3,5 degrés et, de ce fait, notamment une forte hausse du niveau des mers (de 19 à 95 cm). Ce réchauffement sera «vraisemblablement le plus important jamais enregistré au cours des 10 000 dernières années». À côté de ces deux phénomènes principaux, il faut encore rappeler, sans être exhaustif, le phénomène des pluies acides et relever qu'à côté des sources de pollution résultant de l'activité humaine il y a celles qui émanent des activités «naturelles» : respiration des plantes, éruptions volcaniques, etc. Mais ce sont les activités humaines qui altèrent d'une manière accélérée un «équilibre naturel» relativement stable à l'échelle humaine. À ce propos, signalons notamment que, en moyenne, les émissions de CO_2 dans l'atmosphère en provenance de toutes les éruptions volcaniques ne représentent que le dixième de celles de la combustion faite par l'homme des énergies fossiles.

LA POLLUTION MARINE

La pollution marine est, elle aussi, en forte progression, détruisant une partie importante de la vie dans 70 pour 100 de la superficie du globe terrestre. Cette pollution résulte des rejets (soit dans les rivières, soit directement à la mer) des activités industrielles, mais aussi agricoles, urbaines et militaires (retombées radioactives des années 1950). Dans ce cas, les mesures sont plus précises en ce qui concerne les quantités de polluants que leurs effets. Toutefois, l'évolution du bilan global est difficile à établir. Les mers, pratiquement fermées et moins profondes, sont davantage touchées que les océans. Par exemple, la Méditerranée est plus polluée que l'océan Atlantique, et la mer Noire bien davantage que la Méditerranée. En règle générale, les lacs sont encore davantage touchés que les mers, mais les mesures prises dans ce domaine ont été parfois précoces et efficaces.

LA POLLUTION DES SOLS

La pollution des sols a un double effet. D'une part, les cultures peuvent être directement contaminées par des produits toxiques et, d'autre part, ces produits migrent vers les eaux souterraines et, par là, contaminent les plantes, les animaux et les hommes. Comme pour les autres formes de pollution, si les mesures globales de l'évolution restent aléatoires, les effets négatifs sont certains. Le cas le plus notoire est celui des effets de l'emploi de l'insecticide DDT, qui a été banni aux États-Unis à partir de 1972. Mais l'on continue à utiliser des centaines de pesticides, de fongicides et d'herbicides. À tout cela s'ajoute encore, pour ne parler que des rejets les plus toxiques, ce que l'on appelle les métaux lourds, notamment l'arsenic et le cadmium.

LES ACCIDENTS INDUSTRIELS

Enfin signalons, sans être exhaustif, l'augmentation de la fréquence des accidents industriels. Si on limite l'analyse à ceux ayant entraîné plus de 50 décès, on constate, sur le plan mondial, l'évolution suivante : de 1800 à 1914, ces accidents ont été probablement inférieurs à cinq. De 1914 à 1946, il s'agit d'une dizaine ; et de 1946 à 1995 de près d'une quarantaine, dont la moitié dans le Tiers-Monde. C'est d'ailleurs en Inde[1] qu'eut lieu le plus meurtrier (environ 3 500 décès). Cette statistique exclut les accidents dans les centrales

1. Bhopâl, 1984.

nucléaires ou les mines. Le plus terrible des accidents survenus dans une centrale nucléaire est
celui de Tchernobyl en 1986, il aurait causé la
mort de près de 10 000 personnes parmi le personnel ayant été chargé du «nettoyage» et fait un
nombre difficile à établir de victimes indirectes
du fait de la contamination radioactive dans de
vastes régions. Mais les choses ne sont jamais
simples, l'énergie nucléaire a permis d'éviter de
nombreux décès dus aux accidents dans les mines,
qui sont parfois très meurtriers. Rien qu'en France,
l'accident de Courrières en 1906 a fait 1 060 victimes. Et, comme nous le verrons à la fin de ce
chapitre, les maladies dues au travail dans les
mines, notamment de charbon, ont impliqué une
forte surmortalité.

*Une convergence des niveaux
et des conditions de vie*

Bien que l'essentiel de la convergence des
niveaux et des conditions de vie se place dans la
période privilégiée ici, notamment dans les trois
décennies suivant la Seconde Guerre mondiale, le
phénomène déborde cette période. C'est le cas
notamment de la première convergence importante : celle de l'Europe occidentale et des États-
Unis. En effet, contrairement à ce qui s'est passé
au XIXe siècle, c'est depuis les années 1930, et sauf
pendant les deux guerres mondiales, que la croissance économique a été plus rapide en Europe
qu'aux États-Unis. De ce fait, on a assisté à un rattrapage partiel du niveau de vie de l'Amérique du
Nord, surtout après la Seconde Guerre mondiale.

Le PNB par habitant des États-Unis dépassait celui de l'Europe occidentale de plus de 110 pour 100 en 1929 ; cet écart n'était plus que de 90 pour 100 en 1938. Toutefois, on peut considérer cette première phase de rattrapage comme étant de nature conjoncturelle, car essentiellement due à la gravité de la dépression aux États-Unis. La guerre, bien sûr, a eu un impact inverse et d'ailleurs très accusé, puisque, en 1950, l'écart est remonté à 160 pour 100. Mais, vers 1970, il est retombé à 70 pour 100, pour s'établir vers les 40 pour 100 au début des années 1990 si l'on utilise les données de l'OCDE.

Le deuxième mouvement de convergence concerne l'Europe occidentale où, depuis le début des années 1950, en règle générale, la croissance a été plus rapide dans les pays moins développés. De ce fait, les écarts du niveau réel de vie sont, actuellement, beaucoup plus faibles qu'au début des années 1950. Ainsi, d'après les calculs de l'OCDE, «l'indice du volume par tête du PIB» (exprimé en parité du pouvoir d'achat et sur la base : ensemble des pays de l'OCDE = 100) se situait, en 1995, à 119 pour la moyenne des trois pays les plus élevés d'Europe (Suisse 128, Norvège 117, Danemark 111 ; Luxembourg non compris où il s'agit de 162), comparé à une moyenne de 67 pour les trois pays les moins élevés (Grèce 63, Portugal 64, Espagne 73). Soit un écart de 78 pour 100 seulement entre pays «pauvres» et pays «riches». Vers 1950, cet écart était de l'ordre de 370 pour 100 et, vers 1960, de l'ordre encore de 290 pour 100.

TABLEAU XXV.2

PNB PAR HABITANT ET CONSOMMATION DE DEUX PRODUITS D'ÉQUIPEMENT POUR QUELQUES PAYS

	1950	1970	1990
PNB par habitant[a]			
Canada	1 780	3 000	3 860
États-Unis	2 410	3 600	5 010
Europe occidentale	930	2 090	3 330
dont Allemagne (occid.)	990	2 700	3 620
Belgique	1 240	2 380	3 270
Espagne	430	1 400	1 890
France	1 060	2 500	3 440
Italie	600	1 670	2 520
Portugal	440	960	1 540
Royaume-Uni	1 400	2 220	2 760
Suisse	1 590	2 780	3 230
Japon	410	2 130	3 360
Nombre de voitures de tourisme par 1000 habitants			
Canada	163	309	471
États-Unis	264	436	504
Europe occidentale	20	182	377
dont Allemagne (occid.)	13	223	485
Belgique	32	213	383
Espagne	3	70	309

	1950	1970	1990
Nombre de voitures de tourisme par 1000 habitants (suite)			
France	36	254	415
Italie	7	190	475
Portugal	7	61	258
Royaume-Uni	46	210	373
Suisse	26	223	446
Japon	0,3	85	283
Nombre de téléviseurs par 1000 habitants			
Canada	219[b]	333	638
États-Unis	309[b]	415	812
Europe occidentale	65[b]	210	415
dont Allemagne (occid.)	21[b]	276	511
Belgique	69[b]	207	446
Espagne	8[b]	122	399
France	95[b]	216	402
Italie	45[b]	181	420
Portugal	7[b]	42	184
Royaume-Uni	214[b]	294	432
Suisse	25[b]	206	406
Japon	73[b]	221	539

a En dollars et prix des États-Unis de 1960.
b 1960 au lieu de 1950.
Sources : Bairoch, P. (1997a); et calculs de l'auteur d'après Nations Unies, *Annuaire statistique*, diverses livraisons.

À cette relative égalisation des niveaux de vie
se superpose une harmonisation de la consommation, et notamment de celle de ce que l'on
appelle les biens d'équipement. Cela ressort très
nettement du tableau XXV.2. Nous ne relèverons
ici qu'un exemple : celui de l'automobile, qui fut
et reste pour beaucoup le signe de « richesse » par
excellence. Vers 1950, les Américains disposaient
(par habitant) de 7,1 fois plus de voitures que les
Français, pourtant citoyens d'un pays d'Europe
très motorisé. Vers 1990, il ne s'agissait que de
1,4 fois plus. Vers 1950, les Français disposaient
de 6,5 fois plus de voitures que les Espagnols ; vers
1990, ce ratio était descendu à 1,1. Certes, vers
1990, les Français disposaient de 1,6 fois plus de
voitures que les Portugais ; mais, vers 1950, il
s'agissait de 6,0 fois plus. Le même processus
d'égalisation concerne les téléviseurs et d'autres
biens non présentés dans le tableau XXV.2.

Nationalisation des entreprises

L'histoire des nationalisations, c'est-à-dire de
faire passer la propriété de biens privés à l'État
commence très tôt, surtout si l'on tient compte
des terres et si l'on déborde du cadre des sociétés
occidentales. Ainsi, entre autres, il y a le précédent passionnant et très contesté de l'empereur
chinois Wang Mang qui prit le pouvoir en l'an 6
après J.-C. et se proclama fondateur d'une nouvelle dynastie. En accord avec sa profonde convic-
tion confucéenne, il voulut créer un État idéal.
Non seulement il nationalisa les terres, mais interdit le commerce des esclaves, distribua des terres

aux pères de famille nombreuse et fit accorder des prêts à faibles taux d'intérêt aux paysans. Les réformes et toute l'action politique de Wang Mang ont laissé des traces contradictoires, car quand la dynastie Han fut rétablie, il fut fortement dénigré. D'ailleurs, il passa dans l'histoire «officielle» comme «l'Usurpateur». Il fut tué en l'an 22, à la suite d'une révolte ; et les historiens sont de plus en plus enclins à considérer que cette révolte a été causée par une situation économique déplorable, suite à des catastrophes naturelles, plus que par l'incompétence du gouvernement de Wang Mang, incompétence que lui attribuent ses détracteurs, alors qu'il apparaît avoir été un gestionnaire efficace. Puisque nous sommes remontés si loin dans le temps, relevons que de tout temps, en Occident comme ailleurs, l'État a été propriétaire d'une plus ou moins grande fraction des activités économiques. Cela allait par exemple de quelques manufactures royales dans la France du milieu du xviiiᵉ siècle, à la quasi-totalité de l'économie dans certaines sociétés précolombiennes.

Mais nous laisserons de côté ici cet aspect, pour nous concentrer sur la nationalisation, telle que définie plus haut, phénomène assez récent. Il est significatif de noter que l'édition de 1910 du très largement utilisé *Dictionary of Political Economy* de Palgrave n'a pas d'article sur la nationalisation, mais seulement un renvoi à *Land Nationalization*. On peut cependant faire remonter l'histoire moderne des nationalisations à celle de certains réseaux de chemins de fer ; en effet, dans la plupart des pays, l'établissement de ceux-ci fut, pour une plus ou moins grande partie, une affaire d'État. En outre, dans certains cas, de nombreux réseaux privés furent nationalisés. D'ailleurs, le phénomène a été très précoce, puisqu'en Belgique, premier pays dans lequel l'État posséda des réseaux de chemins de fer, cela se situe en 1836. En 1913, dans 18 pays développés, l'État contrôlait en partie ou en totalité les réseaux, soit tous les pays développés, à l'exception de l'Espagne, des États-Unis et du Royaume-Uni. D'après nos calculs, malgré ces exceptions, dans l'ensemble de l'Europe l'État contrôlait 58 pour 100 des réseaux en 1913 (97 pour 100 en 1985). Une des raisons importantes de cette intervention était que l'on considérait, à juste titre, que les chemins de fer tout comme la poste étaient un service public qui devait privilégier l'intérêt du public.

La prise du pouvoir par les bolcheviques en Russie a entraîné la nationalisation de la quasi-totalité de l'économie[1]. Mais à part cette exception notable, l'entre-deux-guerres n'a apparemment connu que quatre cas de nationalisation, tous assez peu importants. Il s'agit de l'Allemagne avant le régime nazi, de l'Italie sous le règne fasciste, de la Suède où, en 1932, le parti socialiste a commencé son très long passage au pouvoir (jusqu'en 1991), et de la France lors du bref passage du Front populaire au pouvoir.

Après la guerre, il y eut évidemment les nationalisations dans les pays de l'Est passés sous régime communiste. À l'Ouest, c'est paradoxalement un homme assez éloigné du socialisme qui mettra le premier en œuvre un vaste programme de nationalisation. Il s'agit de Charles de Gaulle,

1. Voir chap. XXVII.

qui, dès décembre 1944, nationalisa une partie
des charbonnages, et dès janvier 1945 les usines
d'automobiles Renault, et, dans la même année,
une grande partie du secteur bancaire et de la
construction aéronautique. Les nationalisations
furent étendues après le départ de de Gaulle, et un
nouveau train de nationalisations se met en route
après la victoire de la gauche, surtout en 1981. La
France du milieu des années 1980 était le pays
industrialisé d'Occident dont le secteur nationalisé était le plus important : 24 pour 100 de l'emploi industriel. Le Royaume-Uni avait également
un secteur nationalisé important, mis en place à
partir de 1945, suite à la venue au pouvoir des travaillistes. Mais dans ce cas, la tendance s'inversa
plus précocement qu'en France, puisqu'elle se
situe en 1979, avec l'arrivée au pouvoir des
conservateurs, alors qu'en France cela se situe en
1993. Comme généralement, il y a eu une réaction
et un retour en arrière. C'est le mouvement de
privatisation qui s'amorcera dans les années
1980.

DEPUIS 1973, UNE NOUVELLE PHASE ÉCONOMIQUE EN OCCIDENT ?

La période qui va du début des années 1970 au
milieu de la décennie 1990 pose une double
interrogation. La première, qui est traitée ici,
concerne surtout des aspects conjoncturels, et
notamment le ralentissement de la croissance,

l'accentuation de l'inflation et la montée du chômage. La seconde concerne les relations internationales, dont l'intensification, notamment du
commerce et des investissements internationaux,
aurait entraîné l'émergence d'un nouveau type
d'économie, une globalisation du monde développé, plus généralement appelée mondialisation[1]. Voyons ici la nouvelle phase économique
de nature plus conjoncturelle. Si au début des
années 1980 le point d'interrogation se justifiait
quant à la réalité d'une nouvelle phase, actuellement il se justifie uniquement par l'incertitude
sur la durée et la nature de cette phase. Commençons par un bref historique de la conjoncture.

Les décennies 1970 et 1980 ont été profondément marquées par ce que l'on a appelé les deux
chocs pétroliers; c'est-à-dire les deux très fortes
augmentations des prix du pétrole imposées par
le cartel qu'est devenu l'OPEP[2]. Comme nous le
verrons au chapitre XXXI, en 1973 ces prix furent
multipliés par 4; et en 1980-1981, ils furent
encore multipliés par 3. Si l'on tient compte des
hausses déjà intervenues entre 1971 et 1973, le
niveau des prix du pétrole brut en 1982 était en
dollars courants 13 fois plus élevé qu'en 1970. En
termes de dollars constants, les prix ont été multipliés par 6. Chacun de ces chocs a entraîné une
forte récession, pour ne pas dire une crise économique, dans les pays développés occidentaux: en
1974-1975 le PNB total a reculé de 0,5 pour 100,

1. Voir chap. XXVIII.
2. Organisation des Pays Exportateurs de Pétrole; en
anglais OPEC.

et en 1982 de 0,3 pour 100. Nous sommes là en présence de deux des trois plus graves récessions que le monde occidental a connues depuis la fin de la Seconde Guerre mondiale. En outre, mais dans ce cas le pétrole n'a plus joué de rôle, une troisième récession a touché le monde occidental en 1991-1993 ; toutefois, elle a été plus modérée que les deux précédentes, mais elle a duré plus longtemps. Plus loin, nous reviendrons un peu plus longuement sur ces trois récessions.

Ces récessions ont surtout entraîné une hausse du chômage ; mais ce qui pourrait déjà justifier le qualificatif de nouvelle phase, est que la reprise de la croissance n'a pas entraîné de recul sensible de ce chômage qui, au contraire, a continué à croître. L'inflation et le désordre monétaire en sont d'autres phénomènes, qui ne résultent pas des chocs pétroliers mais que ceux-ci ont fortement aggravés. L'inflation... En fait, celle-ci commence dès 1966-1968 et a entraîné (et a été partiellement causée par) un dérèglement du système monétaire international. Le «désordre monétaire»... En fait, c'est la fin de la fixité des taux de changes instaurée par les accords de Bretton Woods. Le premier point d'orgue des troubles financiers fut le discours d'août 1971 du président Richard Nixon annonçant la suspension de la convertibilité du dollar en or. Cela fut suivi de la dévaluation de 10 pour 100 du dollar en décembre 1971. Enfin, quatrième caractéristique importante de cette période : un ralentissement de la croissance, certes dû en partie aux trois récessions dont nous venons de parler, mais qui va un peu au-delà de cet aspect. Toutefois, ce ralentissement n'est pas aussi profond qu'on le laisse souvent entendre. Enfin, mais ici nous entrons davantage dans le domaine des éléments structurels, se pose la question essentielle de savoir si l'économie mondiale, et plus particulièrement l'économie occidentale, n'est pas entrée depuis le début des années 1980 dans une nouvelle étape qui a reçu de multiples qualificatifs : mondialisation ; globalisation ; capitalisme fin de siècle. Avec l'écroulement des pays de l'Est, et l'acceptation du principe de l'économie de marché par la Chine à partir de la fin des années 1980, l'économie «occidentale» est devenue encore plus l'économie mondiale. En simplifiant, cette nouvelle phase est marquée par une globalisation de la production, des flux financiers, des technologies, des modes de vie, et même des problèmes écologiques[1]. Nous allons présenter ici quelques aspects de l'ampleur et de la nature de ces quatre caractéristiques principales de ces deux décennies et demie, allant de 1968 à 1995.

La montée des prix
(à partir de 1968-1969)
et le désordre monétaire
(à partir de 1971)

Jusqu'en 1968, sauf quelques cas isolés, la hausse des prix dans le monde développé occidental a été assez faible. Si l'on prend, par exemple, les prix de détail de l'ensemble des pays développés occidentaux, entre 1953 et 1965 la hausse

---

1. Nous reviendrons sur cet aspect important dans le chapitre XXVIII.

annuelle a été de l'ordre de 2,1 pour 100. Or,
entre 1965 et 1967, elle est déjà de l'ordre de 3,2
pour 100 par an, et entre 1967 et 1971 de 4,8 pour
100. D'autre part, cette hausse des prix qui a
amené aussi une hausse des taux d'intérêt a été
concomitante d'un certain ralentissement de la
production, d'où le terme de «stagflation» utilisé
afin de caractériser ces années, qui constituaient
un phénomène apparemment paradoxal, puisque
dans les deux décennies précédentes les périodes
d'accélération des prix avaient été plutôt conco-
mitantes des périodes d'accélération de la croissance et non de ralentissement. C'était, en quelque
sorte, une loi acceptée par la communauté des
économistes. Toutefois, le ralentissement de la
croissance a été assez modéré. Dans le contexte
des hausses de prix, il faut revenir sur les prix du
pétrole, et notamment sur le fait que la première
hausse des prix du pétrole, décidée en février
1971, a été jugée à l'époque comme très importante, puisqu'il s'agissait d'environ 22 pour 100.
Cette hausse peut être considérée à juste titre
comme un processus d'adaptation à la hausse
générale des prix des années précédentes, laquelle
fut largement la résultante d'un accroissement de
la masse monétaire.

Le premier choc pétrolier (1973) amena une
brusque accélération de l'inflation. En 1974, la
moyenne de la hausse des prix de détail fut de
13,2 pour 100 ; et même des pays réputés pour
leur faible inflation, comme la Suisse, virent
leurs prix grimper fortement (9,8 pour 100).
Cette poussée d'inflation dura plus d'une décennie, puisque réalimentée par le deuxième choc
pétrolier de 1980-1981, et ce n'est qu'à partir de

1984 que le rythme de croissance des prix se
ralentit. Entre 1972 et 1983, la hausse moyenne
annuelle a été de 9,1 pour 100, ce qui est un
rythme d'inflation sans précédent historique
pour une période non exceptionnelle (guerre,
etc.). On ne dispose pas de séries agrégées au
niveau de l'ensemble des pays développés, mais
si l'on se fonde sur les séries par pays, on peut
considérer que dans les périodes normales les
hausses moyennes annuelles les plus élevées
pour des périodes de 10 à 12 ans ont été de
l'ordre de 1 à 2 pour 100 (toujours pour les prix
de détail) et cela est valable au moins pour les 6
à 7 derniers siècles.

En matière d'inflation, il existe sans aucun doute
des constantes historiques : des pays presque
toujours caractérisés par de faibles progressions
des prix, et d'autres caractérisés par de fortes
hausses. Toutefois, ce n'est pas nécessairement
une constante absolue : ainsi l'Allemagne de l'hyperinflation des années 1920 est-elle devenue une
Allemagne à très faible inflation durant tout le
dernier demi-siècle (voir le tableau XXV.3). En
général, la France et l'Italie sont plus chronique-
ment touchées par une inflation relativement élevée, alors que la Suisse se caractérise par une très
faible inflation. Sans parler de fluctuation à court
terme, les différences du rythme de croissance
des prix entraînent dans le long terme des écarts
importants dans la valeur des monnaies. Comme
nous le verrons durant la période de l'Union
Monétaire Latine (1865-1914), il y avait parité
absolue entre le franc suisse, le franc français et la
lire italienne. Si l'on tient compte de l'introduction, en janvier 1960, du franc lourd (valant

TABLEAU XXV.3

TAUX ANNUEL MOYEN D'ACCROISSEMENT
DE L'INDICE DU COÛT DE LA VIE
DE QUELQUES PAYS DÉVELOPPÉS OCCIDENTAUX

	1950 à 1955	1955 à 1960	1960 à 1965	1965 à 1970	1970 à 1975	1975 à 1980	1980 à 1985	1985 à 1990	1990 à 1995
Allemagne[a]	1,9	2,4	2,9	2,7	6,1	4,1	3,9	1,4	2,8
Autriche	9,3	2,2	3,9	3,3	7,3	5,3	4,9	2,2	3,2
Belgique	2,1	1,6	2,5	3,5	8,4	6,4	7,0	2,0	2,4
Canada	2,5	1,9	1,6	3,9	7,3	8,7	7,4	4,5	2,2
États-Unis	2,2	2,0	1,3	4,2	6,7	8,9	5,5	3,9	3,1
Espagne	2,6	8,0	7,4	5,1	12,1	18,1	29,2	6,5	5,2
France	5,5	5,6	3,9	4,3	8,8	10,5	9,6	3,1	2,2
Italie	4,1	1,9	4,9	3,0	11,3	16,6	13,7	5,7	5,0
Japon	6,2	1,9	6,0	5,5	11,5	6,5	2,7	1,3	1,4
Royaume-Uni	5,5	2,7	3,5	4,6	13,0	14,4	7,2	5,6	3,4
Suède	5,6	3,7	3,6	4,5	8,0	10,5	9,5	6,2	4,2
Suisse	1,6	1,2	3,2	3,5	7,7	2,3	4,1	2,6	3,2

a République fédérale d'Allemagne.

Sources : D'après Nations Unies, *Bulletin mensuel de statistique*, diverses livraisons ; et sources nationales.

100 anciens francs), le franc suisse du début de 1995 valait 410 (anciens) francs français et 1 200 lires italiennes.

L'inflation des années 1970 a très rapidement entraîné la hausse des taux d'intérêt qui, eux aussi, ont atteint des sommets historiques. Si l'on prend comme indicateur des niveaux de taux d'intérêt sur le plan international le taux d'escompte des États-Unis (vu le rôle dominant de ce pays), on est en présence de l'évolution suivante.

Déjà à la fin des années 1960, ce taux fluctuait vers les 5 à 6 pour 100, comparé à 2 à 3 pour 100 dans les décennies précédentes ; mais, à la fin de 1973, il atteignait 7 pour 100, et le sommet fut atteint en 1980 avec 13 pour 100 (données de la fin d'année). Certes la hausse des taux d'intérêt réels a été beaucoup moins forte que celle des taux d'intérêt nominaux que sont les taux d'escompte, les taux d'intérêt nominaux ne tenant pas compte de l'inflation. Ainsi, si l'on prend à nouveau l'exemple de la principale puissance économique, à savoir les États-Unis, les taux d'intérêt nominaux pour la période 1960-1962 étaient de l'ordre de 4 pour 100 et les taux réels de 2,1 pour 100 ; or, pour 1979-1981, il s'agissait respectivement de 12,5 et de 4,4 pour 100, donc un doublement des taux réels et une multiplication par près de 3 des taux nominaux.

Le ralentissement de l'inflation est largement lié à la baisse du prix du pétrole qui, entre 1982 et 1991, a reculé presque de moitié. Toutefois, on n'a pas encore (en 1995) retrouvé le rythme d'inflation d'avant 1968-1972, puisque de 1988 à 1994 les prix de détail des pays développés occidentaux ont progressé en moyenne de 3,4 pour 100 par an et qu'en 1995 cette hausse a été de 2,5 pour 100 (comparée à 2,1 pour 100 de 1953 à 1967).

LE DÉSORDRE MONÉTAIRE ET LA FIN DU SYSTÈME DE L'ÉTALON OR-DOLLAR

Venons-en à présent au désordre monétaire. Les accords de Bretton Woods, que gérait en quelque sorte le FMI, impliquaient une quasi-stabilité des taux de changes des monnaies. La pièce maîtresse du système était le dollar américain qui était rattaché à l'or, les autres monnaies étant fixées par référence au dollar. Système que l'on qualifie souvent d'étalon or-dollar. Or, dans le milieu des années 1960, le déficit croissant de la balance des paiements américains affaiblit la position du dollar. À cela s'ajouta le phénomène des eurodollars[1]. Les eurodollars sont apparus en 1958, et ont été un facteur de multiplication monétaire. À partir de ces dépôts en dollars, les banques ont multiplié les prêts libellés en dollars, augmentant ainsi le volume de la monnaie américaine en circulation dans le monde, et ce, à un rythme plus rapide que l'encaisse d'or détenu par la réserve fédérale américaine. À partir de 1965, des demandes massives de la part des banques centrales en vue de la conversion des dollars en or eurent lieu.

Le début du processus du détachement du dollar de l'or se place en mars 1968. Dans le cadre des accords dits «de Washington», les pays du *pool* de l'or consacrèrent la création d'un double marché du «métal jaune». Au printemps 1970, l'Allemagne, à la suite d'un afflux de dollars, décida de supprimer la fixité du taux de change et de laisser flotter le mark. Les États-Unis prirent quelques mesures afin de réduire leur déficit et, fait capital, décidèrent, le 15 août 1971, de suspendre la convertibilité du dollar et, le 8 mai 1972, de le dévaluer de 8 pour 100. Ce fut là incidemment la fin de la stabilité du prix de l'or

---

1. L'eurodollar est un dollar des États-Unis détenu dans une banque à l'extérieur des États-Unis.

qui, en 1934, avait été fixé à 34 dollars l'once (28,35 grammes). Le dollar fut à nouveau dévalué, de 10 pour 100, le 18 octobre 1973.

LA GÉNÉRALISATION
DES TAUX DE CHANGES FLOTTANTS

La décision du 15 août 1971 de supprimer la convertibilité du dollar marqua la fin du système de l'étalon or-dollar, qui avait été instauré en 1944 par les accords de Bretton Woods, et le début de l'ère des taux de changes flottants qui dure encore aujourd'hui. Par changes flottants, on entend un système dans lequel le cours du change de la monnaie est fixé librement par le marché et, par conséquent, varie en fonction des conditions de celui-ci. Ce qui ne veut pas dire que les banques centralisées n'interviennent pas dans de nombreux cas afin de modifier le cours. En 1971 et 1972, il y eut de nombreuses tentatives de recréer un nouveau système, qui conduisit à une certaine stabilité des changes, mais globalement ce fut un échec. À partir du début de 1973, l'ampleur des fluctuations des taux de changes des différentes monnaies s'accrut fortement. Ces fluctuations furent encore favorisées par l'action de spéculateurs qui jouent massivement sur ce marché. Les jours de «fièvre monétaire», ce sont jusqu'à 3 000 milliards de dollars qui s'échangent quotidiennement. Soit un montant 4 fois plus important que celui du marché des actions et représentant environ 9 pour 100 du PNB mondial (de 1995).

La mise en place des taux de changes flottants entraîna, *ipso facto*, une fluctuation très accusée et une montée des prix de l'or. De 34 dollars l'once, le «métal jaune» atteignit un premier sommet en 1974 (159 dollars l'once), puis un autre en 1980 (608 dollars), pour retomber à 317 dollars en 1985, et fluctuer entre 1986 et 1995 autour des 380 dollars. Si le dollar reste, même au début des années 1990, la monnaie très largement prépondérante dans les échanges mondiaux et la monnaie de réserve par excellence, le système de Bretton Woods n'est plus que du domaine de l'histoire. La formule, attribuée dans les années 1960 à John B. Connally (secrétaire d'État américain au trésor) est encore plus valable au début des années 1990 : «Le dollar c'est notre monnaie, mais c'est votre problème.»

Comme nous le verrons dans le chapitre suivant, même à l'intérieur de l'UE la mise en place du SME[1] a rencontré des difficultés, la plus sérieuse étant celle de 1992. En septembre, la livre sterling et la lire italienne ont quitté le SME, suivies en novembre par la couronne suédoise. Enfin, le dollar américain, qui reste la monnaie de référence, n'a pas cessé de fluctuer et, parfois, d'une façon accusée.

LES DIFFICULTÉS BUDGÉTAIRES
ET LA DETTE PUBLIQUE CROISSANTE

Le choc pétrolier, le ralentissement de la croissance et la progression des dépenses de l'État, notamment pour les programmes sociaux, ont entraîné, à partir de 1975, une forte augmentation des déficits budgétaires dans la plupart des pays. Pour l'ensemble des pays développés occi-

1. Système Monétaire Européen.

dentaux, ce déficit, qui était de 1,5 pour 100 du PIB pour 1972-1974, passe à 4,6 pour 100 en 1975. Durant cette année, même la Suisse enregistre un déficit, mais très faible (0,5 pour 100). Le déficit le plus élevé étant alors celui de l'Italie (17,1 pour 100). De 1975 à 1995, le déficit persiste dans pratiquement tous les pays, fluctuant pour l'ensemble des pays développés occidentaux autour des 3 pour 100, avec deux sommets : l'un en 1983 (5,6 pour 100) et l'autre en 1993 (4,5 pour 100). Pour 1994-1995, pour l'ensemble des pays développés occidentaux, ce déficit s'établit à 3,5 pour 100 du PIB, avec une forte dispersion. Cela va de 0,4 pour 100 pour la Norvège à 10,2 pour 100 pour la Grèce, en passant (pour les pays importants) par 2 à 3 pour 100 pour l'Allemagne, les États-Unis et le Japon ; 4 à 5 pour 100 pour le Canada et l'Espagne ; 5,4 pour 100 pour la France ; 6 pour 100 pour le Royaume-Uni ; et 8,1 pour 100 pour l'Italie. Rappelons que ce n'est pas la première fois dans l'histoire que des difficultés budgétaires se sont manifestées sur une large échelle en temps de paix ; ce fut le cas lors de la dépression des années 1930.

La longue persistance des déficits obligea, dès le milieu des années 1970, les gouvernements à procéder à des emprunts plus élevés, d'où la constitution d'une dette publique croissante. Au niveau des sept pays les plus industrialisés (Allemagne, Canada, États-Unis, France, Italie, Japon et Royaume-Uni), la dette nette des administrations publiques, exprimée en pourcentage du PIB, passe d'environ 15 pour 100 en 1970 à 21 pour 100 en 1980, pour atteindre un sommet de 33 pour 100 en 1986. Cette dette fluctue alors autour des 32 pour 100 jusqu'en 1991, puis amorce une nouvelle hausse aboutissant à 45 pour 100 en 1995. La dette la plus faible est celle du Japon (10 pour 100) et la plus élevée celle de l'Italie (114 pour 100); pour les autres cinq pays cela s'échelonne de 48 pour 100 pour le Royaume-Uni à 67 pour 100 pour le Canada. Parmi les autres pays développés occidentaux, on constate une dispersion voisine. Par exemple, cela va de 23 pour 100 en Suisse à 128 pour 100 en Belgique, en passant par 56 pour 100 en Espagne. Pratiquement partout cette dette publique est, dans sa quasi-totalité, une dette intérieure.

Évidemment, vu l'ampleur de cette dette, le service de celle-ci, c'est-à-dire le paiement des intérêts et les remboursements éventuels, absorbe une proportion importante et croissante des recettes budgétaires. Par exemple, même en se limitant aux seuls paiements des intérêts, ceux-ci absorbent (dans le milieu de la décennie 1990) environ le quart des recettes budgétaires pour des pays tels que la Belgique, la Grèce, l'Italie et le Portugal; autour des 15 pour 100 pour des pays tels que les États-Unis, le Danemark et la Suède; autour des 10 pour 100 pour des pays tels que l'Autriche, l'Espagne et les Pays-Bas; et autour des 5 à 7 pour 100 pour des pays tels que l'Allemagne, la France, la Norvège et le Royaume-Uni.

La progression des dépenses étatiques résultant en grande partie de celles des programmes sociaux et constituant donc un transfert de ressources des classes plus favorisées vers celles qui le sont moins, il serait «équitable» de signaler ici que les paiements du service de la dette publique constituent en quelque sorte un transfert en sens inverse: des pauvres vers les riches. Mais, contrairement au cas des dettes du Tiers-Monde, il s'agit de transferts intérieurs.

1973-1995, un ralentissement
de la croissance économique ?
Et une conjoncture plus cyclique

Les réponses à cette question peuvent être en partie contradictoires, selon que l'on veut exagérer le caractère négatif de la période récente ou que l'on effectue une analyse plus sereine. Fort ralentissement, oui, si l'on compare le rythme de croissance du volume du PNB par habitant de la période allant de 1971-1973 à 1991-1993 à celui des excellentes années qui ont précédé, soit de 1957-1959 à 1971-1973. Dans ce cas, on aboutit à un taux de croissance annuel de 3,5 pour 100, comparé à 1,9 pour 100 ; donc un recul de 46 pour 100 du rythme annuel de croissance. Mais il convient de tenir compte d'un ensemble de facteurs qui conduisirent à égaliser la situation. Notons d'abord que la croissance a été plus faible avant 1957-1959 ; par conséquent, la période de comparaison avec la période antérieure devrait porter sur les années 1950-1952 à 1971-1973, auquel cas on aboutit à une croissance de 3,1 pour 100 ; donc, le ralentissement passe dans ce cas de 46 à 39 pour 100. Mais même cette façon de procéder exagère encore l'écart, et ce pour une double raison. La première tient au moment conjoncturel des points de référence : 1970-1973 constituant un sommet conjoncturel, et 1991-1993 un creux conjoncturel. D'ailleurs, les années

1994 et 1995 ont été marquées par une nette reprise dans la quasi-totalité des pays développés occidentaux. Pour l'ensemble de ceux-ci, le volume du PNB par habitant a progressé de 2 pour 100, soit le taux le plus élevé depuis 1989. Aux États-Unis, en 1994 la croissance par habitant a dépassé les 3 pour 100, ce qui est le plus élevé depuis 1984 (mais en 1995 cette croissance a été de 2 pour 100). En outre, il est raisonnable de tenir compte, du moins partiellement, des effets des deux chocs pétroliers qui peuvent être considérés comme des facteurs exogènes. Si l'on retient une perte du PNB de l'ordre de 10 pour 100 pour ces deux événements (qui est à peu près celui retenu par les experts de l'OCDE) et si l'on prend la période 1974-1976 à 1991-1993, la croissance de la période récente se trouve portée à 2,7 pour 100 ; donc seulement un recul du rythme annuel de croissance de l'ordre de 12 pour 100, ou si l'on préfère de 0,4 point de pourcentage. Bien entendu, même par rapport aux trois bonnes périodes (de durée semblable) précédant 1950, la croissance de 1971-1973 à 1991-1993 paraît rapide : d'environ 20 pour 100 supérieure à celle enregistrée de 1896 à 1913, laquelle a été de l'ordre de 1,5 à 1,7 pour 100.

En définitive, on peut parler d'un ralentissement modéré, mais d'une croissance qui demeure très supérieure à celle enregistrée soit entre les deux guerres mondiales, soit durant le xixᵉ siècle. En fait, la croissance des pays développés occidentaux de 1946 à 1995 a été plus importante que celle enregistrée en deux siècles : depuis le début de la révolution industrielle jusqu'en 1946. Mais si l'on tient compte du chômage et de la plus

grande instabilité de la conjoncture et de l'inflation, il apparaît comme indiscutable que nous
sommes entrés dans une nouvelle phase économique, et cela sans parler des changements structurels qui seront abordés au chapitre XXVIII. Si, à
l'avenir, au lieu de se résorber, le chômage continuait à se maintenir à ce niveau ou à connaître
une augmentation (même modérée), cela consti-
tuerait un gaspillage des ressources, une masse de
frustrations, et de ce fait un risque de troubles
sociaux. La montée du chômage à l'Est, où celui-
ci était inexistant sous le régime communiste,
l'État garantissant l'emploi (souvent fort peu pro-
ductif) à chaque citoyen, risque de renforcer
encore une certaine banalisation du phénomène
et de retarder en Occident la prise de mesures
efficaces afin de résoudre ce grave problème.

*Un ralentissement des rythmes
de croissance de la productivité
industrielle*

Au niveau de l'ensemble de l'économie, les
rythmes de croissance économique et ceux de la
productivité sont étroitement liés. Néanmoins, au
niveau sectoriel, il n'y a pas eu d'uniformité de
l'évolution. Nous avons vu, à propos du déclin du
nombre des agriculteurs, que dans l'agriculture
on a assisté à une très forte augmentation du
rythme de croissance de la productivité à partir
des années 1940 aux États-Unis, et à partir des
années 1950 en Europe. Cela entraîna un renversement historique, puisque, dès lors, la productivité agricole s'est accrue à un rythme environ

deux fois plus rapide que dans l'industrie, alors que, durant les deux siècles précédents, la relation était inverse. Dans cette section, où nous nous concentrerons sur la période qui débute vers 1973, il s'agit d'examiner le très sensible ralentissement de la croissance de la productivité de l'industrie manufacturière.

D'après les estimations des Nations Unies, la productivité du travail (par actif et non par heure de travail) dans l'industrie manufacturière des pays développés occidentaux est marquée depuis la fin de la guerre par trois phases. La première, qui commence au début des années 1950 et qui dure jusqu'en 1971-1973, voit une accélération du rythme annuel de croissance de cette productivité, qui passe d'environ 2 pour 100 au début de cette période à plus de 5 pour 100 à la fin de celle-ci, avec une moyenne de 4,0 pour 100 de 1950 à 1971-1973. Puis — et c'est ce qui nous intéresse surtout ici — le rythme de croissance se réduit de plus de la moitié, s'établissant à 2,1 pour 100 de 1971-1973 à 1981-1983, c'est-à-dire un ralentissement plus accusé que celui de la croissance économique. De 1981-1983 à 1989-1991, on assiste à une remontée, mais on est loin des performances d'avant 1972 puisque le rythme de progression a été de 3,7 pour 100, soit plus d'un point de pourcentage au-dessous de la performance de la période 1958-1960 à 1971-1973. Maintes causes ont été avancées afin d'expliquer ce ralentissement, mais aucune n'a reçu une acceptation assez large.

Sur le plan géographique, il y a de fortes différences non seulement dans les rythmes de croissance de la productivité de l'industrie manufacturière, mais également dans l'ampleur du ralentissement. Certes, les données ne sont pas parfaitement comparables, mais les experts du Bureau of Labor Statistics des États-Unis font un effort afin d'élaborer de telles données. Si l'on se limite aux six principales puissances industrielles, les taux annuels de croissance sont les suivants entre 1960 et 1973 : États-Unis 2,8 ; Japon 10,5 ; Allemagne 5,9 ; France 6,7 ; Italie 6,9, et Royaume-Uni 4,4. Donc, un écart de presque 1 à 4 entre les deux plus grandes puissances industrielles ! Le ralentissement de la période de 1971-1973 à 1981-1983 ayant été beaucoup plus modéré pour les États-Unis (– 25 pour 100) que pour le Japon (– 44 pour 100), les différences sont devenues moins marquées.

UNE REPRISE RÉCENTE MAIS NON GÉNÉRALISÉE

Sur le plus court terme, signalons que les premières années de la décennie 1990 ont été caractérisées, dans de nombreux pays développés, par une amélioration du rythme de progression de cette productivité. C'est le cas notamment des États-Unis où la productivité par heure de travail dans l'industrie manufacturière, qui avait progressé de 2,4 pour 100 par an de 1960 à 1990, a augmenté de 3,2 pour 100 par an de 1990 à 1995. Sur les onze autres pays pour lesquels le Bureau of Labor Statistics des États-Unis élabore des données comparables internationalement, six ont connu un bon début de décennie ; ce sont notamment le Royaume-Uni et l'Italie. Sur les cinq autres, qui ont connu plutôt une mauvaise demi-décennie, à côté de l'Allemagne et de la France,

figure le Japon. Dans ce pays, la productivité
ne s'est accrue qu'à un rythme annuel de 2,2
pour 100 entre 1990 et 1995, alors qu'entre 1960
et 1990 ce rythme s'élevait à 7,2 pour 100.

TABLEAU XXV.4

ÉVOLUTION DE LA PRODUCTIVITÉ

DANS L'INDUSTRIE MANUFACTURIÈRE

DE DIVERS PAYS DÉVELOPPÉS

(production par heure ; taux annuel de croissance)

	1950-1960	1960-1973	1973-1984	1984-1990	1990-1995
Allemagne	8,3	5,9	3,4	2,4	2,7
Belgique	–	7,0	6,2	2,2	3,6[b]
Canada	3,8	4,5	1,6	0,8	2,3
Danemark	2,9	6,4	3,5	0,2	3,4[c]
États-Unis	–	2,8	2,1	2,8	3,2
France	5,2	6,7	4,6	3,5	2,8
Italie	2,8	6,9	3,8	3,1	3,7
Japon	10,0[a]	10,6	5,9	5,5	2,2
Norvège	4,2	4,5	2,3	2,4	1,3
Pays-Bas	4,8	7,6	4,6	2,1	2,6[b]
Royaume-Uni	2,8	4,4	2,3	3,7	4,0
Suède	3,4	6,6	2,8	1,9	4,7
Suisse	–	4,5	2,0	5,7	4,2

a De 1955 à 1960.
b De 1990 à 1994.
c De 1990 à 1993.

Sources : D'après *Monthly Labor Review*, diverses livraisons. Sauf Suisse : calculs et estimations de l'auteur d'après sources nationales ; par conséquent,
série non strictement comparable aux autres.

Enfin, avant de clore cette section, relevons
simplement ici les fortes différences que l'on
constate également sur le plan sectoriel. Pour

l'ensemble des pays développés occidentaux et pour toute la période d'après la Seconde Guerre mondiale, le clivage est surtout entre ce que l'on qualifie d'industries légères et d'industries lourdes. Commençons par la période de croissance rapide. De 1960 à 1973, à l'intérieur des industries légères, la croissance annuelle de la productivité a été la plus faible pour l'habillement et les chaussures (1,7 pour 100) ; dans les industries lourdes, le taux le plus élevé concerne la chimie (7,1 pour 100). Le reste des secteurs fluctue autour des 4,5 pour 100. Dans la période plus récente (1973-1990), les écarts sont moins accusés, le ralentissement ayant été beaucoup fort pour la chimie, où le taux annuel de croissance est tombé à 2,7 pour 100, alors que celui de l'alimentation n'est descendu qu'à 1,1 pour 100. Le secteur où la productivité a progressé le plus rapidement avant cette période a été les fabrications métalliques (3,3 pour 100), les autres secteurs fluctuant autour des 2,3 pour 100.

Hors des secteurs manufacturiers, si dans les industries extractives le secteur des mines métalliques est caractérisé par une croissance faible de la productivité, en revanche celui des charbonnages a connu des gains rapides : 28 pour 100 entre 1955 et 1973, et le même taux de 1973 à 1990. Il est vrai que la rapide fermeture des puits de charbon n'a laissé subsister que les gisements les plus productifs, comme nous le verrons à la fin de ce chapitre.

Les trois récessions : 1974-1975,
1981-1982 et 1991-1993

En fait, la première récession d'origine endogène après celle de 1958 fut celle de 1991-1993, les deux récessions précédentes ayant été directement causées par les chocs pétroliers. Cette origine spécifique a d'ailleurs conduit à leur donner des caractéristiques sans précédent historique. Il s'agit notamment de l'inflation, alors que les récessions et les crises antérieures se traduisaient par des déflations.

1974-1975 : LA RÉSULTANTE
DU PREMIER CHOC PÉTROLIER

La hausse des prix du pétrole débuta en octobre 1973 et, dès le début de 1974, ceux-ci se trouvèrent multipliés par près de 4. Les pays développés occidentaux, qui, tous, mais à des degrés divers, étaient des importateurs nets de pétrole, ressentirent dès 1974 les effets de cette hausse. Il y eut une forte augmentation du déficit de la balance commerciale, qui pour l'ensemble des pays développés occidentaux, passa de 21 à 68 milliards de dollars. Il y eut aussi une détérioration (de l'ordre de 12 pour 100) des termes des échanges. Sur le plan de la croissance économique, le ralentissement fut très marqué déjà en 1974, puisque, pour l'ensemble des pays développés occidentaux, l'on passa de 5,7 pour 100 en 1973 à 0,9 pour 100 en 1974 et à un recul de 0,5 pour 100 en 1975. Les pays les plus fortement touchés furent la Suisse, avec un recul du PNB de près de 7 pour 100, la Grèce et le Portugal (4 pour 100). Parmi les pays moyennement affectés citons le Royaume-Uni (2,4 pour 100), les États-Unis (1,5 pour 100), et l'Allemagne (1,3 pour 100). Le Japon (0,6 pour 100) et la France (0,3 pour 100) furent peu concernés.

Le chômage n'augmenta que faiblement en 1974, passant pour l'ensemble des pays développés occidentaux de 3,7 à 3,9 pour 100. Mais, en 1975, il s'établissait à 5,5 pour 100, ce qui était le taux le plus élevé depuis au moins 1949. Le fait le plus marquant est que la reprise de 1976 (croissance de 4,8 pour 100 du PNB) ne fut pas marquée par un recul du chômage, il y eut même une progression puisque le taux s'est établi à 5,7 pour 100. C'est là le début de cette phase nouvelle de l'histoire économique et sociale du monde occidental.

1981-1982 : UNE RÉPÉTITION DE LA RÉCESSION DE 1974-1975 ?

D'une certaine façon, la récession de 1981-1982 fut la répétition de celle de 1974-1975. Dans l'ensemble, elle fut moins grave : recul du PNB de 0,3 pour 100 ; le déficit de la balance commerciale n'augmenta pas et la détérioration des termes des échanges ne fut que de 8 pour 100. Il est vrai que la hausse des prix du pétrole (en 1980) a été un peu plus modérée (multiplication par 2,5) et que la plupart des pays avaient réduit leur dépendance envers le pétrole. En Europe occidentale, les importations nettes d'énergie en pourcentage de la consommation totale sont passées, entre 1970 et 1980, de 68 à 58 pour 100. En revanche, aux États-Unis, cette proportion est passée de 8 à

16 pour 100. Cela explique en partie pourquoi, à
l'exception du Canada, ce sont les États-Unis qui
ont enregistré, en 1982, la plus forte baisse du
PNB (2,2 pour 100).

1991-1993 : LA PREMIÈRE VÉRITABLE RÉCESSION DEPUIS 1958

Ainsi que nous le notions plus haut, cette récession a été très différente des deux précédentes ; le
facteur exogène, sous la forme de la hausse des
prix du pétrole, étant absent. L'explication la plus
communément retenue est qu'elle a été causée
par le fait que la plupart des pays industrialisés
ont mené, à la fin des années 1980, une politique
d'expansion, qui a provoqué une surchauffe de
leur économie, et que les mesures correctives ont,
par la suite, amené une chute des prix des actifs
des bilans entrepris et, de ce fait, la récession. Si
cette récession a été plus longue, en revanche elle
fut plus modérée, puisqu'au niveau de l'ensemble
des pays développés occidentaux, il n'y a pas eu
de recul du PNB, mais un sensible ralentissement
de la croissance : 0,8 pour 100 en 1991 (contre 2,4
pour 100 en 1990 ; 1,5 pour 100 en 1992 et 1,2
pour 100 en 1993). Par contre, pour la première
fois depuis la fin de la Seconde Guerre mondiale,
on a assisté à un recul de la production manufacturière. À ce propos, il est intéressant de signaler
que cette baisse, combinée surtout à celle beaucoup plus importante qui s'est produite dans les
pays développés de l'Est, a conduit sur le plan
mondial au premier recul de la production manufacturière depuis la Seconde Guerre mondiale
(de 1990 à 1993, ce recul a été de l'ordre de 3,3
pour 100).

En l'absence d'un fait exogène majeur, on peut considérer cette récession comme la première véritable récession depuis celle de 1958. Le chômage, qui était quand même un peu descendu, s'établissant à 6,2 pour 100 pour 1990, ne progressa pas en 1991 mais en 1992 (où il s'établit à 7,7 pour 100) et en 1993 (8,1 pour 100).

Cette récession a eu une chronologie et une ampleur très diversifiées sur le plan international. D'ailleurs, aux États-Unis, son «millésime» est 1990-1991 et, dans la chronologie (bien tenue) des dépressions, elle est la neuvième depuis la fin de la guerre et sa durée (10 mois) est de peu inférieure à la moyenne (11 mois). De même le maximum du chômage (7,7 pour 100) est inférieur au maximum moyen (7,8 pour 100). Les deux dépressions les plus graves ayant été liées aux chocs pétroliers : celle de 1973-1975 (16 mois et 9 pour 100 de chômage) et celle de 1981-1982 (16 mois et 10,8 pour 100 de chômage). Globalement, l'année 1991 est encore positive dans la plupart des pays développés ; seuls les sept pays suivants connaissent un recul de leur PNB : Australie, Canada, États-Unis, Finlande, Nouvelle-Zélande, Royaume-Uni et Suède. Pour l'Allemagne et le Japon, il s'agit même d'une très bonne année, avec une progression de leur PNB voisine de 4 pour 100 ; mais en 1992 le ralentissement est très marqué (croissance voisine de 1 pour 100). Au contraire, aux États-Unis, les années 1992 et 1993 sont, en ce qui concerne l'économie, très positives (croissance de 2,7 pour 100 en 1992 et de 2,2 pour 100 en 1993), avec néanmoins une dégradation de la situation de l'emploi : le taux de chômage de 1993 étant (avec 7,3 pour 100) le plus élevé depuis

1984. C'est une illustration de la spécificité de cette période, qui a commencé en 1973. Malgré la reprise de la croissance en 1994 (2,8 pour 100) et en 1995 (2,5 pour 100), le taux moyen de chômage de l'UE a été en 1995 de 11,2 pour 100 (8,2 pour 100 en 1990). Ce qui nous amène directement à la question du chômage structurel.

Toutefois, auparavant, il faut ouvrir une brève parenthèse sur l'impact non planétaire des cycles du monde développé occidental. Il est normal que la conjoncture de ce monde n'ait pratiquement pas affecté les pays à économie planifiée. Dans le Tiers-Monde, sauf pour ce qui concerne les deux crises liées aux chocs pétroliers, la conjoncture a suivi sa propre courbe, influencée surtout par l'évolution agricole, elle-même dépendante des conditions météorologiques.

La réapparition d'un chômage
structurel important ;
ou le plein emploi une exception ?

La montée du chômage a été beaucoup plus grave que les désordres monétaires, qui ont fait la fortune ou la ruine de quelques spéculateurs, car touchant dramatiquement la vie d'une fraction importante de la population, et surtout les jeunes. D'ailleurs, dans de nombreux cas, les politiques de défense de la monnaie et les politiques déflationnistes ont eu aussi des conséquences négatives sur l'emploi. Historiquement, la montée du chômage commence avec le premier choc pétrolier et s'accélère avec le second. Cela est très visible dans le graphique XXV.1 où est représentée l'évolution entre 1948 et 1995 du taux de chômage de la population active et de la croissance annuelle du volume du PNB par habitant de l'ensemble des pays développés occidentaux.

GRAPHIQUE XXV.1
TAUX DE CROISSANCE ÉCONOMIQUE
ET TAUX DE CHÔMAGE DES PAYS DÉVELOPPÉS
OCCIDENTAUX

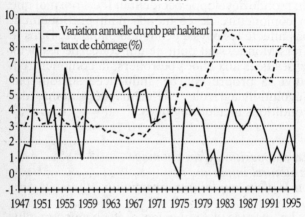

Dès l'immédiat après-guerre, et plus particulièrement à partir de 1951, pour pratiquement tous les pays développés occidentaux, on est en présence d'une situation de plein emploi, situation qui s'améliora encore. Au niveau de l'ensemble des pays développés occidentaux, à la fin des années 1950 le taux de chômage était tombé au-dessous des 3 pour 100 ; et pour la période 1960-1969 à 2,6 pour 100 seulement. Cela est certainement le niveau le plus bas jamais atteint. Car sans parler des années 1930, on peut considérer que pour des

périodes de dix ans, même en excluant les années
de crise, le taux moyen de chômage devait se
situer vers les 5 à 6 pour 100. La récession de
1974-1975 fait passer le taux de chômage de
moins de 4 pour 100 à près de 6 pour 100. Malgré
la reprise de la croissance en 1976 et durant les
quatre années suivantes, le taux de chômage, au
lieu de décroître, augmente même légèrement.

C'est là la première manifestation de la réapparition d'un véritable chômage structurel et non
plus seulement d'un chômage conjoncturel. La
récession de 1981 ayant été précédée par un certain ralentissement de la croissance, il en résulte
une progression très importante de ce chômage,
qui avoisine les 9 pour 100. On assiste alors à la
répétition du même phénomène : malgré la
reprise et une croissance rapide, le taux de chômage ne diminue que faiblement. La récession de
1991-1993 amena dès 1991 une remontée du chômage, qui a continué à croître même en 1993,
malgré la fin du recul du PNB, et est resté relativement stable en 1994 et 1995, malgré la reprise
de la croissance économique. Relevons néanmoins, nous y reviendrons d'ailleurs, que la
courbe du chômage aux États-Unis est plus
influencée par la conjoncture économique qu'elle
ne l'est en Europe. Donc — voici le plus important — une discontinuité, une dichotomie entre la
courbe de la production et celle du chômage,
dichotomie qui n'existait pas de 1946 à 1972.
Cette dichotomie est très visible dans le graphique XXV.1, même si, bien entendu, le ralentissement temporaire de la croissance influence
aussi négativement le niveau de chômage.

Il y a quelques années, avant que le renouveau

de l'intérêt porté à l'histoire économique de
l'entre-deux-guerres ne fasse apparaître l'existence dans cette période d'un chômage structurel
même dans les années de bonne conjoncture, on
pouvait considérer ce chômage, apparu à partir
de 1975, comme étant l'«exception» et le plein
emploi comme étant la «règle». Actuellement, on
peut valablement s'interroger : ne faudrait-il pas
inverser les choses et considérer le plein emploi
comme l'exception? En effet, si l'on prend la
période 1919-1995, en excluant les années de
guerre, d'immédiat après-guerre et de crise (ou de
récession), on est en présence de 22 à 24 années
de plein emploi, comparé à 29 à 31 années de chômage structurel. À présent, voyons quelques caractéristiques et les différences par pays de ce chômage
structurel de la période récente.

Nous avons déjà insisté sur le caractère négatif
de ce chômage, en raison du fait qu'il affecte gravement les jeunes. Comme on peut le voir dans le
tableau XXV.5, jusqu'à la récession de 1981-1982
la progression du chômage n'avait pas encore
entraîné la création d'un chômage important de
longue durée (celui d'une durée supérieure ou
égale à un an). En Europe occidentale, ce chômage était inférieur à 1 pour 100, et même parmi
les jeunes (de 15 à 24 ans) — les plus touchés par
ce fléau —, seulement 2 pour 100 de ce groupe
d'âge était concerné. En 1993, donc la première
année après la récession, 9 pour 100 des jeunes
étaient en chômage de longue durée; en 1995
(donc 2 ans après la récession), ce taux a atteint
8 pour 100, c'est-à-dire un taux près de deux fois,
et parfois davantage, plus élevé que celui des
adultes. Par exemple, le taux de chômage des

TABLEAU XXV.5

CARACTÉRISTIQUES DU CHÔMAGE

EN EUROPE OCCIDENTALE

(en pourcentage de la population active
du groupe considéré)

	1972	1979	1983	1990	1995
CHÔMAGE TOTAL					
Ensemble	2,3	5,7	9,3	7,9	10,3
Hommes	2,3	4,6	7,7	6,7	9,5
Femmes	2,8	6,3	9,9	9,7	12,0
CHÔMAGE					
LONGUE DURÉE^a					
Ensemble	0,4	2,1	4,1	3,8	4,9
Hommes	0,4	2,1	3,6	3,0	4,3
Femmes	0,5	2,3	4,8	5,1	5,8
15-24 ans	0,7	4,1	8,7	6,6	7,8
25-54 ans	0,3	1,7	3,1	3,2	4,5
55 ans et plus	0,5	1,4	2,6	3,5	4,4

a Douze mois et plus.

Sources : OCDE, *Perspectives de l'emploi*, diverses livraisons ; et données
communiquées par le Secrétariat de l'OCDE.

jeunes était proche des 50 pour 100 en Espagne
et des 40 pour 100 en Italie. En Belgique et en
France, il était de l'ordre des 30 pour 100. Mais
seulement — si l'on peut dire — de l'ordre des 10
pour 100 en Allemagne, au Danemark, aux Pays-
Bas et au Royaume-Uni. Hors d'Europe, la situation est beaucoup moins dramatique. Ainsi, en
Amérique du Nord, le taux de chômage de longue
durée est inférieur à 1 pour 100 et il est du même
ordre pour les jeunes. Une partie de la différence
est imputable aux modalités des régimes d'assurances sociales et aussi à des comportements dif-

férents, les jeunes de cette région acceptant des emplois ne correspondant pas nécessairement (toujours) à leurs qualifications[1]. Bien entendu, des différences existent également à l'intérieur de l'Europe ; elles sont généralement du même ordre que celles de l'ensemble du chômage.

En règle générale, les femmes sont aussi plus touchées que les hommes par le chômage de longue durée et, là aussi, les modalités des régimes d'assurances sociales influencent les situations nationales. Le surchômage féminin concerne davantage celui de longue durée. Ainsi, en 1983, alors que la moyenne en Europe occidentale du taux de chômage de longue durée des femmes dépassait de 33 pour 100 celui des hommes, il s'agissait de 58 pour 100 en Espagne, de 106 pour 100 au Portugal, de 162 pour 100 en Belgique, de 166 pour 100 en Italie et de 285 pour 100 en Grèce. Par contre, au Royaume-Uni, ce taux était de 44 pour 100 inférieur à celui des hommes. Il en était de même aux États-Unis. La montée générale du chômage ainsi que certains changements des législations ont eu pour conséquence de réduire les écarts dans pratiquement tous les pays où celui-ci était élevé mais l'ont accru dans les autres, de sorte que pour l'ensemble de l'Europe occidentale la situation de 1995 (écart de 35 pour 100) est plus grave que celle de 1983 (24 pour 100).

Enfin une autre caractéristique de ce chômage : il touche fortement les ouvriers non qualifiés. Cela affecte pratiquement tous les pays développés, à l'exception notoire des États-Unis.

1. Voir à ce propos le chapitre **XXIX**.

Mais, dans ce pays, on a assisté à une forte baisse des salaires réels de cette catégorie d'ouvriers et surtout des jeunes à faibles qualifications. Ainsi, entre 1979 et 1987, le salaire réel des jeunes avec une éducation du niveau «collège» (semi-universitaire selon les normes européennes) a augmenté de 11 pour 100, alors que celui des jeunes avec seulement une éducation secondaire a diminué de 20 pour 100. Ce qui, pour beaucoup d'observateurs sociaux, est un facteur explicatif non marginal de l'augmentation de la délinquance juvénile. Signalons que même l'ensemble des salaires réels a connu une évolution négative aux États-Unis depuis 1979. Ainsi, les gains horaires réels dans l'industrie manufacturière, qui, de 1950 à 1978, avaient progressé à un rythme annuel de 1,6 pour 100, ont régressé de 0,9 pour 100 par an de 1978 à 1995, soit un recul global de 14,3 pour 100. Dans pratiquement tous les pays d'Europe, les salaires des ouvriers non qualifiés ont continué de croître, malgré la hausse du chômage. Cette hausse du chômage des ouvriers non qualifiés résulte essentiellement d'une baisse de la demande découlant d'un fort recul des activités manufacturières à forte intensité de ce type de main-d'œuvre. Nous verrons les données en la matière et les causes de cette véritable désindustrialisation dans une prochaine section du présent chapitre.

L'inégalité géographique du chômage est aussi forte, sinon davantage, que celle de l'inflation analysée plus haut. Comme on peut le voir dans le tableau XXV.6, entre la Suisse d'une part et la France et l'Italie d'autre part, l'écart est en général de 1 à 12. Et encore, faute de séries historiques

TABLEAU XXV.6

TAUX DE CHÔMAGE DANS QUELQUES PAYS DÉVELOPPÉS

DE 1950 À 1995

(en pourcentage de la population active totale ;
moyennes annuelles)

	Allemagne[a]	Belgique	États-Unis	France
1948/52	8,0	7,6	4,3	1,2
1958/62	1,7	4,9	6,0	1,1
1968/72	1,0	2,5	4,6	2,6
1973/75	2,0	3,6	6,2	3,1
1976/78	3,6	7,3	6,8	4,8
1979/81	3,6	7,2	6,8	6,5
1982/84	7,1	12,0	8,8	8,7
1985/87	6,6	11,2	6,7	10,4
1989/91	5,1	7,7	5,8	9,2
1992/94	4,6[b]	8,7	6,8	11,4
1995	8,2	9,9	5,6	11,6

a République fédérale d'Allemagne, sauf 1995 : ensemble de l'Allemagne.
b 1992.

Note : Des modifications des systèmes d'estimation rendent, dans certains
cas, les séries non statistiquement homogènes. Toutefois, ces rutures sont
peu importantes ; et, à partir de 1968-1972, il s'agit de taux standardisés
(par l'OCDE), sauf pour la Suisse. Pour la Suisse (données d'avant 1948-
1952) et pour la France (données d'avant 1968-1972), il s'agit des demandeurs d'emploi en pourcentage de la population active totale.

valables, nous n'avons pas repris dans ce tableau
les données qui concernent les pays les plus touchés par le chômage. Ainsi, pour la période 1992-
1994, le taux de chômage atteint les 21 pour 100
en Espagne, et probablement un taux voisin, voire
supérieur, en Grèce. À part la Suisse, le seul autre
pays presque totalement épargné par le chômage
est le Japon. Le chômage est aussi faible en
Autriche et en Norvège.

À ce chômage s'ajoute encore un sous-emploi

Italie	Japon	Royaume-Uni	Suisse
8,8	1,0	1,5	0,3
4,6	1,2	1,9	0,3
5,6	1,2	3,3	0,0
5,8	1,5	3,4	0,1
7,1	2,0	5,8	0,5
6,9	2,1	5,8	0,2
9,2	2,6	11,8	0,7
10,7	2,7	10,0	0,8
10,2	2,2	7,8	0,8
10,6	2,5	10,0	3,4
11,9	3,1	8,8	3,2

Sources : D'après *Annuaire statistique de la Suisse*, diverses livraisons ; BIT, *Annuaire des statistiques du travail*, diverses livraisons ; Mitchell, B.R. (1992) ; Nations Unies, *Bulletin mensuel de statistique*, diverses livraisons ; OCDE, *Perspectives économiques de l'OCDE*, diverses livraisons ; OCDE, *Principaux indicateurs économiques*, diverses livraisons ; Société des Nations, *Annuaire statistique*, diverses livraisons ; U.S. Department of Commerce (1973).

qui, malgré l'amélioration des systèmes statistiques et surtout des systèmes d'assurance-chômage, serait non négligeable. Le phénomène serait très accusé dans cinq pays (Belgique, États-Unis, Japon, Pays-Bas et Suède) où, selon les études de l'OCDE, ce sous-emploi serait, pour la période récente, encore plus important que le chômage « officiel ». En revanche, dans les autres pays, il n'en représenterait que 15 à 20 pour 100.

Les années 1980, le début
d'un vaste mouvement de privatisation

Si c'est à partir de 1970-1975 que l'ampleur des nationalisations amorça son déclin, c'est une décennie plus tard que débuta le vaste mouvement de privatisation. Si l'on néglige le précédent du Chili, où, après le coup d'état du général Augusto Pinochet, on procéda surtout en 1977 à la privatisation de nombreuses entreprises qui avaient été nationalisées sous la présidence de Salvador Allende, le processus massif de privatisation débute en 1980 avec le gouvernement conservateur de Margaret Thatcher (de 1980 à 1987); cela représente le transfert d'environ 600 000 emplois du secteur public au secteur privé. Parmi les pays développés d'Europe, la France a emboîté le pas en 1986, mais le changement de majorité en 1988 a ralenti le processus, qui a repris avec force avec le nouveau changement politique de 1993. Et ironie de l'histoire, la première société industrielle a être privatisée fut Saint-Gobain, ce qui constitue en quelque sorte un paradoxe, puisque cette entreprise ne fut jamais nationalisée car appartenant à l'État dès sa création, en 1665, comme Manufacture royale (sous le nom de Manufacture des Glaces du faubourg Saint-Antoine). Entre 1986 et 1995, c'est en tout plus d'une vingtaine de grandes sociétés qui furent privatisées, fai-sant reculer l'importance du secteur public dans l'industrie de un cinquième à un dixième de l'emploi total de ce secteur.

Dans le reste du monde développé occidental, le processus de privatisation commença presque

partout dans les années 1980 (notamment Nouvelle-Zélande 1980, Allemagne 1983, Canada 1984,
Espagne et Japon 1986, Suède 1987, Portugal
1989). En Autriche, où le secteur nationalisé était
très important et très diversifié, les privatisations
réelles n'ont vraiment débuté qu'en 1995. Ces privatisations ont conduit à la mise à la disposition
des États de ressources financières très importantes mais inégales selon les pays. Ainsi, pour les
trois années allant de 1993 à 1995, sur un total
de 99,4 milliards de dollars pour l'ensemble de
l'Europe occidentale, la France arrivait en tête
(avec 25,6 milliards), suivie de près par le
Royaume-Uni (22,7). Puis venaient l'Italie (13,5)
et l'Espagne (7,6). L'Allemagne fermait la marche
des grands pays (avec 1,2 milliard) ; mais d'importantes privatisations sont prévues. Au niveau des
petits pays, ce sont les Pays-Bas qui venaient en tête
(7,7 milliards), suivis par la Belgique (4,2) et le
Portugal (4,0). La Suisse n'entreprenait aucune
privatisation. Hors d'Europe, l'Australie venait
en tête (13,5 milliards), suivie par le Canada (5,1)
et le Japon (3,4). Les États-Unis fermaient la
marche (avec moins d'un milliard de dollars).
Bien entendu, tout cela est largement fonction de
l'importance des entreprises nationalisées dans
les secteurs industriels et commerciaux ; mais,
récemment, le mouvement de privatisation s'est
aussi tourné vers les services publics.

LA PRIVATISATION DES SERVICES PUBLICS

L'argument le plus important dans les décisions de privatisation étant l'efficacité, il est donc
«normal» que les nouvelles cibles des tenants de

l'économie de marché soient les services publics, et ce d'autant plus que les bénéfices sociaux, éléments primordiaux des services publics, n'entrent pas dans la comptabilité des coûts et bénéfices. La suppression de la tournée quotidienne du facteur en milieu rural, souvent le seul contact humain pour les vieilles personnes isolées, apparaît uniquement comme un profit net. C'est le Royaume-Uni qui a ouvert en Europe le feu en ce domaine, en privatisant, dès 1984, British Telecom ; et devant les critiques, notamment des utilisateurs du téléphone, le directeur déclara : « Une entreprise privatisée doit d'abord se préoccuper des intérêts à long terme de ses actionnaires, et donc, par définition, doit être rentable. » Dans le domaine des télécommunications, le Royaume-Uni a été imité dès 1986 avec la Nippon Telegraph and Telephone, qui d'ailleurs, en termes de capitaux, a constitué la plus grande nationalisation de l'histoire. Beaucoup de pays ont suivi dans le début des années 1990 (notamment le Danemark, l'Italie et la Grèce). Et l'on est même passé à la privatisation de l'ensemble du système postal. Dans ce domaine, ce sont les Pays-Bas qui ont donné le coup d'envoi à la mi-1994. Devant la levée de boucliers de certains députés et surtout du public, la Grande-Bretagne a, dans les derniers mois de 1994, renoncé à son projet de nationalisation du service postal. Du reste, des études ont montré qu'en Grande-Bretagne et aussi ailleurs les files d'attente dans les supermarchés étaient plus longues que celles devant les guichets postaux. Quant aux chemins de fer, la privatisation de British Rail a été décidée en novembre 1993. Et ce qui est peut-être la forme la plus extrême (et très dangereuse à notre avis) de cette tendance : certaines villes des États-Unis envisagent sérieusement de confier à des entreprises privées toute la gestion des réseaux d'écoles primaires et secondaires.

*Une accélération
des fusions-acquisitions*

Nous disons bien une accélération des fusions-acquisitions des entreprises, car le phénomène est une constante du système capitaliste. Déjà la période de l'après-Seconde Guerre mondiale a marqué une première accélération par rapport aux décennies antérieures : ainsi, en France, le nombre annuel de fusions d'entreprises entre 1945 et 1970 a été près de 7 fois plus important que de 1900 à 1945. Aux États-Unis, où les séries permettent de remonter encore plus loin, comme le montre Alfred Chandler [1], le début du phénomène se place dans les années 1880, qui voient la première des trois vagues précoces de fusions (les suivantes se placent 10 ans plus tard et la plus massive après 1897). Les statistiques disponibles montrent, *grosso modo*, l'évolution suivante : moins de 300 fusions-acquisitions par an de 1895 à 1915 ; près de 400 dans l'entre-deux-guerres et dans la période 1945-1955 ; près de 1 000 jusqu'en 1976-1977. Puis c'est la montée en flèche, avec un sommet de plus de 4 000 au milieu des années 1980. Les fusions-acquisitions des deux dernières décennies concernent très

1. 1990.

souvent des entreprises localisées dans des pays différents.

Enfin, pour terminer, signalons que, aux États-Unis, les montants impliqués par les fusions-acquisitions en 1994 ont, avec 347 milliards de dollars, dépassé (de peu) le record atteint en 1988 et que, sur le plan mondial, durant le premier semestre de 1995, les fusions ont représenté 335 milliards de dollars, soit 38 pour 100 de plus qu'au semestre correspondant de 1994. La plus importante de ces fusions de 1995 a été celle qui a permis à la firme Walt Disney d'absorber la firme spécialisée dans la télévision qui possédait notamment la principale des trois grandes chaînes : ABC. Ce qui constitue en quelque sorte le point d'orgue d'un phénomène accéléré de fusions-acquisitions dans le domaine des communications commencé en février 1992 lorsque la Southern Bell (téléphone) a acheté Hauser Communication (câbles opérateurs). La dernière des grandes chaînes de TV (CBS) a été achetée en août 1995 par la «vieille» firme Westinghouse, fondée en 1886 par George Westinghouse l'inventeur du frein à air. Changeons totalement de secteur, et signalons que, durant la seule année 1994, dans le domaine des produits pharmaceutiques, il y eut quatre très grandes fusions, dont la moitié concernait des firmes de pays différents. D'autres aspects des changements intervenant dans les entreprises (multinationalisation, organisation, etc.) seront abordés au chapitre XXVIII dans la section consacrée aux mutations des entreprises au cours du XXᵉ siècle.

LA DÉSINDUSTRIALISATION
DE L'OCCIDENT

Nous le notions plus haut, le phénomène de désindustrialisation de l'Occident n'a pas l'ampleur ni la gravité de celui qui a touché le Tiers-Monde au XIXᵉ siècle et dont nous avons dressé l'historique dans la partie précédente. Cependant, il est non seulement très généralisé mais aussi assez important. En tant que phénomène généralisé cette désindustrialisation commence dès le milieu des années 1960. Cependant, dès les années 1920, on peut discerner dans quelques secteurs et dans quelques pays des antécédents à ce phénomène.

Les antécédents : le recul
de certains secteurs dans certains pays

Le principal antécédent est le Royaume-Uni, et le secteur surtout concerné fut la filature de coton. D'ailleurs, déjà même au plan de l'ensemble des pays développés, l'évolution du nombre relatif de broches à filer le coton permet d'entrevoir le phénomène. Ainsi, alors que vers 1910 le nombre de broches du monde développé représentait 94 pour 100 du total mondial, vers 1939 cette proportion était passée à 85 pour 100 (pour descendre à 82 pour 100 en 1953). En chiffres absolus, entre 1910 et 1953 le nombre de broches est passé de 127 millions à 115 millions ; en dépit d'une rapide progression dans les pays de l'Est. En termes de production (de fils de coton), la part des pays développés est passée de 88 pour 100 vers 1910 à 72 pour 100 en 1953 et celle des pays développés occidentaux d'environ 73 pour 100 à 55 pour 100 entre les mêmes dates.

Plus haut, nous disions «principal antécédent le Royaume-Uni»... En effet, si le nombre de broches des pays développés sans le Royaume-Uni baisse de 3 pour 100 entre 1910 et 1953, la baisse atteint 49 pour 100 au Royaume-Uni. En fait, dans ce cas, l'expression «seul antécédent» conviendrait mieux, car le Royaume-Uni est le seul pays où l'excédent d'exportation de fils de coton a diminué sensiblement. On est passé dans ce pays d'un excédent de 95 millions de tonnes pour 1909-1913 à 26 millions de tonnes pour 1950. L'industrie textile britannique a perdu encore un tiers de ses emplois entre ces deux dates.

Dans les autres secteurs, les cas de désindustrialisation précoce sont beaucoup moins importants. En fait, dans l'entre-deux-guerres, les déplacements de zone de production, autre que le textile, ont été une affaire interne au monde développé. Interne au monde développé dans la mesure où, comme on le fait généralement, on y inclut le Japon, un pays qui a concurrencé certains secteurs, tels que la fabrication de jouets, la coutellerie, etc.

*L'accélération et la généralisation
du phénomène de désindustrialisation*

Bien entendu, le processus de désindustrialisa-tion du secteur du textile s'est poursuivi après le début des années 1950, et a touché pratiquement tous les pays développés occidentaux. Si l'on prend l'indicateur de la consommation indus-trielle de coton brut (dont les statistiques sont très complètes), pour l'ensemble des pays déve-loppés occidentaux on est passé d'un peu plus de 70 pour 100 du total mondial en 1913 à 41 pour 100 en 1953 et à 23 pour 100 en 1995. En termes d'emploi, le secteur textile recule fortement, sur-tout dès le milieu des années 1960 et ce surtout dans les pays précocement industrialisés. Par exemple, en France, l'emploi salarié dans le tex-tile et l'habillement passe de 970 000 personnes en 1965 à moins de 350 000 en 1995. Donc, entre 1965 et 1995, un recul de 3 à 1. Pour l'ensemble des pays développés occidentaux, ce recul est de l'ordre de 2 à 1. Seuls échappent à ce recul le Portugal et le Japon. Mais au Japon, il y a eu néanmoins un recul après la fin des années 1960 ; toutefois le niveau du début des années 1990 dépasse encore celui du début des années 1950. Quant aux États-Unis, le recul du textile n'a com-mencé qu'à partir du début des années 1970.

À partir des années 1965-1967, un processus semblable touche la sidérurgie et l'électronique de la première génération. Dans ce cas, comme d'ailleurs pour le phénomène précédent, ce redé-ploiement industriel se fait aussi à l'intérieur du monde industrialisé : des anciennes régions indus-

trialisées au profit des pays nouvellement industrialisés ou semi-industrialisés, notamment le
Japon, l'Espagne, le Brésil et la Corée du Sud.
Ainsi, la production annuelle d'acier de ces quatre
pays passe, entre 1963-1965 et 1976-1977, de 45 à
130 millions de tonnes, alors que celle des gros
producteurs des années 1960 (États-Unis, Allemagne, France, Royaume-Uni, Belgique) stagne
pratiquement, passant de 200 à 210 millions de
tonnes. La production de radios des États-Unis,
du Royaume-Uni et de la Belgique, qui, en 1967-
1968 se montait à 22,4 millions d'unités par an,
est tombée à 16,2 pour 1976, alors que celle de
Hong-kong et de la Corée passait, entre-temps, de
14,7 à 57,0 millions.

Ces redéploiements industriels (on utilise aussi
le terme de délocalisation) ont été causés essentiellement par trois séries de facteurs. La première concerne les différences de salaires (liées
aux différences des niveaux de vie). La deuxième
cause est à rechercher dans les disponibilités ou
les pénuries de main-d'œuvre. Enfin, la dernière
cause est liée à la libéralisation des politiques
commerciales des pays industrialisés. Alors que
dans le début des années 1950 les droits de
douane sur les articles manufacturés étaient de
l'ordre de 20 à 25 pour 100, ils étaient de l'ordre
de 8 à 11 pour 100 vers 1970. En outre, les produits du Tiers-Monde bénéficient de plus en plus
de droits de douane préférentiels sur les marchés
des pays développés.

Malgré ces pertes de marchés dans les premières décennies qui suivirent la Seconde Guerre
mondiale, l'importance relative du secteur manufacturier dans l'emploi total des pays développés

occidentaux a continué de croître jusqu'à la fin
des années 1960, et l'importance absolue de ces
emplois même jusqu'aux premières années de la
décennie 1970 (voir le tableau XXV.7). Vers 1910,
l'industrie manufacturière devait représenter 22
à 23 pour 100 de la population active totale. Cette
proportion passe à 24,7 pour 100 en 1950, pour
atteindre 28,0 pour 100 en 1970, qui constitue un
sommet en ce domaine. En termes de nombre
absolu de personnes travaillant dans l'industrie
manufacturière, le sommet a été atteint en 1974
avec 81,4 millions, contre 56,8 millions en 1950 et
environ 39 à 40 millions en 1910. Mais, depuis lors
et jusqu'au milieu de la décennie 1990, on a
assisté à un déclin accusé. Dès 1980, l'importance
relative du secteur manufacturier passe au-dessous des 25 pour 100, pour s'établir à 20,8 pour
100 en 1990. La baisse est moins accusée en
termes de nombre absolu d'actifs, ceux-ci passant
de 81,4 millions en 1974 à 75,1 millions en 1990.
La crise de 1990-1993 a encore accéléré le phénomène : en 1995, ces actifs n'étaient plus qu'au
nombre de 70 millions, et la proportion est passée
au-dessous des 20 pour 100.

Comme dans pratiquement tous les phénomènes, l'évolution est loin d'être uniforme sur le
plan international. Les régions les plus touchées
sont les pays européens à industrialisation précoce : Allemagne (de l'Ouest), Belgique, France,
Grande-Bretagne, Suède et Suisse. Dans cet
ensemble, l'importance relative des industries
manufacturières, qui était passée de 15 pour 100
en 1800 à 32 pour 100 en 1910 et à 34 pour 100
au milieu des années 1960, tombe au-dessous de
30 pour 100 en 1979 et de 25 pour 100 en 1988.

TABLEAU XXV.7

EMPLOIS DANS L'INDUSTRIE MANUFACTURIÈRE
DES PAYS DÉVELOPPÉS OCCIDENTAUX[a]
(en millions de personnes et en pourcentage
de la population active civile occupée)

	Précocement industrialisés[c]	Europe occidentale Autres	Total
EN MILLIONS			
1950	23,9	9,0	32,9
1960	26,4	11,9	38,3
1965	27,9	12,7	40,6
1970	27,2	13,7	41,0
1975	25,7	14,3	40,0
1980	24,4	14,0	38,4
1985	21,1	12,6	33,7
1990	21,1	13,2	34,2
1995	18,5	11,7	30,2
EN POURCENTAGES			
1950	33,1	18,5	27,2
1960	33,8	22,6	29,3
1965	34,4	24,4	30,5
1970	33,4	25,8	30,4
1975	31,1	26,3	29,2
1980	29,3	25,3	27,7
1985	25,9	22,6	24,6
1990	23,8	21,9	23,0
1995	21,8	20,0	21,1

a Sans la Yougoslavie.
b Y compris : Australie, Nouvelle-Zélande et Afrique du Sud non reprises séparément.
c Allemagne (occidentale), Belgique, France, Royaume-Uni, Suède, Suisse.

Entre 1965 (qui était un sommet) et 1995, cette région a perdu 9,4 millions d'emplois manufacturiers, soit un tiers. Si, indiscutablement, ce recul a été plus accusé dans les secteurs traditionnels,

Amérique du Nord	Japon	Total[b]	Total sans Japon
16,7	5,7	56,8	50,6
18,7	9,5	68,6	59,2
20,9	11,5	75,5	64,0
22,5	13,8	80,0	66,2
21,3	13,5	77,8	64,4
24,1	13,7	78,9	65,3
22,8	14,5	73,6	59,1
23,2	15,1	75,2	60,0
22,4	14,7	70,0	55,1
25,9	16,0	24,7	25,8
26,1	21,3	26,7	27,8
26,9	24,3	28,0	28,8
26,0	27,0	28,0	28,2
22,4	25,8	26,0	26,0
21,9	24,3	24,6	24,7
19,3	24,9	22,3	21,7
17,8	24,1	20,8	20,1
15,2	22,8	18,6	17,8

Sources : 1950 : Bairoch, P. (1968).
Après 1950 : d'après BIT, *Bulletin des statistiques du travail*, différentes livraisons ; OCDE, *Statistiques de la population active*, diverses livraisons ; et OCDE, *Statistiques trimestrielles de la population active*, diverses livraisons.

tels que le textile, l'habillement et la sidérurgie, il convient cependant d'insister sur le fait que pratiquement aucun secteur n'a échappé à cette tendance. Pour le reste de l'Europe occidentale, la perte a été très faible, de même qu'en Amérique du Nord où, en termes relatifs, la baisse a été néanmoins très accusée : l'industrie manufacturière passe de 27 pour 100 du total vers 1965 à 15 pour 100 en 1995 (voir le tableau XXV.7).

Deux causes essentielles sont évoquées pour expliquer ce recul. La première est celle des gains de productivité. Ce facteur a certainement pu jouer, mais comme ces gains étaient assez modestes durant cette période, ils n'ont très probablement pas été supérieurs à l'augmentation de la demande, raison pour laquelle il convient de faire intervenir le second facteur, lié lui au commerce international. En effet, la seconde cause essentielle de ces reculs est liée aux importations accrues d'articles manufacturés en provenance du Japon et aussi du Tiers-Monde, notamment de quatre autres pays du Sud-Est asiatique appelés les quatre dragons[1]. D'ailleurs, entre 1965 et 1995, l'emploi dans l'industrie manufacturière japonaise a progressé de plus de 3,2 millions d'unités, ou de 28 pour 100. L'essentiel du gain se situe entre 1965 et 1973. La balance commerciale japonaise du commerce d'articles manufacturés est passée d'un excédent de 6 milliards de dollars en 1965 à 23 milliards en 1973, et à 244 milliards en 1995. Toutefois, même dans le cas japonais, l'importance relative de l'emploi dans l'industrie manufacturière baisse quelque peu, passant d'un sommet de près de 27,5 pour 100 en 1973 à moins de 22,8 pour 100 en 1995.

Sur le plan sectoriel, les reculs de l'industrie manufacturière ont surtout concerné ceux à main-

1. En anglais on utilise généralement le terme de *tiger*.

d'œuvre moins qualifiée, tels que le textile et l'habillement ou la sidérurgie. C'est là un élément important dans la baisse de la demande de main-d'œuvre non qualifiée. Cela explique en partie l'évolution très négative qui a caractérisé cette partie de la main-d'œuvre. Avant de quitter l'industrie manufacturière, signalons que, en raison des gains de productivité, le recul de l'emploi n'a pas entraîné — ainsi que ce fut le cas durant le XIXe siècle dans le Tiers-Monde — un recul du niveau d'industrialisation. Néanmoins, la croissance du niveau d'industrialisation par habitant des pays développés occidentaux (Japon exclu) a connu un net ralentissement ; ce niveau, qui avait progressé de 3,2 pour 100 par an de 1953 à 1980, n'ayant progressé que de 2 pour 100 par an de 1980 à 1995 (3,3 pour 100 au Japon).

Une autre désindustrialisation : la fermeture des mines

Le monde des mineurs a été, depuis le XIXe siècle surtout, le monde des « gueules noires », ainsi que l'on appelait les mineurs de charbon. Vers 1910, les mines de charbon occupaient environ 70 pour 100 de l'emploi de l'ensemble des mines et carrières dans les pays développés. À cette date, dans les pays développés occidentaux, le nombre de mineurs de charbon (y compris les personnes qui travaillaient à la surface) était de l'ordre de 3,3 millions ; et le total de l'emploi dans les industries extractives de l'ordre de 4,6 millions. Si important que puisse paraître ce chiffre, il faut savoir que, en termes relatifs, il restait assez mar-

ginal, puisque représentant environ 2,4 pour 100
de la population active totale. Vers 1950, il y
avait encore 4,9 millions d'actifs dans l'industrie
extractive des pays développés occidentaux ; en
1993, leur nombre était tombé à 2,4 millions.
Au contraire, dans les pays développés de l'Est,
l'emploi dans les industries extractives a connu
une forte expansion. Entre 1950 et 1988, celui-ci
a progressé d'environ deux tiers. Depuis 1988, on
assiste à un recul, mais très modéré. Donc le phénomène de fermeture des mines est un fait limité
à l'Occident.

Sur le plan international, ce déclin est essentiellement celui de l'Europe et du Japon, le reste
des pays développés occidentaux n'enregistrant
qu'un recul modéré. En Europe occidentale, on
est passé, entre 1950 et 1990, de 2,64 à 1,03 million d'actifs. Les chiffres correspondants pour
l'Amérique du Nord sont 1,07 et 0,91 million. Un
des rares pays occidentaux développés à avoir
connu une augmentation de l'emploi dans les
industries extractives est l'Australie : entre 1950
et 1990, le nombre des actifs y a pratiquement
doublé. Cela est surtout dû à la très forte expansion de la production charbonnière, qui dans la
même période est passée (lignite comprise) de 24
à 143 millions de tonnes destinées à l'exportation. Ce qui constitue une bonne transition pour
revenir aux « gueules noires ».

LA DISPARITION DES « GUEULES NOIRES »

Le recul du nombre de mineurs de charbon
est encore plus accusé que celui dans l'ensemble
des industries extractives ; en effet, en raison des

besoins des infrastructures routières, l'emploi dans les carrières a moins régressé. Le nombre des mineurs en Europe occidentale est passé, entre 1950 et 1995, de 2 millions à moins de 150 000. Malgré les gains de productivité, la production de charbon s'est effondrée, passant durant la même période de 434 à 135 millions de tonnes. Le recul a été encore plus accusé pour trois des quatre principaux producteurs de cette Europe occidentale, à savoir la Belgique, la France et le Royaume-Uni, l'autre producteur important étant l'Allemagne. Dans ces pays, des régions entières ont perdu l'essentiel de leurs emplois et sont devenues des déserts industriels à forts taux de chômage. La Belgique, qui, à la sortie de la Seconde Guerre mondiale, comptait plus de 200 000 personnes employées dans les charbonnages, n'a plus aucune mine en activité depuis la fin de 1992. Une de nos premières recherches d'économie appliquée avait été, dans le début des années 1960, d'étudier les problèmes d'une région charbonnière belge ; et quand nous avons abordé le problème de la reconversion des ouvriers mineurs, nous avons établi une table de mortalité pour les ouvriers du fond, laquelle nous a permis de mettre en lumière la terrible surmortalité due à la silicose, qui vient s'ajouter aux lourds tributs payés aux accidents. L'espérance de vie d'un ouvrier ayant passé une trentaine d'années au fond d'une mine de charbon était beaucoup plus courte que la moyenne de celle des ouvriers, qui était déjà plus faible que celle de l'ensemble de la population. On le voit, le titre de cette section a un double sens terrible.

Le Royaume-Uni, qui, aux XVIIIᵉ et XIXᵉ siècles,

avait été le plus gros producteur de charbon du monde (dépassé vers 1899 par les États-Unis), produisait encore vers 1950 environ 220 millions de tonnes de charbon (soit 13 pour 100 du total mondial). En 1995, ces chiffres étaient de 51 millions de tonnes et de 2 pour 100. En 1995, les charbonnages employaient moins de 20 000 personnes, contre un sommet de 1,2 million en 1924 (et encore plus de 230 000 en 1980).

La raison essentielle de la réduction de la production étant évidemment la concurrence du pétrole, dont les prix étaient devenus très compétitifs ; même si pendant une dizaine d'années, entre 1974 et 1985, le pétrole a été plus cher que le charbon. Les réserves de charbon demeurent très importantes, bien que les filons les plus riches aient été souvent épuisés. Dans une très large mesure, et encore plus pour le secteur manufacturier que le secteur minier, cette réduction de l'emploi, et en général son caractère de plus en plus précaire, est une des résultantes négatives du processus de mondialisation, auquel nous reviendrons évidemment un peu plus largement dans le chapire XXVIII.

l'ensemble des pays développés occidentaux et encore moins l'ensemble des pays développés tout court soient des zones sans rivalités économiques. Cela n'implique pas non plus que le mouvement tendant à une réduction des divisions ait été constant. En effet, il ne faut pas oublier le clivage de l'Europe commencé en 1917 par la révolution bolchevique, et renforcé en 1945 par l'extension à six pays supplémentaires du régime communiste. Ces pays communistes ont d'ailleurs entamé en 1949 un mouvement d'intégration économique sous l'égide du Conseil d'Aide Économique Mutuelle[1], dont nous verrons les principales étapes dans le chapitre suivant. Bien entendu, les événements intervenus à l'Est depuis 1989 ont été davantage dans le sens d'une désintégration, dont d'ailleurs les prémices remontent au début des années 1960, période durant laquelle certains pays de l'Est ont pris leur distance vis-à-vis du COMECON. Mais comme la chute du communisme va certainement entraîner un rapprochement avec l'Ouest et probablement aussi une intégration (du moins partielle) dans l'UE, on peut parler d'une nouvelle phase (à venir) de l'unification de l'Europe.

Un autre clivage, à l'intérieur de l'Europe occidentale cette fois, est la création en 1959 de l'Association Européenne de Libre-Échange (AELE), dont une partie importante des membres fondateurs a rejoint la CEE comme nous le verrons plus loin. Dans le monde développé non européen, il faut bien sûr tenir compte des deux très grandes

---

1. CAEM, mais généralement appelé « COMECON », sigle anglais.

puissances économiques que sont les États-Unis et le Japon. Deux ensembles économiques qui rivalisent entre eux, et chacun d'entre eux avec l'Europe. Les États-Unis, qui sont encore la plus grande puissance économique, ont depuis plus d'un siècle une histoire d'union douanière pleine d'aléas avec le grand, mais peu peuplé, voisin du nord : le Canada. Cette union douanière à deux s'est traduite (depuis 1994), en définitive, par une union à trois, englobant le voisin très peuplé mais peu développé du sud : le Mexique. Cet aspect sera également examiné ici. Donc, seul restait « isolé » le Japon qui, pendant la Seconde Guerre mondiale, a cherché à établir ce qu'il appelait une zone de « coprospérité », mais qui était bien plus la création d'un vaste empire colonial avec, notamment en Chine, de terribles massacres.

1913-1939 : UNE ACCENTUATION DES DIVISIONS DE L'EUROPE ET DU MONDE

Pour cette période, on peut effectivement parler d'un recul de l'unité européenne, au sens où nous assistons à une série d'événements, dont certains, très importants, renforcent les divisions de l'Europe, et dont certains affectent même l'ensemble des pays développés.

Les retombées négatives
de la Première Guerre mondiale

Dans ce contexte, il faut d'abord rappeler le changement, en 1917, du régime politique et économique de la Russie qui, en termes pratiques, va dresser une frontière économique très étanche entre ce pays et le reste de l'Europe et du monde. Frontière d'autant plus importante que les relations commerciales et financières entre la Russie et le reste de l'Europe avaient été intenses. Autre coupure : celle résultant de l'éclatement de l'Empire austro-hongrois. Éclatement qui partage un grand ensemble économique, qui comptait 16 pour 100 de la population de l'Europe (sans la Russie), en trois pays de taille moyenne (Autriche, Hongrie, Tchécoslovaquie), plus le rattachement de certaines parties de l'Empire à d'autres pays nouvellement créés, notamment la Yougoslavie. On peut considérer que les conséquences de cet éclatement ont encore des retombées dans les événements très récents puisque, selon toute probabilité, les quatre pays susmentionnés deviendront, par éclatements successifs, une dizaine. Bref, ainsi que le prévoyait à l'époque un diplomate : « En voulant européaniser les Balkans, on a balkanisé l'Europe. »

L'écroulement du système monétaire de l'étalon or introduisit également une division supplémentaire tant en Europe que dans le reste du monde. En outre, dans ce contexte, l'Europe perdit le bénéfice d'une de ses premières tentatives d'union monétaire, à savoir l'Union Monétaire Latine, qui englobait 8 pays et qui fut mise en place à partir de 1865 ; nous y reviendrons plus loin.

La montée des fascismes peut être considérée comme une retombée de la Première Guerre mondiale. La constitution de gouvernements se réclamant du fascisme a également favorisé une division de l'Europe, ce d'autant plus que l'Allemagne et l'Italie poursuivirent une politique d'autarcie, notamment en vue des contraintes d'une éventuelle guerre. Et ce sera déjà pendant la Seconde Guerre mondiale (conséquence presque inéluctable du fascisme) que, comme nous le verrons, l'un des deux principaux mouvements d'intégration régionale économique européenne commence à se mettre en place. Nous voulons parler du BENELUX, véritable précurseur de la CEE. Mais, d'une certaine façon, l'idée des unions douanières est rattachée au *Zollverein* allemand ; et le «précédent» le plus important fut la CECA[1].

Autre élément de divisions supplémentaires : le renforcement du protectionnisme dans les années 1930, en réponse à la dépression. Dans ce contexte, il convient d'ouvrir une parenthèse sur la seule tentative d'envergure pour réduire les rivalités entre pays développés. Celle-ci résulte de la création, après la Première Guerre mondiale, de la Société des Nations qui se veut, à l'instar des Nations Unies qui lui ont succédé, un organisme de réduction des conflits. Certes l'essentiel des activités de la Société des Nations est tourné vers les conflits d'ordre militaire ; toutefois, très tôt, une activité d'ordre économique se met en place ;

---

1. Communauté Européenne du Charbon et de l'Acier ; en anglais ECSC.

il s'agit notamment de la création d'une «section économique et financière» qui, dès le début des années 1920, a une activité importante de recherches et de publications. C'est dans ce cadre que se situe une tentative de ce que l'on peut appeler, avant la lettre, l'instauration d'un ordre économique international, et qui se concrétise par l'organisation de conférences économiques internationales.

Les conférences économiques
internationales : une ébauche timide
d'un ordre économique international

Ce que l'on qualifie généralement de «Première Conférence économique mondiale» s'ouvrit à Genève en mai 1927. Celle-ci, réunie dans le cadre de la Société des Nations, avait comme but essentiel de réduire les tendances protectionnistes qui s'étaient fait jour dans nombre de pays. Rappelons cependant que, dans l'ensemble, les années 1920-1929 n'étaient pas réellement une période d'accentuation du protectionnisme. Mais, en fait, la «Première Conférence» ne fut pas la première ; et toutes eurent des objectifs qui dépassaient, de loin, la simple question des politiques tarifaires. La première de ces conférences dites mondiales fut en fait la «Conférence financière de Bruxelles» réunie en septembre 1920, c'est-à-dire seulement huit mois après la naissance officielle de la SDN (laquelle eut lieu le 10 janvier 1920). Les résolutions adoptées étaient évidemment surtout de nature financière préconisant, entre autres, un retour à l'étalon or, une orthodoxie budgétaire. Mais ces résolutions insistaient également sur la nécessité de la libéralisation du commerce international.

Revenons donc à ce que l'on qualifie à tort de « Première Conférence économique mondiale » et dont le nom officiel fut « Conférence économique internationale ». Cette vaste conférence, que la 14e édition de l'*Encyclopaedia Britannica*[1] présente comme étant celle « peut-être du groupe d'experts le plus qualifié jamais réuni pour discuter des problèmes économiques mondiaux », se tint à Genève (après environ deux ans de préparatifs) entre mai 1927 et mai 1928. L'objectif essentiel fut l'adoption de mesures tendant à une libéralisation du commerce international. Un comité permanent fut créé afin de suivre l'évolution des mesures. La conférence occupa aussi une place importante dans de nombreux domaines relativement accessoires. C'est ainsi qu'une des premières définitions du concept de la rationalisation de l'industrie y fut « forgée ». Mais, dans l'ensemble, les résultats furent assez maigres.

En janvier 1929 commencent, aux États-Unis, les débats en vue d'une nouvelle révision, dans le sens d'une accentuation du protectionnisme, du tarif en vigueur. Devant cette perspective germe l'idée d'une nouvelle conférence économique internationale, axée essentiellement sur les problèmes tarifaires. L'invitation fut lancée par une résolution votée à l'Assemblée de la Société des Nations en septembre 1929, c'est-à-dire avant le premier krach boursier du 19 octobre de la même année. Le but de la conférence était de

1. Publié en 1946.

conclure une «trêve douanière». La conférence se
tint à Genève entre février et mars 1930, c'est-à-
dire dans une conjoncture économique très différente de celle de celle de 1920 et aussi de celle de
1927. Pratiquement tous les Premiers ministres
étaient présents, ce qui n'empêcha pas la conférence d'être un échec. L'abstention des États-
Unis n'est pas étrangère à l'échec effectif de cette
réunion, qui ne déboucha que sur une convention
assez générale en matière de commerce et sur
quelques recommandations, dont la première est,
en quelque sorte, une ébauche d'un dialogue
nord-sud entre l'Europe et les pays exportateurs
de matières premières. Voici l'élément essentiel
de cette résolution : «Recommande que l'organisation économique de la Société des Nations
entreprenne une étude objective des moyens susceptibles d'établir une étroite collaboration entre
l'Europe et les pays d'outre-mer, en recherchant
notamment les éléments des échanges commerciaux entre l'Europe et lesdits pays d'où pourraient résulter des avantages mutuels.»

Devant la gravité et la durée de la crise de
1929, l'idée d'une conférence internationale afin
d'harmoniser les mesures propres à sortir les
pays de la dépression fut lancée dès décembre
1930 dans une conversation entre l'ambassadeur
américain et l'ambassadeur allemand. Proposé
par le BIT, ce projet fut adopté par l'Assemblée
de la Société des Nations et la conférence s'ouvrit en juin 1933. Cette conférence, à laquelle
participèrent presque tous les Premiers ministres
des pays membres de la Société des Nations, est
généralement décrite comme étant la «2ᵉ Conférence économique internationale». Elle s'acheva

à la fin de juillet 1933 sur un échec total. Ce fut la fin des tentatives de coopération économique internationale dont la SDN avait fait naître les espoirs. L'échec de cette conférence donna en quelque sorte le coup d'envoi à une véritable escalade protectionniste. Cette tendance fut renforcée par le nouveau tarif américain, voté en mai 1930, et par la décision historique du Royaume-Uni d'abandonner, en février 1932, le libre-échange, qui, rappelons-le, avait été adopté en 1846.

LES ANTÉCÉDENTS DE L'UE : DU *ZOLLVEREIN* À LA CECA, EN PASSANT PAR LE BENELUX

En ce qui concerne les origines de l'intégration économique européenne, et notamment de l'UE, les précédents historiques sont nombreux. On fait donc surtout appel au *Zollverein* allemand de la première moitié du XIXe siècle ; et aussi à l'unité italienne de 1861, ainsi que parfois à l'Union Monétaire Latine dont l'histoire est moins connue. Mais, sur le plan pratique, les précédents réels sont le BENELUX et la CECA. Le BENELUX, c'est-à-dire l'union entre la Belgique, les Pays-Bas[1] et le Luxembourg, ce dernier pays étant déjà lié à la Belgique depuis 1921 par une union économique et monétaire. Le BENELUX, élaboré durant la Seconde Guerre mondiale, est entré en

---

1. En néerlandais : Nederland, d'où la deuxième syllabe du nom BENELUX.

vigueur le 1ᵉʳ janvier 1948. La CECA entre en
vigueur le 23 juillet 1952 ; elle peut même être
considérée comme la première étape de l'UE.

Sur le plan des projets modernes et impliquant
des aspects économiques, il convient de noter la
proposition faite en 1929 par Aristide Briand.
Celui-ci, membre du parti socialiste, avait fait
une brillante carrière politique. Il était un ardent
partisan de la SDN et était également président
d'honneur de l'Union pan-européenne. Le Prix
Nobel de la paix lui fut décerné en 1926 ; et il fut
l'artisan du pacte dit « Briand-Kellog[1] » qui était
une renonciation à la guerre. Le 5 septembre
1929, Briand déposa à la SDN un projet pour
une Fédération européenne. Ce projet fit l'objet
de discussions, mais n'aboutit à aucune réalisation concrète. Mais commençons par le début, et
voyons les principales étapes avec un peu plus de
détails.

Le Zollverein *: d'une union douanière
à un État allemand,
en passant par une union monétaire*

L'Allemagne, après le traité de Vienne de 1815,
est un ensemble de plus d'une trentaine de
royaumes, duchés et principautés, sans réels liens
économiques et politiques. Certes, tous ces États
faisaient partie de la Confédération germanique
dont, d'ailleurs, faisaient aussi partie des États du
futur Empire austro-hongrois. Mais cette Confédération avait peu de pouvoirs ; et, en quelque

---

1. Chez les Anglo-Saxons, Kellog-Briand.

sorte, l'unité allemande, qui ne se fera réellement qu'en janvier 1871, doit beaucoup au *Zollverein* (union douanière), dont la philosophie économique de base est de créer une zone de libre-échange de taille suffisante, afin qu'à l'abri d'une protection douanière commune se créent des conditions favorables à l'industrialisation. L'idée d'une union douanière fut débattue dès 1816. L'action de Friedrich List est très importante en ce domaine dans les années 1819-1820, notamment à travers la Deutscher Handels-und Gewerbsverein dont il suscite la création. En 1818, un début de *Zollverein* est créé par l'union des différentes provinces prussiennes. N'oublions pas que la Prusse, le plus grand et le plus peuplé des États allemands, représentait environ 60 pour 100 de la population du futur *Zollverein*.

Si l'unification douanière de la Prusse en 1818 est considérée, à juste titre, comme la première étape du *Zollverein*, la seconde étape est constituée par l'union douanière entre la Bavière et le Wurtemberg qui entra en vigueur le 1er juillet 1828. Union qui fut suivie par d'autres unions douanières liant divers États allemands. Mais le véritable début du *Zollverein* se situe le 1er janvier 1834, date d'entrée en vigueur du traité qui associait la Bavière et le Wurtemberg au tarif prussien. À ce moment cet ensemble représentait 83 pour 100 de la population du futur *Zollverein*. L'adhésion en 1851 de l'État de Hanovre marque en quelque sorte l'achèvement du *Zollverein*. Mais si le désarmement douanier à l'intérieur du *Zollverein* était réel, la politique tarifaire vis-à-vis de l'extérieur devenait de plus en plus protectionniste, notamment par les mesures prises en 1836 et 1842.

Et puisque le problème monétaire et notamment la monnaie unique prévue par le traité de Maastricht constituent actuellement un des éléments délicats de la réalisation de l'Union Européenne, relevons que cette étape a été franchie par le *Zollverein* en 1857. C'est cette année qu'entra en vigueur ce qui fut appelé le *Münzverein* (Union des monnaies) qui englobait l'Autriche-Hongrie et le *Zollverein*, amenant en quelque sorte une monnaie unique. Mais la guerre de 1866, entre la Prusse et l'Autriche, mit fin à cette expérience.

L'Union Monétaire Latine
et les conférences monétaires
internationales

Cette Union débuta dès 1865. Elle constitue d'ailleurs l'origine d'un fait linguistique qui, quant à lui, a survécu jusqu'à aujourd'hui : à savoir le terme «franc» pour désigner l'unité monétaire de la Belgique, de la France et de la Suisse (sans parler des ex-colonies françaises). Il a été utilisé pour la première fois au xivᵉ siècle pour désigner une monnaie d'or française, correspondant à 3,877 grammes d'or fin. C'est Napoléon III, qui était économiste, qui fut à l'origine du projet qui devait, selon lui, harmoniser les systèmes monétaires des principaux pays. La convention de 1865 (conclue d'abord pour une durée de 5 ans) concerna, dans un premier temps, la Belgique, la France, l'Italie et la Suisse. Le principe de base était d'avoir une monnaie unique. Les unités monétaires des pays adhérents avaient exactement la même définition d'or et d'argent. Donc un franc suisse valait exactement un franc français ou une lire italienne. Les pièces de monnaie de tous les pays signataires pouvaient circuler à l'intérieur de ces pays. Mais, contrairement à ce qui est prévu dans le traité de Maastricht, les banques centrales de chaque pays restaient en place et gardaient leur autonomie, mais étaient obligées d'accepter en paiement les pièces de monnaie en provenance de tous les pays membres de l'Union. Nous disons bien pièces de monnaie, car le papier-monnaie ne faisait pas partie de l'Union monétaire. Le contenu or de la plus petite pièce en ce métal (celle de 5 francs) était fixé à 1,6129 gramme (or fin au titre de 9/10). Et le contenu argent de la plus grande pièce en ce métal (également une pièce de 5 francs) était de 25 grammes (argent fin au titre de 885/1000). Puisque nous parlons d'argent, rappelons que, comme nous l'avons vu dans le chapitre XIV, une des motivations supplémentaires de cette union provenait des déficits des pays qui pratiquent le bimétallisme, c'est-à-dire des pays qui gageaient la valeur de leurs monnaies à la fois sur l'or et sur l'argent.

En 1868, la Grèce rejoignit l'Union. En définitive, cette union regroupa une grande fraction des pays qui demeuraient attachés au bimétallisme. En Europe, il s'agissait, en sus des cinq pays membres de l'Union Monétaire Latine, de l'Autriche-Hongrie, de l'Espagne et de la Russie. Ce qui était très loin de l'ambition de Napoléon III. Ce dernier, qui était la cheville ouvrière l'Union, espérait que celle-ci s'étendrait à l'ensemble du monde. Et, à l'occasion de l'Exposition universelle de 1867, il réunit 18 pays pour une conférence portant sur le grand dessein d'une «uniformité monétaire». Ce fut la première des quatre conférences qui, par la suite, furent connues sous le nom de Conférences monétaires internationales.

Si l'on se situe en 1865, à côté de l'Union Monétaire Latine on trouvait le *Münzverein* germanique en place, comme nous l'avons vu, à partir de 1857. Déjà, avant la conférence de 1867, la France avait envoyé à toutes les puissances la copie du traité de 1865 et attirait l'attention sur les possibilités d'étendre celui-ci à tous les pays. Presque tous les pays européens (17 d'entre eux) et les États-Unis envoyèrent des délégués à cette conférence qui se place dans une période où le rapport entre la valeur de l'or et celle de l'argent commençait à se modifier sensiblement. Le seul consensus de la conférence porta sur un projet d'harmonisation de la définition de l'or fin qui serait éventuellement celle des pièces «uniformes» de 5 francs de tous les pays. Et la France fut chargée du suivi de la conférence. Mais ce furent les États-Unis qui demandèrent la tenue de la deuxième conférence; laquelle se réunit à partir d'août 1878 à Paris, mais avec l'absence notable de l'Allemagne.

Entre-temps, il s'était créé, en 1873, une troisième union monétaire: celle des pays scandinaves. Entre-temps également, et ceci est beaucoup plus important, le ratio entre l'or et l'argent s'était

profondément modifié : passant de 1 à 15,6 qu'il
était en 1867 à 1 à 18,0 en 1878. L'objectif des
Américains (qui, à l'instar des pays de l'Union
Monétaire Latine, avaient un système bimétallique) était de «faire adopter un ratio commun
entre l'or et l'argent dans le but d'établir l'usage
international d'un système bimétallique». Ce fut
aussi l'objectif de la Troisième Conférence convoquée conjointement par la France et les États-
Unis, et qui se tint à Paris à partir de juillet 1881.
Et, comme pour la Deuxième Conférence, ce fut
aussi un échec en termes pratiques. Le délégué
suédois exprima un point de vue largement par-
tagé, selon lequel il fallait reconnaître l'effondrement du système bimétallique. Convoquée par les
États-Unis, la Quatrième Conférence se réunit à
Bruxelles à partir de novembre 1892 pour se terminer le 30 mai 1893. En fait, elle fut ajournée à
cette date et ne fut jamais reprise, sonnant ainsi le
glas de cette première tentative d'une monnaie
unique ainsi que celui, probablement plus défi-
nitif, d'un système monétaire bimétallique trop
soumis aux aléas d'événements imprévisibles. Et,
conséquence partielle de cet échec, la parité or-
argent, qui, pour l'année 1891, était de 1 à 20,9,
s'établit pour l'année 1894 à 1 à 31,6.

Le BENELUX : l'embryon de la CEE

La décision de la création du BENELUX fut
prise en pleine guerre par les gouvernements
belge, néerlandais et luxembourgeois en exil à
Londres. Dans un premier temps, on prévoyait
une union douanière entre ces trois pays. Cette

décision fut prise en octobre 1943, et l'entrée en vigueur eut lieu le 1er janvier 1948 (mais de façon plus concrète en 1950). Ce fut une réussite malgré des handicaps sérieux. La Belgique avait des niveaux de salaires plus élevés, de l'ordre de 60 pour 100, par rapport à ceux des Pays-Bas ; elle était plus industrialisée et disposait d'énormes richesses en ce qui concerne ses réserves de devises qui résultaient notamment des ventes de produits miniers du Congo aux Alliés pendant la guerre. En revanche, les Pays-Bas, plus pauvres en ressources, avaient une agriculture plus productive. Les tailles de ces deux partenaires sont assez voisines. Il en est tout autrement du Luxembourg : 0,3 million d'habitants en 1950, contre 8,6 millions pour la Belgique et 10,1 millions pour les Pays-Bas. Les trois pays étaient largement tournés vers l'extérieur : vers 1950, leurs exportations cumulées étaient aussi élevées que celles de la France, alors que leur population ne représentait même pas la moitié de la population française.

Malgré les handicaps signalés plus haut, les échanges entre la Belgique et les Pays-Bas s'accrurent très rapidement. Les droits de douane entre les pays membres étaient pratiquement réduits à zéro dès 1956. Vers 1927 (donc avant la crise de 1929), les échanges entre la Belgique et les Pays-Bas représentaient environ 11 pour 100 des exportations totales de ces deux pays (le commerce extérieur du Luxembourg était intégré dans celui de la Belgique). Cette proportion est déjà plus forte dès la fin de la guerre, puisqu'elle atteint 15 pour 100 en 1948 pour s'élever à 21 pour 100 en 1957 à la veille de la signature, en février 1958, d'une nouvelle étape d'intégration de ces trois pays : le traité de l'Union économique du BENELUX. L'Union économique du BENE-LUX entra en vigueur en novembre 1960 ; et, en 1970, les contrôles aux frontières furent abolis. Le BENELUX a été ainsi le premier espace économique impliquant non seulement les marchandises, mais également la main-d'œuvre et les capitaux. Mais, entre-temps, ces trois pays avaient rejoint le groupe des six membres fondateurs de la CECA.

La CECA : le banc d'essai de la CEE

Parmi les éléments encore plus directement précurseurs de la CEE, il convient de signaler que l'idée d'une unification politique et économique de l'Europe occidentale, face, notamment, au danger que représentaient les régimes de l'Europe de l'Est, fut lancée une première fois dès 1946 par un discours de Winston Churchill. Dans ce discours, prononcé à Zurich le 16 septembre, il préconisait les États-Unis d'Europe qui, dans son esprit, devaient se faire sans le Royaume-Uni, car il était encore persuadé que le Royaume-Uni, surtout avec son Commonwealth, était une puissance suffisamment importante pour ne pas avoir besoin d'une union économique avec d'autres pays. Mais, sur le plan concret, ce fut la CECA, c'est-à-dire la Communauté Européenne du Charbon et de l'Acier qui amorça le processus d'intégration de l'Europe occidentale.

Cette communauté fut suggérée dès 1950 par Robert Schuman. D'après la plupart des histo-

riens, le projet avait été mis au point et rédigé par
Jean Monnet (et son équipe), alors directeur du
service français de planification créé d'ailleurs
par lui. Jean Monnet a joué un rôle important,
bien que discret, déjà lors de la Première Guerre
mondiale. En 1939, il devint président de la commission franco-britannique d'approvisionnement ;
et on considère que c'est grâce à son action, à la
suite d'une entrevue avec Franklin Roosevelt, que
l'industrie de guerre aux États-Unis commença à
tourner dès 1940, dans un premier temps afin de
fournir du matériel de guerre aux Alliés, ce qui,
généralement, est considéré comme un facteur de
raccourcissement de la Seconde Guerre mondiale. Jean Monnet était convaincu qu'une union
économique était vitale pour l'Europe pour par-
venir à une véritable réconciliation entre la France
et l'Allemagne. Le traité instaurant la CECA fut
signé à Paris le 18 avril 1951 et entra en vigueur le
23 juillet 1952[1]. Son but était d'harmoniser la
production, les salaires, les prix et le commerce,
de ce que l'on considérait alors comme les deux
produits essentiels de l'industrialisation, à savoir
le charbon et l'acier. Les membres furent le
BENELUX (c'est-à-dire les trois pays qui en
faisaient partie), plus la France, l'Allemagne et
l'Italie.

La CECA fut dotée d'une infrastructure administrative, localisée à Luxembourg, ce qui allait
faciliter, évidemment, tout le processus ultérieur.
Dès février 1953, les droits de douane sur le
charbon et le minerai de fer furent supprimés, et

1. Jean Monnet fut pendant trois ans le président de la
Haute Autorité de la CECA.

ceux concernant l'acier au courant de mai de
la même année. Après l'élimination des droits
de douane, la CECA réglementa l'industrie de
l'acier, à la fois par la fixation des prix et des
quotas de production. En 1971, sous son égide,
fut créée la Fédération Européenne du Fer et
de l'Acier dont la tâche était la rationalisation
de l'industrie qui, à partir du début des années
1970, avait amorcé une courbe descendante,
après deux siècles de croissance rapide. Entre
1948 et 1972, la production d'acier de la CECA
était passée de 23 à 113 millions de tonnes. En
1981, vu la baisse de la production (110 millions)
et des prix, un «état de crise» fut proclamé,
conduisant à renforcer les quotas de production.
Mais, entre-temps, la CECA avait en quelque
sorte enfanté la CEE.

DE LA CEE À L'UE,
DU TRAITÉ DE ROME
À CELUI DE MAASTRICHT

À la suite d'un mémorandum du BENELUX,
c'est au sein de la CECA que fut décidée, en juin
1955, l'étude d'une possibilité d'union plus large,
plus complète. Le ministre des Affaires étrangères
de la Belgique, Paul-Henri Spaak, remit un rapport en ce sens en avril 1956. Spaak avait joué
depuis la fin de la guerre un rôle international
important, et était un ardent apôtre d'une union
européenne. Il fut notamment aussi le premier
président de l'Assemblée générale des Nations

Unies et le premier président de l'Assemblée consultative du Conseil de l'Europe.

Il n'est pas superflu d'ouvrir une brève parenthèse sur le Conseil de l'Europe qui a même précédé la CECA et continue son existence après la création de la CEE. Le Conseil de l'Europe est, en quelque sorte, un parlement de l'Europe occidentale, dont font même partie des pays neutres (Autriche et Suède). La Suisse en fait partie depuis 1963. Préconisé dès mars 1943 par Winston Churchill et mis en place dès mai 1949, ce conseil siège à Strasbourg. Son action privilégiée a surtout été (et demeure) la question des droits de l'Homme ; mais des questions économiques et sociales y furent également abordées. D'ailleurs, une charte sociale fut signée en 1961.

Revenons à la CEE après la soumission du rapport de Spaak. Les négociations débutèrent à Bruxelles, et un accord fut signé à Rome le 25 mars 1957, d'où aussi comme appellation complémentaire au terme Marché Commun et à celle de Communauté Économique Européenne (CEE ; en anglais EEC) celle de « pays du Traité de Rome ». Afin d'éviter toute équivoque avec le nom actuel de cette communauté, à savoir Union Européenne (UE), signalons que c'est là la forme et la dénomination prises par la CEE après la mise en vigueur du traité de Maastricht (novembre 1993). L'entrée en vigueur de la CEE fut fixée au 1er janvier 1958 ; les membres en étaient les six membres de la CECA. Le but de ce traité de Rome était non seulement de réaliser une union douanière, mais aussi une véritable union économique, donc un ensemble économique réellement intégré. Une période transitoire, de 12 à 15 ans, fut prévue, divisée elle-même en trois étapes qui devaient durer en principe quatre ans, étapes dont certaines furent raccourcies.

Le traité de Rome reste encore aujourd'hui l'élément de base du cadre juridique et institutionnel de l'actuelle Union Européenne. Mais les quatre autres traités qui ont émaillé la période allant du 25 mars 1957 au 7 février 1992, date de la signature du traité de Maastricht, sont également très importants. Le premier, somme toute, est le moins décisif car il n'a pas eu de grandes implications. Il s'agit du traité signé également en mars 1957 (entré en vigueur en janvier 1958) qui instaurait la Communauté Européenne de l'Énergie Atomique. Son but était de favoriser l'utilisation de cette nouvelle source d'énergie. C'est en avril 1965 que fut signé le deuxième traité, celui de la fusion des institutions européennes. Le troisième traité, entré en vigueur en juillet 1967, instaure le Conseil unique et la Commission unique des Communautés Européennes, organismes de décisions très importants donnant en quelque sorte une plus grande autonomie à la CEE.

Enfin dernier traité précédant celui de Maastricht, et non des moindres, celui intitulé «Acte unique européen». Il est signé en février 1986 et entra en vigueur en juillet 1987. Ce traité modifia celui de Rome en élargissant notamment les compétences des instances communautaires de la CEE; et surtout il a amené, à partir du 1er janvier 1993, un véritable «Marché unique» avec, surtout, la suppression des contrôles des marchandises aux frontières communes des pays de la CEE. L'article 13 du traité prévoit un «espace sans frontières intérieures dans lequel la libre circulation des personnes, des services et des capitaux est assurée ». En outre, il est prévu une vaste gamme de mesures d'harmonisation, allant de la réglementation concernant les animaux à celle des visas, en passant par l'enseignement, les cartes bancaires, l'étiquetage, etc. Cela fut facilité, à partir de janvier 1986, par le passage au vote à la majorité des ministres des pays membres siégeant au « conseil », celui-ci étant, en quelque sorte, l'organe qui prend les décisions importantes, alors que l'autre institution, la « commission », a un rôle plus administratif et est l'organe d'exécution de la communauté. Jusqu'en 1986, ainsi que cela en avait été décidé dans le traité de Rome, les décisions importantes du conseil devaient être prises à l'unanimité.

La mise en vigueur de ce « Marché Unique » le 1er janvier 1993 a néanmoins nécessité, on s'en doute, de multiples et parfois très laborieux aménagements des structures économiques et financières des douze pays membres. C'est ainsi, par exemple, qu'il a fallu cinq ans d'âpres négociations pour que soit signé, le 27 juillet 1992, l'accord sur le niveau de la TVA des divers pays. Et auparavant, bien entendu, il a fallu généraliser le principe même de la TVA qui, au début, n'était utilisée qu'en France, où son début d'introduction date de 1954.

L'ÉLARGISSEMENT GÉOGRAPHIQUE DE LA CEE
DE 1958 À 1995 : DE 6 À 15 MEMBRES

La composition de la CEE demeura inchangée jusqu'en 1973, comptant donc les six membres originaux de la CECA. En janvier de cette année, le Royaume-Uni ainsi que le Danemark et l'Irlande rejoignent la CEE. La Norvège, qui avait également décidé alors d'entrer dans la CEE, ne fut pas en mesure de le faire en raison d'un vote négatif à un référendum sur ce sujet. Il est évident que l'entrée du Royaume-Uni constitue une étape importante à la fois sur le plan économique et symbolique. Vers 1973, le Royaume-Uni était encore la troisième puissance économique de l'Europe de l'Ouest; et son potentiel représentait 36 pour 100 de celui du Marché Commun des Six. De surcroît, dans l'AELE, le Royaume-Uni était très dominant, représentant vers 1973 pratiquement 60 pour 100 du PNB de cet ensemble. Entre le discours de Winston Churchill de 1946, qui excluait la possibilité et la nécessité d'un Royaume-Uni s'alliant aux nations de l'autre côté de la Manche, et l'adhésion en 1973, menée par un autre conservateur, Edward Heath, que de chemin parcouru par ce qui avait été si longtemps la plus grande puissance économique du monde. D'ailleurs, dès 1961, ce pays avait manifesté clairement son intention de rejoindre la CEE, mais à certaines conditions, ce qui se heurta à l'opposition de la France, et plus particulièrement à celle de Charles de Gaulle qui, à deux reprises, en 1963 et 1967, opposa son veto à l'entrée du Royaume-Uni; de Gaulle se retirera du pouvoir en 1969.

En janvier 1981, ce fut le tour de la Grèce, et en janvier 1986, celui de l'Espagne et du Portugal, portant ainsi le nombre des pays membres à douze. L'adhésion de ces trois pays ouvre en quelque sorte la porte de la Communauté aux pays moins développés du sud. Effectivement si, au milieu des années 1950, le Portugal était déjà un pays à fort retard, avec un PNB par habitant qui représentait 60 pour 100 de celui des deux membres les plus «riches» (Belgique et France), la situation s'était encore aggravée en 1981. À cette date, le PNB par habitant du Portugal ne représentait que 44 pour 100 des deux membres les plus riches (Allemagne et France). Actuellement, l'Italie est pratiquement aussi riche que la Belgique. Des six membres de 1956, la Communauté était ainsi passée à douze. Et des six pays dont un seul était du «Sud», on est passé à douze, dont quatre sont du «Sud». Ces douze pays, avec leurs 327 millions d'habitants en 1990, représentaient 91 pour 100 de la population de l'Europe occidentale, et 40 pour 100 de celle des pays développés occidentaux, faisant ainsi de la CEE l'ensemble le plus important du monde en termes de potentiel économique après les États-Unis, cependant à peine moins important que celui-ci (mais plus peuplé). Toutefois, avec la création, en 1994, de l'ALENA qui «ajoute» aux États-Unis le Canada et le Mexique, la CEE est passée à la deuxième place. Il faut cependant tenir compte du fait que l'ALENA n'est pas une union économique, mais une zone de libre-échange.

Enfin, il faut signaler qu'à partir du 1ᵉʳ janvier 1995, trois nouveaux pays ont rejoint ce qui, entre-temps, était devenue l'UE : il s'agit de l'Autriche, de la Finlande et de la Suède. De surcroît, depuis la réunification allemande de 1990, l'UE englobe aussi les anciens territoires de la RDA. En raison de ces élargissements, en 1995 l'UE, avec ses 373 millions d'habitants, représente 97 pour 100 de la population de l'Europe occidentale et 42 pour 100 de celle des pays développés occidentaux.

À présent, nous allons examiner les principales étapes structurelles de la formation de la CEE. Nous nous arrêterons surtout aux aspects suivants : l'union douanière ; la liberté de circulation des personnes et des capitaux ; l'agriculture ; l'harmonisation des politiques économiques et sociales ; pour terminer avec le traité de Maastricht de 1992 et les toutes premières étapes de l'UE.

L'union douanière et l'intensification des échanges de la CEE

Le but était l'établissement d'un tarif extérieur commun, la disparition totale des tarifs douaniers entre les pays membres ; ce qui implique la libre circulation des marchandises à l'intérieur de la CEE non seulement pour les produits originaires des États mêmes, mais aussi pour les produits hors communauté ayant acquitté les droits de douane dans un pays membre de la communauté. Une série d'étapes de réductions tarifaires était prévue, consistant essentiellement en des baisses de 10 pour 100 des droits de douane entre pays de la CEE. Le processus avança assez rapidement : comme prévu, la première réduction tarifaire entra en vigueur en janvier 1959. En mai 1962, une accélération fut décidée. La baisse des droits de douane comportait les cinq étapes de réduction suivantes (par rapport aux tarifs de départ) : 50 pour 100 en juillet 1962 ; 60 pour 100 en juillet 1963 ; 70 pour 100 en janvier 1965 ; 85 pour 100 en juillet 1967 ; et enfin 100 pour 100 en juillet 1968. De même, accélération des suppressions des restrictions quantitatives (contingentements).

Quant au tarif extérieur commun, celui-ci fut mis en vigueur en juillet 1968. Et c'est à cette date qu'est réalisée — en avance d'un an et demi sur le calendrier — la libre circulation des marchandises au sein de la Communauté. Soulignons que ce tarif extérieur commun s'est voulu davantage libéral que protectionniste et qu'il fit, à plusieurs reprises, l'objet de baisses des droits de douane. Ces baisses s'inscrivent également dans le cadre du processus général de libéralisation des échanges mené dans le cadre du GATT, négociations sur lesquelles nous reviendrons plus loin.

On peut donc considérer que pratiquement l'union tarifaire a été atteinte dès juillet 1968. Toutefois il subsistait une série d'obstacles non tarifaires, notamment avec le système de taxation différente dans les pays et d'autres éléments de ce genre. La suppression de l'essentiel des barrières intérieures entraîna une augmentation extrêmement rapide du commerce intracommunautaire, c'est-à-dire entre membres de la CEE, mise en relief dans le tableau XXVI.1. Comme on peut le voir dans ce tableau, malgré une expansion très rapide du volume des échanges des pays développés, la part de la CEE progresse rapidement. Entre 1957 et 1972, les exportations de la CEE passent de 31 à 41 pour 100 des exportations totales des pays développés occidentaux, la part des échanges intracommunautaires passant de 31 à 50 pour 100. Ce succès explique largement le désir et la décision de certains pays de rejoindre la communauté, dont notamment le Royaume-Uni. Ce pays était l'épine dorsale de l'AELE. Comme on peut le déduire du tableau XXVI.1, les exportations de l'AELE, qui, en 1957, avaient

TABLEAU XXVI.1
COMMERCE INTER-UNION EUROPÉENNE
ET IMPORTANCE RELATIVE
DES EXPORTATIONS TOTALES DE GROUPES
OU PAYS DÉVELOPPÉS OCCIDENTAUX

	Commerce Inter-UE[a]
UE de 6 membres et AELE de 7 membres	
1953	31,3
1957	33,9
1960	34,5
1965	43,4
1970	48,9
1972	49,5
UE de 12 membres et AELE de 6 membres	
1972	(50,0)
1975	52,5
1980	54,7
1985	54,2
1990	60,7
1994[b]	57,3

a En pourcentage des exportations totales de l'UE.
b En 1995, les compositions de l'UE et de l'AELE sont modifiées (voir le texte).

représenté 71 pour 100 de celles de la CEE, n'en représentent plus que 47 pour 100 en 1972. Une partie dominante de ce recul est imputable à la très mauvaise performance du commerce extérieur britannique. Les exportations du Royaume-Uni, qui, en 1957, avaient représenté 41 pour 100 de celles de la CEE, n'en représentent plus que 20 pour 100 en 1972 : illustration du déclin relatif de

| | *Part dans les exportations de l'ensemble des pays développés occidentaux (%)* | | |
UE	AELE	Amérique du Nord	Japon
27,3	22,4	37,6	2,4
30,7	21,8	34,6	3,8
34,7	21,6	30,5	4,7
37,2	20,4	27,7	6,6
39,3	19,7	26,4	8,6
41,4	19,3	23,5	9,6
53,4	8,7	23,5	9,6
53,6	8,9	24,3	9,7
54,4	9,4	22,6	10,4
50,7	8,6	23,6	13,7
54,9	9,2	20,6	11,8
51,1	8,5	22,8	14,0

Sources : ONUCED, *Manuel de statistiques du commerce international et du développement*, diverses livraisons ; Nations unies, *Bulletin mensuel de statistique*, diverses livraisons.

ce qui, pendant près de deux siècles, avait été la plus grande puissance commerciale du monde. D'ailleurs, si l'on examine l'évolution des exportations des autres 6 membres de l'AELE, celle-ci, toujours entre 1957 et 1972, a été plus positive que celle du Royaume-Uni, sans être aussi positive que celle de la CEE.

Notons toutefois deux éléments qui tempèrent

le diagnostic positif de la CEE. Le premier
concerne la période plus récente, celle de la CEE
des Douze (ils ne sont devenus quinze qu'à partir
de 1995). Comme on peut le voir également dans
le tableau XXVI.1, la part de la CEE dans le
commerce de l'ensemble des pays développés
occidentaux a cessé de progresser, même si le
commerce intercommunautaire a continué à
augmenter. Le deuxième élément qui tempère le
succès de la CEE est le fait que les petits pays
industrialisés de l'AELE, comme la Suisse et la
Suède, ont su mieux profiter du commerce international, y compris des marchés de la CEE, que
la Belgique, petit pays industrialisé membre de la
CEE. Certes cela n'implique pas du tout que la
CEE soit le seul facteur explicatif d'une telle évolution, mais que l'adhésion à celle-ci n'est pas
nécessairement un facteur suffisant.

La libre circulation dans la CEE
des personnes et des capitaux

L'objectif final est «la liberté de circulation des
facteurs de la production», qu'il s'agisse des
personnes, des services ou des capitaux. Voyons
chacun de ces aspects séparément, en nous arrêtant plus longuement sur celui concernant les
personnes. Dans ce domaine, l'objectif est la
liberté totale de circulation et d'installation, qu'il
s'agisse du domicile, du travail, de l'investissement ou des études, de tout citoyen d'un pays
membre de la communauté dans tout autre pays
de ladite communauté. C'est évidemment l'aspect «travail» qui est primordial et qui pose le

plus de problèmes. De même, la liberté de circulation des capitaux devra être complète : toute personne ou entreprise d'un pays membre de la Communauté pourrait investir dans n'importe quel secteur et dans n'importe quel pays de la Communauté. En principe, tout cela aurait dû être atteint, comme nous l'avons vu, au 1er janvier 1993. Voyons ici quelles ont été les étapes en la matière depuis 1957, et intéressons-nous à la circulation des personnes.

LES PERSONNES : L'OBSTACLE DE LA SÉCURITÉ

Déjà dans le cadre de la CECA, tout un ensemble de dispositions concernait la main-d'œuvre des secteurs couverts par le traité (charbonnages et métallurgies). Mais le traité de Rome va beaucoup plus loin, puisque de nombreux articles prévoient pratiquement toutes les modalités de cette liberté de circulation des personnes, y compris bien entendu la circulation en vue de l'installation provisoire ou définitive dans n'importe quel pays de la Communauté. Et bien plus important ce droit concerne la liberté d'exercer une activité salariée. Entre autres, l'article 48 du traité de Rome prévoit «l'abolition de toute discrimination fondée sur la nationalité entre les travailleurs des États membres en ce qui concerne l'emploi, la rémunération et les autres conditions de travail». Cependant, les emplois des administrations publiques étaient exclus de cet article, ce qui a permis à certains pays de fermer la porte, notamment aux enseignants non locaux. Le travailleur a même explicitement le droit de rester dans le pays d'accueil, lors de sa retraite. La liberté de circulation des travailleurs a été réalisée en 1968 avec un an d'avance sur l'échéance fixée.

En ce qui concerne les étudiants et l'emploi des diplômés, soulignons la décision du Conseil de mars 1985 d'instaurer un système général de reconnaissance mutuelle des diplômes sanctionnant des études supérieures d'au moins trois ans au-delà du diplôme d'études secondaires. Pendant longtemps, certains pays de la CEE, dont la France, n'ont pas permis aux étrangers d'accéder au statut d'enseignant, sous le prétexte qu'il s'agissait d'une fonction publique exclue en principe des accords.

Dans le cadre de la liberté de circulation des personnes, il faut faire intervenir ce que l'on a appelé l'accord de Schengen (Luxembourg). Cet accord visant à supprimer progressivement le contrôle aux frontières communes des pays signataires a été complété par une convention (dite aussi «de Schengen») de juin 1990. Il implique une totale liberté de circulation à l'intérieur de la zone, même bien entendu pour les citoyens non membres de la communauté si ceux-ci ont franchi la frontière extérieure de cette zone. L'entrée en vigueur était prévue en janvier 1993, mais elle a été rapportée à février 1994, puis à nouveau reportée *sine die* pour des raisons de problèmes informatiques. Notons que trois de ses douze membres ne l'ont pas encore signée (Danemark, Irlande et Royaume-Uni). Les réticences sont dues pour beaucoup à des problèmes de sécurité.

LES CAPITAUX: L'OBSTACLE DU CONTRÔLE
DES CHANGES

L'article 33 du traité de Rome prévoyait l'abolition des obstacles à la liberté de circulation des capitaux. Ce qui a constitué un objectif important car, comme le note un document de l'UE, « la libre circulation des capitaux est l'un des préalables essentiels à l'achèvement du marché intérieur. C'est une chose que tous les États membres reconnaissent d'ailleurs dans son principe [...] Les capitaux doivent, eux aussi, pouvoir aller à tout moment là où ils sont économiquement les plus utilisés ». Cependant cet objectif n'a pas été pleinement atteint rapidement, beaucoup de pays ayant longtemps conservé un contrôle des changes. Par exemple, en 1987, la circulation des capitaux n'était exempte de toute entrave que dans les pays suivants: Allemagne, Belgique, Luxembourg, Pays-Bas et Royaume-Uni, soit dans cinq des douze pays alors membres. Des améliоrations ont été apportées en 1988 et une étape importante fut franchie le 1er juillet 1990 quand la libéralisation complète des marchés de capitaux fut établie dans huit États membres (Danemark, France et Italie en plus des cinq pays cités ci-dessus). Enfin, la mise en vigueur, en novembre 1993, du traité de Maastricht a constitué une nouvelle étape importante. Toutefois, il faudra attendre la monnaie unique pour être en présence d'une réelle liberté de circulation des capitaux, monnaie unique qui ne sera probablement pas établie avant de nombreuses années, en tout cas pour l'ensemble de l'UE.

De l'Ecu à l'Euro : le cheminement
malaisé vers une monnaie unique

Nous avons vu que l'idée d'une monnaie unique avait déjà fait l'objet de discussions dans la seconde moitié du XIXe siècle. D'ailleurs, dans le cadre des sociétés traditionnelles, dans de grandes régions du monde, et pendant des siècles, on était en présence de pièces de monnaie unique[1]. Dans le cadre de la CEE, l'histoire de la monnaie unique commence avec le plan Werner d'octobre 1970 qui, entre autres, prévoyait un tel système. En avril 1972 fut créé le Serpent monétaire européen[2]. En simplifiant les choses, celui-ci implique que les taux de change des différentes monnaies de la CEE fluctuent les uns par rapport aux autres dans des limites fixes et assez étroites. Sur le plan concret, on peut considérer que l'histoire de la monnaie unique commence en mars 1979 avec la mise en place du Système Monétaire Européen[3] dans lequel prend place l'Ecu[4] en tant qu'unité de compte des finances et des changes de la Communauté. L'Ecu est un panier des différentes monnaies des pays de la CEE. L'importance relative de chaque monnaie a été modifiée à plusieurs reprises ; et, en mars 1993, le poids relatif des principales monnaies était le suivant : mark 31,4 pour 100 ; franc français 19,6 pour 100 ; livre

1. Voir chap. XIV, tome II.
2. Le sigle utilisé est évidemment SME, ce qui cause parfois des confusions avec un sigle identique qui se rapporte au système monétaire européen.
3. SME ; en anglais EMU.
4. European Currency Unit.

sterling 11,7 pour 100; florin néerlandais 9,8
pour 100; lire italienne 9,1 pour 100. En termes
de valeur, il représente un peu plus de 2 marks, ou
6,8 francs français, soit 1,1 dollar.

Le passage de l'Ecu unité de compte à une véritable monnaie unique n'a guère fait de progrès.
Certes, en mars 1987, 200 000 écus d'or et 2 millions d'écus d'argent furent mis en circulation; et
plusieurs emprunts furent émis dans cette monnaie. Mais tout cela est très peu de chose. Le SME
rencontra lui-même maintes difficultés, la plus
sérieuse étant celle de septembre 1992 quand la
livre britannique et la lire italienne quittèrent le
système. On s'interrogea même alors sur la mort
du SME. En fait, l'histoire de la véritable monnaie
unique européenne et de son corollaire, une
banque centrale européenne, est liée au sort du
traité de Maastricht. Certes, en décembre 1995,
les projets se sont affirmés avec, entre autres, la
décision d'adopter un nouveau nom pour la future
monnaie unique, à savoir Euro au lieu d'Ecu.

L'agriculture : pendant longtemps
le talon d'Achille de l'intégration
de la CEE

C'est dans ce domaine que, bien entendu, les
difficultés furent les plus grandes puisque les différences structurelles dues à des éléments, tels
que nature des sols, climat et autres, étaient les
plus importantes et difficilement contournables.
L'élargissement de la Communauté à des pays de
l'Europe du Sud a encore rendu plus délicate
cette harmonisation économique. D'ailleurs, à

l'origine, l'agriculture a failli être laissée hors du champ du traité de Rome qui ne lui consacre qu'un nombre restreint de clauses. Et ce n'est qu'en janvier 1962 qu'une première étape de la Politique Agricole Commune (souvent appelée « PAC ») fut adoptée, à la suite de longs travaux d'une commission d'experts présidée par Sicco Mansholt, ancien ministre de l'Agriculture des Pays-Bas. Sicco Mansholt continuera à jouer un rôle important dans la politique agricole de la CEE ; il est notamment l'auteur du fameux plan, qui porte son nom, de décembre 1968 qui visait à moderniser l'agriculture européenne dans un sens productiviste et qui est aujourd'hui largement contesté pour ses conséquences sociales et écologiques négatives.

Dans les premières étapes, la politique agricole commune ne concernait qu'une partie des produits agricoles, notamment les céréales, les fruits et certaines viandes. Des systèmes très complexes de fixation de prix et de montants compensatoires furent mis en place afin de garantir une relative stabilité de ces prix. Ces systèmes entraînèrent, à partir du milieu des années 1970, une forte croissance des dépenses du FEOGA[1] créé dès 1962, fonds alimenté par les contributions, inégales, des pays membres. Ces dépenses furent multipliées par plus de 4 entre 1975 et 1985, ce qui entraîna également un gonflement des stocks qui atteignent leur sommet dans les années 1985-1986. Pour le stock des produits agricoles de la CEE, il faut distinguer ce que l'on désigne sous le terme de stocks publics, ou de stocks soumis à l'intervention de la CEE, de l'ensemble des stocks qui, eux, comprennent en

1. Fonds Européen d'Orientation et de Garantie Agricole.

plus les stocks subventionnés ou non par les États membres eux-mêmes. Pour les céréales, le sommet des stocks publics fut atteint en 1985 (18,8 millions de tonnes); pour le beurre et le lait (en poudre), en 1986 (respectivement 1,3 et 0,9 million); pour la viande bovine, en 1985 (0,8); etc.

Autre problème créé par cette politique de soutien : le déséquilibre entre la participation des États et les montants alloués par la CEE aux agriculteurs des pays. Ainsi, par exemple, en 1982 la Grande-Bretagne, qui fournissait 24,4 pour 100 des recettes, ne percevait que 12,9 pour 100 des crédits, alors que pour l'Italie il s'agissait respectivement de 11,6 et de 20,8 pour 100. D'où, d'ailleurs, la position de contestation de la Grande-Bretagne mettant périodiquement en péril toute la politique agricole commune. Cela amena une nouvelle orientation à partir de 1984 de la politique agricole. Celle-ci introduisit des quotas de production pour certains produits (notamment laitiers). Les productions dépassant les quotas ne bénéficiaient pas des mécanismes de soutien des prix. D'autre part, à partir de 1988, un programme de gel des terres est instauré, et appliqué pour la première fois en 1989. Il s'agit de mettre en friche ou de convertir en forêts des terres réservées auparavant à la culture ou à l'élevage.

Dès 1987, les stocks publics, ou subventionnés par la CEE, reculaient, n'atteignant pour les céréales, par exemple, que 8,9 millions de tonnes en 1989. En revanche, les stocks globaux de céréales ont continué a être très élevés, puisque, en 1993, ils ont même atteint un sommet historique, avec 46,3 millions de tonnes (contre 28,5 en 1989). La CEE possède aussi, en 1992-1994,

24 pour 100 des stocks de céréales des pays développés occidentaux, comparés à 10 pour 100 pour
1982-1984. En 1986, débutèrent les négociations
multilatérales du GATT qui, pour la première fois,
ont intégré les produits agricoles. Cela se heurta
évidemment au problème des subsides. Le conflit
eut lieu surtout avec les États-Unis, l'autre très
grand exportateur de produits agricoles : pour
1989-1991 la CEE (des 12) représentait 44 pour
100 des exportations mondiales de produits agricoles, et les États-Unis 14 pour 100, alors que
dix ans auparavant les proportions respectives
étaient de 34 pour 100 et de 18 pour 100.

En mai 1992 eut lieu une nouvelle réforme de la
PAC. Celle-ci, d'une certaine façon, s'éloigne de la
politique productiviste, puisque ses objectifs sont
de maintenir suffisamment d'agriculteurs pour
la production, tout en assumant «le développement rural et la protection de l'environnement».
L'objectif est également d'adapter la production
aux débouchés, ce qui signifie une réduction des
excédents. Autre objectif (mais celui-ci a toujours été présent implicitement ou explicitement) : assurer un revenu convenable aux agriculteurs. Enfin, signalons qu'en décembre 1993, en
raison d'un accord, réalisé après de longues et difficiles négociations, entre l'Union Européenne et
les États-Unis, l'agriculture a été, pour la première fois, intégrée dans les accords du GATT (en
même temps que les services, le textile et les
règlements sur la propriété intellectuelle).

Le traité de Maastricht,
une nouvelle étape?

C'est le 7 février 1992 que fut signé à Maastricht (Pays-Bas) le traité sur l'Union Européenne, appelé plus communément «traité de Maastricht». En fait, il s'agit du dernier en date des quatre traités qui constituent le cadre juridique et administratif de la CEE, et que l'on a déjà présentés plus haut. Le traité est entré en vigueur en novembre 1993 et, comme nous l'avons signalé, incidemment «Union Européenne» (UE) est devenue ainsi la nouvelle appellation de cette entité. La disparition de l'adjectif économique[1] se justifie, car, à partir de cette étape, on est passé à une union politique, qui a été, en fait, l'objectif de départ des promoteurs de l'unité européenne, la composante économique étant conçue comme une première étape intermédiaire, puisque plus facile à réaliser qu'une union politique.

Le traité de Maastricht comporte, en définitive, plus d'aspects politiques qu'économiques, ce qui est justifié par les progrès déjà réalisés dans le domaine économique. Voici les sept principaux éléments du traité. Commençons par la composante économique : l'Union Économique et Monétaire[2] dont l'élément clé est la création d'un Institut Monétaire Européen (IME) qui aura son siège à Francfort. L'IME «devra renforcer les mécanismes de coordination des politiques monétaires nationales. Parallèlement, les politiques

1. Car le E est pour Europe.
2. UEM; en anglais EMU.

économiques des États membres devront satisfaire à cinq "critères de convergence": notamment le déficit budgétaire ne pourra pas excéder 3
pour 100 du PNB, la dette publique devra être
ramenée à 60 pour 100 du PIB, et l'inflation ne
pourra pas dépasser de plus de 1,5 point de pourcentage la moyenne des trois pays les plus performants en ce domaine. Dans une troisième phase,
l'IME se métamorphosera en Banque centrale
européenne. Celle-ci devrait admettre la monnaie
unique européenne dès 1999». Mais certains
pays, et notamment le Royaume-Uni, sont revenus sur leur décision en cette matière.

Le deuxième élément est la Politique Étrangère
et de Sécurité Commune [1], dont le but essentiel «est
de rendre l'Union Européenne capable de faire
entendre une voix unique et d'agir efficacement
au service de ses intérêts et de ceux de l'Union».
Le troisième élément concerne le domaine de la
politique intérieure, le traité «prévoit une coopération renforcée en matière judiciaire, policière et
douanière. Sont visées les conditions de circulation
et de séjour des étrangers dans la Communauté,
la lutte contre le terrorisme et l'immigration clan-
destine, le trafic de stupéfiants, la fraude internationale. C'est dans ce contexte qu'est créé Europol,
dont le siège sera installé à La Haye».

Autre élément important, qui, lui, rejoint les éléments économiques, le Conseil européen reçoit de
nouvelles compétences, parmi lesquelles : «la politique sociale, la cohésion économique et sociale, la
protection des consommateurs, la culture, la santé,
l'environnement». De même (et c'est là le cin-

---

1. PESC ; en anglais CFSP.

quième élément), le Parlement européen voit ses pouvoirs renforcés. C'est ainsi que l'approbation de celui-ci « sera requise pour la composition de la Commission et la signature de traités internationaux importants qui lient la Communauté ». Dans ce cadre est également prévue la nomination d'un médiateur qui « donnera au Parlement la possibilité d'exercer un contrôle sur certains dossiers ».

Le sixième élément est l'institution d'une citoyenneté européenne de l'Union « qui vient s'ajouter à la citoyenneté nationale et permet à tout ressortissant d'un État membre de circuler et de séjourner librement dans tous les pays de la Communauté. [...] De plus, le citoyen de l'Union pourra bénéficier de la protection des autorités diplomatiques de n'importe quel État membre ». Enfin (septième et dernier élément), un « comité de régions » est envisagé. Il s'agit d'un organe consultatif qui « sera obligatoirement consulté par le Conseil des ministres dans certains cas prévus au Traité : notamment dans les domaines de l'enseignement, de la culture et de la santé ».

Le financement de la Communauté :
vers une plus grande autonomie

On a assisté à une véritable explosion du personnel et des dépenses de la Communauté. Explosion liée essentiellement à son élargissement et à son rôle accru. En un tiers de siècle, les dépenses totales sont passées de 81 à 68 000 millions d'Ecus (ou d'Euros), soit, en termes de valeur constante, une multiplication par 170. Mais, ce qui est encore plus significatif, c'est que, par rapport aux dépenses publiques des pays membres, les dépenses communautaires ont progressé très fortement. Entre 1958 et 1993, on est passé de moins 0,1 pour 100 à 2,4 pour 100. Et, en termes de pourcentage du PIB des pays membres, on est passé de 0,03 pour 100 en 1960 à 0,80 pour 100 en 1980, et à 1,21 pour 100 en 1993. En 1993, les dépenses administratives ne représentaient que 5 pour 100 du total ; le poste le plus important étant celui du FEOGA, avec 36 pour 100.

Ces dépenses accrues ont été aussi bien facteurs que causes du changement important dans le système de financement de la Communauté. Au point de départ et jusqu'en 1970, le financement était entièrement assuré par les contributions directes des pays membres. À partir de cette date, se sont ajoutées ce que l'on qualifie de « ressources propres de la Communauté », qui comprennent essentiellement des prélèvements agricoles, ainsi qu'une fraction des droits de douane et de la TVA perçus par les pays membres. En termes pratiques, cela amène une plus grande autonomie financière de la Communauté.

LES AUTRES MOUVEMENTS D'INTÉGRATION DU MONDE OCCIDENTAL

Bien entendu, nous traiterons ici de l'AELE, rivale historique de la CEE ; toutefois, nous ne négligerons pas les autres mouvements ou organisations qui impliquent une coopération économique plus ou moins grande. Mais, tout d'abord, il convient de faire un bref historique de la série de négociations globales en vue de réduire dans le monde occidental les tarifs douaniers.

Le GATT et les négociations globales sur les réductions tarifaires

Comme nous l'avons vu, le GATT[1] fut créé en octobre 1947 (entrée en vigueur : janvier 1948) dans le but de favoriser la libéralisation des échanges. Il prit un rôle croissant dans le domaine du commerce international, après l'échec de fonder une organisation des Nations unies axée sur les problèmes du commerce international. Le GATT a été la cheville ouvrière d'une série de cycles de négociations globales qui ont entraîné une baisse générale des droits de douane des pays développés occidentaux. Jusqu'ici, on compte huit cycles de conférences consacrées à ces négociations, conférences que l'on commença à nommer *round* par analogie avec la boxe, en raison de l'âpreté des négociations. Les plus importants de ceux-ci ont été les trois plus récents : le Kennedy Round, le Tokyo Round et l'Uruguay Round.

En fait, c'est à l'issue du premier *round* de négociations (terminé en octobre 1947) que fut créé le GATT. La deuxième série de négociations eut lieu à Annecy en 1949. Il n'y eut que 33 participants, mais ceux-ci échangèrent quelque 5 000 concessions tarifaires. Le nombre de parti-

---

1. Accord Général sur les Tarifs Douaniers et le Commerce (on utilise en français le sigle anglais).

cipants au troisième *round* (à Torquay) en 1950,
passa à 38 ; et ce sont près de 9 000 concessions
qui furent échangées, entraînant une baisse des
tarifs de l'ordre de 25 pour 100 par rapport au
niveau de 1948. Les deux *rounds* suivants se tinrent en 1956 et en 1960-1961. Ce dernier fut
d'ailleurs le premier à recevoir le qualificatif de
Round ; il s'agit du Dillon Round, du nom du
secrétaire au trésor américain, et était donc en
fait le cinquième *round*. Les baisses des droits de
douane furent assez modestes.

Avant de passer au sixième *round*, le fameux
Kennedy Round, signalons que le GATT, considéré par le Tiers-Monde et les pays de l'Est
comme un instrument des pays riches, eut, en
1965, un geste important en faveur des pays du
Tiers-Monde en faisant pour eux une exception à
la règle de la réciprocité, un de ses fondements
importants. Les négociations du Kennedy Round[1]
entreprises en octobre 1964 furent conclues en
juin 1967. Elles ont comme résultat principal une
baisse de 35 pour 100 en moyenne des droits de
douane sur les produits industriels échelonnée
sur cinq ans. Le Kennedy Round fut le premier à
aborder, outre la question des droits de douane,
la lutte contre le dumping, c'est-à-dire contre la
pratique de ventes de marchandises à perte afin
de conquérir des marchés. Les concessions douanières couvraient une très vaste gamme de produits estimée à quelque 40 milliards de dollars,
contre respectivement 2 et 5 milliards pour les
deux cycles précédents. Le nombre de pays parti-

1. Ainsi appelé car résultant d'une suggestion du président
des États-Unis.

cipants était de 62 contre 26 pour les deux précédents.

Les négociations du Tokyo Round (septembre
1973-avril 1979), qui ont réuni 102 pays, ont
prévu une baisse de l'ordre de 33 pour 100 des
droits de douane des articles manufacturés échelonnée sur 8 ans (à partir de 1980). Un autre
résultat important de ce *round* est la décision de
réduire les obstacles non tarifaires. Les réductions et consolidations tarifaires accordées ont
couvert des échanges dépassant les 300 milliards
de dollars, amenant ainsi des droits de douane
sur les articles manufacturés à 7 pour 100 en
moyenne. Le Tokyo Round a également mis en
pratique la «reconnaissance d'un traitement tarifaire et non tarifaire préférentiel pour les pays en
voie de développement».

Enfin, dernier en date de ces huit cycles de négociations, l'Uruguay Round, le plus long (plus de
sept ans) puisque, commencé en septembre 1986,
il ne s'est achevé qu'en décembre 1993. C'est aussi
une négociation qui a étendu son domaine à une
gamme plus large de produits agricoles, et a intégré surtout un certain nombre d'aspects nouveaux
non directement liés au commerce international
(droits de propriété), ainsi qu'aux investissements
et au commerce des services (y compris les biens
culturels, cinéma, émissions de télévision, etc.).
Le nombre de pays y participant a été le plus élevé
(117) et la réduction des droits de douane a été en
moyenne de 38 pour 100 sur les marchandises
importées par les pays développés et soumises à
des droits de douane. Ces importations représentent les deux tiers des importations mondiales
(pétrole exclu). Ces droits moyens sont aussi pas-

sés de 6,3 à 3,9 pour 100. Enfin, il fut également décidé que le GATT devrait céder sa place à une «organisation mondiale du commerce» (OMC), qui devait initialement voir le jour dans l'immédiat après-guerre, et que le GATT, faute de mieux, avait remplacé. L'OMC entra en vigueur le 1er janvier 1995. Son champ d'activité a été étendu aux échanges de services et d'«idées» et a intégré le principe de défense de l'environnement.

L'AELE : *les partisans d'une zone de libre-échange*

Précisons d'abord la différence entre une union douanière et une zone de libre-échange. Comme nous l'avons vu pour la CEE, une union douanière implique un tarif extérieur commun et la libre circulation des tous les produits à l'intérieur des pays faisant partie de l'Union douanière. Dans une zone de libre-échange, chaque pays conserve son propre tarif douanier eu égard aux pays non membres de la zone, et les produits en provenance de pays hors zone ne peuvent pas circuler librement à l'intérieur de celle-ci.

On peut considérer que la création en 1959 de l'AELE[1] est une réaction au refus des partenaires de la CEE de la création d'une zone de libre-échange des produits industriels pour l'ensemble de l'Europe. Cet accord avait été préconisé par le Royaume-Uni qui voulait garder des liens privilégiés avec son ancien domaine colonial, et notamment avec ses colonies de peuplement européen.

---

1. Association Européenne de Libre-Échange ; en anglais EFTA.

En fait, il y a là deux conceptions très différentes qui s'opposaient : du côté des partenaires de la CEE, le désir de création d'une véritable union économique, alors que du côté du Royaume-Uni, l'objectif était seulement de créer, à l'intérieur de l'Europe, une zone de libre-échange pour les produits industriels. C'est à la suite du refus de la CEE de s'engager dans cette voie qu'en janvier 1960 fut créée l'AELE. Le but de l'AELE était de créer une union tarifaire pour ses produits industriels, mais en suivant plus ou moins les étapes de la CEE dans l'espoir que, ultérieurement, la CEE rejoindrait l'idée de l'AELE ; de ce fait, une harmonisation des étapes douanières était un élément pouvant faciliter l'union tarifaire. Au début, les membres de l'AELE étaient au nombre de sept, avec le Royaume-Uni qui était très dominant puisque représentant alors près des deux tiers du PNB de l'ensemble de l'AELE, alors que la France et l'Allemagne ne représentaient chacune à l'intérieur de la CEE qu'un tiers de cet agrégat. À côté du Royaume-Uni, on trouve, en 1959 à la création de l'AELE, un ensemble de 6 petits pays : la Suisse, l'Autriche, le Portugal et les pays scandinaves, à savoir le Danemark, la Norvège et la Suède (la Finlande n'étant que membre associé en raison de ses liens politiques avec la Russie issus du traité de paix d'après la guerre). Donc, opposés aux six pays de la CEE on trouve sept pays dans l'AELE, mais le potentiel économique (sous l'angle du PNB) de la CEE dépassait, vers 1959, de 60 pour 100 celui de l'AELE. En 1970, l'Islande rejoignait l'AELE, ce qui, bien entendu, ne modifie pas sensiblement la comparaison.

La libéralisation progressive des échanges à

l'intérieur de l'AELE s'est inspirée de celle de la CEE (sauf, bien évidemment, pour ce qui concerne les produits agricoles). L'objectif était, rappelons-le, de permettre une éventuelle adhésion de la CEE aux principes qui étaient ceux de l'AELE. En 1973, l'adhésion du Royaume-Uni et du Danemark à la CEE marque évidemment une étape importante qui réduisit fortement le rôle de l'AELE. Celle-ci continua néanmoins à fonctionner. L'étape décisive fut celle de l'adhésion de pratiquement tous les pays restants (sauf la Suisse) à l'Espace Économique Européen (EEE). Par ailleurs, il faut mentionner la conclusion d'accords de libre-échange (conclus en 1972) des produits industriels entre la CEE et les pays de l'AELE qui n'avaient pas formulé de demande d'adhésion à la CEE, accords qui, d'une certaine façon, mettent fin à la division de l'Europe industrielle occidentale en deux aires économiques.

Parmi les six membres restants de l'AELE (la Finlande est devenue membre en 1986), beaucoup envisagent l'éventualité d'une entrée complète à la CEE. Il n'est pas question de faire ici des conjectures en la matière, mais lors de mes cours[1] sur ce sujet, c'est évidemment un problème que soulèvent souvent les étudiants. Et c'est un peu sous forme de boutade que nous avons décidé de présenter une statistique troublante : celle de la comparaison d'un élément vital, à savoir le taux de chômage de la CEE et celui de l'AELE. Dans leur composition actuelle (celle en vigueur déjà depuis 1986), en période de plein emploi, l'avantage allait déjà nettement à l'AELE ; ainsi, pour

1. En Suisse.

1967-1973, le taux de chômage moyen s'élevait à 2,7 pour 100 pour les douze membres de la CEE, et à 1,5 pour 100 pour les six membres de l'AELE. Avec la montée du chômage (décrite dans le chapitre précédent), l'écart se creuse fortement : pour 1983-1987 il s'agit de 10,7 pour 100 pour la CEE et de 2,9 pour 100 pour l'AELE. Pour la moyenne des cinq dernières années disponibles au moment de l'achèvement de ce texte, à savoir pour 1990-1994, il s'agit respectivement de 9,7 et de 5,8 pour 100. Les deux situations les plus négatives dans la CEE sont celles de l'Espagne et de l'Irlande, où il s'agit, toujours pour la moyenne 1990-1994, de 17,2 et 15,7 pour 100 ; et les deux plus négatives dans l'AELE, à savoir la Norvège et la Finlande, où il s'agit de 5,6 et de 12 pour 100. Les moyennes quinquennales souhaitables pour dégager des évolutions structurelles peuvent aussi masquer des évolutions accusées à court terme. C'est, hélas, le cas pour un certain nombre de pays de l'AELE, et notamment pour la Suisse où le taux de chômage a fortement progressé surtout entre 1990 et 1994. Pour l'ensemble des six pays de l'AELE, on est passé de 2,4 pour 100 pour 1988-1990 à 7,6 pour 100 en 1995. Pour la Suisse, le pays qui avait le plus faible taux de chômage du monde capitaliste, on est passé de 0,6 pour 100 pour 1988-1990 à 3,4 pour 100 en 1995. Pour la CEE (ou, plutôt, l'UE, puisque telle est l'appellation depuis 1994), le taux de chômage en 1995 a été de 11,1 pour 100. Mais, apparemment, l'argument du chômage, qui, nous le reconnaissons, a des faiblesses, n'a pas été suffisant (s'il a été étudié ?) à dissuader trois membres de l'AELE de rejoindre l'UE (en janvier 1995). Il s'agit de l'Autriche, de la Finlande et de la Suède. Donc ne restent dans l'AELE que trois pays : l'Islande, la Norvège et la Suisse.

L'EEE : Espace Économique Européen

L'idée d'un espace économique européen fut lancée par Jacques Delors en 1989. Jacques Delors, ancien ministre français de l'Économie et des Finances, a été entre 1985 et 1994 président (très actif) de la Commission des Communautés Européennes, l'organisme exécutif de la CEE. Après trois années de négociations, en mai 1992 fut signé à Porto (Portugal) le traité prévoyant (pour, au plus tôt, le 1er janvier 1993) l'entrée en vigueur de l'EEE. Celle-ci eut lieu en janvier 1994, mais sans la Suisse. En effet, à la suite d'un référendum, le peuple suisse a rejeté cet accord. Par contre, le Liechtenstein, après avoir aménagé son union douanière avec la Suisse, a intégré l'EEE en 1995. C'est une union partielle entre l'AELE et la CEE, mais non une intégration de l'AELE dans la CEE. Les pays de l'AELE garderont leur système douanier et ne participeront pas à la politique agricole de la CEE, ni à l'intégration économique proprement dite, ni à la coopération politique et diplomatique. En revanche, la circulation des marchandises, des personnes et des entreprises sera facilitée, voire totalement libre, entre les deux entités. En quelque sorte, c'est une adaptation non globale, mais importante, du système de l'AELE à celui de la CEE, les pays de l'AELE s'étant engagés à adopter environ 1 400 textes législatifs de la Communauté.

Les tentatives d'union douanière entre les États-Unis et le Canada, et l'ALENA

Après cette longue saga des divers phénomènes d'intégration européenne, traversons l'Atlantique afin de voir ce qui s'est passé en Amérique du Nord. Et nous commençons par un bref historique des tentatives d'union économique entre la principale puissance économique mondiale et sa vaste, mais neuf fois moins peuplée, voisine du Nord. En fait, dès le milieu des années 1840, l'idée de relations commerciales privilégiées entre le Canada et les États-Unis se renforça. Les négociations aboutirent au traité de réciprocité de 1854 demeuré en vigueur jusqu'à son abrogation par les États-Unis en 1866. Le but principal était le libre accès du vaste marché des États-Unis pour les produits des fermiers canadiens, en contrepartie du libre accès des produits primaires et de certains produits manufacturés américains. Il comportait aussi des clauses favorisant une croissance rapide des échanges entres ces deux pays.

Ce n'est que plus d'un siècle plus tard que le traité de libre-échange entre ces deux voisins fut signé (janvier 1988, entré en vigueur en janvier 1989). Mais, auparavant, ce traité avait été précédé de quelques accords, dont le plus important portait sur la construction d'automobiles. Cet accord, qualifié de «Pacte de l'auto», mis en vigueur en janvier 1965, stipulait qu'une voiture pouvait être vendue sans droits de douane dans les deux pays, à condition que 50 pour 100 au moins des pièces et des matériaux soient d'origine nord-américaine. Les économistes canadiens estiment qu'en définitive, cet accord a été un échec pour le Canada dans la mesure où il n'a pas contribué à la mise sur pied d'une industrie locale, mais simplement servi à des échanges accrus entre filiales de mêmes entreprises installées de part et d'autre de la frontière.

Le traité de libre-échange de 1989 entrera dans l'histoire comme un bref intermède joué sur fond de dépression. Bref intermède, car il sera remplacé à partir de 1994 par l'ALENA. Fond de dépression... puisque, dès 1990, le Canada est fortement affecté par la dépression des États-Unis. Dès 1990, la production manufacturière commence à reculer et ce recul est de 10 pour 100 entre 1989 et 1992. Les exportations, qui avaient progressé de 35 pour 100 entre 1986 et 1989, n'ont progressé que de 10 pour 100 entre 1989 et 1992.

L'ALENA : UNE PREMIÈRE ZONE DE LIBRE-ÉCHANGE
ENTRE PAYS DES DEUX MONDES

Après quatorze mois de négociations, le 12 août 1992, les États-Unis, le Canada et le Mexique ont signé l'accord prévoyant la création d'une zone de libre-échange. Accord ratifié par les trois pays, le dernier étant les États-Unis en novembre 1992. À terme, cet accord vise à éliminer toutes les barrières douanières entre ces trois pays si différents, et prévoit notamment aussi la liberté des investissements. L'ALENA[1] est entré en vigueur

---

1. Accord de Libre-Échange Nord-Américain ; en anglais NAFTA.

le 1er janvier 1994 et prévoit le libre-échange pour 2009. La population de l'ALENA est un peu plus importante que celle de l'UE des quinze (y compris l'ex-Allemagne de l'Est): en 1995 respectivement 383 millions et 371 millions; et malgré le faible niveau de vie des Mexicains, le volume du PNB total est, lui aussi, un peu plus élevé. L'ALENA ne se considère pas comme fermée à d'autres adhésions. À la fin d'août 1992, les États-Unis ont laissé entendre que le Chili «répond presque aux critères d'admission», c'est-à-dire notamment maîtrise de la dette et de l'inflation et adhésion au principe du libre-échange. L'avenir dira si cette union, qui rencontre l'hostilité de certains secteurs de la vie économique aux États-Unis et aussi chez ses deux voisins, s'avérera une réalité concrète. En tout cas, même vus des États-Unis, les deux voisins apparaissent comme des partenaires importants: dans le petit tableau statistique que publie chaque semaine le *New York Times* sur les «World Economies», à côté des États-Unis, du Japon, de l'Allemagne et de la Grande-Bretagne, ne figurent que le Canada et le Mexique.

Quelques autres institutions économiques associatives des pays développés occidentaux

Nous présenterons très brièvement ici les institutions suivantes: l'OCDE, le G7 et l'APEC dans l'ordre de leur création. Rappelons que dans le chapitre précédent nous avons présenté les institutions économiques créées dans le cadre des accords de Bretton Woods, ainsi que d'autres institutions dépendant directement ou indirectement des Nations unies. Ces institutions débordent bien sûr le cadre géographique des pays développés occidentaux.

L'OCDE: L'ORGANISATION À L'AIRE GÉOGRAPHIQUE LA PLUS VASTE

Dans le chapitre précédent, nous avons vu que dans le cadre du Plan Marshall les États-Unis avaient suscité en 1947 la création de l'OECE[1], laquelle débuta en 1948. En septembre 1961, cette organisation fut transformée en l'OCDE[2]. L'OCDE fut pendant longtemps un «club» des pays développés occidentaux qui comprenait presque l'ensemble des pays d'Europe occidentale, les États-Unis, le Canada, le Japon, l'Australie, la Nouvelle-Zélande. Depuis l'origine, et pour des raisons politiques, un pays non développé faisait également partie de l'OCDE: la Turquie. En conséquence indirecte de son inclusion dans l'ALENA, le Mexique entra dans l'OCDE. De ce fait, en termes de population, les pays du Tiers-Monde représentaient, en 1995, 16 pour 100 de cette organisation. La Yougoslavie participait aux travaux avec un statut spécial. Enfin, signe des temps à venir, en 1995 et 1996, des ex-pays satellites de l'URSS, à savoir la Hongrie, la Pologne et la République tchèque, sont devenus membres de l'OCDE.

On peut considérer les 26 pays de l'OCDE

1. Organisation Européenne de Coopération Économique.
2. Organisation de Coopération et de Développement Économique; en anglais OECD.

comme étant un forum qui cherche à coordonner les politiques économiques et sociales au sens large du terme, puisque incluant des aspects tels que l'énergie, l'enseignement, les affaires urbaines, etc. Les problèmes de l'aide au Tiers-Monde sont également au cœur des préoccupations de l'OCDE. D'ailleurs, en 1962 y a été créé le Centre de Développement, dont un des objectifs est de susciter et de réaliser des études sur le problème du développement.

Le Centre de Développement fait partie d'un ensemble d'organisations, autonomes ou semi-autonomes, gravitant autour de l'OCDE. Dès décembre 1957, fut créée l'Agence de l'OCDE pour l'Énergie Nucléaire (AEN). Puis, en juillet 1968, ce fut le tour du Centre pour la Recherche et l'Innovation dans l'Enseignement (CERI). Le choc pétrolier de 1973 amena la création, en novembre 1974, de l'Agence Internationale de l'Énergie (AIE). Tous ces centres, à l'instar de l'OCDE et de la plupart des autres organisations, ont également une activité de publication de statistiques et d'études.

LE G7 : LE CLUB DES PAYS LES PLUS INDUSTRIALISÉS

Le G7 comprend les sept pays suivants : Allemagne, Canada, États-Unis, France, Grande-Bretagne, Italie et Japon. Ce n'est pas une organisation proprement dite, mais simplement une série de réunions annuelles instaurées depuis 1975 à l'initiative du président français de l'époque, Valéry Giscard d'Estaing. Une fois par an (en juillet), les chefs d'État des sept pays les plus industrialisés du monde occidental se réunissent afin de discuter essentiellement, mais pas uniquement, des grands problèmes économiques. Cette réunion, appelée réunion au sommet, est complétée par quatre à cinq réunions annuelles supplémentaires au niveau des ministres des finances et gouverneurs des banques centrales de ces pays (progressivement, on a également procédé à des réunions du G7 consacrées à d'autres sujets, allant de l'emploi à l'industrie, y compris récemment les «autoroutes de l'information»). Depuis 1994, on peut considérer que la Russie fait partie, *de facto*, de ce club, étant presque systématiquement invitée à participer aux réunions.

L'APEC : UNE PRISE DE CONSCIENCE
D'UN NOUVEAU CENTRE DE GRAVITÉ INDUSTRIEL

Avec la mise en place, en 1989, de l'APEC[1], on est en présence en quelque sorte de la prise de conscience de l'émergence des nouveaux pays industrialisés d'Asie, notamment des fameux quatre dragons sur lesquels nous reviendrons dans le chapitre XXXIV. L'initiative de la création de l'APEC revient à l'Australie qui, en quelque sorte, se trouve au milieu de ce nouveau centre de gravité industriel, allant de la côte Pacifique de l'Amérique du Nord à la Corée. C'est aussi la seule institution de cette nature qui a inclus un pays non occidental, en l'occurrence la Chine. En tout, actuellement l'APEC comprend les dix-huit pays suivants : Australie, Brunei, Canada, Chili, Chine, Corée du Sud, États-Unis, Hong-kong, Indonésie, Japon, Malaisie, Mexique, Nouvelle-Zélande, Papouasie-Nouvelle-

1. Asia-Pacific Economic Cooperation (on utilise en français le sigle anglais).

Guinée, Philippines, Singapour, Taïwan et Thaïlande. C'est donc, avec l'ALENA, une association
qui comprend des pays des deux mondes et a même
réussi à inclure les «deux» Chine et qui, en raison
de la présence de la Chine, est avec ses 2,17 milliards d'habitants, en 1995, le plus peuplé des
regroupements économiques, mais regroupement
dont les liens sont très peu importants, même si
des projets de zones de libre-échange sont envisa-
gés à des échéances plus ou moins proches.

Jusqu'ici, l'activité de l'APEC a été assez limitée.
Elle fait partie de quelques autres organisations à
but économique qui réunissent des pays développés
occidentaux et certains pays non développés du
reste du monde. Citons parmi ces organisations la
Banque Asiatique de Développement (BAD) et la
Banque Interaméricaine de Développement (BID).

Un lien ou un obstacle
entre commerce et conditions sociales :
la clause sociale

Débutons avec une définition : une clause
sociale est une disposition introduite dans un tarif
douanier (ou dans un autre instrument commercial) qui prévoit des sanctions envers les importations (de produits) en provenance de pays qui
pratiquent des conditions défectueuses en matière
d'emploi. Certes, dès la décennie 1830, l'aspect
social a été présent dans les vives discussions sur
la politique commerciale anglaise ; mais il a fallu
attendre les années 1870 et le développement des
États-Unis pour qu'apparaissent réellement des
pressions en vue de ce qu'on appellera, un siècle
plus tard, une clause sociale.

À la fin des années 1870, on constate le début de pressions de milieux syndicaux américains afin d'introduire dans la législation douanière des dispositions de protection contre les importations en provenance de pays à bas salaires. Cela se concrétise dans le tarif dit « de Mac Kinley » de 1890, dans lequel, sous la pression des syndicats américains, des dispositions étaient prises afin de donner « à l'industrie américaine une protection pleine et entière contre la main-d'œuvre à bon marché de pays étrangers ». Mais, déjà en 1880, on avait introduit ce que l'on peut considérer comme étant la première clause sociale : l'interdiction d'importer des produits manufacturés par des détenus. Cet exemple fut suivi par un certain nombre de pays entre 1897 et 1913. Lors de la création, en 1919, de l'Organisation Internationale du Travail, il y eut une proposition britannique cherchant à faire de la clause sociale un des moyens privilégiés de la diffusion des normes sociales qui allaient être adoptées par l'institution. Les années 1920 virent quelques ébauches en ce sens, que les années de dépression rendirent superflues, en raison du renforcement généralisé du protectionnisme. L'idée réapparut dans les discussions sur la mise en place des accords de Bretton Woods[1], qui prévoyaient également la création d'une organisation internationale du commerce. Celle-ci ne vit pas le jour et fut remplacée, en quelque sorte, par le GATT, d'inspiration très libérale, ce qui est

1. Voir chap. XXV.

une explication partielle de l'effacement pendant environ trois décennies de la clause sociale.

COMMERCE, EMPLOIS ET CONDITIONS SOCIALES

Ce n'est pas tout à fait par hasard que l'intérêt pour la clause sociale réapparaît au milieu des années 1970, avec la ré-émergence d'un chômage structurel important. C'est là une des ambiguïtés de la clause sociale : moyen de pression en vue de la diffusion internationale de conditions sociales ? Ou moyen de protection de secteurs industriels (surtout à forte intensité de travail non qualifié) concurrencés par des pays à coût salarial plus faible (essentiellement dans le Tiers-Monde) ? Il est évident que chacune de ces motivations a été présente dans les diverses propositions.

Sur le plan international, dans la période de l'après-Seconde Guerre mondiale, la première application notable d'une clause sociale a été celle contenue dans le traité de la CECA (de 1951), qui prévoyait des sanctions contre les entreprises utilisant une baisse des salaires afin d'accroître leur compétitivité. La proposition, refusée, faite au GATT par les États-Unis, en 1979, d'une norme minimale de travail visant « certaines conditions de travail dangereuses pour la vie et la santé des travailleurs quel que soit le niveau de développement » apparaît ensuite. Enfin quelques accords internationaux sur les produits primaires ont inclus des dispositions relatives aux « justes conditions de travail ». Sur le plan national, seuls les États-Unis ont réellement introduit des clauses sociales de quelque importance : entre 1985 et 1994, quatre lois y ont été votées en ce domaine.

XXVII. L'EUROPE DE L'EST : DE LA RÉVOLUTION BOLCHEVIQUE AU RETOUR DU CAPITALISME

Si quelques experts avaient prévu l'effondrement du système communiste dans les pays de l'Est, pratiquement aucun n'avait prévu, espéré ou redouté, la précocité et l'ampleur des changements qui se sont déroulés entre novembre 1989 et juillet 1991, c'est-à-dire entre la destruction du mur de Berlin et la proposition du président Mikhaïl Sergeevitch Gorbatchev aux 412 membres du Comité central du parti communiste de l'Union soviétique d'abandonner le marxisme-léninisme et d'introduire l'économie de marché. Ainsi prenaient fin des décennies d'un régime politique et économique très spécifique, régime ayant duré plus de sept décennies pour l'URSS et plus de quatre pour les pays de l'Europe de l'Est proprement dits. Ainsi prenait fin, aux yeux de dizaines, voire de centaines de millions de personnes vivant surtout dans ces pays, un régime qu'elles considéraient comme un modèle de suppression des libertés humaines et d'inefficacité économique. Mais prenait fin aussi, aux yeux de centaines de millions de personnes à l'intérieur de ces pays ou disséminées à travers le monde, un immense espoir. Espoir de créer une société plus juste, où la pauvreté et le chômage n'existeraient plus, où les chances dans la vie seraient les mêmes pour tous, où plus personne ne serait exploité, où les classes sociales auraient disparu, etc. Cet espoir, qui remonte à la nuit des temps, a été avivé par la masse de misères qu'engendra la révolution industrielle au cours de son premier siècle. La fin de ce régime politique fut une grande victoire pour les uns, et un douloureux déboire pour les autres.

C'est l'histoire économique et sociale de cette période, une histoire économique très variée et qui concerne la vie de plus de 400 millions d'Européens (soit un peu plus de la moitié de ce continent), qui fait l'objet de ce chapitre, qui comporte cinq sections : les deux premières, et les plus importantes, sont consacrées à l'URSS, la troisième aux autres pays de l'est de l'Europe qui, après 1945, sont passés à un régime communiste. Le Conseil d'Aide Économique Mutuelle ou ce qui peut être considéré comme la CEE de l'Est, fera l'objet de la quatrième section. Enfin, nous traiterons de l'histoire économique bouleversée de la période post-communiste (de ce que l'on appelle « transition »).

DE L'EMPIRE RUSSE DES TSARS À LA FIN DE LA NEP DE L'URSS, 1913-1928

Le problème du retard et du rattrapage économique de l'URSS par rapport aux sociétés « capi-

talistes avancées» étant souvent l'élément-clé du
diagnostic (et des ambitions) des performances
économiques de l'URSS, il convient de s'interroger d'abord sur la situation de départ. Quel était
le niveau du développement économique de la
Russie des tsars avant la Révolution bolchevique
de 1917? Comme la Russie est entrée en guerre
dès l'automne 1914, c'est la situation de 1913
qui, en quelque sorte, constitue la période de
référence la plus indiquée.

La Russie des tsars à la veille
de la Première Guerre mondiale
ou le point de départ économique

Dans le chapitre V, consacré à la révolution
industrielle en Europe continentale, nous avons
vu que la Russie figurait parmi les pays ayant
commencé tardivement leur processus de développement moderne. En outre, dans le cadre des
sociétés traditionnelles, la Russie faisait plutôt
partie des pays «pauvres», «peu avancés», que
des pays «riches», «avancés». De ce fait, et malgré un processus d'industrialisation assez rapide
commencé autour de 1880, ce pays accusait vers
1913 un retard important de son développement
économique, non seulement par rapport aux
régions les plus développées, mais également par
rapport à celles qui l'étaient moins. En termes de
développement et du rythme de croissance moyen
de la seconde moitié du XIXᵉ siècle, la Russie
accusait un retard de l'ordre de 120 à 130 ans sur
les États-Unis, de 50 à 60 ans sur la France ou
l'Allemagne. En effet, le niveau du PNB réel par

habitant de la Russie se situait, en 1913, à moins d'un tiers de celui des États-Unis, et à peu près à la moitié de celui de la France et de l'Allemagne. La Russie de 1913 avait probablement un niveau global de développement économique inférieur à celui de l'Espagne et de l'Italie.

En termes de niveau d'industrialisation, le retard est pratiquement du même ordre. Certes, en termes globaux, étant donné l'ampleur de la population, la Russie en 1913 était la quatrième puissance industrielle du monde, après les États-Unis, le Royaume-Uni et l'Allemagne. Mais, avec ses 161 millions d'habitants, la Russie était deux fois et demie plus peuplée que l'Allemagne (67 millions), de sorte que son niveau d'industrialisation par habitant ne se situait même pas au quart de celui de l'Allemagne. Sous cet aspect, elle occupait le 15ᵉ-18ᵉ rang dans le monde après des pays peu industrialisés, tels que l'Espagne et l'Italie, mais devant des pays des Balkans, tels que la Roumanie ou la Serbie.

UN EXCÉDENT CÉRÉALIER IMPORTANT

Depuis pratiquement des siècles, grâce aux vastes plaines à blé de la Pologne et de l'Ukraine, la Russie était une importante exportatrice nette de céréales. Ce rôle s'était encore accru au XIXᵉ siècle quand les pays avancés de ce continent ont ouvert plus largement leurs frontières aux produits agricoles[1]. Dans les années précédant la Première Guerre mondiale, les exportations nettes de céréales de la Russie correspondaient à

1. Voir chap. XIII, tome II.

un cinquième de la consommation intérieure de ces produits. Certes, si la consommation alimentaire de la masse russe n'était pas aussi riche et variée que celle des pays avancés d'Europe, il convient néanmoins de noter que celle-ci était relativement abondante, puisque les céréales (partie non exportée), à elles seules, représentaient près de 400 kg/hab., soit de quoi fournir, même en laissant 15 pour 100 de la récolte de côté pour les semences, près de 3 000 calories par jour (ou pratiquement la totalité des besoins caloriques). Dans les autres pays développés, la consommation céréalière était sensiblement plus faible qu'en Russie ; en revanche, il est probable que la consommation des autres produits alimentaires était plus élevée. D'autre part, les conditions climatiques de la Russie impliquent la nécessité d'une consommation plus élevée en calories que la moyenne européenne.

UNE SOCIÉTÉ ARRIÉRÉE MAIS EN MOUVEMENT

Dans le domaine social, relevons qu'en 1913 probablement près de la moitié de la population avait un ou deux parents, ou un ou plusieurs grands-parents qui avaient été serfs durant une partie de leur vie. Le taux d'analphabétisme de la population âgée de plus de 15 ans était de l'ordre de 70 pour 100, alors qu'en Espagne on était déjà proche des 50 pour 100, et en Italie au-dessous des 40 pour 100, sans parler des 1 à 3 pour 100 dans les pays tels que l'Allemagne, la Suisse et les pays scandinaves. Notons toutefois, et ceci est important, que dans l'enseignement universitaire, le retard était moins grand. Il est vrai que c'est là un domaine où, avant la Première Guerre mondiale, les différenciations n'étaient pas très accusées. Cependant, il est significatif de signaler qu'à la veille de la Première Guerre mondiale, il y avait plus de 40 000 étudiants dans les universités russes, c'est-à-dire au moins dix fois plus qu'au milieu du XIXe siècle, alors qu'en Europe il ne s'agissait que de quatre fois plus.

Passons à d'autres aspects sociaux négatifs, et commençons par la mortalité infantile. Celle-ci était alors de l'ordre de 250 pour 1 000, soit deux fois plus élevée qu'en Europe occidentale. Les conditions de vie des paysans, qui formaient 80 pour 100 de la population, étaient misérables. Selon les estimations, 40 pour 100 de ceux-ci ne possédaient pas d'animaux de trait. Il y eut d'ailleurs, dans les dernières décennies, un recul de l'importance du cheptel ; ce qui est un indice très clair d'une dégradation de la situation. Entre 1890 et 1913, en termes d'unités par habitant, ce recul a été de 4 pour 100 pour les porcs, 12 pour 100 pour les bovins et 36 pour 100 pour les ovins.

UN DÉBUT D'INFLATION DÉMOGRAPHIQUE

Enfin, et c'est là une donnée très importante, on peut considérer que la Russie à partir de 1890-1900 était entrée dans un processus d'inflation démographique ayant des analogies avec celui des pays du Tiers-Monde de la seconde moitié du XXe siècle. De 1900 à 1913, le taux annuel de croissance de la population a atteint 1,7 pour 100. Sans le mouvement massif d'émigration, ce taux aurait même légèrement dépassé 2 pour 100. Mais même 1,7 pour 100 constitue le taux le plus

élevé jamais réalisé par un futur grand pays développé, si l'on excepte les pays d'immigration massive, pour lesquels la problématique est très
différente. Il apparaît comme probable que ce
rythme élevé de croissance démographique a
entraîné des conséquences négatives sur le processus de développement. On a, en effet, assisté à
un certain ralentissement de la croissance industrielle par habitant, sans parler d'une certaine
paupérisation rurale[1].

En tenant compte des réformes mises en place
à partir de 1987, qui, en définitive, se sont traduites par l'abandon progressif du communisme,
l'histoire économique de l'URSS se partage en six
phases assez distinctes : 1) 1917-1921 : le communisme de guerre ; 2) 1921-1929 : la NEP (ou
nouvelle politique économique) ; 3) 1929-1958 :
la planification et la collectivisation intégrales ;
4) 1958-1964 : les premières réformes économiques ; 5) 1964-1987 : le retour à une certaine
orthodoxie ; 6) 1987-1991 : de la *glasnost* à l'abandon du communisme.

1917-1921 : le communisme de guerre

Dès la prise de pouvoir des Soviets, en novembre
1917, des mesures d'ordre économique sont
prises. Mesures très radicales et ce dans pratiquement tous les secteurs d'activité économique.
Commençons par l'agriculture qui, vu le démar-

1. Pour d'autres caractéristiques de la Russie d'avant la
Première Guerre mondiale — et notamment l'importance des
investissements étrangers — voir le chapitre XIII du tome II.

rage tardif de l'économie, était encore un secteur très important. Si le servage avait été supprimé en 1861, les grandes exploitations agricoles dominaient et les paysans ne possédaient que 40 pour 100 des terres. Une réforme agraire radicale fut introduite, sans aucune compensation pour les propriétaires. Mais la propriété des terres ne fut pas accordée à ceux qui la travaillaient : elle appartenait à l'État soviétique ; il en était de même du bétail. En outre, l'État prélevait une fraction importante des récoltes afin de nourrir les villes. Cette réforme fut un échec total. Les prélèvements obligatoires soulevèrent l'opposition des paysans ; ce qui en retour entraîna des répressions de la part des autorités. De surcroît, n'étant pas propriétaires de leurs exploitations, les paysans négligèrent celles-ci, ce qui réduisit la superficie des cultures. D'autre part, cette évolution était encouragée du fait que, avant la Révolution, la grande masse des paysans vivait en autarcie ; plus de 70 pour 100 des céréales destinées au marché venaient de gros propriétaires. La réduction des superficies cultivées entraîna une première famine en 1918. En outre, en 1920, bien que l'on ne puisse parler de famine véritable, la disette était grande malgré la suppression quasi totale des exportations de céréales. La seconde famine, encore plus grave, se place en 1921 au cours des réformes de la NEP ; nous y reviendrons donc plus loin.

Dans l'industrie, la direction des entreprises fut transférée aux ouvriers. Comme une fraction significative des cadres, souvent les propriétaires, des entreprises avait fui et que ceux demeurés sur place étaient en partie discrédités, on se trouva placé devant une pénurie de cadres. Il faut bien prendre conscience que si la réflexion des intellectuels de «gauche» était très avancée sur les conséquences négatives du capitalisme, en revanche pratiquement rien n'existait sur les modalités pratiques du système alternatif qui devait être mis en place. Ce manque de cadres entraîna la création d'un «conseil de l'économie nationale» pour la coordination de ce secteur. Ce conseil, appelé *vesenkha* (d'après les initiales du nom en russe), joua plus tard un rôle-clé dans la planification. Ce fut, là aussi, malgré ce conseil, un grave échec, plus marqué encore que celui de l'agriculture. La démobilisation entraîna également des problèmes accrus de chômage.

Parmi les premières nationalisations figure, ainsi qu'il fallait s'y attendre, le système bancaire. Dès le 20 novembre 1917, la Banque d'État fut occupée par un détachement armé, les employés ayant refusé d'émettre de la monnaie pour ceux qu'ils considéraient comme des usurpateurs. Le 27 décembre, toutes les banques privées furent nationalisées, y compris donc la Banque Nationale. En février 1918, tous les actionnaires étaient expropriés, et surtout toutes les dettes extérieures répudiées. Le commerce et la distribution en général furent progressivement nationalisés et rencontrèrent, en particulier la distribution, un problème voisin de celui de l'industrie. Bref, un échec économique assez important, que vint encore aggraver la démobilisation de l'armée. Selon les estimations les plus sérieuses, en 1920 le niveau de la production agricole était tombé à la moitié de celui de l'avant-guerre ; et pour l'industrie, il s'agit d'un sixième ou d'un huitième.

Toutefois, tout cela doit être replacé dans le contexte de la véritable guerre civile qui a marqué cette période, d'où, d'ailleurs, le nom donné par les historiens à cette phase de l'histoire économique de l'URSS. Cette guerre civile fut avivée par l'intervention militaire des Occidentaux, notamment des Français, des Anglais et des Américains. Ces interventions débutèrent en juin 1918 et s'achevèrent en octobre 1919. Il y eut également une intervention des Japonais qui débuta en décembre 1917, et qui ne prit fin réellement qu'en octobre 1922. Signalons encore la guerre avec la Pologne, redevenue indépendante, guerre qui se place entre avril et octobre 1920. Et enfin, pour l'ensemble de ces années, un blocus de la part des Occidentaux.

1921-1928 : la NEP

Même si au début de 1921 le pouvoir soviétique avait pratiquement le contrôle du pays, la situation était devenue catastrophique, non seulement comme nous l'avons vu sur le plan économique, mais aussi sur le plan social. Le mécontentement populaire s'exprima par des révoltes paysannes, et aussi ouvrières. On considère généralement que plus que la situation alimentaire, ce sont les révoltes des ouvriers de Petrograd[1] qui cristallisèrent la décision de Lénine, lors du Xᵉ Congrès du parti communiste de mars 1921, de modifier radicalement la politique économique.

---

1. L'ancienne Saint-Pétersbourg et la future Leningrad, redevenue en 1991 Saint-Pétersbourg.

En outre, il convient de signaler que Saint-Péters-bourg a été la capitale de la Russie entre 1712 et 1918.

Les initiales NEP sont à la fois celles de l'appellation russe (**N**ovaïa **E**konomitcheskaïa **P**olitika) et de l'appellation anglaise (**N**ew **E**conomic **P**olicy) ; sigle adopté dans pratiquement toutes les langues. On peut définir la NEP comme le rétablissement provisoire d'un secteur capitaliste à côté du secteur socialiste dont on cherche à améliorer le fonctionnement. Le caractère «provisoire» est une composante importante, l'objectif étant l'établissement, à plus ou moins long terme, d'une société à économie communiste.

UN BREF INVENTAIRE DES MESURES

Dans l'agriculture, la première mesure en mars 1921 fut la suppression des réquisitions que l'on remplaça par un système de taxation. Dans une première phase, il s'agissait d'une taxe fixe (non proportionnelle à la production) perçue en nature, mais à des niveaux bien inférieurs (environ la moitié) aux prélèvements antérieurs. Les surplus de la production agricole étaient laissés aux paysans qui pouvaient les commercialiser librement. À partir de 1924, cette taxe en nature fut remplacée par une taxe en monnaie. L'objectif était d'accroître les superficies cultivées et de les ramener aux niveaux antérieurs. Mais la mesure la plus importante fut le retour à la propriété juridique des terres, y compris le droit de succession de celles-ci, prise également en mars 1921, ce qui a évidemment impliqué que tout paysan devenait propriétaire de la terre qu'il travaillait.

Dans l'industrie, un décret de mai 1921 dénationalisa les entreprises de moins de 20 ouvriers. Ces entreprises étaient autorisées à vendre librement leurs productions; mais elles n'occupaient que 12 pour 100 de la population active de ce secteur. En juillet de la même année, la liberté d'entreprise était décrétée. On fit également appel à des techniciens étrangers (surtout pour les grandes entreprises). Fait très symbolique: Ford construisit une usine de voitures à Gorki et une usine de tracteurs à Tsaritsyn (devenue Volgograd). On fit également appel à des capitaux étrangers, mais ceux-ci n'affluèrent guère, ce d'autant moins que les dettes, importantes, de l'ancien régime n'étaient pas reconnues par le nouveau gouvernement. Les quelque 70 entreprises «étrangères» ne représentaient, en 1928, que 0,6 pour 100 de la production industrielle. Le secteur industriel nationalisé fut totalement réorganisé dans le sens d'une libéralisation, avec l'introduction du critère de profit. On regroupa cependant des entreprises en ce qui fut appelé des «trusts», afin de mieux coordonner la production.

Toutes ces réformes impliquaient évidemment la réintroduction du système de l'économie de marché, et donc, *ipso facto*, la dénationalisation du commerce intérieur. La même règle de taille que pour l'industrie fut appliquée; mais, dans ce cas, les entreprises de moins de 20 employés représentaient 90 pour 100 de l'emploi total de ce secteur. Tout cela impliqua aussi la nécessité d'une réforme monétaire, d'autant plus que l'inflation avait pris d'énormes proportions et que le système monétaire avait pratiquement disparu. Dans les transactions, surtout en milieu rural, le rouble

fut remplacé par divers étalons : rouble-grain ;
rouble-sel. Une nouvelle monnaie (papier) fut
introduite en octobre 1921 : le *tchervonets* équi-
valant à 10 roubles-or (mais sans la liberté du
commerce de l'or). Ce papier-monnaie perdit
rapidement sa valeur. Entre janvier 1921 et janvier 1923, la circulation monétaire passa de
1 170 milliards à 1 994 000 milliards. En février
1924, il fut procédé à un échange sur la base de
15 000 nouveaux roubles contre 1 *tchervonets*.

Le commerce international resta cependant
dans les prérogatives du gouvernement, qui chercha à relancer ces échanges descendus à un
niveau extrêmement bas : les importations représentaient en 1921 environ 15 pour 100 du volume
de 1912 ; et les exportations environ 1 pour 100.
Des accords furent signés avec de nombreux pays,
le premier de ceux-ci avec le Royaume-Uni en
1922.

LE BILAN DE LA NEP

Globalement, la NEP fut une réussite indiscutable, dans le sens où elle a permis, en 5 à 6 ans,
un retour à la normale. Dans l'industrie, le volume
de la production doubla entre 1921 et 1923, et le
niveau de 1913 fut atteint ou légèrement dépassé
en 1928. La production manufacturière par habitant retrouva, en 1928, le niveau de 1913. Ce qui
contrastait avec une progression de l'ordre de 16
à 18 pour 100 pour l'Europe, et d'environ 45 pour
100 pour les États-Unis. Toutefois, comme au
cours de cette période, contrairement à celle qui
va suivre, la priorité n'avait pas été systématiquement accordée à l'industrie lourde, cela signifie

que la consommation par habitant de produits
manufacturés n'avait pas diminué. Dans certains
domaines, qui avaient la priorité (tels que l'électricité), la production de 1928 était 4,5 fois plus
élevée qu'en 1913. L'électrification était, en
quelque sorte, le «dada» de Lénine, dont on cite
souvent la devise : «le communisme c'est l'électricité plus les Soviets». Cependant, même replacé
dans le contexte international, cette réussite est
toute relative, puisque la production mondiale
d'électricité a été multipliée par près de 5 entre
1913 et 1928 (mais celle des États-Unis par 3,3) et
que la consommation par habitant de l'URSS en
1928 (3,4 kWh) était trois fois inférieure à celle de
l'Espagne par exemple.

Dans l'agriculture, il convient d'abord de parler
de la famine de 1921, qui se place donc tout au
début de la NEP, mais qui est sans rapport avec
celle-ci. Cette famine, une des plus graves de l'histoire de la Russie, a résulté de la conjonction de la
réduction des superficies cultivées et d'une grave
sécheresse. Selon des estimations, le nombre de
morts se serait élevé à 5 millions, les conditions
étant encore aggravées par la désorganisation du
système des transports. Les villes, surtout les
grandes, furent en partie désertées. Moscou, qui
comptait 2,0 millions d'habitants en 1918, n'en
avait plus que 1,2 million en 1921 ; et, surtout,
Petrograd passa de 2,2 à 0,7 million d'habitants.
Une fois ce véritable drame passé, la situation alimentaire se normalisa assez rapidement, sans
toutefois retrouver avant 1925-1926 le niveau de
production des années précédant la Première
Guerre mondiale. Il faut cependant insister ici sur
un problème qui va handicaper la situation ali-

mentaire de l'URSS jusqu'à nos jours : l'organisation inadéquate des systèmes de stockage et de transport des produits agricoles qui conduit à des taux de pertes très supérieurs à ce qui est considéré comme «normal». Mais, d'autre part, comme les exportations de céréales, bien qu'ayant repris, étaient loin d'atteindre le niveau d'avant la Révolution, la situation alimentaire à la fin de la NEP était satisfaisante, notamment dans les villes. Enfin, le commerce extérieur fit de rapides progrès. Entre 1921 et 1928, la valeur en dollars des importations fut multipliée par 4, et celle des exportations par 39. Toutefois, les niveaux de 1928 ne représentent qu'un peu plus de la moitié de ceux de 1913.

Sur le plan social, l'appréciation est plus difficile. En termes réels, les salaires à la fin de la NEP n'étaient pas beaucoup plus élevés qu'en 1913. À la suite des lois sociales de 1922, la durée du travail a été limitée à huit heures, avec une durée encore plus faible pour certains travaux pénibles. À quoi s'ajoutèrent des assurances-maladie et d'autres bénéfices sociaux. Conséquence négative du libéralisme : la réapparition du chômage qui frappait surtout les jeunes. Le chômage atteignit un sommet de 1,6 million de personnes en 1929, ce qui devait représenter probablement plus de 10 pour 100 de l'emploi dans l'industrie. Cependant, ces chômeurs avaient droit à des indemnités et, entre autres, l'URSS fut, en 1922, apparemment le premier pays du monde à introduire des congés payés (de deux semaines). Bref, un ensemble de législations sociales qui faisaient de l'URSS du début des années 1920 le pays le plus avancé du monde en ce domaine. Certes alors, et surtout par la suite, certaines des dispositions ne furent pas appliquées (ou incomplètement); ce fut d'ailleurs davantage le cas des dispositions de la Constitution ayant trait aux droits de l'homme.

L'URSS: DE LA PLANIFICATION À L'ABANDON DU COMMUNISME, 1928-1991

Lénine mourut le 21 juin 1924. Après une période de luttes d'influence, Staline évinça, en décembre 1927, Trotski et accapara le pouvoir à partir de 1929. Staline est un pseudonyme signifiant «l'homme d'acier», son vrai nom étant Djougachvili; déjà dans sa jeunesse il se faisait surnommer «Koba», nom d'un bandit et rebelle légendaire des montagnes. L'une des armes utilisées par Staline contre Trotski[1] était l'opposition de ce dernier à certains aspects de la NEP. De ce fait, on assiste à une situation assez paradoxale. Bien que Staline fût le fossoyeur de la NEP qu'en termes pratiques, il supprima dès 1929, en 1931 le dixième anniversaire de la NEP fut officiellement fêté. En fait, dès décembre 1927, avec le XVᵉ Congrès des partis communistes, un coup de barre fut donné. Les deux aspects majeurs du changement seront l'élimination du secteur agricole privé et la planification. Et, ainsi que le note Alec Nove[2], l'apogée de la NEP s'étant situé en 1925, le secteur privé cessa de croître dès 1926.

1. Pseudonyme de Bronstein.
2. 1969.

1928-1958 : la fin de la NEP
et la planification « intégrale »

À l'instar des mesures libérales durant la NEP,
c'est aussi dans l'agriculture que les premières
mesures en sens inverse seront prises et que le
changement sera le plus radical. Déjà, en décembre
1927, dans son discours au XVe Congrès du Parti,
Staline soulignait la nécessité de collectiviser les
terres non par coercition, mais « par pression et
par l'exemple ». Au début de 1928, on met en
place un système de réquisition des céréales, mais
cela était considéré comme étant une mesure
temporaire d'urgence, la récolte de 1927 ayant
été mauvaise, comme d'ailleurs dans le reste de
l'Europe. Apparemment, c'est au milieu de 1929,
que la décision fut prise de collectiviser rapidement l'agriculture et d'éliminer les *koulaks* (grands
propriétaires), que l'on déporta vers d'autres
régions, ainsi que vers des camps de concentration. La collectivisation des terres se fait essentiellement à travers la création de *kolkhozes*, qui sont
des exploitations collectives — les moyens de production appartenant à la collectivité — dont la
terre appartient à l'État, mais avec de petits
lopins de terre laissés aux paysans. Dès 1930, une
grande fraction des terres est déjà collectivisée
(34 pour 100), et en 1933 il s'agissait de 83 pour
100. En 1936, la disparition totale de la propriété
privée des terres sera réalisée.

Dans un premier temps, cette collectivisation
s'est traduite par un recul de la production par
habitant et, aussi, par de très nombreuses victimes directes et indirectes (que l'on compte par

millions). Notons que, bien que le fondement de la politique économique ait prévu que toutes les ressources retirées de l'agriculture seraient à la base de l'industrialisation de l'URSS, des moyens importants furent cependant redistribués et mis à la disposition de l'agriculture. C'est ainsi que, dès 1936, l'URSS disposait de 450 000 tracteurs, soit les deux tiers de ceux utilisés dans l'ensemble de l'Europe. La consommation d'engrais (essentiellement produits localement), qui, en 1913, représentait 3 pour 100 de celle de l'Europe, passa à 11 pour 100 en 1938. Les machines agricoles n'étaient pas réparties entre les divers kolkhozes mais, pour des raisons d'utilisation optimale, elles étaient regroupées dans des stations. Les dirigeants de ces stations de machines ont souvent abusé de leur monopole, devenant parfois de véritables «dictateurs» des kolkhozes.

La renationalisation de l'industrie fut chose plus aisée, puisque la plus grande partie de l'industrie était restée propriété de l'État. En revanche, la gestion de l'ensemble du secteur industriel a présenté, sur le plan théorique, plus de problèmes que l'agriculture, nécessitant une planification qui tienne compte notamment des multiples relations entre les divers secteurs. Mais si la mise au point de la technique de planification dans l'industrie est plus difficile que dans l'agriculture, en termes d'application pratique la planification du secteur agricole se heurte à des difficultés plus grandes, en raison même de la nature de ce secteur; plus difficile aussi, la renationalisation du commerce de détail. Toutefois, dès 1932, celle-ci était achevée, conduisant à l'interdiction de tout commerce privé, à l'excep-

tion de celui des lopins de terre laissés aux
paysans.

Enfin, on peut considérer que la fin de la NEP
fut aussi celle du véritable syndicalisme et la mise
en place d'un syndicalisme stalinien. Dans le cadre
de la planification, une ordonnance de septembre
1929 rétablit l'autorité du chef d'entreprise et,
progressivement, les militants syndicaux d'avant
la Révolution ont été éliminés du conseil central
des syndicats. Et si, théoriquement, l'ouvrier était
libre d'adhérer ou non à ces «nouveaux» syndicats, en termes pratiques la non-adhésion impliquait pour lui de très graves inconvénients.

LES PREMIERS PLANS

La mise en place du système de planification a
été progressif. N'oublions pas que c'est là un
domaine dans lequel il n'y avait pas de réel précédent historique, ni même une réflexion théorique
(si l'on néglige les utopies, et notamment la «planification» de l'industrie préconisée par Saint-
Simon). Le premier plan quinquennal porta sur la
période 1928-1932. Et, à partir de ce moment-là,
on peut partager l'histoire économique de l'URSS
en périodes quinquennales se rapportant aux plans
successifs. Le deuxième plan porta donc sur la
période 1933-1937. Le troisième (1938-1942) fut
interrompu par la guerre ; en effet, l'invasion allemande débuta en juin 1941, malgré le pacte ger-
mano-soviétique conclu en août 1939. Le quatrième
plan concerna la période 1946-1950, c'est-à-dire
celle de la reconstruction d'après-guerre, guerre
au cours de laquelle l'URSS a subi d'énormes
dégâts. Et le cinquième (1951-1955) se place dans

la période troublée de la guerre de Corée et du
paroxysme du système stalinien. En raison du
culte du secret, celui-ci ne fut jamais publié.
Quant au sixième plan (1956-1960) il ne fut pas
achevé ; car à partir de 1958 il fut remplacé, dans
le cadre des réformes de Nikita Khrouchtchev,
par un plan de sept ans : 1959-1965 (septième
plan). Avec le huitième plan, on retourne à une
période quinquennale (1966-1970). Par conséquent, le douzième plan aurait dû s'achever à la
fin de 1991 et le treizième commencer en 1992...
Mais l'histoire en avait décidé tout autrement : le
douzième plan aura été le dernier.

Comme nous l'avons laissé entendre, nous
allons traiter la période de l'ensemble de la planification, qui, en fait, s'est poursuivie jusqu'en
1987, en trois phases : 1) la planification intégrale
(1929-1958) ; 2) les réformes (1958-1964) ; 3) le
retour à une certaine orthodoxie (1964-1987).
Nous ne dresserons pas le bilan de chacun des six
plans de la période précédant les réformes de
Khrouchtchev, mais nous procéderons à une
appréciation globale de ces trois décennies : de
1928 à 1958. Trois décennies ponctuées par la
Seconde Guerre mondiale qui, soulignons-le une
fois encore, a touché très sévèrement l'URSS,
plus sévèrement que la moyenne des pays occidentaux.

*1928-1958 : le bilan
de la planification intégrale*

Un des principaux buts explicites de la planification étant l'industrialisation, nous commence-

rons par le bilan de ce secteur. De plus, comme
un autre but explicite des Soviets était le rattrapage des pays capitalistes avancés, nous axerons
l'analyse également sur cet aspect. D'ailleurs,
l'échec et la réussite ont presque toujours une
composante relative importante. En effet, les
pays les moins industrialisés d'aujourd'hui le
sont considérablement plus que ne l'étaient les
plus industrialisés des sociétés traditionnelles.

UNE FORTE POUSSÉE DE L'INDUSTRIE

Globalement, dans le domaine industriel, la
réussite a été indubitable. En se fondant sur les
estimations occidentales, on aboutit à la conclusion que, comparée par exemple avec les États-
Unis, l'URSS a rattrapé une partie importante de
son retard en matière d'industrialisation. Ainsi,
en 1928, le niveau d'industrialisation par habitant de l'URSS devait représenter 10 à 12 pour
100 de celui des États-Unis; vers 1958, il s'agissait de 26 à 28 pour 100, et ce malgré le fait que
les États-Unis ont largement profité de la guerre.
Première réserve à ce bilan positif : par rapport à
1913, le rattrapage est moins important, puisque,
à cette date, le niveau de la Russie représentait
15 à 17 pour 100 de celui des États-Unis. Dans le
tableau XXVII.1, on peut trouver l'évolution des
niveaux d'industrialisation des principaux pays
et régions de 1913 à 1995. Mais la réserve la plus
importante concerne la différence entre industries lourdes et industries de biens de consommation.

Pour les industries lourdes, la réussite est très
marquée. Prenons un exemple simpliste, mais

très symbolique. La production d'acier par habitant de la Russie, qui, en 1913, représentait 16 pour 100 de celle des États-Unis et qui était descendue à 7 pour 100 en 1928, atteignait 44 pour 100 en 1958. Autre exemple à contenu symbolique : l'électricité. En 1913, la production d'électricité par habitant de la Russie représentait 10 pour 100 de celle des États-Unis ; en 1928 il s'agissait de 12 pour 100 et de 27 pour 100 en 1958. La réussite des biens de consommation a été beaucoup plus modeste. Déjà la différence de l'importance relative de l'acier et de l'électricité est significative. Beaucoup moins significatif, mais tout aussi symbolique, est le fait qu'en 1958, l'URSS ne produisait par habitant que 2 pour 100 du nombre de voitures que produisaient les États-Unis. Et encore 1958 est une année de crise aux États-Unis où la production a baissé de 30 pour 100 par rapport à 1957. Le fait suivant est plus significatif, pour ce qui concerne les autres biens de consommation : la consommation de textiles était non seulement plus restreinte qu'en Occident, mais aussi moins variée. De surcroît, on était en présence d'une absence presque totale de vêtements confectionnés. La différence était encore plus grande en ce qui concerne les appareils électroménagers. Et si pour les récepteurs de radio la situation était assez voisine de celle de l'Occident, il en était autrement pour la télévision. L'URSS disposait, en 1960, de 22 appareils de télévision par 1 000 habitants ; à comparer par exemple aux 310 pour les États-Unis, 41 pour la France et 211 pour le Royaume-Uni. Enfin, dans ce domaine primordial qu'est le logement, la succession des six plans quinquennaux n'avait pas

TABLEAU XXVII.1
NIVEAU DE L'INDUSTRIALISATION
(production manufacturière par habitant sur base Royaume-Uni de 1900 = 100)

	1913	1928	1938	1953	1963	1973	1980	1995
EUROPE	**45**	**52**	**63**	**90**	**152**	**241**	**268**	**270**
Allemagne	85	101	128	144	244	366	396	600
Autriche	32	56	64	90	148	266	325	520
Belgique	88	116	89	117	183	291	309	460
Bulgarie	10	11	19	32	54	102	139	130
Danemark	33	59	76	150	212	345	356	540
Espagne	22	28	23	31	56	144	159	240
Finlande	21	43	59	53	151	299	371	580
France	59	82	73	95	167	259	273	360
Grèce	10	19	24	17	36	93	114	120
Hongrie	–	30	34	92	172	274	333	280
Irlande	–	23	40	47	72	170	147	510
Italie	26	39	44	61	121	194	250	380
Norvège	30	48	76	129	171	252	246	340
Pays-Bas	27	61	61	96	145	231	245	360
Pologne	–	22	23	49	88	160	196	230
Portugal	14	18	19	26	45	105	130	190
Roumanie	13	11	11	36	81	169	218	150
Royaume-Uni	115	122	157	210	253	341	357	440

	1913	1928	1938	1953	1963	1973	1980	1995
Suède	67	84	135	163	262	405	419	580
Suisse	86	90	88	167	259	366	376	650
Tchécoslovaquie	–	66	60	117	193	292	344	290
URSS	20	20	38	73	139	222	252	120
Yougoslavie	12	15	18	28	69	137	147	100
AUTRES PAYS DÉVELOPPÉS								
Afrique du Sud	6	14	22	46	55	76	79	60
Australie	19	58	86	146	201	267	249	360
Canada	46	82	84	185	237	370	431	450
États-Unis	126	182	167	354	393	604	651	840
Japon	20	29	51	40	113	310	345	560
Nouvelle-Zélande	15	37	77	117	158	241	248	290
Pays développés occidentaux	**73**	**96**	**105**	**167**	**222**	**362**	**391**	**530**
Pays de l'Est	**25**	**27**	**39**	**71**	**129**	**196**	**268**	**130**
Ensemble pays développés	**55**	**71**	**81**	**135**	**194**	**315**	**348**	**410**
Tiers-Monde	**2**	**3**	**4**	**5**	**8**	**14**	**19**	**30**
Monde	**21**	**28**	**31**	**48**	**66**	**100**	**103**	**117**

Sources : Bairoch, P. (1982) ; avec ajustement pour 1980 et calculs complémentaires pour 1995 sur la base de l'évolution de la production manufacturière et des données de l'UNIDO (1995).

réussi à combler l'écart important qui existait entre l'URSS et l'Occident. Par contre[1], une baisse de la production et, surtout, le chômage (qui en est le corollaire) étaient des phénomènes inconnus en Union soviétique. Mais cela ne signifiait pas du tout l'absence d'un chômage déguisé sous forme d'emplois à très faible productivité, tant en milieu rural qu'urbain.

MAIS DES GASPILLAGES

Pour l'ensemble de l'industrie se pose encore l'épineux problème de l'efficacité. Il apparaît que l'industrialisation s'est réalisée à travers un gaspillage de ressources plus grave qu'en Occident, occasionnant, paradoxalement pour une économie non motivée par le profit, plus de pollution qu'en Occident. En revanche, cette industrialisation s'est faite sans chômage et, ce qui est peut-être encore plus important, sans crainte de celui-ci, même s'il existait un sous-emploi. Nous y reviendrons. De même, le niveau technologique de certains secteurs industriels était très élevé ; n'oublions pas que le premier satellite artificiel, le « fameux » Spoutnik lancé en octobre 1957, était soviétique, et que le premier homme dans l'espace, Youri Gagarine, était également soviétique. Il est vrai aussi qu'intervient ici la dichotomie entre technologies à usage militaire (potentiel ou direct) et autres usages, la priorité aux aspects militaires étant plus forte en URSS qu'en Occident. Encore aux début des années 1980, la défense

1. Nous y reviendrons quand nous traiterons des aspects qualitatifs.

absorbait quelque 12 à 17 pour 100 du PNB en
URSS, contre 6 pour 100 aux États-Unis et environ 2 à 5 pour 100 dans les divers pays du reste de
l'Occident. En outre, il faut encore faire intervenir des éléments qualitatifs. La défense en URSS
accaparait le personnel le plus qualifié, les industries de guerre étant, dans l'ensemble, beaucoup
plus efficaces que celles du secteur privé.

L'AGRICULTURE : PROGRESSION DES CÉRÉALES,
MAIS BILAN PLUS MITIGÉ POUR LE RESTE

Pour l'agriculture, le diagnostic ressemble un
peu à celui de l'industrie. En effet, en ce qui
concerne les céréales, le bilan est plutôt positif.
Entre 1926-1930 et 1958-1962 la production a
progressé de près de 70 pour 100, alors que la
population n'a augmenté que de 40 pour 100.
Donc une progression de la production par habitant de l'ordre de 20 pour 100. Toutefois, il
convient de garder en mémoire que le niveau de
la production par habitant de 1926-1930 était à
peu près du même ordre que celui d'avant la Première Guerre mondiale. Mais comme les exportations nettes étaient pour 1958-1962 plus faibles
qu'avant la guerre, cela implique une augmentation de la consommation par habitant d'environ
25 pour 100. D'ailleurs, le pain était très bon
marché, ce qui conduit toujours à des effets pervers, dont le gaspillage. En revanche, pour les
autres produits agricoles, et surtout pour les produits élaborés, tels que la viande et les produits
laitiers, et les fruits et légumes, la progression a
été beaucoup plus modérée. Il est probable que si
la consommation de viande par habitant était

peut-être supérieure vers 1958 à celle de 1928, elle n'était cependant pas sensiblement supérieure à celle de 1913. Selon les chiffres officiels, la consommation de viande aurait été vers 1958 de l'ordre de 90 g par jour et par habitant. Si l'on postule une surestimation de seulement 25 pour 100, cela amène cette consommation à un niveau pas très éloigné de celui de la Russie des tsars. Notons que, vers 1958, la consommation de viande par habitant des pays d'Europe occidentale était de l'ordre de 180 g (aux États-Unis : 250 g).

UNE CROISSANCE ÉCONOMIQUE RAPIDE

Venons-en au bilan global et donc à l'évolution du PNB par habitant qui reste la mesure la moins contestable de l'évolution globale. Dans le cas des pays de l'Est, outre les problèmes des comparabilités internationales classiques, il faut tenir compte ici de deux problèmes extrêmement gênants. Le premier tient aux concepts utilisés en URSS pour la comptabilité économique, qui ne tiennent pas compte de la plupart des activités liées au tertiaire. Plus grave : le problème de la fiabilité des chiffres officiels et donc du taux de surestimation.

Sur la base des chiffres officiels, l'équivalent du volume du PNB par habitant aurait progressé de 10 pour 100 par an entre 1928 et 1958. Ce qui est pratiquement impossible. D'ailleurs, un simple calcul par l'absurde permet de mettre en évidence l'irréalisme des chiffres officiels. Si l'on admet ce taux de croissance, cela signifie que le niveau de 1928 se situait à moins d'un dix-septième de celui de 1958. Or, même en postulant que le revenu par habitant soviétique de 1958 était la moitié de celui du Français de 1958, cela signifierait pour 1928 un PNB par habitant (en prix et dollars des États-Unis de 1960) de l'ordre des 90 $, ce qui est à peu près la moitié du niveau de l'Europe d'avant la révolution industrielle, et à peu près le quart du niveau de la Russie de 1913.

Les experts occidentaux situent la croissance du PNB par habitant de l'URSS entre 1928 et 1958 à environ 4 à 5 pour 100 par an, ce qui constitue un rythme environ deux fois plus élevé que celui de l'Occident durant la même période. Si l'on inclut les années 1913-1928, et donc si l'on prend l'ensemble de la période 1913-1958, l'écart avec la performance occidentale devient plus marginal : respectivement 2,3 pour 100 par an pour l'URSS et 1,8 pour 100 pour l'Occident. Or, il apparaît comme probable que même les experts occidentaux ont quelque peu surestimé la croissance de l'URSS ; toutefois, d'un autre côté, il n'est pas entièrement justifié d'inclure la période 1913-1928 pour l'appréciation du bilan car l'impact de la Seconde Guerre mondiale a été plus négatif pour l'URSS. Donc, globalement, pour la période 1928-1958, on peut considérer que la planification a permis à l'URSS de combler une partie de son retard et de se doter plus rapidement que l'Occident d'une base industrielle. La comparaison la plus significative est celle avec l'Espagne et l'Italie. Comme on a pu le voir dans le tableau XXVII.1, vers 1928, l'URSS avait un niveau d'industrialisation inférieur de près de la moitié de celui de l'Italie et de 30 pour 100 à celui de l'Espagne. Or, pour 1962-1964 (période la plus proche de 1958), l'URSS dépassait d'environ 12 à 16 pour 100 l'Italie et d'environ 140 à 160 pour 100 l'Espagne.

Mais quels ont été les coûts humains de cette réussite? Nous avons évoqué déjà les principaux aspects négatifs en URSS: les victimes de la collectivisation des années 1930 et le retard des biens de consommation. À quoi il faut ajouter les conséquences de ce qui était devenue une perversion du système communiste — le stalinisme — et qui couvre l'essentiel de cette période, à savoir les années 1926-1953. Sur ces 27 ans, le coût humain, à la fois des purges politiques, des famines, des effets de transfert des populations, se compterait par dizaines de millions. Jusqu'ici, les opposants politiques avançaient des chiffres de l'ordre de 20 à 30 millions. Sur ce total, 1 à 2 millions seraient dus à des conséquences directes du régime: exécutions, décès dans les *goulags*[1], etc. Plus récemment, une étude du spécialiste W. Laqueur[2], sur base de révélations faites dans le cadre de la *glasnost*, va pour l'ensemble des victimes jusqu'à 40 millions. Il est vrai que l'on risque à présent de surestimer ce triste bilan, afin de justifier la nécessité, dans un premier temps de la *glasnost*, et, par la suite, de l'abandon du communisme. Bref, même si l'on retient le nombre de 20 à 30 millions cela représente un coût humain extrêmement

1. Initiales de **G**lawnoje **OU**prawlenie **LAG**ereï, c'est-à-dire « direction principale des camps de travail forcé ».
2. 1990.

représentait 11,5 pour 100, comparé à 0,3 pour
100 pour la Russie des tsars de 1913, et à 6 pour
100 pour l'Europe occidentale en 1960.

À côté des progrès réalisés dans l'éducation, il
convient d'insister sur ceux des arts en général,
qu'il s'agisse du cinéma, du ballet, du cirque, du
théâtre, de la littérature ou de la peinture. Donnons quelques ordres de grandeur. Ainsi, vers
1955, quand la télévision n'était pas encore très
répandue en Occident et en URSS, la fréquentation des cinémas en URSS était de 13 séances
par an par 1 000 habitants, alors qu'en Europe
occidentale la moyenne était de l'ordre de 10
(naturellement avec une forte dispersion). Toutefois, dans ce cas, la privation de certaines formes
de liberté intellectuelle, notamment par le biais
d'une censure qui couvrait toutes les formes d'expression, a été plus durement ressentie que pour
l'ensemble de la population, et cela constitue plus
qu'un déboire mineur.

À un moment où, à l'instar de l'entre-deux-
guerres, la plupart des pays européens connaissent un chômage touchant entre un dixième et un
quart de la population active, il est bon de rappeler que le chômage était inexistant en URSS.
D'ailleurs, l'article 40 de la Constitution procla-
mait le droit au travail garanti par l'État. Bien
entendu, la garantie d'un emploi impliquait aussi
le sous-emploi, qui, sur le plan individuel, est
cependant préférable au chômage, et surtout au
chômage sans indemnités, comme c'était le cas à
l'époque dans de nombreux pays.

Comme pour la distribution des revenus, les
progrès en médecine sont difficiles à appréhender valablement, mais ils ont été très importants.

Rapide extension du système hospitalier, et augmentation très rapide du nombre de médecins (qui, de quelque 23 000 qu'ils étaient en 1913, sont passés à 360 000 en 1958, soit 17 par 10 000 habitants contre 8 pour l'Europe occidentale). La mortalité infantile, qui, vers 1910, était de 250 pour 1 000, c'est-à-dire deux fois plus élevée que celle de l'Europe occidentale, était vers 1958 de 33 pour 1 000, c'est-à-dire à peu de chose près celle de l'Europe occidentale.

Enfin, et c'est là une victoire dont on apprécie la valeur quand on voit les difficultés que rencontre l'Occident pour y remédier, l'URSS avait réussi à avoir des taux de criminalité, de toxicomanie, de prostitution très faibles. Beaucoup plus faibles qu'en Occident à la même période, bien que là aussi les comparaisons en la matière soient malaisées. Beaucoup plus faibles, même si l'alcoolisme était très répandu en URSS.

RAPPEL : LES COÛTS DE LA CROISSANCE EN OCCIDENT

Les coûts de la croissance en Occident ? Ce sont essentiellement le chômage, l'inégalité sociale et économique, et les contraintes souvent plus fortes des rythmes de travail dans les entreprises. Bien entendu, établir une balance entre toutes ces composantes positives et négatives des deux régimes est une opération difficile et qui ne peut échapper aux partis pris. Et si dans les années 1950 et 1960, parmi les opposants aux armes nucléaires, existait un slogan qui, comme beaucoup de slogans qui riment, rencontrait beaucoup de succès en proclamant *Besser rot als tot* («Mieux rouge que mort»), il est certain qu'il était préférable d'être chômeur que mort, même si, hélas, le chômage est un facteur non négligeable dans les suicides. Or, déjà dans les années 1920 (sans parler des années 1930[1]) et depuis le début des années 1980, le monde développé occidental se caractérise par un chômage élevé. Cependant, vers 1958, dans le monde occidental, on était dans la phase de plein emploi. Par contre, avec la réapparition du chômage structurel, qui a débuté dans le milieu des années 1970 et qui perdure jusqu'ici, l'avantage d'une garantie totale d'emploi, surtout pour les jeunes, est un atout majeur.

1953-1964 : l'ère de Khrouchtchev
les premières réformes économiques
importantes

Même si, actuellement en URSS, la place de Nikita Sergeïevitch Khrouchtchev dans l'histoire politique et économique est minimisée, son rôle a néanmoins été très important. Passons rapidement sur l'aspect politique dont l'élément essentiel est la première dénonciation publique, par un haut responsable en place, des aspects négatifs du stalinisme. C'est au XXe Congrès du Parti, en février 1956, que fut rendu publique ce qui, par la suite, fut appelé la déstalinisation.

Auparavant déjà, dès septembre 1953, c'est-à-dire six mois après la mort de Staline, Khrouchtchev, fraîchement élu Premier secrétaire du Parti, se fit remarquer par son rapport très critique sur la situation agricole et ses propositions

1. Voir chap. XXIV et XXV.

cherchant à remédier à la situation par une meilleure «rémunération» du secteur agricole. Dès le début de 1954, il obtient l'accord pour son vaste plan de mise en culture des terres vierges de Sibérie. Mais il faudra attendre la prise de pouvoir complète de Khrouchtchev, c'est-à-dire la démission, en février 1955, de Malenkov, pour que de profondes réformes soient mises en vigueur. L'essentiel de ces réformes peut être résumé par les six aspects suivants: 1) modification importante du système de la planification; 2) priorité plus grande accordée à l'agriculture et aux biens de consommation; 3) plus grande souplesse dans la gestion industrielle; 4) introduction (notamment dans la planification) du critère du profit et de l'efficacité; 5) une certaine décentralisation régionale; 6) un élargissement du secteur privé. Voyons avec un peu plus de détails certains de ces points.

La réforme de la planification se place en 1957. La décision de faire passer la durée du plan de 5 à 7 ans a été motivée par le désir d'une vision à plus long terme des changements structurels. En outre, toute la philosophie de ce plan fut modifiée. Le plan devint plus indicatif; et surtout les objectifs en quantités furent remplacés par des objectifs monétaires. Les critères d'efficacité prirent une place importante, de même que l'initiative des dirigeants d'entreprises fut favorisée. L'élargissement (modeste) du secteur privé toucha surtout la distribution. Dans l'agriculture, les restrictions sur les lopins de terre privés furent assouplies.

Dans une première phase, tant ces réformes que des conditions climatiques favorables entraînèrent une nette amélioration économique. C'est ainsi que la production de céréales, qui s'était élevée en moyenne à 77,3 millions de tonnes pour la période 1948-1952, atteignit 123,3 millions de tonnes pour la période 1958-1962. À l'intérieur des céréales, le maïs — le «dada» de Khrouchtchev — progressait encore plus rapidement : on est passé de 5,8 millions de tonnes pour 1948-1952 à 19,2 millions de tonnes pour 1958-1962. De même le logement, secteur sensible, vit une forte accélération de la construction. Entre 1955 et 1959, la superficie des nouveaux logements urbains passa de 33 à 61 millions de mètres carrés ; et la part du privé dans cette construction passa de 25 à 45 pour 100. Enfin, sans être exhaustif, on assista à une forte augmentation de la production de biens industriels de consommation.

Un peu comme cela se passera environ un quart de siècle plus tard lors du début de la réforme de la *glasnost* de Mikhaïl Gorbatchev, la libéralisation de l'économie entraîna un grand nombre de problèmes d'organisation qui, en définitive, se traduisirent à partir du début des années 1960 par un ralentissement de la croissance. À ce propos, il convient de relever que les réformes de Khrouchtchev comportaient des aspects «chaotiques». Par exemple, dans l'agriculture, la pratique des parcelles privées des paysans fut maintenue et même légèrement élargie, après quoi il y eut une tentative de suppression totale pour des raisons idéologiques. Le ralentissement de l'expansion des investissements ainsi que la croissance du budget militaire concoururent à réduire le prestige et les appuis de

Khrouchtchev. Si, au cours des premières années, les terres vierges du nord du Kazakhstan et du sud de la Sibérie permirent des récoltes satisfaisantes, il en fut autrement par la suite, car ces terres s'appauvrirent rapidement. Pour l'ensemble de l'URSS, la récolte de 1963 fut catastrophique (99 millions de tonnes de céréales), et l'on dut recourir (temporairement) à des importations. Ce fut le coup de grâce. Nikita Khrouchtchev fut forcé de démissionner en octobre 1964. Et, ironie de l'Histoire, la récolte de 1964 fut très bonne (141 millions de tonnes de céréales). Les successeurs de Khrouchtchev retardèrent la publication de ces très bons résultats : la récolte de 1964 était d'ailleurs la meilleure récolte jamais enregistrée. Actuellement, avec le recul de l'histoire, la quasi-totalité des historiens considèrent que le règne de Khrouchtchev a été une grande décennie, la meilleure de toute l'histoire soviétique, notamment pour ce qui concerne l'augmentation du niveau de vie et aussi, bien entendu, en raison de la fin de la terreur et du début de l'ouverture. Bref, on qualifie même parfois Nikita Khrouchtchev de premier « perestroïkiste ».

1964-1987 : le retour à une certaine
orthodoxie, les réformes de Kossyguine
et le ralentissement de la croissance

Présentons d'abord quelques repères d'histoire générale. Après la démission (forcée) de Khrouchtchev (octobre 1964) commença ce que l'on appelle « l'ère Brejnev », la seconde du régime communisme par sa durée (18 ans) et qui, à l'instar de celle de Staline (qui dura 26 ans), ne prit fin que par son décès (octobre 1982). À l'intérieur de l'ère Brejnev, se placent les réformes de Alekseï Nikolaïevitch Kossyguine couvrant les années de 1965 à 1968-1970. D'octobre 1982 jusqu'à mars 1985, date de l'arrivée au pouvoir de Mikhaïl Gorbatchev, on est placé devant une sorte d'interrègne où, dans les grandes lignes, la politique de Leonid Ilitch Brejnev fut poursuivie par une succession de premiers secrétaires du parti. La politique de la *glasnost* («transparence») et de la *perestroïka* («réforme») se met en place à partir de janvier 1987. Dès lors, les choses se précipitent et aboutissent, par exemple, en juillet 1988 à des mesures menant à la privatisation des terres; en novembre 1989, à la destruction du mur de Berlin, symbole en quelque sorte de la libéralisation accordée aux pays de l'Europe de l'Est; en juillet 1991, à l'abandon officiel du marxisme-léninisme et, en fait, à l'adoption de l'économie de marché, du capitalisme, par l'URSS, qui, à la fin de 1991, éclatera en ce qui deviendra quinze «pays indépendants», presque autant qu'il y avait de républiques dans l'Union des Républiques Socialistes Soviétiques. L'indépendance de la Lituanie fut proclamée en mars 1990, et celle des deux autres États baltes (Estonie, Lettonie) une année plus tard.

LES RÉFORMES DE KOSSYGUINE, 1965-1970

Sur le plan des politiques économiques entre la fin des réformes de Khrouchtchev (octobre 1964) et le début de celles de Gorbatchev (novembre 1986), il ne faudrait pas oublier les réformes d'Alekseï Kossyguine, en quelque sorte éclipsé

par ces deux ténors. Oubli d'autant plus regrettable que ces réformes étaient cohérentes et pré-
parées de longue date par un débat idéologique.
Kossyguine, qui fut de 1964 à sa mort en 1980
président du Conseil des ministres, possédait une
longue expérience d'administration économique.
C'est lui qui, en 1966, réintroduisit les plans
quinquennaux, et qui, dès mars 1965, prit des
mesures en faveur de l'agriculture, notamment
une forte hausse des prix et un accroissement des
investissements. Dans l'ensemble, maintes orientations des réformes de Khrouchtchev furent
maintenues, dont surtout la priorité aux biens de
consommation, mais les objectifs étaient plus réalistes. De même furent maintenues les mesures
tendant à accroître l'efficacité des entreprises
industrielles. Cependant, la décentralisation fut
abolie, et le pouvoir des ministères renforcé.

Dans un premier temps, les réformes de Kossyguine portèrent des fruits, mais furent de courte
durée. Dès la fin des années 1960, on assiste à un
début d'enlisement, qui se traduit notamment
par une forte réduction du rythme de croissance
de la productivité. Cet enlisement serait surtout
dû à des rigidités de la planification. On glisse
vers l'ère d'un quasi-blocage du système économique. D'ailleurs, la date de la fin des réformes
citée ci-dessus est en partie arbitraire, c'est celle
de la fin du 8e plan. Sur le plan politique et culturel, on fit marche arrière, revenant à de nombreux aspects négatifs du stalinisme.

LE RALENTISSEMENT DE LA CROISSANCE ÉCONOMIQUE

Sur la base de données officielles, on peut observer deux phases au cours des 23 années qui séparent 1964 de 1987. La première, qui s'achève vers 1974, est caractérisée par une croissance relativement rapide. De 1964 à 1973, sur la base des statistiques officielles, le produit matériel net (notion soviétique du PNB) total s'accroît de 7,1 pour 100 par an. Certes, on assiste à des fluctuations, largement causées par celles de l'agriculture, mais la croissance à la fin de cette première phase n'est pas inférieure à ce qu'elle était au début. Toujours selon les estimations officielles, de 1969 à 1973 la croissance aurait été de 6,8 pour 100, malgré la très piètre performance de 1972, année où la production de céréales a reculé de 7 pour 100. Dans la seconde phase (1973-1987), on assiste à un ralentissement progressif. Selon les statistiques officielles, pour l'ensemble de la période 1973-1987, la croissance tombe à 3,6 pour 100 ; mais, de 1983 à 1987, il s'agit de 2,1 pour 100, c'est-à-dire seulement 1,2 pour 100 par habitant. Ce ralentissement est la résultante d'une décélération tant du secteur agricole que du secteur industriel. Dans ce contexte, il est significatif de signaler que, à partir de 1972, l'URSS, qui, comme nous l'avons vu, avait été pendant des siècles une exportatrice nette de céréales devint une importatrice nette chronique et de plus en plus importante. Pour la période 1982-1986 (dernière période quinquennale avant la *perestroïka*), en moyenne le solde déficitaire du commerce extérieur de céréales s'est élevé à

35 millions de tonnes par an, soit 20 pour 100 de la production !

Il est possible qu'une partie du ralentissement résulte d'une tendance des statistiques soviétiques à publier des chiffres de plus en plus sobres ; si tel n'était pas le cas, cela signifierait une évolution très négative. D'après les estimations des experts occidentaux (lesquelles divergent souvent), le ralentissement est une réalité. De 1973 à 1987, la croissance annuelle par habitant aurait été de l'ordre d'un peu moins de 2 pour 100, contre près de 3,5 pour 100 pour la période précédente de même durée.

Outre ce ralentissement, on a certainement assisté en tout état de cause à une détérioration de certains aspects des conditions de vie de la masse de la population. Une des indications les plus significatives a été l'augmentation de la mortalité infantile, dont on a d'ailleurs cessé de publier les chiffres durant les années 1975-1984. Cette mortalité infantile, qui était passée de 32,3 pour 1 000 en 1961-1963 à 24,3 en 1969-1971, était remontée à 27,7 en 1974. Grâce à la *glasnost*, on dispose à nouveau de statistiques en ce domaine à partir de 1985 ; pour 1985-1987, cette mortalité s'établit à 25,5, soit un niveau dépassant de 5 pour 100 celui de 1969-1971, alors qu'en Europe occidentale, dans les pays où pour 1969-1971 la mortalité infantile avoisinait celle de la Russie (Belgique, Allemagne, Espagne, etc.), celle-ci s'établit pour 1985-1987 à 10 pour 100 au-dessous du niveau de 1969-1971. La dégradation en URSS résultait non seulement d'une certaine détérioration des conditions de vie, mais aussi d'un dysfonctionnement croissant des services médicaux. Autre domaine où l'écart entre l'URSS et l'Occident s'est creusé dans cette période, celui de la consommation de cette vaste gamme de nouveaux biens manufacturés. Cela va de la machine à laver au magnétoscope, de la voiture à l'ordinateur personnel. Même dans le domaine de l'éducation, on assiste à une quasi-stagnation. Entre 1975 et 1985, alors que la population progresse de 9 pour 100, le nombre d'étudiants à l'université ne progresse que de 6 pour 100, entraînant un recul du taux de scolarisation. En Europe occidentale, leur nombre y a progressé durant la même période de 37 pour 100, entraînant une forte progression du taux de scolarisation. Même aux États-Unis, où les taux de scolarisation universitaire étaient déjà très élevés vers 1975, la progression du nombre d'étudiants a été de 10 pour 100.

1987-1991 : de la perestroïka
et de la glasnost *à l'abandon
du communisme*

Entre la mort de Leonid Brejnev (octobre 1982) et l'accession au pouvoir de Mikhaïl Gorbatchev (10 mars 1985) se situe une période où partisans et adversaires d'une politique d'ouverture prennent plus ou moins de poids. Si, d'emblée, on assiste à un changement de politique extérieure, en revanche, dans le domaine économique, une première rupture importante ne se place qu'en 1986. Certes, dans la conception du douzième plan, qui devait couvrir la période 1986-1990 et qui sera le dernier de l'histoire de l'URSS, Gorbatchev fit mettre l'accent sur plus de souplesse,

notamment au niveau des entreprises. De même,
ce plan prévoyait des mesures en vue de l'amélioration de la qualité des produits. Mais, très rapidement, des mesures furent prises qui vidèrent
progressivement la planification de ses moyens.
Dès novembre 1986, une loi entrée en vigueur en
mai 1987 fut adoptée, qui légalisait un secteur
semi-privé dans une très vaste gamme d'activités
(commerce, artisanat, services). Entre novembre
1986 et novembre 1991, où il perdit le pouvoir,
Gorbatchev fit prendre toute une série de mesures
menant progressivement à un démantèlement du
système communiste, mais sans réel passage à
l'économie de marché.

À présent, voyons les principales de ces mesures.
En janvier 1987, un ensemble de décisions
octroyait une autonomie beaucoup plus large aux
entreprises, rendant totalement caduque la planification, puisque la quasi-totalité (90 pour 100)
des entreprises peuvent élaborer elles-mêmes les
plans d'activité et choisir librement leurs fournisseurs et leurs clients. Plus important encore : les
nouvelles dispositions autorisaient des *joint-ventures* avec des entreprises de l'Occident, permettant ainsi, pour la première fois depuis la NEP,
l'introduction de capitaux étrangers dans des
entreprises soviétiques qui, dans ce cas, avaient le
droit de renvoyer du personnel. En même temps,
le système bancaire est réformé, et les salaires
dorénavant fixés par les entreprises. Dès juillet
1988 commence une série de mesures qui va
aboutir, en mars 1990, à une privatisation des
terres, et à légaliser en général la transmission
des biens privés par héritage. Notons cependant
qu'un grand nombre de kolkhozes sont restés en

place. Entre-temps, en décembre 1989, le Parlement adoptait un plan de modernisation économique. Ce plan ne fut pas réellement mis en
chantier ; il fut remplacé, en mai 1990, par un
nouveau projet de réformes se caractérisant, selon
ses adversaires, par des contradictions, puisque le
passage à l'économie de marché devait passer par
une période de recentralisation des décisions et
une certaine planification.

Mais, pendant ce temps, l'économie commençait
à s'effondrer. Si, en 1989, le PNB avait encore progressé très faiblement (1,5 pour 100, soit 0,7 pour
100 par habitant) et le salaire réel encore augmenté
faiblement (1 pour 100), par contre en 1990 le PNB
par habitant reculait de près de 5 pour 100 et le
salaire réel de 6 pour 100. En outre, les prix de
détail firent un bond de 20 pour 100. Gorbatchev
obtint les pleins pouvoirs en matière économique
en septembre 1990, ce qui théoriquement devait
durer jusqu'en mars 1992. Il chercha, à travers un
ensemble de décrets et de plans successifs, à passer
à l'économie de marché. Le dernier, avant sa chute,
fut celui présenté en juin 1991 par son conseiller
économique l'Américain Jeffrey Sachs, professeur
à Harvard. Il s'agissait d'un plan de stabilisation
économique et de passage à l'économie de marché étalé sur une période de cinq ans et demi. Stabilisation… En effet, les besoins en devenaient
pressants : l'année 1991 a vu un véritable effondrement de l'économie, mais nous ne sommes déjà
plus dans le cadre du communisme et nous traiterons cette partie ultérieurement. Nous sommes
entrés dans ce que l'on qualifie la période de transition ; par conséquent, il est temps de passer aux
autres pays communistes du monde développé.

LES PAYS DE L'EUROPE
DE L'EST : DE SATELLITES
À UNE AUTONOMIE PROGRESSIVE

Nous consacrerons moins de place à ces pays qu'à l'URSS, et ce, pour trois raisons. D'une part, la période concernée par le régime communiste de ces pays est beaucoup plus courte que pour l'URSS : *grosso modo* 42 ans comparés à 74 ans. D'autre part, même si cela concerne sept pays, leurs populations cumulées ne représentent que 40 pour 100 de celle de l'URSS. Enfin, et c'est peut-être la raison principale, la répercussion sur le reste du monde de l'histoire économique de ces pays a été considérablement plus réduite que celle de l'histoire économique de l'URSS.

Commençons par fournir la liste de ce que l'on appelle « pays de l'Europe de l'Est » ou, parfois, « pays satellites de l'URSS » : Albanie, Bulgarie, Hongrie, Pologne, République démocratique allemande, Roumanie et Tchécoslovaquie. On remarquera l'absence dans cette liste de la Yougoslavie qui pourtant, après la guerre, avait un régime communiste plus strict que les pays de l'Est que nous venons de citer. Cela mérite une brève explication et une description sommaire de son régime, très différent de celui de l'Europe occidentale. Puisqu'il s'agit ici essentiellement d'une histoire économique et sociale, notons que le terme « satellite » convient mieux aux aspects politiques, diplomatiques et militaires qu'aux aspects purement économiques.

La Yougoslavie :
d'une brève appartenance à l'Est
à l'autogestion

La Yougoslavie, bien qu'ayant opté pour un régime communiste et ayant pris des mesures d'ordre économique dans ce sens, ce même avant les pays de l'Europe de l'Est, aura une destinée très différente en raison du conflit idéologique et surtout politique entre Tito[1] et Staline. Ce conflit a atteint son apogée avec l'expulsion, en juin 1948, du pays du «Kominform», organisme qui a remplacé le bien connu Komintern, organisation qui regroupait l'ensemble des partis communistes d'obédience soviétique. Afin de contrecarrer les efforts de Staline pour renverser le président Tito, la Yougoslavie se tourna vers l'Ouest, allant même jusqu'à recevoir, entre 1950 et 1960, 2,4 milliards de dollars d'aide des États-Unis. Mais la Yougoslavie, qui s'opposa au bastion du communisme, ne revint pas à un régime capitaliste. Ce pays expérimenta des formes originales de gestion de l'économie, notamment, à partir de 1950, l'autogestion, qui fait intervenir les ouvriers dans la direction des entreprises. En 1963, le régime économique fut encore libéralisé : introduction de nombreux mécanismes de marché, sans pour autant abandonner la planification. D'ailleurs, le premier plan quinquennal yougoslave débuta en 1947, c'est-à-dire 2 à 3 ans avant ceux des pays de l'Europe de l'Est. Et, dès 1946, l'industrie était nationalisée et une réforme agraire introduite,

1. Pseudonyme de Josip Broz.

limitant les exploitations privées à 45 ha par exploitation (en 1953, cette limite fut même abaissée à 10 ou 15 ha).

Le système de l'autogestion — introduit en 1950, et qui comportait également un grand nombre d'aspects politiques et sociaux — fut, sur le plan économique, encore renforcé par la réforme de 1965 qui octroya une autonomie plus large aux entreprises industrielles. Cette autonomie, qui implique aussi une économie de marché, a progressivement vidé la planification de son contenu. Dans l'agriculture, la propriété des terres fut établie, mais avec au début une limite de 10 ha et une politique d'encouragement aux coopératives ; mais cet encouragement eut peu d'effets au début des années 1970, le secteur privé représentant environ 90 pour 100 de l'activité agricole. En Yougoslavie, les sirènes du capitalisme se sont également fait entendre ; et, en août 1990, le système d'autogestion fut officiellement supprimé. Il est vrai que Tito est mort déjà en 1980.

Sur le plan de l'évolution globale de l'économie, on peut distinguer trois phases. La première, qui va de 1950 à 1971, est positive : on assiste à un rattrapage par rapport à l'Europe occidentale. Vers 1950, la Yougoslavie avait le plus faible niveau de vie de l'Europe occidentale, avec un PNB par habitant représentant environ 40 pour 100 de celui de cette entité. Vers 1971, cette proportion était de l'ordre de 52 à 54 pour 100 ; et le Portugal était alors, de ce fait, le pays le plus pauvre d'Europe occidentale. De 1972 à 1979, ce fut une phase de croissance irrégulière, néanmoins assez positive. Mais, à partir de 1980, l'économie yougoslave entra dans une sorte de crise permanente qui dura jusqu'à l'éclatement du pays (mai 1991). De 1980 à 1990, le PNB par habitant a reculé de 0,8 pour 100 par an, soit un recul sur ces dix ans de près de 10 pour 100. Signalons que, durant l'ensemble de la période (1950 à 1991), l'économie yougoslave était tournée vers l'Occident, les pays de l'Est n'absorbant que 3 pour 100 de son commerce extérieur.

1945-1948 : la période libérale,
la première phase des pays de l'Europe
de l'Est

Sans tenir compte de la période qui suit le recouvrement de l'indépendance de 1989 vis-à-vis de l'URSS, on peut partager l'histoire des pays de l'Europe de l'Est durant la période de 1945 à 1989 en quatre périodes ou phases assez distinctes : 1) une phase de transition qui va de 1945 à 1948 ; 2) la période de planification intégrale et d'intégration économique autour de l'URSS qui va de 1948 à 1958 ; 3) la phase (1958-1988) de relâchement des contraintes imposées par l'URSS et qui se traduit par une certaine libéralisation ; 4) l'indépendance politique et le passage à l'économie de marché dont les prémices datent de la période précédente, mais qui ne débutent réellement qu'en 1989.

Durant les années 1945-1948, la situation des pays de l'Europe de l'Est s'apparente largement à celle que connut l'URSS durant la NEP. Seuls les grandes entreprises industrielles et le système bancaire sont nationalisés. D'une certaine façon, le secteur nationalisé est même moins important

que dans l'URSS de la NEP ; ainsi, par exemple,
en Pologne, le seuil minimum de la nationalisation des entreprises industrielles a été fixée à
50 ouvriers (20 pour la NEP). D'autre part, il faut
noter que, dans la majorité des cas, la nationalisation des entreprises n'avait fait qu'entériner
la prise de pouvoir des travailleurs dans leur
usine. De même, les grands propriétaires ter-
riens, souvent fascisants, ont été en quelque sorte
expropriés *de facto* par les paysans. Le système
coopératif est encouragé et adopté dans la petite
industrie et très marginalement dans l'agriculture ; mais l'économie de marché reste largement
en place. En effet, l'essentiel du commerce de
détail et de l'agriculture reste privé. Le commerce extérieur, bien que fortement supervisé par
l'État, reste largement orienté vers les partenaires
commerciaux d'avant-guerre. Ainsi, en 1948,
plus de 60 pour 100 des exportations des pays de
l'Europe de l'Est étaient destinés aux pays développés occidentaux (contre, il est vrai, près de 80
pour 100 en 1928) ; mais, en 1953, cette proportion tombait à 18 pour 100.

Même sur le plan politique, les partis communistes des divers pays n'ont pas encore le
monopole du pouvoir. L'événement révélateur
des changements en ce domaine est le coup d'État
communiste en Tchécoslovaquie de février 1948.
Déjà en juillet 1947, sous la pression des Soviétiques, le gouvernement tchécoslovaque avait dû
revenir sur sa décision, prise à l'unanimité, de
participer au Plan Marshall. Parallèlement, de
l'autre côté de ce qui allait devenir le « rideau de
fer », des mesures ont aussi été prises, propres à
susciter une rupture entre l'Ouest et l'Est. Ainsi

que nous l'avons vu dans le chapitre XXV, c'est en
mars 1946 que Churchill parla pour la première
fois du rideau de fer. Si Staline, dans les années
1947-1948, a certainement désiré disposer de
zones-tampons en Europe centrale, il n'a apparemment jamais poussé les partis communistes
locaux à prendre le pouvoir. Il aurait déclaré,
entre autres: «Le socialisme va à la Pologne
comme une selle à un porc.»

Mais revenons à la Tchécoslovaquie, et à son
glissement vers le communisme. Le gouvernement qui prit le pouvoir en février 1948, se mua
très rapidement en une dictature, entraînant des
mutations politiques et économiques. Le premier
plan quinquennal, entré en vigueur en janvier
1949, impliquait, notamment dans son objectif,
une réorientation des relations extérieures de ce
pays, le plus tourné vers l'Occident de tous les
pays de l'Est. La quasi-totalité des autres pays de
l'Est passèrent à la planification, soit tout à la fin
de 1948, soit au début de 1949.

Dans l'ensemble, cette période, qui a été concomitante de la reconstruction, a été caractérisée
par une croissance assez rapide. Le caractère
lacunaire des données statistiques ne permet pas
d'être très explicite; toutefois, il apparaît comme
vraisemblable que la reconstruction a été moins
rapide qu'en Europe occidentale. Selon toute
probabilité cela résulte en partie de la non-
participation au Plan Marshall. Cependant, dès
1949 ou 1950, le niveau d'avant-guerre était
retrouvé. Signalons enfin que trois de ces pays
connaissent des changements territoriaux non
négligeables. La Bulgarie a vu sa superficie
s'accroître de 7 pour 100, alors que celle de la

Pologne diminuait de 20 pour 100, et celle de la Tchécoslovaquie de 9 pour 100. À quoi s'ajoutèrent des territoires qui changèrent de souveraineté et un flux très important de personnes déplacées ou réfugiées.

1949-1958 : la période de planification intégrale et d'intégration économique

Dans presque tous les pays de l'Europe de l'Est, les premiers plans quinquennaux concernaient la période 1949-1953. Cela fut accompagné d'une nationalisation de la quasi-totalité de l'industrie et d'un programme de collectivisation des terres. Concurremment fut mis en place le CAEM[1] qui est beaucoup plus contraignant et global que les systèmes de coopération économique qui se mettent en place en Europe occidentale. Il s'agit, en fait, d'une intégration dans un système économique gravitant autour de l'URSS, prévoyant une spécialisation industrielle et, de façon plus marginale, agricole de chaque pays.

Dans ses grandes lignes, l'évolution économique enregistrée par les pays de l'Europe de l'Est de 1949 à 1958 ressemble à celle de l'URSS : croissance économique assez rapide, mais déséquilibre sectoriel et gaspillage des ressources. Croissance économique rapide... Bien entendu, dès que l'on traite des données statistiques se rapportant aux pays de l'Est durant la période com-

---

1. Conseil d'Aide Économique Mutuelle ; en anglais COMECON.

muniste, on se trouve confronté au même problème de la validité de ces données que pour l'URSS. Par conséquent, on trouvera dans le tableau XXVII.2, qui fournit les taux annuels de croissance du PNB par habitant, deux séries de chiffres. La première est constituée par les estimations officielles. La seconde concerne les estimations d'experts occidentaux dont nous avons repris les deux principales. Ces estimations des experts occidentaux divergent parfois ; quant à nous, notre préférence va aux calculs de Israël Borenstein[1] de la Commission économique pour l'Europe de l'ONU, car il utilise la méthode des indicateurs physiques[2].

De 1950 à 1960, selon les estimations officielles, le PNB par habitant a progressé de 7,4 pour 100 par an. Selon les estimations occidentales, ce taux est surestimé de 70 à 90 pour 100 et serait de l'ordre de 3,9 à 4,4 pour 100. Cependant, même 3,9 pour 100 constitue un rythme très élevé, que l'on peut comparer à 3,0 pour 100 pour les pays développés occidentaux pour la même décennie. Néanmoins, par rapport à l'URSS, les pays de l'Europe de l'Est ont connu une évolution moins positive, ce qui peut s'expliquer, du moins en partie, par les relations économiques au sein du monde communiste, celui-ci privilégiant davantage les intérêts de l'URSS au détriment de ceux des satellites, ainsi qualifiés, à juste titre, à l'époque. Au niveau des différents pays, les performances n'ont pas été uniformes, mais la divergence des estimations rend certains écarts peu significatifs.

1. 1993.
2. Voir chapitre XII du tome II.

TABLEAU XXVII.2

CROISSANCE ÉCONOMIQUE DES PAYS DE L'EST (variation annuelle du PNB)

	1950-1960	1960-1973	1973-1985	1950-1985	1985-1989
Allemagne de l'Est					
séries officielles	10,8	4,7	4,7	6,4	2,7
série occid. A.	4,2	2,6	2,5	3,0	–
série occid. B.	7,2	3,2	2,6	4,1	–
Bulgarie					
séries officielles	8,4	7,1	5,1	6,8	3,0
série occid. A.	6,7	5,1	3,2	4,9	–
série occid. B.	6,0	4,8	1,4	4,0	–
Hongrie					
séries officielles	5,2	5,3	2,5	4,3	1,6
série occid. A.	4,0	4,1	2,2	3,4	–
série occid. B.	3,8	3,2	1,4	2,8	–
Pologne					
séries officielles	5,7	5,9	0,8	4,1	1,8
série occid. A.	3,3	4,1	0,8	2,7	–
série occid. B.	2,7	4,0	0,3	2,4	–
Roumanie					
séries officielles	9,1	6,2	5,9	6,9	– 0,1
série occid. A.	4,5	5,8	1,4	3,9	–
série occid. B.	4,8	4,8	2,6	4,0	–

	1950-1960	1960-1973	1973-1985	1950-1985	1985-1989
Tchécoslovaquie					
séries officielles	6,6	4,1	2,7	4,3	1,7
série occid. A.	3,4	3,0	1,7	2,7	–
série occid. B.	3,8	2,5	1,5	2,5	–
Europe de l'Est					
séries officielles	7,4	5,3	3,0	5,1	1,8
série occid. A.	3,9	3,8	1,7	3,1	–
série occid. B.	4,4	3,5	1,5	3,1	–
URSS					
séries officielles	8,4	4,9	3,1	5,3	1,8
série occid. A.	5,0	4,4	1,4	3,5	–
série occid. B.	4,1	4,1	2,0	3,4	–

Note : Les totaux régionaux ont été calculés par l'auteur.

Sources : Série occidentale A : Borenstein, I. (1993).
Série occidentale B : Summers, R. et Heston, A. (1991).

Le potentiel industriel de ces pays s'est accru fortement, surtout en ce qui concerne les industries de base. Si nous prenons l'exemple de la sidérurgie, sur lequel un accent a été mis, nous constatons que la production de ces six pays, qui ne représentait que 4,6 pour 100 de celle de l'ensemble des pays occidentaux en 1948, passe à 8,6 pour 100 en 1958. Même la Bulgarie, qui ne disposait pas du tout de cette activité, voit la création de celle-ci. Nous parlons de six pays, car les données pour l'Albanie sont très incomplètes ; de ce fait, elles seront systématiquement ignorées ici. De même, on a assisté à de rapides progrès dans les industries chimiques ; et, en général, dans l'industrie lourde ainsi que dans les secteurs énergétiques. En revanche, la réussite a été beaucoup plus modérée dans les industries légères, qu'il s'agisse du textile ou de l'alimentation.

Comme en URSS, l'agriculture des pays de l'Est a constitué le talon d'Achille de l'économie, bien que la collectivisation des terres n'ait pas revêtu l'ampleur de celle de l'URSS. En Europe de l'Est, l'opposition des paysans à cette collectivisation recevait le support, direct ou indirect, de nombreux responsables politiques. C'est ainsi qu'en 1953, le pourcentage des terres collectivisées varie d'un maximum de 61 pour 100 pour la Bulgarie à un minimum de 7 pour 100 pour la Pologne (Tchécoslovaquie, 42 pour 100 ; Hongrie, 26 pour 100 ; Allemagne de l'Est et Roumanie, 12 pour 100). Malgré cela, la production de céréales a progressé en Europe de l'Est moins rapidement qu'en URSS.

Enfin, à l'instar de ce qui s'est passé en URSS, on a assisté à un développement rapide dans l'éducation, la santé et la culture. Prenons quelques exemples portant sur l'ensemble de ces 6 pays (donc Albanie exclue) qui, bien sûr, négligent des différences nationales. Ainsi, le nombre d'étudiants à l'université a été multiplié par 3,4 entre 1937 et 1960, ce qui néanmoins n'est pas plus rapide qu'en Occident. Durant la même période, le nombre de médecins a été multiplié par trois environ, alors qu'en Occident il l'a été par moins de deux. Et, encore davantage qu'en URSS, car s'y ajoutent les ressentiments nationaux, ces programmes positifs sont fortement entachés des contraintes constituées par la privation de maintes libertés individuelles. Même les restrictions draconiennes de voyage à l'Ouest étaient, en raison de la situation géographique et des lieux de passage, beaucoup plus mal ressenties qu'en URSS.

1958-1989 : le relâchement
des contraintes imposées par l'URSS
et les réformes

Cette période voit une graduelle, mais irrégulière, évolution vers une certaine indépendance économique des divers pays. Déjà la mort de Staline, survenue en 1953, avait permis un certain relâchement de la contrainte de l'URSS. Le concept d'une spécialisation de chaque pays est progressivement, sinon rejeté, du moins fortement atténué. Des expériences plus ou moins importantes de libéralisation sont tentées dans certains pays. C'est le cas notamment de la Hongrie où, malgré l'échec de l'insurrection de 1956, le pouvoir communiste lâche du lest, surtout sur le plan économique. On constate également une ouverture vers l'Ouest dans le domaine du commerce extérieur. Cela se produit surtout dans la décennie 1970 ; alors qu'en 1958 le monde développé occidental n'absorbait que 19 pour 100 des exportations des pays de l'Est, cette proportion atteint les 24 pour 100 en 1980. La tendance ne se poursuit pas dans la période 1980-1988, en raison essentiellement de l'insuffisance des produits offerts à l'exportation.

LES PREMIÈRES RÉFORMES :
LA POLOGNE, DE GOMULKA À WALESA

En fait, l'histoire des réformes économiques des pays de l'Est commence en Pologne dès octobre 1956 avec l'expérience de Gomulka. C'est à cette date que Wladyslaw Gomulka, qui s'était déjà opposé en 1948 à la collectivisation des terres, revient au pouvoir, et instaure une politique économique qui, sans être libérale, comportait des aspects allant dans ce sens, notamment dans l'agriculture où la collectivisation forcée des terres fut suspendue. Gomulka, qui avait été actif dans le parti communiste dès l'âge de 21 ans, avait connu la prison, aussi bien dans la Pologne de droite d'avant-guerre que dans celle du communisme d'après-guerre[1]. Il chercha une «voie polonaise vers le socialisme». Mais, progressivement, son régime devint plus répressif, et le processus de réforme économique et politique s'arrêta pratiquement, débouchant même sur des mesures antisémites. La forte hausse des prix,

---

1. Il fut réadmis dans le parti communiste en août 1956.

décidée en décembre 1970, amena des émeutes qui entraînèrent la démission de Gomulka. Il fut remplacé à la tête de l'État par Edward Gierek, ancien mineur en Belgique et en France, qui demeura au pouvoir jusqu'en septembre 1980.

La période de Gierek a été une décennie où s'inscrivent à la fois des changements de politique économique, une phase de croissance rapide et une de recul du niveau de vie, et la montée en puissance des opposants de *Solidarnosc* (Solidarité) menés surtout par Lech Walesa. La phase positive, qui va de 1971 à 1976, s'inscrit dans une politique d'ouverture commerciale avec l'Ouest, et surtout une tentative d'industrialisation forcée et très coûteuse. C'est en grande partie ce coût qui explique la phase suivante.

Sur le plan économique, les années de 1976 à 1982 sont extrêmement négatives : selon les estimations occidentales, le PNB par habitant aurait baissé de 12 pour 100 (selon la série officielle, la baisse aurait été encore plus accusée). Durant cette phase négative, des mesures de libéralisation sont prises. C'est ainsi qu'en novembre 1977, une loi introduit la possibilité de la privatisation de petites entreprises dans la distribution. Et, à la fin de cette phase, en août 1980, se situent les fameux accords de Gdansk entre Lech Walesa et les autorités, qui impliquent une libéralisation de la vie économique. Dans les années qui suivirent, il y eut en quelque sorte un partage, certes très bref, du pouvoir entre le mouvement *Solidarnosc* et les tenants du régime communiste. Puis suivit une période marquée par des avancées et des reculs. Finalement, ce n'est qu'au cours de l'année 1991 que le régime changea radicalement.

LA HONGRIE : DE LA RÉVOLTE DE 1956
À UN COMMUNISME PRAGMATIQUE

En Hongrie, si l'ère des réformes a été plus
tardive, elle a revêtu une ampleur plus grande
et de multiples facettes. Nous passerons sur le
douloureux épisode de la révolte et de l'intervention soviétique de novembre 1956 et d'une certaine modification positive du régime économique
qui, paradoxalement, s'ensuivit. C'est là un des
premiers cas de dichotomie entre les mesures
purement politiques prises dans le sens d'un durcissement et celles prises dans le domaine économique allant dans le sens du libéralisme. Mais le
véritable début des réformes se situe en 1964-
1965 ; et, entre cette date et 1989, la Hongrie n'a
cessé de chercher à instaurer une économie
socialiste efficace se pliant aux mécanismes du
marché. En 1968, la réforme dite «du nouveau
mécanisme économique» est mise en place. Elle
impliquait, surtout en termes pratiques, l'élimination de la planification centralisée, des respon-
sabilités accrues des entreprises et l'introduction
de la notion de profit. Les réformes hongroises
furent étudiées par la Chine, quand celle-ci commença à son tour à s'engager dans cette voie
à partir de 1978[1]. En 1979-1980, de nouvelles
réformes furent introduites. Dès 1981, la gestion
privée du commerce et des restaurants est autorisée. À partir de 1984, on instaure un système de
cogestion des entreprises dans lequel les salariés
participent aux décisions. En mai 1985, un pre-

1. Voir chap. XXXI.

mier syndicat indépendant est créé. En avril
1987, le gouvernement annonce le rétablissement
de l'impôt sur les revenus et la suppression des
subventions aux prix des produits de consommation notamment. Avec le départ à la retraite de
Janos Kadar, en mai 1988, les réformes économiques et la marche vers la démocratisation s'ac-
célèrent. Kadar avait été mis à la tête du pays
après l'intervention soviétique de novembre 1956.
Enfin, les derniers mois de 1989 voient le réel
changement de régime ; et, en mai 1990, c'est
l'introduction réelle de l'économie de marché.

LES AUTRES PAYS : ABSENCE OU RÉFORMES
TRÈS MODESTES

Si, à partir de 1972, il y eut en Allemagne de
l'Est, l'un des satellites les plus alignés, quelques
mesures de libéralisation politique, sur le plan économique le système resta pratiquement inchangé
jusqu'à cet événement majeur que constitua, en
novembre 1989, la destruction du mur de Berlin
qui ouvrit la voie à l'unification des deux Alle-
magnes en mars 1990, ou, plutôt, à l'absorption
de l'Allemagne de l'Est par l'Allemagne de l'Ouest.
Autre satellite fidèle : la Bulgarie. Le seul pays de
l'Est à partager avec l'URSS non seulement une
langue slave (comme la Pologne et la Tchécoslovaquie), mais aussi la religion orthodoxe (comme la
Roumanie, mais dont la langue est latine). Là également, pas de réelles réformes économiques jusqu'à l'abolition du communisme en janvier 1990.
   Ainsi que nous l'avons laissé entendre, le cas
de la Roumanie fut celui de la dichotomie entre
une politique étrangère, parfois très indépen-

dante vis-à-vis de l'URSS, et un régime économique d'un communisme strict. Ce fut aussi un
pays soumis à une emprise très forte et très
longue (22 ans) du président Nicolae Ceausescu,
celle d'un véritable dictateur. Il fut d'ailleurs le
seul dirigeant exécuté pendant la période du
passage au capitalisme en décembre 1989. La
dichotomie entre régimes politiques et régimes
économiques a été également visible sur le plan
de l'ouverture aux investissements étrangers.
C'est ainsi que la Roumanie fut, avec la Hongrie,
le premier pays à avoir permis des investissements étrangers (dès 1972). La Pologne suivit en
1976, la Bulgarie en 1980 et la Tchécoslovaquie en 1986. Quant à l'Albanie, ce n'est qu'après
l'effondrement du communisme en 1990 que fut
passée une législation permettant les investissements étrangers.

L'Albanie est un autre cas d'un très long règne
d'un dirigeant, Enver Hodja, lui aussi véritable
dictateur. Il fut au pouvoir entre novembre 1944
et sa mort survenue en avril 1985. L'Albanie, qui
était (et reste) un des pays les plus pauvres
d'Europe, rompit ses relations avec l'URSS en
décembre 1961 ; et, deux ans plus tard, avec la
Chine : elle fut un des pays les plus isolés du monde.
Les premières réformes datent de janvier 1990 ; et
naturellement ce fut le dernier pays à changer de
régime économique (décembre 1990). Terminons
ce tour d'horizon avec ce qui fut le pays de l'Est le
plus développé et le dernier à tomber sous la
domination directe de l'URSS — en mai 1948,
après ce que du côté de l'Occident l'on considère
comme un simple putsch et du côté de l'Est
comme une révolution prolétarienne —, c'est-à-

dire la Tchécoslovaquie. Si l'on néglige l'éphémère printemps de Prague (avril 1967-août 1968), où il y eut des réformes politiques et économiques profondes, la première réforme de libéralisation économique date d'août 1988. La «révolution de velours» de novembre 1989 marque le retour vers l'Ouest du pays le plus occidental de l'Est.

L'ÉCONOMIE DES PAYS DE L'EUROPE DE L'EST
DE 1958 À 1989: UN RALENTISSEMENT INÉGAL

Pour ces pays, quelle a été l'évolution générale de l'économie durant cette deuxième phase, qui va donc de 1958 à 1989? En définitive, cette phase n'a pas du tout été uniforme. Comme en URSS, il apparaît que nous sommes en présence d'une rupture vers 1977-1978. Jusque-là, la croissance avait été assez rapide; après quoi une période de net ralentissement a suivi. L'évolution a même été très négative au cours des trois années allant de 1980 à 1982, en raison essentiellement des très mauvaises performances de l'économie polonaise. Cependant, même en les excluant, le ralentissement s'est accusé. Les séries officielles laissent apparaître pour la période 1985-1989 une croissance annuelle du PNB par habitant de 1,8 pour 100 seulement. Toutefois, il est possible qu'une partie de ce ralentissement résulte du caractère plus sobre des chiffres officiels. Selon les experts occidentaux (voir le tableau XXVII.2), et pour l'ensemble de la période 1960-1985, cette période est déjà caractérisée par un ralentissement par rapport à la décennie 1950-1960.

Quelles ont été les différences de performance au niveau de chaque pays? Pour cela nous prendrons l'ensemble de la phase communiste, c'est-à-dire jusqu'en 1989. Le bilan est le plus négatif pour la Pologne et la Tchécoslovaquie où, selon les estimations occidentales, la croissance annuelle du PNB par habitant a dû se situer aux environs de 2,2 à 2,6 pour 100. À l'autre extrémité, on trouve les deux pays les moins industrialisés au départ : la Bulgarie et la Roumanie, avec des taux de croissance de l'ordre de 3 à 4 pour 100. L'Allemagne de l'Est et la Hongrie se situent près de la moyenne, laquelle est de l'ordre de 3 pour 100. Pour cette moyenne, il s'agit donc d'un taux un peu plus faible que celui de l'URSS (de l'ordre de 3,3 pour 100), mais un peu plus rapide que celui des pays développés occidentaux. Mais la comparaison avec les pays occidentaux tourne à l'avantage de ceux-ci, si l'on examine la croissance au cours de la période 1978-1989, en dépit du ralentissement qui a aussi touché l'Occident. Au cours de cette dizaine d'années, qui sont les plus importantes dans la perspective de l'écroulement du communisme, la progression annuelle du PNB par habitant des pays de l'Europe de l'Est et de l'URSS a été de l'ordre de 0,9 à 1,2 pour 100, alors que celle des pays développés occidentaux a été de 1,7 pour 100. Et comme au point de départ, le niveau de vie des pays communistes était déjà plus faible que celui des pays occidentaux, l'écart qui s'était un peu rétréci entre la fin de la guerre et les années 1977-1978 s'est donc accusé depuis lors, cela à un moment où les informations sur le mode de vie occidental sont devenues plus accessibles à l'Est. Cependant, cette comparaison ne tient pas compte d'un facteur important : le chômage, qui, comme en URSS, demeurait pratiquement nul dans les pays de l'Est, mais devenait dans le monde occidental une lourde réalité. Et le chômage est en train de devenir une réalité aussi dans l'ancien monde communiste, dans cette phase de transition que nous verrons après avoir examiné le CAEM.

LE CONSEIL D'AIDE ÉCONOMIQUE MUTUELLE (CAEM) OU L'INTÉGRATION ÉCONOMIQUE DE L'EST

Au moment où la CEE achevait ses dernières phases d'intégration économique, le CAEM disparaissait pratiquement avec l'effondrement du communisme à l'Est. Signalons que l'on utilise généralement le sigle anglais COMECON pour désigner le CAEM. Le CAEM est né en réplique au Plan Marshall, duquel l'URSS avait été délibérément écartée. Les autres pays de l'Est l'ont, à leur tour, rejeté sous la pression politique de l'URSS.

L'historique du CAEM

Le CAEM fut fondé en janvier 1949 entre six membres : Bulgarie, Hongrie, Pologne, Roumanie, Tchécoslovaquie et Union soviétique. L'Albanie rejoint le CAEM en février 1949 et l'Allemagne de l'Est en septembre 1950 ; mais un autre pays qui était alors communiste, à savoir la Yougoslavie, n'en a jamais fait réellement partie, la Yougo-slavie de Tito étant dès le début de 1948 en conflit idéologique avec l'URSS de Staline. Néanmoins, à partir de 1964, un accord fut établi entre le CAEM et ce pays, le faisant participer à certaines activités. Si, dès 1956, la Chine fut admise comme observateur, ce n'est qu'en 1962 que le CAEM commença à s'élargir aux pays extra-européens avec l'admission de la Mongolie. En 1972, ce fut le tour de Cuba qui était membre observateur depuis 1963, et en 1978 celui du Viêt-nam. Mais, entre-temps, en raison de sa rupture avec l'URSS, la Chine se retira en 1961, entraînant avec elle la Corée du Nord, également membre observateur, et l'Albanie.

Contrairement aux pays d'Europe occidentale, où le processus d'intégration économique s'est inscrit dans la droite ligne des tendances anté-rieures, la mise en place du CAEM impliquait une réorientation totale de la géographie des échanges des pays d'Europe de l'Est. Tant au XIXe siècle que dans la période de l'entre-deux-guerres, ces pays étaient tournés presque exclusivement vers l'Europe occidentale pour leurs échanges com-merciaux, et non vers la Russie, et encore moins après 1917 vers l'URSS. Par exemple, pour l'ensemble des futurs pays de l'Est, en 1928 c'est un peu moins de 1 pour 100 de leurs exportations qui était destiné à l'URSS. Même pour les pays Baltes, cette proportion n'était que de 4 pour 100. Dès 1950, ce sont 64 pour 100 des échanges de pays de l'Est qui sont destinés à l'URSS (voir le tableau XXVII.3).

TABLEAU XXVII.3

EXPORTATIONS DES PAYS DÉVELOPPÉS DE L'EST
DESTINÉES À D'AUTRES PAYS DÉVELOPPÉS
DE L'EST (en pourcentage des exportations totales)

	1955	1970	1980	1988	1990	1992	1995
URSS et Europe Est	60	59	38	36	28	19	22[c]
Allemagne Est (anc.)	65	68	53	41	35	–	–
Bulgarie	86	75	54	61	54	28	32
Hongrie	59	62	51	45	41	19	18
Pologne	57	60	40	50	39	15	17
Roumanie	65[a]	50	26	25	24	19	9
Tchécoslovaquie (anc.)	63	64	62	51	37	21	19
URSS (ancienne)	52	53	31	28	19	20[b]	27[c]

a 1958.
b 1991.
c 1994.

Sources : D'après : Commission économique pour l'Europe (1992) ; et données communiquées par le Secrétariat de la Commission Économique pour l'Europe.

Entre 1949 et 1953, date de la mort de Staline, les activités du CAEM étaient surtout limitées à la mise sur pied d'échanges bilatéraux, mais privilégiant l'URSS. Dans les années 1954-1956, des mesures de coordination des plans nationaux et le début d'une spécialisation par pays furent mis en route. En 1959, une charte concrétisant la coopération entre pays membres fut adoptée, et modifiée en 1962 dans l'esprit de la «division internationale socialiste du travail». Cette division du travail, qui impliquait des spécialisations par pays et, par là, l'absence de certains secteurs industriels, ne fut pas accueillie favorablement par plusieurs membres du CAEM. La Roumanie s'y opposa fermement ; et le projet initial fut abandonné en 1963. On considérait généralement — surtout, mais pas seulement, en Occident — que le fonctionnement du CAEM se faisait à l'avantage de l'URSS, grâce notamment au système de fixation des prix des produits échangés. Actuellement, depuis la transition, le consensus des économistes va davantage dans le sens d'un profit pour les pays d'Europe de l'Est. Cela concerne surtout les pays les plus industrialisés de cette région, et résulte de la fixation à un niveau très bas des prix des matières premières exportées, dont l'URSS était la principale source (notamment le pétrole). Autre aspect positif, le CAEM a évolué indépendamment des péripéties de l'économie mondiale, qu'il s'agisse des fluctuations du dollar et des taux d'intérêt, et des hausses (et baisses) du prix du pétrole.

Du relâchement à la fin du CAEM

Bien qu'un nouveau programme fût adopté en 1971 après des années de discussions, en pratique les politiques des divers pays de l'Est se distancèrent de celle de l'URSS, dont il ne faut pas oublier le rôle dominant à la fois politiquement et économiquement. Cette prédominance de l'URSS est évidemment d'ordre politique ; mais elle découle aussi du poids économique et démographique de ce pays. Alors que, par exemple, dans la CEE (même limitée à six membres), le pays le plus peuplé (l'Allemagne) représentait, en 1960, 31 pour 100 de l'ensemble, l'URSS représentait alors 69 pour 100 (la Pologne avait une population ne

représentant que 13 pour 100 de celle de l'URSS,
alors que l'Italie et la France avaient une population très proche de celle de l'Allemagne). Les
échecs des tentatives d'indépendance politique
vis-à-vis de l'URSS (1956, Hongrie ; 1968, Tchécoslovaquie) amenèrent néanmoins des possibilités accrues d'indépendance économique, et surtout
d'ouverture commerciale vers l'Ouest. Cela est
visible dans la réduction de la part du commerce
entre pays de l'Est. Cette part est passée dans les
exportations de 60 pour 100 en 1970 à 49 pour
100 en 1989, qui peut être considérée comme la
dernière année du CAEM. L'évolution n'a pas été
uniforme au niveau des divers pays. Comme on
peut le voir dans le tableau XXVII.3, la situation
s'est considérablement modifiée.

Néanmoins, en raison du poids des structures
antérieures et surtout de la qualité inférieure des
produits, l'ouverture à l'Ouest a été moins grande
que certains pays de l'Est ne le souhaitaient. De ce
fait, les pays pouvant exporter certaines matières
premières et certains produits agricoles ont pu
trouver plus de débouchés en Occident. Ce qui
explique la situation paradoxale de l'URSS qui,
grâce surtout à son pétrole, peut largement com-
mercer avec l'Ouest, et celle de la Tchécoslovaquie dont les échanges avec l'Ouest sont faibles,
étant donné le débouché plus facile à l'Est pour
ses articles manufacturés.

Concurremment à ce relâchement vis-à-vis de
l'URSS, on instaure des possibilités de convention avec des États non membres. La première
de celles-ci est signée avec la Finlande en mai
1973. Puis le mouvement concerne un nombre
assez important (neuf) et varié de pays du Tiers-

Monde. Cela commence avec l'Iraq, en juillet
1975, et s'achève avec l'Afghanistan en 1987.
Mais ces conventions n'impliquent pas en définitive des échanges commerciaux très importants.
Dès octobre 1990, l'Allemagne de l'Est se retire
du CAEM, suivie progressivement par d'autres
membres. Le CAEM, ainsi que des organismes
affiliés, est officiellement dissout lors d'une session qui s'est achevée à Budapest en juin 1991.

1989-1995 :
L'EFFONDREMENT ÉCONOMIQUE
DANS LES PREMIÈRES ANNÉES
DE TRANSITION
AU « CAPITALISME »

Si peu de spécialistes avaient prévu l'écroulement du communisme, encore moins avaient prévu
les difficultés que rencontreraient ces pays dans
leur passage au capitalisme. En raison notamment des différences de situations structurelles
antérieures à l'abandon du communisme et des
différences de politiques de reconversion vers le
capitalisme, les premières années de cette reconversion ont été marquées par un très large éventail d'évolutions. Cependant, il ne s'agit pas de
succès plus ou moins grands, mais d'échecs plus
ou moins accusés. Très peu de victoires et beaucoup de déboires. Nous examinerons d'abord l'évolution générale, puis nous passerons en quelque
sorte aux aspects spécifiques. En raison des fortes
carences des statistiques ayant trait à l'Albanie, ce

pays sera largement exclu de cette analyse, comme il l'a été pour la phase communiste.

La chute inégale du niveau de vie

Dans le tableau XXVII.4 nous avons repris les données sur l'évolution économique des six premières années de transition. Nous y avons englobé l'année 1989, bien que dans certains cas, comme nous l'avons vu, l'abandon réel du communisme ne se place qu'en 1990. Mais on peut considérer que partout en 1989 le régime n'était plus le même.

Si la chute de la production totale a commencé plus tôt dans les pays de l'Europe de l'Est, c'est en URSS qu'elle a été la plus accusée. Le recul du volume du PNB s'est arrêté en 1994 en Europe de l'Est, alors qu'il s'est poursuivi encore en 1995 dans l'ex-URSS. Évolution très négative ; il est vrai que, ce que Jacques Nagels, dans son livre de 1991, qualifie de passage *Du socialisme perverti au capitalisme sauvage*, ne constitue pas une transition aisée. Les années les plus dramatiques ont été 1991 et 1992 ; et, d'une certaine façon, les années 1994 et 1995 peuvent être considérées comme relativement positives, excepté pour les principaux pays formant l'ex-URSS. Il n'en reste pas moins que, au niveau de l'ensemble des pays de l'Est que l'on qualifie actuellement de pays en transition, le niveau du PNB total se situe en 1995 à 40 pour 100 au-dessous de celui de 1989. Comme la population n'a pratiquement pas progressé entre-temps, le niveau du PNB par habitant a reculé dans les mêmes proportions. De surcroît,

TABLEAU XXVII.4
ÉVOLUTION DU VOLUME DU PNB DES PAYS
DE L'EST DURANT LA PÉRIODE DE TRANSITION
(variations annuelles)

	1989	1990	1991
Ensemble pays de l'Est[a]	2,1	– 3,7	– 11,5
URSS (ancienne)	2,5	– 2,2	– 11,6
Europe de l'Est	0,2	– 7,4	– 11,1
Pays de l'ancienne URSS			
Fédération de Russie	–	–	– 13,0
Ukraine	–	–	– 11,9
Biélorussie	–	–	– 1,2
Estonie	–	–	– 7,9
Lettonie	–	–	– 11,1
Lituanie	–	–	– 13,1
Géorgie	–	–	– 20,6
Arménie	–	–	– 11,8
Pays de l'Europe de l'Est			
Albanie	9,8	– 10,0	– 27,7
Bulgarie	– 0,5	– 9,1	– 11,7
Hongrie	0,7	– 3,5	– 11,9
Pologne	0,2	– 11,6	– 7,0
Roumanie	– 5,8	– 5,6	– 12,9
Tchécoslovaquie (ancienne)	4,5	– 0,4	– 15,9
Rép. tchèque	–	–	–
Rép. slovaque	–	–	–

a Y compris l'ex-Yougoslavie.

Sources : FMI (1996). Les données à partir de 1992 pour l'Europe de l'Est et l'ancienne URSS ont été calculées par nous.

dans la plupart de ces pays, on a assisté à une forte augmentation de l'inégalité de la distribution des revenus, de sorte que pour les groupes les plus défavorisés le déclin a été réellement catas-

TABLEAU XXVII.4
ÉVOLUTION DU VOLUME DU PNB DES PAYS
DE L'EST DURANT LA PÉRIODE DE TRANSITION
(variations annuelles)

1992	1993	1994	1995
– 14,7	– 8,5	– 8,8	– 1,3
– 18,2	– 11,9	– 16,0	– 5,5
– 4,1	– 2,0	3,7	5,0
– 19,0	– 12,0	– 15,0	– 4,0
– 17,0	– 17,1	– 23,7	– 11,8
– 9,6	– 9,5	– 12,2	– 10,2
– 21,8	– 6,6	– 0,1	3,2
– 35,2	– 14,8	2,2	0,4
– 56,6	– 16,5	1,0	3,1
– 42,7	– 39,2	– 11,4	2,4
– 52,4	– 14,8	5,4	6,4
– 9,7	11,0	9,4	8,6
– 5,7	– 4,2	1,8	2,6
– 4,3	– 2,3	2,9	1,3
2,6	3,8	6,0	6,5
– 10,1	1,3	3,9	6,9
– 8,5	–	–	–
–	– 0,9	2,6	4,8
–	– 4,1	4,9	7,4

trophique. Notons toutefois que pour ce qui est du niveau de vie moyen, les baisses ont été généralement un peu plus faibles que celles du PNB par habitant, car les parts du PNB dévolues à la formation du capital se sont réduites. Les baisses du niveau de vie jointes à l'accroissement des inégalités ont conduit à l'apparition massive de la pauvreté. Ainsi en Russie, en 1995, le quart environ de la population aurait un revenu inférieur au minimum vital.

Parmi les pays de l'Est, l'évolution, ou plutôt l'effondrement a été inégal et la chronologie a été aussi différenciée. Comme on peut le voir dans le tableau XXVII.4, le déclin a commencé dès 1989 en Pologne et en Roumanie et en 1990 pour les autres pays. La croissance économique redevient positive en 1992 en Pologne, en 1993 s'y ajoutent l'Albanie et la Roumanie ; l'année 1994 a été positive sous cet aspect pour tous les pays de l'Europe de l'Est mais pas pour la plupart des pays formant l'ancienne URSS. Parmi ces derniers, l'évolution a continué à être très négative en Fédération de Russie, en Ukraine et en Biélorussie. Par rapport à 1988, le creux du volume du PNB total a été le suivant (année de creux et pourcentage de recul) : ancienne URSS (1995 : – 63) ; Albanie (1992 : – 41) ; Bulgarie (1993 : – 38) ; Roumanie (1992 : – 30) ; Hongrie (1993 : – 30) ; ancienne Tchécoslovaquie (1993 ; – 25) et Pologne (1991 : – 18).

À propos des récentes statistiques de production des pays de l'Est, se pose à nouveau un problème de validité des données qui, cette fois, comporteraient un biais contraire à celui de la période communiste. En effet, la réduction de la production a affecté beaucoup plus fortement la gamme de produits de très faible qualité qui pouvaient pratiquement être considérés comme du rebut mais comptabilisés dans les statistiques. Donc, en termes de production de produits utilisables véritablement sur un marché libéral, le recul est moins accusé. L'importance relative du secteur privé est d'ailleurs très inégale. À mi-1995, cela se situait vers les 60 à 70 pour 100 pour tous les pays de l'Europe de l'Est, à l'exception de la Bulgarie (45 pour 100). Pour les pays de l'ex-URSS, cela allait d'un minimum de 15 pour 100 (Bélarus, Turkménistan) à un maximum de l'ordre de 55 à 60 pour 100 pour les pays Baltes, en passant par les taux suivants : Kazakhstan 25 pour 100 ; Ukraine 35 pour 100 ; Fédération de Russie 55 pour 100.

Une industrie plus affectée que l'agriculture

Le démantèlement du CAEM a brutalement privé les industries des pays communistes de leurs débouchés mutuels. L'unification allemande a encore accentué cette perte de débouchés ; de sorte que pratiquement du jour au lendemain les industries ont vu leurs possibilités d'exporter des articles manufacturés tomber à des niveaux extrêmement bas. D'autre part, les marchés locaux ont également connu une contraction, résultant des effets combinés de la baisse du niveau de vie et de l'arrivée massive de produits occidentaux. En effet, partout il y a eu une préférence allant aux produits manufacturés occidentaux, non seulement pour les biens de consommation, mais aussi, dans une moindre mesure il est vrai, pour les biens d'équipement, les produits occidentaux étant, en règle générale, de meilleure qualité, et souvent aussi meilleur marché. Rien qu'entre 1988 et 1991, les exportations vers les pays de l'Est de vêtements en provenance des pays développés

TABLEAU XXVII.5

ÉVOLUTION ÉCONOMIQUE ET SOCIALE DES PAYS DE L'EST DURANT LA PÉRIODE DE TRANSITION

	1989	1990	1991	1992	1993	1994	1995
Production industrielle (variations annuelles)							
URSS (ancienne)	2,2	0,0	-9,4	-18,0	-16,2	-20,8	20,0
Bulgarie	-1,0	-17,0	-22,0	-15,9	-7,0	3,9	-4,0
Hongrie	-0,4	-3,4	-18,3	-9,4	4,0	9,1	5,0
Pologne	-1,4	-26,1	-14,0	4,2	5,6	12,1	10,3
Roumanie	-2,3	-21,6	-22,7	-21,8	3,8	3,1	9,5
Rép. tchèque	2,1	-3,7	-24,7	-13,8	-5,3	2,1	9,2
Rép. slovaque	1,0	-10,0	-12,0	-14,5	-3,8	4,8	8,3
Production agricole (1979/1981 = 100)							
URSS (ancienne)	121	120	106	-	-	-	-
Bulgarie	99	92	82	81	64	60	51
Hongrie	114	107	113	86	80	83	81
Pologne	117	119	114	102	108	92	101
Roumanie	100	89	90	74	88	96	97
Tchécoslovaquie (ancienne)	129	126	118	112	-	-	-

	1989	1990	1991	1992	1993	1994	1995
Chômage (en pourcentage)							
Fédération de Russie	–	–	–	0,4	1,0	1,7	2,8
Bulgarie	0,0	1,7	12,0	13,2	16,3	14,6	11,8
Hongrie	0,0	1,7	8,5	10,7	12,8	10,4	10,6
Pologne	0,0	6,3	11,8	12,9	14,9	16,4	15,2
Roumanie	0,0	0,0	3,0	6,2	9,2	11,0	9,9
Rép. tchèque	0,0	1,0	6,6	3,1	3,0	3,3	3,0
Rép. slovaque	2,9	4,7	8,2	11,5	12,9	14,6	13,8
Prix de détail (variations annuelles)							
Fédération de Russie	2	5	95	2 600	940	315	231
Bulgarie	6	24	334	79	73	96	62
Hongrie	17	29	40	19	22	19	28
Pologne	251	586	70	45	37	33	28
Roumanie	1	5	121	210	256	137	32
Rép. tchèque	1	10	58	11	21	10	9
Rép. slovaque	1 100	529	111	10	23	14	10

TABLEAU XXVII.5 (suite)

ÉVOLUTION ÉCONOMIQUE ET SOCIALE DES PAYS DE L'EST DURANT LA PÉRIODE DE TRANSITION

	1989	1990	1991	1992	1993	1994	1995
Exportations (valeur en dollars 1988 = 100)							
URSS (ancienne)	100	95	78	86	91	105	134
Bulgarie	88	69	46	52	47	50	65
Hongrie	97	97	102	107	89	107	128
Pologne	101	126	102	90	97	118	157
Roumanie	90	51	47	50	56	70	86
Tchécoslovaquie (ancienne)	96	87	91	100	109	131	161

Note : Pour l'évolution du PNB voir le tableau XXVII.4.

Sources : D'après : Commission économique pour l'Europe (1995) ; FAO (1995) ; FMI, _International Financial Statistics. Yearbook_, diverses livraisons ; Nations unies, _Bulletin mensuel de statistique_, diverses livraisons ; OCDE, _Indicateurs économiques à court terme. Économies en transition_, diverses livraisons ; et données communiquées par le Secrétariat de la Commission Économique pour l'Europe.

occidentaux ont progressé de près de 40 pour 100; celles de voitures ont été multipliées par 10.

Déjà amorcée dans certains pays de l'Est dès 1989, la chute de la production manufacturière fut partout très importante entre 1990 et 1992; l'année 1994 étant une année plus positive, à l'exception notable de l'ex-URSS. Pour l'ensemble des pays ex-communistes, la production manufacturière a amorcé son déclin en 1990 et a reculé en moyenne de 15 pour 100 par an entre 1990 et 1994, amenant le niveau de la production lors du creux de 1994 à la moitié de celui de 1990. On peut considérer que, à l'exception de la Bulgarie, l'année 1995 est celle de la reprise. En ce qui concerne l'ensemble de l'industrie, on trouvera dans le tableau XXVII.5 l'évolution annuelle enregistrée entre 1989 et 1995. Les reculs les plus importants ont été ceux de la Bulgarie et de la Roumanie, avec une chute de près des deux tiers! Les baisses les plus modérées ont été celles enregistrées par la Hongrie et la Pologne, où le recul a été de l'ordre d'un tiers à un quart. Entre ces deux extrêmes, on trouve l'ex-URSS et l'ex-Tchécoslovaquie, avec une chute de l'ordre de la moitié. Il est probable que, comme nous l'avons signalé plus haut à propos de la chute du PNB, les statistiques officielles exagèrent la réalité des reculs; quoi qu'il en soit, l'évolution a été très négative, pour ne pas utiliser le terme de catastrophique.

Dans l'agriculture, l'évolution a été moins catastrophique. Bien entendu, dans ce secteur, il faut tenir compte des fluctuations dues aux variations climatologiques; ce qui, pour une période si brève, rend le diagnostic plus difficile.

Cependant, par hasard, cette période ne comprend pas d'année exceptionnelle, et si l'on compare la moyenne triennale de 1987-1989 à celle de 1993-1995, on est en présence de deux périodes à peu près équivalentes sur le plan climatique. Sur le plan régional, au cours de cette période l'évolution a été très contrastée, mais partout négative, à l'exception notable de la Pologne, où, il est vrai, l'agriculture avait été la moins collectivisée. Par conséquent, les changements après l'effondrement du communisme ont été les plus faibles. En Pologne, la production agricole totale n'a reculé que de 3 pour 100. Dans l'ex-URSS, la baisse de la production a été plus accusée (mais les statistiques sont incomplètes) et en Bulgarie le recul a été de 40 pour 100 (voir le tableau XXVII.5).

Une parenthèse sur la population

Plus haut, nous avons parlé de production par habitant ; or, même au niveau du simple rythme de croissance de la population, on a assisté à une rupture certaine qui reflète les changements profonds intervenus dans la démographie, conséquence à la fois de la modification du régime et de la dégradation de la situation économique de la très grande majorité de la population. Ces changements profonds, qui ont surtout touché la fécondité, la nuptialité et aussi la mortalité, n'ont pas affecté uniformément les divers pays.

Commençons par la fécondité, et basons-nous sur les données de la natalité, les seules disponibles pour suivre valablement l'évolution à court terme. Rappelons d'abord que, dans beaucoup de pays en Occident, cette natalité a été ces dernières années soit stable, soit en progression. Dans l'ex-monde communiste, à l'exception de la Hongrie, on assiste à un véritable effondrement. Entre 1989 et 1995, le taux brut de natalité a diminué de 22 pour 100 en Pologne, de 35 pour 100 en Bulgarie et en Roumanie, de 36 pour 100 en Russie. Encore plus forte a été la chute de la natalité dans l'ex-Allemagne : plus de 60 pour 100 ; et les pays Baltes ont également été touchés fortement, avec un recul de l'ordre de 42 pour 100. Pour ce qui est de l'ancienne Tchécoslovaquie, la baisse a été plus forte dans la République tchèque (environ 32 pour 100) que dans la République slovaque (21 pour 100). En Hongrie, il y a eu un *statu quo* relatif (baisse de 6 pour 100). Le taux de fécondité de l'ex-URSS en 1995 serait un des plus faibles de l'Europe. Pour ce qui a trait à la nuptialité, c'est surtout la Russie qui est concernée où, entre 1988 et 1995, le taux de nuptialité a reculé de 22 pour 100 ; et c'est la Roumanie qui a été la moins touchée (recul de 6 pour 100). Pour les autres pays, il y a eu un recul de 17 à 20 pour 100.

En Russie, en 1992, pour la première fois depuis 1946, la mortalité a dépassé la natalité. Entre 1988 et 1994, le taux brut de mortalité a progressé de 45 pour 100, s'établissant à 15,5 pour 1 000. En 1995, il y a eu une légère amélioration, puisque le taux s'est établi à 14,7. Autre expression de cette dramatique évolution : la baisse de l'espérance de vie. Pour les hommes, ce recul a été plus accusé que pour les femmes, l'espérance de vie à la naissance en 1995 n'étant plus que de 59 ans, c'est-à-dire 7 ans de moins que lors du sommet atteint dans la période 1963-1967, et environ 15 ans de moins que dans les pays occidentaux avancés. C'est même un niveau inférieur d'une dizaine d'années à celui de la Chine.

Heureusement, dans les autres pays de l'Est, cette hausse de la mortalité a été ou bien évitée (Pologne et ex-Tchécoslovaquie) ou assez faible : Hongrie (3 pour 100) ; mais néanmoins importante (12 à 13 pour 100) en Bulgarie et en Roumanie. Selon les spécialistes, le bond de la mortalité dans la Fédération de Russie résulterait essentiellement de la dégradation de l'environnement par le « stress de nombreuses catégories de population qui n'arrivent pas à s'adapter à la nouvelle situation économique et sociale ». C'est ainsi que l'on observe une forte hausse des décès dus aux accidents et à l'alcoolisme. On a également assisté à un fort accroissement des suicides : pour les hommes âgés de 20 à 59 ans, on est passé de moins de 25 suicides par 1 000 habitants avant 1991 à plus de 35 en 1993.

Où apparaissent le chômage et l'inflation

Avec l'adoption de l'économie de marché est apparu ce terrible revers de la médaille du libéralisme qu'est le chômage. C'est en Pologne qu'un chômage substantiel apparaît le plus précocement : les 10 pour 100 y sont dépassés dès 1991. Et ce pays est, avec la Bulgarie, celui où, en 1995, le taux de chômage est le plus élevé : de l'ordre de 15 pour 100. Par contre, dans l'ex-URSS, le chômage n'apparaît qu'en 1992, et s'élevait à peine à

3 pour 100 en 1995. Certes, comme dans le cas des pays développés, les statistiques ne sont pas pleinement comparables, néanmoins elles fournissent une indication assez valable des situations. À propos du faible taux de l'ancienne URSS, où le taux figurant dans le tableau XXVII.5 concerne la Fédération russe seulement, signalons que, à l'exception de l'Arménie (où, pour 1995, le taux de chômage était de l'ordre de 7 pour 100), le chômage est resté également faible dans les autres pays devenus indépendants pour lesquels on dispose de statistiques en la matière. En outre, notons que le chiffre se rapportant à la Fédération russe est une estimation officielle que contestent des études du BIT qui estiment que le niveau réel du chômage est au moins quatre fois plus élevé.

Également grande variabilité des situations dans le domaine de l'inflation dont il faut noter que, contrairement au chômage, elle est apparue dans certains pays déjà avant 1989. L'inflation est, en quelque sorte, un indicateur du relâchement ou de l'échec du système de planification absolue, dont une des vertus était la stabilité des prix, même si dans certains cas, on avait été en présence d'une inflation «camouflée»; mais celle-ci touchait rarement les produits essentiels, tels que le pain. Donc indicateur des réformes également; raison pour laquelle c'est notamment en Pologne et en Hongrie que l'on a constaté une inflation parfois importante avant 1989. Dans la phase de transition, l'inflation s'est généralisée et a surtout été très élevée dans la Fédération de Russie, surtout depuis 1991 (entre 1990 et 1995, les prix de détail ont été multipliés par 7 500).

Également très forte a été l'inflation en Pologne où, entre 1988 et 1995, les prix ont été multipliés par 1 400. Même dans le pays où l'inflation a été la plus faible (la République tchèque), toujours entre 1989 et 1995, les prix ont été multipliés par près de 3.

Un commerce extérieur qui s'effondre,
des investissements étrangers
et une aide extérieure
qui se font attendre

Enfin, dernier aspect des difficultés de ce retour au capitalisme : le recul très accusé des exportations jusqu'en 1993. Afin de mieux interpréter les données sur l'évolution de la valeur des exportations figurant dans le tableau XXVII.5, il faut relever les éléments suivants. Le total des exportations (Allemagne de l'Est exclue) est passé, entre 1988 et 1993, de l'indice 100 à l'indice 86, cela en utilisant les données des Nations Unies. Si l'on utilise les chiffres tels que recalculés par la Commission Économique pour l'Europe, l'évolution a été moins négative. Comparée à ce recul, il convient de signaler que, sur le plan mondial, même si il y a eu un ralentissement de l'expansion du commerce international, la valeur des exportations a continué à croître très rapidement, sauf en 1991 (où la progression n'a été que de 3 pour 100). Sur la base 1988 = 100, la valeur des exportations mondiales (sans les pays de l'Est) se situe à l'indice 137 en 1993. On le voit, la différence est importante entre le recul des exportations dans les anciens pays communistes et la progression continue dans le reste du monde. Recul des exportations... Dans certains cas, il conviendrait mieux de parler d'un véritable effondrement : c'est le cas de la Bulgarie et de la Roumanie, et aussi de l'ex-URSS dans laquelle cela s'est produit plus tardivement. Les pays à réforme précoce ont mieux résisté. C'est notamment le cas de la Pologne, où les exportations ont même un peu progressé (1 pour 100), et de la Hongrie, dont les exportations n'ont reculé que de 12 pour 100 (toujours entre 1988 et 1993). À partir de 1994, la reprise est généralisée ; mais, en 1995, la Bulgarie et la Roumanie n'avaient pas encore retrouvé le niveau de 1988.

Cet écroulement du commerce extérieur des anciens pays communistes résulte largement d'un recul accusé des échanges entre ces pays. Comme on peut le voir dans le tableau XXVII.3, on est passé de proportions voisines de 60 pour 100 dans les premières décennies d'après-guerre à 36 pour 100 à la veille de l'écroulement du communisme, pour se situer à peine au-dessus des 20 pour 100 en 1995. Et comme la valeur des exportations totales a reculé, le montant de ces échanges intra-régionaux a reculé d'environ un quart entre 1988 et 1995. Comme nous l'avons indiqué, les anciens pays communistes ont cessé de s'approvisionner chez leurs anciens partenaires et ont cherché en Occident des produits de meilleure qualité. Entre 1988 et 1995, les exportations des pays développés occidentaux vers les pays de l'Est sont passées de 43 à 85 milliards de dollars. Le manque de devises n'ayant pas permis une expansion encore plus forte, de ce fait, à l'encontre de ce qui se passe généralement lors du recul des exportations dans les pays du Tiers-Monde, on n'a pas assisté dans ce cas à une forte augmentation du déficit commercial. Ce qui, en quelque sorte, est l'expression d'une méfiance des pays développés occidentaux.

Les investissements étrangers et l'aide extérieure se font attendre. En effet, même si le flux d'investissements directs a considérablement augmenté par rapport à la période communiste, il ne représente cependant que des montants très modestes comparés aux montants investis dans d'autres régions. Certes, pour l'ensemble des ex-pays de l'Est, on est passé de 0,3 milliard de dollars en 1989 à 6,1 milliards en 1994 et à 12,6 milliards en 1995, mais ce dernier montant ne représente que 4 pour 100 du total mondial et est moins important que celui, par exemple, de la seule Suède. La part de l'ex-URSS dans ce total est très faible (moins d'un quart), la Hongrie, la Pologne et l'ex-Tchécoslovaquie absorbant l'essentiel de ces investissements. Comme ces flux sont faibles et d'origine récente, il est normal que le stock des investissements directs étrangers soit encore très limité. En 1995, celui-ci s'élevait à 33 milliards de dollars, soit 1 pour 100 du total mondial. C'est la Hongrie qui vient en tête, avec 9,9 milliards, suivie par la Pologne (7,4) et la République tchèque (6,1). Pour l'ex-URSS, il s'agit de 7,4 milliards, dont 1,3 pour les seuls pays Baltes qui ne représentaient même pas 3 pour 100 de la population de l'ex-URSS. Quant à l'aide publique, celle-ci a atteint 8 milliards de dollars en 1994, ce qui représente 11 pour 100 du montant correspondant fourni au Tiers-Monde[1];

1. Voir le tableau XXXVI.1.

l'essentiel de cette aide est bilatérale, et l'Allemagne y prend une place prédominante. Du côté des bénéficiaires, la Fédération de Russie vient en tête, suivie par la Pologne.

La faiblesse de l'aide et des autres transferts financiers explique les niveaux encore bas de la dette. L'ensemble de celle-ci (total du court terme et du long terme) est passé de 153 millions de dollars en 1989 à 260 millions en 1995. Ce dernier montant représente le septième du montant correspondant du Tiers-Monde à économie de marché, qui, il est vrai, est 7,7 fois plus peuplé mais dont le revenu par habitant est 4,6 fois plus faible. Des conditions assez libérales ont conduit à un service de la dette assez réduit. Celui-ci (fluctuations annuelles mises à part) est resté assez stable, s'établissant, en 1995, à 27 millions de dollars, soit presque le même niveau qu'en 1989 (26 millions). C'est là un montant plus de 60 fois inférieur à celui du Tiers-Monde à économie de marché[1].

---

1. Voir le tableau XXXVI.2.

XXVIII.
LES BOULEVERSEMENTS DES SOCIÉTÉS DÉVELOPPÉES. DE LA DÉMOGRAPHIE À LA FIN DES ÉTATS-NATIONS ?

Déjà, au cours du XIXe siècle, le processus de développement moderne issu de la révolution industrielle a entraîné de profonds changements structurels des économies et des sociétés des pays développés[1]. La croissance économique ayant été encore plus rapide durant le XXe siècle, et surtout depuis 1946, on est en présence d'une série de véritables bouleversements. Au cours de ces décennies, dans maints domaines, et plus spécifiquement dans ceux qui ont une limite, on est pratiquement arrivé à cette limite (ou tout près). Ce qui implique que, bien que l'on ne puisse à l'avenir parler d'une absence de bouleversements pour beaucoup de domaines, ceux-ci seront beaucoup plus négligeables que par le passé. Prenons l'exemple de la répartition de la population active. Pour les pays développés occidentaux, on est passé d'une population active agricole représentant 43 pour 100 du total des actifs en 1913 à 5 pour 100 en 1995. Dans les 80 prochaines années, on pourra, au mieux (ou

---

1. L'essentiel de ceux-ci a été présenté dans plusieurs chapitres de la deuxième partie.

au pire), passer de 5 à 1 pour 100. À l'inverse, l'importance relative du tertiaire, qui, entre 1913 et 1995, a pratiquement progressé de 150 pour 100, passant du quart de la population active aux deux tiers, ne pourra progresser que de 30 pour 100 au plus dans les 80 prochaines années. C'est d'ailleurs dans ce contexte que les expressions de «fin des paysans» ou de «montée du monde du tertiaire» ont été utilisées depuis trois décennies.

Dans la présentation des principaux bouleversements structurels des sociétés développées, nous serons souvent amenés à écarter les pays de l'Est en raison à la fois de leur voie spécifique de développement et aussi de la moindre disponibilité des sources statistiques. Donc il s'agira souvent des pays développés occidentaux, appelés aussi «pays développés à économie de marché», appellation qui, après 1989, est moins adéquate puisque les pays communistes — bien que n'ayant pas tous passé nécessairement au capitalisme — veulent et passent tous à une économie de marché. D'autre part, certains aspects sociaux, qui, eux aussi, ont été bouleversés, seront présentés dans le prochain chapitre, consacré à l'État-providence. La distinction entre aspects économiques et aspects sociaux est en partie arbitraire. Ainsi, les changements de la population active seront traités ici bien que comportant des connotations sociales évidentes. À l'inverse, des aspects tels que la montée de l'emploi féminin, qui comporte des connotations économiques évidentes, seront traités dans le chapitre suivant.

Nous commencerons par les principales modifications du domaine démographique, allant du ralentissement de la croissance de la population

à l'émergence des mégalopoles, en passant par de
multiples autres aspects : naissances illégitimes,
divorces, migrations, etc. Puis nous passerons à
des éléments plus proches de la vie économique
proprement dite : allant des bouleversements de
la population active aux problèmes énergétiques,
en passant par les bouleversements de la structure
de la consommation. Le monde de l'entreprise et
ses mutations feront l'objet de la troisième section. D'autre part, malgré le phénomène (somme
toute récent) des mouvements d'intégration économique et le phénomène de mondialisation,
l'histoire économique du monde demeure encore
largement aussi une histoire de puissances économiques dominantes. D'ailleurs, les deux plus
grandes puissances actuelles, à savoir les États-
Unis et le Japon, ne font pas partie d'un réel processus d'intégration économique, même si pour
l'Amérique du Nord l'ALENA marque la possibilité d'une telle évolution. Puissances dominantes
« actuelles », précision qui s'avère nécessaire
quand on parle de l'ensemble du XXᵉ siècle, car
au début de celui-ci, les puissances économiques
dominantes étaient autres. Enfin, nous terminerons sur une interrogation : La fin des États-
nations, l'amorce d'une économie mondiale ?

DES BOULEVERSEMENTS
DE LA DÉMOGRAPHIE
À CEUX INTERVENUS
DANS LE MONDE URBAIN

Il était prévisible que le rythme sans précédent
de la croissance économique de ce dernier demi-
siècle conduise à des modifications profondes
dans maints aspects de la démographie. Il en a
été de même dans le monde urbain ainsi que
dans l'enseignement (qui sera traité dans le
chapitre suivant). Les bouleversements dans ces
domaines ont été sans conteste, au cours de cette
période, plus importants qu'au cours du siècle
précédent. Cependant, certains d'entre eux ont
débuté dans l'entre-deux-guerres.

Une démographie totalement différente

Un des clichés du grand public, et également
d'une importante composante de la pensée économique, est que l'homme est toujours l'homme, le
fameux *Homo oeconomicus* immuable. Rappelons
que l'homo oeconomicus est un concept théorique de la pensée libérale. L'agent économique,
c'est-à-dire tous les hommes, chercherait à maximaliser sa satisfaction par des comportements
rationnels dans un univers non dénué d'incertitudes. D'ailleurs, pour certains penseurs, l'effondrement du communisme ou l'impossibilité de
l'établir est la preuve que l'on ne peut changer la

nature de l'homme et que celui-ci sera toujours
mû par les mêmes considérations dans lesquelles
l'altruisme occupe peu de place et l'égoïsme beaucoup. Même s'il y a une part de vérité, en revanche,
il est certain que le comportement démographique qui avait déjà subi une profonde mutation
avec la transition démographique du XIXᵉ siècle a
continué à se modifier rapidement pendant le
XXᵉ siècle. Et nous commencerons en quelque
sorte par une des résultantes de synthèse de ces
changements. Pour la première fois depuis plus
de deux siècles, la population des pays développés
est proche de la stagnation.

VERS LA CROISSANCE ZÉRO DE LA POPULATION

Vers 1913, date à laquelle nous avons arrêté
l'analyse du XIXᵉ siècle, la croissance de la population des pays développés atteignait le rythme le
plus élevé jamais enregistré et plus jamais retrouvé.
Entre 1910 et 1913, la population des pays développés s'était accrue à un rythme annuel de l'ordre
de 1,3 pour 100. Entre 1990 et 1995, il s'agit de
0,5, et pour l'Europe occidentale de 0,3. De 1995
à l'an 2025, selon les projections récentes des
Nations unies [1], la croissance démographique de
cette Europe occidentale sera pratiquement nulle
(0,004 pour 100 par an). Les projections ne peuvent tenir compte valablement des migrations
qui, bien sûr, demeurent une grande inconnue et,
parfois, une grande crainte. En tout cas, la part de
cette région dans la population mondiale passera
de 7,0 à 4,9 pour 100 de 1995 à 2025, alors qu'elle
était de 13,3 pour 100 en 1913.

1. Publiées en 1995.

RECUL DE LA FÉCONDITÉ

Ce fort ralentissement de la croissance démographique résulte d'un fort recul de la natalité qui découle essentiellement de la baisse de la fécondité, car malgré le vieillissement de la population, la proportion de femmes en âge de procréer n'a pas subi de modifications sensibles. La baisse de la natalité a commencé, comme nous l'avons vu dans le tableau XI.1, dès le dernier quart du xixe siècle. Ainsi, pour l'Europe occidentale, on est passé d'un taux de natalité proche de 40 pour 1 000 au début du xixe siècle à 24 pour 1 000 pour 1909-1911. Le recul est encore plus important au xxe siècle, puisque pour 1993-1995 on est au-dessous des 11 pour 1 000.

Au niveau de l'ensemble des pays développés, l'indice synthétique de fécondité est descendu au-dessous du niveau 2 vers 1974-1975. « L'indice synthétique (ou total) de fécondité exprime le nombre d'enfants que mettrait au monde une femme qui vivrait jusqu'à la fin de ses années de procréation en donnant naissance, à chaque âge, au nombre d'enfants correspondant au taux de fécondité pour cet âge. » En langage plus concret cet indice donne, *grosso modo*, le nombre d'enfants par femme et non pas le nombre d'enfants survivants. Donc, si cet indice est égal ou inférieur au niveau 2, le renouvellement de la population ne s'effectue pas. Un indice plus significatif est le taux net de reproduction qui tient compte de la mortalité probable. Mais, comme la plupart des « comptes rendus » sur le développement, et notamment le *Rapport sur le développement dans le Monde* que publie chaque année la Banque Mondiale, utilisent l'indice synthétique de fécondité, nous le privilégierons ici et lors de l'analyse du Tiers-Monde en l'appelant simplement «indice de fécondité».

Toujours au niveau de l'ensemble des pays développés, l'indice de fécondité était encore de 2,82 pour 1955-1960, s'établissant à 1,92 pour 1985-1990. C'est à la fin des années 1970 que l'indice de fécondité est tombé au-dessous de 2, donc, au-dessous du renouvellement de la population ; en Europe occidentale, cela s'est produit environ 5 ans plus tôt. Au niveau des régions, l'indice de fécondité, pour 1985-1990, était le plus faible en Europe occidentale (1,58) et le plus élevé en URSS (2,43). Mais cette évolution n'a pas été linéaire. Sans parler du *baby boom* d'après guerre [1], il convient de signaler qu'à partir de 1983-1985, on assiste à un retournement de la tendance dans un certain nombre de pays très développés, en raison notamment des politiques sociales visant à favoriser la fécondité et à faciliter les conditions des parents. Ainsi, l'un des cas les plus nets est la Suède où l'indice de fécondité, qui avait atteint un creux de 1,65 en 1980-1985, se situe à 2,17 pour 1993. Parmi les autres pays où l'on constate une remontée de la fécondité citons les cas suivants : Canada, Danemark, États-Unis, Nouvelle-Zélande, pays Baltes, Pays-Bas, Suisse.

À l'inverse, dans les pays moins développés du sud de l'Europe, on a assisté à une accélération de la baisse de la fécondité et de la natalité. Par exemple, le Portugal, qui pour 1979-1981 avait

1. Voir chap. XXV.

encore un taux de natalité supérieur à 16 pour
1 000, se situe un peu au-dessus des 11 pour
1 000 pour 1993-1995. Il est paradoxal de noter
que le taux de natalité le plus faible de l'Europe
occidentale est celui de l'Italie qui se situe au-
dessous des 10 pour 1 000 dès 1986, alors qu'au
début des années 1960 il était proche des 19
pour 1 000. D'ailleurs, l'image traditionnelle d'une
Europe du Sud à forte fécondité s'opposant à une
Europe occidentale à faible fécondité s'est trouvée bouleversée ces deux dernières décennies.
Ainsi, pour 1965-1970, l'indice de fécondité était
de 2,66 pour le Sud et de 2,45 pour l'Occident ;
pour 1985-1990 respectivement de 1,54 et de
1,58. En fait, le pays d'Europe où la fécondité est
la plus faible est l'Italie (1,33). Dans l'ex-URSS,
le recul de la fécondité a été modéré jusqu'au
milieu des années 1960 et est demeuré pratiquement stationnaire depuis lors avec un indice de
l'ordre de 2,4. En revanche, en Europe de l'Est,
la fécondité a baissé plus fortement et se trouve
tout près de l'indice 2. On constate de grandes
différences entre pays. C'est en Pologne que le
recul a été le plus rapide, mais le niveau du début
des années 1950 y était le plus élevé. La Hongrie
des années récentes a le taux de fécondité le plus
faible de cette région (1,82) et la Roumanie le
plus élevé (2,28). Et, pour terminer, on rappel-
lera les bouleversements qu'a aussi produits
l'écroulement du communisme.

Voyons l'évolution du taux brut de nuptialité, c'est-à-dire le nombre de mariages par 1 000 habitants. Attirons l'attention du lecteur sur le point suivant : dans un grand nombre de sources, on fournit le nombre de *mariés* par 1 000 habitants, ce qui est donc deux fois plus élevé. Nous avons préféré suivre la pratique des Nations Unies qui est le nombre de mariages par 1 000 habitants. À la veille de la Première Guerre mondiale, le taux de nuptialité était de l'ordre de 7,0 à 7,5, ce qui n'était guère différent du début du XIXᵉ siècle. Dans l'entre-deux-guerres, globalement il n'y a pas eu de changements significatifs autres que ceux liés à la dépression des années 1930, où le taux de nuptialité a été influencé à la fois par la conjoncture et par l'évolution de la sécurité sociale. Ainsi, en Suisse, où la dépression a été assez grave et où peu de mesures sociales ont été prises, entre 1925-1929 et 1936-1938 le taux de nuptialité est passé de 7,4 à 7,3 ; alors qu'en Suède, où la conjoncture économique et surtout sociale était favorable, il est passé de 6,5 à 9,3.

Après la Seconde Guerre mondiale, le taux de nuptialité est resté relativement stable jusqu'aux années 1972-1973 (aux États-Unis jusqu'en 1984). Mais, à partir de ce moment, la baisse est très accusée, puisque l'on est passé en Europe d'une moyenne de 7,7 pour 1969-1971 à 4,7 pour 1993-1995, soit un recul de près de 40 pour 100. Si l'on tient compte que la proportion de la population âgée de 15 à 49 ans a, durant cette période, pro-

gressé d'environ 5 pour 100, le recul du taux de
nuptialité dépasse alors les 40 pour 100. Ce recul
dénote un changement de comportement, mais
il est aussi dans maints pays favorisé par les
législations fiscales qui avantagent parfois fortement les ménages non mariés avec enfants. Par
exemple, en France en 1994, un couple, dont le
revenu annuel était de 200 000 francs et élevant 2 enfants, versait 23 000 francs d'impôt s'il
était marié et 14 000 dans l'autre cas (avec une
double déclaration fiscale). Cela explique en partie qu'entre 1985 et 1991 le nombre de «foyers fis-
caux» non mariés ayant un enfant a progressé de
65 pour 100, contre 11 pour 100 pour les foyers
de même taille mais mariés. D'ailleurs, en 1994 et
en 1995, le nombre de mariages en France a été le
plus faible du siècle (en temps de paix). Si
l'on tient compte de la forte augmentation des
divorces, qui impliquent une augmentation des
mariages par le biais des remariages, la baisse est
encore un peu plus marquée. Et, comme nous
allons le voir, les divorces ont encore plus évolué
que les mariages.

DES DIVORCES QUI DEVIENNENT PRESQUE
LA SUITE NORMALE DES MARIAGES

En 1948, quand les Nations Unies ont publié
leur premier *Annuaire démographique*, aucun
tableau consacré aux divorces n'y figurait; ce
n'est que dans la quatrième édition, celle de 1952,
que le chapitre «Mariages» devient «Mariages
et Divorces». Ce qui traduit bien le caractère
encore marginal que revêtait le divorce même
après la Seconde Guerre mondiale. Certes, la

situation du début des années 1950 n'était plus
celle du début du XXᵉ siècle et encore moins celle
du début du XIXᵉ siècle, même si le véritable bouleversement n'est venu qu'après. Ainsi, au
XIXᵉ siècle, même dans les pays où la religion
dominante était le catholicisme — qui interdit
le divorce, contrairement aux autres religions
bibliques —, la sécularisation de la société a
entraîné une forte augmentation de la fréquence
des divorces, et de façon plus accusée que dans
les pays protestants. Entre la décennie 1830 et
celle de 1870, la proportion des divorces par rapport aux mariages a progressé d'environ 350
pour 100 en Belgique et en France, contre seulement 33 pour 100 en Suède, entraînant une certaine égalisation des situations autour de 0,6
divorce par 100 mariages. Les dernières décennies du XIXᵉ siècle ont vu la poursuite de cette tendance, mais le niveau, même vers le début du
XXᵉ siècle, reste très faible. Si l'on prend le cas de
la France, la proportion de divorces par rapport
aux mariages passe de 1,4 pour 100 pour 1838-
1887 à 3 pour 100 pour 1898-1902 et à 3,2 pour
100 pour 1908-1913.

Dans l'entre-deux-guerres, il y eut d'abord une
forte poussée du nombre de divorces consécutive
à la guerre qui bouleversa la vie de couple. Si
nous reprenons la France comme exemple, le
nombre annuel de divorces, qui s'élevait à une
moyenne de 16 000 dans les années d'immédiat
avant-guerre, dépassait les 41 000 en 1920, pour
revenir progressivement à 22 000 en 1927 ; à partir de là la tendance ascendante reprend. Cependant, en France, comme dans la plupart des pays
développés, même à la veille de la Seconde Guerre

mondiale la proportion des divorces par rapport au nombre de mariages restait relativement modérée. La moyenne de l'Europe occidentale se situe vers les 5 pour 100, avec néanmoins une dispersion assez grande, puisque dans beaucoup de pays, le divorce était encore pratiquement interdit, même par les lois civiles. Cependant, même en négligeant ces pays, cela va d'un taux de 1 pour 100 pour le Royaume-Uni à 11 pour 100 pour la Suisse. Hors d'Europe, c'est évidemment aux États-Unis que ce taux est très élevé (17 pour 100). Néanmoins, même dans ce pays, le divorce n'était pas encore considéré comme étant la norme. Dans ce pays de mobilité sociale et géographique, le code d'éthique hollywoodien interdisait alors que l'on aborde dans les films le divorce.

Sans parler de l'effet de la Seconde Guerre mondiale, c'est à partir du début des années 1970 que le phénomène prend une très forte extension. Ainsi, en Europe occidentale, la proportion du nombre de divorces par rapport à celui des mariages est passée en moyenne d'environ 16 pour 100 vers 1970 à 29 pour 100 vers 1980. En Europe de l'Est, si l'on ne tient pas compte de la situation exceptionnelle de la Roumanie (où le divorce était sinon défendu du moins strictement limité), le changement de régime a entraîné dès le début des années 1950 un niveau élevé de divorces. Dès 1970, le taux (par rapport aux mariages) était de l'ordre de 22 pour 100 et est passé à 31 pour 100 vers 1980. Aux États-Unis, ces proportions étaient respectivement de 35 et 50 pour 100. Si la progression se ralentit après 1980, on ne constate pas en Europe occidentale,

contrairement aux États-Unis, de réel retournement de la tendance, de sorte que, au début des
années 1990, la proportion du nombre de divorces
par rapport à celui des mariages s'établissait
près des 40 pour 100! L'écart par rapport aux
États-Unis (48 pour 100) s'est donc considérablement réduit. Dans ce pays, la tendance s'est inversée à partir de 1981, le sommet de 50 pour 100
était alors atteint.

DES NAISSANCES ILLÉGITIMES
AUX NAISSANCES HORS MARIAGES

Puisque nous avons décrit l'évolution de la
fécondité, relevons également une modification
sociale importante : l'augmentation de la proportion de naissances hors mariage. Alors que du
début de ce siècle jusqu'aux années 1970, la tendance a été à une diminution du phénomène,
depuis lors la courbe s'inverse. Phénomène qui
donc s'amorce dès les années 1970 mais qui s'accélère dans les années 1980. Par exemple, en France,
qui se situe à peu près dans la moyenne de l'évolution européenne, on est passé de 9,5 pour 100
de «naissances illégitimes[1]» à 8,1 pour 100 dans
les premières années de l'après-guerre mondiale,
pour atteindre un creux de 5,9 pour 100 au milieu
des années 1960. Or, dès 1980, il s'agissait de 11,4
pour 100, qui atteignaient 30,1 pour 100 en 1990.
Et l'expression «hors mariage» a remplacé heureusement celle d'illégitime. Des facteurs socio-
culturels impliquent de fortes différences non

1. Ainsi appelées à l'époque à la veille de la Première
Guerre mondiale.

seulement au niveau des pays mais aussi des régions, sans parler de l'écart ville-campagne. Si nous examinons la situation du milieu des années 1960, en Europe occidentale le taux de naissances hors mariage était très faible (de l'ordre de 1 à 3 pour 100), surtout dans des pays où la pratique du catholicisme était importante : Belgique, Irlande, Italie, Espagne ; mais avec une exception : le Portugal, où ce taux était de 8 pour 100. Les taux de naissances hors mariage étaient très élevés dans certains pays du Nord : Danemark (9 pour 100), Suède (14 pour 100) et Islande (27 pour 100), mais faibles ou moyens dans d'autres : Finlande et Norvège (4 pour 100). La moyenne pour l'Europe occidentale vers 1960 s'établissait à 5 pour 100. Vers 1980, cette moyenne s'établissait à 11 pour 100, mais vers 1985 elle était de 15 pour 100 ; avec, bien sûr, encore des différences nationales mais fortement atténuées. La progression a été encore plus rapide du milieu des années 1980 au milieu de la décennie 1990, doublant dans de nombreux pays. Vers 1995, ce taux était proche du quart. Toujours en Europe occidentale, la dispersion s'est encore réduite ; les pays à faible taux ayant enregistré une progression plus rapide. Ce qui ne veut pas dire que la situation soit uniforme : les taux les plus élevés sont proches, voire supérieurs, à 50 pour 100 (Danemark, Norvège, Suède), les plus faibles, voisins ou inférieurs à 7 pour 100 (Grèce, Italie, Suisse).

Pour l'Europe de l'Est (y compris l'URSS), la moyenne vers 1995 était de l'ordre de 20 pour 100. Le taux le plus élevé était celui de l'ex-Allemagne de l'Est (vers les 40 pour 100), le plus faible celui de la Pologne (vers les 10 pour 100).

Dans les pays développés d'outre-mer (si l'on excepte le Japon), ce taux était en 1995 de l'ordre du tiers (avec une faible dispersion) et l'évolution y a été, *grosso modo*, la même qu'en Europe occidentale. Au Japon, ce taux a peu progressé, passant d'un peu moins de 1 pour 100 vers 1970 à un peu plus de 1 pour 100 en 1995. Dans de nombreux pays, l'impact des changements de mentalité a été renforcé par des dispositions fiscales qui, *de facto*, favorisent les couples non mariés.

Mais la baisse de la natalité a pour conséquence de gonfler «artificiellement» la proportion d'enfants nés hors mariage. En effet, ce type de naissances touche surtout le premier enfant et avec la réduction du nombre d'enfants cette proportion s'en trouve automatiquement modifiée. Donnons un exemple théorique. Dans le cas d'un pays où 40 pour 100 des premières naissances seraient hors mariage et où cette proportion serait nulle pour les naissances suivantes, cela aboutirait à un taux d'illégitimité de 10 pour 100, si la moyenne du nombre d'enfants est de quatre. Si les taux d'illégitimité des premières naissances demeurent inchangés, mais que le nombre d'enfants tombe à deux, le taux d'illégitimité passe à 20 pour 100.

RECUL DE LA MORTALITÉ INFANTILE
ET ALLONGEMENT DE L'ESPÉRANCE DE VIE

Le tableau XXVIII.1 permet de mettre en évidence les principales modifications intervenues sur le plan démographique des pays développés occidentaux depuis l'avant-Première Guerre mondiale. Le bouleversement le plus important est celui de la mortalité infantile. Alors que, à la veille de la Première Guerre mondiale, 1 bébé sur 8 mourait encore avant d'atteindre l'âge de 1 an, au milieu de la décennie 1990 il s'agit de 1 bébé sur 150. C'est la résultante de la conjonction du fort accroissement du niveau de vie, de l'hygiène, de la diffusion de l'éducation et, bien sûr, aussi des progrès médicaux, notamment pour sauver les prématurés. Cette forte baisse de la mortalité infantile a contribué largement à la forte augmentation de l'espérance de vie à la naissance, où l'on a gagné près de 30 ans au cours des huit dernières décennies. Ce qui, en fait, représente quelque 70 pour 100 des gains obtenus en ce domaine depuis les deux-trois millénaires précédant 1910.

Comme nous l'avons signalé dans le prologue, si les gains de l'espérance de vie à la naissance sont plus importants que ceux à l'âge adulte, cela ne veut nullement dire que ceux-ci ont été négligeables. Comme nous l'avons vu, dans les sociétés traditionnelles, l'espérance de vie des «jeunes» de 20 ans était de l'ordre (très approximatif) de 35 ans. Vers 1900, cette espérance de vie en Europe occidentale était déjà passée à 43 ans, donc un gain d'environ huit ans en un siècle et demi. Or, au milieu de la décennie 1990, toujours pour l'Europe occidentale et toujours pour les jeunes de 20 ans, l'espérance de vie est de 57 ans. Ainsi, en moins d'un siècle, un gain de 14 ans, soit 75 pour 100 de plus que dans la période précédente d'une durée deux fois plus longue. Le jeune de 20 ans qui vivait dans les sociétés traditionnelles pouvait espérer vivre en moyenne jusqu'à 55 ans, pour celui d'aujourd'hui il s'agit de 77 ans.

TABLEAU XXVIII.1

INDICATEURS DÉMOGRAPHIQUES DES PAYS DÉVELOPPÉS OCCIDENTAUX
(moyennes annuelles triennales ou quinquennales)

	1911/1913	1926/1930	1950/1955	1970/1975	1990/1995[a]
Taux natalité (par 1 000 habitants)	**–**	**–**	**21,2**	**16,1**	**13,4**
dont: Espagne	31,8	29,2	20,3	19,5	10,8
États-Unis	30,0	19,8	24,3	15,7	16,0
France	18,8	18,2	19,5	16,3	13,5
Japon	33,6	33,6	23,7	19,2	11,2
Royaume-Uni	24,1	17,4	15,9	14,5	13,9
Taux mortalité (par 1 000 habitants)	**–**	**–**	**10,3**	**9,5**	**9,4**
dont: Espagne	22,1	18,3	10,2	8,3	9,2
États-Unis	14,1	11,8	9,5	9,2	8,8
France	18,1	16,8	12,8	10,6	9,8
Japon	19,8	19,4	9,4	6,6	7,6
Royaume-Uni	14,3	12,5	11,7	11,7	11,5
Mortalité infantile (par 1 000 naissances)	**–**	**–**	**47**	**20**	**8**
dont: Espagne	151	123	62	21	6
États-Unis	109	68	28	18	8
France	124	89	45	16	7

	1911/1913	1926/1930	1950/1955	1970/1975	1990/1995 [a]
Japon	155	137	51	12	5
Royaume-Uni	109	70	29	17	7
Espérance de vie à la naissance (années)	**–**	**–**	**67,0**	**72,0**	**76,4**
dont : Espagne	–	47,0	63,9	72,8	77,6
États-Unis	53,0	58,0	69,0	71,3	75,9
France	50,0	55,0	66,5	72,4	76,9
Japon	42,0	46,0	63,9	73,3	78,7
Royaume-Uni	53,0	59,0	69,2	72,0	76,2
Proportion de population de plus de 65 ans	**–**	**–**	**8,3**	**10,4**	**13,0**
dont : Espagne	5,0	6,1	7,3	9,8	13,4
États-Unis	4,3	5,4	8,1	9,8	12,6
France	7,1	9,6	11,4	12,9	14,0
Japon	5,8	4,5	4,9	7,1	11,7
Royaume-Uni	5,6	9,5	10,7	12,9	15,7

a En partie projections.

Note : Les données pour la proportion de la population âgée de plus de 65 ans concernent respectivement les années 1910 (ou 1911), 1930 (ou 1931), 1950, 1970, et 1990.

Sources : Période 1910-1913 à 1926-1930 : calculs de l'auteur d'après sources nationales.
Période 1950-1955 à 1990-1995 : d'après Nations Unies (1995).

Un des aspects de l'évolution, que nous retrouverons pour presque tous les changements démographiques, est une tendance vers l'uniformisation des situations des différents pays, résultant pour une grande part d'une uniformisation des niveaux de vie. Mais cette uniformisation des conditions démographiques n'implique pas du tout l'absence de différences, ni parfois d'évolutions divergentes. Prenons ici l'exemple de l'espérance de vie à la naissance. Rappelons qu'elle a progressé de près de 30 ans entre 1911-1913 et 1991-1995. Mais alors que pour 1911-1913 l'écart extrême entre les cinq pays repris dans le tableau XVIII.1 était de 11 ans, soit 26 pour 100 du minimum, pour 1991-1995 cet écart n'était même pas de 3 ans, soit 4 pour 100 du minimum. Et, parmi ces mêmes pays, le minimum ne concerne plus l'Espagne, comme pour 1911-1913, mais paradoxalement les États-Unis, un des pays les plus riches du monde. Ce paradoxe résulte du fait que si le niveau de vie influence certainement, et d'une manière importante, l'espérance de vie, il n'est pas le seul facteur en cause : l'éducation, la qualité des soins médicaux, notamment pour les démunis, les conditions d'habitat, l'homogénéité sociale, etc., influençant également cet élément.

Dans les pays de l'Est, l'évolution des deux indicateurs les plus importants et d'ailleurs largement liés, à savoir la mortalité infantile et l'espérance de vie, est caractérisée par deux phases. La première, qui va de 1950 au début des années 1970, est une phase positive, même légèrement plus positive qu'en Occident. Pour l'ensemble des pays de l'Est, l'espérance de vie à la naissance est passée de 63,7 ans pour 1950-1955 à 69 pour

1970-1975 ; donc un rétrécissement de l'écart avec la situation à l'Ouest (voir le tableau XXVIII.1 : respectivement 67,0 et 72,0). En revanche, la seconde phase, qui va du début des années 1970 à la fin des années 1980, est négative, l'écart avec l'Occident s'étant creusé, surtout pour l'URSS où l'espérance de vie a même été marquée par un recul à la fin des années 1970 et où le gain de l'espérance de vie entre 1970-1975 et 1985-1990 n'a été que d'une demi-année, comparé à plus de trois ans et demi en Occident. Enfin, encore une fois, rappelons les conséquences dramatiques en ce domaine de l'écroulement du communisme.

ON MEURT À NOUVEAU PLUS EN VILLE
ET L'ON Y A PLUS D'ENFANTS

Le début du XXᵉ siècle a vu la fin de cette terrible surmortalité qui, depuis toujours, avait frappé la ville. Dans les premières décennies du XXᵉ siècle, la ville était même devenue, grâce aux soins médicaux et au niveau plus élevé de vie, un lieu où la mortalité était même inférieure à celle de la campagne. État de fait qui s'est maintenu jusqu'à très récemment. Mais, à partir des années 1980, la situation a commencé à s'inverser. C'est ainsi que, si l'on se place vers 1990, le taux de mortalité par âge des adultes en milieu urbain dépasse celui en milieu rural dans de nombreux pays développés occidentaux. Ainsi en Europe, pour les cinq pays pour lesquels on dispose de données récentes (France, Finlande, Irlande, Pays-Bas, Suisse), tous, à l'exception de l'Irlande, connaissent une telle évolution. Dans les pays de l'Europe de l'Est, c'est encore la situation inverse qui prévaut partout.

Quels facteurs expliquent cette nouvelle surmortalité urbaine ? Il convient d'abord d'observer que
les soins médicaux en milieu rural se sont considérablement améliorés, ne serait-ce qu'en raison
de la plus grande facilité de transport. La pollution en milieu urbain s'est aggravée ces dernières
décennies.

LE VIEILLISSEMENT DE LA POPULATION

Un bon et simple indicateur du vieillissement
est la proportion de la population âgée de plus de
65 ans. Malgré les bouleversements démographiques du XIXe siècle, on a assisté à peu de modifications en ce domaine durant cette période.
Pour l'Europe, on peut estimer que la proportion
de la population âgée de plus de 65 ans était de
l'ordre de 5 pour 100 tant au début du XIXe siècle
qu'à la veille de la Première Guerre mondiale.
Mais, déjà entre les deux guerres, le vieillissement a commencé à se faire sentir ; et celui-ci
s'est accéléré après la guerre. Vers 1950 (voir le
tableau XXVIII.1), il s'agissait déjà de plus de 8
pour 100 et, en 1990, de 13 pour 100, ce pour les
pays développés occidentaux ; donc une progression de plus de 50 pour 100. Dans les pays de
l'Est, on est passé de 6 pour 100 à un peu moins
de 10 pour 100.

L'égalisation des situations au niveau des différents pays est moins marquée que pour l'espérance de vie. Rien que pour les pays repris dans le
tableau XXVIII.1, entre le minimum (Japon) et le
maximum (Royaume-Uni), l'écart était en 1990
d'un tiers ; mais c'est au Japon que la proportion
de population âgée de plus de 65 ans a progressé

le plus rapidement entre 1970 et 1990, posant à ce pays des problèmes que ses concurrents d'Europe et d'Amérique ont dû régler plus tôt et qui impliquent un accroissement des charges sociales et des revenus de transfert en général et, par conséquent, du prix de revient. Le Japon doit mettre en place un système social, que le patronat de beaucoup de pays d'Occident trouve trop lourd et qu'il est en train de démanteler en partie.

UN RETOURNEMENT HISTORIQUE
DES MIGRATIONS INTERNATIONALES

L'Europe, qui depuis la seconde moitié du XIXᵉ siècle était le continent qui envoyait le plus grand nombre de ses fils et filles vivre dans d'autres parties du monde (et surtout en Amérique du Nord), est devenue depuis le début des années 1970 un continent qui reçoit plus d'immigrants qu'il n'envoie d'émigrants. Comme on peut le déduire du tableau XXVIII.2, encore dans la décennie 1950 le solde migratoire négatif de l'Europe (sans les pays de l'Est) représentait globalement 2,1 millions de personnes ; dans la décennie 1970, cela s'est mué en un solde positif de 3,3 millions et a atteint 4,7 millions dans la décennie 1980 (et même 3,7 millions pour la première moitié de la décennie 1990). Même les trois pays (Espagne, Italie, Portugal) dont le solde migratoire négatif était le plus important, sont devenus des pays d'immigration à partir de la seconde moitié des années 1970. Dans la première demi-décennie de 1990, l'Europe a eu un solde migratoire positif, presque aussi important que celui de l'Amérique du Nord : respectivement 3,7 et 4,9 millions. Par contre, l'Europe de l'Est et l'URSS ont vu leur flux d'émigration s'amplifier à partir de la première moitié de 1980.

TABLEAU XXVIII.2
SOLDE DES MIGRATIONS DES PAYS DÉVELOPPÉS
(total pour chaque période ; en milliers)

	1950-1960	1960-1970	1970-1980	1980-1990	1990-1995[a]
TOTAL PAYS DÉVELOPPÉS	**2 315**	**5 275**	**14 455**	**12 135**	**8 655**
Pays développés occidentaux	**2 515**	**6 095**	**15 395**	**14 400**	**9 850**
Europe occidentale	– 2 145	– 415	3 310	4 690	3 695
Allemagne	840	1 270	1 705	2 065	2 900
Belgique	90	120	95	– 5	21
Espagne	– 780	– 615	– 365	150	42
France	960	1 975	670	445	370
Italie	– 1 010	– 995	5	95	43
Portugal	– 665	– 855	– 60	– 275	– 23
Royaume-Uni	– 530	– 75	– 175	115	48
Suède	85	210	105	155	100
Suisse	290	310	– 110	350	260
Amérique du Nord	4 880	4 840	9 605	6 270	4 850
Canada	720	700	830	1 175	600
États-Unis	3 765	4 140	8 775	5 055	4 250
Océanie	1 005	1 440	690	1 030	610
Japon	– 475	75	495	95	– 40
Pays développés de l'Est	**– 685**	**– 740**	**– 250**	**– 1 025**	**– 705**

a En partie projections.

Sources : D'après Nations Unies (1995).

Au niveau des trois grands pays d'Europe occidentale, c'est l'Allemagne qui a eu le solde migratoire positif le plus important, et le Royaume-Uni au contraire est caractérisé par un solde migratoire négatif. À ce propos, il est bon d'insister sur le fait qu'un solde migratoire négatif peut être concomitant d'une arrivée massive d'étrangers que compense un départ encore plus massif de nationaux. C'est, *grosso modo*, ce qui s'est produit au Royaume-Uni et dans d'autres cas. Et c'est aussi en partie ce qui s'est passé dans la première moitié du xxᵉ siècle pour un certain nombre de pays. C'est là un aspect important des mutations subies par la composition de la population des pays d'Europe qui a vu, durant le xxᵉ siècle, un très fort accroissement de la proportion de «populations étrangères». Nous y reviendrons plus loin (voir le tableau XXVIII.3). Reprenons l'analyse des pays à immigration. Au niveau des petits pays, c'est la Suisse qui a été caractérisée par le solde migratoire positif le plus important, faisant de ce pays, qui était déjà celui qui avait la plus forte proportion d'étrangers à la veille de la Première Guerre mondiale, un pays qui garde ce rang au xxᵉ siècle.

L'ensemble des pays développés a vu son solde migratoire positif être multiplié par plus de sept entre 1950-1960 et 1985-1995. Ce qui implique, *ipso facto*, une immigration en provenance du Tiers-Monde multipliée dans la même proportion. Ainsi, entre 1970 et 1995, ce sont environ 35 millions d'immigrants du Tiers-Monde qui se sont installés dans les pays développés occidentaux. Ce chiffre est assez approximatif car il inclut les quelques millions d'Européens rapatriés des colonies, mais il omet un nombre encore plus grand d'immigrants clandestins qui n'ont pas régularisé leur situation.

Une partie de ces immigrants du Tiers-Monde sont des réfugiés des nombreux conflits qui ont marqué l'histoire de cette région depuis un demi-siècle[1]. Le nombre de demandeurs d'asile, tant du Tiers-Monde que de certains pays développés (surtout de l'Est), bien que fluctuant a augmenté. Pour l'ensemble des pays développés occidentaux, ceux-ci étaient de l'ordre de 198 000 en 1985, pour atteindre un sommet de 833 000 en 1992 et retomber à 468 000 en 1995 ; en tout, pour la période 1985-1995, il s'agit de 5,2 millions. Et, bien sûr, une certaine proportion d'entre eux n'a pas reçu d'autorisation de séjour. L'importance de ces demandes d'asile est très variable selon les pays d'accueil. Certes, en chiffres absolus, ce sont l'Allemagne et les États-Unis qui ont connu l'afflux le plus important, avec respectivement (pour 1985-1995) 1,9 million et 0,9 million de demandeurs d'asile. Mais, en termes de demande par habitant, c'est la Suède qui vient en tête avec 35 demandes par 1 000 habitants, suivie de la Suisse avec 33. Pour la France il s'agit de 7, pour l'Allemagne de 24 et pour les États-Unis de 4 (6 pour l'ensemble des pays développés occidentaux).

Le tableau XXVIII.3 présente l'évolution de la proportion de populations étrangères dans les principaux pays européens. Avant la Première Guerre mondiale, et déjà tout à la fin du XIXe siècle, on est en présence de fortes inégalités

1. Voir chap. XXXI.

TABLEAU XXVIII.3

PROPORTION DE POPULATION RÉSIDENTE

DE NATIONALITÉ ÉTRANGÈRE

EN EUROPE OCCIDENTALE

(en pourcentage de la population totale)

	1910	1920	1930	1960	1970	1990
Allemagne^a	1,9	2,5	1,2	1,2	4,0	8,2
Autriche	1,0	–	3,7	1,4	2,3	5,3
Belgique	3,4	2,0	3,8	4,9	7,2	9,1
Danemark$^{b,\,c}$	2,9	3,0	2,6	–	2,4	3,1
Espagne	0,3	0,8	0,4	0,2	0,9	1,0
Finlande	0,4	1,3	0,8	0,1	0,7	0,5
France	2,9	3,9	6,9	3,9	5,6	8,4
Italie	0,2	0,3	0,3	0,1	0,3	1,4
Norvège	1,1	2,4	1,9	0,7	1,7	3,4
Pays-Bas	1,0	1,6	2,2	1,0	1,6	4,6
Portugal	0,7	0,5	0,1	0,3	0,4	1,1
Royaume-Uni^b	2,1	1,8	1,6	0,9	5,7	5,3
Suède	0,4	0,9	0,3	0,3	0,5	5,6
Suisse	14,7	10,7	8,7	10,8	17,2	16,3
Total (pondéré)	1,8	2,1	2,0	1,5	3,6	5,2

a Le chiffre de 1920 a été interpolé à partir des données de 1910 et 1925 en postulant de plus faibles changements durant la guerre.

b Pour certaines périodes : proportion de personnes nées à l'étranger.

c Nous avons rectifié les données (pour la période de 1910-1930) en considérant que les personnes nées dans la province de Slesvig (rattachée à l'Allemagne en 1864) étaient danoises.

Note : Dans certains cas il s'agit de données se rapportant à une ou deux années avant ou après la date citée.

Sources : Chiffres par pays d'après :

1910 à 1930 : *Annuaire statistique de la France*, diverses livraisons ; Office permanent de l'Institut International de la Statistique (1916).

1950 à 1990 : Nations Unies, *Annuaire démographique*, diverses livraisons. Et statistiques nationales.

Total : calculs de l'auteur (les totaux incluent les quelques pays non repris dans le tableau).

dans les situations. Le cas le plus spécifique est celui de la Suisse où, en 1910, près de 15 pour 100 de la population étaient d'origine étrangère. À l'autre extrémité, on trouve l'Italie, avec seulement 0,2 pour 100. La situation est la résultante à la fois des niveaux de vie et de la taille des pays. Entre les deux guerres, si la proportion de population étrangère n'évolua pas fortement, il y a néanmoins un certain processus d'égalisation des situations. En revanche, il en a été tout autrement après la Seconde Guerre mondiale et surtout après 1970. Au niveau de l'ensemble de l'Europe occidentale, on est passé d'une proportion d'étrangers de moins de 2 pour 100 vers 1910 à 3,6 pour 100 en 1970 et à plus de 5 pour 100 en 1990. Et la progression s'est encore poursuivie durant la première moitié de la décennie de 1990. En Europe occidentale, comme dans les autres régions développées, cette augmentation des migrations s'est réalisée malgré des politiques qui, depuis le milieu des années 1980, penchent de plus en plus vers la restriction. Ainsi, au niveau de l'ensemble des pays développés occidentaux, alors que, en 1986, 33 pour 100 des pays avaient des politiques visant à réduire l'immigration, en 1995 cette proportion était de 57 pour 100. Sur les 23 pays pris en considération, seulement deux (Canada et Nouvelle-Zélande) avaient une politique visant à accroître l'immigration.

L'émergence des mégalopoles
et une rupture
des tendances antérieures

Dans le chapitre XI consacré aux changements démographiques, nous avons mis en relief que le XIXᵉ siècle avait été une période-charnière entre le monde à dominance rurale des sociétés traditionnelles et celui de la ville prépondérante du monde actuel. L'entre-deux-guerres, sur le plan du fait urbain, est marquée par deux phases distinctes : celle des années 1920, qui voient même une accélération du processus d'urbanisation, et celle des années 1930 où l'on constate un certain tassement (sauf pour quelques pays, notamment l'URSS et le Japon). Mais durant ces deux décennies, la ville subit des changements, dont le plus important est le début de l'éclatement spatial que favorisent l'expansion rapide des transports en commun et l'irruption de l'automobile. Le phénomène touche d'abord les États-Unis où, comme le dit très bien le titre du livre de C. Foster [1], entre 1900 et 1940 on est passé «From street car to super highway» (du tram aux autoroutes). L'automobile, qui a failli tuer la ville dans son sens traditionnel de centre de l'habitat, du travail, des achats et des distractions, a d'abord été vue comme le sauveur de la ville face à la pollution causée par la défécation des chevaux.

Quand la Première Guerre mondiale éclata, le monde développé avait déjà été touché par l'émergence de très grandes villes, puisque l'on y

---

1. 1981.

comptait déjà 18 villes de plus de 1 million d'habitants ; et que la plus grande d'entre elles, Londres, en avait 7,3 millions. Or, dès 1950, on compte 52 villes de plus de 1 million d'habitants ; et, en 1990, leur nombre s'élève à 110 et la plus grande d'entre elles, Tokyo, compte alors 25 millions d'habitants. Cette évolution, qui s'est aussi accompagnée d'une croissance des villes de plus faible taille, a amené la poursuite du processus d'urbanisation rapide des sociétés développés amorcé au XIXe siècle. Vers 1910, un tiers de la population du monde développé vivait dans des villes (de plus de 5 000 habitants) ; en 1990, il s'agissait des trois quarts.

LA GRANDE VILLE N'ATTIRE PLUS

Mais cette double évolution n'a pas été linéaire. Autour de la fin des années 1960, on constate une modification dans l'attitude de la population envers la ville et surtout envers la grande ville. Il suffit d'ailleurs d'analyser sommairement la presse ou les autres mass media pour se rendre compte que la ville a perdu beaucoup de son attrait. Il est significatif que l'on n'écrive plus ou, en tout cas, qu'on ne chante guère de chansons à la gloire de telle ou telle ville. Paris ou New York ne sont plus que rarement des titres de chansons. Les raisons d'une telle modification ? Elles ne manquent pas. Lesquelles faut-il évoquer en premier ? Celles qui ont fait de la ville un lieu où il fait moins bon vivre ? Celles qui ont enlevé à la campagne nombre de ses handicaps traditionnels ? Ou celles liées à l'opulence du monde développé qui permet de matérialiser un choix, une préférence (travailler en ville et vivre à la campagne) qui était toujours présente mais dont les contraintes économiques empêchaient la réalisation ? Peu importe, toujours est-il que cela se traduit par un ralentissement certain de la croissance urbaine et surtout des très grandes villes. La population des 15 plus grandes agglomérations du monde développé occidental, qui avait progressé de 48 pour 100 entre 1950 et 1970, n'a progressé que de 11 pour 100 entre 1970 et 1990. Et si toutes ces 15 agglomérations figuraient, en 1950, parmi les 30 plus grandes du monde, elles n'étaient plus que 12 dans ce cas en 1970 et seulement 8 en 1990. Londres, la première ville à avoir dépassé dans l'histoire les 2 millions d'habitants, et qui, en 1950, était encore la deuxième ville du monde (après New York), n'occupait plus en 1990 que la vingt-quatrième place. Vu sur le plan mondial, c'est une des conséquences de l'explosion urbaine du Tiers-Monde qui a vu l'émergence de très grandes villes.

Certes, et c'est là une constante de l'histoire urbaine depuis des millénaires, l'histoire des villes est une histoire individuelle. Ces 15 plus grandes métropoles (ainsi que les autres) n'ont pas connu la même évolution ; le ralentissement de la période 1970-1990 les a touchées très inégalement. Il faut surtout relever la forte croissance de Tokyo. Si l'on élimine Tokyo, entre 1970 et 1990 la progression de ces villes est tombée de 11 à 3 pour 100, alors que Tokyo a progressé de 52 pour 100.

TABLEAU XXVIII.4

POPULATION DES 30 PLUS GRANDES AGGLOMÉRATIONS ACTUELLES DES PAYS DÉVELOPPÉS (en millions d'habitants)

	1850	1900	1930	1950	1970	1990	1995[a]
Athènes	*	0,1	0,9	1,8	2,5	3,5	3,7
Barcelone	0,2	0,6	1,0	1,6	2,7	2,9	2,8
Berlin	0,4	2,4	4,5	3,3	3,2	3,3	3,3
Boston	0,2	0,6	0,8	2,2	2,7	2,8	2,8
Chicago	0,1	1,7	4,3	4,9	6,7	6,7	6,8
Cologne	0,1	0,4	0,8	1,8	2,6	2,9	3,0
Dallas	*	*	0,3	0,9	2,0	3,2	3,6
Detroit	*	0,3	2,0	2,8	4,0	3,7	3,7
Düsseldorf	*	0,2	0,5	2,0	2,7	2,7	3,0
Essen	*	0,2	0,1	5,3	6,6	6,4	6,5
Francfort	0,1	0,3	0,6	2,3	3,2	3,5	3,6
Houston	*	*	0,3	0,7	1,7	2,9	3,2
Katowice	*	*	0,1	1,7	2,8	3,4	3,6
Londres	2,3	6,6	8,2	8,7	8,6	7,3	7,3
Los Angeles	*	0,1	2,0	4,0	8,4	11,5	12,4

	1850	1900	1930	1950	1970	1990	1995[a]
Madrid	0,3	0,6	0,9	1,6	3,4	4,2	4,1
Milan	0,2	0,5	0,9	3,6	5,5	5,0	4,6
Moscou	0,4	1,1	2,8	5,4	7,1	9,0	9,2
Nagoya	0,1	0,3	0,9	1,0	2,0	2,9	3,2
Naples	0,4	0,6	0,8	2,8	3,6	3,2	3,0
New York	0,7	4,2	10,3	12,3	16,2	16,1	16,3
Ōsaka	0,3	1,1	2,5	4,1	9,4	10,5	10,6
Paris	1,3	3,3	5,6	5,4	8,5	9,3	9,5
Philadelphie	0,4	1,6	2,7	2,9	4,0	4,2	4,3
Rome	0,2	0,5	0,9	1,6	2,9	3,0	2,9
San Francisco	*	0,4	1,2	2,0	3,0	3,6	3,9
Saint-Pétersbourg	0,5	1,3	2,2	2,9	4,0	5,1	5,1
Tōkyō	0,6	1,8	4,0	6,9	16,5	25,0	26,8
Toronto	*	0,2	0,9	1,1	2,5	3,8	4,5
Washington	*	0,3	0,5	1,3	2,5	3,7	4,1

* Population nulle ou inférieure à 50 000 habitants.

a En partie projections.

Sources : Bairoch, P. (1985) ; Bairoch, P., Batou, J. et Chèvre, P. (1988) ; et données complémentaires.

LES BOULEVERSEMENTS
DE QUELQUES ÉLÉMENTS
STRUCTURELS ÉCONOMIQUES

Nous commencerons par les profonds changements intervenus dans la répartition des activités
économiques qui, en définitive, résument l'essentiel des mutations de l'économie et notamment
l'augmentation du niveau de vie. Cette mutation
des activités économiques a eu son pendant dans
la structure de la consommation. L'augmentation généralisée du niveau de vie n'a pas été
étrangère à la progression rapide de la consommation d'énergie et d'autres matières premières ;
ce qui a conduit à une situation déficitaire pour
le monde développé et à des exportations accrues
du Tiers-Monde. Le cadre dans lequel les activités humaines s'exercent, c'est-à-dire les entreprises, a, lui aussi, subi des mutations, et la ville
— devenue le lieu d'habitat dominant — n'est pas
restée, elle, inchangée. On le voit : un monde aux
structures bouleversées.

La structure des activités :
la fin des paysans
et la montée du tertiaire

Pour mesurer le bouleversement de la structure
des activités économiques, deux approches sont
possibles. La première consiste à suivre la contribution de chaque secteur à la production totale, la

seconde à suivre la répartition des personnes qui travaillent dans chaque secteur. La première de ces approches a un double inconvénient : une absence de données suffisamment homogènes, et la distorsion introduite par les différences des salaires des diverses activités. C'est pourquoi nous choisissons de suivre l'essentiel des bouleversements des activités par le biais de la population active qui y est occupée ; approche que nous avons déjà utilisée pour le XIXᵉ siècle[1].

LA FIN DES PAYSANS

La « fin des paysans » est une expression un peu excessive, mais utilisée afin de mettre en évidence une réalité, qui existe déjà au début des années 1980, mais dont les prémices remontent à l'entre-deux-guerres, période où l'agriculture commençait à s'effacer. Commençait à s'effacer, oui... mais cela ne veut pas dire que l'agriculture entre les deux-guerres soit devenue un secteur marginal n'influençant plus la vie économique et sociale. Nous avons vu que la conjoncture générale était encore, et parfois fortement, tributaire des fluctuations que connaît ce secteur pour des raisons climatiques et/ou commerciales. Mais c'est au cours de cette période que se situe une rupture historique. Jusqu'à la révolution industrielle le nombre absolu d'agriculteurs a suivi, à peu de chose près, l'augmentation de la population totale. Après la révolution industrielle, malgré le fait que l'importance relative des agriculteurs montrait une courbe descendante, le nombre

---

1. Voir chap. XI, tome II.

absolu d'agriculteurs continuait à augmenter en raison de la croissance plus rapide de la population totale. Ainsi, au niveau de l'ensemble des pays développés occidentaux, le nombre d'agriculteurs masculins est passé de 24,7 millions en 1800 à 41,1 millions en 1910, et à 41,5 millions en 1930. C'est vers cette date que le déclin s'amorce, d'abord timidement, puis s'accélère à partir des années 1950. Notons que le déclin du nombre absolu d'agriculteurs a commencé en Europe occidentale plus tôt, dans les premières années du XXe siècle, que dans les pays d'outre-mer où, en raison de la croissance encore plus rapide de la population, le phénomène est décalé de deux ou trois décennies.

En termes de proportion pour l'ensemble des pays développés, c'est à peu près à la veille de la Première Guerre mondiale que, pour la première fois, les agriculteurs ont représenté moins de la moitié de la population active. Cette moyenne résultait néanmoins d'une dispersion très large. Dans les pays moins développés d'Europe, même à la veille de la Seconde Guerre mondiale la proportion d'agriculteurs dépassait, dans bien des cas, les 60 pour 100, voire les 65 pour 100 ; alors que, dans d'autres pays, on était déjà descendu au-dessous des 20 pour 100, voire des 15 pour 100. Comme on peut le voir dans le tableau XVIII.5, à la veille de la Première Guerre mondiale, encore 43 pour 100 des actifs travaillaient dans l'agriculture ; et la quasi-totalité de ceux-ci étaient de véritables paysans, en ce sens qu'ils étaient propriétaires d'exploitations familiales. Dans les pays moins industrialisés du monde développé, ils représentaient même 60 à 70 pour 100.

Dans les pays de l'Est, et notamment en Russie, cette proportion est encore plus élevée, puisqu'il s'agit de 78 pour 100. C'est d'ailleurs là une proportion proche de celle que l'on peut considérer comme la norme des sociétés traditionnelles avant la révolution industrielle. Dans les sociétés traditionnelles, comme nous l'avons vu dans le chapitre XI, à l'exception de quelques petits pays qui se spécialisèrent dans le commerce international, les principaux secteurs d'activité se répartissent de la façon suivante : agriculture (ou primaire), 75 à 85 pour 100 ; industries (ou secondaire), 8 à 12 pour 100 ; et services (ou tertiaire), également 8 à 12 pour 100.

En 1995, dans les pays développés occidentaux, seulement 5 pour 100 de la population active travaillaient dans l'agriculture, c'est-à-dire une personne sur 20. Si l'on exclut l'Afrique du Sud et l'ex-Yougoslavie, cette proportion est même de 4,5 pour 100 (soit une personne sur 22). Ce fort déclin résulte essentiellement de ce que nous avons appelé la troisième révolution agricole. Mais revenons à 1990 dont les données par pays sont plus sûres ; à cette date, dans aucun des pays développés occidentaux cette proportion n'était supérieure à 26 pour 100, proportion qui est celle de la Grèce. Ce pays est suivi par le Portugal (20 pour 100) et par l'Espagne (14 pour 100). À l'autre extrémité, nous trouvons trois pays : la Belgique, les États-Unis et le Royaume-Uni où seulement environ 2 à 3 pour 100 des actifs travaillent dans l'agriculture ; et malgré cela subviennent à l'essentiel de leurs besoins, et même bien au-delà pour les États-Unis. Ce dernier pays, avec 2,7 pour 100 d'agriculteurs dans sa population

TABLEAU XXVIII.5

STRUCTURE DE LA POPULATION ACTIVE OCCUPÉE DES PAYS DÉVELOPPÉS, 1910-1995
(en % de la population active occupée totale)

	Agriculture (primaire)	Industries (secondaire)	Services (tertiaire)
Évolution 1910-1995 pour l'ensemble des pays développés à économie de marché			
1910	42,6	30,8	26,6
1930	34,5	31,3	34,2
1950	27,5	34,8	37,7
1960	19,1	36,7	44,2
1970	11,4	37,9	50,7
1980	7,6	34,5	57,9
1990	5,3	30,1	64,8
1995	5,0	28,0	66,8
Situation en 1910			
Allemagne	32	41	27
Belgique	22	47	31
Canada	41	27	32
Espagne	72	13	15
États-Unis	33	30	37
France	43	34	23

	Agriculture (primaire)	Industries (secondaire)	Services (tertiaire)
Italie	57	26	17
Japon	59	18	23
Russie	78	10	12
Royaume-Uni	14	50	36
Suisse	30	46	24
Situation en 1990			
Allemagne	4,0	39,8	56,2
Belgique	2,8	28,3	68,9
Canada	4,5	25,6	69,9
Espagne	14,4	32,5	53,1
États-Unis	2,9	26,9	70,2
France	6,8	30,3	62,9
Italie	9,8	32,4	57,8
Japon	7,9	34,1	58,0
Royaume-Uni	2,3	29,8	67,9
Suisse	5,7	35,1	59,2
URSS (ex)	18,6	38,5	42,0

Sources : 1910 à 1930 : calculs et estimations de l'auteur.
1950 à 1995 : d'après OCDE, *Statistiques de la population active*, diverses livraisons; OCDE, *Statistiques trimestrielles de la population active*, diverses livraisons; et BIT (1996).

active totale, est non seulement capable de produire une très riche ration alimentaire pour ses habitants, mais dispose d'un excédent de production qui lui permet d'exporter une quantité de produits alimentaires suffisante pour nourrir quelque 300 millions de personnes (soit 120 pour 100 de sa propre population). Plus haut, nous avons vu que, vers 1930, les pays développés occidentaux comptaient plus de 41 millions d'agriculteurs masculins; en 1995 ils étaient moins de 20 millions.

Dans les pays de l'Europe de l'Est, la proportion d'agriculteurs était, avant l'écroulement du communisme, assez élevée. Vers 1990, elle était en URSS de l'ordre de 18 pour 100 et dépassait les 23 pour 100 en Pologne et en Roumanie, sans parler de l'Albanie (57 pour 100). Pour l'ensemble des pays de l'Est (sans l'Allemagne de l'Est), il s'agissait de 17 pour 100 (comparé à 7 pour 100 pour l'Europe occidentale). Le recul a été très rapide pendant ces dernières années de «transition», puisqu'en 1995 il s'agissait de 12 pour 100 environ.

L'EMPLOI DANS LES INDUSTRIES: UNE PROGRESSION
ININTERROMPUE JUSQU'AUX ANNÉES 1970

L'augmentation de l'importance relative de l'ensemble des industries est l'un des rares domaines structurels où l'essentiel des modifications s'est produit au XIXᵉ siècle. Certes, l'apogée de l'importance relative de ce secteur se place pour les pays développés à économie de marché vers 1965, avec environ 38 pour 100 contre 31 pour 100 en 1910. Mais, dès la fin des années 1980, on se retrouve un peu au-dessus du niveau de 1910 et, en 1995, à 2 points de pourcentage au-dessous de 1910 (voir le tableau XXVIII.5). Toutefois, au-delà de cette relative stabilité, on doit relever deux bouleversements importants.

Le premier s'est déroulé à travers l'ensemble du xxᵉ siècle et concerne les modifications survenues à l'intérieur des industries manufacturières, qui représentent environ 25 pour 100 de la population active (ou environ 75 pour 100 de l'ensemble des industries). Les industries extractives représentent, quant à elles, moins de 2 pour 100 de la population active totale (donc 5 pour 100 des industries), la construction environ 6 pour 100, (15 pour 100 des industries) et la production et distribution d'électricité, gaz, etc., bien moins que 1 pour 100 (3 pour 100 des industries). L'essentiel des modifications au sein de l'industrie manufacturière est le déclin de l'emploi dans les industries manufacturières dites «traditionnelles», telles que le textile, et par une montée de nouvelles industries : automobile, électricité, électronique, chimie, etc. Le second bouleversement est de nature plus spécifique aux pays développés occidentaux et concerne surtout la période qui a commencé en 1970. Il s'agit de ce que nous avons appelé la «désindustrialisation»[1] : un déclin accusé de maints secteurs manufacturiers, surtout en Europe, suite à la forte augmentation des importations en provenance surtout du Japon et aussi des nouveaux pays industrialisés du Tiers-Monde. Comme nous avons déjà traité de ce sujet, nous ne nous attarderons pas davantage ici sur cet aspect.

1. Voir chap. XXV.

Le corollaire des faibles modifications de l'importance absolue des industries et du fort recul de l'agriculture est la place prépondérante prise par les services, ou si l'on préfère le tertiaire. Dans les pays développés occidentaux, c'est un peu avant 1900 que l'agriculture est passée au-dessous de la moitié des actifs; et c'est vers 1967-1969 que les services sont passés au-dessus de cette moitié. En 1995 (voir le tableau XXVIII.5), on est aux deux tiers; et d'ailleurs, dans aucun pays, on n'est au-dessous des 60 pour 100. Cela, bien entendu, en utilisant la même région comme cadre d'analyse, à savoir les pays développés occidentaux, car dans les pays de l'Est le tertiaire, même en 1990, ne se situe que vers les 45 pour 100. Dans les pays de l'Est, l'évolution a été différente non seulement en raison des différences de niveaux de développement, mais aussi pour des raisons doctrinales, les emplois du tertiaire étant à peu près considérés comme des activités «parasitaires». D'ailleurs, dans la méthodologie de la comptabilité économique des pays de l'Est, on ne tenait pratiquement pas compte de tout le tertiaire. En URSS, entre 1913 et 1990, le tertiaire est passé de 7 pour 100 à 42 pour 100 environ.

Comme pour le secondaire, le tertiaire a aussi connu de profondes mutations. Celles-ci consistent notamment en la forte diminution des domestiques et la forte augmentation de l'emploi dans les services financiers et la distribution. Puisque avec ce dernier élément nous quittons l'analyse de

la population active, rappelons que nous avons
déjà traité[1] de l'apparition à partir du milieu des
années 1970 d'un chômage structurel massif.

Les bouleversements de la structure
de la consommation

Au début de ce siècle, les enquêtes sur ce que l'on
appelait alors les budgets de famille commençaient
à se multiplier, et devenaient surtout plus vastes
et plus rigoureuses, notamment grâce au système
du «carnet de ménage», dans lequel le ménage
soumis à l'enquête devait noter toutes ses dépenses
et tous ses revenus. C'est ainsi que l'enquête aus-
tralienne de 1910 concernait 212 ménages; la fin-
landaise de 1908, 350 ménages; l'allemande de
1907, 852; et celle des États-Unis de 1902, 11 154.
En quelque sorte, il s'agissait de la systématisa-
tion des travaux pionniers du sociologue français
Le Play qui avait publié, en 1855, son ouvrage
L'Ouvrier européen qui comprenait des monogra-
phies sur les conditions de vie de 36 ménages. On
peut ainsi avoir une vue assez valable de la structure de la consommation à la veille de la Première
Guerre mondiale et, comme ce type d'analyse
s'est poursuivi, des modifications de cette structure de consommation.

---

1. Voir chap. XXV.

Entre les modifications des structures de la consommation et celles des activités examinées plus haut, les interactions sont évidentes et le parallélisme de l'évolution étroit. Cependant, le parallélisme de l'évolution n'est pas absolu, car il dépend surtout des rythmes différenciés des progressions de la productivité et aussi des conditions physiologiques de l'homme, et des progrès de la technologie. Cela est notamment le cas de la composante la plus marquée des changements de la structure de la consommation : la réduction de l'importance de l'alimentation dans les dépenses. Encore à la veille de la Première Guerre mondiale, près de 50 pour 100 du budget des ménages moyens étaient consacrés à ce qui, pendant des siècles, a été l'essentiel des préoccupations de l'homme : se nourrir. Certes, aux États-Unis, cette proportion n'était que du tiers, mais ce pays n'était pas seulement le plus riche du monde, il disposait probablement d'un des meilleurs rapports terre/homme du monde, couplé avec des techniques agricoles des plus avancées. À l'autre extrémité, dans des pays comme la Russie ou le Portugal, cette proportion dépassait les deux tiers. Or, au début des années 1990, on est descendu dans un grand nombre de pays développés au-dessous du cinquième du budget. Aux États-Unis, en 1993, seulement 14,8 pour 100 des dépenses personnelles ont été consacrées (en moyenne) à l'alimentation ; en 1950, il s'agissait encore de près de 30 pour 100. Certes, dans la plupart des autres pays, cette part est actuellement plus importante, de sorte que, pour l'ensemble des pays développés occidentaux, on peut la fixer autour des 18 pour 100 pour le milieu de la décennie 1990, une proportion divisée par presque trois.

LA MONTÉE DES AUTRES DÉPENSES

Dire que, dans les pays développés occidentaux, les dépenses alimentaires sont passées d'environ 50 à 18 pour 100 entre 1913 et le début des années 1990 implique, *ipso facto*, que les dépenses non alimentaires sont passées, elles, de 50 à 82 pour 100. Dans cette frange de dépenses disparates ayant presque doublé en proportion on distingue deux groupes. Celles qui sont restées pratiquement stables, comme le loyer et les vêtements, et celles dont la part relative s'est fortement accrue, comme les meubles et équipements ménagers ; les transports ; les loisirs et spectacles ; les soins médicaux. La part du loyer a été (et reste) autour du sixième des dépenses et celle des vêtements du dixième. Les transports, qui représentaient une part négligeable, sont actuellement une des rubriques les plus importantes, représentant environ 14 pour 100 du total des dépenses. Les soins médicaux ont progressé très rapidement, surtout ces dernières décennies. Ainsi, aux États-Unis, entre 1950 et 1993, ils sont passés de 5 à 17,4 pour 100 du total des dépenses. Le niveau de ces dépenses et leur évolution dépendent du système de sécurité sociale. C'est ainsi que cette proportion n'est que de l'ordre de 1 à 3 pour 100 au Danemark, en Suède et au Royaume-Uni.

D'un surplus en énergie
à une dépendance
envers le Tiers-Monde en énergie
et autres matières premières

La notion d'une forte dépendance énergétique du monde développé occidental est si ancrée dans les esprits qu'il paraît parfois difficile de concevoir que celui-ci a été jusqu'au début des années 1950 autosuffisant en énergie. En fait, l'histoire de l'énergie, comme celle de pratiquement tous les produits pondéreux, est celle du passage d'un système d'auto-consommation locale, presque absolue, à des échanges internationaux. Mais cela s'est produit seulement après la forte baisse des coûts de transport du milieu du XIXᵉ siècle. C'est à ce moment que débuta le commerce international du charbon. Le bois à brûler, ayant en moyenne le tiers du pouvoir calorifique du charbon, n'est d'ailleurs jamais devenu un produit de commerce international, car impliquant des coûts de transport trop élevés, sauf dans le cas du flottage sur les rivières.

LES PAYS INDUSTRIALISÉS : LES PLUS GROS
EXPORTATEURS D'ÉNERGIE AU XIXᵉ SIÈCLE

Dans la seconde moitié du XIXᵉ siècle, la grande région productrice de charbon était les pays développés ; de ce fait, on aboutit à une situation qui, dans le contexte du monde actuel, peut paraître paradoxale : les pays industrialisés sont devenus les principaux exportateurs d'énergie, en raison notamment du fait que les disponibilités de char-

bon ont été un facteur d'industrialisation. Les
deux principaux exportateurs nets de charbon
furent la Belgique et le Royaume-Uni. Les États-
Unis et l'Allemagne n'intervinrent réellement que
dans les premières années du XXe siècle. Les
exportations nettes des trois pays européens passent de moins de 1 million de tonnes vers 1830 à
6 millions vers 1850, 24 millions vers 1880, pour
atteindre (malgré le passage à un déficit en Belgique) les 88 millions vers 1913 (dont 75 millions
pour le Royaume-Uni). Une partie significative de
ces exportations de charbon sont destinées à des
pays du Tiers-Monde. Globalement, vers 1913, le
monde développé produisait 3 pour 100 de plus
de charbon qu'il n'en consommait ; et les importations de charbon, en provenance des pays développés, représentaient plus de la moitié de la
consommation du Tiers-Monde.

Vers 1913, le pétrole était encore un produit
très marginal dans la consommation totale d'énergie. Sur le plan des pays développés, la répartition
des principales sources d'énergie (en pouvoir calorifique) était la suivante : bois, 18 pour 100 ; charbon, 74 pour 100 ; pétrole, 3 pour 100 ; énergie
hydraulique et éolienne, 5 pour 100. Et, en ce qui
concerne le commerce international vers 1913, le
monde développé exportait plus de pétrole que le
Tiers-Monde. Les trois principaux producteurs des
pays développés (États-Unis, Roumanie, et Russie)
exportaient alors 10 millions de tonnes de pétrole
(en équivalent-charbon, le pétrole a un pouvoir
calorifique dépassant de 45 pour 100 celui du charbon), alors que, pour l'ensemble du Tiers-Monde,
il s'agissait de 7 millions de tonnes. Cependant,
l'ensemble du monde développé était déjà défici-

taire en pétrole, mais ce déficit était une dizaine de fois plus faible que l'excédent en charbon.

LA MONTÉE DU PÉTROLE

Entre les deux guerres, la situation commence à se modifier ; mais, même dans l'immédiat après-Seconde Guerre, le monde développé est encore excédentaire en énergie. Pour ce que l'on qualifie d'énergie commerciale (charbon, pétrole, gaz naturel, électricité), l'ensemble des pays développés avait encore un excédent de l'ordre de 2,6 pour 100. Le bouleversement commence avec la baisse relative des prix du pétrole consécutive à la découverte de très riches gisements, dans le Moyen-Orient surtout. Alors qu'avant la Seconde Guerre mondiale, la calorie de pétrole coûtait près de deux fois plus cher que celle du charbon aux États-Unis, et environ quatre fois plus en Europe, à partir du milieu des années 1950, en Europe occidentale le pétrole devint moins cher que le charbon : le processus de substitution et de dépendance commençait. En raison de leur politique d'autarcie, et aussi de plus grandes possibilités locales, les pays développés de l'Est sont restés excédentaires en énergie. En revanche, pour les pays développés occidentaux, le déficit a crû rapidement et a atteint, en 1973, 29 pour 100 de la consommation, pour l'Europe occidentale, 58 pour 100. C'est un sommet, car le renversement de la conjoncture lié à la hausse des prix du pétrole, devenu même plus cher que le charbon, a permis la réduction de cette dépendance. Vingt ans plus tard, en 1993, pour les pays occidentaux on était à 26 pour 100 (à 38 pour 100 pour l'Europe occidentale).

LES AUTRES MATIÈRES PREMIÈRES

Nous serons plus bref pour les autres matières premières. Le problème concerne surtout les pays développés occidentaux, car les pays de l'Est ont opté pour une politique d'autarcie. Commençons par le minerai de fer, qui représente (en termes de quantité) plus de 90 pour 100 de l'ensemble des minerais. Le déficit est passé de 6 à 32 pour 100 entre 1950 et 1970. Depuis lors, la tendance s'est inversée ; davantage en raison d'une stagnation de la consommation des industries sidérurgiques que d'une progression de la production locale des mines. Pour le cuivre, la dépendance a déjà commencé au XIXe siècle et ne s'est pas aggravée durant le dernier demi-siècle. En revanche, pour la bauxite, pour laquelle les pays développés étaient encore autosuffisants au début des années 1950, le déficit s'est accru considérablement, dépassant la moitié et même les deux tiers de la consommation jusqu'au début des années 1970, pour retomber au-dessous du tiers vers 1990.

Dans le domaine des matières premières d'origine agricole, le dernier demi-siècle n'a pas été marqué par une dépendance accrue, au contraire. Pour le caoutchouc, la mise au point du caoutchouc synthétique[1] a considérablement réduit la dépendance, qui était encore presque totale à la veille de la Seconde Guerre mondiale et qui, au début des années 1990, n'est que de l'ordre du tiers. Pour le coton, qui avec le caoutchouc constituent les deux principales matières premières agri-

1. Voir chap. X, tome II.

coles, on est passé d'une dépendance de l'ordre
d'un dixième après la Seconde Guerre mondiale à
un faible excédent au début des années 1990.
Nous reviendrons sur ce paradoxe du Tiers-
Monde devenant importateur net de coton.

LES MUTATIONS
DES ENTREPRISES

Le terme « mutation » peut paraître un peu exagéré mais Herman Van der Wee, qui, à côté de
sa carrière d'historien-économiste, a également
consacré une partie de ses activités à la gestion
d'entreprise, parle dans son *Histoire économique
mondiale* de l'après-Seconde Guerre mondiale
(1990), de « la révolution de la gestion des entreprises » ? Même si, entre les deux guerres, il y a déjà
eu un certain rapprochement entre le modèle américain des entreprises et les modèles européens,
beaucoup de différences subsistaient encore. En
matière d'organisation du travail dans les entreprises, le XXe siècle a été d'abord marqué par le
règne dominant du taylorisme et du fordisme ;
mais, à partir de la fin des années 1960, ce règne
commença à être contesté. Nous examinerons plus
loin la poursuite de la multinationalisation des
entreprises. Enfin, sans être exhaustif, il convient
de rappeler la vague de fusions-acquisitions (qui a
marqué le monde des affaires surtout au cours
des années 1980), ainsi que celle de nationalisations et celle, plus récente, de privatisations[1].

1. Voir chap. XXV.

La gestion des grandes entreprises

Commençons donc par la gestion des entreprises. Comme nous l'avons vu dans le chapitre XII, le «modèle américain» d'organisation des entreprises, mis en place dès la seconde moitié du xixe siècle, s'était déjà généralisé aux États-Unis à la fin du siècle. La crise de 1920-1921 accéléra le phénomène. Citons une fois encore Herman Van der Wee : «La création d'une structure aux divisions multiples constitua un grand pas en avant dans le domaine de la gestion moderne des entreprises. Dorénavant, il serait possible de coordonner les activités fonctionnelles plus systématiquement et plus efficacement. Et chose plus importante encore, l'allocation des ressources s'améliorait. La mise en activité d'un organe central de coordination permit de suivre de près les résultats des différentes divisions et d'évaluer de façon objective et précise le rendement du capital mis en œuvre. Grâce à ces évaluations objectives et aux projections et budgets établis avec précision, il était désormais possible de répartir de façon efficace les ressources au sein de l'ensemble de l'entreprise. On écartait ainsi le danger d'une allocation subjective du capital sous l'influence des responsables d'une petite unité. Les cadres moyens pouvaient se consacrer totalement à la coordination administrative et les cadres supérieurs à la supervision de cette coordination, à la planification à long terme et à la stratégie en matière d'investissements.»

En règle générale, le reste du monde industrialisé ne commença à adopter les méthodes modernes de gestion qu'après la Seconde Guerre mondiale. L'exception notable a été l'Allemagne où, déjà à l'aube du XXᵉ siècle, beaucoup d'entreprises, et notamment Siemens, étaient entrées dans cette voie, mettant même au point leurs propres techniques de gestion. La Grande-Bretagne suivit cette tendance dès le début des années 1950, suivie un peu plus tard par la plupart des autres pays d'Europe occidentale. Au Japon, le système des *zaïbatsus*[1] bien que démantelé en partie après la guerre par les Alliés (mais qui se reforma après 1951), n'empêcha pas l'adoption des méthodes américaines de gestion. Dès 1959, plus de la moitié des grandes entreprises étaient dans ce cas, et le mouvement se poursuivit. Le Japon apporta même par la suite des innovations importantes dans le domaine de la gestion des entreprises, comme dans celui de l'organisation du travail.

DU « DOWNSIZING »
À LA « HORIZONTAL CORPORATION »

À partir du début des années 1980 apparaît, d'abord aux États-Unis, un phénomène que l'on peut largement considérer comme une tentative d'adaptation tant à la désindustrialisation de l'Occident qu'aux effets de retour à une économie plus instable et à plus faible taux d'expansion : le *Downsizing*. En langue française, on n'a pas encore forgé un terme équivalent ; la traduction littérale est : réduction de taille. Outre les problèmes sociaux qu'implique souvent une réduc-

1. Voir chap. XII, tome II.

tion de l'effectif des entreprises, il s'agit aussi de la mise au point de méthodes de gestion, différentes de celles qui ont été élaborées dans les phases d'expansion économique où la problématique était de gérer au mieux la croissance des entreprises. Le *downsizing* ne concerne pas seulement des entreprises industrielles, mais aussi les transports, en premier lieu les compagnies aériennes, et les finances, notamment les banques, sans parler de l'administration publique.

Citons quelques exemples notoires de ce phénomène. IBM (International Business Machines), qui avait atteint un effectif maximal de 400 000 salariés en 1984, n'en a plus que 240 000 en 1994 ; durant la même période, General Electric est passé de 270 000 à 210 000 salariés. Et ce ne sont pas là des cas extrêmes. Pour l'ensemble des États-Unis, la réduction des emplois au sein des 500 plus grandes entreprises manufacturières a concerné, entre 1980 et 1993, 4,7 millions de personnes, soit un quart de leur effectif total. Le processus s'est poursuivi en 1994, pourtant la meilleure année en termes de croissance depuis 1984, avec un recul supplémentaire d'un demi-million d'emplois. Comme le notait un représentant de l'American Management Association : «Downsizing is now seen as a routine.» Comme ce phénomène touche surtout les grandes entreprises et que la progression de l'emploi dans le secteur tertiaire se fait surtout dans de petites entreprises, cela a conduit à l'inversion d'une tendance séculaire. Alors qu'à la fin des années 1960 les salariés des 500 plus grandes entreprises américaines occupaient près de 20 pour 100 de l'ensemble des salariés, en 1994 cette proportion est de l'ordre de 10 pour 100 seulement.

Au début des années 1990, un certain nombre de grandes entreprises ont estimé que le *downsizing* n'avait pas abouti aux gains de productivité escomptés ; cela a même affecté l'ensemble de l'industrie manufacturière. Ainsi une étude extensive sur 140 000 entreprises manufacturières a-t-elle même démontré que les gains de productivité ont été plus faibles dans les entreprises restructurées que dans les autres. Une des raisons de la faillite du système est la dégradation de l'état d'esprit du personnel resté en place que la réduction des effectifs a profondément traumatisé. Cela a entraîné le début de la mise en question de ce processus. Cependant, dans de nombreux cas, le *downsizing* a conduit à une augmentation des profits, et ce, indépendamment de la période conjoncturelle. Ce qui a poussé certaines entreprises à déclarer que la vieille loi voulant que l'on embauche en bonne conjoncture et que l'on licencie en mauvaise conjoncture était caduque. Dorénavant, on licencie en bonne conjoncture et l'on licencie davantage en mauvaise.

Les composantes négatives du *downsizing* ont conduit certaines entreprises à mettre en œuvre une nouvelle forme d'organisation. Celle-ci, qualifiée de *Horizontal corporation*, est basée essentiellement sur l'abolition des hiérarchies, et sur l'organisation de la compagnie autour de trois axes : mise au point de nouveaux produits, production et vente, et support à la clientèle. Tout cela accompagné d'un ensemble de principes, dont les sept plus importants sont les suivants : 1) organisation centrée sur les processus et non sur les objectifs ; 2) nivellement des hiérarchies et élimination des activités n'apportant pas de valeur ajoutée ; 3) utilisation d'équipes autonomes ; 4) satisfaire la clientèle doit être le critère par excellence des performances ; 5) modification des rémunérations afin de privilégier les équipes performantes ; 6) maximaliser les contacts du personnel tant avec les fournisseurs qu'avec la clientèle ; 7) information et formation de l'ensemble du personnel. Ce système a déjà été adopté par des entreprises, telles que AT&T, Kodak, General Electric, Motorola, Xerox, etc.

L'organisation du travail : du fordisme aux cercles de qualité

Ainsi que nous l'avons vu[1], avant que n'éclate la Première Guerre mondiale, les nouvelles formes d'organisation du travail, le taylorisme et le fordisme, étaient déjà mises au point et utilisées dans une fraction importante des industries américaines. Pendant la Première Guerre et entre les deux guerres, ce que l'on qualifie d'organisation moderne du travail se généralisa rapidement aux États-Unis. En Europe, ce n'est qu'après la Seconde Guerre mondiale que cela se mit réellement en place. Le taylorisme et le fordisme régnèrent en maîtres incontestés en Occident (ils furent même préconisés par Lénine), et eurent même une variante soviétique : le stakhanovisme.

En 1935, Alexeï Stakhanov, ouvrier dans une mine de charbon, incita son équipe à organiser le

1. Voir chap. XII, tome II.

travail en sorte de maximaliser l'utilisation des équipements et à éliminer les temps morts dans leur travail. De ce fait, ils parvinrent à dépasser fortement les normes de travail. En août 1935, on organisa et on filma une performance minutieusement préparée pour maximaliser le résultat. L'équipe de Stakhanov réussit à produire une quantité de charbon 14 fois plus importante que la norme en vigueur. Le stakhanovisme était né ; il se répandit sous l'impulsion du pouvoir central dans la plupart des activités, apparemment avec un impact assez marqué sur la productivité. Stakhanov fut considéré comme un véritable héros, et en 1978 la ville minière de Kadiyevka fut renommée Stakhanov.

LA CRISE DU FORDISME ET LES NOUVELLES FORMES
D'ORGANISATION DU TRAVAIL

Revenons en Occident où, à la fin des années 1960, commença ce que l'on appelle souvent la crise du fordisme, qui résulta à la fois d'une accentuation de son rejet de longue date par les ouvriers, et d'une diminution de la productivité du capital des entreprises. En outre, la part des opérations manufacturières dans un produit fini a eu tendance à se réduire progressivement au profit des activités de conditionnement, des tests de qualité, et du «marketing». Ce fut le début des recherches et expériences pour l'élaboration de nouvelles formes d'organisation, axées sur une plus grande flexibilité du travail. Ces nouvelles formes d'organisation s'orientèrent à la fois vers un élargissement et un enrichissement des tâches des ouvriers. Il s'agissait d'un mode de travail qui,

roman de 1921 du Tchèque Karel Čapek[1]. La première description (imaginaire) d'un robot serait, elle, vieille de trois millénaires, puisqu'on la trouve dans l'*Iliade* de Homère. La construction d'automates dans la Grèce antique se situe dès le IIIe siècle avant J.-C. et avait atteint un niveau élevé de sophistication ; mais ce n'était pas des automates destinés à des utilisations «productives».

Les robots industriels ont reçu une impulsion majeure des progrès de l'informatique, et notamment en raison de la capacité croissante et du prix décroissant des micro-processeurs. Déjà auparavant, on avait mis en place des procédés de production automatisés. Ainsi, en 1954, il y eut deux «premières» importantes aux États-Unis. Chez Ford, un atelier automatique pour les blocs moteurs fut installé, où 40 ouvriers en remplaçaient 117. La firme Raytheon construisit un atelier où 2 ouvriers en remplaçaient 200 pour assembler 1 000 postes de radio par jour. En 1961, la firme Unimation mit sur le marché les premiers robots industriels, dont certains furent installés dans une usine de la General Motors. L'Europe (la Suède) suivit deux ans plus tard. L'apparition relativement massive des robots industriels se place à la fin des années 1970. Dans la période 1977-1982, pratiquement tous les grands constructeurs d'automobiles suivirent l'exemple de General Motors. D'après les statistiques publiées par la Commission Économique pour l'Europe (1996), sur le plan mondial, le nombre de robots industriels est passé de 30 000 en 1981 à 244 000 en 1988 et à 650 000 en 1995. Les pays développés occupant la place

1. Robot signifie en tchèque travail.

prédominante, avec quelque 610 000, dont 573 000 dans les pays développés occidentaux. Et, à l'intérieur de ces pays, le Japon vient très largement en tête, avec (toujours pour 1995) 387 000 robots industriels, suivi par les États-Unis (66 000), l'Allemagne (51 000), l'ex-URSS (35 000), l'Italie (23 000), la Corée (20 000) et la France (13 000).

Dans la très grande majorité des cas, le robot industriel ne remplace qu'un ouvrier ; mais comme généralement il «travaille» deux à trois fois plus longtemps dans l'année, la perte brute d'emplois est de l'ordre d'un peu plus de deux ouvriers par robot. Donc, entre 1970 et 1995, la robotisation a impliqué une perte brute d'emplois de l'ordre de 1,2 à 1,4 million. Perte brute… car il est évident que la construction et l'entretien des robots impliquent des emplois. Et souvent, hélas, perte définitive d'emploi en raison de la faible qualification de la main-d'œuvre évincée. Dans son histoire sociale de l'automatisation de l'industrie, David Noble[1] rapporte une déclaration de l'économiste et Prix Nobel Wassely Leontieff : «Les ouvriers de l'automobile ont à peu près les mêmes chances de construire des robots que les chevaux n'en ont eu pour construire des automobiles». Ce qui est certain c'est que les pertes concernent des emplois avec peu ou sans qualification, alors que les gains concernent des emplois qualifiés. On peut estimer que dans l'ensemble des pays développés occidentaux le nombre d'actifs dans l'industrie manufacturière était passé, entre 1970 et 1995, de 80 à 70 millions. Si l'on suit les estimations d'Adrian Wood[2],

1. 1984.
2. 1994.

on peut estimer que l'emploi non qualifié représentait, en 1970, environ la moitié de ces chiffres. Donc, parmi ces derniers, la perte brute d'emplois du fait de la robotisation a été de l'ordre de 3 pour 100 du nombre d'ouvriers non qualifiés travaillant vers 1970. Mais si l'on tient compte du fait que la plus grande partie de la perte d'emplois dans les industries manufacturières a concerné les ouvriers non qualifiés et que l'on rapporte la perte brute d'emplois due à la robotisation à la diminution des emplois non qualifiés, on obtient une proportion déjà plus importante. En postulant que la perte d'emplois non qualifiés a été de l'ordre de 6 à 8 millions, la robotisation intervient alors pour 16 à 22 pour 100. Il s'agit d'une répercussion qui est certes différenciée au niveau des secteurs et des pays : plus importante dans l'industrie automobile qui dispose de la moitié environ de ces robots ; plus importante au Japon qui dispose d'environ 56 pour 100 des robots des pays développés occidentaux.

LES ÉCONOMIES DOMINANTES :
DU DÉCLIN DU ROYAUME-UNI
À L'ÉMERGENCE DU JAPON

À l'aube de cette dernière décennie du XXᵉ siècle, quels sont les ordres de grandeur économique des principaux pays du monde ? Le tableau XXVIII.6 permet de situer les ordres de grandeur en 1995 des plus grandes puissances économiques des pays développés et du Tiers-

Monde. Comme on peut le voir, les États-Unis
sont, et de loin, la principale puissance économique des pays développés et, par conséquent, du
monde. Ce pays a un potentiel industriel trois fois
supérieur au pays qui vient ensuite, le Japon. En
troisième place on trouve l'Allemagne ; cependant, même réunifiée, elle a un potentiel industriel qui n'est que les six dixièmes de celui du
Japon (par conséquent un cinquième de celui des
États-Unis). Toutefois, en termes d'exportation
d'articles manufacturés, l'Allemagne occupait,
toujours au début des années 1990, la première
place. Place à laquelle elle s'était hissée pour la
première fois dans les années 1930 au détriment
du Royaume-Uni, et la seconde fois en 1970 au
détriment des États-Unis. Si depuis 1993 l'Allemagne a perdu cette première place, c'est probablement en raison d'une rupture dans l'élaboration
des statistiques qui, selon les experts, sous-estiment
à partir de cette date les échanges intracommunautaires de l'UE. De surcroît, pour ce qui concerne
la balance commerciale de ces mêmes articles, le
Japon l'emportait déjà depuis longtemps (1970) et
l'écart était très important pour 1995 (respectivement 122 et 244 milliards de dollars). Et la
situation est la même en matière de flux des investissements directs à l'étranger mais le dépassement ne s'est situé qu'en 1987 ; et, de 1992 à 1994,
le Royaume-Uni a devancé à nouveau le Japon.
En ce qui concerne l'indicateur encore plus significatif que constitue le stock des investissements
directs à l'étranger, le Japon a pratiquement rattrapé le Royaume-Uni dès 1989, moment où l'écart
entre les deux pays n'était plus que de 27 pour 100
(310 pour 100 en 1980) ; et, pour la première fois,

en 1995 le Japon a dépassé, mais de peu, le
Royaume-Uni. Cependant, le Japon se trouve
encore très loin derrière les États-Unis ; même en
1995 où le volume de ce stock des États-Unis était
plus de deux fois plus élevé que celui du Japon.
Donc, incontestablement, au milieu de la décennie 1990, les États-Unis sont encore la puissance
économique dominante dans le monde développé,
par conséquent du monde. Certes, depuis deux ou
trois décennies, le Japon a connu une rapide
marche ascendante, et si l'on s'amuse au jeu dangereux et simpliste des extrapolations des tendances historiques, le dépassement des États-Unis
par le Japon est une affaire de quelques décennies.
Mais l'histoire économique nous apprend que
l'évolution économique n'est pas linéaire.

Du côté du reste du monde, donc du Tiers-
Monde, l'émergence de puissances économiques
dominantes sur le plan mondial n'est pas envisageable avant de nombreuses décennies, même si
trois pays ont un potentiel humain et technique
qui pourrait, dans un horizon pas trop lointain,
laisser entrevoir une telle possibilité. Il s'agit du
Brésil, de la Chine et de l'Inde. Bien entendu, de
ces trois pays, c'est à la fois vu sa taille et ses progrès récents extrêmement rapides que la Chine
viendrait en tête dans un calcul d'extrapolation ;
tout comme, dans l'hypothèse d'un exercice semblable vers 1970, l'URSS se serait trouvée en tête
sur le plan mondial.

Si, vers le milieu de la décennie 1990, les États-
Unis sont encore la puissance économique dominante, ce n'était pas encore le cas ni vers 1913,
ni d'une certaine façon dans l'entre-deux-guerres
où, notamment dans le domaine commercial et

TABLEAU XVIII.6

QUELQUES INDICATEURS DU POTENTIEL ÉCONO-
MIQUE EN 1995 DES PAYS LES PLUS IMPORTANTS
(classement par taille de population)

	Population[a]	PNB total[b]
Monde	**5 270**	**6 300**
Pays développés (total)	**1 260**	**4 160**
États-Unis	263	1 380
Russie (Fédération)	148	710
Japon	125	490
Allemagne[e]	82	310
Italie	57	150
Royaume-Uni	58	170
France	58	210
Espagne	39	80
Canada	30	140
Tiers-Monde (total)	**4 360**	**2 140**
Chine	1 200	880
Inde	935	260
Brésil	156	160
Mexique	90	80

a Population : en millions de personnes.
b PNB : en dollars et prix des États-Unis de 1960.
c Potentiel industriel : sur base Royaume-Uni de 1900 = 100.
d Milliards de dollars courants.
e Allemagne réunifiée.

financier, ce pays n'assumait pas encore un rôle prédominant. La puissance dominante vers 1913 était encore le Royaume-Uni. Par conséquent, ce sont essentiellement les cas du Royaume-Uni (ancienne puissance dominante), des États-Unis (puissance dominante actuelle) et du Japon (can-

Potentiel manufacturier[c]	Exportations d'articles manufacturés[d]	Stock des investissements directs à l'étranger[d]
16 030	**3 640**	**2 730**
12 860	**2 840**	**2 514**
5 360	450	706
500	23	–
1 700	422	306
1 050	446	235
450	204	87
630	198	319
490	218	201
250	70	34
320	120	110
3 170	**804**	**214**
1 700	125	17
670	23	–
180	25	6
90	62	3

Note : Le critère de choix des pays retenus est, outre la taille de la population, l'importance du secteur manufacturier dans chacune des deux régions.

Sources : Voir les tableaux relatifs à chacune des rubriques.

didat au statut de puissance dominante) que nous traiterons. Donc deux îles, ou, si l'on préfère, deux archipels, délimitent en quelque sorte l'histoire des économies dominantes entre 1913 et le milieu de la décennie 1990 : le Royaume-Uni, économie dominante en fort déclin, et le Japon, économie dominante en train d'émerger rapidement.

Avant de commencer par traiter du Royaume-Uni, il est bon de rappeler la définition du concept d'économie dominante, définition déjà implicitement présente dans la deuxième partie de ce livre où nous avons parlé du Royaume-Uni comme étant, d'une part la première puissance économique d'un ensemble de pays et, d'autre part représentant en sus une proportion significative de la puissance ou du potentiel économique de cet ensemble. On doit ajouter une troisième caractéristique pour définir une économie dominante : une intervention massive dans le domaine des relations économiques et financières internationales (commerce extérieur, investissements, etc.). Nous exclurons de cette analyse la confrontation des diverses unions économiques ou douanières. Cela pour trois raisons : la première découle de la constatation que même l'union économique la plus formalisée, à savoir l'UE, n'est pas encore une réelle entité économique, ne serait-ce que du fait de l'absence d'une monnaie unique. La deuxième raison réside dans le caractère récent de l'entité concurrente à l'intérieur du monde développé, à savoir l'ALENA, dont, d'autre part, le degré d'intégration est moins important. Enfin, le caractère non figé des unions rend l'analyse très aléatoire. Par exemple, en l'an 2010, l'UE englobera-t-elle toute l'Europe de l'Est et/ou l'ancienne URSS ?

*L'accélération du déclin
du Royaume-Uni
en tant que puissance dominante*

Faut-il rappeler que, durant les dernières décennies du XVIIIᵉ siècle et une grande partie du XIXᵉ siècle, le Royaume-Uni a été une économie très dominante ? C'est là la conséquence toute naturelle de l'avance qu'avait prise ce pays en raison du fait qu'il était le pays berceau de la révolution industrielle. Révolution industrielle qui est demeurée un phénomène isolé à la seule Grande-Bretagne pendant plus d'un demi-siècle. Dès la seconde moitié du XIXᵉ siècle, le rôle prédominant de l'économie britannique était en train de décliner. Néanmoins, à la veille de la Première Guerre mondiale, si l'on tient compte de son rôle économique international, le Royaume-Uni reste encore la puissance dominante. En effet, c'est le pays qui, sans conteste, assume le leadership en matière financière. La livre sterling et la «City» de Londres gardent leur rôle dominant. En matière d'investissements à l'étranger, le rôle du Royaume-Uni est encore déterminant. Comme nous pouvons le voir dans le tableau XXVIII.7, la part du Royaume-Uni dans le stock brut mondial de capitaux à l'étranger a certes diminué entre 1870 et 1913, passant de 54 à 44 pour 100 de ce total mondial ; mais le deuxième pays en importance vers 1913 est la France, avec seulement 20 pour 100, suivie par l'Allemagne, avec 13 pour 100. À l'époque, les États-Unis ne possédaient que 8 pour 100 du stock mondial de capitaux à l'étranger, et les investissements étrangers à l'intérieur des États-Unis dépassaient ceux des États-Unis à l'étranger. Mais, comme on a pu le voir dans le tableau XIII.4, vers 1930, les États-Unis, avec environ 33 pour 100 du stock mondial de capitaux à l'étranger, ont presque rattrapé le Royaume-Uni qui disposait alors de 40 pour 100 de ce stock.

Cependant, par la force des choses, le stock des capitaux à l'étranger évolue plus lentement que le flux des capitaux comme c'est le cas dans d'autres domaines pour lesquels on peut comparer les flux et les stocks. Dès après la Première Guerre mondiale, le flux de capitaux à long terme des États-Unis (vers le reste du monde) dépasse celui du Royaume-Uni. Et si l'on se tourne vers le commerce extérieur, comme on peut le voir dans le tableau XXVIII.7, dès 1929 (et, en fait, dès l'après-guerre) les exportations des États-Unis dépassaient celles du Royaume-Uni (de 45 pour 100 en 1929). Cependant, jusqu'à la veille de la Seconde Guerre mondiale, les importations britanniques resteront supérieures à celles des États-Unis.

En fait la Seconde Guerre mondiale accélère l'émergence des États-Unis sur la scène internationale et, par là, le déclin relatif des autres pays. En effet, en 1950, les exportations américaines dépassaient de deux tiers celles du Royaume-Uni, qui ne représentaient plus que 10 pour 100 des exportations mondiales, contre 14 pour 100 en 1913. En 1995, cette proportion est tombée à moins de 5 pour 100! Et le Royaume-Uni, qui, environ du milieu du XVIIIe siècle jusqu'en 1939, était la première puissance commerciale du monde par l'importance de son commerce extérieur (exportations et importations), n'occupe plus en 1995 que la 5e place dans le classement des exportateurs mondiaux et est pratiquement rattrapée par l'Italie qui, encore en 1960, n'exportait qu'un tiers du montant du Royaume-Uni.

Pour ce qui est des capitaux à l'étranger, le Royaume-Uni a mieux maintenu sa place dans le concert mondial. Certes, dès le début de la décennie 1950, les exportations nettes de capitaux des États-Unis étaient 8 fois plus élevées que celles du Royaume-Uni ; néanmoins, ce pays occupe encore la deuxième place. En ce qui concerne le stock des investissements directs à l'étranger, la Seconde Guerre mondiale a marqué le véritable tournant, les États-Unis détrônant le Royaume-Uni. Cependant, celui-ci conserva la deuxième place jusqu'en 1995 (voir le tableau XXVIII.10) ; même s'il a pratiquement été rattrapé par le Japon. De surcroît, la progression rapide d'un certain nombre de pays européens a conduit à diminuer fortement la place relative prise par le Royaume-Uni. Vers 1970, ce pays possédait encore 38 pour 100 de l'ensemble du stock des investissements directs à l'étranger de l'Europe occidentale ; en 1995, cette proportion n'était plus que de 26 pour 100.

Le déclin relatif du Royaume-Uni est très marqué dans le domaine industriel. Dès 1913, le potentiel des États-Unis est plus de deux fois plus élevé ; en 1929, près de quatre fois ; et, en 1950, l'écart est de 1 à 7. Vers 1995, le Royaume-Uni ne représente plus que 4 pour 100 du potentiel manufacturier mondial, contre 14 pour 100 vers 1913. Bref, on peut considérer que l'après-guerre mondiale concrétise la perte du rôle d'économie dominante que le Royaume-Uni a rempli pendant

TABLEAU XXVIII.7

INDICATEURS ÉCONOMIQUES ET FINANCIERS DES PUISSANCES ÉCONOMIQUES DOMINANTES
(1913-1995)

	1913	1929	1938	1950	1970	1995
Exportations totales[a]						
Monde	18,3	33,0	13,4	60,7	315,1	5 170
Pays développés	14,3	24,4	10,7	41,5	255,3	3 680
Royaume-Uni	2,6	3,6	1,4	6,1	19,4	242
États-Unis	2,4	5,2	1,8	10,2	43,2	584
Allemagne	2,4	3,2	1,3	2,0	34,2	509
Japon	0,3	1,0	0,5	0,6	19,1	443
Stock d'investissements directs à l'étranger[b]						
Monde	14,5	-	26,4	71,0	165,0	2 730
Pays développés	14,0	-	25,9	68,0	161,0	2 514
Royaume-Uni	6,5	-	10,5	12,4	23,7	319
États-Unis	2,7	-	7,3	31,9	82,8	706
Allemagne	1,5	-	0,4	0,8	7,3	235
Japon	-	-	0,8	0,5	4,4	306
Potentiel manufacturier[c]						
Monde	933	1 356	1 684	3 070	9 360	16 030
Pays développés	863	1 259	1 562	2 870	8 430	12 860

	1913	1929	1938	1950	1970	1995
Royaume-Uni	127	135	181	258	462	630
États-Unis	298	533	528	1 378	3 089	5 380
Allemagne	138	158	214	180	550	-
Japon	25	45	88	88	819	1 700
Réserves d'or et d'avoirs étrangers[d]						
Monde	8,8	10,3	14,8	49,0	93,2	610
Pays développés	8,0	9,5	14,2	35,5	74,1	511
Royaume-Uni	0,8	0,7	1,5	3,4	2,8	12
États-Unis	1,9	3,9	8,6	24,3	14,5	176
Allemagne	1,0	0,6	0,0	0,2	13,6	64
Japon	0,1	0,5	0,1	0,6	4,8	16

a Milliards de dollars courants ; pour 1938 : dollars anciens.

b Milliards de dollars courants ; 1960 au lieu de 1950 ; 1971 au lieu de 1970.

c Sur base Royaume-Uni de 1900 = 100.

d Fin d'années. Milliards de dollars courant. Pour 1913-1938 : réserves d'or uniquement. Pour 1938 : Monde sans l'URSS ; dollars anciens.

Note : Pour tous les pays les frontières sont celles des dates concernées.

Sources : Voir les tableaux relatifs à chacune des rubriques. Sauf réserves d'or et d'avoirs étrangers : d'après FMI, *International Financial Statistics. Yearbook*, diverses livraisons ; Société des Nations, *Annuaire statistique*, diverses livraisons ; et données communiquées par le World Gold Council, Londres.

environ un siècle et demi. Cependant, comme nous allons le voir, la relève par les États-Unis se fera attendre, malgré leur puissance économique.

Les États-Unis :
une grande puissance économique
qui assume tardivement son rôle

Si la fin de la Seconde Guerre mondiale a marqué sans aucun doute la consécration du rôle des États-Unis comme puissance économique dominante, ce n'était là que la consécration d'un état de fait remontant à deux ou trois décennies. Car les États-Unis étaient devenus très tôt la principale puissance économique et technique du monde. En termes de volume du PNB total, cela se situe vers 1860 et en termes de PNB par habitant vers le milieu de la décennie 1870. En ce qui concerne le volume de la production manufacturière, cela se situe au début des années 1890 ; mais, dès le milieu du XIXe siècle, les États-Unis sont le pays où se réalisent le plus grand nombre d'inventions techniques importantes (et moins importantes). Toutefois, aussi bien commercialement que financièrement, la prédominance américaine est beaucoup plus tardive, comme nous allons le voir.

1913-1939 : UNE SUPERPUISSANCE QUI NE S'AFFIRME
QUE LENTEMENT

En raison de leur situation géographique, et malgré leur masse tant en superficie qu'en popu-

lation, les États-Unis ont oscillé depuis longtemps
entre une politique de présence et d'absence sur
la scène internationale. De toute façon, la prédominance des États-Unis sur l'économie mondiale
n'a jamais atteint le même degré que le Royaume-
Uni à son apogée, à savoir au milieu du xixe siècle.
Ainsi, en matière de commerce international, le
Royaume-Uni vers 1870 représentait 21 pour 100
des exportations mondiales, pour les États-Unis il
ne s'agit que de 17 pour 100 même dans l'immédiat après-Seconde Guerre mondiale. Et les
écarts sont encore plus importants pour les capitaux. En revanche, pour ce qui a trait au potentiel
industriel total, en raison de leur population plus
grande, les États-Unis ont, dès 1929, une prédominance plus forte que n'a jamais eue le
Royaume-Uni. Vers 1929, les États-Unis concentraient 43 pour 100 du potentiel industriel mondial et le maximum a été atteint vers 1946 avec
probablement 50 pour 100 environ, alors qu'au
Royaume-Uni le maximum n'avait été atteint
qu'avec environ 23 pour 100 vers 1870. Il est vrai
que, vers 1870, le Tiers-Monde, et les industries
traditionnelles en général, occupait encore une
certaine place dans le potentiel industriel mondial (un tiers environ), ce qui a tendance à réduire
la part relative britannique. Il est vrai aussi que,
vers 1870, le Royaume-Uni représentait 8 pour
100 de la population des pays développés et que
cette proportion était de 18 pour 100 pour les
États-Unis vers 1946.

En outre, même dans l'entre-deux-guerres,
l'essentiel de la production manufacturière américaine était destiné au marché local. En 1937, les
exportations d'articles manufacturés du Royaume-

TABLEAU XXVIII.8

EXPORTATIONS D'ARTICLES MANUFACTURÉS

DES PRINCIPAUX PAYS DÉVELOPPÉS

(en milliards de dollars courants)

	1899	1913	1929	1937	1950	1973	1990	1995
Allemagne[a]	0,70	1,73	2,50	2,02	1,46	59,00	354,40	446,08
Belgique	0,17	0,32	0,66	0,61	2,21	16,90	36,79	125,91
Canada	0,01	0,04	0,43	0,45	1,27	12,04	73,31	119,62
Espagne	0,04	0,05	0,09	0,01	0,11	3,20	40,68	69,60
États-Unis	0,36	0,85	2,49	1,78	5,53	44,47	290,49	450,28
France	0,45	0,79	1,33	0,54	1,99	25,43	161,31	218,05
Italie	0,11	0,21	0,45	0,31	0,76	18,39	148,08	204,13
Japon	0,05	0,15	0,48	0,65	0,70	34,58	274,13	421,62
Pays-Bas	–	–	0,31	0,28	0,61	13,41	77,82	110,63
Royaume-Uni	1,03	1,96	2,74	1,94	5,10	24,32	146,71	197,63
Suède	0,03	0,09	0,21	0,24	0,58	9,17	47,45	68,10
Suisse	0,13	0,20	0,34	0,26	0,85	8,48	59,27	76,10

[a] De 1950 à 1990 : République fédérale d'Allemagne.

Sources : 1899-1950 : Maizels, A. (1994). Et 1973-1995 : GATT, *Le Commerce international*, diverses livraisons ; et données communiquées par le Secrétariat de l'OMC.

Uni étaient encore du même ordre que celles
des États-Unis ; il est vrai que, vers 1900, celles
du Royaume-Uni étaient trois fois plus importantes que celles des États-Unis et représentaient
alors environ un tiers des exportations mondiales
d'articles manufacturés. D'ailleurs, le maximum
atteint par le Royaume-Uni en ce domaine a dû se
situer vers le milieu du XIXᵉ siècle, au moment où
ce pays assumait probablement la moitié environ
des exportations mondiales d'articles manufacturés, méritant bien le titre de «Workshop of
the World» que lui a décerné l'historien-économiste J.D. Chambers [1]. Dans les années d'immédiat après-Seconde Guerre mondiale, les États-Unis
n'ont fourni que le quart des exportations mondiales d'articles manufacturés.

Tout cela explique pourquoi, dans l'entre-deux-
guerres, bien qu'étant incontestablement l'économie la plus importante du monde, les États-Unis
ne remplirent pas totalement leur rôle d'économie dominante. Ils ne le feront qu'après la
Seconde Guerre mondiale. Dans ce contexte, il
faut garder en mémoire que la tentation isolation-
niste des États-Unis est une constante de l'histoire
de ce grand pays. Faire participer les États-Unis à
chacune des deux guerres mondiales a été une
tâche ardue respectivement pour Woodrow Wilson
et Franklin Delano Roosevelt. Ainsi, contrairement à l'image généralement véhiculée, l'intervention extérieure est mal ressentie dans ce pays
qui, ne l'oublions pas, fut une colonie. N'oublions
pas également que le domaine colonial des États-
Unis a été très limité, bien que, pour une partie de

1. 1961.

l'Amérique latine, on puisse parler de néo-colo-
nisation, mais seulement assez tard : après la
seconde moitié du xixᵉ siècle.

La Seconde Guerre mondiale donna donc un
formidable coup d'accélération au rôle prédominant des États-Unis. La croissance économique
fut très rapide durant cette guerre. De 1939 à
1945, le volume du PNB par habitant fit un
bond d'au moins 40 pour 100, effaçant les effets
de la dépression. Durant la même période, pour
l'Europe occidentale, il s'est agi d'un recul de
l'ordre de 20 pour 100. Dans la mesure où le passage au communisme des pays de l'Est a rétréci
l'aire économique occidentale et celle des échanges
internationaux, cela renforça encore la prédominance des États-Unis. Présentons quelques proportions que l'on peut déduire du tableau XXVIII.7
présenté plus haut.

Commençons par les investissements à l'étranger, l'un des aspects de la domination américaine
le plus perçu, souvent négativement, par le reste
du monde développé occidental. Vers 1960, où les
données sont déjà assez bonnes sur le plan de la
comparaison internationale, les États-Unis possédaient 51 pour 100 des investissements directs à
l'étranger. Comme nous le verrons plus loin
(tableau XXVIII.10), cette prédominance va se
réduire fortement, surtout à partir du début des
années 1970, tombant à 26 pour 100 en 1995.
Cependant, même avec 26 pour 100, les États-
Unis restent le pays possédant le plus d'investissements directs à l'étranger ; le Japon, qui vient à la

deuxième place, représente moins de la moitié des États-Unis (contre seulement un vingtième au début des années 1970). Il convient néanmoins de signaler que, en 1987, et ce pour la première fois depuis l'avant-Première Guerre mondiale, la balance nette des investissements étrangers est devenue négative. C'est-à-dire qu'il y a plus d'investissements étrangers aux États-Unis qu'il n'y a d'investissements de ce pays à l'étranger. Depuis lors ce solde négatif s'est rapidement accru, passant entre 1987 et 1995 de 11 à 141 milliards de dollars, le montant de 1995 représentant 20 pour 100 des investissements des États-Unis à l'étranger.

Dans le domaine du commerce extérieur, la prédominance américaine est moins grande ; néanmoins les États-Unis ont été, entre 1946 et 1986, la principale puissance commerciale du monde avant d'être dépassée, mais de peu il est vrai, par l'Allemagne. En outre, alors qu'avant 1914 moins d'un quart des exportations américaines étaient des produits manufacturés élaborés, cette proportion dépassait la moitié au début des années 1950. Cependant, comme nous l'avons déjà signalé, en raison de la taille du pays, le marché intérieur des États-Unis joue un rôle primordial pour son industrie manufacturière. Mais la prédominance industrielle n'est pas alors seulement affaire de l'importance du secteur, mais également du niveau technique. D'ailleurs, dès la fin du XIXᵉ siècle l'aire géographique des principales innovations techniques était passée de l'Europe vers les États-Unis[1]. Et, dans de nombreux domaines de la production de produits

1. Voir chap. X, tome II.

techniques très élaborés, les États-Unis gardent la première place mondiale. C'est notamment le cas de l'aéronautique et des micro-processeurs. Même dans le domaine des automobiles, où la part des États-Unis dans la production mondiale était passée de 48 pour 100 en 1960 à 19 pour 100 en 1991, on a assisté depuis lors à une remontée, puisqu'en 1995 cette part est revenue à 25 pour 100, dont, au niveau des voitures de tourisme, un quart était produit par des firmes étrangères, essentiellement japonaises.

UNE SUPRÉMATIE SCIENTIFIQUE TARDIVE
MAIS IMPORTANTE

L'avance des États-Unis dans le domaine des techniques n'avait pas encore d'équivalent dans celui des sciences ; car ce n'est qu'après l'afflux de réfugiés des pays soumis au fascisme que les États-Unis prennent le réel leadership en matière scientifique. Un indicateur grossier de cet état de fait est la proportion de Prix Nobel scientifiques (chimie ; physiologie et médecine ; physique) décernés à des habitants des États-Unis. Sans parler de la période 1901-1924, où seulement 4 pour 100 des récipiendaires du Prix Nobel étaient des Américains, pour la période 1920-1939, ce taux était de 12 pour 100, alors que pour la période 1945-1965 il s'établissait à 35 pour 100 et à 58 pour 100 pour la période 1966-1995. Pour la période 1945-1965, 45 pour 100 des Prix Nobel décernés à des citoyens des États-Unis étaient d'origine étrangère. Afin de me faire pardonner des économistes (dont je fais partie) pour les avoir exclus du domaine «scientifique», voici les don-

nées pour cette catégorie de prix créée à partir de
1969. De cette date à 1995, sur les 38 récipiendaires, 24 (ou 63 pour 100) étaient citoyens des
États-Unis. Ceux originaires du Royaume-Uni
étaient au nombre de 6 et ceux des pays scandinaves au nombre de 4. Par conséquent, 4 pour le
reste du monde, dont un seul Français.

La reconstruction rapide de l'Europe (tant de
l'Ouest que de l'Est) et du Japon a conduit au fait
que l'apogée de la puissance relative des États-
Unis, qui était donc très forte à la fin des années
1940, s'affaiblit déjà au milieu des années 1950.
Ainsi, dans l'industrie manufacturière, la part des
États-Unis dans l'ensemble des pays développés
passe de 48 pour 100 en 1953 à 38 pour 100 en
1963. Notons ici que si, dans certains domaines
(comme les investissements à l'étranger), la part
dominante des États-Unis se réduit dans les
années 1970 et 1980, il n'en est pas de même pour
l'industrie. En fait, ces deux dernières décennies,
c'est davantage l'Europe (tant de l'Ouest que de
l'Est) qui voit sa part se réduire au profit essentiellement du Japon. Le vieux continent (y compris l'ex-URSS), qui représente 51 pour 100 du
potentiel industriel de l'ensemble des pays développés en 1973, n'en représente plus que 41 pour
100 en 1995. Mais l'essentiel du recul provient
des pays de l'Est, dont la part a chuté avec
l'écroulement du communisme, passant de 23
pour 100 vers 1973 à 11 pour 100 en 1995.

Mais la question qui se pose ici, et que se
posent beaucoup d'Américains, est de savoir si le
leadership technique ne s'est pas, quant à lui, fortement effrité ; question qui s'avère très délicate
tellement sont divergents les points de vue des

spécialistes. Le seul fait que cette question soit
posée implique déjà une modification de la situation qui a prévalu entre, disons, 1900-1910 et
1970-1980. Nous examinerons un aspect de cette
question dans le chapitre XXX consacré aux techniques. Nous verrons alors que, bien que l'apogée en ce domaine se soit situé du début des
années 1960 à celui des années 1970, ce pays est
resté largement prédominant, étant le théâtre des
trois quarts des innovations techniques. Nous
verrons également que les États-Unis emploient
environ le quart des scientifiques et ingénieurs
du monde engagés dans la recherche et le développement. En ce qui concerne cette part dans le
total des pays développés, celle-ci est même supérieure en 1990 (31 pour 100) à celle de 1980 (27
pour 100). Signalons ici, qu'en 1991 la balance
des paiements en matière de technologies (brevets, etc.) y était non seulement fortement excédentaire (16,5 milliards de dollars de recettes
contre 3,1 milliards de dépenses), mais que
c'était aussi le seul pays (si l'on excepte la Suède
et la Nouvelle-Zélande) à avoir un excédent. De
surcroît, la place des États-Unis dans les publications scientifiques est encore plus prédominante,
puisque au début des années 1990 elle représentait 36 pour 100 du total mondial, contre 28 pour
100 pour l'ensemble de l'UE, 8 pour 100 pour le
Japon et 6 pour 100 pour l'ex-URSS. Enfin, la
plupart des classements de compétitivité économique placent encore les États-Unis au premier
rang.

Une nouvelle économie dominante :
le Japon ?

En 1971, le Japon est devenu la troisième puissance commerciale du monde en dépassant alors le Royaume-Uni. En 1995, il occupe toujours cette place, mais a pratiquement rattrapé les États-Unis et l'Allemagne qui occupent les deux premières places. Si l'on se concentre sur les exportations d'articles manufacturés, l'évolution est à peu près similaire.

UN EXCÉDENT CROISSANT D'ARTICLES MANUFACTURÉS

Mais plus important dans ses implications économiques est le fait que le Japon a enregistré un excédent croissant dans le commerce de ses produits manufacturés et que cet excédent est de loin le plus important de ceux des pays développés (voir le tableau XXVIII.9). Et cet excédent est un élément explicatif important (bien que n'étant pas le seul) du recul des industries manufacturières des pays occidentaux.

Dans le domaine des exportations d'articles manufacturés, il est significatif de signaler que pour ce que les Nations Unies appellent les « nouveaux produits manufacturés », essentiellement des produits électroniques avancés, la part est plus importante au Japon qu'aux États-Unis. Au Japon, entre 1980 et 1993, cette part est passée de 14,6 à 24,5 pour 100, alors qu'aux États-Unis elle n'est passée que de 11,4 à 16,5 pour 100, élargissant ainsi l'écart entre ces deux géants. Toutefois, il est important de rappeler que l'avance des États-Unis dans ce domaine reste très importante.

TABLEAU XXVIII.9
BALANCE COMMERCIALE
D'ARTICLES MANUFACTURÉS
DES PRINCIPAUX PAYS DÉVELOPPÉS
EXPORTATEURS
(en milliards de dollars courants)

	1963	1973	1983	1990	1995
Allemagne[a]	7,67	29,64	59,14	182,29	122,16
Belgique	0,67	4,14	4,42	9,48	11,99
Canada	− 1,95	− 6,22	− 8,37	− 19,59	− 16,08
Espagne	− 0,77	− 1,95	2,72	− 20,97	− 10,62
États-Unis	7,14	1,93	− 32,54	− 85,16	− 157,55
France	1,92	2,94	6,87	− 10,80	10,02
Italie	0,51	5,73	28,57	34,95	70,88
Japon	3,39	24,69	113,49	174,18	243,71
Pays-Bas	− 0,84	− 1,01	− 0,36	− 11,13	− 2,64
Royaume-Uni	5,51	4,09	− 7,09	− 22,78	− 13,95
Suède	0,02	1,64	4,51	4,68	17,80
Suisse	0,04	0,04	1,96	1,48	7,81

a De 1950 à 1990 : République fédérale d'Allemagne.

Sources : GATT, *Le Commerce international*, diverses livraisons ; et données communiquées par le Secrétariat de l'OMC.

UNE EXPLOSION DES INVESTISSEMENTS À L'ÉTRANGER

Plus spectaculaire encore a été la progression du Japon dans les investissements à l'étranger. Alors qu'en 1970, le stock des investissements directs à l'étranger de ce pays ne représentait (en valeur courante) même pas 4 milliards de dollars, les 10 milliards étaient atteints en 1973 et les 78 milliards en 1987. À cette date, le Japon n'occupait que la troisième place dans le monde, après les États-Unis et le Royaume-Uni. Mais, en 1995, le Japon se trouvait, avec 305 milliards de dollars, très près du Royaume-Uni (319 milliards); soit 4 pour 100, alors qu'en 1977 le retard était de 73 pour 100. Bien entendu, par rapport aux États-Unis (voir le tableau XXVIII.10), l'écart demeure très important, mais en rapide décroissance. En 1995, les États-Unis possédaient encore deux fois plus d'investissements directs à l'étranger que le Japon, mais en 1980 il s'agissait alors de onze fois plus. En définitive, ce qui est plus significatif, c'est de noter que le Japon qui, en 1960, possédait moins de 3 pour 100 du stock total mondial des investissements directs à l'étranger, en possédait 13 pour 100 en 1995.

Plus significatif du rôle récent, et surtout futur, du Japon en tant qu'économie dominante est le fait que, en termes de flux d'investissements directs vers l'étranger, dès 1988 le Japon occupe la première place dans le monde. Durant cette année, ce flux a atteint les 34 milliards de dollars, soit 21 pour 100 de l'ensemble des pays développés occidentaux, alors que pour 1978-1980 il s'agissait d'à peine 2 milliards (soit 6 pour 100). L'expansion s'est poursuivie jusqu'à la dépression de 1991, faisant un bond de 40 pour 100 entre 1988 et 1990, pour s'établir à 48 milliards de dollars. Le creux lors de la dépression a été atteint en 1993 (avec 15 milliards de dollars). Ce qui ne représentait plus que 7 pour 100 du total des pays développés occidentaux. En 1995, ce flux est passé à 21 milliards de dollars (soit 8 pour 100 du total des pays développés occidentaux).

Les choses sont très différentes dans l'autre sens, c'est-à-dire pour les entrées des investissements directs au Japon. En effet, comme les entreprises et le gouvernement japonais continuent à avoir une attitude restrictive vis-à-vis du capital étranger, le flux dans l'autre sens est demeuré très faible : en moyenne moins d'un dixième du flux des sorties ; et la progression durant la décennie 1980 a été très modérée. Ce qui est en totale opposition avec le mouvement dans les autres pays développés où, au cours de cette décennie, les entrées d'investissements directs étrangers ont été multipliées par 5 entre 1980 et 1990. Ce sont évidemment des investissements en provenance non seulement du Japon, mais aussi d'autres pays développés. Au niveau du stock des investissements étrangers directs se trouvant au Japon, ceux-ci n'atteignaient en 1995 que 18 milliards de dollars, soit 17 fois moins que l'inverse. Ces 18 milliards ne représentaient même pas 1 pour 100 du total des pays développés occidentaux, où l'on a assisté à une très forte expansion, sur laquelle nous reviendrons plus loin.

Cet accroissement des investissements internationaux entre pays développés est, parmi d'autres facteurs, un élément qui a conduit l'économie mondiale à prendre des aspects nouveaux et a amené une interrogation quant à la fin des États-nations, quant à l'émergence d'une économie globale. C'est pourquoi nous laisserons ici l'interrogation sur le Japon «nouvelle économie dominante» — qui est du domaine des conjectures sur l'avenir — pour passer à une interrogation plus vaste.

LA FIN DES ÉTATS-NATIONS,
UNE MONDIALISATION?

Selon un nombre croissant de chercheurs, le monde entier, et pas seulement les pays développés, serait entré depuis les années 1970-1980 dans un nouveau stade qualifié d'«économie mondiale» (World Economy), de mondialisation ou de globalisation. Qu'en est-il en fait? Mais commençons par définir le phénomène, que nous retiendrons sous son appellation la plus commune: la mondialisation.

La définition du phénomène

Avant tout, et afin d'éviter toute confusion, il convient d'emblée d'insister sur la différence entre ce concept et ceux de l'internationalisation de l'économie, de la multinationalisation de l'économie, et de la convergence économique. Cette différenciation n'implique pas du tout que le phénomène de mondialisation n'incorpore pas beaucoup d'éléments de certains de ces phénomènes. L'internationalisation, par le biais d'un commerce extérieur accru, tant en volume que dans l'espace, a commencé certainement au début du XIXe siècle; et même, d'une façon plus modérée, dès le début du XVIe siècle, ce qui a amené, par exemple, Fernand Braudel à parler d'économie-monde. La multinationalisation a débuté dans le dernier tiers du XIXe siècle avec l'émergence des entreprises multinationales. Le concept de la mondialisation incorpore ces deux évolutions. En revanche, la convergence, qui était notamment la constatation et aussi la croyance d'une évolution en sens inverse des deux mondes développés, le communiste et le capitaliste, amène un fort rapprochement des situations. L'Est, tout en gardant son système social, était censé se rapprocher de l'Occident par ses pratiques économiques et techniques ; l'Occident, en élargissant son système social, en complétant la couverture de l'État-providence, se rapprocher de l'Est. L'écroulement du communisme, s'il a rendu caduque cette thèse, a renforcé la thèse d'une économie mondiale où le libéralisme économique régnerait en maître absolu. Notons que la notion de convergence s'applique aussi à l'idée d'une convergence des niveaux de productivité et des niveaux de vie, ainsi que des modes de régulation des économies.

D'une définition négative, passons à une définition positive. Dans le chapitre XXV, nous avons décrit le phénomène comme étant marqué par la mondialisation de la production, des flux financiers, des technologies, des modes de vie, et même des problèmes écologiques. Afin de fournir une image un peu plus complète, mais néanmoins succincte, des caractéristiques de la mondialisation, nous reprenons ici la définition élaborée par le Groupe de Lisbonne dans son étude de 1993. Il s'agit de la globalisation des sept aspects suivants : 1) des finances et de la propriété des capitaux ; 2) des marchés et des stratégies, particulièrement de la concurrence ; 3) de la technologie, de l'imbrication de la recherche-développement et des connaissances ; 4) des modes de vie, des structures de consommation et de la culture ; 5) des possibilités de contrôle de l'État menant à un rôle réduit des gouvernements nationaux et à une perte de la démocratie ; 6) du système politique mondial ; 7) de la prise de conscience d'un monde unique, à la fois dans les aspects sociaux, culturels, écologiques, etc.

Bref, le système économique et social serait en train de passer de la « Richesse des Nations » à la « Richesse du Monde ». Et, avec l'écroulement des pays communistes et, d'autre part, la perte de l'importance économique et politique du Tiers-Monde, cette richesse du monde est presque synonyme de richesse du monde capitaliste triomphant. Voyons à présent dans quelle mesure il y a réellement eu une évolution qui justifie un changement structurel de cette nature. Nous examinerons essentiellement ici les deux aspects suivants : l'intensification des échanges commerciaux et les investissements internationaux, les seuls aspects importants pour lesquels une analyse historique est possible.

L'intensification
du commerce extérieur :
surtout un phénomène américain

À la veille de la Première Guerre mondiale, le taux d'exportation des pays développés occidentaux avait atteint un sommet qui n'a été retrouvé qu'après les chocs pétroliers ; chocs pétroliers qui ont amené ces pays à accroître fortement leurs exportations afin de compenser le triplement des prix du pétrole. En 1913, la valeur des

exportations représentait 15,1 pour 100 de celle
du PIB. Rappelons qu'en règle générale, pour ce
type de calcul, on préfère le PIB au PNB, car le
PIB n'inclut pas les «revenus nets versés au
reste du monde». Pour les pays développés, cela
implique que, *grosso modo*, le PIB est inférieur
de moins de 1 pour 100 au PNB. Vers 1913, comparé au 15,1 du PIB, les exportations représentaient 15 du PNB. Au début des années 1950, les
exportations représentaient 9 pour 100 du PIB
et, autour de 1970, 10 pour 100. Dès 1973, les 12
pour 100 sont dépassés et ce taux fluctue entre
13 et 16 pour 100, pour s'établir un peu au-dessous des 15 pour 100 au début des années 1990.
Donc, entre le début des années 1970 et le début
des années 1990, une progression du taux d'exportation de l'ordre de 40 pour 100. Cela
implique indiscutablement que, par rapport aux
deux premières décennies d'après-guerre, on est
en présence d'une nouvelle phase, sans que pour
autant les niveaux de 1913 aient été dépassés.
Toutefois, il faut aussi tenir compte d'une évolution assez spécifique des prix. Au cours de cette
même période, les prix d'exportation des pays
développés occidentaux ont augmenté plus faiblement que les prix intérieurs. De ce fait, en
termes de volume, le phénomène a été encore
plus marqué, impliquant une progression du taux
d'exportation de l'ordre de 70 pour 100.

  Malgré le phénomène d'intégration européenne,
la progression du taux d'exportation a été beaucoup plus marquée aux États-Unis qu'en Europe
occidentale. Dans le premier cas, et toujours
entre le début des années 1970 et celui des années
1990, on est passé (en termes de valeur) d'un taux

commerce des biens et services par rapport au PIB. Entre 1970 et 1990, la valeur des exportations des services des pays développés occidentaux par rapport au PIB est passée de 4,1 à 8,8 pour 100, soit une progression de 115 pour 100, comparée à 40 pour 100 pour le ratio des exportations des marchandises.

Sur le plan régional, l'évolution n'a pas été, et de loin, uniforme ; mais comme elle traduit l'évolution des investissements internationaux, nous nous contenterons ici de signaler que, au niveau de la Triade, c'est le Japon qui a enregistré la plus forte progression, passant de 2,9 pour 100 du PIB en 1970 à 6,4 pour 100 en 1990, et les États-Unis la plus faible, passant de 2,0 pour 100 à 4,4 pour 100.

UNE INTENSIFICATION DES ÉCHANGES LIMITÉE
À L'OCCIDENT DÉVELOPPÉ

Dernier point important (et qui concerne l'ensemble des échanges extérieurs, marchandises ou services) : à l'instar de ce qui a été le cas durant le XIXᵉ siècle et à l'entre-deux-guerres, les échanges des pays développés occidentaux ont été au cours du dernier demi-siècle essentiellement des échanges intrarégionaux. Et la récente accélération des échanges n'a pas modifié la situation. Ainsi, les exportations des pays développés occidentaux destinées aux pays développés occidentaux représentaient 70,0 pour 100 du total au milieu des années 1950. Pour 1969-1971, il s'agissait de 77,0 pour 100 ; et pour 1989-1991 de 76,7 pour 100. La suppression du «rideau de fer» n'a même pas accru, bien au contraire, l'importance relative (très modeste) des échanges des pays développés occidentaux avec l'Est : ceux-ci représentaient 3,4 pour 100 du total pour 1980 et 2,6 pour 100 pour 1995. Il est vrai que toute l'économie des pays de l'Est s'est littéralement effondrée.

Les investissements internationaux :
un flux croissant

L'évolution des investissements étrangers a été évoquée à plusieurs reprises à propos des économies dominantes. Ici, c'est l'aspect général qui sera abordé. À partir du milieu des années 1980, on constate une véritable explosion du flux des investissements directs : sur le plan mondial, ceux-ci sont passés de 44 milliards de dollars par an pour la période 1980-1984 à 240 milliards de dollars en 1990. Cependant, la récession de 1991-1993 entraîna un fort recul, ramenant ce flux à 203 milliards en 1992. En 1995, un nouveau sommet est atteint, avec 318 milliards (voir le tableau XXVIII.10). En termes de pourcentage du PIB, ce flux a doublé entre la période précédant 1985 et 1995, passant de 0,5 à 1,0 pour 100. Toutefois, même ce sommet de la période contemporaine est encore nettement inférieur à celui des années précédant la Première Guerre mondiale : ce taux devait être alors de l'ordre de 2 pour 100 voire davantage. Donc une nouvelle phase pour la période contemporaine, mais pas un sommet historique en importance relative. Certes, en importance absolue, vu la très forte progression de l'économie, le montant de 1995 est, en valeur constante, 7 à 10 fois supérieur à celui de 1913. L'imprécision de cette estimation provient surtout de celle des données de 1913; mais il faut être conscient que même les données actuelles comportent des faiblesses.

DE NOUVEAUX INVESTISSEURS

Cette explosion récente du flux d'investissements a été accompagnée (et en partie causée) par l'émergence rapide du Japon comme principal exportateur de capitaux. Replaçons les données que nous avons présentées plus haut dans le contexte international. Le Japon occupait une place très marginale dans ce flux jusqu'au début des années 1970 : son flux d'investissements directs ne représentant même pas 3 pour 100 de celui de l'ensemble des pays développés occidentaux. Dès 1973, les 8 pour 100 sont dépassés, et après un palier jusqu'en 1980, où cette proportion fluctua autour des 6 pour 100, on assista à une progression extrêmement rapide, puisque pour 1990 il s'est agi de 22 pour 100. Le Japon a même détrôné, en 1988, les États-Unis qui, depuis la fin de la Première Guerre mondiale, occupaient la première place en ce domaine (avec quelques éclipses temporaires au profit du Royaume-Uni). D'ailleurs, une des caractéristiques des années 1980, et surtout de la seconde moitié de cette décennie, est le déclin du rôle dominant des États-Unis, non seulement en raison de la montée du Japon, mais aussi de celles de l'Allemagne, de la France et des Pays-Bas. Ces trois pays, qui, en 1960, ne fournissaient que 10 pour 100 du flux des investissements directs, en atteignaient les 18 pour 100 pour 1974-1976 et

TABLEAU XXVIII.10

INVESTISSEMENTS DIRECTS INTERNATIONAUX PAR PAYS ET RÉGIONS EXPORTATEURS DE CAPITAUX

(en milliards de dollars courants)

	1914	1938	1960	1971	1980	1985	1990	1995
Sorties d'investissements directs à l'étranger								
Allemagne	–	–	0,1	1,0	4,1	6	24	35
Belgique	–	–	–	0,2	0,2	–	6	6
Canada	–	–	0,1	0,2	3,7	3	5	5
États-Unis	–	.	1,7	7,6	17,4	13	27	96
France	–	–	0,1	0,4	3,1	2	35	18
Italie	–	–	0,0	0,4	0,7	2	8	3
Japon	–	–	0,1	0,4	2,4	6	48	212
Pays-Bas	–	–	0,1	0,4	6,0	3	15	12
Royaume-Uni	–	–	0,7	1,7	7,7	11	19	38
Suède	–	–	0,0	0,2	0,4	2	15	10
Suisse	–	–	–	–	–	5	5	9
Pays développés occidentaux	–	–	3,5	16,6	44,7	57	222	271
Monde	–	–	3,6	12,8	46,5	58	240	318

	1914	1938	1960	1971	1980	1985	1990	1995
Stock brut d'investissements directs en provenance de l'étranger								
Allemagne	1,5	0,4	0,8	7,3	43,1	60	152	235
Belgique	–	–	1,0	2,4	6,0	5	29	58
Canada	0,2	0,7	2,5	6,5	22,6	41	79	110
États-Unis	2,7	7,3	31,9	82,8	220,2	251	435	706
France	1,8	2,5	4,1	7,5	23,6	37	110	201
Italie	–	–	1,1	3,0	7,3	16	56	87
Japon	0,0	0,8	0,5	4,4	19,6	44	205	306
Pays-Bas	–	–	7,0	4,0	42,1	48	109	157
Royaume-Uni	6,5	10,5	12,4	23,7	80,4	100	231	319
Suède	–	–	4,0	2,4	5,6	12	49	62
Suisse	–	–	2,3	9,5	24,3	29	66	108
Pays développés occidentaux	14,0	25,9	68,0	161,0	508,0	664	1 614	2 514
Monde	14,5	26,4	71,0	165,0	514,2	679	1 684	2 730

Sources : 1914 et 1938 : Dunning, J. (1984).
Autres périodes : d'après CNUCED, *World Investment Report*, diverses livraisons ; et FMI, *Balance of Payments Statistics Yearbook*, diverses livraisons.

même un sommet de 33 pour 100 en 1990. Ainsi, pour la première fois depuis que le phénomène des investissements à l'étranger est devenu, dans le dernier quart du XIXᵉ siècle, un élément important des relations internationales, le pays dominant en la matière (que ce soit le Royaume-Uni jusqu'à la Première Guerre mondiale, ou les États-Unis par la suite) représentait moins du tiers du total mondial.

De 1990 à 1995, on assiste à un retour de la prééminence américaine : la part des États-Unis dans la sortie des investissements directs de l'ensemble des pays développés occidentaux passant de 12 à 35 pour 100, ce qui est cependant loin du sommet antérieur (par exemple, plus de 60 pour 100 au début des années 1970). Le Japon recule et se retrouve, en 1995, avec seulement 8 pour 100.

UNE AUGMENTATION ENCORE PLUS RAPIDE
DU STOCK DES INVESTISSEMENTS DIRECTS

Tout naturellement, la forte progression du flux des capitaux a entraîné un véritable bond des stocks des investissements directs à l'étranger des pays développés occidentaux (voir le tableau XXVIII.10). De l'ordre d'un peu plus de 100 milliards de dollars vers 1967, la valeur de ces stocks est passée à 2 514 milliards en 1995, soit une multiplication par 25 en dollars courants, et par 5,7 en dollars constants ; soit, en volume, un taux annuel de croissance de 6,4 pour 100, comparé à 3,0 pour 100 pour le PIB. L'essentiel de cette progression rapide débuta dans les premières années de la décennie 1970 et va jusqu'en 1995 (malgré la crise de 1991-1993).

En terme d'importance relative, ce qui représente évidemment l'aspect le plus important, on a assisté depuis la fin des années 1960 et encore davantage depuis mi-1980 à une forte progression, ce qui est un des éléments essentiels de la justification de l'idée de la mondialisation. Ainsi, en 1967, le stock des investissements directs à l'étranger des pays développés occidentaux représentait 6,3 pour 100 du PIB de cette région ; cette proportion est passée à 6,6 pour 100 en 1980, pour atteindre 10,0 pour 100 en 1990 et 11,5 pour 100 en 1995. La progression est encore plus marquée au niveau de l'Europe occidentale où, entre 1980 et 1995, on est passé de 6,7 pour 100 à 13,6 pour 100. Donc, incontestablement, un bouleversement ; mais s'agit-il d'un niveau sans précédent historique ? La réponse est malaisée. Le précédent sommet se situe incontestablement à la veille de la Première Guerre mondiale ; or si l'on dispose pour cette période de données relativement valables sur le stock total des investissements à l'étranger, l'incertitude est beaucoup plus grande en ce qui concerne les investissements directs. Au niveau de l'ensemble des pays développés occidentaux, le taux du stock des investissements directs par rapport au PIB varie, selon les estimations, entre 12 et 15 pour 100. Par conséquent, le précédent sommet n'a pas encore été dépassé. Cette conclusion est également valable au niveau de l'Europe occidentale. Mais les choses n'étant jamais simples, il faut faire intervenir une autre dimension : celle de la répartition géographique de ces investissements directs. À la veille de la Première Guerre mondiale, 55 à 65 pour 100 de ceux-ci se trouvaient dans le Tiers-Monde et seu-

lement 25 à 35 pour 100 dans les pays développés
occidentaux ; à la fin des années 1960, ces proportions se sont inversées, puisque, en 1967, seulement 31 pour 100 du stock des investissements
directs des pays développés occidentaux se trouvaient dans le Tiers-Monde et 61 pour 100 dans
les pays développés occidentaux. Et, depuis cette
date, la tendance s'est encore renforcée.

DAVANTAGE D'INVESTISSEMENTS DE RICHES
CHEZ D'AUTRES RICHES

En effet, depuis la poussée récente des investissements, on constate une double évolution. La
première concerne essentiellement les États-Unis
qui, depuis le début des années 1970, sont devenus une destination croissante des investissements étrangers directs. Ce pays, qui n'avait sur
son sol que 13 pour 100 de tous les investissements étrangers des pays développés occidentaux vers 1970, en avait 22 pour 100 en 1980 et
29 pour 100 en 1995. Un des facteurs explicatifs
de cette progression est évidemment la dévaluation du dollar, qui a commencé en 1971 et qui a
été très accusée en 1974. On est ainsi arrivé à
une situation où l'écart entre les investissements
des États-Unis à l'étranger et ceux de l'étranger
aux États-Unis est devenu très faible. Vers 1970,
le stock des investissements américains à l'étranger dépassait celui de l'étranger aux États-Unis
de 496 pour 100. En 1980, il ne s'agissait plus
que de 165 pour 100 ; en 1990 de 62 pour 100 et
en 1995 de 24 pour 100.

La seconde évolution, qui s'explique en partie
par la première, est constituée par une forte aug-

mentation de la part des investissements effectués
à l'intérieur même des pays développés et représente un recul du Tiers-Monde. Comme nous
l'avons vu plus haut, à la fin des années 1960,
grosso modo 70 pour 100 des stocks des investissements directs du monde à économie de marché
se trouvaient dans les pays développés à économie de marché et 30 pour 100 dans le Tiers-
Monde. Vers 1980, ces proportions sont passées
respectivement à 78 pour 100 et 22 pour 100.
En 1995, ces proportions sont un peu modifiées
par l'émergence des anciens pays communistes
d'Europe et surtout de la Chine en tant que destination des investissements étrangers. L'ensemble
de ces pays avait sur leur sol, en 1995, 6,0 pour
100 du stock mondial des investissements directs
à l'étranger (0,1 pour 100 en 1980). Cependant,
même en 1995, encore 73 pour 100 des investissements se trouvaient dans les pays développés
occidentaux ; donc une proportion près de deux
fois et demie supérieure à celle à la veille de la
Première Guerre mondiale. De ce fait, l'importance par rapport au PIB des investissements
directs se trouvant à l'intérieur des pays développés occidentaux était de l'ordre de 8,5 à 9,0 pour
100 au milieu de la décennie 1990, contre 3,5 à
4,5 pour 100 vers 1913, soit plus du double. De
surcroît, la proportion des investissements directs
se trouvant au sein de l'industrie manufacturière
était beaucoup plus faible vers 1913 qu'actuellement.

EN DÉFINITIVE, UNE MONDIALISATION DE L'ÉCONOMIE
DES PAYS RICHES

Ainsi, dans ce domaine important de la production de biens on est en présence, dans le monde occidental, d'une plus grande interdépendance et ce, d'autant plus que le commerce extérieur des articles manufacturés est, en termes absolus et relatifs, plus important que vers 1913. En outre, par rapport au sommet historique antérieur, c'est-à-dire celui des années précédant la Première Guerre mondiale, il faut faire intervenir les plus grandes facilités de communication et notamment celles découlant des transports aériens. Ceux-ci permettent d'acheminer très rapidement des pièces de rechange pour les équipements et d'expédier certains articles manufacturés vers les marchés éloignés, ce qui facilite le processus de délocalisation. En revanche, dans l'autre domaine majeur de la production de biens, à savoir l'agriculture, l'interdépendance des pays occidentaux était plus forte vers 1913 qu'actuellement ; mais ce secteur est devenu très marginal. En ce qui concerne l'emploi dans l'ensemble des entreprises multinationales, selon les estimations de la division des Sociétés Transnationales et de l'Investissement de l'UNCTAD[1], entre 1975 et 1992, celui-ci est passé de 40 à 73 millions de personnes ; sur les 29 millions, en 1992, qui travaillaient dans les succursales à l'étranger de ces entreprises, 59 pour 100 se trouvaient dans les pays développés (41 pour 100 dans le Tiers-Monde

1. 1994.

dont la moitié en Chine). Il est plus que probable que, vers 1913, en termes relatifs (et, bien sûr, encore davantage en termes absolus) ce phénomène ait été moins marqué. Passons aux services (transports, assurances, etc.). Il est certain que pour ceux-ci il y a eu une intensification de l'interdépendance des pays développés.

Enfin signalons que, d'après des estimations réalisées par l'UNCTAD, les firmes multinationales à elles seules réalisent actuellement les deux tiers du commerce mondial. Et la moitié de ce commerce mondial est le fait de transferts entre filiales du même groupe. Toutes ces firmes multinationales sont avant tout celles du monde développé occidental ; semblable intervention dans le commerce mondial constitue certainement un sommet historique. Donc, dans l'ensemble, on peut parler d'une mondialisation de l'économie, mais de l'économie des pays riches. Dans ceux-ci, cette mondialisation a eu, parmi ses conséquences négatives, la précarité de l'emploi, ce qui constitue une bonne transition au chapitre suivant consacré aux aspects sociaux, dont l'histoire récente commence par des victoires mais se termine par des déboires.

XXIX. VIE SOCIALE :
DE LA MISE EN PLACE
AU DÉBUT
DU DÉMANTÈLEMENT
DE L'ÉTAT-PROVIDENCE

Dans une large mesure, comme le XIXᵉ siècle a été le siècle-charnière par excellence sur le plan économique et technique, le XXᵉ siècle est, lui, le siècle-charnière de l'histoire sociale. Et, dans les deux cas, l'histoire ne s'est pas trop pliée au calendrier et les ruptures sont davantage situées vers les années 70-80 qu'au tournant du siècle. C'est à partir de 1870-1880 que le niveau de vie des classes ouvrières commence à atteindre un degré suffisamment élevé qui les libère de certaines terribles contraintes et permet notamment aux enfants de fréquenter l'école primaire. C'est en 1883 que Bismarck commence à mettre en place son système d'assurances ouvrières obligatoires et subventionnées par l'État, ouvrant ainsi la voie à ce qui, progressivement, deviendra l'État-providence. En grande partie en raison de cela, la tendance à l'inégalité croissante de la distribution des revenus amorcée au début de la révolution industrielle commence à s'inverser. C'est à partir de la seconde moitié des années 1970 que débute dans certains pays un démantèlement de l'État-providence. C'est déjà à partir du milieu des années 1970 que l'on constate, dans certains pays, et notamment dans la plus grande puissance économique, une remontée parfois dramatique de l'inégalité de la distribution des revenus. Enfin, c'est au milieu des années 1970, qu'un chômage structurel croissant commence à affliger la plupart des pays développés.

Ce chapitre examinera l'histoire de la vie sociale à travers trois approches. Dans la première section, ce sont les principales modifications de certains aspects sociaux qui seront analysées, telles que la fin de la prédominance des ouvriers ou les bouleversements survenus dans l'enseignement. Puis nous passerons à l'essentiel, à l'historique de la mise en place, de l'évolution et du début du démantèlement de l'État-providence. Dans la troisième section, nous examinerons certains à-côtés de l'État-providence, tels que l'évolution des mouvements syndicaux. Sauf pour quelques aspects, nous nous consacrerons uniquement aux pays développés occidentaux, pour la simple raison que le chapitre XXVII a été consacré aux pays de l'Europe de l'Est, donc au communisme dans le monde développé, lequel communisme était censé résoudre tous les problèmes sociaux.

QUELQUES MODIFICATIONS STRUCTURELLES DU MONDE SOCIAL

Il n'est peut-être pas superflu de rappeler que, dans le chapitre précédent, certains aspects que l'on pourrait englober dans le domaine social ont

déjà été présentés. Il s'agit notamment des multiples changements de l'évolution démographique
et des bouleversements dans la répartition de la
population active. Par conséquent, nous présenterons ici des aspects plus directement liés au
vaste domaine social. Nous commencerons par les
mutations survenues dans le monde ouvrier, puis
nous aborderons celles survenues dans l'emploi
féminin, puis nous passerons à l'enseignement.

La fin de la prédominance des ouvriers

Le monde ouvrier est, en quelque sorte, le fruit
de la révolution industrielle[1]. Avant celle-ci, les
ouvriers ne représentaient qu'une faible fraction
du monde du travail : sur dix personnes qui travaillaient, environ deux étaient des ouvriers. Dans
les pays les plus précocement développés et les
plus fortement industrialisés, cette proportion
était, dès le milieu du XIXe siècle, de l'ordre de cinq
sur dix. Si l'on prend les six pays d'Europe ayant
démarré le plus précocement (Allemagne, Belgique, France, Royaume-Uni, Suède et Suisse),
d'après nos calculs et estimations (non encore
publiés), la part relative des ouvriers dans l'ensemble de la population active a probablement
atteint un sommet vers 1890. À cette époque, les
ouvriers représentaient environ 58 pour 100 de la
population active. Cette proportion ne diminua
que très peu jusqu'au début des années 1950, où
elle était de l'ordre de 51 pour 100. Mais, entre-
temps, la population active ayant progressé de 41

1. Voir chap. VIII, tome I.

pour 100, cela signifie qu'il y avait en nombre
absolu, vers 1950, presque un tiers de plus
d'ouvriers que vers 1890. En revanche, à partir de
1950, on assiste à une diminution, tant relative
qu'absolue, des ouvriers, ou si l'on préfère de la
classe ouvrière. Toujours pour ces six pays, les
ouvriers au début des années 1990 ne représentaient plus qu'un tiers environ, comparé à plus de
la moitié au cours des quatre décennies antérieures ; comme entre-temps la population active
totale n'a progressé que de 19 pour 100, le
nombre absolu d'ouvriers a reculé d'un quart.
Même dans les secteurs où ils étaient largement
majoritaires, les ouvriers sont devenus minori-
taires. Ainsi, si l'on considère le secteur dans
lequel le fordisme est né, on s'aperçoit que dans
les usines Renault (en France), où encore en 1984
les ouvriers représentaient 63 pour 100 de l'effectif, cette proportion n'était plus que de 46 pour
100 en 1994.

Les tendances sont, *grosso modo*, les mêmes
aux États-Unis où il est plus facile de suivre cette
évolution, car les statistiques distinguent les *blue-
collars* (cols bleus) des *white-collars* (cols blancs)
et établissent même une distinction à l'intérieur
des *blue-collars* entre les ouvriers proprement
dits et les autres (contremaîtres, spécialistes,
etc.). En 1900, les ouvriers proprement dits, y
compris ceux de l'agriculture, représentaient 43
pour 100 de la population active ; en 1950, cette
proportion était descendue à 36 pour 100, mais
en chiffres absolus leur nombre était passé de 12
à 19 millions. De 1950 à 1995 (en ajustant autant
que possible les données pour une rupture des
séries), la proportion des ouvriers est passée de

36 à environ 17 pour 100 et leur nombre de 19 à 22 millions.

Tant les partis politiques que les chercheurs en sciences humaines ont mis du temps à réaliser l'importance de cette mutation. Certes, dès le début des années 1980, certains analystes ont cherché à attirer l'attention sur ce problème ; parmi ceux-ci notamment André Gorz, qui publia, en 1980, *Adieu au prolétariat*. Mais ce n'est que depuis le début des années 1990, en raison notamment de la persistance du chômage, que ce fait a commencé à attirer l'attention de ceux qui s'intéressent aux problèmes de l'emploi.

La principale cause du recul du monde ouvrier réside dans la conjonction de la progression au sein des industries d'emplois plus qualifiés et de personnel administratif d'une part, et du déclin de l'importance globale de ces industries dans les activités économiques d'autre part. Ce déclin a été concomitant d'une forte augmentation du tertiaire[1]. En raison des modifications dans les structures tertiaires, on a assisté à une émergence massive d'employés effectuant des tâches très routinières et ne nécessitant que très peu de qualifications. Même si souvent ils portent une blouse blanche, leur statut et leur mode de travail, qu'il s'agisse des caissières de supermarchés, des vendeurs de *fast-foods*, des employés de stations-service et des laveurs de voitures, les rendent très proches de ceux des ouvriers ; ce sont, en quelque sorte, les prolétaires du XXIe siècle.

---

1. Voir chap. XXVIII.

La montée de l'emploi féminin

C'est à dessein que le terme «emploi» a été préféré ici au terme «travail», car depuis l'aube de l'humanité le travail des femmes a été aussi important, sinon davantage, que celui des hommes: aussi important en durée et presque aussi pénible; et aussi déterminant pour le destin de l'humanité que le travail des hommes, car essentiel à l'éducation des enfants. Le bouleversement est que, pour travailler, la femme quitte aujourd'hui de plus en plus le foyer, alors qu'auparavant elle en était le cœur, le centre de celui-ci. De ce fait, l'enfant, et surtout l'enfant en bas âge, perd souvent des possibilités de formation attentive, ce qui peut être un handicap pour toute sa vie. Durant le XIXᵉ siècle et la première moitié du XXᵉ siècle, en raison de la diminution de l'importance relative de l'emploi dans l'agriculture, dans laquelle les femmes étaient largement occupées tout en restant près de leurs enfants, et malgré l'accroissement de l'emploi féminin dans les autres secteurs, le taux d'activité des femmes est demeuré relativement stable: le pourcentage de femmes âgées de 15 à 64 ans qui travaillaient se situait, dans les pays développés occidentaux, vers les 36 pour 100. Mais cette stabilité impliquait déjà qu'une proportion de plus en plus large de femmes travaillaient hors du foyer, puisqu'une proportion plus grande de la population active travaillait hors de l'agriculture. Ainsi, par exemple, entre le milieu du XIXᵉ siècle et le milieu du XXᵉ siècle, la proportion de femmes travaillant hors de l'agriculture est passée en Belgique de 54 à 93 pour 100 et en Suède de 28 à 94 pour 100. Cependant, même vers 1950, la proportion de femmes travaillant à l'extérieur, et surtout de femmes mariées, était l'exception et non la règle.

UNE TRÈS GRANDE PROGRESSION
DE L'EMPLOI FÉMININ

Aux États-Unis, qui, en ce domaine comme dans beaucoup d'autres, sont « en avance », vers 1900, moins de 4 pour 100 des femmes âgées de 25 à 54 ans travaillaient. Et si l'on se limite à celles âgées de 25 à 34 ans, c'est-à-dire celles qui ont, en moyenne, le plus d'enfants en bas âge, cette proportion était encore plus faible. À la veille de la Seconde Guerre mondiale et pour ce dernier groupe d'âge (25 à 34 ans), le taux d'activité n'était que de 10 pour 100. La guerre fit progresser rapidement ce taux et, vers 1950, il était légèrement supérieur à 20 pour 100. Malgré la « normalisation » du marché de l'emploi, cette proportion continua à augmenter rapidement, pour dépasser les 50 pour 100 vers 1977. Au début des années 1990, cette proportion a pratiquement atteint les 75 pour 100. Le taux d'activité des femmes des autres groupes d'âge ayant également progressé, celui de l'ensemble des femmes de 15 à 64 ans n'est pas très éloigné actuellement de celui des hommes. Toujours aux États-Unis, si l'on prend ce groupe d'âge, vers 1950, le taux d'activité féminine était de 38 pour 100 et celui des hommes de 90 pour 100, soit un écart de 137 pour 100. Vers 1995, il s'agit de 71 pour 100 pour les femmes et de 86 pour 100 pour les hommes, soit un écart de 12 pour 100 seulement. Néan-

moins, il faut souligner que la proportion d'emplois
à temps partiel est, en règle générale, beaucoup
plus élevée chez les femmes et ce surtout pour les
femmes mariées, avec enfants. Ainsi, vers 1990,
dans les pays développés, alors que les femmes
représentaient un peu moins de 40 pour 100 de
l'emploi total, la proportion de femmes parmi les
personnes travaillant à temps partiel variait de 65
pour 100 aux États-Unis et en Italie, à 90 pour
100 en Allemagne et en Belgique.

En Europe occidentale, le taux d'activité des
femmes de 15 à 64 ans est passé de 35 pour 100
vers 1950 à un peu au-dessus de 55 pour 100 au
début des années 1990. Il est vrai que la moyenne
de la période récente est influencée par des taux
d'activité encore faibles de quelques pays, tels
que l'Espagne, l'Irlande et l'Italie, où ce taux
d'activité est de l'ordre de 42 à 47 pour 100. Par
contre, dans les pays scandinaves, on est au-delà
des 70 pour 100 et pour les autres pays on se
situe vers 60 à 65 pour 100. Venons-en aux
femmes âgées de 25 à 34 ans, c'est-à-dire celles
qui ont en moyenne le plus d'enfants en bas âge.
Pour cette population, le taux d'activité est passé
de 33 pour 100 vers 1950 à près de 60 pour 100
au début des années 1990.

Dans les pays de l'Europe de l'Est, le changement de régime impliqua une modification radicale dans l'emploi féminin qui progressa très
fortement. En URSS, cela débuta dans les années
1920 et en Europe orientale dans les années 1950.
Mais ici, contentons-nous de citer quelques taux
significatifs pour la période récente. Pour les
femmes âges de 25 à 34 ans le taux d'activité est
de 93 pour 100 en URSS et varie entre 70 et 94

pour 100 dans les pays d'Europe orientale ; c'est-
à-dire que l'on dépasse en moyenne les taux des
États-Unis et que ce dépassement était beaucoup
plus marqué dans les décennies antérieures.
Ainsi, vers 1970, quand aux États-Unis 4 femmes
sur 10 âgées de 25 à 34 ans travaillaient, en URSS
il s'agissait de 9 femmes sur 10.

MAIS UNE GRANDE DIFFICULTÉ
À FAIRE UNE CARRIÈRE

Malheureusement, l'augmentation rapide de
l'emploi féminin n'implique pas nécessairement
que les femmes ont pu gravir facilement et en
grand nombre les échelons de la hiérarchie du
travail. Comme on pouvait s'y attendre, les femmes
ont rencontré surtout beaucoup de difficultés à
combiner la vie familiale, notamment la maternité, avec une carrière. Encore une fois c'est
pour les États-Unis que l'on dispose de plus d'analyses
à ce propos ; et celle de Claudia Goldin[1] apparaît
très détaillée. Elle a étudié le parcours profession-
nel de quatre cohortes de femmes diplômées du
«collège» entre 1910 et 1972. Aucune femme de
ces cohortes n'a réussi à combiner famille et carrière. Et si une certaine amélioration a eu lieu
dans le temps, près de 50 pour 100 des femmes
qui ont réussi dans la cohorte de 1972 n'avaient
pas encore d'enfants, alors qu'elles étaient arrivées à un âge s'échelonnant entre 37 et 47 ans.
Notons incidemment que cela constitue un des
éléments explicatifs de la fréquence de plus en
plus élevée de femmes ayant leur premier enfant
au-delà de 30 à 35 ans.

1. 1995.

Un bouleversement
dans l'enseignement

Si la fin du XIXᵉ siècle a été la période par excellence de scolarisation des enfants dans les écoles primaires, la seconde moitié du XXᵉ siècle est la période par excellence de l'expansion de l'enseignement secondaire et universitaire. Néanmoins, il convient de faire deux exceptions : l'une pour le cas des États-Unis où l'expansion de la scolarisation au niveau secondaire a débuté déjà à la veille de la Première Guerre mondiale et s'est accélérée entre les deux guerres ; l'autre pour le cas de quelques pays où l'enseignement primaire vers 1914 était encore très marginalisé, pays qui incluent l'autre grand du monde développé qu'est la Russie.

LES ÉTATS-UNIS : UN SYSTÈME DIFFÉRENT
ET UNE AVANCE IMPORTANTE

Étant donné l'importance des États-Unis et, surtout, les modalités un peu différentes de l'enseignement secondaire et universitaire, nous traitons d'abord de cet aspect. Parmi les spécificités de l'enseignement supérieur, relevons que l'école secondaire *High School* se termine à 17 ans, c'est-à-dire un ou deux ans plus tôt qu'en Europe. Au niveau universitaire, il existe un enseignement (et un diplôme) qui s'arrête, lui aussi, un ou deux ans avant la licence en Europe ; il s'agit du cycle d'études (en général de 3 à 4 ans) qualifié de *undergraduate* se terminant par un B.A. (*Bachelor of Arts* ou *Bachelor of Sciences*), études qui peuvent être prolongées par des études qualifiées de *graduate* et qui se terminent par un M.A. (*Master of Arts* ou *of Sciences*) correspondant à peu près à une ou deux années d'études supplémentaires par rapport à la licence dans la plupart des pays européens. Après la Première Guerre mondiale, est venu s'ajouter le *Junior College* (appelé aussi *Community College*) dont les études s'apparentent au *undergraduate*, mais dont le système pédagogique se rapproche de l'enseignement secondaire.

Dès 1910, 16,8 pour 100 des jeunes Américains de 17 ans étaient diplômés de l'enseignement secondaire ; en 1942, à la veille de l'entrée en guerre des États-Unis, cette proportion était passée à 51,2 pour 100. En Europe, à la même époque (ou plutôt vers 1937), dans la mesure où l'on peut établir une telle comparaison, ce taux devait être de l'ordre de 4 à 5 pour 100 ; vers 1910, il était un peu plus faible. Au milieu de la décennie 1990, ce sont près de 82 pour 100 de personnes de plus de 25 ans qui ont au moins terminé leur *High School* (en 1960, cette proportion n'était que de 41 pour 100). Toujours au milieu de la décennie 1990, pratiquement la totalité des jeunes de la classe d'âge étaient inscrits dans cet enseignement. En ce qui concerne plus ou moins l'équivalent de l'université, dès 1910 ce sont 5,1 pour 100 de jeunes Américains de 18 à 21 ans qui étaient inscrits dans ce type d'institution ; et ce taux dépassait les 30 pour 100 au milieu des années 1950. Si l'on adapte ces taux de scolarisation à la pratique utilisée notamment par l'UNESCO dans sa comparaison internationale, à savoir rapporter le nombre d'étudiants à la classe d'âge de 20 à 24 ans, ces taux sont plus faibles, comme on peut

le voir dans le tableau XXIX.1 Néanmoins l'avance
des États-Unis reste très importante dès 1913, où
le taux de scolarisation universitaire est plus du
triple de celui des pays européens (sans la Russie).
L'avance est encore plus grande à la veille de la
Seconde Guerre mondiale, puisque, en 1937, ce
taux de scolarisation des États-Unis est près de
8 fois supérieur à celui de l'Europe. En raison de
cette forte progression de la scolarisation universitaire, on constate une profonde modification
de l'importance relative des personnes adultes
ayant, par le passé, fréquenté l'université. Pour
l'ensemble de la population âgée de plus de
25 ans, rien qu'entre 1970 et le milieu de la décennie 1990, on est passé de moins de 8 pour 100 à
plus de 22 pour 100. Mais, comme dans pratiquement tous les aspects de la société américaine, les
différences par races ou origines ethniques sont
très grandes. Ainsi, actuellement, cette proportion est de l'ordre de 23 pour 100 pour les Blancs,
mais seulement de 13 pour 100 pour les Noirs et
de 9 pour 100 pour les Hispaniques (mais de 17
pour 100 pour les ex-Cubains et de 6 pour 100
pour les ex-Mexicains).

L'EXPLOSION DES ÉTUDES UNIVERSITAIRES EN EUROPE

Revenons à l'enseignement post-primaire et à
l'Europe. Comme nous pouvons le voir dans le
tableau XXIX.1, en ce qui concerne l'enseignement universitaire (et aussi, en partie, secondaire) en Europe, les bouleversements se placent
seulement après la Seconde Guerre mondiale. En
effet, on peut considérer que, à la veille de la
Seconde Guerre mondiale, dans les pays d'Europe,

TABLEAU XXIX.1

SCOLARISATION SECONDAIRE ET UNIVERSITAIRE DANS QUELQUES PAYS DÉVELOPPÉS

	1913	1937	1950	1970	1990
TAUX BRUTS DE SCOLARISATION SECONDAIRE					
Europe					
Allemagne[a]	7	16	22	36	104
Belgique	6	13	19	81	102
Espagne	3	6	10	56	105
France	4	16	26	74	99
Italie	5	24	27	61	75
Suède	6	12	25	86	90
Suisse	11	15	17	–	93
Royaume-Uni	5	12	–	73	86
Russie/URSS	1	16	13	84	94
États-Unis	12	54	61	–	89
Japon	18	43	85	86	98
TAUX BRUTS DE SCOLARISATION UNIVERSITAIRE[b]					
Europe					
Allemagne[a]	1,4	0,9	4,1	13,4	34,5
Belgique	1,3	1,5	3,2	17,5	37,6
Espagne	1,2	1,3	2,2	8,9	37,1

	1913	1937	1950	1970	1990
France	1,3	2,2	4,2	19,5	39,7
Italie	0,9	1,7	3,9	16,7	29,8
Suède	1,1	1,8	2,5	21,4	31,3
Suisse	2,5	2,7	4,7	10,0	27,4
Royaume-Uni	1,0	1,6	2,4	14,1	27,8
Russie/URSS	0,3	2,9	6,1	25,4	26,1
États-Unis	4,1	11,5	20,1	49,4	72,2
Japon	1,3	3,1	5,2	17,0	31,3

a Allemagne fédérale après 1937.
b Ensemble de l'enseignement du troisième degré.

Notes : Les taux brut de scolarisation sont les proportions d'étudiants inscrits par rapport aux groupes d'âge pertinents considérés (soit pour les secondaires : 15-19 ans ; et pour les universitaires : 20-24 ans).
Les données pour le secondaire de 1913 à 1950 ne sont pas strictement comparables aux suivantes, lesquelles tiennent compte de la durée différenciée de l'enseignement secondaire.

Sources : Avant 1950 (et 1950 pour le secondaire) : calculs de l'auteur sur la base des statistiques nationales ; et des données reprises dans Flora, P. (1983) et Mitchell, B.R. (1992, 1993 et 1995).
1950 et périodes suivantes : UNESCO, *Annuaire statistique*, diverses livraisons (complété dans quelques cas par des sources nationales).

seulement 12 à 15 pour 100 des jeunes fréquen-
taient l'enseignement secondaire, et seulement 1,5
pour 100 l'enseignement universitaire. Proportions qui n'étaient pas très différentes vers 1913 :
il s'agissait alors respectivement de 5 à 8 pour 100
et de 1,1 pour 100. Dans ce domaine, les différences entre l'Est et l'Ouest sont peu importantes.
Dans ce cas, l'Est est uniquement la Russie qui,
dès la révolution d'Octobre, a fait un effort important en la matière, de sorte que son retard a été
rattrapé en quelques décennies. Donc l'essentiel
des bouleversements en ce domaine se situe après
la Seconde Guerre mondiale, puisque en 1990 le
taux brut de scolarisation de niveau universitaire
est de l'ordre de 26 pour 100 ; c'est-à-dire que plus
des neuf dixièmes des gains enregistrés dans ce
domaine depuis la fondation des universités au
Moyen Âge l'ont été de 1945 à 1990.

Une partie importante de la progression du
taux de scolarisation du troisième niveau est due
à l'entrée des femmes à l'université. En Europe,
vers 1990, plus de la moitié des étudiants à l'université est du sexe féminin, alors que cette proportion n'était que de 22 pour 100 vers 1950 et de
l'ordre de 10 pour 100 vers 1913. Ce qui signifie
que, vers 1913, seulement une femme sur 900 de
la classe d'âge de 20 à 24 ans était étudiante à
l'université, contre plus d'une sur trois au milieu
de la décennie 1990. Aujourd'hui, si les différences internationales en ce domaine sont faibles,
il en allait autrement vers 1913 et encore en 1937.
Par exemple, vers 1937, la proportion d'étu-
diantes était de l'ordre de 13 à 15 pour 100 dans
des pays tels que l'Allemagne, la Belgique, la Hongrie et la Suisse, comparé à 40 pour 100 en Suède,

en passant par 20 à 27 pour 100 pour des pays aussi divers que l'Autriche, la France, la Pologne, le Portugal, la Roumanie, le Royaume-Uni et la Yougoslavie. Dans les pays développés d'Europe, ce taux est sensiblement plus élevé, se situant vers le maximum de l'Europe (mais seulement 23 pour 100 pour le Canada), contre 55 pour 100 au début des années 1990.

Avant de passer à l'enseignement secondaire, signalons que dans le chapitre XXX (consacré à l'histoire des techniques au XXᵉ siècle), nous fournissons les grandes tendances de l'évolution de l'enseignement des techniques et notamment des écoles polytechniques.

En ce qui concerne l'enseignement secondaire, l'explosion a été, *grosso modo*, de même ampleur que dans le domaine universitaire. Comme on peut le voir dans le tableau XXIX.1, les taux bruts de scolarisation, qui, en Europe, n'avaient que peu progressé entre 1913 et 1937, font un bond de 1937 à 1970, passant d'environ 4 pour 100 à plus de 60 pour 100, avec néanmoins, ainsi qu'auparavant, des différences marquées par pays. Pour 1990, ces écarts internationaux deviennent beaucoup plus faibles, tous les pays étant pratiquement proches de 100 pour 100. Ces taux élevés de scolarisation dans le secondaire s'expliquent par l'augmentation, quasi généralisée, de la scolarité obligatoire. Dans la quasi-totalité des pays développés occidentaux, la durée de celle-ci est d'au moins 9 à 10 ans (avec, pour certains d'entre eux, 11 ans, voire 12 ans, ce qui le fait rester dans l'enseignement jusqu'à 17-18 ans).

Terminons cette évocation des succès, de ces

victoires enregistrées dans ce domaine important
par une note beaucoup moins positive, par des
déboires. Depuis quelques dizaines d'années, on
a commencé à prendre conscience de l'émergence et de l'ampleur croissante prise par deux
phénomènes nouveaux : la « suréducation » et
l'illettrisme.

LA « SURÉDUCATION »

La « suréducation » est notre traduction d'*overeducation*, terme utilisé par les Anglo-Saxons
pour définir un problème étudié surtout par eux
et chez eux. La suréducation peut être définie
comme la situation découlant de l'occupation
d'un emploi par une personne possédant une
qualification supérieure à celle requise normalement par cet emploi. C'est une tendance qui a
pris des proportions croissantes dans la plupart
des pays développés et, bien sûr, surtout aux
États-Unis. Dans ce pays, la proportion de *College Graduates*, qui occupent un emploi ne nécessitant pas un tel diplôme, est passée de 13 pour
100 en 1970 à plus de 20 pour 100 au début des
années 1990.

C'est un phénomène qui, bien entendu, peut
être considéré comme plutôt négatif dans la
mesure où cela implique que les personnes
concernées n'ont pu trouver des emplois correspondant mieux à leur formation. Lors d'une
conférence à notre Université (de Genève), le
regretté Alfred Sauvy a fait la remarque suivante :
« S'il est heureux et désirable qu'un manœuvre
puisse effectuer des études universitaires, en
revanche il est malheureux et non souhaitable

qu'un universitaire doive devenir manœuvre. »
Le problème de l'adéquation entre les systèmes
d'éducation et le marché de l'emploi est un sujet
d'études et de préoccupations depuis au moins la
fin des années 1950. Les analyses américaines se
concentrant sur le niveau général d'éducation
aboutissent à la conclusion que, dans les années
1980, environ 40 à 45 pour 100 des hommes occupaient des emplois qui ne nécessitaient pas leur
niveau d'éducation et qu'environ 10 à 15 pour
100 étaient dans une situation inverse. Les analyses ont démontré que les « suréduqués » sont
plus frustrés (ce qui était prévisible), entraînant
par là une diminution de la productivité, des
absences plus nombreuses et la détérioration de
leur santé. Toutefois, comme l'a montré l'analyse
approfondie de N. Sicherman[1], il y a une légère
contrepartie, puisqu'en moyenne, et toutes choses
étant égales par ailleurs, les « suréduqués » per-
çoivent des salaires plus élevés que les autres
ouvriers et la situation est inverse pour les
ouvriers n'ayant pas assez d'éducation. En outre,
les « suréduqués » ont plus de chances de promotion dans leur travail. Mais cette promotion ne
diminue en rien les taux cités plus haut quant à la
proportion de « suréduqués ».

L'ILLETTRISME

L'illettrisme peut être défini comme l'état d'un
adulte ou d'un jeune qui, bien qu'ayant été scola-
risé, maîtrise très mal les éléments de base de
l'instruction primaire, à savoir : la lecture, l'écri-

1. 1991.

ture et le calcul. Un autre terme utilisé est l'analphabétisme fonctionnel. Quelles sont l'ampleur et l'évolution de ce phénomène, qui apparaît surtout après la Seconde Guerre mondiale? Ainsi que le note Roger Girod[1] : «Comme les procédés utilisés pour les repères varient considérablement, les ordres de grandeur proposés diffèrent considérablement. Si l'on applique des critères très stricts, la proportion avoisine les 5 pour 100; si des critères plus larges sont utilisés cela varie de 10 à 30 pour 100, voire même davantage.»

L'ÉTAT-PROVIDENCE :
DE BISMARCK
À LA CRISE DU SYSTÈME

Un des faits sociaux majeurs de la seconde moitié du XXᵉ siècle a été la mise en place, presque partout dans le monde développé occidental, de l'État-providence. Cette mise en place a été facilitée par la croissance économique rapide de cette période, croissance qui, contrairement à celle du XIXᵉ siècle, a entraîné une convergence des niveaux de vie des différents pays. En français, le terme d'État-providence est d'utilisation assez récente bien qu'ayant été utilisé parfois dès les années 1860. Un peu plus tard, dans les années 1880, le terme fut utilisé en allemand (*Wohlfahrtsstaat*). L'utilisation plus générale du terme renvoie au terme anglais *Wel-*

1. 1991.

fare State qui, lui-même, renvoie à ce qu'il est
convenu d'appeler le «Plan Beveridge». En juin
1942, en pleine guerre, un comité gouvernemen-
tal, présidé par William Beveridge, fut créé afin
de proposer un plan global d'assurances sociales.
Ce plan fut publié en novembre 1942. Il amena la
création d'un ministère des Assurances Sociales
et le vote, entre mai et juillet 1946, d'une série de
lois sous l'impulsion du Labour Party qui avait
remporté très largement les élections de juillet
1945, remplaçant le gouvernement de coalition
de guerre créé en mai 1940. Cet ensemble fut
qualifié de programme de sécurité sociale du
«Cradle-to-Grave» («du berceau à la tombe»).

Certes, l'idée d'un système général d'assurances
sociales n'a pas commencé avec le Plan Beveridge; et d'ailleurs, déjà dès 1925, le Royaume-
Uni possédait un système social assez élaboré.
Comme l'écrit Peter Flora dans l'introduction
de la vaste histoire de l'État-providence de
l'Europe occidentale qu'il dirige[1]: «L'État-Providence moderne est une invention européenne, de
la même façon que l'État-Nation, que la démocratie de masse et que le capitalisme industriel. Il est
né comme une réponse aux problèmes créés par
l'industrialisation capitaliste, il a été entraîné par
la lutte démocratique des classes, et il a suivi les
traces de l'État-Nation.» Comme c'est souvent le
cas de phénomènes généraux, les pères et les par-
rains de l'État-providence sont nombreux. Citons
dans l'ordre chronologique les principaux qui ont
donc précédé Beveridge: Bismarck, Chamberlain, Keynes et Roosevelt. Si l'on néglige les anté-

1. 1986.

cédents d'avant la révolution industrielle, allant
de la Bible aux *Poor Laws* anglaises, pour ne
mentionner que les faits les plus marquants, on
peut considérer à juste titre que l'État-providence
a commencé avec les réformes de Bismarck des
années 1883-1889 sur lesquelles nous ne reviendrons pas ici[1].

JOSEPH CHAMBERLAIN, UN PRÉCURSEUR OUBLIÉ

En revanche, nous n'avons pas parlé du projet
et des réalisations sociales de Joseph Chamberlain (1836-1914). Il s'agit de l'homme d'État britannique, dont nous avons déjà évoqué le rôle
important lors de l'examen de la tentative au
début du xxᵉ siècle du *Fair Trade* au Royaume-
Uni, et dont on oublie généralement les activités
dans le domaine social. Auparavant, en 1897,
alors qu'il était encore au gouvernement en tant
que ministre des Colonies, il avait fait passer ce
que l'on appelle le *Chamberlain Act* qui responsa-
bilisait les employeurs en cas d'accidents. En
fait, l'action sociale de Chamberlain remonte à la
période de ses activités au sein de la municipalité
de Birmingham, activités auxquelles il se consa-
cra entièrement après 1874 quand, fortune faite,
il se retira des affaires à l'âge de 37 ans. Son
programme se résumait par le slogan: «Free
Church, free Land, free Schools, free Labour.»
Durant la période à laquelle il fut maire de la
ville, il mit en place un vaste programme de
réformes sociales, avec notamment des bibliothèques publiques gratuites, la municipalisation

1. Voir chap. XVI, tome II.

des services de distribution d'eau et de gaz, la suppression des taudis. Il joua aussi un rôle déterminant dans la création de l'université de Birmingham.

Dans son projet d'une nouvelle politique commerciale (*Fair Trade*) s'inscrivait un vaste programme de réformes sociales oublié généralement dans les histoires de la vie sociale. Lors de la discussion à la Chambre sur la question de la pension de vieillesse [1], il fit sensation en proposant de lier la réforme tarifaire à cette question. Dans son «fameux» discours du 6 octobre 1903, ouvrant la campagne en faveur de l'instauration des droits de douane protecteurs pour l'industrie, il prévoyait des mesures (détaxe de certains produits de consommation) afin de ne pas affecter le niveau de vie de la classe ouvrière et mettait en relief les dangers du libre-échange pour les acquis sociaux de la classe ouvrière, dont les *Factory Acts*. Il insistait également sur le fait que «le libre-échange n'avait jamais été une mesure en faveur de la classe ouvrière». Chamberlain, ainsi que beaucoup d'autres, voyait aussi les mesures sociales comme une «rançon» des propriétaires pour leur sécurité. L'échec de son parti aux élections de 1906 ne marqua donc pas seulement la fin d'une tentative de réformes douanières mais aussi celle de réformes sociales.

Les autres étapes de la législation sociale jusqu'à la veille de la Première Guerre mondiale ayant été présentées dans le chapitre XVI, il convient ici de reprendre en quelque sorte le fil de l'histoire sociale. Nous le ferons en commen-

---

1. Le 22 mai 1903.

çant par la Première Guerre mondiale, qui pourrait être considérée comme un catalyseur important de l'État-providence, qui naîtra donc après
la Seconde Guerre mondiale.

Les nouvelles conquêtes sociales :
des acquis de l'après-Première
Guerre mondiale au Front populaire,
de l'amélioration des pensions
aux congés payés

En simplifiant les choses, on peut dire que la
Première Guerre mondiale a mené à une bifurca-
tion des résultats de la montée du socialisme de la
seconde moitié du XIXᵉ siècle. En Russie, ce fut la
mise en place de ce que les opposants sociaux
appellent « l'utopie du socialisme » par la création
d'un État communiste, qui, en quelque sorte,
devait être l'étape ultime de l'État-providence.
Nous laisserons de côté ici l'histoire sociale de
l'URSS et celle de l'Europe de l'Est (après 1945)
que nous avons déjà traitées. Néanmoins, il
convient de signaler ici les mesures sociales prises
au début de la NEP, car elles s'inscrivent dans un
contexte de réintroduction de l'économie de marché et ont eu, dans certains cas, un caractère de
pionnier. En Occident, la pression syndicale,
aidée par la crainte du communisme, entraîna un
ensemble de législations qui atténuent fortement
le caractère négatif du capitalisme, la pression
syndicale se trouvant d'ailleurs renforcée par la
forte augmentation du taux de syndicalisation. Un
deuxième événement majeur fut la crise de 1929,
la plus forte que le monde développé ait connue,

qui a fourni le soubassement à de nouvelles mesures sociales ou à l'amélioration d'anciennes. Le chômage ayant atteint des niveaux inconnus auparavant, c'est dans ce domaine que les choses se sont le plus modifiées et qu'intervient un autre des pères de l'État-providence : John Keynes, dont nous présenterons plus loin le rôle. Comme on a pu le voir dans le tableau XVI.5, c'est dans ce domaine que la couverture sociale avant la Première Guerre mondiale était la plus déficiente et ce terme est encore un euphémisme puisque trois pays seulement avaient des assurances en la matière (Danemark, Norvège et Royaume-Uni) et que, même dans ceux-ci, le taux de couverture y était très limité. Mais ce n'était pas la seule déficience de la couverture sociale des ouvriers. Toutefois, la situation va s'améliorer dès la fin de la Première Guerre mondiale. Voyons cela au travers d'un historique des principaux pays.

LE ROYAUME-UNI, EN ATTENDANT LE PLAN BEVERIDGE :
KEYNES ET DES MESURES SOCIALES RESTREINTES

Le Royaume-Uni, contrairement à ce qui s'est passé au début du XIXᵉ siècle et à ce qui se passera après la Seconde Guerre mondiale, ne joua pas dans l'entre-deux-guerres un rôle moteur dans la législation sociale. D'ailleurs, au cours de cette période, il n'y a pas eu véritablement de pays leader en ce domaine. Pendant la Première Guerre mondiale, les syndicats britanniques ont accepté des compromis et ont «gagné» la création, en 1917, d'un ministère du Travail. Dans la période de reconstruction, le problème social passa à l'arrière-plan et les concessions ouvrières durant la guerre ne produisirent pas de législations importantes autres que l'amélioration du système des pensions, créé en 1908, et surtout de l'assurance-chômage, créée en 1911, mais ne couvrant alors qu'un septième environ des ouvriers. Avec le nouveau système, c'était pratiquement la totalité qui était concernée. Cependant ces améliorations ainsi que l'absence d'autres formes de protection n'ont pas été jugées suffisantes pour entraîner la suppression des *Poor Laws*; celles-ci ne furent abrogées qu'après la Seconde Guerre mondiale. Contrairement aux nouvelles formes de législations sociales dans lesquelles l'État joue le rôle central, les *Poor Laws* étaient du domaine des municipalités, mais l'État intervenait dans les subventions. Les années 1920 au Royaume-Uni ont été non seulement une période de chômage élevé, mais aussi une période aux forts mouvements de grèves, surtout dans les charbonnages. La première de ces grandes grèves eut lieu entre la fin de mars et juillet 1921; la seconde, qui se transforma en grève générale touchant près de la moitié des ouvriers de l'industrie, eut lieu en mai 1926 et se solda par un échec. Il est vrai qu'entre-temps se place le bref intermède du premier gouvernement du Labour Party (janvier-novembre 1924), mis en minorité lors des élections où une des raisons de la défaite fut ce que l'on appelle «La lettre de Zinoviev», qui étant alors président de la Troisième Internationale aurait incité les Britanniques à la révolution. La matérialité et le contenu de cette lettre firent (et font encore) l'objet de controverses.

Les années 1920 ayant été au Royaume-Uni une période de chômage élevé et de politique libérale.

il n'est pas étonnant que ce soit un économiste britannique de l'école classique qui ait formulé les critiques décisives contre la thèse de l'économie politique classique sur l'équilibre économique et ses mécanismes autorégulateurs. Il s'agit de celui que les économistes considèrent comme un des plus grands du XXᵉ siècle : John Keynes (1883-1946). Sa place dans la dynastie des fondateurs de l'État-providence découle essentiellement du fait que bien qu'il ait cherché à préserver le caractère libéral de l'économie, il était favorable à l'intervention de l'État pour assumer le plein emploi et ce grâce à une politique fiscale et monétaire favorisant la propension à consommer. Grâce à Keynes, le plein emploi, donc l'absence de chômage, a reçu ses lettres de noblesse chez les économistes et les hommes d'État ne se réclamant pas du socialisme. Mais, contrairement à Chamberlain et à Beveridge, Keynes n'avait eu auparavant que peu d'actions de nature sociale, si l'on excepte le support qu'il donna dans les années 1920 au parti libéral pour des projets de travaux publics afin de réduire le chômage. Mais cela ne l'empêchait pas d'écrire en 1944 : « La planification modérée sera sûre si ceux chargés de la mener ont une orientation morale dans leur esprit et leur cœur [...] ce que nous avons besoin c'est la restauration d'une pensée de justice et de morale. » Il était aussi et surtout attaché à la paix internationale, dont le meilleur garant était à ses yeux le plein emploi.

LA FRANCE : LE TOURNANT DU FRONT POPULAIRE

Sur le continent, touché plus directement par la guerre et où les pertes humaines ont été plus lourdes qu'au Royaume-Uni, d'importantes mesures sociales furent prises dès 1919, notamment en France et en Allemagne. En France, la guerre marqua un réel tournant dans l'attitude des représentants du mouvement ouvrier, car elle leur avait fait apparaître que le sentiment patriotique était plus fort que l'antagonisme des classes. Cela explique que la CGT accepta la loi de mars 1919 instituant un statut légal à l'obligation de conventions collectives. Pratiquement à la même date une loi établissait la journée de huit heures ou plutôt la semaine de 48 heures. La division de la classe ouvrière (scission en 1921 de la CGT en deux) affaiblit l'efficacité de la pression en vue de réformes plus larges. Ce n'est qu'en 1928 que des dispositions, déjà prévues en 1921, furent adoptées. Il s'agissait de l'assurance-maladie et maternité, mais rien n'était encore prévu pour les chômeurs, l'assurance-chômage étant considérée par le pouvoir d'alors comme un non-sens économique et comme trop coûteuse. C'était notamment l'avis de l'économiste influent Jacques Rueff, qui dénonçait l'assurance-chômage comme étant la cause du chômage.

La période qui va de 1928 à la Seconde Guerre mondiale est marquée par deux mesures importantes : la mise en place en 1932 du régime d'allocations familiales, qui, par la suite, prendra une forte extension, et le très grand train de mesures sociales du premier Front populaire de 1936. Si

l'on excepte le précédent que constitue la Nouvelle-Zélande (1926), la France est apparemment
le premier pays à avoir instauré un système assez
vaste d'allocations familiales, dont le principe
général était de fournir aux ménages un subside
dépendant du nombre d'enfants à charge. Dès
1920, une initiative patronale avait instauré un
système d'allocations familiales, dont cependant
les versements étaient faibles. Une autre étape
importante avait été franchie avec l'élargissement
de l'assurance-maladie qui, à l'instar des allocations familiales, allait par la suite devenir une des
composantes majeures du système français de la
sécurité sociale.

Le fait qu'il n'y ait pas eu en France de forte
poussée de chômage lors de la crise de 1929, ni
durant les premières années de la dépression,
explique largement l'absence de nouvelles mesures
sociales jusqu'à l'arrivée au pouvoir, en mai 1936,
du Front populaire qui rassembla pratiquement
tous les partis de gauche, notamment les socialistes et les communistes. Devant un mouvement
de grève qui prenait de l'ampleur (le plus important mouvement populaire avant celui de 1968),
le gouvernement de Léon Blum, président du
parti socialiste, réunit une conférence avec les
milieux syndicaux, d'où est sortie en juin 1936 ce
qui est passé dans l'histoire comme étant les
«accords de Matignon». Outre une hausse des
salaires de 7 pour 100 pour les salaires les plus
élevés à 15 pour 100 pour les salaires les plus
faibles, toute une série de mesures sociales fut
prise: notamment, réduction de la durée hebdomadaire de travail de 48 à 40 heures, instauration
d'un congé payé de 15 jours pour tous les salariés

et amélioration très sensible des droits syndicaux. La législation concernant le chômage ne reçut pas d'amélioration ; il est vrai que le système mis en place en 1905 avait été amélioré en 1914, sans devenir pour autant une véritable assurance-chômage, laquelle ne sera instaurée qu'en 1967. Il est vrai, aussi, que le chômage restait modéré. Par contre, les congés payés obligatoires placèrent la France parmi les premiers pays à avoir adopté cette étape importante dans l'humanisation de la condition des salariés, mais qui, paradoxalement, n'occupe que peu de place dans la littérature et l'histoire des acquis sociaux.

LES ANTÉCÉDENTS ET LA POSTÉRITÉ DES CONGÉS PAYÉS OBLIGATOIRES DE LA FRANCE

Si, en juin 1936, la France est le premier pays non communiste à avoir voté une loi aussi généralisée pour des congés payés obligatoires, il y a eu comme toujours des précédents, des mesures s'en approchant, tant en France que dans d'autres pays. Ainsi, comme le note une des rares études de synthèse[1], en France, dès 1853 les agents civils de l'État avaient le droit d'interrompre leur service durant 15 jours sans retenue sur le traitement. En Allemagne, déjà avant la Première Guerre mondiale, plus des deux tiers des employés dans le secteur privé bénéficiaient de congés payés. Dans les deux décennies qui ont précédé la Première Guerre mondiale, des systèmes de congés payés concernant une fraction (allant jusqu'au quart) des actifs étaient entrés en vigueur au moins

1. J.-C. Richez et L. Strauss, 1995.

dans les pays suivants : Autriche-Hongrie, Danemark, Finlande, Norvège et certains cantons de la
Suisse.

Après la Première Guerre mondiale, le mouvement d'extension des congés payés changea de
nature avec l'adoption, par plusieurs pays, d'une
législation les rendant obligatoires pour certaines
catégories de salariés. Ainsi, en Autriche, dès
juillet 1919, une loi garantissait une semaine de
congé après une année d'activité dans une entreprise (après cinq ans : deux semaines). Dès 1920,
la Norvège suivit et quelques années plus tard des
lois voisines furent adoptées par la Finlande, l'Italie, la Pologne et la Tchécoslovaquie, par certains
cantons de la Suisse, ainsi que par l'URSS de la
NEP. Dans ce dernier cas, comme cette législation s'appliquait à l'ensemble des personnes travaillant et qu'il s'agissait de deux semaines, on peut
d'une certaine façon considérer ce pays comme
étant le véritable précurseur. Mais comme il
s'agissait d'un pays communiste, l'impact international en a été restreint. Dans d'autres pays, des
conventions collectives inclurent de plus en plus
de congés payés, notamment au Royaume-Uni et
en Suède. Sur le plan international, lors de la première réunion, en 1919, de l'OIT, ce sont précisément les délégués du gouvernement suédois qui
proposèrent l'élaboration de réglementations
internationales pour des congés payés. Mais il a
fallu attendre 1935 pour que les discussions soient
engagées réellement ; et ce n'est qu'en octobre
1936, c'est-à-dire quatre mois après la législation
française, que l'OIT adopta une résolution demandant aux pays signataires d'accorder après un an
de service continu un congé payé comprenant au

moins 6 jours ouvrables. Et, au cours de l'année
1936, des lois dans ce sens furent adoptées en Belgique, en Bulgarie, en Irlande et même au Venezuela. À propos de ce pays du Tiers-Monde, il faut
signaler qu'un autre pays d'Amérique latine avait,
dès 1931, adopté une loi sur ces congés payés
assez généralisés : le Mexique, qui, par ailleurs,
avait adopté un code de travail très social dès
1929, s'inspirant de la nouvelle Constitution
extrêmement avancée de 1917. Ce code prévoyait
la journée de 8 heures de travail, la semaine de
6 jours, un salaire minimum et diverses assurances
sociales obligatoires. Avant que la Seconde Guerre
mondiale n'éclate, le Danemark, le Royaume-Uni
et la Suède avaient également adopté des législations dans le domaine des congés payés.

Comme pour d'autres domaines sociaux, dans
les années qui suivirent la fin de la Seconde
Guerre mondiale, la plupart des pays adoptèrent,
plus ou moins tôt, des législations en ce domaine.
Signalons que dans la très importante étape des
libertés humaines que fut l'adoption, en décembre
1948, par les Nations Unies de la « Déclaration
universelle des droits de l'homme », figure le droit
de toute personne « à des congés payés pério-
diques ». Et si, actuellement, ce droit est une réalité pour pratiquement tous les pays développés,
l'ampleur de ces congés payés est très variable.
De surcroît, il faut nuancer la durée de ces congés
annuels payés, tels qu'ils sont imposés par la
législation. Ainsi, à l'intérieur de l'UE (des Douze),
du point de vue légal, cela va de l'absence de tels
congés pour l'Italie et le Royaume-Uni à 30 jours
pour le Danemark, l'Espagne et la France (et une
moyenne de 22 jours pour les 7 autres pays). Les

États-Unis figurent également parmi les rares pays où il n'y a pas de congé légal. Au Japon, comme dans la plupart des autres domaines de la sécurité sociale de ce pays, il y a un retard. Ainsi, au début des années 1980, la moyenne était de l'ordre de 6 jours. Voici une autre spécificité du comportement des travailleurs japonais : actuellement, bien qu'ayant droit en moyenne à 20 jours de congé, ils n'en prennent qu'une fraction (56 pour 100 en 1993). Partout, à ces congés payés s'ajoutent bien entendu les jours fériés qui sont, eux aussi, payés et varient, mais d'une façon moins accusée, d'un pays à un autre, allant en général de 8 à 13 jours par an, ce qui est bien moins que dans beaucoup de sociétés traditionnelles aux siècles antérieurs[1].

L'ALLEMAGNE : D'UNE EXTENSION DES ACQUIS SOCIAUX DE BISMARCK À LA POLITIQUE AMBIGUË DU NAZISME

En Allemagne, des mesures avaient été déjà prises durant la Première Guerre mondiale. Dès avril 1917, devant la montée du mécontentement populaire, le Kaiser avait annoncé de nombreuses réformes sociales, mais devant l'opposition du grand patronat, celles-ci ne furent mises en place, mais très partiellement, qu'en avril 1918. Il s'agissait essentiellement de la suppression de certaines entraves au droit de grève mises en place en 1891. Une tentative de rapprochement entre les milieux syndicaux et le monde des grandes entreprises fut prise de court par les événements militaires et politiques, puisqu'elle n'aboutit qu'en

1. Voir chap. XVI.

novembre 1918, au moment où le Kaiser avait déjà abdiqué et où les socialistes s'étaient déjà emparés du pouvoir. La pression de l'extrême gauche aiguillonna le gouvernement socialiste de la République de Weimar : en novembre 1918, la journée de huit heures fut introduite pour les ouvriers de l'industrie, faisant de l'Allemagne un des premiers pays d'Europe en ce domaine (voir plus loin le tableau XXIX.3). La nouvelle Constitution d'août 1919 incluait un certain nombre d'articles sociaux, inscrivant en quelque sorte l'État-providence dans celle-ci. D'autres améliorations furent apportées durant la République de Weimar, de sorte que, quand le parti nazi arriva au pouvoir, l'Allemagne avait à la fois le mouvement ouvrier le plus important et la législation sociale la plus développée d'Europe.

Inutile de dire que, malgré le brevet de socialisme que voulait se donner le parti nazi, Hitler supprima progressivement de nombreux acquis, allant jusqu'à introduire, en 1935, ce symbole de l'aliénation ouvrière qu'était le « livret ouvrier »[1]. Toutefois, quelques mesures en faveur des ouvriers furent prises ; n'oublions pas que le terme « socialisme » fait partie intégrante du nom du parti. Parmi les mesures sociales, la principale fut le programme *Kraft durch Freude* («force à travers la joie»), qui s'inspirait du précédent fasciste italien *Opera nazionale dopolavoro* («activités après le travail»). *Kraft durch Freude*, mis en place à partir de 1935, offrait un vaste éventail d'activités récréatives (musique durant les repas, bibliothèques d'entreprises, voyages organisés, etc.).

1. Voir chap. XVI, tome II.

Par exemple, en 1938, quelque 10 millions de personnes ont bénéficié de ces voyages organisés.
Ces activités firent beaucoup pour attirer des
ouvriers au parti nazi, mais en même temps on
constatait une baisse des salaires réels et une augmentation des accidents de travail. Mais, là aussi,
ambiguïté, car si le régime nazi instaura une présence relativement massive de médecins dans les
usines (en 1938, il y en aurait eu environ 2 000 à
3 000), mais les accidents mortels étaient qualifiés
de « morts héroïques ».

L'ITALIE ET LA CHARTE DU TRAVAIL

Passons au troisième grand pays du continent,
à savoir l'Italie, dans lequel le fascisme a introduit
très tôt à la fois des restrictions syndicales (et
autres mesures antisociales, notamment l'abolition
du suffrage universel) et des lois sociales dans un
pays qui avait été à la traîne en ce domaine. Ces
mesures commencèrent en 1927 avec l'assurance-
maladie. Mais, déjà avant le régime fasciste, en
1898 avait été instaurée l'assurance-accident et
en 1919 l'assurance-vieillesse, invalidité et chômage. En 1936, la semaine de 40 heures fut introduite et, une année plus tard, les allocations
familiales. À la veille de la Seconde Guerre mondiale, les dépenses sociales représentaient 15 à 17
pour 100 du budget national, mais seulement un
peu plus de 3 pour 100 du PIB (voir plus loin le
tableau XXIX.2).

En fait, toute l'évolution sociale (et aussi politique) de l'Italie fasciste entre 1927 et la Seconde
Guerre mondiale s'inscrit dans la Charte du travail. Comme l'écrit Paul Guichonnet, dans son

petit livre sur *Mussolini et le fascisme*[1], la Charte du travail « instituait l'*État corporatif*, régulateur et législateur unique de toute l'activité économique, subordonnant l'initiative privée à "l'intérêt national". Le corporatisme fut célébré comme une révolution doctrinale fondamentale, apportant la solution aux antagonismes sociaux, que le marxisme ou le réformisme n'avaient pu résoudre. Il eut de nombreux commentateurs et imitateurs dont le Portugal de Salazar ».

TROIS PETITS PAYS INDUSTRIALISÉS
MAIS À LA POLITIQUE DIFFÉRENTE :
BELGIQUE, SUISSE, SUÈDE

Étant donné qu'il est difficile dans ce cadre d'examiner tous les pays d'Europe occidentale, nous terminons l'analyse européenne avec les trois petits pays industrialisés. Ces trois pays ont connu un parcours social différent, prouvant, si besoin en était, que l'histoire sociale, à l'instar de l'histoire politique ou économique, est conditionnée par de multiples facteurs.

En Belgique, l'immédiat après-Première Guerre mondiale ne vit pas de mesures sociales importantes autres que l'assurance-chômage (facultative), introduite en 1920. Mais, dès 1924, l'assurance-vieillesse et invalidité fut instaurée et, en juin 1936, un programme très proche de celui du Front populaire français fut introduit, avec notamment la semaine de 40 heures dans certaines industries, des congés payés, ainsi que, contrairement au cas français, l'amélioration des

1. 1974.

indemnités de chômage. Il est vrai que le niveau de chômage en Belgique était, *grosso modo*, deux fois plus élevé qu'en France.

En Suisse, la seule importante législation sociale nouvelle de l'entre-deux-guerres est l'introduction, en 1924, de l'assurance-chômage (facultative), ce qui, en termes comparatifs, est très tardif (voir le tableau XXIX.3). Les véritables législations sociales ne sont intervenues qu'après la Seconde Guerre mondiale. Toutefois, il convient de relever un élément original de l'histoire sociale de la Suisse qui se met en place à la veille de la Seconde Guerre mondiale et qui marquera les relations entre ouvriers et patronat jusqu'à récemment, à savoir ce qui est appelé «la paix du travail». Au départ, il s'agissait d'une convention, signée en juillet 1937, entre l'association patronale du secteur de la métallurgie et de la construction métallique d'une part, et le syndicat du même secteur d'autre part. Cette convention avait pour objet «d'élucider réciproquement, selon les règles de la bonne foi, les principaux différends et conflits structurels», les conflits éventuels étant soumis à un arbitrage dont les conclusions liaient les deux parties. Progressivement, cette convention a été élargie, à la fois dans son contenu et dans sa couverture sectorielle. Pratiquement, dans tous les secteurs d'activité, des conventions collectives furent signées et renégociées périodiquement. Dans les décennies qui suivirent, il n'y a pratiquement pas eu de grèves et la paix du travail fut totale jusqu'aux années 1980 où le système commença à se lézarder un peu. La paix du travail, amorcée en 1937, clôt en quelque sorte une période qui avait pourtant commencé par une

crise sociale très grave : la grève de 1918, la première et aussi la dernière grève générale du pays.
Cette grève fut un fait majeur de l'histoire de la
« calme » Suisse. Comme l'écrit Marc Vuilleumier[1] : « Si l'on veut trouver dans l'histoire de ce
pays une crise analogue, il faut remonter jusqu'en
1847, à la Guerre du Sonderbund. » Guerre qui
mena la Suisse à un système fédéral moderne.
Enfin, l'absence de législations sociales peut aussi
s'expliquer par la multiplication, dès la fin du
XIXᵉ siècle, d'institutions privées de prévoyance,
qui se sont fortement développées dans l'entre-
deux-guerres, leur nombre passant d'environ 350
en 1920 à environ 2 100 en 1941. Ces institutions,
dont certaines bénéficiaient de l'aide de l'État, et
l'assurance-chômage expliquent le niveau relativement élevé des dépenses publiques de sécurité
sociale (voir le tableau XXIX.2). Mais, dans le cas
de la Suisse, il faut tenir compte de l'imperfection
plus grande des estimations de la comptabilité
nationale.

Terminons donc avec la Suède, pays qui, à partir des années 1960, sera en quelque sorte un
modèle de l'État-providence. Dans l'entre-deux-
guerres, il n'y a pas eu d'avancées sensibles ; il est
vrai que l'essentiel était déjà en place avant 1914.
Notons cependant que pour ce qui est du chômage, l'accent a été toujours mis davantage sur
des politiques d'emploi que sur l'extension de
l'assurance-chômage. La première loi d'assurance-chômage obligatoire ne se situe qu'en 1934,
faisant de la Suède un des derniers pays développés à s'engager dans cette voie. Malgré cela, déjà

1. 1977.

TABLEAU XXIX.2

DÉPENSES PUBLIQUES DE PROTECTION SOCIALE
EN POURCENTAGE DU PIB

	1913	1920	1929	1935	1938	1950
EUROPE						
Allemagne	4,1	–	11,8	10,4	–	14,8
Autriche	–	–	3,2	3,1	2,3	12,4
Belgique	–	–	–	5,1	4,2	12,5
Danemark	–	–	2,7	–	4,8	6,2
Finlande	–	–	3,5	3,4	3,1	12,6
France	–	2,8	3,8	7,8	5,1	8,2
Italie	1,1	2,2	2,3	3,1	3,3	8,5
Norvège	–	3,9	5,3	6,6	6,8	5,7
Pays-Bas	–	3,2	3,6	5,5	4,4	7,1
Royaume-Uni	4,2	4,1	4,7	5,8	5,3	10,0
Suède	3,8	4,8	6,4	7,9	8,5	8,3
Suisse	–	–	–	–	6,0	6,0
AUTRES PAYS DÉVELOPPÉS						
Canada	0,6	–	2,8	–	5,2	5,1
États-Unis	0,5	–	0,6	4,3	3,3	5,4
Nouvelle-Zélande	–	–	–	–	–	9,9

Note : Les données de 1913 à 1938 ne sont pas strictement comparables à celles de 1950.

Sources : 1913-1938 : Flora, P. (1983) ; et sources nationales.
1950 : Voir le tableau XXIX.4.

dès les premières années de l'après-Seconde Guerre mondiale, la Suède était le deuxième pays en ce qui concerne l'importance relative des dépenses publiques de sécurité sociale, n'étant dépassée que par l'Allemagne.

Hors d'Europe, nous nous limiterons à trois pays (Canada, États-Unis, Japon) ; le cas le plus important étant évidemment celui des États-Unis, pour lesquels nous avons laissé entrevoir l'importance du *New Deal*, qui a constitué une véritable rupture dans ce pays champion du laisser-faire dans le domaine de l'économie intérieure et dans celui de la vie sociale. Mais avant d'examiner les acquis des années 1930, voyons ce qui s'est passé auparavant. Au niveau fédéral, il faudra attendre l'entrée en guerre en 1917 pour un début d'action en ce domaine. En revanche, au niveau des États, il y a quelques tentatives et encore moins de réussites de prises de mesures sociales. Parmi ces mesures, peu nombreuses il est vrai, citons une loi sur le salaire minimum dans l'État du Massachusetts en 1912. Parmi les tentatives, citons celles concernant l'assurance-maladie, domaine pour lequel, à partir de 1912 (année où la loi britannique en la matière fut introduite), l'American Association for Labor Legislation organisa une campagne pour l'adoption de lois obligatoires d'assurance-maladie. Des lois furent proposées dans quelques États mais n'aboutirent pas. Dans l'État de Californie, il y eut un référendum, en 1918, qui divisa même les milieux syndicaux. Une publicité signalait que « l'appareil (*device*) prussien accroîtrait les impôts californiens de 15 millions de dollars en une année ». Le projet fut rejeté par près de 3 contre 1. À l'entrée en guerre (1917) des États-Unis, un National War Labor Board avait été créé, réunissant les délégués du patronat et des syndicats en vue d'accroître la production. En échange de l'engagement d'abstention de grèves, les engagements suivants furent pris du côté patronal : droit de négociation de conventions collectives, journée de 8 heures et autres mesures touchant à l'emploi, ainsi que l'égalité des salaires pour les femmes. Ce dernier point n'étant que rarement respecté, comme d'ailleurs celui de l'abstention de grève. L'absence de mesures sociales sur le plan fédéral n'implique cependant pas que rien n'ait été réalisé sur le plan des États. Par exemple, dès les années 1910, sept États ont passé des législations obligeant les employeurs à assurer leurs ouvriers contre les risques professionnels. Cela a commencé notamment dans le Minnesota, l'Ohio et Washington.

Les années 1920 se sont ouvertes sur un durcissement du milieu patronal. Le fait le plus marquant et le plus tragique fut la répression en janvier 1920 de la grève des ouvriers des aciéries dont la durée de travail était de 12 heures par jour. La répression coûta la vie à 43 grévistes et fit plus de 400 blessés. Les grévistes ayant la sympathie d'une grande partie de la population, les compagnies firent courir le bruit que cette grève était d'inspiration bolchevique, ce qui permit d'éviter les négociations. Pour ces motifs et aussi du fait du niveau élevé des salaires et de la faiblesse du chômage, les années 1920 sont une période marquée par un recul syndical et une absence de nouvelles législations sociales. Le nombre de syndiqués, qui avait progressé rapidement pendant la guerre, passant de 2,6 millions de membres en 1914 à 5,0 millions en 1920, retomba à 3,6 millions en 1929. Ce n'est qu'après le *New Deal* que l'on a constaté une remontée (très accusée) de la syndicalisation de la population ouvrière.

Les lois sociales adoptées par le premier *New Deal*, en 1933, ayant été déclarées inconstitutionnelles par la Cour suprême, ce n'est qu'en 1935 que les éléments sociaux du *New Deal* furent votés au cours du second *New Deal*. Il s'agissait d'abord du *National Labor Relation Act* qui permettait notamment pour la première fois une véritable organisation syndicale dans les entreprises. L'autre législation très importante a été le *Social Security Act* qui impliquait à la fois l'assurance-chômage, l'assurance-vieillesse et l'embryon d'une assurance-maladie. De même furent prises des dispositions concernant le salaire minimum, la durée du travail et l'emploi des enfants. Comme, en même temps, furent votés des impôts sur les grandes fortunes, cela représenta non seulement une augmentation des dépenses publiques de sécurité sociale, mais aussi la rupture avec la tendance séculaire d'une inégalité croissante de la distribution des revenus. Comme on peut le voir dans le tableau XXIX.2, les dépenses publiques pour la sécurité sociale sont passées de 0,6 pour 100 du PIB en 1929 à 4,3 pour 100 en 1935.

LE CANADA : UN *NEW DEAL* AUSSI

Comme dans beaucoup de domaines, le Canada suivit les traces des États-Unis, et ce, surtout dans les années 1930. Auparavant, quelques mesures sociales de faible ampleur avaient été prises, dont la plus importante fut, en 1927, le début d'un pro-

gramme pour une pension-vieillesse. Le Canada
fait partie des pays où la crise de 1929 a été grave
et où la dépression a été longue et profonde. En
juin 1935, avant l'ajournement du Parlement, suite
à la montée du mécontentement populaire, le Premier ministre Richard Bedford Bennet du gouvernement conservateur fit voter une série d'actes
qualifiés de *New Deal*. À côté de mesures plus économiques, comme le *Wheat Act* qui garantissait en
quelque sorte un prix minimal pour le blé, toute
une série de mesures sociales fut votée. Il s'agissait
notamment d'un embryon d'assurances sociales,
de la fixation de salaires minimaux et de l'introduction de la journée de huit heures pour les
ouvriers de l'industrie. Les élections amenèrent
une majorité libérale, ce qui permit la poursuite
des mesures sociales, en dépit de l'opposition de
la Cour suprême. Il fallut, dans certains cas,
amender le *British North American Act* pour permettre la mise en pratique de certaines dispositions. C'est ainsi que l'assurance-chômage ne put
entrer en vigueur qu'en 1941. Malgré cela, le
niveau des dépenses publiques de sécurité sociale
était, en termes de pourcentage du PIB, sensiblement plus élevé au Canada qu'aux États-Unis dès
l'entre-deux-guerres (voir le tableau XXIX.2).

LE JAPON : UNE LÉGISLATION TARDIVE£
ET EXTRÊMEMENT TIMIDE

Même si l'on tient compte que la modernisation du Japon ne débuta réellement qu'avec la
révolution Meiji (en 1868), l'apparition de lois
sociales dans ce pays a été tardive et, de surcroît,
extrêmement timide. La première mesure, une

loi sur les fabriques, fut votée en 1911, soit plus de
quatre décennies après cette révolution. Elle
ne concernait que les entreprises de plus de
14 employés et prévoyait même une période de
grâce de 15 ans pour sa mise en application.
L'âge minimal d'emploi était fixé à 12 ans, mais
on pouvait employer des enfants de 10 à 12 ans
pour des «travaux légers». En fait, la seule clause
importante a été la limite de la durée de travail,
pour les jeunes de moins de 16 ans et les femmes,
à 12 heures par jour et le droit pour ceux-ci
d'avoir deux jours de repos par mois. En d'autres
termes, cette loi légalisait la semaine de sept
jours de travail. Même quand cette loi fut modifiée en 1928, son champ d'application ne fut
étendu qu'aux établissements industriels comptant au moins 10 personnes et les dispositions sur
la durée du travail continuèrent à ne concerner
que les femmes et les enfants. Une journée de
repos hebdomadaire n'a été introduite qu'après
la Seconde Guerre mondiale. Cependant, dans
quelques entreprises du secteur public, un jour
hebdomadaire de repos fut instauré : en 1933
dans les fabriques de tabac et en 1936 dans l'arsenal naval de Kure. Cette absence d'un congé
hebdomadaire n'était pas compensée par de nombreux jours fériés, puisque le nombre annuel de
jours effectifs de travail dans l'industrie était, en
1938, de 330 jours. Comme à l'époque les femmes
et les jeunes de moins de 16 ans représentaient
ensemble un peu plus du tiers de l'emploi dans
l'industrie et qu'ils avaient droit à 24 jours de
congé par an (en plus des jours fériés), cela
implique, *ipso facto*, que les hommes travaillaient
un peu plus de 350 jours, donc ne bénéficiaient

en tout et pour tout que d'une douzaine de jours de repos par an. Et la journée moyenne de travail effectif était alors de 10 heures, soit environ 12 heures de présence sur leur lieu de travail.

L'entre-deux-guerres vit cependant la mise en place d'une législation sociale couvrant de nombreux domaines, avec néanmoins des prestations relativement limitées. Une loi fut votée en 1922 mais le système n'entra en vigueur qu'en 1927. Il s'agissait d'assurances obligatoires couvrant maladie, accidents, invalidité, décès. Le système concernait les ouvriers des industries et des mines, à l'exception de ceux dont les salaires étaient élevés et des étrangers, essentiellement des Coréens. En 1938, un ministère du «Bien-être» fut créé, mais beaucoup des mesures prises se sont inscrites dans le souci de maximaliser l'effort de guerre tout en empêchant les abus. C'est ainsi que la limite de la durée quotidienne du travail fut fixée à 12 heures. Notons l'absence d'assurance-chômage. D'ailleurs, vers 1938, les dépenses publiques pour la sécurité sociale devaient représenter moins de 1 pour 100 du PIB, ce qui est trois à quatre fois plus faible que dans les pays occidentaux aux législations sociales peu avancées. Enfin, signalons que la première loi prévoyant l'assurance-chômage ne fut votée qu'en 1947 et celle pour les allocations familiales qu'en 1971. Sur le plan des droits fondamentaux des travailleurs (grève, liberté d'organisation syndicale, etc.), une étape fondamentale fut franchie en 1945 grâce à un décret du commandement supérieur des forces alliées d'occupation. Ce décret, ainsi que d'autres par la suite, fut largement inspiré par la législation américaine du *New Deal*.

TABLEAU XXIX.3

DATES DES PREMIÈRES MESURES D'ASSURANCES SOCIALES (XXᵉ SIÈCLE)

Assurance chômage partiel		Assurance chômage total		Allocations familiales		Loi des huit heures[a]	
1905	France	1919	Italie	1922	Pologne	1883	Australie[b]
1906	Norvège	1920	Autriche	1926	Nlle-Zélande	1897	Nouvelle-Zélande
1907	Danemark	1930	Nlle-Zélande	1930	Belgique	1917	Finlande
1911	Royaume-Uni	1938	Norvège	1932	France	1917	Russie
1916	Pays-Bas	1941	Canada	1937	Italie	1918	Allemagne
1917	Finlande	1944	Belgique	1938	Espagne	1918	Autriche
1919	Espagne	1945	Grèce	1938	Hongrie	1918	Pologne
1920	Belgique	1947	Japon	1941	Australie	1918	Tchécoslovaquie
1922	Russie	1947	Australie	1942	Portugal		
1924	Suisse	1949	Pays-Bas	1945	Royaume-Uni	1919	au moins 8 pays[c]
1924	Pologne	1967	France	1945	Tchécoslovaq.		

	Assurance chômage partiel		Assurance chômage total		Allocations familiales		Loi des huit heures[a]
1927	Allemagne	1975	Portugal	1946	Norvège	1935	Canada
1934	Suède	1976	Suisse	1947	Afrique Sud	1936	Italie
1934	Canada			1947	Suède	1946	Japon
1935	États-Unis			1948	Autriche		
1937	Afrique Sud			1948	Finlande		
1944	Australie			1952	Suisse		
1945	Grèce			1954	Allemagne		
1947	Japon			1958	Grèce		
1975	Portugal			1971	Japon		
				1992	Canada		

a Pour l'ensemble de la population active ou pour l'ensemble des ouvriers dans l'industrie.

b Province de Victoria; généralisée au niveau de l'ensemble du pays dès 1900.

c Pays suivants : Belgique ; Bulgarie ; Espagne ; France ; Pays-Bas ; Portugal ; Suède ; Suisse. Pays auxquels il faut ajouter ceux (notamment Danemark et Royaume-Uni) où des conventions collectives ont conduit en pratique à la généralisation de la journée de huit heures.

Note : Il est probable que ce tableau omet certains cas.

Sources : Blanpain, R. (1995) ; Cavaille, J. (1919) ; Flora, P. (1983) ; U.S. Department of Health and Human Services (1994) ; et sources nationales.

UN PREMIER BILAN : LA NOUVELLE-ZÉLANDE EN TÊTE

Ainsi qu'on peut le voir dans les tableaux XXIX.2 et XXIX.3, globalement l'État-providence a fait de grands progrès, bien qu'inégaux, dans l'entre-deux-guerres. Si l'on prend cet indicateur assez valable que sont les dépenses publiques de protection sociale en pourcentage du PIB, on est passé en Europe d'une moyenne qui devait se situer au-dessous de 2 pour 100 vers 1913 à près de 6 pour 100 vers 1929 et 1938. Certes, cette proportion allait être proche de 10 pour 100 déjà vers 1950, mais, entre-temps, s'est placée la véritable naissance de l'État-providence. La moyenne de 6 pour 100 de ces dépenses résulte de situations très différentes, allant de 2 à 3 pour 100 pour l'Autriche et l'Italie à 10 pour 100 pour l'Allemagne. Hors d'Europe, on se trouve également devant des situations très variées, dont le fait le plus marquant est la faiblesse des dépenses sociales aux États-Unis, la plus grande des économies du monde, et ce, surtout si l'on se place avant le milieu des années 1930, alors que le Canada, son voisin du nord, avait déjà dans cette décennie un programme social plus important. D'ailleurs, plus d'un demi-siècle après, le système d'assurance-maladie du Canada ferait figure de modèle pour les projets de Bill Clinton en vue de réformer le système américain de santé.

Mais c'est surtout la Nouvelle-Zélande qui disposait, dans l'entre-deux-guerres, d'un système social très élaboré. L'absence de données comparables sur les dépenses ne nous permet pas de présenter ce pays dans le tableau XXIX.2, mais

l'image que fournit le tableau XXIX.3, où figurent
les dates d'introduction des législations sociales,
est parlante. Cette situation résulta à la fois de la
précocité de certaines mesures et de l'écrasante
victoire des travaillistes aux élections de 1935.
Précocité... en effet, sans parler des attitudes
humanitaires des premiers colons, il faut noter
que, dès 1844, le gouverneur du pays avait donné
l'ordre de fournir du travail aux démunis. En
1846, un hôpital fut construit dans le but de fournir des soins aux Maoris, ainsi qu'aux Européens
démunis. D'autres mesures furent prises dans les
années 1870 et 1880. Mais la plus significative fut
celle prise en 1898; c'est-à-dire ce qui fut apparemment le premier système de pension au monde
concernant l'ensemble de la population, pour
autant que la personne ait résidé plus de 25 ans
dans le pays. Autre première mondiale : les allocations familiales en 1926. Revenons à l'écrasante
victoire des travaillistes en 1935 (53 sièges sur
80); elle permit à ce gouvernement de faire adopter une nouvelle et vaste série de mesures sociales,
parmi lesquelles il faut retenir un service gratuit
et général d'hospitalisation et d'autres soins médicaux, des allocations de maladie, de chômage et
pour tous les cas d'insuffisance notable de revenu
causée par des circonstances exceptionnelles.

Du cas du pays le plus avancé, revenons à celui
qui l'était le moins. Le Japon est sans aucun doute
le pays développé dont les protections sociales
étaient les moins développées. Se rapprochant de
cette situation défavorable, on trouve les pays
d'Europe du Sud et des Balkans. Il en est de
même de la Pologne, que nous n'avons pas du tout
analysée ici, en raison de son passage, après la

guerre, au communisme. Enfin l'Autriche, qui apparaît aussi faire partie de ce groupe défavorisé.

LE RÔLE DE L'OIT ET DU BIT

Sans remonter à la proposition, faite en 1818 par Robert Owen au congrès de la Sainte Alliance, de créer une commission sociale, on peut situer la naissance de l'OIT[1], à la création, en 1901, de l'Association Internationale pour la Protection Légale des Travailleurs, dont le siège était à Bâle. Dès 1906, une conférence de cette association adopta notamment la résolution interdisant le travail de nuit pour les femmes. En 1919, dans le cadre du traité de Versailles, fut créé l'OIT, dont le BIT[2] constitue le secrétariat permanent. Ce qui conduit, généralement, à parler de l'action et des décisions du BIT, alors qu'elles sont surtout celles de l'OIT. Dans l'entre-deux-guerres, ce ne sont pas moins de 67 conventions internationales que l'OIT adopta dans le cadre de conférences internationales du travail, devenues progressivement annuelles. Les pays membres de l'OIT, c'est-à-dire ceux de la Société des Nations entre les deux guerres, de l'ONU après, étaient en principe sensés appliquer après ratification les conventions adoptées. La première convention, adoptée en 1919, concernait la journée de travail de huit heures et la semaine de 48 heures ; ayant été adoptée lors d'une confé-

---

1. Organisation Internationale du Travail ; en anglais ILO.
2. Bureau International du Travail ; en anglais également ILO, comme pour l'OIT.

rence tenue à Washington, elle passa sous ce
nom dans la littérature spécialisée.

Parmi les autres conventions importantes adoptées dans l'entre-deux-guerres, citons celle de 1925,
prémices de la sécurité sociale ; celle de 1930,
abolissant le travail forcé ; celle de 1933, visant
à garantir à tous les travailleurs l'assurance-
vieillesse, invalidité et décès ; celle de 1935, limitant à 40 heures la durée d'une semaine de
travail. C'est surtout pour les pays où la législation était en retard que l'impact de l'OIT a été
le plus grand. Bien entendu, l'adoption de ces
conventions par l'OIT n'impliquait pas, *ipso facto*,
leur mise en application dans les divers pays.
Ainsi, même à la veille de la Seconde Guerre mondiale, très peu de pays avaient instauré la semaine
de travail de 48 heures, dont la convention date de
1919. Notons que l'essentiel de ce qui sera considéré comme les conventions les plus importantes
allait être adopté après la Seconde Guerre mondiale ; à savoir : l'inspection du travail (1947) ; la
liberté syndicale (1948) ; les travailleurs migrants
(1949) ; l'égalité des rémunérations (1951) : la sécurité sociale (1952) ; la non-discrimination (1958) ;
la politique de l'emploi (1964) et les consultations
tripartites (1976). Aucune convention ne fut adoptée entre 1940 et 1945 mais, de 1946 à 1995, il y
en a eu 107 sur un total de 176 depuis la création
de l'OIT. Il est vrai que certaines constituaient
des variantes de conventions antérieures. Ce qui
n'empêche pas qu'un bon nombre de conventions
n'ont jamais été ratifiées par certains pays. Ainsi,
par exemple, au début de 1995, sur 167 pays
membres, 37 n'avaient pas encore ratifié celle
sur le travail forcé adoptée en 1930, et 54 celle

sur le droit de protection et d'association, adoptée
en 1948.

*1945-1983 : de la fin
de la Seconde Guerre mondiale
à l'apogée de l'État-providence*

Après la Seconde Guerre mondiale, la crainte
du communisme devint un aiguillon encore plus
vif qu'après la Première Guerre mondiale. En
effet, dans de nombreux pays on note une avancée
des partis de gauche dans les élections. Cette avancée va faciliter le dépôt et le vote de mesures
sociales additionnelles. L'introduction de ces
mesures fut facilitée par la croissance économique très rapide qui commence dès la fin de la
guerre et se poursuit jusqu'au début des années
1970. Comme nous l'avons vu, l'étape décisive fut
la publication, en novembre 1942, du Plan Beveridge qui prévoyait pour le Royaume-Uni, une
fois la guerre terminée, un vaste programme de
sécurité sociale. Les préoccupations de l'état de
guerre étaient présentes dans ce plan qui notait :
« Chaque citoyen sera d'autant plus disposé à se
consacrer à l'effort de guerre qu'il sentira que son
gouvernement met en place des plans pour un
monde nouveau. » D'ailleurs, sur un plan plus
général, à l'instar de la Première Guerre mondiale, la Seconde fut une guerre totale. Ce type de
conflit entraîne des conséquences sociales plus
importantes que les guerres qui les ont précédées.
Les raisons qui expliquent que les guerres totales
ont tendance à conduire à des avancées sociales
sont doubles. D'une part, elles entraînent un rap-

prochement des classes sociales, aussi bien dans l'armée que parmi les responsables politiques. D'autre part, afin d'établir une paix sociale, nécessaire au vaste effort industriel qu'implique ce type de guerre, les gouvernements promettent généralement des avantages sociaux pour après le conflit. C'est au Royaume-Uni que ces promesses ont été les plus importantes.

LE ROYAUME-UNI : DE WILLIAM BEVERIDGE
À MARGARET THATCHER

William Beveridge (1879-1963) commença à s'intéresser au problème du chômage lorsqu'en 1903 il fut nommé administrateur-adjoint d'un *Settlement House* à Londres. Ces «maisons» faisaient partie de ce que l'on appelle le *Social Settlement*, un mouvement social créé dans les années 1880 en Angleterre en vue de l'établissement d'œuvres de bienfaisance dans les quartiers pauvres des grandes villes. Beveridge publia, en 1909, sa première étude sur le chômage et fut, de 1919 à 1937, directeur de la réputée London School of Economics. Pendant la guerre, le gouvernement le chargea de mettre au point le projet d'un nouveau système de sécurité sociale à mettre en vigueur à la fin des hostilités. La philosophie de base du Plan Beveridge était que le plein emploi devait être l'objectif de l'État et que la population ne devait plus souffrir de l'indigence ni des cinq «génies malfaisants de l'histoire : la maladie, l'ignorance, la dépendance, la déchéance et le taudis». L'élargissement par rapport au système de Bismarck reposait sur trois principes nouveaux, qualifiés des trois «U» :

l'universalité (donc une couverture sociale s'étendant à l'ensemble de la population et non seulement aux ouvriers), l'unicité (c'est-à-dire qu'un seul service gérerait l'ensemble) et l'uniformité (c'est-à-dire des aides indépendantes du niveau de revenu). En outre, et cela est très important, l'État-providence devait être financé par l'impôt, contrôlé par le Parlement et géré par l'État.

La mise en place du système commença pratiquement après la fin des hostilités et, d'une certaine façon, s'inspira du précédent néo-zélandais. Déjà quelques mois avant l'écrasante victoire des travaillistes aux élections de juillet 1945, le gouvernement de coalition avait introduit un système d'allocations familiales pour l'ensemble de la population (à partir du deuxième enfant). L'application de la quasi-totalité des mesures sociales à l'ensemble de la population et non uniquement aux ouvriers ou aux salariés, est une caractéristique importante des mesures sociales qui seront prises non seulement au Royaume-Uni mais aussi dans les autres pays. Avant les allocations familiales, il faut signaler l'*Education Act* de 1944, qui étendit l'âge de la scolarité obligatoire, fixant celle-ci de 5 à 15 ans, et réorganisa aussi le système du secondaire. En 1946, fut introduit le seul domaine qui faisait défaut au système social antérieur : l'assurance-accident. La pièce maîtresse des mesures sociales, le *National Health Service*, qui impliquait une médecine nationalisée et gratuite pour tous (votée en 1946), fut mise en place en 1948 sans opposition des conservateurs pourtant mécontents du système d'organisation de cette nouvelle médecine. La même année fut introduit le système qui étendit à l'ensemble de la population les assurances vieillesse, survivants, et chômage, parachevant ainsi l'essentiel de l'État-providence.

À côté de ces mesures d'ordre social, le gouvernement travailliste mit en œuvre un vaste programme de nationalisation (Banque centrale, charbonnages, sidérurgie, etc.) ainsi que d'importantes mesures politiques, telles que, par exemple, l'octroi (en 1948) de la nationalité britannique à tous les citoyens du Commonwealth. Entre 1951 et 1977, les mesures sociales reçurent, elles aussi, des améliorations plus ou moins grandes. Voici les plus importantes dans l'ordre chronologique. En 1957, les pensions, déjà indexées depuis 1951 à l'indice des prix, furent également indexées aux salaires, l'alternative retenue chaque fois étant celle qui était la plus favorable aux pensionnés. En 1966, une sensible amélioration des bénéfices des allocations de chômage et de maladie fut apportée. Un système d'allocation-loyer fut mis en route en 1972 et le système national de santé fut réorganisé en 1974. Les dépenses publiques de protection sociale passèrent de 10,2 pour 100 du PIB en 1960 à 20,4 pour 100 en 1983 ; alors que de 1950 à 1960 cette proportion était restée relativement stable.

Dès 1983, apparaissait une première brèche importante dans le principe de Beveridge avec l'introduction d'un régime de retraite basée sur les gains antérieurs. Mais, déjà en 1980, les pensions n'étaient plus qu'indexées sur le niveau des prix, ce qui est, en quelque sorte, la première des mesures du phénomène de reflux de l'État-providence au Royaume-Uni. Il est vrai qu'en 1979, ce sont à nouveau les conservateurs, avec Margaret

Thatcher à leur tête, qui sont arrivés au pouvoir. D'ailleurs, à partir de 1982, les dépenses publiques de protection sociale, exprimées en pourcentage du PIB, commencent à stagner, pour amorcer une descente à partir de 1987. Nous reviendrons sur cette nouvelle phase dans la prochaine section.

LA DIFFUSION SPATIALE DE L'ÉTAT-PROVIDENCE

On peut considérer que la Belgique a préparé en même temps que le Royaume-Uni un vaste programme de réformes sociales. La Belgique étant sous l'occupation, cette préparation revêtit une double modalité. Il y eut, en 1942, un renversement de l'attitude du patronat envers la classe ouvrière, ce patronat ayant jusqu'alors mené une politique très opportuniste vis-à-vis des Allemands. À partir de là et d'une façon semi-clandestine, une partie de ses représentants commencèrent à se réunir avec des délégués des syndicats catholiques et socialistes. Ces réunions aboutirent à un « pacte social » à mettre en place après la guerre. Parallèlement, parmi les membres du gouvernement en exil et sous l'impulsion du socialiste Paul-Henry Spaak, ce parti avait décidé d'établir après la guerre un État-providence pour « tous les citoyens sans exception [...] ouvriers, ou employés, riches et pauvres ». C'est en avril 1944, alors que la Belgique n'était pas encore libérée, que divers leaders en exil en Angleterre ont accepté ce « pacte social » ; celui-ci fut promulgué en décembre 1944. Il prévoyait un très vaste programme d'assurances sociales ainsi que des congés payés. Bien que n'étant pas un document officiel, il fut reconnu comme une «étape décisive vers des relations sociales pacifiques en Belgique».

En France également, des dispositions importantes furent prises avant le Royaume-Uni, puisque l'on peut considérer, à juste titre, que le régime de sécurité sociale, qui a façonné l'histoire contemporaine, date des décisions législatives prises en octobre 1944. Ces mesures furent qualifiées par certains comme étant «la plus belle fille de la libération». D'autre part, dans la même période, se placent les premières mesures de nationalisation, notamment charbonnages, électricité, banques et marine marchande. Dans tout cela intervient le rôle du premier gouvernement présidé par Charles de Gaulle, gouvernement auquel participaient non seulement les socialistes, mais aussi le parti communiste.

Le modèle britannique fut adopté très tôt par les pays scandinaves (Suède exceptée) et par l'Irlande. Cela s'échelonna entre 1949 et 1953, les modalités et la chronologie dépendant aussi bien des aléas politiques que de l'ampleur du système déjà en place avant la Seconde Guerre mondiale. C'est ainsi qu'au Danemark, où en 1933 ce qui fut qualifié de «grande réforme sociale» avait déjà instauré en quelque sorte un État-providence, peu de mesures furent prises après la guerre. Le Canada suivit en 1970. Puis, autour des années 1980, ce fut le tour des pays méditerranéens (Grèce, Italie, Espagne et Portugal). Comme on peut le voir dans le tableau XXIX.4, exception faite de l'Italie, ces pays avaient encore au début des années 1960 un système social peu développé. Par exemple, dans la péninsule ibérique et en Grèce, vers 1960 les dépenses publiques de protection

TABLEAU XXIX.4

DÉPENSES PUBLIQUES DE PROTECTION SOCIALE
(en pourcentage du PIB)

	1950	1960	1970	1980	1990	1993	Sommet historique[a]	
							date	taux
EUROPE								
Allemagne[b]	14,8	18,1	19,5	25,0	23,8	24,7	1982	26,2
Autriche	12,4	15,9	18,9	22,3	25,5	25,8	1993	25,8
Belgique	12,5	15,0	19,3	25,6	26,7	27,7	1986	28,5
Danemark	6,2	8,2	19,1	27,7	28,3	31,0	1993	31,0
Espagne	–	–	–	16,5	19,8	22,5	1993	22,5
Finlande	12,6	8,8	13,7	18,9	25,3	35,4	1993	35,4
France	8,2	13,4	16,7	23,5	25,9	28,7	1993	28,7
Grèce	–	7,1	9,0	10,9	17,5	17,2	1993	17,2
Italie	8,5	13,8	16,9	18,2	23,0	25,0	1993	25,0
Norvège	5,7	7,9	16,1	18,3	26,2	29,3	1992	29,5
Pays-Bas	7,1	11,7	22,5	28,7	28,8	30,2	1993	30,2
Portugal	–	–	–	11,7	13,7	16,4	1993	16,4
Royaume-Uni	10,0	10,2	13,2	18,3	19,8	23,4	1993	23,4
Suède	8,3	10,8	16,8	30,4	32,6	38,0	1993	38,0
Suisse	6,0	4,9	8,5	10,6	12,3	15,8	1992	15,8

	1950	1960	1970	1980	1990	1993	Sommet historique[a] date	taux
AUTRES PAYS DÉVELOPPÉS								
Australie	–	7,4	7,4	11,7	14,4	16,4[c]	1992	16,4
Canada	5,1	9,1	11,8	13,3	18,0	19,8	1993	19,8
États-Unis	5,4	9,2	10,4	12,4	14,1	15,6	1993	15,6
Japon	–	4,0	5,7	11,1	12,4	12,4[c]	1992	12,4
Nouvelle-Zélande	9,9	10,4	9,2	18,2	22,4	22,5[c]	1992	22,5

a Pour la période s'arrêtant en 1993.
b République fédérale d'Allemagne même après 1990.
c 1992.

Note : Belgique : 1964 au lieu de 1960 ; Grèce : 1962 au lieu de 1960 et 1989 au lieu de 1990 ; Australie, Japon, Suisse, Nouvelle-Zélande : 1992 au lieu de 1993.

Sources : OCDE (1985a), OCDE (1994 et 1996) ; sauf pour la Suisse : en partie sources nationales.

sociale ne représentaient qu'environ 5 pour 100
du PIB, alors que pour les autres pays d'Europe
occidentale la moyenne était supérieure à 11 pour
100, y compris en Suisse, où ce taux était alors le
plus faible d'Europe. Hors d'Europe, le Japon
avait un taux de dépenses publiques de sécurité
sociale encore plus faible (4 pour 100).

Le fait qu'un assez grand nombre de pays développés occidentaux n'aient pas été mentionnés ci-
dessus n'implique nullement que leur système
social n'ait pas subi de substantielles améliorations après la Seconde Guerre mondiale. La raison est simplement que leur système se distingue
plus nettement du modèle britannique de l'État-
providence, même si certains éléments importants
en ont parfois été repris. Nous présenterons ici
quelques cas significatifs, en commençant avec ce
que l'on a appelé le «modèle suédois».

LE MODÈLE SUÉDOIS

Nous avons déjà laissé entrevoir une des spécificités du modèle suédois quand nous avons parlé
de l'assurance-chômage. L'accent a été mis davantage sur la possibilité de fournir un emploi plutôt
que sur l'assistance. Cette composante primordiale
du modèle suédois remonte en fait à 1938, date
des accords de Saltsjöbaden, signés entre les deux
principales organisations ouvrières et l'Union
centrale des employeurs. Le règne ininterrompu,
entre 1932 et 1976, des sociaux-démocrates a mené
à une politique économique dont le plein-emploi
constitue l'objet prioritaire. C'est en 1983 que prit
fin le compromis entre syndicats et patronat.

Une autre spécificité importante est l'ampleur

de la couverture sociale, surtout à partir du milieu des années 1970. Si l'on reprend cet indicateur significatif que constituent les dépenses publiques de sécurité sociale en pourcentage du PIB, la Suède passe à la deuxième place vers 1973-1975, dépassant l'Autriche, et à la première place vers 1977-1979 en dépassant les Pays-Bas. Ce niveau élevé des dépenses sociales est la résultante d'un vaste éventail de la couverture sociale, s'étendant au-delà des catégories classiques et combinée avec des niveaux élevés de bénéfices sociaux. Ainsi l'allocation parentale, créée en 1976, donne-t-elle le droit, aux hommes comme aux femmes, de s'arrêter de travailler à la naissance d'un enfant pendant 450 jours, dont 360 sont payés à 80 pour 100 du montant du dernier salaire. Enfin, sans être exhaustif, relevons une vaste gamme de mesures dans l'enseignement, couvrant tous les niveaux et allant de l'extension de l'enseignement primaire à un vaste programme d'aide aux étudiants, en passant (à partir de 1969) à l'accès aux études universitaires (avec de larges possibilités pour l'obtention d'une bourse) sans être en possession d'un diplôme, pour autant que l'on ait occupé un emploi pendant cinq ans (plus tard ramené à quatre ans). C'est là un des éléments explicatifs du fort taux de scolarisation du niveau universitaire, taux le plus élevé d'Europe (voir le tableau XXIX.1).

Aux États-Unis également, l'immédiat après-Seconde Guerre mondiale est une période d'avancée de la législation sociale, liée à la présence, à la tête de l'État, de deux présidents démocrates : Franklin Roosevelt et Harry Truman. Aux États-Unis, la Constitution accorde au président des pouvoirs assez larges, puisque, en simplifiant les choses, celui-ci remplit une double fonction : celle de président et celle de Premier ministre. Mais comme il est élu au suffrage universel, il peut parfois être confronté à une Chambre des représentants ou à un Sénat à majorité opposée. Franklin Roosevelt, dont nous avons déjà présenté la contribution fondamentale en matière sociale dans le cadre du *New Deal* des années 1930, c'est-à-dire en pleine crise, continua à favoriser la prise de mesures sociales pendant la guerre. Néanmoins, il concentra ses efforts en vue de la réussite des Alliés et déclara, en 1943, qu'il ne voulait plus être considéré comme «Dr New Deal» mais comme «Dr Win the War».

Harry S. Truman, qui en tant que jeune sénateur avait déjà soutenu le *New Deal*, avait été nommé vice-président lors de la réélection de Franklin Roosevelt, poste qu'il n'occupa que 82 jours ; en avril 1945, à la mort de Roosevelt, il lui succéda. Dès septembre de la même année, il présenta son programme de politique intérieure, qui fut par la suite qualifié de *Fair Deal*. L'accent était mis sur une extension de la sécurité sociale ; mais, parmi les nombreuses mesures proposées, la seule adoptée fut celle où le gouvernement s'engageait à maintenir le plein-emploi, le Congrès à majorité républicaine ayant réussi à bloquer les autres propositions. Mais, avec les élections de 1948, une majorité de libéraux permit la poursuite de la mise en place d'une législation sociale plus avancée, notamment pour l'assurance-vieillesse qui fut élargie à presque 10 millions de bénéficiaires additionnels. Les élections de 1952, ayant amené les républicains au pouvoir à la fois chez les représentants et à la présidence (Dwight Eisenhower), provoquèrent, jusqu'à l'élection de John Kennedy en 1960, un temps d'arrêt dans l'extension de la sécurité sociale, exception faite de l'assurance-vieillesse pour laquelle les dépenses de l'État continuèrent à progresser.

Paradoxalement, le retour des démocrates avec John Kennedy n'entraîna pas d'emblée de bouleversements significatifs dans le domaine social. Certes, et cela n'est pas du tout négligeable, à partir de 1962 le processus de ségrégation raciale a été battu en brèche et, en 1961, John Kennedy créa les *Peace Corps*, programme d'envoi de jeunes volontaires dans des pays du Tiers-Monde afin d'aider à y résoudre maints problèmes[1]. Il est vrai aussi que les projets sociaux de Kennedy se heurtèrent à une opposition et, surtout, que des événements tragiques (son assassinat, en novembre 1963) ont laissé peu de temps à ce jeune et populaire président pour la réalisation de ses projets. Ce fut le vice-président, Lyndon Johnson, qui, succédant à John Kennedy, reprit le flambeau en ce domaine.

1. Voir chap. XXXVI.

Déjà en 1933, Lyndon Johnson, alors âgé de 27 ans, avait été nommé par Franklin Roosevelt à la tête du «conseil de l'administration des jeunes» de l'État du Texas, ce qui l'avait conforté dans son idée que le gouvernement central pouvait avoir une action sociale positive. Dans son discours d'investiture de 1964, il déclara «une guerre inconditionnelle à la pauvreté» et, l'année suivante, il exposa son programme pour une *Great Society*, dont une des résultantes les plus marquantes fut l'adoption, en 1965, d'un programme partiel d'assurance-maladie, dont le projet remonte à Harry Truman. Il s'agit d'un système double. D'une part *Medicare*, qui permet aux personnes âgées de plus de 65 ans de bénéficier de la gratuité des soins hospitaliers. Ce système, qui est fédéral, peut être complété, toujours pour les personnes de plus de 65 ans, par une assurance volontaire couvrant d'autres frais médicaux. L'autre volet, à savoir *Medicaid*, est subventionné conjointement par le gouvernement fédéral et les États; il est destiné aux personnes à très faible revenu. L'ensemble de ces dispositions conduisit à faire passer les dépenses publiques pour les soins médicaux de 1,6 pour 100 du PIB en 1965 à 3,0 pour 100 en 1972, contribuant ainsi, en partie, à faire progresser la proportion de l'ensemble des dépenses publiques sociales dans la même période de 7,9 pour 100 à 11,4 pour 100 du PIB et comblant ainsi une grande partie du «retard» par rapport à la moyenne des autres pays développés occidentaux. L'arrivée au pouvoir, en 1969, du républicain Richard Nixon ne modifia pas sensiblement la situation; il est vrai que les démocrates conservaient la majorité à la Chambre et au Sénat. La proportion des dépenses sociales, bien que cessant de croître à un rythme aussi rapide, ne commença à décliner qu'à partir de 1984. Entre-temps se situe l'arrivée au pouvoir, en 1981, de Ronald Reagan avec un programme très conservateur, marquant ainsi le début du démantèlement de l'État-providence américain, qui, cependant, même à son apogée, était encore en retard par rapport à la quasi-totalité des autres pays développés occidentaux.

Les débuts du démantèlement de l'État-providence ou la revanche de la droite

L'argument principal des opposants à l'État-providence est celui-ci : le système de protection sociale est allé trop loin et, de ce fait, non seulement ce système mobilise trop de ressources financières, ce qui conduit à des déficits croissants, mais de surcroît il favorise une inactivité volontaire de certains des bénéficiaires. Mobilisation des ressources dont nous avons vu les points saillants dans le tableau XXIX.4. À ces dépenses publiques de sécurité sociale s'ajoutent, bien évidemment, d'autres dépenses publiques que l'on pourrait qualifier de « classiques » (administration, défense, etc.) ainsi que des dépenses proches de celles de la sécurité sociale, telles celles de l'enseignement. Comme ces dépenses ont, elles aussi, généralement progressé, les dépenses publiques totales des États des pays développés ont très fortement augmenté. En Europe occidentale, entre

1960 et 1980, ces dépenses sont passées de 27 à 41 pour 100 du PIB ; aux États-Unis, au cours de la même période, de 25 à 32 pour 100 et au Japon de 13 à 25 pour 100. Bref, comme commençaient par le constater certains économistes, les coûts des prestations sociales devenaient supérieurs aux capacités macro-économiques. Récemment, il y eut même une étude réalisée pour le National Bureau of Economic Research[1] qui a conclu que l'augmentation des dépenses de sécurité sociale était négative pour la compétitivité internationale.

De surcroît, le ralentissement de la croissance économique à partir du début des années 1970 a conduit à une diminution du rythme d'augmentation des recettes fiscales de la plupart des États. De ce fait, cette progression des dépenses déboursées par l'État, dont l'essentiel était de nature sociale, entraîna, dans tous les pays développés occidentaux, l'apparition et/ou l'aggravation du déficit budgétaire ; déficit qui, par exemple, vers 1980 variait d'un minimum inférieur à 1 pour 100 du PIB pour la Suisse à un maximum de plus de 13 pour 100 pour l'Irlande, avec une moyenne proche de 5 pour 100. Ces déficits croissants et constants ont entraîné une hausse rapide de la dette publique, d'autant plus que, depuis 1973, on a assisté à une hausse des taux d'intérêt. À titre d'illustration, voici l'évolution de la dette publique (exprimée en pourcentage du PIB) entre 1973 et 1985 pour quelques pays : Allemagne, 7 et 21 pour 100 ; États-Unis, 25 et 40 pour 100 ; France, 7 et 23 pour 100 ; Royaume-Uni, 5 et 46

1. A. Alesina et R. Perotti, 1994.

pour 100. Même la très (certains diront la trop)
sérieuse Suisse n'a pas échappé à cette tendance,
mais est passée de 8 à 17 pour 100 seulement.
Rappelons aussi que le phénomène s'est encore
aggravé pratiquement partout entre 1991 et 1995.
Certains pays ayant même atteint une dette qui
dépasse les 100 pour 100 du PIB (Italie 114 pour
100 et Belgique 128 pour 100).

À ces considérations socio-économiques sont
venues s'ajouter des considérations socio-poli-
tiques. Des doutes se sont élevés quant à l'efficacité sociale de l'État-providence, doutes qui ne
venaient pas seulement du côté des opposants traditionnels à celui-ci. En règle générale, la cible
préférée est la largesse de l'assistance fournie aux
chômeurs et l'insuffisance tant du contrôle des
bénéficiaires que de la recherche des «faux chômeurs», des «oisifs volontaires». Par ailleurs et
notamment (mais pas seulement) aux États-Unis,
l'État-providence est accusé d'être responsable de
la dislocation de la famille traditionnelle au profit
des mères célibataires, qui bénéficient plus facilement et plus largement de l'assistance sociale. La
proportion de ménages américains avec enfants
dirigés par une mère seule est passée de 12 pour
100 en 1970 à 23 pour 100 en 1993. Pour les
ménages noirs, cette proportion est passée de 33 à
58 pour 100. Pour certains économistes, l'augmentation des salaires féminins serait un facteur
important dans l'explication de cette évolution (ce
sujet a constitué l'un des thèmes les plus animés
de la réunion annuelle de 1995 de l'Association
des économistes américains). Il faut aussi tenir
compte, comme nous l'avons vu, du déclin absolu
et relatif de l'importance de la classe ouvrière et

du fort recul du taux de syndicalisation, que nous examinerons plus loin.

Pour certains analystes, l'opposition à l'État-providence revêt un caractère très radical et se fonde sur des objections parfois très spécifiques. Ainsi, aux États-Unis, les travaux très médiatisés et aussi très controversés de Charles J. Murray ont comme argument central les différences, très largement innées selon l'auteur, du quotient intellectuel. Déjà dans son étude de 1984 *Losing Ground* («Perte de vitesse»), Murray tentait de mettre en évidence que les programmes sociaux causaient plus de problèmes qu'ils n'en résolvaient. Dans son livre publié en 1994, *The Bell Curve*, et rédigé conjointement avec Richard Herrnstein, les maux de la société américaine, tels que pauvreté, dépendance envers l'aide sociale, naissances hors mariage et aussi criminalité, sont liés à un faible quotient intellectuel d'une partie de la population. De ce fait et comme, pour ces auteurs, l'intelligence est héréditaire — ce qui est largement contesté —, les programmes sociaux en favorisant la natalité des assistés ne peuvent qu'aggraver les maux de la société. Aux États-Unis, cette thèse comporte de surcroît une connotation raciste, puisque selon les deux chercheurs le quotient intellectuel des Noirs serait inférieur en moyenne de 15 points à celui des Blancs — ce qui est aussi largement contesté.

LE VIRAGE DANS LES DEUX PAYS MODÈLES
DE L'ÉTAT-PROVIDENCE

Après avoir invoqué schématiquement les raisons, bonnes ou mauvaises, en faveur du démantèlement de l'État-providence, il convient à présent de voir les circonstances d'un tel revirement. Question pour laquelle les réponses sont évidemment fortement dépendantes de la nature du parti au pouvoir, ou, en termes simplistes, si c'est la droite ou la gauche qui tient les rênes du pouvoir, et de la marge de manœuvre de celui-ci. Il convient également de signaler que les virages ne sont pas, dans leur majorité, absolus : il y a de nombreux cas où de nouvelles mesures sont prises concurremment avec la suppression d'autres.

LE ROYAUME-UNI

C'est le pays du *Welfare State* qui a été témoin du virage le plus marquant et surtout le plus symbolique en ce domaine. L'arrivée au pouvoir des conservateurs, en mai 1979, qui amena Margaret Thatcher au poste de Premier ministre, marqua le début d'une politique libérale, qui non seulement cherchait à remettre en question l'État-providence, mais aussi le rôle prééminent des syndicats britanniques. Très tôt, il y a eu d'abord ce qui fut qualifié une *flurry* de mesures[1] touchant maints aspects, y compris la pierre angulaire du système britannique que sont les soins médicaux. À partir de 1983-1984, cela fut suivi par une analyse plus sereine de la question, aboutissant à la réforme de 1986, mise en vigueur à partir d'avril 1988. L'objectif est de réduire progressivement à la fois l'importance des prestations sociales dans la majorité de ses composantes et le nombre des bénéficiaires. Comme nous l'avons noté aupara-

---

1. Le terme *flurry* signifie rafale, agitation.

vant, à partir de 1982, les dépenses publiques de sécurité sociale exprimées en pourcentage du PIB ont commencé à stagner, pour amorcer une descente à partir de 1987. Ce taux qui, au début des années 1960, était de l'ordre de 10 à 12 pour 100 a dépassé les 23 pour 100 en 1981, pour se stabiliser autour de cette proportion pendant quelques années et amorcer une baisse à partir de 1987 jusqu'à 1990, pour remonter un peu par la suite. Ici, comme dans la plupart des pays, la dépression des années 1991-1993 conduit à une remontée de l'importance relative des dépenses sociales, en raison de la conjonction d'une croissance économique plus faible et d'un chômage plus élevé.

LA SUÈDE

D'une certaine façon, la Suède a précédé le Royaume-Uni, puisque c'est aux élections de septembre 1976 que les socio-démocrates ont perdu le pouvoir qu'ils détenaient depuis 1932. Cependant, la principale attaque contre l'État-providence vint de l'extérieur du Parlement, de la Confédération des employeurs qui, lors de son congrès en 1980, proposa des réformes radicales. La brusque aggravation du déficit budgétaire, qui, entre 1976 et 1980, passa de 0,3 pour 100 à 8,1 pour 100 du PIB, conduisit à l'adoption de mesures restrictives et l'année 1981 a vu un grand nombre de réductions des bénéfices sociaux. Ce fut d'abord une diminution de l'indexation sur les prix de l'ensemble des prestations. Parmi les autres mesures, citons une réduction du montant de certaines pensions et du nombre de bénéficiaires de celles-ci, une limite à beaucoup de prestations médicales et une réduction des subsides aux logements. En septembre 1982, les socio-démocrates ont repris le pouvoir qu'ils conservè-rent avec une faible majorité aux élections de 1985 mais qu'ils reperdirent aux élections de 1991. Cette perte de l'hégémonie politique des socio-démocrates et les contraintes budgétaires ont entraîné une stagnation de l'importance relative des dépenses publiques de sécurité sociale

UN COUP DE SEMONCE AU DANEMARK

Dans certains pays, le démantèlement de l'État-providence a commencé encore plus tôt qu'en Suède. Certes le terme de démantèlement est un peu abusif, mais correspond néanmoins à l'objec-tif des opposants aux politiques sociales. Le cas significatif le plus précoce est celui du Danemark. L'élément déclenchant a été le succès remporté aux élections de décembre 1973 par la droite et surtout l'émergence d'un nouveau parti d'extrême droite, appelé «parti du progrès» (dirigé par Glis-trup), et opposé aux mesures sociales. Ce parti, qui devint le deuxième en nombre de voix, eut toutefois une vie éphémère ; mais ce fut un coup de semonce qui ébranla la forte poussée de l'État-providence dans ce pays. Mais, alors qu'en 1974 l'opinion publique était opposée aux réformes sociales, en 1978 ce fut le contraire et la tendance favorable s'est encore renforcée par la suite. De ce fait, il n'y eut pas de recul du domaine social. D'ailleurs, le parti de Glistrup perdit beaucoup de voix et lui-même fut condamné en 1983 par la Haute Cour de justice pour fraude fiscale.

516 Victoires et déboires

LES ÉTATS-UNIS : DE RONALD REAGAN
À NEWT GINGRICH, EN PASSANT PAR HILLARY CLINTON

Un autre fait majeur dans le début du démantèlement de l'État-providence fut l'arrivée à la présidence, en janvier 1981, de Ronald Reagan. Il
avait fondé sa campagne sur une réduction des
impôts, contre le rôle croissant de l'État et
pour une augmentation des dépenses militaires,
ensemble d'objectifs qui, *ipso facto*, implique la
réduction des dépenses sociales. Outre la réduction des dépenses sociales de l'État fédéral, la
politique de Ronald Reagan a consisté à reporter
sur les États et sur les villes une partie des respon-
sabilités des programmes sociaux. Les réductions
des dépenses sociales se heurtèrent à une certaine
résistance ; le renversement de la tendance ne se
produisit qu'à partir de 1984 où les dépenses
publiques de sécurité sociale passèrent de 15,3 à
14,3 pour 100 du PIB, évolution il est vrai aidée
par une forte baisse du chômage, lequel passa de
9,5 pour 100 en 1982-1983 (sommet historique
d'après-guerre) à 7,4 pour 100 en 1984. D'une
certaine façon, l'impact social de la politique rea-
ganienne a été plus forte dans le domaine de la
répartition des revenus, entraînant une rupture
historique dans la tendance à une réduction des
inégalités amorcée à partir du *New Deal*. Nous
verrons cet impact plus loin. George Bush (1989-
1992), successeur de Ronald Reagan, fut peu actif
en matière de politique intérieure. En matière
sociale, il y eut très peu de mesures positives ou
négatives.

Les années 1993 et 1995 ont été marquées par

deux événements politiques qui ont eu des conséquences totalement opposées sur le plan de la
politique sociale. En janvier 1993, après un intermède républicain de douze ans, c'est le retour à
la présidence des États-Unis d'un démocrate :
Bill (William) Clinton. Un des éléments-clés de
son programme était l'amélioration de l'assurance-maladie ; et, pour la première fois dans
l'histoire américaine, la femme d'un président fut
chargée de s'occuper de ce dossier, d'où l'entrée
dans l'histoire sociale des États-Unis de Hillary
Clinton. Un autre élément clé du programme de
Bill Clinton était la réduction du déficit budgétaire, lequel, paradoxalement, avait fortement
augmenté durant le règne des deux présidents
républicains (passant de 78 milliards de dollars
en 1981 à 289 milliards en 1992, soit de 2,7 à 4,8
pour 100 du PIB). Ce deuxième objectif de Bill
Clinton étant (ou apparaissant tel) en partie
contradictoire avec le premier et la réforme de
l'assurance-maladie n'ayant pas l'appui de tous
les démocrates, rien n'avait été fait avant les élections de novembre 1994, d'où l'arrivée d'une
majorité républicaine aux deux Chambres, et il
s'agit d'une majorité très opposée à l'État-providence, ayant même entraîné une inflexion de la
politique sociale du président Clinton.

LA CRISE DE L'ÉTAT-PROVIDENCE
DANS LES AUTRES GRANDS PAYS : FRANCE, ITALIE
ET ALLEMAGNE

Nous n'avons pas encore employé le terme
« crise de l'État-providence », alors que celui-ci est
très largement utilisé. Notre réticence provient du

caractère progressif du phénomène, mais tout terme est légitimé par son utilisation généralisée. Il y eut également un certain glissement de la notion, car les problèmes financiers ont été aggravés par la crise de 1974-1975 qui a touché pratiquement tous les pays développés occidentaux. En France, on parle de la crise de l'État-providence depuis cette période et l'on parle encore davantage du « trou » de la sécurité sociale, sous-entendu le déficit de celle-ci. Lequel déficit cumulé est passé de 42 milliards de francs en 1992 à 197 milliards en 1994. Il est vrai que le pourcentage de la population totale que couvrait la sécurité sociale était de 58 pour 100 en 1958, de 62 pour 100 en 1964 et de pratiquement 100 pour 100 en 1978.

L'Italie, dont le système social est le moins développé des trois pays présentés ici, a connu depuis 1972 jusqu'en 1986 une relative stabilité de l'importance relative des dépenses publiques de sécurité sociale. De ce fait, ce pays rejoint pratiquement, au début des années 1990, ceux dont l'importance relative des dépenses de sécurité sociale est élevée. C'est surtout le cas des dépenses pour les personnes âgées (notamment les pensions), qui atteignent 11 pour 100 du PIB, c'est-à-dire le même niveau que ceux de l'Autriche, de la France et de la Suède, alors que pour les autres pays cette proportion est de l'ordre de 5 à 7 pour 100.

Et terminons par l'Allemagne où l'histoire de l'État-providence a commencé. Ici, la date d'une certaine rupture se situe en juin 1974, non pas en raison de la crise économique qui n'était alors pas encore réellement perceptible. Cette date est celle de la démission de l'ancien leader socialiste, Willy

Brandt, à la suite de la découverte dans son entourage d'un agent de l'Est. Son successeur, que l'on peut ranger à droite, Helmut Schmidt, fit adopter tant au niveau fédéral qu'à celui des *Länder* une politique de rigueur budgétaire, qui, entre autres, entraîna des réductions dans pratiquement tous les domaines de la sécurité sociale. Mais il s'agissait de réductions assez modérées, le gouvernement de coalition étant resté en place.

LA VOIE JAPONAISE

Parler et écrire de l'État-providence au Japon est impropre, car le système social y est très différent. Depuis la fin de la Seconde Guerre mondiale, la caractéristique du système social a été le faible développement des lois sociales mais compensé par une plus grande équité dans la distribution des revenus (une des plus égales des pays développés) et par le principe des entreprises, surtout des grandes entreprises, de garantir pratiquement «l'emploi à vie» de leurs personnels. Autre spécificité des entreprises japonaises : le rôle dominant de l'avancement ou de l'ancienneté et l'importance des bonus distribués. En contrepartie, le personnel faisait preuve de loyauté et de zèle envers l'entreprise, avec laquelle il s'identifiait, cherchant à fournir le maximum d'efforts.

Or, depuis le début des années 1990 (période de faible croissance), ce «système social» des entreprises a été battu en brèche. D'une part, on a supprimé ou réduit les bonus ; d'autre part, certaines entreprises ont procédé à des licenciements et beaucoup d'autres ont réduit leur effectif grâce à des méthodes indirectes. Ces méthodes ont

consisté soit à la mise à la retraite anticipée, soit
en des mesures de caractère vexatoire poussant à
la démission. Par exemple : le transfert dans un
bureau où l'employé se retrouve seul, sans téléphone et sans accès à l'information interne ; ou le
transfert dans une équipe plus jeune, ce qui correspond et est surtout assimilé à une régression
professionnelle ; etc.

L'ÉCROULEMENT DU COMMUNISME À L'EST ;
LA « NOUVELLE DROITE » AMÉRICAINE ;
UNE NOUVELLE ENCYCLIQUE SOCIALE

Il est évident que, à partir de 1989, l'écroulement
des sociétés communistes en Europe a considérablement renforcé la tendance au démantèlement
des systèmes sociaux. D'une part, les opposants
de toujours ont vu dans cet écroulement la justification à la suprématie du capitalisme pur et dur.
D'autre part, l'audience politique des partisans de
l'État-providence s'est trouvée amoindrie. Toutefois, très récemment, on a pu aussi relever des
réactions assez surprenantes, venant de groupes
opposés soit au communisme soit à une politique
de nature, dirons-nous, sociale-démocrate. C'est
peut-être aux États-Unis que cela est le plus
visible. Dans son numéro du 15 août 1994, le
Business Week, qui reflète généralement l'avis des
milieux patronaux, a fait porter son article de
fond sur « Inequality », avec le sous-titre « Comment l'écart entre les riches et les pauvres d'Amérique nuit à la croissance ». De l'autre côté,
comme nous l'avons déjà évoqué, les élections de
novembre 1994 ont envoyé aux deux Chambres,
pour la première fois en quarante ans, une majo-

rité républicaine, que l'on qualifie de «deuxième
nouvelle droite» afin de la distinguer de la «nouvelle droite» (1954-1980). Le porte-parole de
cette droite, Newt Gingrich, le *speaker* de la
Chambre des représentants, a toujours insisté sur
l'urgente nécessité d'une réforme dans un sens
largement restrictif de la politique sociale américaine, avec notamment des réductions draconiennes pour l'assistance aux mères célibataires,
afin de réduire le taux d'enfants illégitimes, et aux
indigents. Cependant, les mesures en faveur des
enfants et des vieux en milieu familial seront aug-
mentées. Dans ce contexte, il faut signaler que
l'opposition des républicains vise bien davantage
la composante *Welfare*, c'est-à-dire, l'aide aux
nécessiteux, que celle de l'assurance sociale proprement dite. La mise en avant du *Workfare*, c'est-
à-dire surtout des mesures destinées à favoriser
l'emploi pour les personnes bénéficiant d'assistance, est une évolution significative. Le concept
du *Workfare* est surtout mis en avant par les néo-
républicains.

Le 22 août 1996, après avoir opposé plusieurs
veto à des projets de réformes de la sécurité
sociale, le président Clinton a signé une loi d'origine républicaine mettant fin, en quelque sorte,
au système fédéral d'assistance sociale mis en
place plus de six décennies auparavant. Cette
réforme limite notamment à cinq ans l'aide sociale
garantie aux défavorisés et transfère la gestion du
pouvoir fédéral à celui des États. En outre, la loi
retire tout bénéfice aux immigrés, en situation
légale ou illégale, durant les cinq premières
années de leur séjour aux États-Unis. Il est vrai,
ainsi que l'a écrit le célèbre commentateur poli-

tique Joe Klein[1] dans le magazine *Newsweek*, que
c'est la «démagogie politique — non la réalité —
qui a été le moteur du débat sur la réforme de
l'assistance sociale». Et le même numéro de ce
magazine reproduit une caricature qui représente
Clinton déclarant : «la réforme sociale consiste à
rechercher un emploi, trouver un emploi et garder un emploi... le mien». Signalons néanmoins
que durant le mandat de Clinton, l'économie
américaine a généré plus de 16 millions d'emplois
entre 1991 et 1995 ; avec, il est vrai, une évolution
négative des salaires réels, et notamment des
salaires des ouvriers les moins qualifiés, évolution
qui a débuté à la fin des années 1970.

Enfin, pour changer totalement de continent et
de milieu, terminons cette section avec l'encyclique sociale *Centesimus Annus*, publiée en 1991
par Jean-Paul II à l'occasion du centenaire de la
première encyclique sociale papale *Rerum Nova-
rum*[2]. L'encyclique, tout en analysant l'échec du
marxisme, insiste sur le fait que l'on «ne peut
accepter l'affirmation selon laquelle la défaite du
socialisme réel fait place au seul modèle capitaliste d'organisation économique». Et si dans
l'encyclique «le rôle pertinent du profit» est
reconnu, il y est ajouté : «Il peut arriver que les
comptes économiques soient satisfaisants et qu'en
même temps les hommes qui constituent le patri-
moine le plus précieux de l'entreprise soient
humiliés et offensés dans leur dignité.»

---

1. 1996.
2. Voir chap. XVI, tome II.

QUELQUES AUTRES ASPECTS
DE L'ÉTAT-PROVIDENCE
ET DE SON DÉMANTÈLEMENT

Entre les changements du monde social que nous avons évoqués au début de ce chapitre et ceux présentés ici la distinction est en partie arbitraire. C'est ainsi que la montée de l'éducation aurait pu être traitée ici. Néanmoins, la plupart des aspects que nous allons examiner ont été davantage influencés par l'État-providence et son évolution qu'ils n'ont influencé celui-ci. Nous examinerons l'évolution du syndicalisme d'abord, puis deux évolutions très négatives qui ont touché beaucoup de pays développés, à savoir la pauvreté et l'augmentation des inégalités.

Montées et déclins du syndicalisme

La période allant de 1914 à 1995 a vu une évolution en dents de scie de l'importance du mouvement syndical : progression durant la Première Guerre mondiale ; recul dans la décennie 1920 ; progression des années 1930 aux années 1960 ; fort recul à partir du milieu des années 1970 ; et peut-être nouvelle rupture depuis 1993-1994. Voyons cela plus en détail.

La montée du syndicalisme dans les dernières décennies du XIXᵉ siècle reçoit un net coup d'accélérateur pendant la Première Guerre mondiale. D'après nos calculs, entre 1913 et 1920, en Europe (sans la Russie), le nombre de syndiqués a triplé (passant de moins de 13 à plus de 30 millions) et aux États-Unis presque doublé (de 2,7 à 5 millions). Dans l'entre-deux-guerres, on note pratiquement partout une évolution similaire, laquelle bien sûr a été conditionnée par la conjoncture de cette période. Les années 1920 sont témoins d'un recul ou, au mieux, d'une stagnation du nombre des syndiqués, alors que les années 1930 voient la reprise de l'expansion du mouvement syndical. Si l'on se fonde sur les données élaborées pour une dizaine de pays européens par Jelle Visser[1], qui sont d'ailleurs assez comparables sur le plan international, on peut estimer que, entre 1920 et 1930, le nombre de syndiqués en Europe (sans l'Allemagne et sans l'Autriche) recule d'environ 31 à 33 pour 100, alors que, de 1930 à 1938, il progresse de quelque 63 à 65 pour 100, se retrouvant ainsi à quelque 12 pour 100 au-dessus du niveau de 1920. Mais comme, entre 1920 et 1938, l'emploi hors de l'agriculture a progressé encore plus fortement, le taux de syndicalisation a quelque peu reculé. La progression du nombre de syndiqués au cours des années 1930 a été encore plus rapide aux États-Unis, où des conditions éco-

1. 1990.

nomiques défavorables se combinaient avec une
amélioration des libertés syndicales. Dans ce pays,
la progression a été de l'ordre de 90 pour 100.

Sur le plan politique, le mouvement syndical
continu a été non uniforme. Nous avons déjà
noté la diversité géographique et les clivages politiques et idéologiques des organisations syndicales[1]. Dans l'entre-deux-guerres, l'importance
relative du nombre de syndiqués chrétiens par
rapport à ceux d'obédience socialiste a progressé
dans la plupart des pays et continue à être très
inégale. Au milieu des années 1930, la part des
syndiqués chrétiens dans le total a varié : d'un
minimum de 3 pour 100 en Espagne à un maximum de 56 pour 100 aux Pays-Bas, en passant
par 21 pour 100 en France, avec une moyenne
pour l'Europe continentale de l'ordre du quart. Au
Royaume-Uni et aux États-Unis, le syndicalisme
chrétien est, en termes pratiques, inexistant. En
Europe continentale, au sein des mouvements
d'obédience socialiste, le clivage entre socialistes
proprement dits et communistes devient plus marqué, allant, dans un certain nombre de cas, jusqu'à la rupture. Ainsi, en France, la CGT, créée en
1895, s'est scindée en deux en 1921, les communistes créant la CGTU[2]. Toutefois, en 1936, dans
le climat du Front populaire, et aussi devant la
montée des fascismes, la CGT retrouva son unité.
La prise de pouvoir des partis fascistes entraîna la
disparition de la liberté syndicale et la fin des syndicats socialistes, et du véritable syndicalisme,
tant en Italie qu'en Allemagne. Ce fut même le cas

1. Voir chap. XVI, tome II.
2. Confédération Générale du Travail Unitaire.

au Japon où, déjà interdit en 1911, le syndicalisme fut à nouveau interdit en 1937. En URSS, la fin de la NEP en 1929 marqua aussi la fin du véritable syndicalisme.

Dans les pays occupés ou dominés par les puissances fascistes, la guerre entraîna la fin des mouvements syndicaux véritables. Par contre, chez les Alliés, cette période a vu une forte progression du taux de syndicalisation. Commençons par les États-Unis où ce taux passe de 26 pour 100 en 1942 à 36 pour 100 en 1945. Au Royaume-Uni, entre 1938 et 1945, le taux passe de 31 à 40 pour 100. La fin de la guerre a entraîné une nouvelle poussée du mouvement syndical dans la plupart des pays. Cette tendance a même touché des pays restés à l'écart du conflit. Ainsi la Suisse, où déjà durant la guerre le taux de syndicalisation avait fortement progressé (passant de 26 à 31 pour 100 entre 1940 et 1944), on assiste à un nouveau bond, puisque, en 1948, il atteint les 40 pour 100. En Suède, la guerre vit peu de progression ; mais, entre 1944 et 1948, le taux de syndicalisme passa de 58 à 65 pour 100. Enfin, au Japon, le bouleversement politique entraîné par sa défaite a conduit, comme nous l'avons vu [1], à la véritable naissance du mouvement syndical. Le taux de syndicalisation est passé d'un maximum d'avant-guerre de l'ordre

1. Voir chap. XVI, tome II.

de 8 pour 100 (vers 1935 ; mais 0,1 pour 100 en 1940) à 46 pour 100 en 1950. Puis ce taux a fluctué autour des 35 pour 100.

Sur le plan politique, durant les cinq décennies qui ont suivi la Seconde Guerre mondiale, il n'y a pas eu de bouleversements majeurs, mais l'histoire, comme toujours, a été très diversifiée au niveau des pays. Toutefois, notons une accentuation des clivages et la création de nouvelles scissions pendant le début de la «guerre froide». Ainsi, en France, la CGT a connu une nouvelle scission en 1947, avec la création de la CGT-FO[1]. Ce syndicat est souvent désigné par le sigle FO. Sur le plan international, la plupart des syndicats, qui se sont démarqués du «communisme», se sont affiliés à la Confédération Internationale des Syndicats Libres[2]. Cette confédération fut fondée en 1949 ; elle résulte de la scission de la Fédération Syndicale Mondiale[3], qui avait été fondée en 1945 et qui était tombée sous la domination indirecte de l'URSS. Sur la base des données fournies par chacune de ces fédérations (ce qui implique une marge d'erreur significative), en 1994, le nombre d'adhérents de la CISL était de 126 millions, ceux de la FSM de 90 millions. À ces deux fédérations syndicales internationales majeures, il faut encore ajouter la Confédération Mondiale du Travail[4], qui a été créée en 1920 et qui comptait, toujours en 1994, 21 millions de membres.

1. Confédération générale du Travail-Force Ouvrière.
2. CISL ; en anglais : IFGTU.
3. FSM ; en anglais : WFTU.
4. CMT ; en anglais : WCL.

Un autre fait majeur est le passage au communisme des pays de l'Est, ce qui a entraîné la disparition des véritables mouvements syndicaux. Dans beaucoup de pays d'Europe occidentale, où il existait deux ou plusieurs courants, les syndicats socialistes et surtout communistes ont connu, à partir des années 1970, une baisse relative. Par exemple, en France, la proportion des membres de la CGT est passée de plus de 75 pour 100 en 1970 à moins de 60 pour 100 en 1990.

LE MILIEU DES ANNÉES 1970 :
LE DÉBUT D'UN DÉCLIN ACCUSÉ DU SYNDICALISME

Le déclin du syndicalisme a commencé en Europe au milieu des années 1970. Ainsi, le sommet du nombre de syndiqués a été atteint en 1975 en France, en 1976 en Suisse, en 1978 aux Pays-Bas, en 1980 au Royaume-Uni et en Italie, en 1981 en Allemagne et en Autriche. Dans les pays nordiques, le taux de syndicalisation s'est maintenu ou a même progressé, notamment au Danemark et en Suède où, au milieu des années 1980, il a atteint les 100 pour 100 dans l'industrie manufacturière. Comme dans beaucoup d'autres domaines, les États-Unis ont anticipé cette évolution ; dans ce pays, le sommet a été atteint dès 1956. Sur la base de données de l'OCDE[1], le taux moyen de syndicalisation des pays occidentaux est passé de 37 pour 100 en 1975 à 28 pour 100 en 1988. Sur les 18 pays de l'OCDE, trois seulement (Finlande, Islande et Suède) ont échappé à

1. 1991.

cette tendance. C'est en France, où, pourtant, le taux de syndicalisation était le plus faible, que le recul a été le plus accusé : entre 1975 et 1988, il a été de 52 pour 100. Accusées ont été aussi les baisses en Espagne (− 50 pour 100), aux Pays-Bas (− 35 pour 100), aux États-Unis (− 28 pour 100). En Italie et au Royaume-Uni, le recul a été modéré. Sur le plan sectoriel, ce recul a moins affecté les industries manufacturières que le reste de l'économie.

Une très forte dispersion caractérise les taux de syndicalisation des divers pays. Si l'on prend les chiffres les plus récents, relativement homogènes, et si l'on se limite (afin de rendre la comparaison encore plus valable) à l'industrie manufacturière, ce taux varie pour 1988 entre un minimum de l'ordre de 4 pour 100 et un maximum de 100 pour 100. Les pays dont le taux de syndicalisation est faible sont donc la France (4 pour 100), suivie par les États-Unis (22 pour 100), le Japon (32 pour 100), la Suisse (34 pour 100) et les Pays-Bas (35 pour 100). À l'autre extrémité on trouve : le Danemark et la Suède (100 pour 100), la Norvège (97 pour 100), la Belgique (85 pour 100) et la Nouvelle-Zélande (58 pour 100), cette dernière étant proche de la moyenne, située à 55 pour 100.

Et, avant de terminer cette brève histoire de l'évolution du syndicalisme, rapportons un fait, certes anecdotique, mais significatif qui nous vient du pays berceau du syndicalisme. Le premier jour de l'an 1995 s'est achevée une très longue grève, commencée en juillet 1986. Une trentaine d'ouvriers, de l'entreprise Keentons Sons du centre de l'Angleterre, avaient alors mis en place un piquet de grève afin de protester notamment contre leur licenciement, alors que l'entreprise manquait de personnel. Le piquet de grève a été levé, sans qu'aucun résultat ait été obtenu, et le représentant des grévistes a déclaré : « Il a fallu cinquante ans à nos aïeux pour mettre sur pied des syndicats. Il n'a pas fallu plus de quinze ans pour les détruire. » La citation faisait allusion aux années « Thatcher ».

UN RETOUR DE BALANCIER ?

Mais, comme toujours, le balancier de l'histoire a peut-être amorcé son mouvement de retour. Dans un certain nombre de pays, et notamment aux États-Unis, on constate récemment une augmentation du nombre de syndiqués. Dans ce pays, comme nous l'avons vu, le déclin du taux de syndicalisation a été plus précoce qu'en Europe, puisqu'il a commencé après 1956, année où ce taux avait atteint un sommet de 36 pour 100. En 1992, ce taux était descendu à 16, mais pour la première fois on constate deux années consécutives (1993 et 1994) d'augmentation du nombre de syndiqués. Cependant, cette augmentation a été un peu plus faible que celle de l'emploi. De surcroît, l'année 1995 a été marquée par un faible recul du nombre de syndiqués, ce qui fait descendre le taux de syndicalisation au-dessous des 15 pour 100. Et terminons par le pays qui a vu naître le syndicalisme : le Royaume-Uni où on ne note pas (ou pas encore) de renversement récent.

*La pauvreté dans le monde
de la richesse*

Il est évident que la notion de pauvreté est essentiellement une notion relative, très différente par exemple de celle de la famine. Déterminer à partir de quel niveau de disponibilités alimentaires on se trouve placé dans une situation de famine ne comporte qu'une incertitude, de l'ordre disons de 20 à 30 pour 100. En revanche, si l'on se fonde sur la situation actuelle, entre le niveau de pauvreté, tel que défini par la Banque Mondiale pour le Tiers-Monde et celui défini par les services statistiques américains pour les États-Unis, l'écart est de l'ordre de 700 pour 100. Dans son rapport sur le développement de 1990, dont le retentissement a été grand, la Banque Mondiale avait fixé le seuil de pauvreté dans le Tiers-Monde (pour l'année 1985) à 370 dollars (dollars de parité de pouvoir d'achat). Pour la même année, les services statistiques américains fixaient leur seuil de pauvreté à 5 469 dollars (courants) pour une personne seule et à 10 969 dollars pour un ménage de quatre personnes. Si l'on retient par habitant 2 900 dollars (de parité d'achat), cela fait 8 fois plus que la moyenne du Tiers-Monde. Après cette comparaison spatiale, faisons une comparaison historique. Pour l'année 1993, le seuil de pauvreté des États-Unis a été fixé à 14 763 dollars pour un ménage de quatre personnes, ce qui, en termes de pouvoir d'achat par personne, constitue, *grosso modo*, un niveau 6 fois plus élevé que le PIB par habitant du Royaume-Uni vers 1800 ; c'est-à-dire environ un demi-siècle après le début de sa révolution industrielle. En fait le niveau de pauvreté des États-Unis de 1993 correspond à peu près au PNB par habitant des pays développés vers 1960.

LES ÉTATS-UNIS : UNE ÉVOLUTION CONTRASTÉE
DANS LE TEMPS ET DES MINORITÉS
TRÈS DÉFAVORISÉES

Commençons par le pays le « plus riche », dont les statistiques dans ce domaine, comme dans beaucoup d'autres, sont parmi les plus complètes. De la fin des années 1950 jusqu'au milieu des années 1970, l'importance relative des pauvres dans la population totale des États-Unis a suivi une courbe descendante, passant d'un peu plus de 22 pour 100 de l'ensemble des ménages à un peu plus de 11 pour 100. Cette réduction est due en grande partie à une augmentation des revenus de transfert, sans lesquels le pourcentage des pauvres au milieu des années 1970 aurait été de l'ordre de 21 à 22 pour 100. De 1973 à 1979, la proportion de pauvres a fluctué autour de 11,6 pour 100, puis a amorcé une courbe ascendante pour s'établir à 14,5 pour 100 en 1994, année où d'ailleurs il y a eu la première amélioration depuis 1989, puisque ce taux avait dépassé les 15 pour 100 tant en 1982-1983 qu'en 1992-1993, années il est vrai de dépression, la moyenne pour la décennie 1980 étant de 12,5 pour 100. En 1995, ce taux est retombé à 13,8 pour 100, ce qui reste néanmoins plus élevé qu'au cours de la période allant de 1968 à 1980. De même, pour la première fois depuis 1959, le taux de pauvreté parmi la population noire est descendu, en 1995, au-dessous des 30 pour 100.

Le pays le plus riche est aussi celui des clivages ethniques les plus accusés. De tout temps, la pauvreté a touché bien davantage la population noire et si la courbe d'évolution ou, du moins, les dates d'inflexion sont, *grosso modo*, les mêmes, la proportion de ménages noirs pauvres a été, dans les États-Unis de l'après-Seconde Guerre mondiale, trois fois plus élevée que celle des ménages blancs. La réduction de l'importance de la pauvreté a encore creusé l'écart. Ainsi, à la fin des années 1950, la proportion de pauvres était de l'ordre de 18 pour 100 pour la population blanche et de 55 pour 100 pour la population noire, alors qu'au milieu des années 1970 celle-ci s'élevait respectivement à un peu moins de 9 pour 100 et à un peu plus de 31 pour 100. Néanmoins, l'aggravation de la situation des années 1980 a moins affecté la population noire : au début des années 1990, il s'agissait respectivement de 11 et 33 pour 100. La pauvreté touchant davantage les ménages avec des enfants et les enfants vivant seuls, de sorte que la proportion d'enfants (de moins de 18 ans) vivant dans la pauvreté était, au début des années 1990, de l'ordre de 22 pour 100 pour l'ensemble de la population (16 pour 100 pour la population blanche et 46 pour 100 pour la population noire).

Quant à la population d'origine hispanique, qui a pris une place croissante dans ce qui a cessé d'être (s'il l'a jamais été vraiment) le *melting pot* américain, elle occupe sur le plan de la pauvreté une situation intermédiaire, toutefois plus proche de celle des Noirs. Au début des années 1990, près de 30 pour 100 de l'ensemble des ménages hispaniques étaient pauvres et pour les enfants il s'agissait de 40 pour 100. Au dernier recensement de 1990, l'importance relative des principales minorités ethniques était la suivante : Noirs 12 pour 100, Hispaniques 9 pour 100, Asiatiques 3 pour 100 et autochtones 1 pour 100. Si l'on tient compte des résidents illégaux, au milieu de la décennie 1990 les Hispaniques auraient dépassé les Noirs. Mais terminons cette analyse du cas américain par une note plus positive : celle concernant la population âgée. La proportion de personnes de 65 ans et plus vivant dans la pauvreté a même diminué sensiblement les deux dernières décennies, passant pour l'ensemble de la population de près de 25 pour 100 en 1970 à 12 pour 100 au début des années 1990 (pour la population noire, de 40 à 33 pour 100).

L'EUROPE : UNE FORTE DISPERSION INTERNATIONALE

En Europe, la disparité de la pauvreté est surtout de nature internationale. Les données les plus homogènes concernent les pays de l'Union Européenne, qui sont ceux repris dans le tableau XXIX.5. Comme on peut le voir, la dispersion est très large, les taux de pauvreté les plus élevés concernant le Portugal (avec plus de 30 pour 100) et l'Espagne (environ 20 pour 100), et les plus faibles la Belgique et les Pays-Bas (environ 6 pour 100). L'évolution la plus défavorable est celle du pays du *Welfare State*, où, entre 1975 et 1993, la proportion de ménages pauvres est passée de 6 à 23 pour 100, transformant ainsi l'une des situations les plus favorables du monde développé en l'une des plus défavorables.

TABLEAU XXIX.5
DISPARITÉ DE LA PAUVRETÉ[a] DANS LES PAYS
DE L'UNION EUROPÉENNE
(pourcentage de ménages
vivant au-dessous du seuil de la pauvreté)

	1975	1980	1985
Allemagne	6,6	10,3	9,2
Belgique	6,6	6,3	5,2
Danemark	13,0	8,0	8,0
Espagne	–	20,3	17,8
France	14,8	18,0	14,8
Grèce	–	20,5	17,4
Irlande	–	18,5	17,4
Italie	21,8	12,0	14,7
Pays-Bas	4,8	6,9	7,9
Portugal	–	31,4	31,7
Royaume-Uni	6,3	14,1	21,7
UE de 9 membres	11,4	–	–
UE de 12 membres	–	14,1	14,9

a Proportion de ménages au-dessous des 50 % du revenu moyen par habitant.

Sources : Milano, S. (1992).

Sans entrer ici dans une analyse des causes de cette augmentation de l'importance de la pauvreté, il est évident que les deux principaux responsables sont la tendance au démantèlement de l'État-providence et la montée du chômage structurel, qui a conduit à une forte augmentation de chômeurs de longue durée (chômage d'une durée d'un an ou plus) pour lesquels les allocations sont plus faibles. Ainsi, entre 1979 et 1994, dans les pays d'Europe occidentale, ces chômeurs sont passés de 0,9 à 6,6 pour 100 de la population active (cela va de 1,3 pour 100 pour la Norvège à 13,4 pour 100 pour l'Espagne).

L'inégalité s'aggrave presque partout

Comme le laisse entrevoir l'évolution de la pauvreté, l'inégalité de la distribution des revenus a été marquée à partir du milieu des années 1975 par un nouveau renversement historique. Ainsi, du début de la révolution industrielle à nos jours, la tendance générale dans ce domaine a subi une double inflexion. Dans la quasi-totalité des pays, la tendance à l'inégalité croissante de la distribution des revenus et aussi de la richesse, qui a accompagné les premières phases de la révolution industrielle, a pris fin et s'est inversée dans la période allant des années 1880 à 1930. En Europe, il s'agit davantage de la période 1880-1920, alors qu'aux États-Unis il a fallu attendre le *New Deal* des années 1930. Si les États-Unis ont été un des derniers pays à voir cette rupture positive, ils ont été aussi, sinon le premier, du moins un des premiers à subir le renversement de cette tendance (l'incertitude résulte de l'absence de statistiques annuelles en la matière dans la plupart des pays). Comme l'on dispose pour les États-Unis de ces données annuelles, on peut fixer avec précision la période de ce retournement. Dès 1971, on constate un ralentissement de la tendance à la diminution de l'inégalité et, à partir de 1977, s'amorce une phase d'accroissement de celle-ci. En 1929, le cinquième des ménages à revenu le plus élevé disposait d'un revenu 13,3 fois plus élevé que le cinquième des ménages au revenu le plus pauvre ; ce ratio a atteint un creux de 7,5 en 1971, pour remonter à 11,5 en 1993.

Selon les données disponibles, la même tendance s'est amorcée dans la quasi-totalité des pays développés occidentaux, mais environ 4 à 7 ans plus tard qu'aux États-Unis. Les seuls pays où probablement l'inégalité ne s'est pas accrue sont : l'Allemagne, la Nouvelle-Zélande et le Portugal. Le pays pour lequel l'évolution a été la plus négative est le Royaume-Uni, où la dégradation de la situation a commencé dès le début des années 1980 et a pris de fortes proportions dès 1987. Entre 1979 et 1992, le ratio entre le cinquième des ménages aux revenus les plus élevés et le cinquième des ménages aux revenus les plus faibles est passé de 3,5 à 5,5. Et si l'on effectue la même comparaison après les dépenses de loyers, qui sont difficilement comparables, on passe de 3,5 à 7,0. Toujours après déduction des loyers (et pour la même période), entre le dixième des ménages à revenu le plus élevé et le dixième à revenu le plus faible, l'évolution a été la suivante : 5,2 et 13,5 ! Toujours de 1979 à 1992, les 10 pour 100 des ménages les plus pauvres ont vu leur revenu réel (après les dépenses de loyers) diminuer de 17 pour 100 et les 10 pour 100 les plus riches s'accroître le leur de 62 pour 100 !

En raison de cette évolution très négative, le Royaume-Uni, qui, jusqu'à la fin des années 1970, se trouvait parmi les pays où l'inégalité des revenus était la plus faible, se retrouve au contraire, au début des années 1990, parmi les pays où cette inégalité est la plus forte. Certes, les comparaisons internationales en la matière ne sont pas très bonnes, toutefois les ordres de grandeur permettent un classement assez valable de la plupart des pays. Si l'ancienne puissance économique dominante n'a rejoint que récemment le groupe de pays à forte inégalité, l'actuelle puissance dominante, à savoir les États-Unis, a occupé cette position durant toute la période d'après la Seconde Guerre mondiale et probablement auparavant également. Parmi les autres pays plutôt inégalitaires (en tout cas dans les années 1980), citons encore la Suisse, l'Australie et la Nouvelle-Zélande. Parmi les pays les plus égalitaires, il convient de relever d'abord la Suède et le Japon, suivis de la Belgique, des Pays-Bas et de l'Allemagne.

DES NOUVEAUX PAUVRES À L'EXCLUSION SOCIALE

La notion de nouveaux pauvres a été forgée dans les années 1970, d'abord en France, afin d'établir une distinction entre les pauvres «traditionnels» et une nouvelle catégorie de démunis. Les pauvres «traditionnels», comme le dit Jean Labbens[1], «sont, dans leur grande majorité, héritiers de lignées laborieuses, souvent misérables, parfois assez aisées mais marginales de l'ère préindustrielle. Voici à peu près trente ans, les Français miséreux recevaient, pour la plupart, la pauvreté en héritage. Celle-ci se transmettait de génération en génération depuis les débuts de l'industrialisation aux XVIIIe et XIXe siècles dans des familles qui avaient "raté le coche" de l'économie moderne». Les nouveaux pauvres font partie de ce groupe d'une ampleur croissante

1. 1993.

de personnes qui ont perdu l'essentiel de leurs ressources en raison des changements économiques intervenus surtout dans les années 1980, changements économiques qui ont entraîné non seulement une perte d'emploi, mais ont considérablement réduit les possibilités d'en retrouver. Ce groupe de personnes comprend aussi bien des ouvriers faiblement qualifiés que des cadres supérieurs très qualifiés. Alors que l'amélioration de la conjoncture entraîne généralement une diminution du nombre des pauvres, celle-ci a peu d'impact sur cette nouvelle catégorie de pauvres qui se voient dans l'obligation de modifier leur style de vie et d'accepter souvent une mobilité descendante. Tout cela conduit à un processus social, caractérisé par le détachement des amis, de la famille et de la communauté en général, et aussi à une détérioration de la santé physique et mentale, processus que les chercheurs français ont qualifié d'«exclusion sociale». Terme d'autant plus adapté (et adopté) que la notion de pauvreté, si présente dans le monde anglo-saxon, avait moins pénétré le monde francophone.

Dans les années 1970, le concept de l'exclusion sociale est devenu partie intégrante du vocabulaire politique européen et, par la suite, a été aussi utilisé en Amérique du Nord. En fait, cette notion fut amenée par la constatation que, après la première récession importante de 1975, la reprise n'avait pas résolu le problème de ceux qui avaient perdu leur emploi. Mais, progressivement, la notion d'exclusion sociale a englobé plus que les nouveaux pauvres et a couvert tous ceux que l'on a qualifiés d'«exclus de la croissance», donc ceux qui sont restés, peu ou prou, à l'écart des béné-

fices de la forte poussée économique des années
1950 et 1960, et tous ceux vivant en marge de la
société dominante. En termes concrets, cela va
des chômeurs de longue durée aux handicapés
physiques ou mentaux ; des jeunes sans expérience ou diplôme aux réfugiés et immigrants ;
des sans-abris aux drogués ; etc. Dans son application aux sociétés du Tiers-Monde, cela va de
l'exclusion du marché du travail à l'exclusion de
l'accès à la terre, en passant, sans être exhaustif, à
l'exclusion de l'exercice des droits de l'homme.
Le problème des exclus sociaux a été un élément
important dans les débats sociaux de la Commission Européenne et apparaît même explicitement
dans le chapitre social du traité de Maastricht.
Jacques Delors, qui a été le président des commissions européennes entre 1985 et 1995, a réuni, en
décembre 1994, une conférence des «patrons»
des grandes entreprises européennes, qui ont présenté un manifeste européen des entreprises
contre l'exclusion. Et le problème de l'exclusion
est, bien entendu, devenu une des préoccupations
du BIT.

LES SANS-ABRIS : DU CLOCHARD AU SDF

Le terme de clochard est relativement récent, il
ne daterait que de 1908. Le clochard (urbain)
étant en quelque sorte venu prendre progressivement la place du vagabond (rural). Dans la vision
générale, le terme avait une connotation pitto-
resque et parfois même positive, en ce sens que
l'on considérait, largement à tort, que cette situation était la résultante d'une option personnelle
où la recherche de la liberté était une des motiva-

tions. Le sigle «SDF» (sans domicile fixe) et son usage dans le langage courant sont très récents. Entre-temps et davantage depuis la fin des années 1970, le SDF est devenu très différent du clochard, ne serait-ce qu'en raison du caractère non volontaire de cette situation, de la présence de familles (avec enfants) et, enfin, de personnes (ou ménages) disposant d'un emploi. Presque dans tous les pays développés occidentaux, le nombre de SDF s'est accru, bien que les statistiques en ce domaine soient très imprécises. Ainsi, au début des années 1990, l'évolution pour la France varie selon les sources (et les méthodes d'évaluation) de 200 000 à 630 000 ; aux États-Unis entre 1,3 et 2 millions (et ce malgré le fait que, lors du recensement de 1990, pour la première fois un effort avait été entrepris en ce sens). Dans ce pays, les années 1930 avaient vu une forte explosion des SDF ruraux, bien décrits dans le célèbre roman de John Steinbeck[1] : *Les Raisins de la colère*, qui donna lieu à une excellente adaptation en 1940 par John Ford.

Des mesures en faveur des démunis

En marge en quelque sorte de l'État-providence, on a assisté à la mise au point et à la réalisation d'une série de mesures sociales destinées essentiellement à cette couche de la population qui va des pauvres aux ouvriers extrêmement peu qualifiés, en passant par les chômeurs ne bénéficiant pas, ou très peu, d'allocations. Cela va du RMG (Revenu Minimum Garanti) au RMI (Revenu

1. 1939.

Minimum d'Insertion), variante du RMG. Nous
examinerons brièvement ces deux mesures, puis
nous terminerons par le salaire minimum garanti
qui, lui, concerne évidemment les personnes
ayant un emploi à faible revenu.

LE RMG OU LE REVENU MINIMUM GARANTI

L'idée du droit de toute personne à disposer
d'un revenu remonte déjà à la fin du XVIIIᵉ siècle.
Au XIXᵉ siècle, avec les conséquences négatives de
l'industrialisation, cette idée se développa mais
ne reçut aucune réalisation concrète. Il en sera
pratiquement de même de la période de l'entre-
deux-guerres où, apparemment, le seul pays à
avoir mis en place un système national de ce type
fut le Danemark, en 1933. En 1936, l'économiste
socialiste polonais Oscar Lange, dans un article
paru dans *Review of Economic Studies*, développa
l'idée qu'étant donné que le capital et surtout les
progrès technologiques sont des biens communs,
cela donne droit à un « dividende social » à tous les
membres de la collectivité. En URSS, dès la fin de
la NEP, et dans les pays communistes de l'Europe
de l'Est, après la Seconde Guerre mondiale, on
peut considérer que le principe du RMG a été instauré indirectement à travers le droit à l'emploi
garanti à tous. Mais cela s'est souvent traduit par
un chômage déguisé élevé et, de ce fait, par un bas
niveau des salaires.

En Europe occidentale, à la fin de la Seconde
Guerre mondiale et dans les années qui suivirent,
des propositions concrètes se sont multipliées. Au
Royaume-Uni, elles ont été reléguées au second
plan, devant la mise en place du *Welfare State* ;

mais aux États-Unis, elles reçoivent un écho important à travers les travaux de l'économiste et Prix Nobel Milton Friedman, que l'on considère pourtant souvent comme ultra-libéral. Ce dernier et d'autres économistes mettent au point la notion de l'impôt négatif, c'est-à-dire que les ménages ou les individus, dont le revenu serait inférieur à une certaine limite, au lieu de payer des impôts, recevraient de l'État une somme, variable en fonction du revenu déclaré. Bien qu'ayant été expérimenté à la fin des années 1960 dans un certain nombre d'États des États-Unis, l'impôt négatif n'a pas encore reçu de véritables applications.

En Europe, en revanche, le RMG a fait l'objet d'une application dans de nombreux pays. Outre le précédent déjà mentionné du Danemark (1933), dès 1948 le Royaume-Uni emboîta le pas, suivi en 1953 par les Pays-Bas. Les autres pays suivirent un peu plus tard : notamment l'Allemagne (1961), la Belgique (1974), l'Irlande (1977), la France (1988).

LE RMI OU LE REVENU MINIMUM D'INSERTION

La problématique spécifique de l'exclusion sociale par rapport à la pauvreté sociale a entraîné en France (en 1988) l'adoption du RMI, qu'il convient de distinguer du « revenu minimum » puisqu'il s'agit d'une mesure à but dynamique et évidemment temporaire, dans la mesure même de sa réussite. Le RMI tient compte de deux principes : il complète d'autres formes de revenu afin d'atteindre un niveau minimal jugé adéquat pour vivre correctement ; et les personnes bénéficiant du RMI doivent faire des efforts pour se former en vue d'un emploi. Dans les années récentes, en

France, entre un demi-million et un million de personnes ont bénéficié, à un moment ou un autre, du RMI. À la fin de 1994, ils étaient au nombre de 908 000 et l'allocation mensuelle était de 2 325 francs à Paris (moins élevée en province). Peu de bénéficiaires ont réussi leur insertion. Sur le plan international, le système du RMI a reçu assez peu d'applications.

LE SALAIRE MINIMUM

Il est un peu arbitraire d'inclure la problématique du salaire minimum dans cette section consacrée aux mesures en faveur des démunis. Mais il est néanmoins certain que de très faibles niveaux de salaires conduisent à une situation de pauvreté, sinon absolue, du moins relative. Malgré cela, les mesures en ce domaine ont commencé très tard. Dans le chapitre IV (tome I), à l'occasion de la « loi d'airain des salaires », nous avons noté que la mise en place d'un système de salaire minimum avait débuté dès 1894 en Nouvelle-Zélande. Mais, à la veille de la Seconde Guerre mondiale, seuls cinq autres pays disposaient d'une réglementation fixant un niveau minimum de salaire ; mais réglementation qui, dans la plupart des cas, était partielle. Il s'agissait de la France (1899), du Royaume-Uni (1909), du Canada (1935) et des États-Unis (1938). Signalons que ce n'est qu'en 1934 que le salaire minimum fut introduit en Belgique ; pays où pourtant dès 1853 un des plus célèbres bourgmestres de Bruxelles, Henri de Brouckère, avait émis la proposition de décréter un salaire minimum pour les ouvriers engagés aux travaux publics entrepris par la ville. Après la guerre, ce type de législation se généralisa et se renforça. Ainsi, en France, le Salaire Minimum Interprofessionnel Garanti (SMIG) a été introduit en 1950 et a été indexé sur l'évolution des prix, système appliqué presque partout. En 1970, en France, le SMIC[1] remplaça le SMIG, la différence essentielle entre ces deux systèmes étant la prise en considération non seulement des prix mais aussi des salaires pour indexer le salaire minimum.

Aux États-Unis, il faut rappeler le cas précurseur de l'État du Massachusetts où, dès 1912, une loi en la matière (mais concernant uniquement les femmes et les mineurs d'âge) fut promulguée. L'année suivante, huit autres États firent de même. Au niveau fédéral, le salaire minimum fut introduit en 1938. Celui-ci fut fixé à 25 cents de l'heure et la législation ne comportait pas de clause automatique d'adaptation ; c'est encore le cas aujourd'hui. Ce ne fut qu'en 1950, que le Congrès ajusta une première fois le niveau (entre 1938 et 1950, les prix de détail avaient progressé de 70 pour 100). Cet ajustement (et les suivants) a fait l'objet de débats politiques parfois très durs.

Et puisque nous terminons ce chapitre par cet aspect, signalons que, dans certaines sociétés traditionnelles (du moins dans celles d'Europe), il existait des lois de salaires maxima. Ce fut notamment le cas en Angleterre, après les grandes pestes. Mais cette loi fut de moins en moins appliquée aux XVIIᵉ et XVIIIᵉ siècles et fut abrogée en 1818. L'histoire sociale, davantage peut-être que l'histoire économique, est faite de victoires fragiles et de déboires non définitifs.

---

1. Salaire Minimum Interprofessionnel de Croissance.

XXX. LES TECHNIQUES
AU XXe SIÈCLE :
CONTINUITÉ
ET BOULEVERSEMENTS

Le chapitre X du tome II, traitant de l'évolution de la technique durant le XIXe siècle, figure en tête des chapitres consacrés à l'évolution des divers aspects des pays développés du XIXe siècle. Quant au présent chapitre, il clôt ceux consacrés au XXe siècle. Est-ce dire que cela reflète une différence importante dans le rôle de la technique ? Oui et non. Oui, car indiscutablement les changements techniques survenus au XIXe siècle ont plus profondément marqué la vie économique et sociale des XIXe et XXe siècles que ne l'ont fait jusqu'ici ceux survenus au XXe siècle. Non, car il est évident que les bouleversements techniques amorcés dans les années 1970-1975 ont déjà commencé et vont très certainement modifier profondément les trois ou quatre prochaines décennies. Non, car dans les deux dernières décennies de ce XXe siècle, la vie économique a été fortement affectée par les changements dans les techniques. Et non, car certaines recherches récentes, dont celle de E.S. Brezis, P.R. Krugman et D. Tsiddon[1], montrent que l'évolution technologique joue un rôle important

1. 1993.

dans le processus de rattrapage et de dépassement
des niveaux de développement des pays. L'explication peut être résumée de la façon suivante.
Quand des changements importants en technologie se produisent, les nouvelles techniques ne sont
pas perçues par les pays avancés comme une
amélioration vu leur grande expérience de la
technique ancienne. Cela laisse la porte ouverte
aux pays moins avancés, que favorise encore un
plus faible coût de la main-d'œuvre. En fait, la
raison essentielle de la place dévolue à ce chapitre
est due au fait que les changements techniques du
XXᵉ siècle commencent à concerner aussi des
sociétés non occidentales, et ce, à la fois dans leur
application dans ces sociétés et dans la participation, certes encore marginale mais néanmoins
tangible, de techniciens et de scientifiques du
Tiers-Monde à ces progrès techniques, bien que
leur participation, même au début des années
1990, soit encore très marginale.

Durant la période qui va de 1913 à nos jours, la
vie économique et sociale a été profondément
marquée par les deux guerres mondiales, d'ailleurs davantage par la seconde que par la première. Il existe là une certaine analogie avec
l'évolution des techniques. Durant la Première
Guerre mondiale, il s'est agi principalement d'une
certaine accélération de l'évolution technologique mais dans un nombre restreint de secteurs,
alors que durant la Seconde Guerre mondiale, on
a assisté à la mise en route de vastes programmes
de recherche allant de pair avec une accélération
des techniques dans certains secteurs. Contrairement à la vie économique et sociale, pour laquelle
l'entre-deux-guerres a été une période très riche

en événements, dans le domaine des techniques il s'est agi davantage d'un certain tassement. Mais les années précédant la Première Guerre mondiale ont vu la mise au point de maintes innovations techniques importantes, dont l'exploitation économique ainsi que le raffinement des procédés sont situés dans l'entre-deux-guerres, qui n'a vu que très peu de percées technologiques, à l'exception peut-être de la chimie. La longue période (plus d'un demi-siècle) qui nous sépare du début de la Seconde Guerre mondiale est marquée, quant à elle, par des bouleversements durant la guerre, d'une accalmie d'environ deux décennies, puis par une rupture que l'on peut situer aux environs des années 1970-1975. Somme toute, les deux décennies qui suivirent la guerre ressemblent à l'entre-deux-guerres : pas ou très peu d'innovations fondamentales, mais une poursuite de l'utilisation de plus en plus large d'inventions réalisées auparavant et même parfois avant la Première Guerre mondiale. L'exemple le plus frappant étant celui de la télévision, déjà « inventée » en 1906 pour ne pas dire plus tôt (voir le chapitre X du tome II) et qui ne devient un produit courant qu'à partir des années 1960. Puis ce fut l'avènement de l'électronique moderne et de la biologie, pour ne parler que des faits les plus marquants. Ainsi se dessinent trois périodes assez distinctes mais de durée assez voisine.

1914-1939 : SOMME TOUTE
UN PROLONGEMENT
DU XIXᵉ SIÈCLE

Commençons par une évaluation du rythme de l'évolution des innovations techniques. Nous avons déjà utilisé dans le chapitre X le comptage des faits techniques dans des chronologies se rapportant à ce domaine afin de mettre en évidence le glissement des aires géographiques des innovations durant le XIXᵉ siècle. Une analyse utilisant quatre chronologies sur le même principe nous permet de mettre en évidence le ralentissement très net qu'a constitué l'entre-deux-guerres comparé à l'avant-guerre. Par rapport aux vingt années allant de 1894 à 1913, les vingt années de 1919 à 1938 voient en moyenne 23 pour 100 de moins de faits techniques répertoriés. Bien qu'inégales selon les chronologies utilisées, toutes indiquent une baisse. Le fait le plus surprenant de prime abord est le suivant : les années de guerre sont marquées par un ralentissement encore plus marqué, puisque la période 1914-1919 voit un recul de 75 pour 100 par rapport à l'avant-guerre du nombre annuel d'innovations. D'ailleurs, même si le phénomène n'est pas aussi accusé (recul de 10 pour 100), la même constatation peut être faite pour la Seconde Guerre mondiale. Nous disions « plus surprenant de prime abord », car l'idée que les guerres sont génératrices d'innovations techniques est assez répandue ; or, une évolution contraire peut trouver des raisons évidentes dans les perturbations entraînées par les guerres. Comme nous l'avons déjà laissé entrevoir, c'est surtout dans le domaine des transports que les guerres ont entraîné des améliorations, et ce, davantage que des innovations. Cela étant dit, commençons donc par la Première Guerre mondiale.

Deux mutations des transports

Il n'est peut-être pas exagéré de dire que la Première Guerre mondiale a à la fois sonné le glas pour l'un des deux des plus grands et vieux rêves de l'humanité et a réalisé le second. Le glas a sonné pour l'illusion que les progrès culturels, scientifiques et aussi techniques favoriseraient l'émergence d'une ère de paix universelle et perpétuelle. Le rapide développement de l'avion a donné corps au vieux rêve d'Icare, si profondément ancré dans le subconscient humain que l'envol est un des rêves récurrents de l'enfance dans toutes les civilisations. Parallèlement, l'automobile a commencé à se substituer aux chemins de fer comme moyen de déplacement rapide.

VOLER, OU L'AVION DEVIENT UN MOYEN DE TRANSPORT

Très tôt, les militaires furent intéressés par les engins volants, intérêt qui se manifesta déjà avec les ballons. La première ascension d'un ballon eut lieu en 1783 en France, par les frères de Montgolfier, et dès 1794 les Français utilisèrent un ballon captif comme poste d'observation à la bataille de Fleurus. Lors des guerres napoléoniennes, le spectre d'une invasion française par ballons hanta l'imagination des Anglais ; il est vrai que dès 1785 la première traversée de la Manche en ballon par des Français avait eu lieu. Il n'est donc pas étonnant que le vol des « plus lourds que l'air » ait intéressé aussi très tôt les militaires, et l'utilisation de l'avion lors de la Première Guerre mondiale le fit passer du statut d'appareil de sport à celui d'engin de mort, puis à celui de véritable moyen de transport. Notons toutefois que l'on considère que le premier bombardement aérien eut lieu en 1911 quand l'armée italienne largua des bombes sur une position tenue par l'armée turque lors de l'expédition coloniale pour la conquête de la Libye. Lors de la Première Guerre mondiale, les premiers raids aériens eurent lieu dès décembre 1914 et dès 1917 l'aviation allemande équipa spécialement un escadron d'avions pour le bombardement. C'est le 25 mai 1917 qu'eut lieu le premier raid meurtrier ; au cours d'une tentative de bombardement de Londres, qui échoua en raison de problèmes de navigation, des bombes furent larguées sur un camp militaire canadien (100 tués) et sur la ville de Folkestone (où, notamment, une bombe tombant sur une rue très passante fit 33 tués, surtout des femmes). Le premier bombardement de Londres eut lieu de 13 juin 1917 et le premier bombardement de nuit de cette ville le 3 septembre de la même année. Les Alliés ne commencèrent leurs bombardements du territoire allemand qu'à partir du début de 1918.

Avant d'en venir au développement de l'aviation civile, il n'est pas superflu d'évoquer l'histoire brève mais riche des dirigeables, ballons munis d'un gouvernail et d'un moyen de propulsion. Si l'on crédite un Français, Henry Giffard, d'avoir, en 1852 (ou 1851) été le premier à construire un dirigeable mû par une machine à vapeur actionnant une hélice, ce sont cependant les Allemands qui ont joué le rôle le plus important. Dès 1872, Paul Haenlein construisit un dirigeable mû par un moteur à explosion ; mais c'est le comte Ferdinand von Zeppelin qui allait, à partir de 1900, donner la véritable impulsion à ce moyen de locomotion, qui fut aussi un engin de guerre. Dans les années 1920, ce que l'on appelait de plus en plus les zeppelins concurrençaient les avions grâce à leurs confort, espace et silence. Le chant du cygne fut, en 1936, le zeppelin Le Hindenburg, long de 125 mètres et capable de transporter 72 passagers à 125 km/h, avec une autonomie de 14 000 kilomètres. En 1937, ce zeppelin fut détruit par un accident, mais, entre-temps, l'aviation avait réalisé d'énormes progrès.

Le nombre d'avions existant dans le monde en 1914 ne dépassait pas les 5 000, alors que l'on en a construit quelque 200 000 pendant la guerre. Techniquement, il n'y a pas eu d'innovations importantes pendant la guerre, ni entre 1919 et 1938, mais une foule d'améliorations touchant tant le fuselage que le moteur et les hélices. Le remplacement du bois par des alliages d'aluminium était bien instauré dès la fin de la guerre. Il en est de même du remplacement des biplans par les monoplans ; toutefois, en 1934, sur près de 1 100 types d'avions existants 48 pour 100 étaient encore des biplans. Les moteurs accrurent leur efficacité et les premiers bimoteurs commencèrent à évoluer dès les dernières années de la

guerre ; les quadrimoteurs furent déjà opération-
nels avant la Seconde Guerre mondiale. Mais
l'avion qui joua le plus grand rôle à la fin de
l'entre-deux-guerres fut le bimoteur Douglas DC-3.
Cet avion fut opérationnel dès 1936 et en 1938 il
assura 95 pour 100 du trafic civil des lignes américaines. Il était capable de transporter 21 à
28 passagers (dans une cabine pressurisée) à une
vitesse de 309 km/h et pouvait parcourir 2 400 à
3 300 km sans ravitaillement. Cet avion joua
un rôle primordial au cours de la Seconde
Guerre mondiale et, encore aujourd'hui, ce type
d'avion est en service dans de nombreux pays
du Tiers-Monde. D'autre part, en URSS, grâce
essentiellement au grand talent d'Andrei Tupo-
lev, l'aviation fit d'importants progrès. Celui-ci
construisit de très nombreux types d'avions, dont
en 1933 le Maxim-Gorki, qui fut le plus grand
avion de l'époque.

Dès la fin de la Première Guerre mondiale
commença l'ère des lignes aériennes, faisant de
l'avion un moyen de transport, certes encore
marginal, mais appelé à un développement très
rapide. La longueur totale du réseau des lignes
aériennes en 1919 atteignit les 5 000 km, mais
déjà 800 000 en 1939 et à cette date le trafic était
de l'ordre de 2,3 milliards de km-voyageurs. En
1948, ce chiffre passa (pays communistes exclus)
à 21 milliards, pour dépasser les 100 milliards en
1960 et s'élever à près de 1 900 milliards en
1995. L'accroissement de la vitesse est un des
facteurs expliquant cette fantastique expansion et
dans cette perspective le moteur à réaction a joué
un rôle déterminant. Et le premier avion à réaction qui fonctionna avec une turbine vola la pre-

mière fois le 27 août 1939, c'est-à-dire quelques jours avant le déclenchement de la Seconde Guerre mondiale. Il s'agissait d'un avion fabriqué par la firme allemande Heinkel.

LES DÉBUTS DE L'HÉLICOPTÈRE ET DU RADAR

Avant de passer à l'automobile, il est bon de signaler ici deux innovations techniques importantes liées aux transports aériens. C'est en 1936 que le vieux rêve de Léonard de Vinci est devenu réalité : l'hélicoptère. Certes, et sans parler des jouets traditionnels chinois, dès 1877, Enrico Forlanini avait construit un hélicoptère à vapeur qui effectua un vol d'une minute où il s'éleva à 15 m. D'autres tentatives voisines suivirent, mais l'appareil mis au point par Hendrich Focke en 1936 était capable de réellement voler. Ce fut également au cours de cette année que le gyroplane de Louis Breguet et René Durand fut mis au point. Trois ans plus tard, en 1939, Igor Sikorsky créait aux États-Unis le premier hélicoptère destiné à être produit en série.

Il est normal que les antécédents du «radar» soient beaucoup moins anciens que ceux de l'hélicoptère car impliquant de l'électronique. Toutefois, si l'on tient compte du caractère tardif de la mise en évidence des rayons radio, ces antécédents sont aussi très anciens. C'est en 1900 que Nikola Tesla proposa l'utilisation de l'écho des ondes radio pour la détection d'objets mobiles. En 1934, un groupe de savants britanniques, inquiets de la menace que représentait la montée du nazisme, avait décidé, avec l'accord du gouvernement, d'étudier le problème de la défense

aérienne du pays. C'est en examinant un projet
fantaisiste de rayon de la mort que deux spécialistes en techniques radio, Robert Alexander Wat-
son-Watt et Arnold Wilkins, ont proposé, en
février 1935, un système de localisation d'avions
grâce aux rayons radio, appelé *Radio Detection
and Ranging* (d'où l'abréviation Radar). Dès septembre de cette année, les expériences ont permis de repérer un avion à une distance de 65 km,
distance portée à 160 km dès la fin de 1936. C'est
largement grâce au radar que le Royaume-Uni a
gagné ce que l'on a appelé la «bataille d'Angleterre», bataille aérienne qui devait servir de prélude à l'invasion allemande.

LA VOITURE, OU CHAUSSER DES «BOTTES
DE SEPT LIEUES»

Certes, dès la seconde moitié du XIXᵉ siècle, le
train avait déjà permis de modifier radicalement
la vitesse de déplacement des personnes et des
marchandises. À la veille de la révolution industrielle, grâce à l'amélioration des routes, pour les
distances supérieures à 100 km la vitesse commerciale (c'est-à-dire arrêts compris) était de
l'ordre de 3 à 3,5 km/h. Avant, cette vitesse était
même de l'ordre de 2 à 2,5 km/h. Or, par
exemple, dès 1860, lors de la mise en service de
la ligne ferrée Genève-Berne, la vitesse commerciale atteignait les 28 km/h et les 53 km/h dès
1914. Mais le train implique des contraintes
d'horaire et de disponibilité en lignes; avec la
voiture, on peut vraiment chausser les bottes de
sept lieues, ce qui explique la très rapide extension de ce moyen de transport dans les pays dont

le niveau de vie est élevé. À la veille de la Première Guerre mondiale, il y avait quelque 2,4 millions de voitures en circulation dans l'ensemble des pays développés occidentaux ; mais, dès 1920, le nombre s'élevait à 10,6 millions (soit 2 voitures par 100 habitants). En 1938, ce chiffre est passé à 42,9 millions (soit 8 voitures par 100 habitants), mais le déséquilibre était très important entre les États-Unis d'une part et le reste des pays développés d'autre part. Aux États-Unis on comptait 41 voitures par 100 habitants, contre 3 pour les autres pays développés occidentaux.

Comme pour l'aviation, dans le domaine de l'automobile l'expansion de l'utilisation de ce moyen de transport sera très rapide après la Seconde Guerre mondiale et il n'y aura également pas d'innovations technologiques fondamentales. En 1995, 488 millions de voitures étaient en circulation dans les pays développés occidentaux, soit 56 par 100 habitants (74 aux États-Unis). Au début des années 1990, malgré les graves problèmes de pollution, plus de 99 pour 100 des voitures en circulation étaient mues par des moteurs à explosion et le moteur électrique a commencé à peine à intervenir. Les plus grands changements dans le domaine de l'automobile ont été ceux de l'organisation du travail pour sa fabrication. La voiture électrique, qui pourrait résoudre l'essentiel des problèmes urbains de pollution de l'air et du bruit, était encore au début des années 1990 une rareté, puisqu'en 1995, sur les 630 millions de véhicules automobiles en circulation sur les routes du monde, seulement 10 000 à 15 000 étaient mus par l'électricité. Mais ne négligeons pas pour autant les innovations introduites entre

1914 et 1939. Il est normal que dans ce cas nous trouvions la France, ce pays étant, dans les années 1920, le deuxième producteur mondial. La première voiture à traction avant fut construite en 1926 par Jean Grégoire et, en 1934, André Citroën donnait ses lettres de noblesse à ce système, en lançant sa célèbre traction avant. Le moteur « Diesel », dont un modèle assez léger pour servir aux automobiles fut réalisé en Allemagne dès 1922, fut introduit, quant à lui, d'abord au Royaume-Uni, troisième producteur mondial de voitures, par Cedric Bernard Dicksee, en 1930. Enfin, en 1939, aux États-Unis, une voiture munie d'un changement de vitesses automatique était réalisée par Elihu Thomson ; ce fut là l'aboutissement d'un long processus, qui est passé par la suppression de l'embrayage à la fin des années 1920.

Des biens de masse
aux distractions de masse

Dans le chapitre XXIV, nous avons mis en évidence que les années 1919-1939 sont celles où l'on a assisté au début de la consommation de masse de produits manufacturés non essentiels mis au point avant la guerre. Nous y avons présenté l'extension de la consommation de voitures et d'équipements ménagers. En fait, d'autres innovations techniques également mises au point avant la Première Guerre mondiale ont aussi totalement bouleversé la vie quotidienne, dans sa composante culturelle, de la très grande majorité de la population des pays développés de l'entre-deux-guerres : il s'agit de la radio, du phonographe et du cinéma.

LA RADIO : LE MONDE EXTÉRIEUR ENTRE
DANS LES FOYERS DU MONDE DÉVELOPPÉ

Sur le plan technique, par hasard, la première
et la dernière année des hostilités ont été des
époques importantes pour la mise au point de la
radio. En 1914, Edwin Howard Armstrong
déposa un brevet pour un circuit de réception de
radio qui améliorait la sensibilité et la sélectivité
de la réception. En 1918, le même Armstrong
mettait au point le récepteur « superhétérodyne »
qui, aujourd'hui, est à la base de tous les appareils de radio. Notons qu'une année auparavant,
en France, l'ingénieur Lucien Lévy avait également mis au point un tel système de réception.
S'il n'y eut pas d'autres innovations techniques
importantes entre les deux guerres ni même
après, mis à part le remplacement des lampes
par les transistors, le développement très rapide
des stations d'émission et de la fabrication des
postes récepteurs bouleversa très rapidement la
vie du foyer et la quasi-totalité des ménages du
monde développé. Les premières émissions de
musique datent de 1920. La prestigieuses BBC[1]
fut créée en 1922 et, avant 1925, pratiquement
tous les pays possédaient un ou plusieurs émetteurs de radio ; progressivement leur nombre
s'élargit ainsi que la gamme des programmes. En
1932, il y avait dans le monde développé environ
800 postes émetteurs et 1 200 en 1937 (mais seulement 300 dans le reste du monde, dont 250
en Amérique latine). À la veille de la Seconde

1. British Broadcasting Corporation.

Guerre mondiale, plus d'un foyer sur deux possédait un poste de radio[1].

Quant au phonographe, il a reçu durant l'entre-
deux-guerres encore moins de développement
technique, mais sa diffusion a été peut-être encore
plus complète que celle de la radio, en raison
notamment de son faible coût. À la veille de la
Seconde Guerre mondiale, il est probable que
presque chaque ménage du monde développé (à
l'exception de pays ou régions encore très pauvres)
possédait un phonographe.

LE CINÉMA : UN SPECTACLE DE MASSE

À la veille de la Seconde Guerre mondiale, non
seulement la grande majorité des ménages possédait une radio et un phonographe, mais presque
toute la population fréquentait assidûment les
salles de cinéma, dont la première séance publique
payante aurait eu lieu selon les uns en décembre
1895 dans le Grand Café de Paris grâce aux frères
Lumière, où il y eut 33 spectateurs payants, ou au
début de 1894 à Manhattan (New York) selon les
autres.

Cette forme de spectacle de masse qu'est le
cinéma prit rapidement une place prépondérante
dans les loisirs. Alors qu'avant la Première Guerre
mondiale le nombre de salles se comptait en
dizaines, dès 1925, il y en avait 50 000 dans le
monde, dont 20 000 aux États-Unis, et très peu
hors du monde développé. En 1938, il n'y en avait
guère plus (56 000 dans les pays développés) mais
elles étaient plus vastes et équipées avec le son ; le

1. Voir chap. XXIV.

nombre total devait être de l'ordre de 70 000
à 80 000. Aux États-Unis, en moyenne chaque
semaine on comptait 85 à 88 millions de spectateurs, ce qui représente une moyenne annuelle de
34 à 36 séances par habitant. Ces taux étaient plus
faibles en général dans le reste des pays développés et d'ailleurs la prédominance du cinéma américain dans la production de films était alors, et
depuis le début des années 1920, très grande : en
1938, près de la moitié des films produits dans les
pays développés (Japon excepté) l'était aux États-
Unis. Nous disons « Japon excepté », car dans ce
pays, comme dans d'autres hors du monde occidental, à la veille de la Seconde Guerre mondiale
la production cinématographique y était importante : le Japon dépassait les États-Unis, et celle
de l'Asie en représentait la moitié, de sorte que
l'ensemble du monde non occidental produisait
environ 64 pour 100 des films du monde. Il est
vrai que la production cinématographique ne
posait pas de problèmes techniques importants et
que, de surcroît, les profondes différences culturelles réduisaient la circulation des films du monde
occidental vers les Tiers-Mondes, de même que
les films japonais ont mis du temps à trouver un
public occidental.

Avant de quitter le monde de l'audiovisuel et
bien qu'il ait fallu attendre les années 1960 pour
assister au réel démarrage de la télévision, signalons ici qu'une étape importante avait été franchie en 1926 : la première diffusion publique,
réalisée à Londres par John Logie Baird,
d'images télévisées. Mais il s'agissait plus de sil-
houettes que d'images. Signalons aussi qu'entre
les deux guerres et un peu au-delà de la seconde,

les spectacles de music-hall drainaient de larges publics.

Les autres principales innovations de l'entre-deux-guerres

Puisque nous parlons de cinéma, notons que le premier film parlant commercial fut réalisé à Berlin en 1922. Bien que dès 1906 des procédés pour produire des films en couleurs fussent mis au point (notamment le Kinemacolor), le véritable démarrage date de 1935 avec les procédés français (Technicolor) et américain (Kodachrome). Dans le domaine de la radio et du phonographe, il n'y eut pas de bouleversements dans l'entre-deux-guerres, puisque d'une part la lampe à triode date de 1906 et le transistor de 1947, et que d'autre part, bien qu'il y ait eu en 1931 un premier enregistrement d'un microsillon — la cinquième symphonie de Beethoven par RCA (Radio Corporation America) —, ce procédé ne commença sa carrière qu'en 1948. Ici, comme dans le reste de cette histoire des techniques, le choix opéré afin de présenter les principales innovations est largement personnel et peut comporter une part d'arbitraire. Un des critères dominants de ce choix reste évidemment la portée économique des innovations retenues ; cependant, nous avons aussi tenu compte de leur impact sur la vie quotidienne dans ses multiples composantes.

Passons aux techniques liées aux principaux secteurs de la production. Dans l'agriculture, exception faite du tout début de la mise au point (et non encore de l'utilisation) des pesticides et insecticides de synthèse, il n'y a pratiquement pas d'innovations importantes, l'essentiel dans ce domaine étant l'amélioration et la diffusion d'innovations antérieures. C'est notamment la période où se répand l'usage des moissonneuses-batteuses, surtout aux États-Unis et en URSS, leur diffusion en Europe occidentale se situant après la Seconde Guerre mondiale. Les tracteurs reçoivent une série d'innovations mineures mais qui conduisent à favoriser leur diffusion. En 1924, International Harvester introduit un modèle dont les roues sont moins espacées, ce qui permet l'utilisation dans les champs de cultures en rangs et facilitent des virages plus courts. L'année suivante, l'Irlandais Harry George Ferguson brevète un système réduisant les risques de culbute quand la charrue rencontre un obstacle ; et, en 1932, des tracteurs comportant des roues avec pneus sont introduits. À la veille de la Seconde Guerre mondiale, on utilisait dans l'agriculture des pays développés 2,4 millions de tracteurs, alors que vers 1913 le nombre s'élevait à moins de 200 000. Dans le Tiers-Monde, le nombre de tracteurs était encore très modeste et, d'ailleurs, le resta jusqu'aux années 1960. Vers 1950, le Tiers-Monde n'utilisait qu'environ 200 000 tracteurs (comparé à 5,8 millions dans le monde développé) et plus d'un tiers de ceux-ci étaient utilisés dans les régions tempérées d'Amérique latine, qui faisaient alors davantage partie du monde développé que du Tiers-Monde, et ce, surtout en matière agricole. La seule Argentine utilisait un quart de ces tracteurs, alors que sa population ne représentait que le centième de celle du Tiers-Monde.

En octobre 1939, c'est-à-dire un mois après le véritable commencement de la guerre, le futur Prix Nobel, le Suisse Paul Hermann Müller, découvrait les propriétés insecticides du DDT, composé chimique pourtant connu depuis 1874. Et quelques mois plus tard, en pleine guerre, les chimistes de la firme britannique Imperial Chemical Industries découvraient que certaines hormones de plantes pouvaient être utilisées comme herbicides sélectifs. C'est le début de l'ère des pesticides, un deuxième groupe de produits chimiques qui rejoint celui des engrais comme alliés des paysans, mais alliés dangereux pour eux et pour l'ensemble de l'équilibre écologique.

LES INDUSTRIES : LA CHIMIE CONTINUE
À JOUER LE PREMIER RÔLE

Dans l'industrie manufacturière, exception faite de la chimie, l'évolution a été dans les grandes lignes la même que dans l'agriculture, à savoir l'absence de bouleversements. Dans la métallurgie, la seule innovation de quelque importance est l'expérimentation, en 1937, de la production d'acier grâce à l'oxygène pur, mais son application pratique n'a lieu qu'après la guerre (notamment en Autriche et en Suède, nous y reviendrons plus loin). En ce qui concerne le textile, à part, comme dans d'autres domaines, des améliorations de détail, il n'y eut aucune percée technologique. Passons à la chimie où les innovations importantes, outre celles signalées ci-dessus, sont les suivantes : en 1933, mise au point du polyéthylène dans le laboratoire de la firme anglaise ICI. Le polyéthylène est la matière de base pour la production de plastiques souples, allant des tuyaux aux emballages, en passant par des récipients. Deux ans plus tard, en 1935, le nylon fut breveté ; ce textile synthétique qui allait jouer un si grand rôle était mis au point par Wallace Hume Carothers dans les laboratoires de Du Pont de Nemours. À propos des fibres synthétiques, il convient de rappeler la création, déjà avant la Première Guerre mondiale, de la rayonne mais dont la production ne prit des proportions significatives que dans les années 1930 : entre 1930 et 1939, la production mondiale passa de 3 000 à 490 000 tonnes (dont 41 pour 100 produites par l'Allemagne).

Revenons au nylon. Déjà au cours de la guerre, le nylon joua un rôle important. Non seulement les tissus en nylon remplacèrent la soie dans la fabrication des parachutes, mais les fibres servirent à confectionner des vestes résistant aux éclats d'obus et des pneus d'avion permettant aux bombardiers d'atterrir sur des aéroports de fortune. Après la guerre, le terme « nylon » est devenu pratiquement synonyme de bas. En 1940, mais en Angleterre cette fois, une autre fibre, le Térylène, appelé aussi Dacron, est mise au point. Ajoutons encore l'invention, en 1927, d'une variété de caoutchouc artificiel, le buna et, en 1931, la mise au point, par la firme Du Pont de Nemours, du fréon,

qui sera largement utilisé dans la réfrigération
jusqu'à récemment où dans de nombreux pays
l'on commence à interdire son utilisation en raison de ses effets destructifs de la couche d'ozone.

Dans le domaine de la pharmacie, on passe en
1928 des médicaments «chimiques» au règne des
antibiotiques, avec la découverte par Alexander
Fleming de la pénicilline à l'Hôpital Saint-Mary
de Londres. Mais il faudra attendre 1940 pour le
début de son utilisation. Le délai pour ce que l'on
a qualifié de médicament miracle, à savoir les sulfamides, a été plus réduit. Découverts en 1932 par
le chimiste allemand Gerhard Domagk, ils furent
utilisés en 1935 par lui-même afin de sauver sa
plus jeune fille d'une mort certaine en raison
d'une attaque de streptocoques. Les sulfamides
sont considérés comme une étape fondamentale,
sinon de l'histoire de la médecine, du moins
dans celle de l'art de guérir. Mais leur règne a été
écourté par les antibiotiques. Auparavant, en
1921, une autre avancée importante avait été
faite : au Canada, Frederick Grant Banting et
Charles Best isolèrent l'insuline et commencèrent
à l'expérimenter sur des chiens en vue de mettre
au point un médicament contre le diabète. L'utilisation de l'insuline se répandit rapidement, ce qui
réduisit fortement la mortalité due à cette maladie. Cette hormone ne fut synthétisée qu'en 1966.

QUELQUES INNOVATIONS MARGINALES
MAIS À L'IMPACT NON NÉGLIGEABLE

Commençons par deux aspects liés à la voiture. Dès 1914, des feux de signalisation routière
furent installés à Cleveland. C'est la région de

Berlin qui est, elle, créditée de la première auto-
route en 1921.

Relevons une innovation très marginale mais
qui aura par la suite de très profondes répercussions économiques : le bulldozer. C'est dès 1923
qu'un petit fermier américain monte une lame sur
un tracteur, ce qui pendant la guerre déjà allait
permettre à l'armée américaine de créer rapidement des infrastructures stratégiques, routes et
surtout pistes d'atterrissage. Après la guerre, le
bulldozer va permettre, entre autres, l'accès plus
aisé aux matières premières du Tiers-Monde en
vue de leur exportation vers les pays développés.
En 1928, la firme 3M mit en vente le premier
ruban adhésif transparent, le Scotch Tape, appellation d'ailleurs entrée dans la langue française, à
l'instar de celles de bien d'autres marques, dont
notamment Frigidaire. Cela nous amène à 1932,
date à laquelle la firme Carrier a introduit le
premier climatiseur à usage domestique. Entre-
temps, en 1930, furent mis en vente (à Spring-
field, aux États-Unis, bien sûr!) les premiers
aliments surgelés. Enfin, c'est en 1935 que les édi-
tions Penguin Books ont introduit ce qui est
considéré comme les premiers véritables *paper-
backs* (livres de poche). La qualité de la typo-
graphie était bien supérieure à celle d'autres
tentatives antérieures. Le prix de vente était d'un
demi-shilling, c'est-à-dire 20 minutes du salaire
moyen d'un ouvrier masculin dans l'industrie
manufacturière.

Laboratoires et ingénieurs

À plusieurs reprises (et intentionnellement), le
terme de laboratoire est apparu. Effectivement, si
peu d'inventions fondamentales caractérisent cette
période, elle n'en est pas moins celle où se déve-
loppent et se généralisent des laboratoires de
recherches au sein des firmes. Ces laboratoires
jouent un très grand rôle, notamment dans la chimie et l'électronique. Déjà, au cours des années
1870 et 1880, en Allemagne et en France notamment, des laboratoires de recherches industrielles
apparurent, mais il s'agissait de très petites unités. Le premier laboratoire important est celui
qu'établit Thomas Edison dès 1876 et General
Electric sera le premier des grands groupes
industriels à s'équiper d'un tel laboratoire en
1901. American Bell Company avait, dès 1914,
550 personnes qui travaillaient dans son laboratoire, chiffre qui passa à 3 000 dès 1924 (30 000
au début des années 1990). Cela sonne en quelque
sorte le glas de l'inventeur individuel, bien que
même après la Seconde Guerre mondiale quelques-
uns se soient manifestés, et parfois avec éclat.
Certes, des inventeurs comme Clive Sinclair, Ste-
ven Jobs ou Dennis Gabor ne sont pas aussi
connus que ceux du xixᵉ siècle, néanmoins leur
rôle a été souvent important (les deux premiers
dans l'informatique et le troisième pour l'holographie
phie notamment). Et puisque c'est la première
fois que nous parlons d'Edison dans ce chapitre et
qu'il fut l'un des inventeurs les plus fertiles dans le
domaine des techniques, citons sa définition du
génie : «99 pour 100 de transpiration et 1 pour

100 d'inspiration. » Définition qui justifie indirectement la création des laboratoires où «travaillaient» des centaines d'ingénieurs.

Si, comme nous l'avons montré dans le chapitre X, l'ère de l'ingénieur commence dans la seconde moitié du XIXe siècle, l'entre-deux-guerres voit la continuation de la place croissante prise par les ingénieurs dans la vie économique, mais à un rythme nettement inférieur à celui des décennies précédant la Première Guerre mondiale. Ce ralentissement est surtout marqué dans les années 1930 où le nombre d'étudiants de cette discipline ne progressa guère mais où, néanmoins, les ingénieurs continuèrent à prendre une place croissante dans la population active industrielle. Au cours des années 1920, le nombre d'étudiants a progressé en Europe d'environ deux tiers, ce qui reste cependant plus faible que de 1900 à 1910 où il y a eu un doublement de chiffre. Dans les années 1930, il y eut un net ralentissement : dans certains pays, le nombre d'étudiants recula même.

1940-1972 :
DU RÉACTEUR NUCLÉAIRE
AU MICROPROCESSEUR

Les deux premières années de la guerre ont été exemptes de faits techniques tant soit peu importants. En revanche, l'année 1942 a été le témoin de quatre événements majeurs dans l'histoire moderne des techniques. Le 2 décembre, le message : «Le navigateur italien est arrivé au Nouveau

Monde» était utilisé afin de signaler la mise en route du premier réacteur nucléaire, mis au point par Enrico Fermi à l'Université de Chicago. Dans les laboratoires de l'American Bell Company, William Bradford Shockley commençait ses recherches qui conduiront à l'invention du transistor. Dans le cadre de la *Moore School of Electrical Engineering* de l'Université de Pennsylvanie, John Presper Eckert et John William Mauchly décidèrent de construire un ordinateur électronique rapide afin de faciliter le calcul des tables de trajectoires balistiques; il s'agit de l'Eniac. Construit en secret, il fut présenté au public en 1946. Sur le continent, dans l'Allemagne en guerre, Wernher von Braun réussissait, le 3 octobre (toujours en 1942), le lancement du premier prototype de la fusée V2, un engin de 12 tonnes qui atteignit la hauteur de 97 km. Par la suite, la V2 fit partie de ces armes secrètes qui, selon les nazis, devaient changer, en 1944-1945, le cours de la guerre.

Nous avons arrêté cette période à 1972, c'est aussi la date retenue par les auteurs[1] de la plus récente et complète des chronologies de l'histoire de la technologie. Une autre raison, de nature socio-économique, est que 1972 est l'année qui précéda le premier choc pétrolier et celle de la prise de conscience des problèmes que causent l'évolution technologique et la croissance économique rapide; c'est en 1972 que l'utilisation du DDT est interdite aux États-Unis et que paraît le livre du Club de Rome, *The Limits of Growth*. L'année 1972 voit d'ailleurs une floraison de «premières» importantes, qui plus ou moins rapi-

1. B. Bryan et A. Hellemans, 1993.

dement vont influencer maintes composantes de la vie. La firme Intel met au point son premier microprocesseur de 8 bits, le 8008, dont les successeurs vont équiper la plus grande partie des premiers micro-ordinateurs. Les premiers traitements de texte sont introduits, notamment par Wang Laboratories et Threshold Technologies, ce dernier introduisant le système de reconnaissance vocale. Dans le laboratoire de Bell Company, deux chercheurs mettent au point le langage de programmation C. Toujours cette même année 1972, le premier scanner expérimental détecte (à Wimbledon en Angleterre) une tumeur du cerveau chez un patient vivant.

Du Manhattan Project *au Mark I d'IBM*

Comme nous l'avons vu plus haut, contrairement à la Première Guerre mondiale, la Seconde n'a pas vu une baisse aussi brutale du rythme des inventions techniques, puisque leur nombre annuel n'a baissé que de 10 pour 100 (contre 75 pour 100 pour la Première Guerre mondiale). En outre, cette faible baisse fut compensée par la mise en route d'une série de projets de recherches et qui porteront des fruits (parfois empoisonnés) de première importance. Il s'agit surtout du *Manhattan Project*. Sa genèse remonte au début de 1939, quand un groupe de scientifiques, dont beaucoup étaient des réfugiés ayant fui les régimes fascistes, commença à mettre sur pied un projet destiné à utiliser la fission nucléaire dans des buts militaires. Ce groupe

persuada Albert Einstein de présenter le problème au président Franklin Roosevelt et, en
février 1940, un budget de 6 000 dollars fut
alloué aux recherches. L'entrée en guerre des
États-Unis, en décembre 1941 (guerre déclarée
par le Japon, puis par l'Allemagne et l'Italie),
allait accélérer les travaux. En 1943 fut fondé le
Atomic Research Laboratory à l'Université de
Californie, financé par le département de l'énergie. Devenu par la suite le Los Alamos National
Scientific Laboratory, son premier et plus important projet fut le Manhattan Project destiné à
mettre au point la bombe atomique que l'on supposait à tort être en élaboration en Allemagne,
pays qui, avant la guerre, était l'un de ceux à la
pointe des recherches en fission nucléaire.

Outre ses conséquences directes bien connues,
le Manhattan Project joua un rôle important dans
la recherche, dans la mesure où il favorisa l'extension de la recherche/développement. D'autre part,
et cela aussi a constitué un facteur favorable à
l'impulsion de la recherche de développement, le
Manhattan Project a confirmé que les théoriciens
scientifiques pouvaient apporter une contribution
importante dans les projets militaires. Et comme,
contrairement à la Première Guerre mondiale, la
crainte d'un conflit mondial avait pris la place de
l'illusion d'une ère de paix, de vastes programmes
de recherches techniques aux possibles retombées militaires ont été financés des deux côtés du
« rideau de fer ». Avant de quitter ce sujet, relevons
que le nom de code de Manhattan donné à ce projet provient du fait que, avant d'émigrer vers un
vaste domaine de 200 km² au Nouveau-Mexique,
les recherches avaient commencé à l'Université

de Columbia, localisée dans ce quartier central de
New York. Cette université, rappelons-le, fut, dès
1864, le siège de la School of Applied Science, la
deuxième école polytechnique créée aux États-
Unis. Notons encore que, des 6 000 dollars prévus
dans le budget initial, les dépenses totales avaient
atteint, avant l'explosion de la première bombe
nucléaire, les 2 milliards de dollars, ce qui a
aussi démontré l'importance des ressources que
nécessitent les recherches modernes. Ainsi, aux
États-Unis, les dépenses publiques consacrées à
l'éducation sont passées, entre 1951 et 1963, de
3,1 à 6,3 pour 100 du revenu national. Cela nous
amène à une brève parenthèse sur l'évolution des
dépenses et des effectifs pour la recherche scientifique.

LE GONFLEMENT DE LA RECHERCHE SCIENTIFIQUE

Sur le plan international, l'élaboration de données quant à l'importance de la recherche scientifique est assez tardive. Il est significatif de noter
que ce n'est que dans son *Annuaire statistique* de
1968 que l'UNESCO a introduit, pour la première
fois, un chapitre consacré à ce thème. Cependant,
pour un certain nombre de pays, et surtout pour le
principal protagoniste en la matière, les États-Unis,
il est possible de suivre d'une façon assez valable
l'évolution depuis un demi-siècle. La Seconde
Guerre mondiale y a conduit à un véritable tournant. Ainsi les dépenses du gouvernement fédéral
américain pour la recherche (non compris les secteurs militaires) sont passées de 74 millions de
dollars en 1940 à 1 590 millions en 1945 (ce qui,
traduit en termes de dollars constants, constitue

une multiplication par 16). Si l'on prend l'ensemble des dépenses pour la «recherche et développement» (R&D), celles-ci s'élevaient déjà à 5,2 milliards de dollars en 1953 (dont près de la moitié pour la défense). L'accélération du programme spatial, suite au lancement, en 1957, du satellite artificiel russe (le Spoutnik), amena ces dépenses à 13,5 milliards en 1960, ce qui représente 2,6 pour 100 du PIB américain, contre 1,4 pour 100 en 1953. En ce domaine, le sommet a été atteint au milieu des années 1960 (avec près de 3 pour 100) et le creux dans la seconde moitié de la décennie 1970 (avec 2,2 pour 100); depuis le milieu des années 1980, le budget fluctue autour de 2,7 pour 100. Pour l'ensemble des pays développés occidentaux, cette proportion est de l'ordre de 2,3 pour 100. Au niveau des grands pays, cette proportion est de l'ordre de 2,8 pour 100 au Japon, de 2,7 pour 100 en Allemagne, de 2,4 pour 100 en France et de 1,3 pour 100 en Italie.

UNE DISTRIBUTION RÉGIONALE INÉGALE
DE LA RECHERCHE

Mais plus significatives et plus comparables internationalement sont les données se rapportant au nombre de scientifiques et d'ingénieurs travaillant pour la «recherche et développement» (R&D). Aux États-Unis, on est passé de 160 000 en 1950 à 540 000 en 1970 et à 950 000 en 1990. Sur le plan mondial, on est passé d'environ 0,4 million vers 1950 à 2 millions en 1970 et à 4,1 millions en 1990. À ces chiffres, il faut encore ajouter un nombre trois fois plus grand de techniciens, ce qui amène à quadrupler les chiffres cités.

D'ailleurs cette évolution mondiale tient compte d'une correction des chiffres se rapportant à l'URSS qui incluent les techniciens. Sur ce total de 4,1 millions de scientifiques et d'ingénieurs en 1990, à eux seuls les États-Unis en représentaient donc environ 24 pour 100; l'Union européenne 15 pour 100, le Japon 13 pour 100 et l'ex-URSS 11 pour 100 (par 1 000 habitants, cela représente respectivement 3,8, 1,9, 4,7 et 1,6). L'ensemble du Tiers-Monde, qui représente les trois quarts de la population mondiale, n'occupe qu'un quart des scientifiques et ingénieurs de recherche; mais cette proportion n'était que du dixième en 1970. En 1990, la Chine à elle seule représentait les 41 pour 100 du Tiers-Monde et l'Inde 12 pour 100. Sur le plan des publications scientifiques, la répartition est encore plus inégale, puisque les États-Unis représentent 36 pour 100 du total mondial et le Tiers-Monde moins de 6 pour 100.

Cette prédominance des États-Unis est encore plus nette si l'on examine les résultats en quelque sorte de cette recherche. À cette fin, les données sur les nombres de brevets ne sont pas réellement significatives, c'est la raison pour laquelle nous avons utilisé le comptage des faits techniques. Comme nous l'avons vu dans le chapitre X, dès la fin du XIXe siècle, les États-Unis étaient la région par excellence des innovations techniques. Cela se renforce durant le XXe siècle et tout particulièrement après la Seconde Guerre mondiale. Par exemple, d'après la chronologie de B. Bunch et A. Hellemans[1], pour la période 1960-1965, 81 pour 100 des faits techniques se rapportent aux

1. 1993.

États-Unis. Cette proportion descend à 69 pour
100 pour 1980-1985 mais remonte à 72 pour 100
pour 1988-1993.

L'IMPACT DU NUCLÉAIRE

En fait, la seule innovation technique mise au
point avant 1945 et dont l'impact a été très important sur la vie économique avant le milieu des
années 1970 fut la fission nucléaire. Ce que
l'on qualifiait à l'époque d'utilisation pacifique du
nucléaire, à savoir surtout la production d'énergie, débuta en juin 1954 en URSS, avec la mise en
route de la première centrale nucléaire. Incidemment, le lecteur aura remarqué que ce n'est que la
troisième fois dans ce chapitre qu'apparaît le nom
de l'URSS associé à une innovation (ce sera aussi
l'avant-dernière). C'est là un indicateur assez réaliste, bien que peut-être sous-estimé, de la place
assez marginale qui revient à ce pays dans les progrès techniques du XXe siècle, pour lesquels les
États-Unis occupent très largement le devant de
la scène. La deuxième centrale à entrer en activité
est britannique et cela a eu lieu en octobre 1956. À
partir de ce moment, les choses allèrent en s'accé-
lérant et, en 1973, année du premier choc pétrolier, qui donna une nouvelle accélération à ce
processus, l'énergie nucléaire fournissait déjà 5
pour 100 de la production totale d'électricité en
Europe occidentale et, sur les 18 pays que compte
cette entité, 9 pays possédaient des centrales
nucléaires. Dix ans plus tard, en 1983, la proportion atteignait 21 pour 100 (32 pour 100 en 1990)
et le nombre de pays était passé à 10, les pays sans
énergie nucléaire étant surtout de petite taille

(Autriche, Danemark, Grèce, Islande, Irlande,
Luxembourg, Norvège et Portugal).

L'énergie nucléaire n'est pas la seule innovation technique importante issue de la guerre.
Parmi les innovations déjà réalisées avant la
guerre mais qui connurent un développement
rapide au cours de celle-ci, il faut citer : le radar,
le moteur à réaction et les antibiotiques. Plus
haut, nous nous sommes contenté de signaler
quatre événements importants de nature technologique qui se sont produits pendant la guerre,
au cours de l'année 1942. Nous avons déjà évoqué le nucléaire, nous reviendrons plus loin sur
le transistor et le moteur à réaction. Il convient
donc ici d'examiner brièvement cette période, en
s'arrêtant sur l'essentiel, c'est-à-dire sur l'ordinateur qui a reçu, lui aussi, une impulsion durant la
guerre. Les autres années de guerre, sans être
dépourvues de toute innovation technique, ont
moins vu de faits marquants. Signalons en 1941
la première émission radiophonique en modula-
tion de fréquence par le club de radio de l'Université de Columbia (procédé inventé en 1933
par Edwin Armstrong). Pour 1943, il faut noter la
première coulée continue d'acier par l'ingénieur
allemand S. Junghans — le procédé ne commença sa carrière commerciale qu'en 1962 — et
la découverte, dans les laboratoires de l'Imperial
Chemical, de la propriété d'insecticide d'un composé chimique (dans l'une des formes du benzène
hexachlorure).

LA NAISSANCE DE L'ORDINATEUR,
LE PLUS SOPHISTIQUÉ DES OUTILS HUMAINS

On peut pratiquement considérer l'année 1943 comme l'année de naissance de l'ordinateur, dont nous avons déjà noté l'étape de 1942, la décision de construire l'Eniac pour des besoins militaires. Naissance précédée d'une longue gestation. À juste titre, on considère que l'ordinateur est l'outil le plus sophistiqué que le génie humain ait élaboré jusqu'ici. Laissons de côté ce que l'on peut qualifier de «préhistoire» puisque, dès les années 1720, le système à cartes perforées fut utilisé pour des machines à filer. Laissons également de côté les étapes importantes qui ont précédé la mise au point, en 1889, de la première machine ayant effectivement fonctionné. Il s'agit, entre autres, de la machine à calculer électromécanique utilisant des cartes perforées de Herman Hollerith ; celle-ci fut employée pour les recensements américains de 1890. Herman Hollerith fonda, en 1896, la Tabulating Machine Company, devenue plus tard, en 1911, l'International Business Machines (IBM). Mais il ne faut pas laisser de côté les travaux, souvent négligés, effectués dès 1936 en Allemagne par Karl Zuse, alors encore étudiant dans une école technique. Son Z3, achevé en 1941, était un véritable ordinateur électromécanique. Le modèle suivant, le Z4, fut utilisé par la firme Henschel pour des calculs de mise au point d'avions. Des travaux furent même entrepris par la suite afin de créer un ordinateur électronique, mais le projet n'aboutit pas, même si après la guerre Zuse se lança dans la produc-

tion sur une petite échelle et que ses travaux
furent repris en 1964 par la grande multinatio-
nale suisse Brown Bovery. Par conséquent, on
peut considérer que le lieu de naissance de
l'ordinateur électronique est la Grande-Bretagne
et, plus encore, les États-Unis où, d'ailleurs, on
néglige souvent un précurseur, John V. Atana-
soff, qui a construit en 1937 un ordinateur électronique.

Le premier ordinateur utilisant l'électronique
naît donc en 1943. C'est le Colossus, mis au point
en Grande-Bretagne par l'équipe d'Alan Turing.
Il comportait 1 500 lampes et fut notamment
employé pour le déchiffrage des codes utilisés
par les nazis. L'Eniac comportait, quant à lui,
18 000 lampes mais il ne fut terminé qu'en 1946.
Il pesait 30 tonnes et occupait une superficie de
167 m² ; mais il était capable d'effectuer 300 mul-
tiplications (d'un nombre de 10 chiffres) en une
seconde et fut en service pendant près de 9 ans.

Mais, entre-temps, l'aventure commerciale de
l'ordinateur s'était lentement mais sûrement mise
en route. L'année 1944 voit la construction du
premier ordinateur électronique d'IBM, le Mark I,
mis au point par Howard Aiken et une équipe
d'ingénieurs. Même plus tard, la firme IBM esti-
mait qu'il n'existait qu'un marché mondial très
limité (10 à 15 unités) pour ce type de machine.
D'ailleurs, la première série commercialisée d'ordinateurs, le 701 à 32 bits et avec une mémoire
pouvant stocker 4 086 mots, ne fut lancée qu'en
1952 et seulement 19 unités furent construites.
Cet ordinateur 701, à l'instar de ceux qui le précé-
dèrent et de ceux qui le suivirent pendant encore
près d'une décennie, était équipé de lampes ; il

faudra attendre le transistor pour voir le véritable démarrage de l'ordinateur. Notons que le premier ordinateur électronique commercialisé, l'Univac I, a précédé d'une année le 701 d'IBM. D'ailleurs, Univac allait introduire, en 1956, le premier ordinateur de la «seconde génération», c'est-à-dire équipé de transistors, ce qui non seulement a réduit le coût des ordinateurs mais les a rendus plus fiables et plus rapides. Donnons quelques indications à ce propos. L'Eniac de 1946, avec ses 300 opérations par seconde, était déjà un millier de fois plus rapide que la génération précédente d'ordinateurs. En 1949, on était proche des 1 000 opérations par seconde et le Cray T90, mis au point au début de 1995, atteint 60 milliards d'opérations par seconde, soit 20 millions de fois plus rapide que l'Eniac.

Du transistor au microprocesseur,
en passant par le circuit imprimé

La veille de Noël 1947 constitue une autre date importante dans l'histoire passionnante de l'électronique. C'est ce jour-là que John Bardeen et Walter Brattain, futurs Prix Nobel en 1956, annoncèrent à la direction de leur laboratoire de la Bell Company l'effet transistor, c'est-à-dire ce qui permet à certaines composantes notamment d'amplifier des courants électriques. La production commerciale commença dès 1951 et, à partir de 1952, apparaissent les premiers appareils auditifs ainsi équipés. À ce propos, signalons qu'en raison de l'intérêt que portait Alexander Bell, l'inventeur en 1876 du téléphone, aux malenten-

dants, la Compagnie Bell décida de ne point préle-
ver des royalties sur les transistors utilisés pour
des appareils auditifs. Il fallut attendre le transistor au silicium, mis au point en 1954 par les laboratoires de Texas Instruments, pour un début
d'utilisation plus massive de celui-ci. En 1957, le
premier appareil de radio à transistor a été commercialisé, mais ce n'est qu'après 1970 que les
appareils de radio, et surtout les appareils de
haute-fidélité, équipés de lampes (inventées avant
la Première Guerre mondiale), furent réellement
détrônés par ceux équipés de transistors. L'utilisation des transistors dans la radio a favorisé
l'usage des circuits imprimés. Ce procédé, qui
permet de supprimer des câblages, a débuté dans
les années 1920 quand des brevets furent déposés
pour des procédés de câblage par électrodéposi-
tion. Il fallut attendre la Seconde Guerre mondiale pour la généralisation de cette technique, et
le début de la production industrielle de tels circuits n'a commencé qu'en 1945. L'année 1961
est, en quelque sorte, la date symbolique de l'utilisation des transistors dans les ordinateurs, car c'est
celle de la réalisation de l'IBM 7030 qui contenait
169 100 transistors. Une étape importante a été le
circuit intégré qui a simplifié énormément le problème des circuits reliant les transistors. Celui-ci
fut mis au point, en 1958, indépendamment dans
les laboratoires de deux firmes : Texas Instruments par Jack Kilby et Fairchild par Robert
Noyce. Du circuit intégré on passa, en 1965, au
chip (en français «puce») qui, sur une seule petite
pièce, intègre non seulement des transistors mais
également d'autres composantes électroniques.
Les premiers de ces *chips* contenaient mille com-

posants par centimètre carré ; en 1973, on arriva à 10 000 sur la même surface. Un an auparavant, comme nous l'avons signalé au début de cette section, naissait le premier microprocesseur, mis au point par la firme Intel, par T. Hoff, S. Mazor et F. Fagin. Le microprocesseur, qui deviendra le cœur du micro-ordinateur et de nombreux autres appareils électroniques, commença ainsi, mais timidement encore, sa carrière. Le microprocesseur de 1972 (le 4004 d'Intel) contenait 2 300 transistors ; celui de 1995 (le Pentium Pro) 5,5 millions. Signalons que si, en moyenne, le nombre de transistors que l'on arrive à mettre sur une puce a doublé chaque année, le coût des usines pour produire de telles puces a, quant à lui, doublé tous les trois ans. Ainsi, au milieu de la décennie 1990, on arrive à des coûts par usine performante de l'ordre de 1,1 à 2,5 milliards de dollars (2,5 milliards de dollars représentent le PNB annuel d'un pays moyen du Tiers-Monde de plus de 1 million d'habitants).

LES À-CÔTÉS DE L'ÉLECTRONIQUE :
DE LA CELLULE PHOTOVOLTAÏQUE
À LA PHOTOCOPIEUSE

Commençons par les trois innovations très importantes dans leurs applications ultérieures et qui concernent des domaines de base de l'électronique. En 1954, encore une fois dans les laboratoires de la Bell, était mise au point la première cellule photovoltaïque à base de silicium (procédé qui transforme la lumière en électricité). Signalons que l'effet photovoltaïque a été décelé au cours du XIXe siècle déjà, notamment par A. Becquerel en 1839. En 1955, un scientifique de l'Inde, Narinder Kapany, introduisait la fibre optique, qui a ouvert la voie aux « autoroutes de l'information » qui se mettent en place à partir du début de la décennie 1990. Enfin, en 1957, Gordon Gould, étudiant en physique de l'Université de Columbia, avait l'idée du laser qu'il fit breveter en 1959. Dans le vaste domaine de l'application de l'électronique, il faut souligner ici les robots industriels qui n'apparaissent réellement qu'à partir de 1961 (surtout dans l'industrie automobile) ; mais ils n'ont eu jusqu'ici qu'un impact économique marginal (voir le chapitre XXVIII).

Dans ce que l'on pourrait appeler l'« électronique grand public », les innovations relativement importantes ne débutèrent que dans les années 1960 et n'ont donc eu un impact significatif sur la vie économique et quotidienne qu'à partir du début des années 1970, d'où un élément supplémentaire à cette rupture des années 1970-1975, sur laquelle nous avons insisté au début de cette section. Ici, nous nous limiterons également aux trois innovations les plus importantes. En 1959, la firme Xerox introduisit sur le marché la première photocopieuse. C'est à un étudiant en droit, donc un « non-scientifique », que l'on doit cette « merveilleuse » invention, réalisée en 1937 et qui ne fut vraiment accessible au grand public de chercheurs et étudiants qu'au milieu des années 1970. En 1962, Philips introduisit la cassette audio, qui, en simplifiant le maniement des enregistreurs à bande (déjà mis au point en 1930), allait révolutionner l'écoute. L'équivalent pour l'image, aussi bien pour des reportages de TV que pour des films de particuliers, est introduit par Sony en 1965.

C'est la première caméra vidéo qui a incorporé l'enregistreur vidéo et la caméra. Le modèle à « bas prix » ne fut introduit par Sony qu'en 1983 ; nous y reviendrons plus loin.

Terminons avec la montre à quartz, innovation qui a failli faire disparaître une des industries suisses dont la renommée mondiale était (avec le chocolat) très grande. Déjà, dans les années 1920, de telles horloges furent construites en tant qu'instruments de laboratoire et, en 1939, une horloge à quartz fut installée à l'observatoire de Greenwich. Mais c'est à partir de la fin des années 1960 que la montre à quartz commença sa marche victorieuse, qui s'affirma dès la seconde moitié des années 1970. Sur le plan mondial, la production atteignit les 10 millions d'unités en 1975, pour s'élever à près d'un milliard en 1995 ; le prix moyen de production actuel est de l'ordre de 10 dollars.

Dans les autres secteurs industriels
et dans l'agriculture,
peu d'innovations importantes

Rappelons que nous traitons de la période allant de 1940 à 1972. Dans le domaine industriel hors de l'électronique et de la chimie, et à l'exception des transports, cette période se caractérise par une quasi-absence d'innovations majeures. Parmi les seules méritant d'être mentionnées, citons une amélioration importante dans le processus de fabrication du verre, une des premières matières « artificielles » du monde (puisque l'on a trouvé du verre utilisé comme élément décoratif dans des poteries égyptiennes datant de 3000 av.

J.-C.); il s'agit du procédé dit du «verre flotté», procédé introduit en 1952 par la firme britannique Pilkington.

Dans la sidérurgie, la production d'acier grâce à des fours à oxygène pur, expérimentés, comme nous l'avons vu, à partir de 1937, permet de réduire fortement le temps nécessaire au processus de fabrication. C'est d'abord en Autriche, dans l'immédiat après-guerre, que cette technique fut mise au point. Les États-Unis mirent du temps à adopter cette dernière ; elle commença à se répandre rapidement ailleurs dès la fin des années 1950. En 1992, dans les pays développés occidentaux, 65 pour 100 de l'acier produit le sont grâce à des fours à oxygène, 34 pour 100 grâce à des fours électriques et seulement 1 pour 100 grâce à ce que l'on appelle les foyers ouverts, qui, *grosso modo*, sont les méthodes mises au point dans la seconde moitié du XIXe siècle.

Notons que les fours électriques ont amené une importante innovation de nature plus économique que technique : les mini-aciéries. Celles-ci ont une capacité de production de l'ordre du demi-million de tonnes, alors que les dix plus grandes aciéries «traditionnelles» avaient, en 1995, une capacité moyenne de l'ordre de 13 millions de tonnes. Outre l'utilisation de la technique de fours électriques, l'organisation des mini-aciéries entraîne des coûts plus faibles de main-d'œuvre et nécessite l'utilisation de ferrailles. C'est essentiellement aux États-Unis que cette forme de production a pris de l'ampleur, passant de 6 pour 100 de la production totale d'acier de ce pays en 1970 à plus de 20 pour 100 en 1988 et à environ 37 pour 100 en 1995.

Au cours de cette période, la chimie vit un

nombre relativement élevé d'innovations, dont peu sont importantes. La lignée de fibres artificielles s'enrichit, en 1944, du Térylène, dont la production débuta en 1949 en Grande-Bretagne où cette fibre avait été mise au point. Le Rilsan (autre fibre), quant à lui, est créé en 1953. La première super-colle voit ses débuts en 1958 dans les laboratoires Kodak mais ne sera commercialisée que sept ans plus tard. Mais, auparavant, en 1946, la firme suisse Ciba lança sur le marché ce qui, parfois, est qualifié de colle du siècle : l'Aradilt, inventée par le Genevois Pierre Castan. Il s'agit d'une colle à base de résine époxyde, dont l'utilisation va du bricolage domestique à son emploi pour les navettes spatiales.

Dans l'agriculture, à part la mise au point de pesticides et d'herbicides (ce qui nous ramène à la chimie), on a assisté à la même absence d'innovations majeures que dans la plupart des secteurs de l'industrie. Nous avons vu que l'histoire moderne des pesticides se situe juste au début de la Seconde Guerre mondiale. Mais les prémices de l'utilisation de produits chimiques comme pesticides remontent à l'Antiquité européenne et chinoise. Une étape importante fut franchie en 1885, quand le botaniste français Alexis Millardet découvrit que le mélange de sulfate de cuivre, d'argile et d'eau utilisé pour colorer le raisin afin de décourager les voleurs était très efficace contre les attaques d'un champignon. Ce que l'on appelle la «bouillie bordelaise» se révéla aussi très efficace contre la maladie de la pomme de terre (le mildiou), cause notamment de la terrible famine irlandaise. C'est là un exemple parmi d'autres que le hasard a aussi sa place dans l'histoire des techniques ; un des exemples les plus célèbres étant celui de la pénicilline, ce qui nous ramène à l'après-Seconde Guerre mondiale où ce médicament « miracle » a fait rapidement le tour du monde. C'est en 1945 que fut introduit le 2,4-D, considéré comme le premier herbicide moderne ; et, dix ans plus tard, un autre herbicide très puissant, le Diquat, était mis au point par une équipe de chimistes britanniques. Très rapidement, on a été placé devant une très vaste gamme de pesticides, qu'il s'agisse de fongicides, d'herbicides ou d'insecticides. Vaste gamme, en effet, puisque, par exemple, il existe actuellement en France environ 2 000 spécialités d'herbicides. Les pesticides, qui ont été un des facteurs de la troisième révolution agricole, sont aussi facteurs de graves problèmes par les dangers qu'ils font courir à l'homme et à la faune.

Avant de quitter l'agriculture, il convient de signaler un événement, majeur pour ses retombées sur le Tiers-Monde, la création de céréales à hauts rendements adaptées aux climats de cette région, ce que l'on appelle la révolution verte, à laquelle nous reviendrons. Ici, notons seulement que c'est en 1955 que furent mises au point la principale variété de blé améliorée et sept ans plus tard la principale variété de riz améliorée.

Les communications : des innovations
à fortes répercussions économiques

Si les secteurs manufacturiers n'ont pas subi de profonds bouleversements techniques, la situation a été assez différente dans les communications, qu'il s'agisse des transports ou des communications proprement dites. Et ces bouleversements se sont traduits par des répercussions économiques parfois très importantes.

C'est au milieu des années 1950 que se situe le début de l'utilisation des «containers» qui a progressivement révolutionné tous les modes de transport. Cette révolution débuta en 1954 quand Malcolm Maclean, transporteur routier depuis deux décennies, utilisa pour la première fois des containers afin de transporter des marchandises entre New York et Houston. Ces containers, qui sont de grandes boîtes en métal réutilisables, peuvent être chargés tels quels sur des camions, des wagons ou des navires. Afin de faciliter les manutentions et autres opérations, la taille de ces containers a été largement standardisée : 2,5 m de large et de haut pour une longueur soit de 6, soit de 12 m. Dix ans plus tard, en 1964, débuta la mise en service de navires spécialisés dans le transport des containers et, au début des années 1990, ces navires effectuaient une fraction importante du transport maritime de matières solides. Matières solides, car le transport d'énergie sous forme de liquides (pétrole et gaz liquéfié) est devenu dominant. Dans ce contexte, le premier «méthanier» (navire pour le gaz liquide) a été mis en service en 1959 et le premier «super-tanker» en 1968. La containérisation n'a pas empêché le développement de navires spécialisés dans le transport de certains produits non liquides. Il s'agit de navires transportant des produits en vrac : minéraliers, charbonniers et transporteurs de grains. Notons qu'afin de faciliter les opérations de chargement et de déchargement, certains produits sont mélangés à de l'eau. En ce qui concerne les containers, des progrès constants sont réalisés afin de réduire les coûts de manutention dans les ports. C'est ainsi que les très récents terminaux sont capables de manipuler 5 millions de containers par an, avec une main-d'œuvre de 500 personnes seulement.

Si, comme nous l'avons déjà signalé, la voiture automobile n'a pas encore subi sa mutation quasi inéluctable — voiture électrique —, deux améliorations cependant ont été introduites : en 1947, le pneu sans chambre à air ; en 1954, la direction assistée. Et si seulement 10 000 à 15 000 sur les 630 millions de voitures en circulation dans le monde en 1995 étaient des voitures électriques, les voitures traditionnelles incorporaient de plus en plus l'électronique. Mais là nous dépassons déjà le cadre chronologique de cette section ; cependant, comme nous ne reviendrons plus à l'automobile, donnons ici quelques détails. Ainsi, aux États-Unis, le coût de l'électronique incorporée en moyenne dans chaque voiture est passé de 25 dollars en 1970 à 300 dollars en 1980 et à plus de 1 300 dollars au début des années 1990 (représentant à peu près le huitième du coût total). D'autre part, et c'est loin d'être négligeable, depuis une vingtaine d'années, des efforts ont été faits afin d'accroître la sécurité des passagers en cas d'accidents, sans parler des multiples améliorations qui rendent les automobiles plus fiables et plus agréables aux passagers. De même, et cela explique le « retard » de la voiture élec-

trique, la voiture à essence a vu une réduction
progressive de sa consommation par distance
parcourue ; et, tout récemment, en août 1996,
une firme japonaise (Mitsubishi) a mis sur le
marché une voiture avec un moteur à injection
directe d'essence, qui non seulement conduit à
une augmentation de la puissance de 10 pour
100 mais surtout à une réduction de la consommation de 30 pour 100. Avant de quitter les
transports terrestres, soulignons que l'essentiel
des innovations qui ont touché les chemins de fer
se place dans la période suivante (1973-1995).

Enfin l'aviation a vu l'introduction progressive
des avions à réaction et leur amélioration. Ici,
l'étape principale se place au début des années
1970, avec la mise en service des avions à réaction de forte capacité. Le premier de ce que l'on a
appelé les Jumbo jets, le Boeing 747, capable de
transporter plus de 400 passagers à une vitesse de
croisière proche de 1 000 km/h, fut mis en service
en 1970. En 1972, ce fut le tour de l'Airbus A300.
Cela donna une impulsion supplémentaire au trafic aérien et notamment au trafic à longue distance. Cependant, déjà en 1958, grâce aux avions
à réaction, pour la première fois le nombre de
passagers aériens transatlantiques avait dépassé
celui des navires. Mais les Jumbo jets ont permis
de réduire les prix et, entre 1970 et 1995, le
nombre de km-voyageurs par voie aérienne a été
multiplié par plus de 6.

L'année (1970) où le Boeing fut mis en service
eut lieu le premier vol du Concorde 001 à la
vitesse de *Mach 2*[1]. Mais l'histoire des techniques

---

1. Soit deux fois la vitesse du son ou plus de 2 000 km/h.

n'est pas seulement celle des succès, car de nombreux échecs sont venus l'émailler. Le Concorde est un des exemples récents d'échecs notoires. Le projet démarra en 1962 et la mise en service de cet avion franco-britannique date de 1976. Cet avion fut un succès technique mais un échec commercial total. Toutes les compagnies (sauf Air France et British Airways) renoncèrent à leurs options d'achat ; seulement 18 appareils ont été construits et, après 1986, leur exploitation régulière cessa.

DU SPOUTNIK AUX SATELLITES DE COMMUNICATION

La fin de l'année 1957 vit un événement de profonde portée non seulement scientifique et technique, mais aussi politique. Le 4 octobre de cette année, le monde apprenait avec étonnement que l'URSS avait lancé un satellite artificiel : le Spoutnik. Étonnement qui, dans le camp occidental et dans le contexte de la guerre froide, se doubla d'une grande crainte, qui suscita le deuxième programme massif de recherches américaines directement menées et subventionnées par le gouvernement ; après le Manhattan Project, ce fut donc le tour de l'*Apollo Program* que lança John Kennedy en mai 1961 et destiné à mener l'homme sur la lune, ce qui fut fait en juillet 1969. Projet qui devait atténuer l'impact qu'avait eu, en 1961, le premier vol spatial d'un homme, le cosmonaute soviétique Youri Gagarine. La dernière mission Apollo sur la lune (Apollo 17) eut lieu en décembre 1972 (encore un événement cette année). Au total, le programme Apollo coûta 25 milliards de dollars, soit en termes réels dix fois plus que n'avait coûté le Manhattan Project. Un peu comme pour le transistor, les retombées dans la vie économique des satellites artificiels ne débutèrent qu'à partir de 1975, quand le premier satellite de communication, spécialement conçu afin de relayer des programmes de télévision, fut lancé par RCA aux États-Unis. Signalons que le premier satellite géostationnaire de communication, le Early Bird, ou Intelsat I, destiné à relayer des communications téléphoniques, fut lancé en avril 1965, mais il ne pouvait relayer que 240 conversations ; les capacités ne devinrent vraiment significatives qu'au milieu des années 1970. À l'Est, ce fut également en 1965 qu'un système de satellite de communication a été mis en place. Mais le système Intelsat fait partie d'une organisation mondiale réunissant plus de cent pays.

Des innovations mineures
à l'impact significatif
sur la vie quotidienne : du stylo à bille
à la carte de crédit

La période 1940-1972 voit aussi l'apparition d'une foule d'innovations mineures qui ont « bouleversé » néanmoins la vie quotidienne. Commençons par l'écriture. Le stylo à bille est breveté en 1943 par le journaliste hongrois Lazlo Biro à Buenos Aires et c'est en Argentine que sera implantée la première fabrique, dès 1945. En 1956, démarre la production artisanale du produit Typex, employé et « béni » par tous ceux qui écrivaient avant le traitement de texte. C'est Bette Nesmith qui, depuis des années, se servant de peinture blanche

afin de couvrir ses fautes de frappe, a créé une
entreprise (devenue une grande compagnie) pour
la production de ce produit. La gomme à effacer,
elle, avait été introduite dès 1770 par M. Nairne,
un fabricant d'instruments mathématiques à
Londres; la gomme serait le premier article en
caoutchouc à avoir été commercialisé. En 1961,
IBM introduit la machine à écrire Selectric, appelée communément «à boule».

De l'écriture, passons à la nourriture ou plutôt
à la boisson. En 1946, la firme italienne Gaggia
introduit la machine à *espresso*. Moins positive
pour la qualité de la vie: l'introduction, en 1959,
de la boîte en aluminium pour le conditionnement de la bière, puis à partir de 1965 pour
d'autres boissons. En 1955, apparaissent le four à
micro-ondes pour usage domestique et la poêle
recouverte de téflon. Terminons, sans être du tout
exhaustif, par le Velcro, inventé en 1948 par l'ingénieur suisse Georges de Mestral; procédé qui a,
en quelque sorte, supplanté la fermeture Éclair,
inventée en 1914 aux États-Unis par Gideon
Sundback. La carte de crédit est introduite pour
la première fois en 1950 par le Diner's Club; en
1969, des banques américaines installent les premiers guichets automatiques. Voilà le choix,
forcément arbitraire, que nous avons effectué
parmi les centaines d'innovations mineures qui
ont émaillé ce tiers de siècle.

DE 1973 À NOS JOURS :
DU MICRO-ORDINATEUR
AUX « AUTOROUTES
DE L'INFORMATION »
ET AUX MANIPULATIONS
GÉNÉTIQUES

Si la période précédente se termine avec le livre intitulé *The Limits of Growth*, celle que nous abordons s'ouvre avec celui intitulé *The Coming of Post-Industrial Society* de Daniel Bell[1], qui décrit les changements de la société entraînés par l'industrialisation et la technologie à tous les niveaux de la société. Sur le plan des techniques, cette période a été marquée à la fois par une accélération du rythme des innovations, par une introduction massive des acquis techniques antérieurs et par un raccourcissement du délai séparant l'invention de son application. Cette triple conjonction explique pourquoi nous avons parlé au début d'une rupture que l'on peut situer aux environs des années 1970-1975. Le monde, surtout le monde développé après 1975, devint très rapidement un monde très différent de celui d'avant 1970. Dans la vie quotidienne, la télévision couleurs et le magnétoscope remplacent le cinéma, l'avion le train, le disque compact (à technologie laser) le microsillon (pas très différent du disque des années 1920) et le micro-ordinateur devient un merveilleux jouet ou outil.

1. 1973.

Mais dans cette vie quotidienne, la prise de
conscience des problèmes écologiques se fait de
plus en plus grande, en même temps que l'emploi
devient plus précaire, parfois en raison des nouvelles techniques. Dans l'industrie, l'électronique
fait une double entrée, à la fois comme secteur de
production, à place croissante, et comme instrument remplaçant en partie l'ouvrier. La biotechnologie se range aux côtés de la chimie et
l'information devient une industrie.

Avant de passer en revue ce véritable foisonnement technique, relevons deux tendances générales. La première est évidemment l'accélération
des innovations. Le nombre d'innovations techniques importantes dans les deux décennies de
1973 à 1994 a progressé au moins d'environ 30 à
35 pour 100 par rapport aux vingt années précédentes. Nous disons au moins, car il est probable
que, faute de recul suffisant, les chronologies
sous-estiment en règle générale le passé le plus
récent plutôt qu'elles ne le surestiment. Dans la
mesure où les deux dernières décennies ont été
marquées par une croissance économique plus
faible, cette progression est d'autant plus remar-
quable.

La seconde tendance est celle d'un glissement
géographique des régions où se produisent ces
innovations. Certes, le phénomène n'est pas très
accusé et ne remet pas en cause la suprématie des
États-Unis. Mais cette suprématie s'est effritée
davantage dans la décennie 1970 que dans celle
de 1980; selon nos calculs (basés sur la chronologie des techniques de la fin des années 1930 au
milieu des années 1960), la part des États-Unis
était passée d'environ la moitié à plus des trois

quarts, pour retomber vers les deux tiers au milieu des années 1980. Au début des années 1990, les trois quarts sont presque à nouveau atteints. C'est évidemment au profit du Japon que cet effritement s'est opéré et, au début des années 1990, ce pays a dépassé l'Europe avec un septième des innovations (contre un dixième). Au milieu des années 1960, il s'agissait respectivement d'un trentième, pour le Japon, et d'un huitième, pour l'Europe.

Examinons la répartition géographique de la recherche actuelle, pour laquelle bien évidemment les données ne permettent pas de distinguer les sciences des techniques. Sous cette optique, la prédominance des États-Unis est moins marquée mais néanmoins évidente. Vers 1990, si l'on prend les trois grands ensembles économiques (Union européenne, États-Unis et Japon), on est en face de la répartition suivante pour les dépenses «recherche et développement»: UE, 30 pour 100; États-Unis, 48 pour 100; Japon, 22 pour 100. Pour le nombre de chercheurs et ingénieurs, les proportions respectives sont les suivantes: 29 pour 100, 44 pour 100 et 27 pour 100.

Le foisonnement de l'électronique

Depuis le début des années 1990, le micro-ordinateur est un des plus importants produits de l'électronique nouvelle et c'est pourquoi nous lui consacrerons une section entière. Un des plus importants produits... oui, mais un parmi de très nombreux, d'où l'emploi du terme de foisonnement pour ce secteur, devenu très important depuis le début des années 1980, tant au niveau de la production qu'à celui du commerce international. Ainsi, malgré la forte baisse des prix qui a caractérisé ce secteur, la part de ces produits dans le commerce mondial d'articles manufacturés est passée de 6,5 pour 100 en 1973 à 16,3 pour 100 en 1995, dépassant ainsi les produits alimentaires, l'automobile, les produits chimiques et les combustibles.

DU LASER AU CD-ROM,
EN PASSANT PAR LE DISQUE COMPACT

Commençons par la définition du laser. Il s'agit d'un appareil qui produit un faisceau de lumière cohérente, dont les sources sont en phase en général monochromatique. À l'instar des ondes de radio, cette lumière peut véhiculer des informations. Les principes fondamentaux d'opération remontent aux travaux, en 1917, du célèbre physicien Albert Einstein, et si le premier laser a été construit dès 1960 par Theodore Harold Maiman, les premières applications dans le domaine des produits manufacturés se placent en 1975, quand IBM a introduit une imprimante laser sur le marché. La mise au point du disque compact a été plus importante. En mars 1979, Philips présenta à la presse son prototype, fruit de longues années de recherche. D'ailleurs, d'autres firmes, notamment Sony et JVC, s'étaient engagées dans la même voie. Un accord entre Philips et Sony intervint en 1980 afin d'en fixer les normes et, en 1981, la licence Philips-Sony fut achetée par la très grande majorité des firmes d'électronique. En octobre 1982, le produit (disque et lecteur) était introduit sur le marché. La fidélité plus grande du son, la souplesse et la longue durée de lecture ainsi que la «non-usure» ont rapidement imposé le système. En une décennie, le nombre de disques vendus annuellement dans le monde a dépassé le milliard.

Le succès du CD-Rom a été beaucoup plus lent. Ce disque, dont le support et la taille sont les mêmes que ceux du disque compact, peut contenir une masse énorme d'informations restituables sous la forme de texte, d'images fixes ou animées et de sons. Sur le standard actuel, le contenu exprimé en texte représente l'équivalent d'un peu plus de 650 millions de caractères (soit l'équivalent de quelque 900 livres de 250 pages) Le CD-Rom a été introduit en 1984 par Philips et Sony; en 1986, le nombre de titres disponibles (en toutes langues) n'était que d'une cinquantaine et ne dépassait, en 1991, qu'à peine les 2 000. Mais depuis lors c'est l'explosion aussi bien du nombre de titres que, surtout, du nombre de lecteurs de CD-Rom qui, depuis 1993-1994, sont devenus pratiquement un standard de l'équipement de tout micro-ordinateur. En 1995, le nombre de titres disponibles était de l'ordre des 15 000. Notons cependant que, même aux États-Unis où la pénétration est la plus forte, seulement 6 pour 100 des ménages possédaient un lecteur de CD-Rom en 1994.

DE L'ÉCHEC (PROVISOIRE) DU VIDÉODISQUE
AU MAGNÉTOSCOPE

En fait, l'utilisation du laser pour la création de support d'image a précédé celle du son, puisque c'est en 1979 (c'est-à-dire trois ans avant le disque compact) que Philips et Sony ont introduit le vidéodisque. Ce fut un échec commercial, de même que la nouvelle tentative faite par les mêmes firmes en 1989. De nouveaux essais sont en cours actuellement et butent sur le problème d'un accord entre les principales firmes sur les normes à adopter. Les débuts du magnétoscope (enregistrement des images sur une bande magnétique) furent difficiles et donnèrent déjà lieu à une guerre à propos du format, d'où survécut une double norme pour les appareils grand public : le 8 MM, surtout utilisé pour les caméscopes, et le VHS pour les magnétoscopes. Sony, après avoir tenté d'imposer (à partir de 1975) le système Betamax, lança sur le même format (8 MM), à partir de 1983, un caméscope grand public, qui très rapidement remplaça les caméras à films. Le tenant de la norme VHS suivit un peu plus tard, élargissant encore le marché des caméscopes. Actuellement, dans la plupart des pays développés, environ la moitié des ménages possèdent un tel appareil. Le taux de pénétration des magnétoscopes est encore plus élevé. C'est en 1976 que la firme JVC introduisit le magnétoscope VHS, qui, progressivement, domina le marché. La généralisation du magnétoscope, jointe au développement d'une infrastructure commerciale de location de films sur ces cassettes, a parachevé l'impact de la télévision sur le déclin de la fréquentation des salles de cinéma.

Le micro-ordinateur

Historiquement, on considère que le premier micro-ordinateur, ou ordinateur personnel (car c'est là l'essentiel de la nouveauté), fut celui mis

sur le marché en janvier 1975 : l'Altair 8800.
Celui-ci était vendu en pièces détachées. La firme
californienne MITS, qui le produisait (et le ven-
dait par correspondance), espérait écouler au
cours de la première année 300 à 800 unités (au
prix de 398 dollars, soit 1 125 dollars de 1995) ;
elle en vendit 1 500 en trois mois ! 20 000 unités
furent vendues en 1975. Par la suite, d'autres
firmes arrivèrent sur le marché et, à la fin de
1976, c'est-à-dire en deux ans, il y avait beaucoup plus de micro-ordinateurs en service que
d'ordinateurs en un quart de siècle. Mais le véritable début du micro-ordinateur se place entre
juin et octobre 1977, quand furent mis en vente
les trois modèles qui allaient dominer le marché
pendant les 4 à 5 années suivantes. Il s'agissait
de l'Apple II (en juin), qui donnera le jour plus
tard (en 1984) au Macintosh ; du TRS 80 (en
août) de la firme Tandy, qui d'emblée a pu le diffuser dans des milliers de magasins dont il disposait aux États-Unis et en Europe ; et du Pet 2001
(en octobre), qui donnera naissance au Commo-
dore très répandu. En 1978, les ventes furent de
l'ordre de 180 000 à 190 000 unités, dont plus de
la moitié pour le TRS 80. En 1980, les ventes de
micro-ordinateurs dans le monde ont dépassé le
million d'unités et le nombre de firmes engagées
dans la production se comptait par dizaines.

Une nouvelle étape fondamentale a été franchie en août 1981 quand IBM annonça la sortie
de son micro-ordinateur. En 1975, cette firme
avait déjà mis au point une telle machine, mais
avait décidé de ne pas la commercialiser, esti-
mant qu'il n'existait pas de marché pour ce type
de produit, répétant ainsi l'erreur qu'elle avait

commise au sujet des ordinateurs[1]. D'ailleurs
IBM n'est pas la seule grande entreprise électronique à n'avoir pas cru en l'avenir du micro-ordinateur; en 1974, c'est-à-dire une année avant
IBM, DEC ne montra aucun intérêt pour ce type
de machine mis au point par un de ses employés :
David Ahl. En 1980, Clive Sinclair, inventeur fertile, avait mis sur le marché son ordinateur ZX 80
qui coûtait moins de 100 dollars, comparé à
4 000 dollars pour l'IBM, il est vrai beaucoup
plus performant. Mais le ZX 80 ouvrit à un vaste
public, notamment aux jeunes, le monde merveilleux de l'informatique.

Le micro-ordinateur fut nommé par le magazine *Time* la machine de l'année 1982. C'était la
première fois que ce magazine élisait un objet et
non une personnalité. En 1983, sur le plan mondial, les ventes étaient de l'ordre de 13 millions
d'unités; en 1990 de 24 millions et en 1995 de
60 millions. Cependant, le micro-ordinateur ne
fait pas encore réellement partie de l'équipement
ménager. En 1995, même aux États-Unis, seulement environ 29 pour 100 des ménages en possédaient un ou plusieurs. En Europe occidentale,
cette proportion varie selon les pays de 6 à 18
pour 100. Ce qui constitue un rythme de diffusion
plus lent que celui de la radio dans les années
1920 et 1930. D'autre part, si élevé que puisse
paraître le chiffre de 60 millions de micro-ordinateurs vendus en 1995, il est faible en comparaison des quelque 400 millions représentés par
l'ensemble des appareils de radio, de télévision et
d'enregistreurs, auxquels on peut encore ajouter

1. Voir plus haut.

40 millions de magnétoscopes. Toutefois, fait symbolique, en 1994, pour la première fois, le nombre de micro-ordinateurs produit a dépassé celui des automobiles et, pour la première fois, IBM a été détrôné comme premier fabricant mondial de micro-ordinateurs par la firme texane Compaq. Sur le plan mondial, la part d'IBM dans la livraison des micro-ordinateurs est passée de près de 12 pour 100 à 8 pour 100 entre 1990 et 1995. Si l'on tient compte également du nombre très important de micro-ordinateurs utilisés hors des ménages, c'est toujours les États-Unis qui viennent en tête, avec (pour 1993) 20 ordinateurs par 100 habitants, suivis par l'Australie et le Canada où ce ratio est proche de 20. Viennent ensuite la Grande-Bretagne, la Suède, la Suisse et les Pays-Bas où il s'agit de plus de 15, alors que pour la France et l'Allemagne c'est moins de 15 et pour le Japon d'un peu plus de 10. Enfin l'Espagne et l'Italie se situent vers 8 (toujours par 100 habitants).

LES PRINCIPALES ÉTAPES TECHNIQUES
DU MICRO-ORDINATEUR

Voyons à présent les étapes les plus importantes de l'évolution technique des micro-ordinateurs. La première génération de ceux-ci (Apple II, TRS 80, etc.) avait une capacité de mémoire interne standard de 4 K-bytes[1]. Cette mémoire étant volatile, les données et les programmes étaient stockés sur une cassette de type audio, très

---

1. K est la convention mathématique pour 1 000 ; et un byte — octet, en français — permet de stocker un caractère et est équivalent à 8 bits.

lente, à faible capacité et peu fiable. Le processeur était en général Intel 8008 ou un Zilog Z80. Le «floppy disc», qui permet une plus grande capacité de stockage (au début 100 K-bytes) et surtout un accès rapide et séquentiel, est apparu sur les micro-ordinateurs en 1978 (dès 1970 sur les ordinateurs). Le disque dur (au début de 10 méga bytes) apparaît en 1983 (pour les ordinateurs, il est apparu dès 1956 sur un IBM). Et tout cela subit progressivement des améliorations multiples et importantes, en sorte que le micro-ordinateur typique du début de 1995 est doté, en standard, d'une mémoire interne de 8 méga bytes (2 000 fois plus qu'en 1977) ; d'un processeur Pentium, au moins plus de 500 fois plus performant que les processeurs de 1984 et d'un disque dur de 540 méga bytes (54 fois plus qu'en 1983). Aux États-Unis, un tel micro-ordinateur ne coûte au consommateur averti que 1 600 dollars, soit en prix constants à peu près le même prix que le micro-ordinateur de 1977. Le premier micro-ordinateur portatif, l'Osborne, introduit en 1981, pesait plus de 10 kg ; les plus légers d'aujourd'hui pèsent un peu moins de 2 kg et sont bien sûr des centaines de fois plus performants.

LES *SOFTWARES*

Aussi importante et peut-être même davantage que le développement rapide du *hardware* (matériel) a été la mise au point des *softwares* (logiciels) conviviaux et performants. Cela concerne surtout le traitement de texte et ce que l'on appelle les tableurs qui permettent de traiter aisément les données chiffrées. Le début du traitement de texte (qu'il faut distinguer des éditeurs de lignes qui se trouvaient sur les grands ordinateurs de l'époque) se place en 1972 quand trois firmes américaines introduisirent des machines spécifiques à cet usage. Le premier programme de traitement de texte proprement dit (appelé Electric Pencil) fut mis au point en 1975 par Michael Shrayer et était destiné aux micro-ordinateurs Altair. En 1978, ce fut la naissance de Wordstar, un des trois premiers programmes qui ont dominé, et dominent encore, le marché en ce domaine, les deux autres étant Wordperfect (1979) et Word (1981). Ces programmes de traitement de texte destinés aux micro-ordinateurs étaient beaucoup plus performants et surtout beaucoup plus conviviaux que ceux très élémentaires qui existaient alors pour les ordinateurs. Word nous amène à William (Bill) Gates et à sa firme Microsoft, fondée avec Paul Allen en 1977, dont les prémices de sa formidable expansion sont liées à la mise au point d'un système d'opération des micro-ordinateurs (le Dos) qui fut adopté par IBM pour son premier micro-ordinateur et qui, de ce fait, constitue la norme pour plus des trois quarts des micro-ordinateurs. Bill Gates est devenu récemment l'homme le plus riche du monde. En 1979, donc un an après la naissance de Wordstar, Daniel Bricklin mit au point le premier tableur commercialisé : le VisiCalc. Les deux autres tableurs qui dominent le marché suivirent en 1983 : Lotus 1.2.3 et Multiplan, auquel Microsoft fit succéder Excel à la fin des années 1980.

Les grands secteurs : toujours pas
de ruptures techniques importantes

Dans les grandes lignes, cette période (1973-
1995) ressemble à la précédente (1940-1972)
pour ce qui a trait aux grands secteurs de la vie
économique. Qu'il s'agisse de l'agriculture ou des
principaux secteurs manufacturés, les procédés
de production ne subissent que de très rares changements. Et, comme pour la période précédente,
les transports et les communications subissent,
eux, une évolution plus importante.

L'AGRICULTURE : UNE QUASI-ABSENCE
D'INNOVATIONS TECHNOLOGIQUES

Vers 1973, date du début de cette partie de l'histoire des techniques, l'agriculture n'était plus
qu'un secteur marginal de l'activité qui n'occupait plus que 9 pour 100 de la population active de
l'ensemble des pays occidentaux et seulement
4 pour 100 aux États-Unis. Dès lors, il est compréhensible que ce secteur ait reçu moins d'attention
qu'auparavant. Il est symptomatique que, dans la
chronologie de l'histoire de la technologie déjà
évoquée de B. Bunch et A. Hellemans, sur les
441 faits techniques relevés entre 1973 et 1994,
seulement six se rapportent à l'agriculture et que,
sur ces six, trois ont trait à des barrages et un
à la décision de 1990 des Pays-Bas de rendre à
«la nature» un dixième des terres agricoles si
durement acquises pendant des siècles. Les deux
autres références concernent la biotechnologie.
Mais, ainsi que nous le verrons plus loin, il s'agit

là davantage de «promesses» (souhaitées mais aussi redoutées) que de réelles percées. Ce qui ne veut pas dire que la technique n'a pas pénétré de plus en plus le monde agricole, et cela essentiellement par l'amélioration et un usage accru du machinisme. Ainsi, par exemple, pour la «machine» par excellence qu'est la moissonneuse-batteuse, la capacité des modèles courants utilisés en Europe est passée, entre 1973 et 1995, d'environ 0,6 à 1 hectare de blé à l'heure (pour les modèles les plus performants : de 6 à 8 hectares à l'heure), ce qui explique que le nombre en utilisation dans les pays développés ces dernières décennies soit resté stable : autour des 2,3 millions (1,2 million en 1950 et 0,2 million en 1936). En revanche, la hausse du prix des engrais et une certaine prise de conscience écologique ont conduit à un recul de leur consommation. Pour l'ensemble des pays développés, on est passé de 72,3 millions de tonnes en 1980 à 64,8 millions en 1993 (16,2 en 1950).

LES INDUSTRIES : HORS DE L'ÉLECTRONIQUE
PEU DE MODIFICATIONS

L'évolution du textile et de l'habillement a quelques analogies avec celle de l'agriculture, en ce sens que ce secteur est aussi devenu très marginal en termes d'emploi. Déjà, au cours du xixᵉ siècle, dans les pays développés, l'industrie textile était passée de quelque deux tiers de l'emploi total manufacturé vers 1800 à un tiers vers 1910. Mais, en 1973, il ne s'agissait que d'un huitième et en 1995 d'un douzième. L'analyse est aussi valable en matière d'innovations techniques. Dans l'indus-

trie manufacturière, à part l'électronique, le seul
secteur où des innovations techniques sont réalisées et introduites est la chimie. Cela concerne à
la fois de nouveaux matériaux et surtout de nouveaux médicaments. Dans le domaine des matériaux, signalons deux innovations qui ont des
retombées sur le secteur-clé de l'électronique. La
première est la mise au point, en 1981, par la
firme américaine 3M d'une méthode de fabrication de disques qui permettent l'écriture par laser,
ouvrant ainsi la voie aux disques audio et optiques.
La seconde se place en 1987 quand Herbert Naar-
mann et N. Theophilou créent une forme de plastique qui est meilleur conducteur d'électricité que
le cuivre. À ce propos, il n'est pas superflu de
mettre en évidence la découverte, faite en 1986,
par deux physiciens d'un centre de recherches
d'IBM (à Zurich) de la supraconductivité. Cette
avancée de la physique des matériaux vaudra
à Georg Bednorz et à Alexander Müller le Prix
Nobel. Le phénomène de supraconductivité permet à certains matériaux de laisser passer du courant électrique sans déperdition, mais à de très
basses températures (au départ moins 269° C).
Progressivement, on a créé des matériaux permettant les mêmes performances à des températures plus élevées et, au début de 1995, dans un
laboratoire américain, on a mis au point un maté-
riau flexible, qui fonctionne à moins 199 degrés,
ce qui ouvre de larges perspectives.

Revenons à des matériaux plus «connus» et à
utilité plus immédiate. Parmi ceux-ci, citons la
mise au point, en 1976, du Kevlar, une fibre aussi
résistante que l'acier et qui sert aussi bien à renforcer les gilets pare-balles que les pneus et que

l'on utilise aussi dans la construction aéronautique. En ce qui concerne les fibres textiles, disons «traditionnelles», telles que le nylon, on a assisté à une amélioration des procédés de fabrication, essentiellement à partir de la fin des années 1970, grâce à des additifs chimiques et, surtout à partir de la fin des années 1980, grâce à des filières de platines, qui permettent de produire des fils encore plus fins que ceux de la soie et même des fibres creuses assurant une meilleure isolation (sur le plan commercial, il s'agit des «micro-fibres»). Des progrès importants ont été également réalisés pour les médicaments; mais cela sera présenté plus loin.

Les communications : du TGV
aux «autoroutes de l'information»

Le télégraphe[1], cette première ébauche des «autoroutes de l'information», a été, à ses débuts (les années 1840), lié largement aux chemins de fer. Et, paradoxalement, dans la période 1973-1995, ce sont les seuls domaines du transport où les progrès ont été importants. En effet, qu'il s'agisse de l'aviation, de la navigation ou de l'automobile, on constate peu de changements. Le seul autre domaine qui a subi des modifications importantes est celui de l'exploration spatiale. D'ailleurs, une partie de la vitalité de ce secteur est liée aux télécommunications. Mais commençons par les chemins de fer.

---

1. Voir chap. X, tome II.

La revanche du rail ou, plutôt, la double revanche, car bien que concernant surtout les chemins de fer elle touche aussi les tramways. Depuis le début des années 1980, on a pris conscience que le démantèlement de ce moyen de transport urbain avait été trop radical et l'on a commencé, dans un certain nombre de villes, à mettre en place de nouvelles lignes de tramway.

Dans les chemins de fer, le changement le plus important est la création de lignes à grande vitesse, dont la première a été celle entre Tokyo et Osaka (avec une vitesse moyenne de 160 km/h). L'étape importante suivante fut le TGV (train à grande vitesse), dont la première ligne fut mise en service en 1981 entre Paris et Lyon (213 km/h). Ce développement des trains à grande vitesse n'a pas arrêté les recherches (surtout en Allemagne) dans le domaine de la suspension magnétique, qui permet des vitesses de l'ordre de 500 km/h, ni la mise au point de systèmes alternatifs moins performants. C'est surtout le cas du train pendulaire. Moins spectaculaire mais permettant l'utilisation de la plupart des réseaux ferrés existants par son inclinaison dans les virages, le Pendolino a été créé en Italie par Fiat ; la première ligne (Rome-Ancône) fut mise en service en 1977. Ce système permet d'atteindre des vitesses de l'ordre des 200 km/h.

Si l'ère des tunnels ferroviaires se situe surtout dans la seconde moitié du XIXe siècle, le plus important d'entre eux ne fut cependant mis en service qu'en 1994. Le premier projet d'un tunnel sous la Manche remonte à 1802. Un accord franco-britannique fut signé en 1876 mais la Chambre des communes mit fin aux travaux en 1882. C'est un peu plus d'un siècle plus tard (en 1985) que le projet redémarra, pour donc s'achever neuf ans après. Notons qu'en 1988 fut ouvert le tunnel sous le détroit de Tsugaro (Japon) d'une longueur de 54 km. Bien qu'il s'agisse du plus long tunnel ferroviaire du monde, son importance est moins grande que celui sous la Manche (qui occupe la deuxième place : 51 km), car cinq ans après son ouverture, il n'a été emprunté que par 2,4 millions de voyageurs, alors qu'en 1995, soit moins d'un an après son inauguration, le tunnel sous la Manche a été emprunté par 8 millions de voyageurs.

Si les ingénieurs et les scientifiques jouent un grand rôle dans les innovations ferroviaires, celui des mécaniciens reste encore incontournable. Comme le remarque, à propos des TGV, Michel Frybourg dans son article sur l'innovation des transports[1] : « Derrière le physicien, l'électronicien, l'opticien, l'océanographe, l'astronome, le chimiste ou le chirurgien, se profile l'ombre d'un mécanicien. À fortiori derrière le transporteur. Mais comment faire comprendre aux médias que pour ce dernier (TGV) l'événement est justement le non-événement. Que c'est un véritable progrès qu'à ce jour les révisions importantes du matériel ferroviaire aient lieu non plus tous les 200 000 km, mais tous les 600 000, ne nécessitant que l'échange des pièces d'usure des freins et des frotteurs de courant (d'ailleurs en passe de disparaître avec la transmission synchrone). »

1. 1990.

La période 1974-1995 voit trois faits qui vont mettre en route un véritable bouleversement des communications. En 1974, les agences techniques des Nations Unies définissent le premier standard international pour la transmission de messages fac-similés. Cette transmission impliquait la vitesse d'une page en six minutes et cela ouvrit la voie au fax (en France appelé aussi télécopie). Le nouveau standard de 1980 ramena ce temps à une minute ou moins. Ici, comme dans beaucoup d'autres domaines, les prémices du système remontent assez loin dans le temps. Et, dans ce cas, une étape importante se place en 1902, quand le physicien Arthur Korn découvrit une méthode afin de décomposer une photo en un message électrique, transmissible par ligne télégraphique ou téléphonique. En 1907, c'est avec ce procédé que sera ouvert, en Allemagne, le premier service commercial de « téléphotographie ». Les années 1920 voient l'utilisation généralisée de ce procédé par la presse et la police. Le système de Korn fut supplanté par ce que l'on appelle communément le bélinographe (du nom de son inventeur, le Français Édouard Bélin); et, fait intéressant, le bélinographe connut, dès le milieu des années 1920, une large diffusion en Chine, pour sa capacité de transmettre les idéogrammes. Mais revenons au fax, dont les premiers appareils destinés au grand public n'apparaissent sur le marché qu'à la fin des années 1980; dès lors, l'utilisation du fax se répandit considérablement.

Pour l'ensemble des pays développés occidentaux, on est passé, entre 1988 et 1992, de 4,4 à
21,7 millions d'appareils.

Le deuxième fait se place également en 1974
quand Robert Kahn crée une série de conventions afin d'échanger des données entre différents
programmes d'ordinateur. Cela va permettre la
transformation d'un réseau d'échanges d'informations mis au point dès 1969 pour l'armée en un
réseau accessible à un public beaucoup plus
vaste. C'est en quelque sorte la naissance d'Internet. Ce réseau, qui permet l'accès (presque gratuit)
à des centaines de milliers de bases de données et
autres informations et permet aussi aux utilisateurs de communiquer entre eux, a débuté modes-
tement en 1969 comme réseau de communication
du Pentagone américain. Il est devenu réellement
accessible au grand public à la fin des années
1980 et compte déjà (mi-1995) environ 30 millions d'utilisateurs, dont la majorité sont des universitaires, auxquels s'ajoutent de plus en plus le
monde des affaires et le grand public. Signalons
que la France a élaboré un système que l'on peut
assimiler, mais de loin, à l'Internet. Il s'agit de la
mise en place, à partir de 1980, du Minitel qui
permet non seulement d'accéder sur écran au
bottin téléphonique mais aussi à une gamme
croissante de services d'informations et de certaines bases de données. En 1995, le nombre de
minitels en service était de 6,5 millions, soit en
moyenne un par moins de quatre ménages.

Enfin, le troisième fait fondateur de la révolution de l'information se passe en 1977, année
où plusieurs firmes de téléphone commencent
à expérimenter l'utilisation de câbles en fibres

optiques. Ces câbles permettent une densité de transfert considérablement plus élevée que les câbles en cuivre ou en alliage utilisés traditionnellement. En 1985, les laboratoires Bell réussissent à traiter l'équivalent de 300 000 conversations téléphoniques simultanément sur une seule ligne (ou l'équivalent de 200 programmes de télévision à haute définition). Là aussi, il faut attendre la fin des années 1980 pour la généralisation du câblage des lignes téléphoniques en fibres optiques. La première ligne transatlantique est posée en 1988 et l'expansion devient rapide à partir de 1992.

Tout cela, conjugué avec la rapide extension des satellites de communication, mit en place ce qui est déjà, et le sera davantage encore dans les prochaines décennies, les véritables «autoroutes de l'information». Et l'accès au vaste réseau d'informations a aussi commencé à se dégager de la contrainte d'une prise pour le téléphone, puisque, là aussi, on a assisté à une mutation importante. Celle-ci a commencé en 1979 quand le premier réseau téléphonique «cellulaire» (appelé généralement téléphone mobile) a été mis en service à Tokyo. En 1987, 205 villes américaines disposaient d'un tel réseau et, en 1992, un système digitalisé était introduit aux États-Unis, triplant la capacité du système et améliorant la qualité du son. Sur le plan des pays développés occidentaux, rien qu'entre 1987 et 1992 on est passé de 2,4 à 20,8 millions d'abonnés aux téléphones mobiles, dont un peu plus de la moitié aux seuls États-Unis.

La biotechnologie :
où la technique touche plus directement
le domaine de la vie

Depuis fort longtemps, la médecine a fait appel à des procédés techniques afin d'être épaulée. D'ailleurs, la chirurgie est, à de nombreux égards, plus proche de la technique que de la médecine. Mais ce n'est qu'en 1954 que le vieux rêve de la médecine de remplacer un organe malade par un organe sain devient, pour la première fois, réalité ; nous y reviendrons plus longuement. Plus importante encore, surtout pour ses conséquences futures, a été l'étape de 1973 où sont mises au point les premières techniques de clonage et de recombinaison génétique.

LA BIOTECHNOLOGIE : DES ÉTAPES IMPORTANTES,
MAIS DES RÉALISATIONS PRATIQUES ENCORE LIMITÉES

Puisque nous avons donné une assez large place à la micro-informatique, signalons qu'en 1976, une année après l'apparition du premier micro-ordinateur, se créait (aussi en Californie) la première firme commerciale consacrée à la mise au point de produits provenant de manipulations génétiques : Genentech. Certes, l'utilisation par l'homme de bactéries et de champignons pour des processus de fabrication de certains produits remonte à la nuit des temps. Il suffit d'évoquer la bière par exemple. Mais une étape importante a été franchie, en 1973, quand une équipe américaine, dirigée par Herbert W. Boyer et Stanley N. Cohen, a mis au point les premières techniques

de clonage et recombinaison génétique de l'ADN.
L'ADN (acide désoxyribonucléique) est le constituant des chromosomes qui codent l'information
nécessaire à toutes les espèces vivantes. En 1980,
une étape supplémentaire a été franchie quand
Martin Cline a réussi à transférer des gènes d'une
souris à une autre. L'année suivante, des savants
chinois réussirent à produire une copie génétique
(un clonage) d'un poisson. Le vaste projet de dresser la carte de tous les gènes de l'homme, le
Human Genome Project, est annoncé en 1984 et
mis en route en janvier 1989.

Sur le plan économique, bien que les entreprises de biotechnologie se soient multipliées, la
gamme et le volume des produits mis sur le marché restent encore assez limités. La première
plante comestible à avoir été commercialisée est
une variété de tomates (Mac Gregor), qui reste
ferme plus longtemps à l'état de maturité, ce qui
en facilite la récolte à un état de maturité avancée.
Il a fallu cinq ans à la firme pour prouver son
innocuité et les autorités américaines n'en ont
permis la commercialisation qu'en mai 1994. En
ce qui concerne les céréales, une firme japonaise
a déposé, à partir de 1993, des brevets pour le riz.
Cependant, il apparaît qu'un chercheur chinois
avait, dès 1991, publié des résultats en ce domaine ;
mais comme il s'agissait d'une revue en langue
chinoise, ce précédent est passé inaperçu jusqu'à
récemment (fin 1995). La deuxième plante alimentaire est une variété de courge, dont la vente
des semences a été autorisée (toujours aux États-
Unis) en décembre 1994. Dans ce pays, à la mi-
1996, ce sont en tout une quinzaine de plantes
transgénétiques qui ont été mises sur le marché,

dont notamment, en plus de variétés de tomates et de courges, celles d'une pomme de terre, de maïs, de colza, de soja et de coton. En 1995, sous licence de la firme belge PGS, la grande firme allemande Hoechst a mis sur le marché canadien un colza qui détruit des herbicides, contribuant ainsi à la diminution de la pollution des sols. La firme suisse Ciba-Geigy cherche, en 1996, à commercialiser une variété de maïs qui contient un gène (bactéricide) protégeant la plante contre une larve qui détruit en moyenne 10 pour 100 de la récolte européenne. Une des raisons de l'opposition (émanant notamment de commissions de l'UE) réside dans le fait que parmi les trois gènes introduits s'en trouve un qui rend la plante résistante à un antibiotique (ce gène a été introduit afin de servir de marqueur).

En sus des États-Unis et du Canada, jusqu'ici (mi-1996) seuls deux autres pays (Chine et Japon) ont ouvert leurs marchés à des plantes transgénétiques. La méfiance, peut-être injustifiée mais parfaitement légitime, des consommateurs retarde l'évolution en ce domaine ; auparavant, ce fut notamment le cas du lait en provenance de vaches ayant subi un traitement afin d'accroître sensiblement le rendement. Dans cet ordre d'idées, signalons que des animaux « manipulés » génétiquement ont déjà été « mis au point » ; il s'agit notamment de saumons et de truites. S'il est certain qu'une très grande prudence s'avère nécessaire, ces percées de la technologie sont néanmoins riches de potentialités positives, à la fois sur le plan quantitatif et sur celui de l'amélioration du goût des aliments.

Dans un tout autre ordre d'idées, il convient de

signaler le danger de concurrence que pourrait représenter pour le Tiers-Monde la mise au point de variétés de semences permettant la production dans les pays développés de plantes spécifiques au Tiers-Monde. Un premier cas au moins est déjà du domaine de la réalité. Il s'agit d'une variété de colza dans laquelle a été introduite un gène lui conférant une haute teneur en acide laurique, ce qui permet à cette production de concurrencer les huiles de coco et de palme pour l'utilisation notamment dans la fabrication de savons et autres cosmétiques. La première récolte (certes encore limitée) de cette variété de colza a été faite en 1995 aux États-Unis. Cela suscite sans aucun doute la crainte pour l'avenir chez les producteurs d'oléagineux du Tiers-Monde. Une autre plante oléagineuse, le soja, est, elle, au centre d'un conflit commercial qui oppose des pays développés. Ce soja, modifié afin de résister aux attaques d'un désherbant (ce qui permet d'utiliser ce désherbant pour la culture du soja), a été approuvé aux États-Unis mais non par l'Union européenne ; or, une partie importante de la production américaine de soja est exportée vers l'Europe, d'où la crainte des pays de l'Union d'une concurrence américaine accrue.

Il est évident que la méfiance, on peut même parler de crainte, est encore plus justifiée quand les nouvelles techniques s'appliquent à l'homme. D'où l'alarme des médecins, moralistes et juristes quand, en janvier 1994, fut révélée la réussite du premier clonage d'embryons humains réalisé en octobre 1993 par une équipe de l'Université George-Washington. Il ne faut pas confondre cette technique avec celle du clonage somatique d'un mammifère réalisé pour la première fois en 1997.

La médecine : une intrusion massive de la technique

Passons à un aspect où la technique est plus proche de l'humain et où la continuité est plus grande, ce qui nous amène à couvrir ici l'ensemble de la période 1940-1995. Intrusion massive de la technique ? En effet, cela est valable pour maints aspects de la médecine et nous commencerons par ce qui est, en quelque sorte, la composante technique la plus nette.

DES MACHINES POUR REMPLACER DES ORGANES AUX GREFFES

En 1943, en pleine guerre, la première machine conçue afin de remplacer un organe humain défaillant a été utilisée. Il s'agissait d'une machine de dialyse remplaçant les reins ; elle était due à Wilhelm Kolff. Il fallut attendre seize ans (1969) pour que le premier cœur artificiel extérieur soit utilisé. Cela s'est passé aux États-Unis et a été réalisé par Denton Cooley et Domingo Liotta ; mais la survie du patient fut un peu inférieure à trois jours. L'étape ultérieure fut réalisée également aux États-Unis, en 1982, par William De Vries, qui procéda à la première implantation d'un cœur artificiel ; le patient survécut 112 jours. Ce type d'appareil fut abandonné en 1990, en raison des conditions de vie déplorables qu'il imposait aux patients. D'une certaine façon, le relais sera

pris par un appareil moins ambitieux : le pacema-
ker, dont le premier modèle fut mis au point en
1958 par Clarence Walton Lillehei ; l'année suivante, Ake Senning réalisait la première implantation d'un tel appareil.

Pour des raisons évidentes, le cœur ne fut pas le
premier organe greffé. La greffe d'organes est un
vieux rêve de la médecine mais il a fallu vaincre le
délicat problème du rejet par l'organisme. La première réussite date de décembre 1954 (à Boston),
où une transplantation rénale fut réalisée entre de
vrais jumeaux, ce qui évacua le problème du rejet,
dont les mécanismes ne furent vraiment compris
que dans les années 1960. Après une greffe de rein
réussie en 1959 sur de faux jumeaux, les tentatives se multiplièrent et l'on commença à surmonter progressivement l'obstacle du rejet. À la fin de
1967, le chirurgien Christian Barnard réalisa la
première greffe du plus « noble des organes » : le
cœur. Le patient ne survécut que 18 jours. Après
sa seconde tentative l'année suivante, la survie fut
de 74 jours. L'introduction, à partir du début des
années 1980, de médicaments, de plus en plus
efficaces contre le rejet, fit augmenter considérablement la durée de survie de toutes les opérations de greffes d'organes. Le plus important de
ces médicaments est la cyclosporine, découverte
en 1972 par le Suisse J.-F. Borel des laboratoires
Sandoz à Bâle.

Très proche du monde des techniques sont les
travaux d'Irène et Frédéric Joliot-Curie, qui
découvrirent en 1934 la radioactivité artificielle.
Ce qui mena non seulement au traitement des
cancers, mais également à des possibilités de diagnostic de nombreuses maladies, conduisant à

une nouvelle spécialité médicale, à savoir la médecine nucléaire, avec notamment trois domaines
de prédilection : les os, le cœur et le cerveau.

DES REMÈDES POUR LE CORPS ET POUR L'ESPRIT

Actuellement, une des plus angoissantes menaces
est l'adaptation de certaines bactéries aux antibiotiques. Cependant, cela ne doit pas faire oublier
les énormes réussites dues au développement de
la vaste gamme de ces médicaments miracles. La
pénicilline fut suivie, en 1945, notamment par la
streptomycine, découverte par Selman Waksman.
Les années suivantes ont vu la découverte d'une
vaste gamme d'autres antibiotiques, dont les trois
plus importants sont l'auréomycine (1944), le nys-
tatine (1948) et la tétracycline (1955).

La décennie 1950 voit la recherche pharmaceutique s'attaquer, avec un certain succès, aux
maladies mentales. Dans les toutes premières
années de cette décennie, deux médicaments furent
introduits afin de traiter deux formes différentes
et importantes de ces terribles maladies. La chlor-
promazine pour le traitement de la schizophrénie
et le méprobamate, un des premiers produits de
la vaste gamme des tranquillisants et antidépres-
seurs, laquelle va s'attaquer notamment à « la
maladie » de l'époque moderne : la dépression.
Dans ce domaine, la réussite la plus nette concerne
la famille des benzodiazépines, notamment le
librium (découvert en 1958) et le valium (introduit
en 1963). Signalons enfin, sans être exhaustif, la
commercialisation, en 1994, d'un remède efficace
(le sumatriplan) contre une maladie considérée
comme bénigne mais très douloureuse et fort

répandue, à savoir la migraine, mis au point par le laboratoire britannique Glaxo.

LA PRÉVENTION DES MALADIES

Des efforts pour la guérison, passons à ceux pour la prévention, soit essentiellement aux vaccins. Certes, les étapes les plus importantes se placent à la fin du XVIIIe et au XIXe siècle avec l'inoculation d'un vaccin contre la variole (Edward Jenner, en 1796) et la découverte accidentelle (en 1879) par Louis Pasteur qu'une bactérie affaiblie du choléra ne causait pas de maladie chez les poulets. En 1885, Pasteur mettait au point le vaccin contre la rage. Les étapes importantes suivantes furent le sérum antipesteux (Alexandre Yersin en 1894), les vaccins contre la typhoïde (Almroth Wright en 1897), la tuberculose (Albert Calmette et Camille Guérin en 1923), le typhus (Hans Zinsser en 1930) et la fièvre jaune (Max Theiler en 1937). Mais les progrès réalisés après 1940 sont loin d'être marginaux, même si, pour le moment, le vaccin contre le sida apparaît encore lointain ; en 1952, on voit les débuts d'une possibilité de vaccination contre la terrible poliomyélite grâce à Jonas Salk. L'utilisation effective du vaccin ne commença qu'en 1954. Puis les étapes importantes suivantes furent les vaccins contre la rougeole (en 1963, dû largement aux travaux de John Franklin Enders), contre la rubéole (Harry Meyer en 1966), contre certaines formes de pneumonie (en 1977), contre l'hépatite B (en 1981), contre la grippe (en 1984), contre la méningite (en 1985) et, enfin, contre la varicelle (en 1994).

LA PRÉVENTION DES NAISSANCES ET LE COMBAT
CONTRE LA STÉRILITÉ

De la prévention des maladies, passons à la prévention des naissances, aspect médical dont les retombées économiques et sociales sont de première importance. Si on laisse de côté le préservatif, qui aurait été introduit dès le XVIe siècle en Italie, et le stérilet (1928) dû à l'Allemand Ernst Grafenberg, les deux faits majeurs se placent à vingt ans d'intervalle (1934 et 1954). En 1934, le chimiste Adolf Butenandt faisait la synthèse de la progestérone et, quelques années plus tard, la démonstration fut faite que cette hormone était capable d'inhiber l'ovulation chez la lapine. En 1954, à la suite des travaux de Gregory Pincus et de John Rock, les laboratoires de la firme pharmaceutique Searle mettaient au point ce qui deviendra «la pilule», introduite sur le marché en 1960, ouvrant la voie à une possible réduction de l'inflation démographique du Tiers-Monde et à la «révolution sexuelle» mondiale. Une étape supplémentaire (mais qui rencontre des réticences) fut la création (en 1988) en France par Étienne-Émile Baulieu de la première pilule contragestive (RU 486). Cette pilule permet d'interrompre la grossesse jusqu'à trois semaines après la conception. Enfin, en 1993, une équipe de New Delhi, dirigée par Gussapan Prasad Talwar, a élaboré le premier vaccin contraceptif.

À l'opposé, la science a aussi permis de contourner la stérilité grâce à la fécondation *in vitro*, communément appelée «bébé éprouvette». C'est dès 1955 que la fécondation *in vitro* appa-

raît comme une technique pouvant être utilisée
pour contourner la stérilité féminine. Mais il fallut attendre 1978 pour les deux premières naissances (en Grande-Bretagne et en Inde) de ce
que l'on appelle aussi la procréation médicale-
ment assistée. Sur le plan mondial et essentiellement dans les pays développés, entre 1980 et
1994, ce sont quelque 150 000 bébés qui ont ainsi
été mis au monde.

Terminons cette brève histoire des principales
étapes des techniques médicales par une remarque
personnelle et un peu désabusée sur le refus,
presque généralisé, de la médecine d'explorer des
voies alternatives, qu'il s'agisse de l'homéopathie
ou de certaines médecines traditionnelles des
diverses civilisations.

Avant de nous engager prudemment sur l'avenir,
nous ne pouvons pas quitter l'histoire passionnante des techniques, qui ont si profondément
marqué la vie de l'humanité durant les trois derniers siècles, sans paraphraser le titre de ce livre.
L'histoire des techniques est une suite impres-
sionnante de victoires dont beaucoup, hélas, se
sont traduites par des déboires. Déboires pour les
hommes, la faune et l'environnement. La mise
en place de maintes innovations a entraîné fré-
quemment la nécessité de reconversions, parfois
impossibles, souvent difficiles, et presque toujours traumatisantes. Il apparaît comme probable
que la progression rapide du niveau de l'éducation n'a pas été suffisante pour amortir les effets
de l'accélération des techniques qui marqua le
dernier demi-siècle. L'inadaptation du contenu
de l'enseignement a constitué en ce domaine un
facteur aggravant, mais difficile à éviter. Sans

parler des catastrophes écologiques survenues dans les systèmes capitalistes et, paradoxalement, davantage encore dans ceux se réclamant du socialisme. Les entreprises n'ont que rarement cherché à corriger les conséquences négatives sur le plan écologique de beaucoup de techniques nouvelles de production, dont les impacts négatifs ont été accrus par la forte progression de la population qui a marqué l'humanité depuis le début du XIXᵉ siècle. Depuis les années 1930, cette progression a reçu une impulsion supplémentaire en raison de la véritable inflation démographique qui caractérise le Tiers-Monde et qui constitue une des principales causes des graves déboires de cette région, dont nous abordons plus loin l'histoire de 1900 à nos jours.

ET L'AVENIR?
DES PRÉVISIONS PRUDENTES

Peut-être encore davantage que les prévisions économiques et sociales, celles qui concernent la technologies sont très hasardeuses, qu'il s'agisse du moyen ou du long terme. L'histoire des erreurs d'appréciation en ce domaine est très étoffée et de très grands noms sont loin d'y être absents. Ne citons qu'un exemple pris parmi ceux sélectionnés par David Milsted, compilateur d'un livre sur les citations erronées, choix qu'il a présenté dans un article du *New Scientist* du 29 août 1995, intitulé «Even Geniuses Make Mistakes». Albert Einstein a déclaré «qu'il n'y avait pas la moindre indication laissant présager que l'on ne pourrait jamais obtenir de l'énergie de l'atome». En fait, ce qui nous a incité a ajouter cette section lors de la toute dernière mise au point du manuscrit de ce livre, c'est la parution, en septembre 1995, d'un numéro spécial de la prestigieuse et très bonne revue de vulgarisation : *Scientific American*. Cette revue a marqué son 150ᵉ anniversaire par ce numéro consacré aux techniques du XXIᵉ siècle, pour lequel elle a fait appel à plus de trente spécialistes choisis parmi les meilleurs en leur discipline. L'introduction à ce numéro est un éditorial du rédacteur en chef intitulé : «Les incertitudes de l'innovation technologique». Nous suivrons ici l'ordre des domaines présentés qui, comme il fallait s'y attendre, commence par «Informatique et réseaux».

L'INFORMATIQUE ET LES RÉSEAUX

Partant de la constatation que la vitesse des microprocesseurs double chaque 18 mois, on prévoit que, vers l'an 2020, un seul ordinateur aura la puissance de tous ceux qui se trouvent actuellement dans la Silicon Valley. La chimie supramoléculaire (c'est-à-dire celle de l'assemblage de plusieurs molécules) permettra des méthodes nouvelles de stockage et de traitement de l'information. Et le Prix Nobel, Jean-Marie Lehn — à qui l'on doit un article (ajouté à l'édition française de ce numéro spécial) sur ce sujet —, note que «les systèmes supramoléculaires ont enfin un autre avantage pour la mise au point de systèmes évolués : ils pourraient s'autoréparer».

Un développement important des réseaux radio-téléphoniques, des réseaux optiques et de l'intelligence artificielle est prévu. Sont également prévus des agents informatiques, c'est-à-dire des programmes capables de prendre des initiatives, qui non seulement rendraient l'utilisation des ordinateurs moins fastidieuse mais permettraient de traiter, à faible coût, de grandes quantités d'informations.

Cette partie se termine par le seul article consacré au Tiers-Monde. Il s'agit du rôle des satellites et il est dû à Russell Daggatt (président de la Société Teledesic Corporation). Daggatt conclut : «Aujourd'hui, de nombreux citoyens du monde habitant dans des régions pauvres et isolées ne peuvent prendre part au dialogue planétaire, car les moyens modernes de communication coûtent trop cher. La révolution de l'information devrait toutefois profiter à tous, y compris à ceux qui ne résident pas à proximité des centres commerciaux et industriels, qui ont difficilement accès aux hôpitaux, aux écoles ou aux bibliothèques, et qui risquent de rester à l'écart. Les communications par satellite pourraient modifier radicalement le paradigme industriel et améliorer l'existence de millions d'individus.» Toutefois, je pense qu'il y a également, et plus généralement avec l'informatique, un danger d'élargissement de l'écart entre monde développé et l'essentiel des régions des Tiers-Mondes.

Dans ce domaine, la revue met en avant l'avenir des trains à grande vitesse et prévoit la probabilité que les systèmes actuels soient concurrencés par des trains à sustentation magnétique. Ces systèmes permettent des vitesses commerciales de 350 km/h. Quant aux automobiles, celles-ci deviendraient automatiques et sûres. Les voitures communiqueraient entre elles, surveilleraient la route et chercheraient le meilleur itinéraire (en fonction du trafic et d'autres paramètres). «Tout en surveillant la circulation, la voiture du futur gardera aussi un œil sur son conducteur», lequel d'ailleurs pourra souvent lâcher les commandes. La voiture deviendra plus économe en carburant et, de ce fait et aussi en raison d'autres innovations techniques, deviendra moins polluante. Dans ce contexte, la voiture électrique ainsi que la voiture hybride (avec un petit moteur à explosion) semblent promues à un grand avenir, sans que l'on puisse proposer des étapes datées. Tout comme la voiture, l'avion du futur sera plus économique en carburant et aussi plus fiable. Et si, comme par le passé, la voiture n'augmente pas de taille, l'avion, lui, poursuivra comme par le passé ses progrès de capacité : les 800 passagers étant prévus ; en revanche, le passage à la vitesse supersonique ne semble pas avoir d'avenir. Enfin le souci d'économie très présent à l'heure actuelle touchera apparemment aussi les sondes spatiales de l'avenir, non seulement elles iront plus vite et plus loin mais étant plus petites coûteront beaucoup moins cher. Il me semble que ces considérations d'économie sont trop conjoncturelles pour déterminer l'avenir à long terme.

LA MÉDECINE

La médecine de demain sera dominée par la thérapie génique, les organes artificiels et les neuroprothèses. Aujourd'hui déjà, quelques centaines de personnes ont été soignées par la thérapie génique pour diverses maladies. Le premier patient ayant bénéficié de ce traitement remonte à septembre 1990. Notons que jusqu'ici (fin 1995), seulement huit enfants américains et italiens (souffrant d'un gène défectueux qui les aurait obligés à vivre dans une bulle stérile) ont été guéris. Un traitement génétique consiste à introduire dans un virus, qui reconnaît spécifiquement la cellule cible, une copie d'un gène qui est déficient chez le patient. Ce virus introduit ce gène dans la cellule cible qui produit alors la protéine correspondante et permettra de ce fait de corriger le défaut engendré par cette maladie génétique. Des utilisations préventives seraient probablement possibles aussi. Les organes artificiels seraient nombreux, allant du pancréas artificiel à la peau artificielle, en passant par de multiples autres organes. Cela rejoint les neuroprothèses, qui seraient de véritables substituts au système nerveux, permettant notamment aux personnes paralysées de marcher. Enfin, sans être exhaustif, signalons que l'arsenal contraceptif s'enrichira notamment de vaccins (tant pour les femmes que pour les hommes); d'implants libérant des hormones, de meilleurs spermicides et de préservatifs plus minces et plus résistants.

L'objectif inverse sera aussi l'objet de progrès : les futurs traitements de la stérilité permettront de traiter aussi les stérilités masculines.

LES MACHINES, LES MATÉRIAUX ET LA PRODUCTION

Voici comment la revue *Scientific American* résume les progrès pour les machines et les matériaux : « On prépare la réalisation de bâtiments qui se répareront tout seuls, de machines grosses comme des têtes d'épingle ou d'ateliers qui réaliseront à la demande — informatique — des pièces complexes. » Dans ce domaine, l'interrogation reste encore assez ouverte quant à un des vieux rêves de l'homme, à savoir le robot domestique. Un des pères de la robotique, Joseph Engelberger, prévoit pour un avenir peu lointain, cependant non précisé, des robots anthropomorphes, qui se déplaceront dans nos logis pour « détecter et interpréter nos besoins, nous servir avec gentillesse et précision ». Comme de tels robots seraient surtout utiles aux personnes âgées, il s'agirait donc d'un marché en pleine expansion, dont l'auteur de ce livre pourrait être un client potentiel (et impatient) dans une dizaine d'années.

L'ÉNERGIE ET L'ENVIRONNEMENT

Dans ce domaine, les changements les plus cruciaux surviendront dans le traitement des déchets industriels et dans la production, à un niveau fondamental, de l'agriculture et de l'énergie. L'écologie industrielle du XXIe siècle sera axée à la fois sur le recyclage et sur des procédés de production évitant autant que possible les déchets. Parallèlement, et dans l'attente d'un arrêt de la «production» de déchets, on entrevoit l'action efficace d'incinérateurs à plasma (pouvant atteindre les 10 000° C). Le solaire est évidemment au centre des possibilités énergétiques futures, puisque la quantité d'énergie solaire que reçoit la surface de la Terre représente un potentiel 15 000 fois plus élevé que la consommation d'énergie. L'autre source d'énergie du futur est la fusion nucléaire, qui ne dégage pratiquement pas de déchets, et dont on prévoit l'utilisation à partir du milieu du xxiᵉ siècle. Dans le domaine de l'agriculture, c'est une nouvelle révolution verte qui est prévue, mais pas spécifiquement centrée sur le Tiers-Monde. Le but essentiel étant non seulement d'améliorer les rendements de la plupart des cultures mais aussi, et peut-être surtout, de préserver l'environnement. On prévoit aussi de nouveaux outils agricoles qui faciliteront la prise de décisions.

Ce numéro spécial s'achève sur une partie intitulée «Commentaires» et consacrée à «Vivre avec les nouvelles technologies». Le principal message est que la technologie ne résoudra pas tous nos problèmes et pourrait même en créer de nouveaux. Malgré ses déficiences, la technologie continuera à nous offrir des voies additionnelles dans notre travail, nos jeux et dans notre vie tout court. Je pense que le grand mérite de cet exercice est sa prudence, mais cela constitue aussi son principal défaut car il s'agit bien davantage d'extrapolations des tendances qui se dessinent déjà que d'explorations de voies nouvelles. Mais prévoir les bifurcations de l'évolution des techniques est très aléatoire.

Le dernier des cinq articles constituant les
«commentaires» est plus réservé que les autres.
Il s'agit de celui de Robert Lucky, vice-président
des Laboratoires Bell, qui, comme nous l'avons
vu, furent le lieu de multiples inventions importantes. Pour R. Lucky, «la technologie ne nous
donnera pas à tous santé, richesse et un grand
appareil de télévision». Mais une grande interrogation très peu (même trop peu) abordée dans ce
numéro est le rôle de la technique dans les problèmes du vaste Tiers-Monde, dont à présent
nous allons aborder l'histoire pleine de déboires
mais aussi de victoires non négligeables.

CINQUIÈME PARTIE

LE XXᵉ SIÈCLE
DANS LE TIERS-MONDE

Il n'y a pas de doute que le problème du développement économique du ou des Tiers-Mondes
constitue la question économique et sociale la
plus importante du XXe siècle. Du ou des Tiers-
Mondes... Dans la troisième partie, où nous avons
traité de la même région pour la période couvrant
1492-1914, nous avons utilisé le pluriel; ici, nous
utiliserons surtout le singulier. Pourquoi ce passage du pluriel au singulier? Comme nous l'avons
signalé dans l'introduction de cette troisième partie, lorsque, en 1952, le démographe et économiste français Alfred Sauvy a créé le terme
«Tiers-Monde» — rapidement adopté dans pratiquement toutes les langues —, on était face à une
situation justifiant le singulier. En effet, l'évolution enregistrée dans les mondes non occidentaux
depuis le début du XIXe siècle avait amené, déjà
avant la fin de ce XIXe siècle, une homogénéisation
certaine, hélas négative, des structures économiques, sociales et politiques. Mais, à partir de la
fin des années 1960, beaucoup de pays et parties
du Tiers-Monde ont commencé à diverger, d'où le
pluriel qui commence à être justifié dès les années
1970. Donc, pour l'essentiel de la période étudiée

dans cette partie, c'est le singulier qui se justifie ; et c'est pourquoi nous l'avons retenu. Contrairement à la troisième partie, dans laquelle l'approche régionale est privilégiée, ici l'histoire de ce Tiers-Monde sera surtout abordée par une approche sectorielle. Cependant, le premier chapitre de cette partie aura un caractère général, présentant les grandes tendances politiques et surtout économiques de ce XXe siècle dans le vaste Tiers-Monde. Quant aux cinq autres chapitres, ils seront donc consacrés à une analyse sectorielle, en commençant par les aspects liés à la population et en terminant par ceux liés à la croissance. Néanmoins, cette approche sectorielle sera nuancée en faisant apparaître, si nécessaire, les différences régionales et nationales. Différences nationales notamment à propos de la Chine.

Dans le passage du singulier au pluriel, la prise de pouvoir, en 1949, des communistes de Mao Tsê-tung a fait de la Chine un cas encore plus spécifique qu'auparavant. De ce fait, et aussi en raison de certaines carences dans les statistiques (qui ont caractérisé la Chine et les trois autres pays communistes d'Asie, à savoir la Corée du Nord, la Mongolie et le Viêt-nam), nous établirons souvent une distinction entre ce que les Nations Unies qualifient de Tiers-Monde à économie de marché et de Tiers-Monde à économie planifiée. Assez curieusement, les Nations Unies n'ont pas inclus Cuba parmi les pays à économie planifiée. Le paradoxe est qu'actuellement Cuba est probablement le pays qui mérite le plus ce qualificatif. En effet, comme nous le verrons, pratiquement tous les autres pays faisant partie de ce groupe sont passés, ou sont en train de le faire, à l'économie de marché sans nécessairement abandonner le communisme.

Puisque nous avons commencé à parler de classification et des Nations Unies, soyons plus explicite. Actuellement, le terme utilisé par les Nations Unies afin de désigner le Tiers-Monde est «pays en voie de développement». C'est la dernière en date d'une série d'appellations qui se sont succédé. C'est ainsi que le terme utilisé au début par les Nations Unies a été «sous-développé». Assez tôt, et concurremment à celui-ci, les Nations Unies ont utilisé le terme «non industrialisé»; et pendant une certaine période celui de «classe économique II». Et c'est à partir de 1966 que le terme «en voie de développement» a remplacé celui de «sous-développé». Sans prétendre à l'exhaustivité, citons d'autres appellations: le terme «centre-périphérie», qui provient de la notion centre-périphérie déjà utilisée par Fernand Braudel mais popularisée, dans un sens marxiste, par S. Amin[1]; celui de «monde en friche» découlant du livre de G. Ardant[2]; plus populairement celui de «monde pauvre» ou «monde déshérité»; et à l'opposé le terme (plus «économiste») de «monde sans besoins», *World Without Want* (avec, bien entendu, le sous-entendu de besoins non solvables), appellation proposée par P.G. Hoffman[3].

Selon la dernière définition[4] des Nations Unies, les pays en voie de développement comprennent les régions (ou pays) suivantes: l'Afrique, à l'exception de l'Afrique du Sud; l'Asie, à l'exception du

1. 1970.
2. 1959.
3. 1963.
4. 1993.

Japon; l'Amérique, à l'exception du Canada et des États-Unis; l'Océanie, à l'exception de l'Australie et de la Nouvelle-Zélande; et enfin la Yougoslavie (ou plutôt l'ancienne Yougoslavie). À propos de ce pays, relevons que (toujours d'après la classification des Nations Unies) ce pays faisait, avant 1986, partie des pays développés, ce qui était aussi le cas d'Israël avant 1973. D'ailleurs, depuis quelque temps, les services statistiques des Nations Unies deviennent de plus en plus vagues sur cette classification. C'est ainsi que la trente-huitième édition de l'*Annuaire statistique* des Nations Unies[1] relève : « Il n'y a pas non plus dans le système des Nations Unies d'accord au sujet des termes "développé" ou "en développement", quand on parle du degré de développement atteint par un pays ou une zone donné et lorsqu'il s'agit de les classifier dans l'un ou l'autre de ces groupes. Ainsi, dans l'*Annuaire* on parle plus généralement des régions développées et des régions en développement sur la base de l'usage. » Au sein de certaines organisations spécialisées des Nations Unies, cela a conduit notamment à supprimer dans les statistiques la répartition des pays en groupes économiques; ce qui ne facilite pas le travail des chercheurs. D'ailleurs, depuis toujours, les définitions n'étaient pas uniformes dans les diverses organisations internationales. C'est ainsi, par exemple, que pour l'OCDE non seulement la Yougoslavie, mais aussi la Grèce, Malte, le Portugal et l'Espagne font partie des pays en voie de développement.

Dans le texte (et les tableaux) qui suit, et afin de

1. New York, 1993.

présenter des séries plus homogènes, la définition des pays en voie de développement sera celle utilisée par les Nations Unies entre 1972 et 1984, c'est-à-dire : l'Afrique, à l'exception de l'Afrique du Sud ; l'Asie, à l'exception d'Israël et du Japon ; l'Amérique, à l'exception du Canada et des États-Unis ; et l'Océanie, à l'exception de l'Australie et de la Nouvelle-Zélande. À l'intérieur de cet ensemble sont considérés comme pays en voie de développement planifiés, comme nous l'avons déjà laissé entendre, la Chine, la Corée du Nord, la Mongolie et le Viêt-nam. Ici, le xxᵉ siècle sera compris comme partant de 1900, quand bien même nous avons, dans la troisième partie consacrée au Tiers-Monde, arrêté le xixᵉ siècle en 1913, à l'instar des historiens. D'autre part, cette analyse débordera souvent du cadre chronologique afin de faire remonter au xixᵉ siècle certaines données.

XXXI. LE TIERS-MONDE
DE 1900 À NOS JOURS :
LES GRANDES TENDANCES
POLITIQUES
ET ÉCONOMIQUES

Le XXe siècle dans le Tiers-Monde a été essentiellement celui de la décolonisation, mais aussi de l'accentuation de l'écart du développement économique par rapport au monde développé. Dans ce chapitre, de caractère introductif, la plus grande partie sera consacrée aux repères d'histoire générale, car, contrairement aux aspects économiques et sociaux, nous n'y reviendrons que très peu dans les chapitres suivants. En revanche, nous aurons l'occasion de revenir au niveau sectoriel sur ce qui fait l'objet de la seconde section de ce chapitre : la conjoncture économique.

LES REPÈRES DE L'HISTOIRE
GÉNÉRALE DU TIERS-MONDE,
1900-1995

Ainsi que l'a laissé entrevoir la troisième partie de ce livre et comme on peut le voir plus loin dans le tableau XXXI.1, de 1900 à l'éclatement de la Première Guerre mondiale le domaine colonial européen n'a pas connu de substantiels élargissements, même si l'intensité de la colonisation économique continuait à s'amplifier. Durant ces 14 années ne se sont ajoutés au domaine colonial européen que les deux pays suivants : la Libye (1911) et le Maroc (1912). Donc, la veille de la Première Guerre mondiale marque, en quelque sorte, la fin de l'expansion coloniale européenne. Pratiquement 99 pour 100 des territoires qui ont été une fois de réelles colonies dépendant d'un État européen ou d'un pays de peuplement européen (notamment États-Unis) l'étaient déjà, ou l'avaient été avant 1914. D'ailleurs, il en est de même du Japon, dont les deux possessions qui seront de véritables colonies, à savoir Taïwan et la Corée, sont déjà des colonies depuis respectivement 1895 et 1910. Il en est de même de la Manchourie que les Japonais n'occuperont qu'en 1935, mais où, dès 1905, ils avaient hérité des droits semi-coloniaux obtenus par la Russie en 1896. En ce qui concerne le Moyen-Orient, pour les pays qui, après la Première Guerre mondiale, vont largement passer sous la dépendance européenne, il convient de rappeler que ceux-ci faisaient partie du domaine colonial ottoman. Donc, dans ce cas, il s'agit davantage d'un changement de tutelle.

Entre 1900 et 1995, on peut discerner cinq phases dans l'histoire générale du Tiers-Monde et des relations Tiers-Monde/pays développés, et ce, sans tenir compte d'une sixième phase qui, elle, a peut-être commencé en 1989 en raison de l'effondrement du communisme en Europe de l'Est et en URSS. Cet effondrement et, surtout, la forte dégradation de la situation économique, risquent d'entraîner une réorientation de l'aide de l'Occident envers ces pays, et ce d'autant plus que les raisons politiques de l'aide à certains pays du Tiers-Monde ont disparu avec l'éclatement de l'URSS, ce à quoi risquent encore de s'ajouter des possibilités plus restreintes d'exportations de produits du Tiers-Monde vers cette région ; toutefois, soulignons que celles-ci étaient assez réduites. D'autre part, dans le Tiers-Monde communiste, et surtout en Chine, on a assisté à une accélération des réformes qui ont d'ailleurs commencé avant l'écroulement du communisme en Europe.

1900-1929 : une autonomie plus grande des colonies

Ces années voient un nombre important de modifications. Les premières résultent directement de la Première Guerre mondiale et se traduisent par un changement d'appartenance coloniale. Comme nous l'avons vu, les anciennes colonies allemandes, notamment celles d'Afrique (région où l'Allemagne possédait l'essentiel de ses colonies), passent sous la juridiction de pays se trouvant dans le camp des vainqueurs. La Turquie, ayant « mal » choisi son camp dans la guerre, perd une partie du Moyen-Orient qui dépendait de l'Empire ottoman dont elle était la métropole. La Syrie et le Liban sont placés sous mandat français, l'Iraq, la Palestine et la Transjordanie sous mandat britannique. Ce sont ces territoires, comptant vers 1919 environ 7 millions d'habitants et 500 000 km², qui s'ajoutent à ce que l'on peut considérer comme étant du domaine colonial européen, qui comptait avant la guerre environ 525 millions d'habitants et couvrait une superficie de 52 600 000 km², auxquels il faut encore ajouter les quelque 460 millions d'habitants et les 11 100 km² de la Chine, alors colonie virtuelle. Donc en tout une population très proche du milliard de personnes.

Cette Chine fait partie de cet ensemble de pays et régions qui, dans la période de 1900 à 1920-1925, acquièrent une plus grande indépendance. Outre la Chine, il s'agit essentiellement de l'Inde, de l'Indonésie et de l'Égypte. Peu de pays, mais pays importants, puisque en termes de population la Chine, l'Inde et l'Indonésie représentaient environ les deux tiers de l'ensemble du Tiers-Monde, et l'Égypte la moitié de l'Afrique du Nord. Et rappelons que la quasi-totalité de l'Amérique latine est déjà indépendante depuis le début du XIXᵉ siècle.

LA CHINE ET LA RÉVOLUTION DE 1911

En Chine, cette indépendance trouve ses prémices dans la révolution, dite de Sun Yat-sen, de 1911 qui renversa l'Empire plurimillénaire et établit une république. Sun Yat-sen a été et est honoré et même vénéré à la fois par le régime «communiste» de la République populaire de Chine et par le régime «nationaliste» de la Chine de Taïwan. Les deux leaders prestigieux de ces deux Chines, Mao Tsê-tung et Chiang Kai-shek, se considéraient comme «le» successeur de Sun Yat-sen. Il était d'origine paysanne, mais influencé par le monde occidental à la fois par ses études dans une école chrétienne de Hawaï et par ses études de médecine, ainsi que par ses séjours tant en Amérique et en Europe qu'au Japon. C'est d'ailleurs au Japon qu'il créa, en 1905, une structure politique d'action en vue de la lutte pour l'indépendance.

Il convient ici d'ouvrir une brève, mais importante, parenthèse sur un événement qui a eu de profondes répercussions sur l'attitude du continent asiatique envers les Occidentaux. Nous voulons parler de la guerre russo-japonaise de 1904-1905, qui se termina par la victoire du Japon, ce qui signifia la fin du mythe (largement une réalité) de l'invincibilité de l'Occident, mythe dont l'apparition remontait à la seconde moitié du XVIIIe siècle. La victoire japonaise démontrait qu'en imitant les techniques de l'Occident, on pouvait retrouver une puissance militaire égale à celle des Occidentaux. En Chine, les répercussions de cette victoire du Japon furent d'autant plus profondes que le traité de Portsmouth (en 1907) redonnait à la Chine une certaine juridiction sur la Manchourie. D'autre part, en 1905, la Chine créait un ministère de l'Éducation ; et de nombreux étudiants se rendirent au Japon (leur nombre atteignit un sommet d'environ de 15 000). Cela explique pourquoi c'est au Japon que Sun Yat-sen organisa au début son mouvement qui allait évincer la dynastie des Manchous ou des T'sing qui avait régné pendant deux siècles et demi (depuis 1644).

Dès le début de la Première Guerre mondiale, le Japon accrut sa pression sur la Chine et obtint, à partir de janvier 1917, des droits spéciaux sur la Manchourie et la Mongolie intérieure. La Chine, contrairement à la Turquie, choisit, en août 1917, le « bon » camp (comme d'ailleurs aussi lors de la

Seconde Guerre mondiale) et envoya même des
contingents d'ouvriers en France, au Moyen-
Orient et en Afrique. Ce qui ne suffit pas pour que
le traité de Versailles, qui régla, et parfois régla
très mal les problèmes de la paix, modifie la dépendance chinoise envers l'Occident, dépendance
résultant essentiellement des traités de commerce
du XIXᵉ siècle qui, notamment, lui avaient enlevé
toute autonomie douanière. Les efforts afin de
modifier cet état de choses eurent de premiers
résultats (encore modestes) à la Conférence de
Washington de février 1922, laquelle aboutit au
«traité des 9 Puissances». Selon ce traité, les
droits de douane purent s'élever jusqu'à 5 pour
100, ce qui est extrêmement faible ; mais le principe de réunir une conférence afin d'octroyer
l'autonomie douanière à la Chine était également
incluse dans ce traité. Ce qui fut chose faite lors
de la Conférence spéciale douanière réunie à
Peking en octobre 1926 où les principales puissances reconnurent en principe le droit à la Chine
de fixer, à partir du 1ᵉʳ janvier 1929, son propre
tarif. En fait, en raison des pressions japonaises,
l'autonomie douanière ne fut établie qu'en mai
1930, et jusqu'en 1939 les États-Unis, la France,
le Japon et le Royaume-Uni conservèrent des
droits extraterritoriaux.

Sur le plan interne, la Chine traverse, de 1916 à
1928, une période de grande anarchie. C'est
l'époque des «seigneurs de guerre», c'est-à-dire
des gouverneurs militaires qui, avec leurs armées,
contrôlaient chacun une région, plus ou moins
grande, et qui étaient souvent en conflit les uns
avec les autres. Cette période s'ouvrit avec la
mort, en juin 1916, du général Yuan Shih-k'ai, qui

avait succédé à Sun Yat-sen en tant que président. Yuan Shih-k'ai n'avait pratiquement aucun pouvoir et ce fut le début d'une guerre civile à plusieurs foyers. Des efforts d'unification du pays à partir de Canton sont dirigés par Sun Yat-sen qui, après avoir refusé l'assistance des États-Unis, du Royaume-Uni et du Japon, se tourne vers l'URSS, ce qui va favoriser les éléments communistes. À la mort en mars 1925 de Sun Yat-sen, intervint la scission du parti Kuo-min-tang, avec, d'un côté, Mao Tsê-tung et de l'autre Chiang Kai-shek. La rupture entre ces deux tendances, qui va marquer l'histoire de la Chine jusqu'à aujourd'hui, se renforce par le coup de force de Chiang Kai-shek contre les syndicats d'obédience communiste à Shanghai en avril 1927, épisode sur lequel nous reviendrons plus loin. Chiang Kai-shek réussit à soumettre progressivement tout le pays, action qui s'acheva avec la prise de Peking en juin 1928.

L'INDE DE GANDHI

L'Inde, qui, rappelons-le, ne deviendra indépendante qu'en 1947, voit dans la période 1907-1929 une amélioration sensible de ce que l'on pourrait appeler son autonomie économique. Ici, également, des prémices déjà avant la Première Guerre mondiale, et aussi une répercussion évidente de la victoire japonaise de 1905. En 1907, il y eut la première réunion du Congrès national, qui deviendra le parti politique dominant de l'Inde jusqu'à aujourd'hui. L'Indian National Congress avait été fondé déjà en 1885 par des intellectuels indiens attachés à la cause nationale mais qui, voulant agir dans le cadre constitutionnel, faisaient confiance à l'Angleterre pour procéder par des réformes prudentes. Cependant, le peu de progrès réalisés amena la constitution d'un groupe plus revendicatif, ce qui renforça la pression du mouvement nationaliste.

En 1909, on assiste à la mise en place de l'Indian Council, institution officielle qui, en quelque sorte, fait le contrepoids local au gouvernement britannique : des Indiens élus en faisant partie [1]. En 1917, les autorités amorcèrent une politique de promotion des organismes locaux qui tendront progressivement vers un gouvernement local. Une étape supplémentaire et importante fut franchie en ce sens en décembre 1919 avec *The Government Act of India*, que l'on peut considérer comme étant une reconnaissance des efforts des Indiens pendant la guerre. En effet, plus de deux millions d'Indiens participèrent au conflit, et le Mahatma Gandhi donna son appui total à cette participation. Gandhi auquel on donne le titre de «Mahatma» (grande âme) peut être considéré, à juste titre, comme le père de l'indépendance de l'Inde et comme une des plus grandes figures du xxᵉ siècle. C'était un avocat formé, en partie, à Londres et qui, quand il vivait en Afrique du Sud, avait déjà pris la défense de la minorité indienne contre les pratiques de ségrégation raciale. Dès son retour en Inde en 1915, il commença à militer dans le mouvement ouvrier. Le massacre d'Amritsar en avril 1919, où des centaines de manifestants nationalistes furent tués, le conduisit à prendre part au mouvement d'indépendance, dont il devint très rapidement un des principaux, sinon le principal leader.

1. Chap. XXII, tome II.

Le *Government Act* de 1919 impliqua des élections et l'ouverture, en février 1921, d'un Parlement où la majorité des membres (100 sur 140)
étaient élus et, par conséquent, étaient pratiquement tous des autochtones. De même, les gouvernements provinciaux comptaient des membres
indiens. En pratique, l'autorité du Parlement
concernait l'essentiel des domaines de l'économie, de l'éducation et de la santé. Ces mesures
furent cependant jugées insuffisantes par la majorité des partisans de l'indépendance, y compris
Gandhi qui, dès septembre 1928, avait lancé sa
campagne de non-coopération et de boycottage
des produits britanniques. Malgré les appels de
celui-ci à la non-violence, des troubles eurent lieu
dans les années qui suivirent. La pression aboutit
à une nouvelle étape vers, sinon l'indépendance,
du moins vers une plus grande autonomie en
octobre 1929, avec la décision du gouvernement
de convoquer une table ronde afin de discuter
avec les leaders qui prônaient l'indépendance en
vue d'aboutir à un statut de «Dominion», statut
qui était celui des pays de peuplement européen
dépendant du Royaume-Uni et qui, en termes pratiques, impliquait une très large autonomie politique et économique.

LA *ETHISCHE RICHTING* ET LE *VOLKSRAAD*
DE L'INDONÉSIE

Dans les dernières décennies du XIXe siècle, le
système brutal d'exploitation coloniale de l'Indonésie fut sensiblement adouci, alors que, concurremment, les autorités étendaient leur contrôle
direct sur l'archipel. Dans les dernières années

de ce XIXᵉ siècle, le libéral C. Th. van Deventer tentait de changer radicalement de politique. Partant du postulat d'une «dette d'honneur» que les Pays-Bas avaient contractée envers l'Indonésie, en raison des richesses qu'ils avaient retirées, van Deventer préconisait une politique sociale alimentée par des transferts financiers de la métropole. C'est en 1901-1902 qu'il obtint gain de cause et que commença la politique dite de l'*Ethische Richting* (voie morale). Il appartenait à la reine Wilhelmine, qui allait passer dans l'histoire comme une très grande et très populaire reine, de donner en quelque sorte le coup d'envoi à cette politique dans son discours du trône de 1901. Dans celui-ci, elle faisait écho à des informations indiquant que le niveau de vie avait baissé à Java. En 1902, le nouveau ministre des Colonies créa une commission de trois membres, dont faisait partie van Deventer, chargée d'enquêter sur les «les causes de la diminution du bien-être à Java» (entre 1905 et 1944, 33 volumes d'études à ce propos furent publiés). La *Ethische Richting* impliquait, entre autres, des mesures en faveur de l'agriculture vivrière (notamment travaux d'irrigation), des mesures d'hygiène et l'ouverture d'écoles. Le nombre d'élèves dans les écoles primaires indonésiennes passa de 170 000 en 1900 à 820 000 en 1914.

À l'instar de la politique coloniale néerlandaise, qui, au cours des années 1830, fut pionnière dans les mesures de culture forcée, l'*Ethische Richting* peut être considérée comme une politique pionnière de ce que l'on pourrait appeler le «colonialisme social». Elle aurait inspiré notamment le *Colonial Development and Welfare Act* britannique de 1940 et peut-être aussi d'autres mesures allant dans ce sens.

Revenons à l'Indonésie, où une nouvelle étape importante fut franchie durant la guerre, lorsqu'un *Volksraad* («Conseil du peuple») fut mis sur pied en 1916, et se réunit à partir de 1918. La moitié de ses membres étaient élus, l'autre moitié de ce conseil était composée à moitié de Néerlandais. Les pouvoirs, d'abord consultatifs, de ce conseil furent élargis en 1922 à la suite de la révision de la constitution néerlandaise qui impliquait de profonds remaniements du système d'administration coloniale. En 1925, le *Volksraad* accrut le rôle des autochtones. En pratique, cela se traduisit par une participation plus large aux décisions aussi bien de la population européenne sur place que des autochtones. Ce qui n'empêcha pas l'émergence de mouvements nationalistes, avec notamment la création, en 1927, du parti national indonésien mené par celui qui, par la suite, deviendra le père de l'indépendance : Achmed Sukarno. Des partisans de l'indépendance acceptèrent de faire partie du *Volksraad* et leurs pressions aboutirent, en 1937, à une pétition unanime du *Volksraad* demandant au gouvernement néerlandais d'octroyer au pays avant dix ans le statut de Dominion.

LE PROTECTORAT DE L'ÉGYPTE

Changeons de continent, mais non de période (1900-1929). L'Égypte voit une modification de statut plus importante que l'Inde ou l'Indonésie. En 1914, le régime politique assez flou, qui prévalait depuis l'occupation anglaise de 1882, se transforme en protectorat britannique, ce qui implique un degré d'autonomie interne beaucoup plus large qu'un régime colonial. En fait, dans un tel cas, ce sont uniquement les relations extérieures et la défense qui sont sous l'autorité du colonisateur, l'indépendance des autorités locales étant presque totale. En février 1922, le protectorat prend fin, et Fu'ad Ier reçoit le titre de roi d'Égypte. Néanmoins, l'armée britannique demeura présente jusqu'en 1947, et même d'une façon plus réduite jusqu'en 1956 ; et ce n'est qu'en 1937, à la Conférence de Montreux, qu'officiellement les capitulations furent abolies. Cependant, la fin du protectorat impliqua une indépendance encore plus complète, notamment en matière économique.

Nous avons ainsi fait le tour des principales modifications intervenues dans les systèmes coloniaux entre 1900 et 1929. Ce qui ne veut nullement dire que rien n'a été fait dans le même sens dans d'autres colonies. Mais ces mesures furent moins importantes dans les autres cas, et même rares en Afrique, pour qui cette période est celle du renforcement de la colonisation. Toutefois, sur le plan des administrations coloniales, il faut noter des mesures allant dans le sens de celles évoquées plus haut à propos des Pays-Bas. Ainsi, au Royaume-Uni, devant la faiblesse des ressources fiscales de certaines colonies, le gouvernement, en 1929, mit sur pied un Colonial Development Fund, alimenté par les finances publiques du royaume. Ce « Fund » pouvait débloquer annuellement un million de livres pour des programmes de développement de l'agriculture et de l'industrie des colonies. La plupart des conditions limitatives à cette aide furent levées par le *Colonial*

Development and Welfare Act de 1940, qui fit passer les ressources annuelles à 5 millions de livres. En revanche, il faut rappeler qu'au Moyen-Orient, cette période est celle des débuts de la colonisation.

1930-1945 : une période sans modifications majeures, mais une guerre qui précipite l'indépendance

Une période sans modifications majeures... Effectivement. Mais comme nous l'avons laissé entrevoir, dans l'ensemble la tendance amorcée dans la décennie précédente se poursuit. Donc un élargissement de l'autonomie des principales colonies. Toutefois, pour le plus grand pays du Tiers-Monde, c'est-à-dire la Chine, cette période fut très négative. Dès septembre 1931, les Japonais commencèrent leur occupation de la Manchourie et, à partir de février 1932, ils y installèrent un État fantoche. Six ans plus tard (juillet 1937), les Japonais commencèrent l'invasion de la Chine proprement dite, et progressivement des portions importantes du territoire chinois tombèrent sous leur domination. Autre facteur de troubles, la guerre civile qui couvre les années 1920-1926 où des dictateurs militaires locaux se disputent le pouvoir. Une deuxième guerre civile, encore plus lourde de conséquences, fut celle qui opposa, surtout à partir de 1927, le gouvernement de Chiang Kai-shek aux communistes dirigés par Mao Tsê-tung. Notons que, avant l'invasion japonaise et malgré la guerre civile, le processus de modernisation, commencé avant la révolution de 1911, s'était poursuivi, notamment dans l'éducation. À la veille de cette invasion, il y avait déjà plus de 500 000 élèves dans les écoles secondaires, contre 50 000 avant la Première Guerre mondiale. Alors que, avant la révolution de 1911, la Chine ne possédait aucune université, il y en avait déjà 40 en 1937.

La Seconde Guerre mondiale, par ses bouleversements encore plus profonds que ceux de la Première Guerre mondiale, allait semer les germes de la principale phase d'indépendance politique du Tiers-Monde. La forte expansion territoriale du Japon, qui occupe une vaste partie de l'Asie, eut en quelque sorte les mêmes effets que la guerre russo-japonaise. De surcroît, dans quelques cas, les Japonais installèrent des gouvernements fantoches qui pouvaient être considérés comme amenant une certaine indépendance intérieure. En tout cas, partout où les Japonais étaient présents, une propagande contre les Anglo-Américains était menée vigoureusement. Au moment de l'expansion maximale, en sus de la Chine, les Japonais avaient occupé les pays suivants : Birmanie, Bornéo, Indochine, Indonésie, Malaisie, Philippines et une grande partie des îles du Pacifique. Quant à la Thaïlande, elle fut, jusqu'en 1944, une alliée du Japon.

Autre effet de la Seconde Guerre mondiale : une forte participation des autochtones dans les armées des Alliés. Ainsi que nous l'avons déjà signalé, plus de 2 millions de soldats furent mobilisés en Inde ; ce qui, en termes absolus, constitue la participation la plus large de toutes les colonies. Certains chefs des mouvements d'insurrection ont acquis une expérience militaire durant cette guerre ; c'est le cas, entre autres, d'Ahmed Ben Bella, un des principaux artisans de la lutte pour l'indépendance de l'Algérie, qui fut adjudant dans l'armée française et décoré en 1944. Cela ne veut évidemment pas dire que les responsables politiques des populations autochtones étaient toujours favorables à la participation à l'effort de guerre. Ainsi, par exemple, en août 1942, le parti du congrès indien décide des actions de masse afin de protester contre la coopération à la guerre. À l'instar du Japon, qui a soutenu l'«armée nationale indienne», l'Allemagne chercha aussi à capitaliser cette opposition. Elle a même suscité la création d'une unité de volontaires indiens pour combattre en Europe.

1946-1963:
de la notion de développement
aux principales vagues d'indépendance

Avant de passer à la chronologie de ces vagues d'indépendance, il convient de s'arrêter un peu sur le fait que, dès la préparation des Alliés à l'après-guerre, une préoccupation se fit jour en vue d'un nouvel ordre international, tant politique qu'économique. La Charte des Nations unies, dans son chapitre IX, intitulé «Coopération économique et sociale internationale», prévoit explicitement l'opportunité d'une aide destinée à favoriser le développement des pays moins développés. Le terme même de développement dans son acception économique est étroitement lié à cette période et à la prise de conscience plus grande des problèmes du retard économique du Tiers-Monde. Si, en allemand et en anglais, le terme «développement» apparaît déjà au début

654 Victoires et déboires

du siècle, son utilisation réelle ne se place que dans les années 1950. En français, il apparaît encore plus tard. À ce propos, il convient de noter que, quand parut, en 1935, la traduction française d'un des livres majeurs de Joseph Schumpeter, l'intitulé fut *La Théorie de l'évolution économique*, alors que l'édition anglaise de 1934 s'intitulait *The Theory of Economic Development*, traduction littérale du titre allemand. En définitive, le terme en langue française ne se généralise qu'à la fin des années 1970.

LA CHARTE DES NATIONS UNIES : GERME DE L'INDÉPENDANCE ET DE L'AIDE ÉCONOMIQUE

Dans la Charte des Nations unies, comme nous l'avons signalé, le principe d'une aide en faveur des pays moins développés était prévu. Mais, auparavant déjà, dans la Charte de l'Atlantique, signée le 14 août 1941 entre les États-Unis et le Royaume-Uni, figuraient des recommandations impliquant les notions d'indépendance et d'aide économique. Ainsi des huit points qu'elle comportait, quatre s'y rapportaient directement ou implicitement. Le point cinq, le plus important en ce domaine, est le suivant : « Ils désirent faire en sorte que se réalise, dans le domaine économique, la plus entière collaboration entre toutes les nations, afin d'assurer à toutes de meilleures conditions de travail, le progrès économique et la sécurité mondiale. »

Notons également, au niveau spécifique des deux principales puissances coloniales, des engagements en faveur d'une plus grande autonomie des territoires dépendants. En ce qui concerne l'Empire britannique, il convient d'abord de signaler la mission de Sir Richard Stafford Cripps (de mars à avril 1942) en Inde, qui proposait pour la fin des hostilités un ensemble de mesures libérales. En 1943, les grandes lignes de la politique coloniale furent définies. Bien qu'insistant sur le fait que la responsabilité politique et économique de l'Empire dût demeurer le domaine réservé du Royaume-Uni, il était suggéré la création de commissions régionales afin de promouvoir le bien-être des territoires coloniaux. Ces commissions régionales débordèrent du cadre restreint des colonies britanniques, et associèrent les populations locales à leurs actions. Pour l'Empire français, le fait le plus marquant en ce domaine est la conférence de Brazzaville de janvier 1944 où, en présence de Charles de Gaulle mais sans la participation d'Africains, il y fut recommandé notamment une représentation parlementaire, la création d'assemblées locales et l'accès des autochtones à tous les emplois.

Dès l'immédiat après-guerre, quelques actions concrètes voient le jour, allant dans le sens des vœux émis par la Charte des Nations Unies. Sans parler des institutions créées dans le cadre des accords de Bretton Woods[1], il faut mentionner dès 1950 la création du Bureau (appelé aussi Programme) élargi d'Assistance technique. Plus tard, d'autres institutions virent le jour, en réponse notamment aux problèmes du déficit de la balance commerciale du Tiers-Monde. Notons également la création d'institutions à caractère plus général, mais dont une partie importante des activités est

1. Voir chap. XXV.

axée sur l'aide au Tiers-Monde. Ce sont notamment les institutions suivantes : Organisation des Nations Unies pour l'Éducation, la Science et la Culture[1] créée en novembre 1946 ; et Fonds des Nations Unies pour l'Enfance[2] créé en décembre 1946. La même année fut créée l'Organisation Mondiale de la Santé[3] et l'ancien Institut International de l'Agriculture (fondé en 1905) fut «transformé» en Organisation des Nations Unies pour l'Alimentation et l'Agriculture[4]. À propos de l'Institut International de l'Agriculture, relevons que son promoteur, David Lubin, marchand américain d'origine polonaise, voyait dans celui-ci un instrument pour maintenir un meilleur équilibre entre l'agriculture et l'industrie, problème qui, un demi-siècle plus tard, sera posé pendant des décennies aux responsables du Tiers-Monde. Après avoir tenté de convaincre le gouvernement américain ainsi que ceux d'autres pays, c'est finalement le roi d'Italie, Victor-Emmanuel III, qui patronna l'institution, devenue par la suite la FAO, la seule organisation importante des Nations Unies installée à Rome, qui était le siège de l'Institut International d'Agriculture.

LA PREMIÈRE VAGUE D'INDÉPENDANCE : L'ASIE

Comme on peut en déduire du tableau XXXI.1, où figurent les dates d'accession à l'indépendance des principales colonies, on peut parler de deux phases successives de décolonisation. La première

1. UNESCO ; pas de sigle en français.
2. FISE ; en anglais UNICEF.
3. OMS ; en anglais WHO.
4. FAO ; pas de sigle en français.

se place dans les années 1946-1951 et concerne essentiellement l'Asie; la seconde, qui va de 1956 à 1963, touche principalement l'Afrique. Les dates reprises dans ce tableau, qui sont celles généralement retenues, sont les dates d'accession réelle à l'indépendance. Ces dates peuvent avoir été précédées d'une plus ou moins longue période au cours de laquelle cette indépendance se mettait en place. Ainsi, si nous prenons le cas de l'Indonésie (colonie néerlandaise), on constate l'évolution suivante : le 17 août 1945, deux jours après la reddition des troupes japonaises, qui avaient occupé le pays dès 1942, les nationalistes proclament l'indépendance. Après un conflit dans lequel participèrent, outre les troupes néerlandaises, celles du Royaume-Uni, les Néerlandais reconnaissent en principe l'indépendance en novembre 1946. Mais des difficultés d'interprétation des accords entraînèrent de nouveaux conflits qui dureront pratiquement deux ans. Et ce n'est que le 27 décembre 1949 que l'indépendance sera réelle, en laissant toutefois de côté le statut de l'île de la Nouvelle-Guinée, laquelle, par sa superficie, est la deuxième île du monde après le Groenland, l'Australie n'étant pas considérée comme une île, mais comme un continent. Très grande île, mais île très peu peuplée, ayant vers 1950 environ un million d'habitants. En 1969, la partie occidentale de l'île fut rattachée à l'Indonésie, ce qu'une partie de la population locale considéra comme un statut colonial.

TABLEAU XXXI.1

DATES DES PÉRIODES DE COLONISATION ET DE DÉCOLONISATION
DES PRINCIPAUX PAYS DU TIERS-MONDE

Pays colonisés[a]	Pays colonisateurs[b]	Période de colonisation[c]	Pays colonisés[a]	Pays colonisateurs[b]	Période de colonisation[c]
AFRIQUE (sans le Maghreb)			**AMÉRIQUE** (suite)		
Angola	Portugal	1575-1974	Pérou	Espagne	1536-1821
Cameroun	France	1884-1960	Porto Rico	États-Unis	1511-1952
Côte d'Ivoire	France	1889-1960	Rép. Dom.	Espagne	1506-1824
Éthiopie	Italie	1935-1941	Uruguay	Espagne	1680-1811
Ghana	Royaume-Uni	1874-1957	Venezuela	Espagne	1527-1811
Kenya	Royaume-Uni	1894-1963			
Madagascar	France	1885-1960	**ASIE** (sans le Moyen-Orient)		
Mozambique	Portugal	1505-1975	Birmanie	Royaume-Uni	1826-1948
Nigeria	Royaume-Uni	1884-1960	Cambodge	France	1863-1949
Ouganda	Royaume-Uni	1894-1962	Ceylan	Royaume-Uni	1815-1948
Sénégal	France	1854-1960	Chine	Europe	1858-1911
Soudan	Royaume-Uni	1898-1956	Corée	Japon	1907-1948
Zaïre	Belgique	1885-1960	Formose	Japon	1895-1945
Zambie	Royaume-Uni	1895-1964	Malaisie	Royaume-Uni	1826-1957

Pays colonisés[a]	Pays colonisateurs[b]	Période de colonisation[c]	Pays colonisés[a]	Pays colonisateurs[b]	Période de colonisation[c]
Zimbabwe	Royaume-Uni	1890-1965	Philippines	États-Unis	1564-1946
Tanzanie	Royaume-Uni	1891-1964	Inde, Pakistan	Royaume-Uni	1757-1947
AMÉRIQUE			Indonésie	Pays-Bas	1755-1949
Argentine	Espagne	1536-1816	Viêt-nam	France	1883-1954
Bolivie	Espagne	1438-1825	**MOYEN-ORIENT ET AFRIQUE DU NORD**		
Brésil	Portugal	1516-1821	Algérie	France	1830-1962
Chili	Espagne	1540-1810	Égypte	Royaume-Uni	1882-1922
Colombie	Espagne	1510-1810	Iraq	Royaume-Uni	1920-1932
Cuba	Espagne	1511-1898	Liban	France	1920-1941
Équateur	Espagne	1534-1809	Libye	Italie	1911-1951
Guatemala	Espagne	1524-1821	Maroc	France	1912-1956
Haïti	France	1498-1804	Syrie	France	1920-1946
Jamaïque	Royaume-Uni	1655-1962	Tunisie	France	1881-1956
Mexique	Espagne	1522-1820			

a Il s'agit pour chaque région des pays les plus importants du point de vue démographique.

b Qui a détenu le pouvoir en dernier.

c Colonisation réelle ou soumis à des traités impliquant une quasi-colonisation, y compris les autres colonisateurs européens.

Sources : Bairoch, P. (1978) ; et Etemad, B. (1997a).

LE PARTAGE DE L'INDE
ET LA RÉVOLUTION POPULAIRE EN CHINE

Revenons à la première des deux phases d'indépendance. En un laps de temps très court, soit entre juillet 1948 et décembre 1949, l'essentiel de l'Asie accède à l'indépendance, avec plus ou moins de péripéties et même de drames. Drames surtout dans le cas de l'Inde qui fut partagée, avec pour conséquence des centaines de milliers de victimes et des millions de réfugiés. Ce sont des problèmes religieux qui ont été à la base de ce partage et qui, sont en quelque sorte, l'héritage de l'islamisation dès le XIᵉ siècle de maintes régions d'Asie, dont l'Inde. Déjà en 1906 une Ligue musulmane fut créée, Ligue qui, dès 1940, demanda la création d'un Pakistan indépendant et séparé de l'Inde « hindouiste ». Les musulmans représentaient environ le quart de la population de l'Inde. Les deux États devinrent indépendants en août 1947. Ce qui ne marqua pas la fin des conflits religieux, notamment du fait que l'Inde comptait environ un huitième de musulmans, et le Pakistan d'alors un quart d'hindous.

Durant la même période se déroule aussi l'apogée de la révolution en Chine. L'histoire de l'accession du communisme en Chine remonte au début des années 1920 et est étroitement liée à Mao Tsé-tung. Comme nous l'avons vu précédemment, jusqu'à la mort de Sun Yat-sen en 1925, les communistes faisaient partie du Kuo-min-tang et le point de départ de la guerre civile fut le coup de force d'avril 1927 de Chiang Kai-shek contre des syndicalistes d'obédience communiste à Shan-

ghai, au cours duquel plusieurs milliers de personnes furent massacrées. Épisode décrit dans
le célèbre roman d'André Malraux : *La Condition humaine*. Devant la supériorité militaire des
nationalistes, Mao entreprit, en octobre 1934, la
«Longue Marche» qui dura une année, au cours
de laquelle 150 000 soldats firent un périple de
12 000 km afin de s'installer au cœur de ce vaste
pays. L'invasion japonaise favorisa un retour de
l'alliance entre nationalistes et communistes,
alliance rompue en juin 1946 et qui marque la
dernière phase de la guerre civile. La victoire des
communistes fut en partie facilitée par la dégradation de la situation économique et notamment
par la très forte inflation, laquelle avait déjà commencé durant la guerre. Entre 1939 et 1946, les
prix avaient été multipliés par 740, soit un taux
moyen annuel de 160 pour 100. Cette inflation
s'accéléra encore à partir de mi-1948. C'est en
octobre 1949 que fut déclarée la République
populaire de Chine, avec à sa tête Mao Tsê-tung.
Chiang Kai-shek se réfugia avec une partie de son
armée sur l'île de Formose (ou Taïwan), créant un
État qui se voulait être le bastion «libre» de la
reconquête du continent «asservi».

LA CONFÉRENCE DE BANDUNG :
LA PREMIÈRE PRESSION POUR UN RÉÉQUILIBRAGE
DES RELATIONS NORD-SUD

Entre la première et la seconde vague d'indépendance se place une étape importante des
relations entre ce que l'on appelait déjà le Tiers-
Monde et le monde développé. C'est en avril 1955,
lors de la Conférence de Bandung, que l'on peut

dater le début d'une pression politique organisée de la part des pays du Tiers-Monde en vue d'un rééquilibrage des relations économiques entre Nord et Sud. Au cours de cette conférence, le mouvement des non-alignés, au sens où ils n'appartiennent ni au bloc communiste ni aux pays occidentaux de l'alliance de l'Atlantique, a été créé. Il s'agit essentiellement de pays du Tiers-Monde; à la Conférence de Bandung, ceux-ci étaient au nombre de 23 sur les 24 présents (le Japon étant le 24e). Mais, dès la deuxième réunion tenue à Belgrade (septembre 1961), la Yougoslavie et Tito commencèrent à jouer un rôle important, et l'accent fut mis sur les problèmes économiques du Tiers-Monde. Ces non-alignés tinrent, de 1955 à 1992, neuf conférences au sommet, en principe tous les trois ans. À la réunion de septembre 1989, ce mouvement comptait 102 membres; l'on s'y interrogea quant à la position du mouvement face à la «fin» du communisme en Europe de l'Est. Et à la réunion de mars 1992, qui étudia la réforme du mouvement, une cinquantaine seulement de pays ont envoyé des délégués.

LA SECONDE VAGUE D'INDÉPENDANCE : L'AFRIQUE

Même dans le domaine de la décolonisation, il faut distinguer l'Afrique du Nord de l'Afrique Noire. La présence massive d'Européens en Afrique du Nord a conduit à une décolonisation plus tardive et plus dramatique. Commençons donc par l'Afrique Noire où, contrairement à l'Asie, l'action des populations locales en faveur de l'indépendance fut assez tardive. Ce fut en Afrique de l'Ouest britannique que se créèrent les premiers partis politiques agissant en ce sens, notamment au Nigeria en 1944. Mais l'action la plus décisive fut menée au Ghana par la Convention People's Party, fondée en 1949 par Kwame Nkrumah; et, comme on peut le voir dans le tableau **XXXI**.1, ce fut ce pays d'Afrique Noire qui accéda le premier à l'indépendance, en mars 1957. Toutefois, le Ghana avait été précédé par le Soudan en janvier 1956, mais ce dernier n'est pas un pays d'Afrique Noire proprement dit.

En Afrique française, l'organisation politique débuta un peu plus tard. Le premier parti important fut le Rassemblement Démocratique Africain (RDA) fondé en 1947. Par la suite, deux leaders se détachèrent: Félix Houphouët-Boigny (de Côte d'Ivoire) qui représentait en quelque sorte l'aile libérale, et Sékou Touré (de Guinée), qui représentait l'aile radicale des revendications. Encore plus tardif fut le mouvement dans l'ancien Congo belge où le plan d'accession à l'indépendance, avec une échéance de vingt ans, présenté en 1955 par A.A.J. Van Bilsen, fut accueilli par les Européens avec stupeur, et fit même scandale. La phrase finale du rapport est la suivante: «On a dit que nous sommes à un tournant. Prenons bien le virage…» Dans ce pays, et bien sûr davantage encore dans les colonies françaises, ce fut le «discours de Brazzaville», prononcé par de Gaulle en août 1958, qui précipita le mouvement vers l'indépendance «offerte aux peuples de l'Afrique française». Enfin, en ce qui concerne les colonies portugaises, dont l'Angola et le Mozambique étaient les plus importantes, l'accession à l'indépendance fut très tardive (première moitié des années 1970), et résulta en Angola d'une guerre longue et sanglante, qui entraîna l'exode de 400 000 Portugais et de nombreux morts de part et d'autre.

En Afrique du Nord (ou plutôt au Maghreb, l'Égypte étant déjà indépendante), on peut presque considérer que la lutte pour l'indépendance n'avait pas réellement cessé avec la soumission. On considère généralement que le «choc de Diên Biên Phû», bataille qui marqua, en mai 1954, la défaite des Français en Indochine, marqua aussi l'accélération de la lutte pour l'indépendance. L'accession à l'indépendance de deux pays où la présence européenne était moins importante (Maroc et Tunisie) se réalise sans troubles graves (en mars 1956 pour ces deux pays). L'insurrection de l'Algérie débuta en novembre 1954, et ce fut le début d'une guerre longue et meurtrière qui fit au moins 150 000 victimes du côté algérien, et environ 50 000 du côté français. Auparavant, on avançait du côté algérien des chiffres de morts beaucoup plus élevés, allant même au-delà du million. Il fallut huit ans de combat pour aboutir à l'indépendance en juillet 1962, indépendance qui accéléra l'exode des Européens, dont environ un million quittèrent l'Algérie, venant s'ajouter aux 400 000 du Maroc et de la Tunisie, et ce sans compter les quelque 400 000 juifs qui quittèrent également ces trois pays et auxquels il convient d'ajouter plus de 100 000 en provenance du reste de l'Afrique du Nord ; donc, en tout, plus d'un demi-million de réfugiés juifs qui s'installèrent non seulement en France, mais plus spécialement en Israël.

DANS L'ENSEMBLE,
UNE INDÉPENDANCE ACQUISE PACIFIQUEMENT

Certes, comme nous l'avons vu[1], l'histoire même de la colonisation est inséparable de celle de la lutte pour l'indépendance. Et souvent ces luttes ont été des conflits armés, qui se sont terminés en défaites pour le monde colonisé. Défaites qui, cependant, n'ont pas anéanti les volontés d'indépendance. D'ailleurs, dans l'ensemble, la décolonisation s'est faite pacifiquement. Comme l'a calculé Jean Mayer dans son étude[2], de 1957 à 1981, sur les 87 «peuples» qui se dégagèrent du colonialisme, seulement 5 ont eu besoin d'avoir recours à la lutte armée. Il s'agit des pays suivants : Algérie, Angola, Guinée-Bissau, Mozambique et Viêt-nam.

1960-1974 : De la première Décennie du développement au dialogue Nord-Sud

Sur le plan des relations Nord-Sud, rappelons le coup d'envoi que fut la Conférence de Bandung de 1955. Les choses s'accélérèrent à partir de 1973. Toutefois, avant cette date, on avait déjà assisté à la création d'une série d'institutions axées sur ces problèmes. En 1960, la BIRD créa l'Association Internationale pour le Développement[3], dont le but essentiel est l'octroi de crédits à long terme sans intérêts. La résolution des

1. Voir plus particulièrement le chapitre XVIII, tome II.
2. 1993.
3. AID ; en anglais IDA.

Nations Unies, qui décréta les années 1960 comme première Décennie du développement, fut votée en 1961. Les objectifs fixés pour cette décennie étaient très élevés, surtout si on les replace dans une perspective historique, puisque impliquant une croissance du PNB par habitant de 2,8 pour 100 par an, soit plus de deux fois supérieure à celle de l'Occident durant sa phase de démarrage. L'année suivante (1962), les Nations Unies votent une résolution pour la création de la Conférence des Nations Unies pour le Commerce et le Développement (CNUCED), laquelle se transforma en un organisme permanent. Cette création résulte du gonflement du déficit commercial que les pays du Tiers-Monde désiraient résoudre, non à travers l'aide, mais grâce à un rééquilibrage du commerce, d'où ce slogan : « *Trade not Aid* ». En 1965, le Programme des Nations Unies pour le Développement[1] est créé par la fusion de deux organismes des Nations Unies, à savoir le Programme Élargi d'Assistance Technique et le Fonds Spécial, le but poursuivi étant d'accroître l'assistance technique multilatérale et les investissements. Enfin, pour ne signaler que les institutions importantes, notons qu'en 1965 est créée l'organisation des Nations Unies pour le développement industriel[2].

LES ASSOCIATIONS NORD-SUD

Parallèlement à ces organisations et institutions de caractère mondial, il faut aussi signaler des initiatives plus régionales, à la fois dans le

1. PNUD ; en anglais UNDP.
2. ONUDI ; en anglais UNIDO.

domaine des relations Nord-Sud et dans celui de l'organisation du Sud même. Ici, comme dans la sous-section suivante, nous déborderons du cadre historique de cette section (1960-1974), car nous devons traiter des suites des unions et organisations qui se mettent en place avant 1975. Des associations Nord-Sud, les plus importantes sont, d'une part, celles qui lient les États-Unis à l'essentiel de l'Amérique latine et, d'autre part, celles qui lient l'UE à des pays africains.

Du côté américain, il convient d'abord de noter ce qui fut appelé le Point Four Program, c'est-à-dire un programme d'aide essentiellement technique en vue d'améliorer les conditions de vie des pays dits sous-développés. Adopté au Congrès en juin 1950, ce programme s'inscrivit aussi, et peut-être surtout, dans la logique de la guerre froide ; mais ses fonds ayant été administrés également par les Nations unies, on peut le considérer comme un précurseur du programme d'aide internationale. Les mesures plus concrètes d'association des États-Unis avec des pays du Tiers-Monde débutent avec l'Alliance pour le Progrès créée en 1961 et dissoute en 1975, dont le but était de mener à bien un programme d'assistance d'une durée de dix ans. Mais les origines de cette alliance sont très anciennes, puisque, en 1890, fut fondée l'Organisation des États Américains[1] qui, d'ailleurs, existe encore (son budget en 1990 s'élevait à 80 millions de dollars). À cheval entre l'Amérique et l'Europe, il faut signaler la création, en 1959, de la Banque Interaméricaine de Développement[2] qui, outre

1. OEA ; en anglais OAS.
2. BID ; en anglais IADB.

les États-Unis et le Canada, comprend 26 pays d'Amérique latine et 16 pays développés.

Si l'on exclut les cas particuliers d'Israël et de la Turquie, les relations spécifiques de l'UE avec des pays du Tiers-Monde débutèrent avec la convention de Yaoundé de 1969, qui liait celle-ci à 18 pays africains. Cette convention fut élargie à plusieurs reprises par des successions de conventions dites «de Lomé» : la première datant de 1971 et la quatrième (dite «Lomé IV») entrant en vigueur en mars 1990, avec une révision du protocole financier après cinq ans. Le nombre de pays associés est passé à 68 et inclut également des pays des Caraïbes et du Pacifique. Ces conventions impliquent des programmes d'assistance ainsi que de soutien aux prix d'une cinquantaine de produits bruts tant agricoles que miniers. Des préférences sont accordées à l'importation de nombreux produits bruts, et les produits manufacturés peuvent être librement importés dans l'UE (mais les pays du Tiers-Monde faisant partie de la convention de Lomé ne produisent pratiquement pas d'articles manufacturés).

Dans le même ordre d'idée, rappelons une autre association Nord-Sud, plus importante, mais davantage circonscrite sur le plan spatial : l'ALENA[1], qui a fait entrer en 1994 le Mexique dans une zone de libre-échange avec les États-Unis et le Canada. En fait, c'est la première zone de libre-échange entre des pays des deux mondes : les plus développés et le Tiers-Monde. De surcroît, l'élargissement géographique de cette zone de libre-échange à d'autres pays d'Amérique

1. Voir chap. XXVI.

latine a été reconnu comme étant du domaine du possible par les États-Unis.

LES PROJETS D'UNION ÉCONOMIQUE ET DOUANIÈRE
DU SUD

Au début, les projets d'union économique et douanière des pays du Tiers-Monde ont concerné essentiellement les pays d'Amérique latine. Très importante par sa couverture géographique, l'Association latino-américaine de libre-échange a été créée en 1960 et est devenue en 1980 l'Association Latino-Américaine d'Intégration[1]. Actuellement, cette association compte 11 pays (Argentine, Bolivie, Brésil, Chili, Colombie, Équateur, Mexique, Paraguay, Pérou, Uruguay et Venezuela) représentant, en 1990, 85 pour 100 des exportations de l'Amérique latine. Vu l'importance des liens avec les pays développés, les échanges (en 1990) entre membres de cette association ne représentent que 10 pour 100 de leurs échanges totaux, comparé par exemple à 60 pour 100 pour les échanges entre pays membres de l'UE. Créé également en 1960, le Marché commun d'Amérique centrale[2] est tombé en léthargie au début des années 1980, à la suite de luttes fratricides. Cette union douanière rassemble les 6 pays suivants : Guatemala, Salvador, Honduras, Nicaragua, Costa Rica et Panamá. En 1991, des efforts furent tentés afin de faire revivre ce Marché commun. Efforts renouvelés en 1993, au moment où l'on remplaça le terme « Marché

1. ALADI ; en anglais LAIA.
2. MCAC ; en anglais CACM.

commun» par celui d'«Union économique»;
mais aucune date d'achèvement ne fut prévue.
En 1965, un certain nombre de pays demeurés à
l'écart des deux associations créent la zone de
libre-échange des Caraïbes, remplacée en 1973
par la Communauté des Caraïbes, appelée CARI-
COM. Enfin l'année 1991 a vu la naissance d'un
projet important: c'est en mars de cette année
que fut signé le traité d'Asunción prévoyant
un marché commun, appelé Mercosur, entre les
pays suivants: Argentine, Brésil, Paraguay et
Uruguay, soit quatre des membres de l'ALADI.
La première mesure prise dès la signature du
traité fut une réduction de 47 pour 100 des droits
d'importation. Le Mercosur entra pleinement en
vigueur en janvier 1995; depuis juin 1996, la
Bolivie et le Chili y sont associés. Le dernier
de ces deux pays ayant abandonné, en quelque
sorte, son projet de rejoindre l'ALENA dans
laquelle est inclus le Mexique.

À propos du Mexique, il convient de signaler
les espoirs et les craintes d'une autre union appelée généralement «Pacte andin» qui comprend
les 5 pays suivants d'Amérique du Sud: Bolivie, Colombie, Équateur, Pérou et Venezuela;
union à laquelle on espérait que participerait le
Mexique. Créé en 1969, le Pacte andin n'a réalisé
que peu de chose et il a été directement affaibli
par l'entrée, en 1994, du Mexique dans l'ALENA,
la zone de libre-échange d'Amérique du Nord.

En ce qui concerne les pays d'Afrique, aucun
accord douanier ou économique de quelque
importance ne fonctionne réellement à l'heure
actuelle. Mais les projets adoptés sont nombreux.
On ne compte pas moins de 12 organisations de

nature économique en vigueur et 3 qui ont disparu. Les deux plus anciennes d'entre elles ont été mises en place en 1959. Il s'agit du Conseil de l'Entente (qui regroupe le Bénin, le Burkina-Faso, la Côte d'Ivoire, le Niger et le Togo) et de l'Union Douanière Équatoriale, remplacée en 1964 par l'Union Douanière et Économique de l'Afrique Centrale (qui regroupe le Cameroun, la République Centrafricaine, le Congo, le Gabon et la Guinée Équatoriale). La plus récente de ces organisations est l'Union du Maghreb Arabe créée en 1989 et qui regroupe les pays suivants : Algérie, Égypte, Libye, Maroc, Mauritanie et Tunisie. À cela il faut ajouter sur le plan politique l'Organisation de l'Unité Africaine[1] créée en 1963 et qui regroupe pratiquement tous les pays d'Afrique, y compris à partir de mai 1993 l'Afrique du Sud.

DE LA CHINE DU « BOND EN AVANT »
À CELLE DE LA « RÉVOLUTION CULTURELLE »

Exclue volontairement d'unions économiques régionales (à l'exception d'accords ponctuels avec la Corée du Nord et le Viêt-nam du Nord), la Chine a connu deux événements majeurs entre 1958 et 1969. Deux événements qui non seulement allaient ébranler douloureusement ce pays, qui abritait alors un tiers de la population de l'ensemble du Tiers-Monde, mais qui allaient, surtout le second, avoir des retombées politiques dans presque le monde entier, à savoir le « grand bond en avant » et la « grande révolution culturelle prolétarienne », pour utiliser les dénominations officielles.

---

1. OUA ; en anglais OAU.

La campagne en faveur du grand bond en avant fut lancée en mai 1958. Le but était de mobiliser les masses afin de réaliser un double objectif ambitieux : rattraper en quinze ans le Royaume-Uni en ce qui concerne le niveau industriel, et dépasser l'URSS dans le projet majeur du communisme : créer une société réellement communautaire, réellement communiste. Sur le plan économique, cela allait se traduire par la création, dans le monde rural, de petites unités de production manufacturières (notamment les fameux hauts-fourneaux de poche). Incidemment, signalons que cela permettait de résorber une partie du sous-emploi rural. D'autre part, et cela était encore plus important dans ses répercussions sur la vie de la population, il fut décidé de regrouper les 740 000 coopératives de production agricole en créant 23 000 «communes populaires» qui avaient aussi la charge d'activités industrielles. Ces communes populaires rassemblaient une grande partie des paysans et avaient une taille moyenne de 5 000 familles (ou plus de 20 000 personnes). Après des annonces de résultats fortement exagérés, les objectifs, notamment industriels, furent révisés à la baisse dès août 1959 ; et les conditions climatiques extrêmement défavorables de l'année 1960 conduisirent, dès l'automne, à la fin de cette expérience qui s'est soldée par une grande désorganisation de l'économie et par une terrible famine qui causa au moins une dizaine, sinon une trentaine, de millions de morts, nous y reviendrons. Il y eut, en quelque sorte, la mise en place d'une NEP lors du plénum du Comité central de janvier 1961 qui marqua la fin officielle du bond en avant. Cette réorientation de la politique éco-

nomique fut aussi accélérée par la crise sino-
soviétique qui débuta dès juillet 1960 avec le
brusque retrait des techniciens russes et par
l'arrêt de l'aide. Dans cette NEP, un des slogans
était que l'«expert» l'emporte sur le «rouge», et
cette période vit un certain effacement de Mao.

LA RÉVOLUTION CULTURELLE

Effacement temporaire; car, à partir de février
1966, a débuté, sous l'instigation de Mao, la
«grande révolution culturelle prolétarienne»,
dont le mot d'ordre était: «Le pays entier doit
prendre modèle sur l'armée.» En mai de la même
année, les grandes orientations de la révolution
culturelle furent fixées, mais rendues publiques
plus tard. L'accent mis sur le terme «culturelle»
exprime le principe du déplacement de l'idéologie
du politique et de l'économie vers le culturel.
Comme la population rurale représentait alors
environ 85 pour 100 de la population totale, cela
implique que plus de 80 pour 100 de la population
chinoise vivait dans ces communes populaires au
sein desquelles les utopies extrêmes du communisme furent établies. L'économie monétaire y fit
place à la libre consommation de produits selon
les besoins de chacun; la vie en commun fut
encouragée, avec notamment des réfectoires et
des garderies d'enfants. Il s'agissait de revitaliser
l'esprit révolutionnaire en combattant les quatre
«vieilleries» (les vieilles idées, les vieilles cultures, les vieilles traditions et les vieilles habitudes), grâce notamment à la création de gardes
rouges constitués surtout d'étudiants radicaux,
le but étant d'éliminer le révisionnisme bour-

geois, de créer un homme nouveau et une société nouvelle.

Si l'idée de cette révolution apparut la première fois dans un article publié en février 1966 dans le journal de l'armée, c'est en octobre 1966 que commença la diffusion massive de ce qui allait être la «bible» de cette révolution : le «petit livre rouge», qui contenait l'essentiel des idées de Mao sous la forme de citations. Ce petit livre fut tiré à 800 millions d'exemplaires, contribuant ainsi à faire de Mao (si l'on exclut la Bible) le deuxième auteur le plus diffusé sur le plan mondial, le premier étant Agatha Christie, avec plus de 2 milliards d'exemplaires[1]. Dans cette campagne, les intellectuels furent spécialement visés, publiquement humiliés et obligés d'exécuter des travaux manuels pénibles et/ou dégradants. Les écoles et les universités furent fermées, la vie économique fut également fortement affectée ; et, en 1968, le pays fut au bord d'une guerre civile entre fractions radicales. L'invasion de la Tchécoslovaquie par les troupes du pacte de Varsovie en août 1968 accrut le sentiment d'insécurité de Mao qui avait déjà fait intervenir l'armée contre certains groupes de gardes rouges, et lors du 12e plénum en octobre 1968, la fin de cette expérience fut, en quelque sorte, décidée. Elle fut officialisée au 9e Congrès du parti communiste (avril 1969). Relevons que certains historiens placent la fin de la révolution culturelle en 1976 (mort de Mao), de nombreuses pratiques ayant persisté jusqu'alors.

---

1. La Bible a été tirée à près de 3 milliards d'exemplaires, il est vrai sur une période beaucoup plus longue.

1975-1995 : du dialogue Nord-Sud
à l'effacement du Tiers-Monde
après l'écroulement du communisme

On peut certes faire remonter les origines du
véritable dialogue officiel Nord-Sud au moins à la
création de la CNUCED en 1964 ; mais la notion
même de dialogue Nord-Sud et, subséquemment,
la mise en place d'un nouvel ordre économique
mondial, sont apparues lors de la Conférence
Nord-Sud proposée par la France en 1974. Cette
conférence, qui devait s'occuper principalement
des problèmes de l'énergie, à la suite du choc
pétrolier de 1973, élargit son agenda. Également
en 1974, l'Algérie soumit aux Nations Unies une
proposition tendant à instaurer un nouvel ordre
économique international. Les Nations Unies,
grâce au mouvement d'indépendance, étaient
progressivement passées d'une organisation dans
laquelle les pays développés étaient en faible
minorité, compensée par une majorité au très
puissant Conseil de sécurité, à une organisation
où l'écrasante majorité était celle des pays du
Tiers-Monde, avec un Conseil de sécurité aux pouvoirs plus limités. Phénomène qu'accentua encore
la balkanisation de certains États coloniaux africains. En 1946, sur les 55 membres des Nations
Unies, 34 étaient des pays du Tiers-Monde.
Il s'agissait des 20 pays d'Amérique latine, et
des pays suivants : Afghanistan, Arabie Saoudite,
Chine, Égypte, Éthiopie, Inde, Iran, Iraq, Liban,
Liberia, Philippines, Syrie, Thaïlande et Turquie.
Le nombre total de membres passa à 60 en 1950 ;
à 76 en 1960 ; à 125 en 1970 ; à 154 en 1980, et à

160 en 1990. Le démantèlement de l'Union soviétique occasionne une nouvelle augmentation du nombre de pays indépendants, ce qui, à la mi-1994, établit leur nombre à 184. En 1974, lors de la proposition de l'Algérie, la prédominance des pays du Tiers-Monde était encore plus forte et beaucoup de ceux-ci étaient passés d'une attitude pro-occidentale à une tendance, sinon pro-soviétique, du moins de non-alignement, avec le cas spécifique de Cuba, à la fois pro-soviétique et non aligné.

Le fait que ce dialogue ait débuté dans une période où la croissance dans le monde développé se ralentissait, et surtout où le chômage structurel réapparaissait, n'était évidemment pas un facteur favorable. De même, le «coup de force» des producteurs de pétrole de 1973, renouvelé en 1980, donna aussi des arguments à ceux qui penchaient en faveur de l'égoïsme national. C'est à peu près au milieu de cette période qu'intervient au sein du Tiers-Monde un changement dans la hiérarchie des priorités du développement. Il s'agit notamment de la prise de conscience du rôle important que doit jouer l'agriculture dans un processus de développement véritable, qu'il n'est pas possible d'assurer avec la seule priorité à l'industrie.

Il n'y a aucun doute que l'effondrement du communisme dans les pays de l'Est et surtout en URSS est un événement majeur, sinon le plus important, de la seconde moitié du XXe siècle. Comme nous le notions au début de ce chapitre, cet effondrement et surtout les graves problèmes économiques, notamment les pénuries alimentaires, ont de fortes chances d'entraîner une réduction des flux d'aide vers le Tiers-Monde.

Réduction des flux d'aide d'autant plus envisageable que les raisons politiques de certaines contributions ont disparu avec l'URSS, le danger d'un passage à un régime communiste des pays du Tiers-Monde se trouvant considérablement réduit. Toutefois, le fort ralentissement de l'expansion de l'aide, ayant débuté dès 1981, est donc bien antérieur à l'écroulement du communisme.

LES RÉFORMES EN CHINE

Puisque nous avons parlé du communisme, évoquons les réformes économiques et politiques en Chine, qui ont réellement commencé, non pas après le décès de Mao (septembre 1976), mais après l'élimination (octobre 1976), par les partisans de réformes et d'ouverture, de la «bande des quatre», dont la veuve de Mao. Le tournant important est pris en février 1978 quand la politique de l'autosuffisance économique des régions et des entreprises est abandonnée au profit de la spécialisation. Au cours de la même année Confucius (K'ung-tzu) est réhabilité, et les relations diplomatiques avec les États-Unis sont rétablies. L'année suivante, le «bond en avant» est qualifié de «bond en arrière», et la modernisation du pays devient la doctrine officielle. L'évolution de la politique économique entre 1978 et 1995 n'a pas été uniformément dans le sens d'une libéralisation. En fait, on peut discerner quatre phases dans le processus de réformes mis en œuvre à partir de 1978; quatre phases que l'on peut qualifier de graduelles, surtout par opposition à ce qui s'est passé en Europe de l'Est après 1989. Rappelons, comme nous l'avons vu, que dans un premier temps le modèle hongrois de réformes d'avant 1978 fut étudié en Chine. La première phase va de 1978 à 1984 et consiste d'abord en la poursuite de politiques poursuivies au début des années 1960, après le bond en avant. Mais cette réforme mit davantage l'accent sur la « satisfaction matérielle du peuple », dans laquelle une place plus large est laissée à l'économie de marché. Les prix agricoles sont relevés, et surtout l'organisation de ce secteur passe des collectivités aux ménages. Dans l'industrie, les primes sont autorisées, et l'on met en place les zones spéciales destinées à attirer les investissements et la technologie étrangers.

La deuxième phase va de 1984 à 1988 et est, somme toute, marquée par un renforcement des réformes antérieures. Toutefois, des nouveautés importantes sont introduites, telles qu'un double système des prix, l'imposition des entreprises et l'établissement d'un lien plus étroit entre rémunération et productivité.

La troisième phase (1988-1991) est une période de réajustement. Certes, la libéralisation avait entraîné une forte croissance économique, mais aussi une inflation. Des mesures de contrôle des prix furent introduites, et l'on abandonna, ou l'on atténua, certains aspects de la réforme. Cela aboutit à une forte diminution de la croissance ; celle-ci, qui avait été supérieure à 10 pour 100 par an, tomba au-dessous des 5 pour 100 en 1989, et des 4 pour 100 en 1990, ce qui entraîna des mesures de relance qui portèrent leurs fruits en 1991 (croissance de 8 pour 100).

Sur le plan politique, le virage important, qui sera l'amorce de la quatrième phase, se situe en 1991. On peut en faire remonter l'origine à mai

1988 quand Deng Xiaoping refusa le «socialisme intégral». À partir de là, sur le plan économique, mais pas nécessairement politique, les réformes prennent de plus en plus d'ampleur et ont abouti à ce que les Chinois qualifient eux-mêmes de «communisme de marché». Le personnage central de ces réformes est Deng Xiaoping. Un tournant historique se place en octobre 1992 quand le parti communiste adopta le point de vue de celui-ci, pour lequel l'économie de marché n'était pas incompatible avec les idéaux socialistes. Dès lors, les choses s'accélérèrent, allant jusqu'à l'inscription, en mars 1993, de «l'économie de marché socialiste» dans la constitution, et à la décision, prise en décembre 1993, d'introduire à partir du 1ᵉʳ janvier 1994 une des mesures typiques d'une économie libérale : un taux flottant pour la monnaie. Le responsable de l'économie chinoise, le vice-Premier ministre Zhu Rongji, dans une interview au *Business Week*[1], a répondu à la question «Quel type d'économie cherchez-vous à construire ? » : «La seule différence est que votre système est basé sur la propriété privée, alors que notre économie de marché restera basée sur la propriété publique.» Tout cela s'inscrit dans cette quatrième phase des réformes chinoises. Enfin, et ceci constitue en quelque sorte un tournant symbolique de la société chinoise, en avril 1994 fut levée l'interdiction faite aux particuliers de posséder une voiture à usage privé ; tournant symbolique comme l'avait été, en 1992, l'ouverture du premier restaurant McDonald's, présenté comme le plus grand de cette chaîne sur le plan

1. 31 janvier 1994.

mondial et comme l'établissement de restauration le plus propre du pays.

Outre les modalités des réformes antérieures évoquées ci-dessus, des réformes ont pour but d'ouvrir progressivement la Chine à l'extérieur. Le pays s'est donc ouvert de plus en plus aux investissements étrangers et aussi à ceux en provenance de son ancien ennemi : le Japon. Entre 1989 et 1993, le stock des investissements directs de cette provenance est passé de moins d'un demi-milliard de dollars environ à 3 milliards. Comme nous le verrons[1], le total du stock de ces investissements directs de l'étranger est passé de moins d'un demi-milliard en 1982 à près de 130 milliards en 1995. Dès 1992, la Chine a occupé dans le Tiers-Monde la première place dans les investissements directs à l'étranger des pays occidentaux, devançant de plus de 100 pour 100 le Mexique et la Malaisie. Bien entendu, en termes de données par habitant, la Chine n'occupe qu'une place marginale. Pour ce qui est du commerce extérieur, l'expansion y a été également très rapide. Rien qu'entre 1990 et 1995, les exportations ont plus que doublé, passant de 61 à 149 milliards de dollars. Mais l'expansion du commerce extérieur avait commencé dès le début des années 1970. À l'époque, les exportations chinoises ne représentaient que 3 pour 100 de celles de l'ensemble du Tiers-Monde ; cette proportion est passée à 5 pour 100 en 1985, pour atteindre les 12 pour 100 en 1995. Ce sont les ventes d'articles manufacturés qui expliquent essentiellement cette croissance. Enfin, pour clore ces quelques pages

1 Voir chap. XXVI.

consacrées à ce qui reste encore le pays le plus
peuplé du monde, signalons que, depuis mars
1994, date de la dernière apparition publique de
Deng Xiaoping, que certains ont affublé du sur-
nom de «Petit Timonier» par opposition à Mao le
«Grand Timonier», la voie dans laquelle va s'engager la Chine, qui reste encore communiste, est
incertaine.

LA CONJONCTURE ÉCONOMIQUE
ET SOCIALE DU TIERS-MONDE

Vu l'ampleur des relations économiques entre
pays développés et Tiers-Monde et le déséquilibre
des forces, il est évident que la conjoncture économique du Tiers-Monde a été fortement déterminée par celle des pays développés. Ce n'est qu'à
partir des années 1950-1960 qu'un certain nombre
de facteurs internes ont commencé à jouer un rôle
plus important. Dans ce contexte, l'indépendance
a tenu une part non négligeable en raison notamment de l'accent mis sur l'industrialisation. En
outre, le passage à une économie socialiste en
Chine a conduit, à partir de 1949, à soustraire un
tiers du Tiers-Monde à la conjoncture internationale. Mais si la conjoncture du Tiers-Monde est
conditionnée par celle des pays développés, cela
ne veut pas dire qu'il y a concordance des phénomènes, ce qui est le cas des guerres mondiales.
C'est à l'exposé de cette conjoncture spécifique
que nous passons à présent et à laquelle bien sûr
nous aurons l'occasion de revenir dans les cha-

pitres suivants dans lesquels les éléments structurels sont privilégiés.

La Première Guerre mondiale :
une impulsion temporaire
à l'industrialisation

Si la Première Guerre mondiale a été dans le Tiers-Monde une rupture moins importante que la Seconde, et même que la dépression des années 1930, elle n'a pas été un non-événement économique. Le ralentissement (ou l'arrêt) de l'arrivée de produits manufacturés, dû à la mobilisation du potentiel dans l'Occident, a entraîné une forte demande pour les entreprises locales. Partout où des industries existaient, on a assisté à une augmentation rapide de la production. Toutefois, comme l'approvisionnement en biens d'équipement était également réduit du fait de la guerre et que les industries de biens d'équipement étaient extrêmement peu développées dans le Tiers-Monde, la capacité de production n'augmenta que très faiblement. Cependant, l'utilisation à pleine capacité des industries de biens de consommation permit une augmentation des profits qui purent être utilisés dans les années d'immédiat après-guerre pour des investissements industriels. Si l'on prend l'exemple de la filature de coton, de loin le principal secteur de l'industrie manufacturière moderne, le nombre de broches qui, entre 1900 et 1913, progressa de moins de 1 pour 100 par an, a progressé de 7 pour 100 par an entre 1920 et 1925, mais seulement de 2 pour 100 entre 1925 et 1929.

L'industrie extractive, à la fois pour les besoins locaux et pour l'exportation, progresse également assez rapidement durant la guerre, mais pas dans tous les domaines. Progression notamment de la production du minerai de cuivre : entre 1913 et 1920, celui-ci fait un bond de l'ordre de 67 pour 100, passant, en contenu métal, de 145 000 à 242 000 tonnes. Une partie non négligeable de la progression des produits miniers provient de la mise en exploitation de mines en Afrique Noire. En revanche, dans le domaine de l'industrie manufacturière, l'Afrique Noire ne voit pratiquement pas d'autre évolution que la régression de l'artisanat.

En ce qui concerne les cultures d'exportation, la Première Guerre mondiale eut peu d'impact. La production totale a continué à progresser à peu près au même rythme qu'auparavant, en dépit de certains tassements et reculs. C'est ainsi que malgré l'accroissement de la consommation des États-Unis, les exportations de café se ralentirent quelque peu. Le coton connaît une évolution encore plus négative. En revanche, pour le thé, la tendance est inverse ; de même pour le sucre, dont la production des pays développés recule en raison des problèmes de main-d'œuvre, la tendance a été à l'accroissement.

1919-1929 : expansion rapide
des exportations et de... l'éducation

Une des caractéristiques importantes de cette décennie a été la très rapide expansion des exportations du Tiers-Monde, beaucoup plus rapide même que celle des pays développés. De ce fait, la part du Tiers-Monde dans le commerce mondial passe de 23 pour 100 en 1913 à 27 pour 100 en 1929. Cette expansion est essentiellement due à trois facteurs : 1) expansion de la colonisation en Afrique, et surtout en Afrique Noire ; 2) augmentation de la demande des pays développés résultant de la bonne conjoncture. Comme nous l'avons vu dans le chapitre XXV, au cours de ces années, on assiste en Occident à une rapide augmentation du niveau de vie, et, de ce fait, à une consommation accrue de produits tropicaux qui, progressivement, deviennent des produits de consommation courante ; 3) début d'apparition plus importante de matières premières, et notamment de pétrole, dans les exportations du Tiers-Monde. Mais, soulignons-le, nous disons bien «début d'apparition», la période de forte expansion des matières premières ne se situant qu'après la Seconde Guerre mondiale. Et nous disons bien matières premières et non produits bruts, car il convient d'établir cette distinction, surtout dans le contexte du Tiers-Monde. Si pratiquement toutes les matières premières sont des produits bruts, une grande partie de ceux-ci ne sont pas des matières premières. C'est notamment le cas des produits alimentaires dont les exportations du Tiers-Monde ont été importantes et qui sont presque intégralement des produits bruts. En revanche, les produits miniers sont à la fois des produits bruts et des matières premières. Durant le XIXe siècle, les matières premières ne représentaient qu'un peu plus du quart des exportations totales du Tiers-Monde ; au cours de la première moitié du XXe siècle, cette proportion était de l'ordre d'un tiers. Pour les produits bruts, ces proportions sont respectivement de 85 et de 90 pour 100.

Cette décennie est également marquée par de profondes modifications dans l'éducation, et ce à tous les niveaux, qu'il s'agisse de l'enseignement primaire, secondaire ou universitaire. Dans ce dernier cas, pour lequel les statistiques sont plus complètes, on est passé selon nos calculs d'environ 95 000 étudiants en 1913 à environ 150 000 en 1920 et à environ 225 000 en 1929. L'expansion a été rapide surtout en Asie où il y eut pratiquement un triplement. Notons toutefois que la Chine, bien qu'ayant connu également une expansion spectaculaire en ce domaine, avait vers 1929 deux fois moins d'étudiants que l'Inde. L'expansion a été du même ordre en Afrique du Nord. Quant à l'Afrique Noire, elle n'avait pratiquement pas d'universités au cours de cette période. L'Amérique latine qui, vers 1900, concentrait encore une grande partie des étudiants d'université du Tiers-Monde (la moitié, alors que sa population représentait 6 pour 100), n'en représentait plus que le quart environ vers 1929.

La progression de 50 pour 100 du nombre d'étudiants universitaires enregistrée dans le Tiers-Monde entre 1920 et 1929 se compare favorablement à celle de l'Europe (sans la Russie) qui a été de 21 pour 100. Par contre, aux États-Unis, qui anticipèrent l'évolution qui se produira après la Seconde Guerre mondiale en Europe, la progression a été de 82 pour 100. L'évolution favorable de l'enseignement dans le Tiers-Monde durant cette période, tant dans le domaine universitaire que dans ceux du secondaire et du primaire, résulte grandement des initiatives et des mesures

prises par les autorités coloniales. C'est là un des
rares aspects positifs de la colonisation.

1930-1939 : la dépression,
chute des prix et ralentissement
de la croissance de la production
de produits bruts

En elle-même, la crise proprement dite de 1929
n'a pas eu de conséquences sensibles sur le Tiers-
Monde. En revanche, il en a été tout autrement de
la dépression des années 1930. La conséquence la
plus grave a été le ralentissement de la demande
de certains produits bruts qui, combiné à l'accroissement de l'offre, a conduit à une forte chute
des prix de la quasi-totalité des produits. Le ralentissement de la croissance de la demande résulte
évidemment d'une progression plus faible du
niveau de vie des pays développés à la suite de la
dépression, ce qui a entraîné un ralentissement
de la croissance de la production, touchant de
nombreux produits alimentaires et produits bruts
tant agricoles que miniers. Prenons quelques
exemples du ralentissement de ces productions.
La production de cacao, qui avait doublé entre les
années d'avant la Première Guerre mondiale et la
veille de la crise de 1929, n'augmente que de 40
pour 100 au cours de la décennie suivante. Le
ralentissement est encore plus marqué pour le
café, le thé et le sucre. Pour ce dernier produit, le
volume de la production a même baissé : le niveau
de 1934-1938 étant inférieur de quelque 9 pour
100 à celui de 1925-1929. Par contre, pour les
oléagineux ainsi que pour les fruits, on assiste à la

poursuite d'une expansion rapide, et même pour certains de ces produits à une accélération de l'expansion.

Cela doit nous inciter, sinon à minimiser, du moins à tempérer l'explication généralement fournie pour expliquer «le ralentissement des cultures d'exportation» du Tiers-Monde, à savoir la «dépression économique des années 1930»; cette dépression n'a pas été, au niveau de l'ensemble des pays développés, une réelle période de ralentissement de la croissance[1]. Il est probable que, pour certains produits, il faille déjà faire intervenir partiellement le phénomène de saturation, qui, lui, devient plus général à partir des années 1970. En outre, dans les années 1920 et 1930, des mesures protectionnistes ont été prises dans beaucoup de pays développés afin de favoriser l'agriculture locale. Cela a également eu un impact sur la production locale de sucre de betterave qui concurrençait le sucre de canne du Tiers-Monde. Entre 1921-1925 et 1934-1938, la production de sucre de betterave de l'Europe (sans l'URSS) a progressé d'un quart. Enfin, un certain nombre de pays développés, caractérisés par une croissance positive durant les années 1930, n'ont pas accru les importations en provenance du Tiers-Monde pour des raisons que l'on pourrait, faute de mieux, qualifier d'idéologiques. Il s'agit essentiellement de l'Allemagne et de l'URSS.

Parmi les matières premières agricoles, le ralentissement n'est évité que pour le coton. Pour les produits miniers, nous sommes également en

1. Voir chap. XXIV.

présence d'un ralentissement de la croissance pour la plupart d'entre eux. C'est même le cas du pétrole, mais pour celui-ci la croissance reste très élevée malgré le ralentissement. La production de minerais de fer ne progresse que de 4 pour 100 par an entre 1927-1929 et 1937-1939, comparé à 8 pour 100 entre 1908-1912 et 1927-1929. Pour le cuivre, ce sont les mêmes taux. Pour le zinc, on note une stagnation, comparée à une progression de 10 pour 100. Enfin stagnation également pour l'étain et les métaux précieux.

Comme dans les précédentes décennies on avait assisté à une augmentation rapide de l'offre, due en partie à la mise en exploitation des colonies d'Afrique Noire, l'impact sur l'évolution des prix a été très important, entraînant un véritable effondrement. Durant cette période, les prix d'exportation du Tiers-Monde ont reculé de 30 à 33 pour 100, alors que pour les exportations des pays développés cette baisse n'a été que de l'ordre de 14 à 17 pour 100. Donc une baisse des prix d'exportation du Tiers-Monde plus forte que celle qui a touché les prix d'importation, amenant ainsi une détérioration des termes des échanges.

MAIS UNE EXPANSION INDUSTRIELLE

Assez paradoxalement de prime abord, cette période a vu une évolution plus positive de l'industrialisation. Évolution plus positive à double composante : progression des pays possédant déjà une base industrielle, et début d'industrialisation dans un certain nombre de pays. Voyons d'abord le premier aspect qui résulte largement des changements intervenus dans les législations. Rappelons

que l'on peut considérer que quatre pays possédaient déjà une base industrielle importante
avant la Première Guerre mondiale, même si, en
termes d'industrialisation par habitant, il s'agissait de niveaux très peu avancés. Ce sont : la
Chine, le Brésil, l'Inde et le Mexique. En raison
du caractère exceptionnel de la fin des années
1930, nous laisserons de côté dans un premier
temps la Chine. Examinons d'abord l'évolution
du secteur le plus important d'alors, à savoir la
filature de coton. La production combinée des
trois pays est passée de 530 000 à 800 000 tonnes
entre 1929 et 1938, soit un taux annuel de croissance de 4,8 pour 100, comparé à 1,9 pour 100 de
1910 à 1929, période pourtant favorablement
influencée par la guerre. Malgré le fait que la sidérurgie démarre très tardivement, le caractère
positif des années 1930 demeure également valable
ici. Ainsi, toujours pour les trois mêmes pays, on
passe d'une production de fonte (de fer direct) de
1,5 à 2,6 millions de tonnes entre 1929 et 1939.
En outre, et c'est ce qui est important, on assiste
aussi durant cette décennie à une diversification
de la production manufacturière dans ces pays.
Avant les troubles causés par l'invasion japonaise
(1937), la Chine avait connu une progression sensible, bien que chaotique, de sa production manufacturière.

Le démarrage de l'industrialisation au cours
des années 1930 ne concerne qu'un nombre restreint de pays : principalement l'Iran, la Thaïlande
et la Bolivie. En règle générale, ces tentatives
furent d'inspiration gouvernementale et relativement modestes. Nous disions plus haut qu'il
s'agissait d'une évolution qui, à première vue,

pouvait paraître paradoxale étant donné la conjoncture de l'époque. En fait, c'est justement pour pallier cette conjoncture que les gouvernements ont cherché à s'engager dans un processus d'industrialisation.

La Seconde Guerre mondiale

Dans l'ensemble, les conséquences directes de la Seconde Guerre mondiale sont très voisines de celles de la Première. Ce qui nous permettra d'être bref. Ainsi, du côté de la production manufacturière, le bond a été très marqué. Entre 1938-1939 et 1945, la production d'acier est passée de 2,0 à 3,5 millions de tonnes, par conséquent, un bond de 75 pour 100. Pour les fils de coton, le bond a été plus modeste : de l'ordre de 25 à 30 pour 100, ce qui signifie néanmoins un taux annuel proche de 4 pour 100.

En ce qui concerne les cultures d'exportation, nous sommes en présence, comme lors de la Première Guerre mondiale, d'une baisse de la production de café et de coton, et d'une hausse de la production de sucre et de thé. On assiste également à une très forte augmentation de la production de caoutchouc, le caoutchouc artificiel représentant alors très peu de chose encore. Mais, globalement, il y a un net ralentissement de la production des produits tropicaux.

De 1946 à 1960-1965:
indépendance et euphorie économique

À l'instar de l'URSS des années 1930 et 1950, et en partie sous l'influence idéologique de celle-ci, la plupart des pays du Tiers-Monde ont assimilé une réelle indépendance à un niveau convenable d'industrialisation. Beaucoup de pays du Tiers-Monde ont même assigné, dans ce processus d'indépendance, un rôle trop important à l'industrie lourde. De plus, la notion que l'indépendance allait permettre cette industrialisation était très largement répandue, comme était répandue l'idée qu'il suffisait d'une industrialisation et d'un programme rapide dans le domaine de l'éducation pour atteindre rapidement un niveau économique et social avancé, le rattrapage en quelque sorte des pays développés. Et si, à juste titre, on considérait que le régime colonial avait gravement handicapé le processus d'industrialisation, on avait trop tendance toutefois à considérer que la levée des entraves coloniales s'avérerait suffisante pour garantir une industrialisation et un développement rapides.

Certes, dans l'enseignement, les progrès ont été extrêmement rapides. Dès le début de la décennie 1960, près de 75 pour 100 des garçons et près de 50 pour 100 des filles du Tiers-Monde étaient inscrits à l'école primaire. Le nombre d'étudiants à l'université, qui, avant la Seconde Guerre mondiale, s'élevait à 0,3 million, dépassa les 2 millions en 1960. Nous verrons l'évolution dans ce domaine ainsi que dans le secondaire dans le chapitre suivant, ce qui permettra de nuancer un peu cette victoire sur l'ignorance.

Et, effectivement aussi, pendant deux décennies et demie, on assista à une croissance industrielle très rapide. De 1948 à 1965, le Tiers-Monde (sans la Chine) vit son volume de production de l'industrie manufacturière multiplié par trois, soit un taux annuel de l'ordre de 7 pour 100. En Chine, apparemment, la production a même été multipliée par près de quatre.

Globalement, ce fut une période optimiste. On peut même parler d'euphorie. L'industrialisation semblait en bonne voie, et encore davantage l'éducation, ce qui, pour cette dernière, était assez justifié. On ne percevait pas encore l'ampleur qu'allaient prendre l'inflation démographique et son corollaire: l'inflation urbaine. Il a fallu attendre les premiers résultats des recensements effectués autour de l'année 1960 (résultats qui ne furent connus, comme c'est toujours le cas, que trois à cinq ans après le recensement) pour commencer à prendre conscience du phénomène. De même, les exportations de produits tropicaux avaient repris un rythme rapide, dans ce domaine, cependant, l'évolution des prix a été négative. L'agriculture vivrière, qui avait connu une certaine phase négative entre les années 1934-1938 et 1946-1952 (amenant même un recul de l'ordre de 10 pour 100 de la production par habitant), effaça ce recul dans la décennie suivante, ce qui se traduisit par une progression de plus d'un tiers de la production agricole totale.

MAIS DES PROBLÈMES D'ÉCHANGES AVEC L'EXTÉRIEUR

Sur le plan des relations économiques extérieures, cette période voit une évolution plutôt négative, essentiellement pour ce qui concerne les termes des échanges. Ceux-ci subissent une dégradation importante à partir de 1954-1955, laquelle durera jusqu'en 1960. Les prix d'exportation de pratiquement tous les produits du Tiers-Monde subissent alors une baisse d'ampleur variable mais sensible dans presque tous les cas, alors que les prix des produits importés restent relativement stables, ce qui conduit à une perte de vitesse des exportations du Tiers-Monde et à la création d'un déficit commercial qui entraîna des besoins d'aide financière. Comme cette aide est largement composée de prêts, c'est là l'amorce du problème de poids d'une dette extérieure, qui sera surtout très grave au début des années 1980.

De 1960-1965 à 1973 : les contraintes des dures réalités économiques

On ne peut pas, proprement dit, parler d'un retournement de la conjoncture au cours de cette période qui, *grosso modo*, se place dans le prolongement de la précédente. Ce qui diffère, c'est la prise de conscience de plus en plus grande que la voie du développement dans laquelle s'était engagé le Tiers-Monde n'était pas une voie royale. Il y eut une prise de conscience découlant largement de l'accentuation de certaines tendances négatives déjà présentes auparavant, mais encore peu perçues.

PRISE DE CONSCIENCE DES PROBLÈMES POSÉS
PAR L'INDUSTRIALISATION ET PAR LA DÉMOGRAPHIE

Prise de conscience que l'industrialisation posait des problèmes... Problèmes du coût de celle-ci et notamment de l'ampleur de certains gaspillages ; problèmes découlant du cantonnement de cette industrialisation dans des secteurs plus traditionnels ; problèmes, car intervention jugée trop massive des multinationales. Prise de conscience aussi de l'ampleur de l'inflation démographique passée et surtout à venir. C'est dans cette période que les projections de population des Nations Unies ont commencé à mieux cerner la réalité. En effet, la première de ces projections, élaborée en 1951, prévoyait pour les trois décennies allant de 1950 à 1980 une croissance annuelle de la population du Tiers-Monde à économie de marché de 1,1 pour 100. La réalité s'est révélée très différente : déjà durant la décennie 1950-1960, cette croissance s'élevait à 2,3 pour 100, et à 2,4 pour 100 pour la période 1950-1980. Mais, au milieu des années 1960, non seulement la réalité de l'inflation démographique était connue, mais les projections prévoyaient la poursuite de celle-ci pendant au moins deux à trois décennies.

PRISE DE CONSCIENCE DU DÉFICIT ALIMENTAIRE

Prise de conscience du déficit alimentaire... Au cours des années suivant immédiatement la Seconde Guerre mondiale, le Tiers-Monde était encore excédentaire dans sa production alimentaire. Mais, dès la fin des années 1940, on assiste à l'émergence d'un déficit céréalier. Pour le Tiers-Monde à économie de marché (sans l'Argentine), celui-ci est de l'ordre de 12 millions de tonnes autour de l'année 1960, et atteint 27 millions de tonnes autour de 1970. Nous disons bien sans l'Argentine pour des raisons évidentes : non seulement ce pays a maintes caractéristiques économiques et sociales qui le situent parmi les pays développés, mais de plus il s'agit d'un des plus importants exportateurs nets de céréales du monde, et cela du début de ce siècle à nos jours. Progressivement apparaît aussi un déficit pour d'autres produits alimentaires essentiels : la viande et les produits laitiers. Tout cela ne paraît pas être influencé positivement d'une façon sensible par la révolution verte qui commence alors à faire son apparition[1]. Au début des années 1990, le déficit céréalier est alors de l'ordre de 94 millions de tonnes, ce qui représente 15 pour 100 de la production locale ; et le déficit des autres produits alimentaires (notamment les produits laitiers et la viande), bien que plus faible, ne doit pas être négligé. En outre, ce problème a donné naissance, dès le milieu des années 1950, à des programmes d'aide alimentaire[2].

1. Nous aurons l'occasion de revenir sur ce problème primordial et angoissant dans le chapitre XXXIII.
2. Bien entendu, au chapitre XXXIII, consacré à l'agriculture, nous fournirons les raisons de l'émergence du gonflement de ce déficit alimentaire.

PRISE DE CONSCIENCE DE LA PERSISTANCE
DU DÉFICIT COMMERCIAL

Prise de conscience de la persistance du déficit commercial… Ici, il faut déjà commencer à établir la distinction entre pays gros exportateurs de pétrole et les autres pays qui constituent l'essentiel du Tiers-Monde. Grâce à la demande accrue de l'Occident, les pays gros exportateurs, qui ne représentent que 3 pour 100 de la population, disposent d'un excédent commercial important. Pour les autres pays, malgré l'arrêt de la détérioration des termes des échanges, le déficit ne se résorbe pas.

PRISE DE CONSCIENCE DE LA PERSISTANCE
DE L'ÉCART ENTRE TIERS-MONDE
ET MONDE DÉVELOPPÉ

Enfin prise de conscience que bien que la progression du niveau de vie soit réelle et assez rapide (surtout replacée dans le contexte historique), l'écart entre le niveau de vie du Tiers-Monde et celui des pays développés s'est très sensiblement accru. En outre, prise de conscience aussi qu'à l'intérieur des pays, à l'exception probablement des pays communistes, l'écart entre campagnes et villes, et entre riches et pauvres, est énorme et va en augmentant.

1973-1981 : les chocs pétroliers
qui accentuent les clivages
à l'intérieur du Tiers-Monde

Commençons par fournir les éléments constitutifs de ce que l'on qualifie les chocs pétroliers et faisons ici l'historique de cet important problème des prix de l'énergie, auquel nous ne reviendrons qu'accessoirement.

DE L'OR NOIR AU «JUSTE PRIX»

Après la Seconde Guerre mondiale, la rapide expansion de la production des riches gisements pétroliers du Moyen-Orient a entraîné une rupture historique de l'évolution du coût relatif de l'énergie. En effet, contrairement à ce que l'on pense généralement, l'intrusion au XIXe siècle du charbon n'a pas entraîné une baisse des coûts moyens relatifs de l'énergie, mais a simplement permis d'annuler une hausse considérable du prix du bois qui, sans cet apport, se serait produite. Avant la Première Guerre mondiale, le prix de la calorie de pétrole[1] était trois fois supérieur à celui du charbon. Avant la Seconde Guerre mondiale, l'écart était encore de l'ordre de 50 pour 100. Dès le début des années 1950, il y avait pratiquement parité des prix. Durant les vingt années suivantes, le prix du charbon augmenta, malgré l'abandon des mines les moins rentables des pays occidentaux; alors que celui du pétrole

---

1. Le pétrole comporte au poids environ 47 pour 100 de plus de calories que le charbon.

698 Victoires et déboires

se stabilisait autour des 13 dollars la tonne. De
sorte que, vers 1970, le prix de la calorie de charbon dépassait de 50 à 70 pour 100 celui du
pétrole brut. De ce fait, le pétrole a rapidement
remplacé le charbon dans de nombreuses utilisations. La part du pétrole dans la consommation
totale d'énergie commerciale est passée en Europe
occidentale de 10 pour 100 vers 1946-1948 à 57
pour 100 pour 1971.

Comme nous le verrons dans les pages consacrées aux termes des échanges, le pétrole n'est
pas le seul produit dont le prix soit resté stable ou
ait même diminué. Sans parler d'autres produits
du Tiers-Monde, notons le cas des céréales exportées par les pays développés dont le prix courant,
en 1970, était inférieur d'un cinquième environ à
celui du début des années 1950. D'autre part, le
système de fixation des prix du pétrole était conçu
de telle façon qu'il laissait aux compagnies occidentales et aux pays exportateurs de substantiels
bénéfices qui, depuis le début des années 1950,
étaient partagés selon la règle du «fifty-fifty» (50-
50, sous-entendu pour 100). Les prix étaient alignés sur le prix de revient de la région où les coûts
d'extraction (et de prospection) étaient les plus
élevés, à savoir celle du golfe du Mexique (États-
Unis). À cette période, vers 1970, le coût d'extraction du pétrole dans le Tiers-Monde variait de 1 à
3 dollars la tonne selon les régions. À ces coûts
d'extraction, il fallait ajouter entre 0,5 et 2 dollars
pour l'amortissement des dépenses engagées dans
la recherche et la mise en service des puits.
Comme le prix d'exportation était alors de l'ordre
de 13 dollars la tonne, cela veut dire qu'en
moyenne 65 à 75 pour 100 du prix d'exportation

étaient des profits (partagés en deux entre les compagnies et le pays producteur).

En règle générale, les prix du pétrole étant exprimés en baril, nous utiliserons ici cette convention[1]. En février 1971 fut conclu entre les principaux producteurs un accord qui, déjà à l'époque, avait une portée historique, pour une augmentation de 27 pour 100 du prix du pétrole (de 1,8 à 2,2 dollars le baril). Hausse en grande partie «justifiée» par celle des articles manufacturés exportés par les pays occidentaux qui, entre 1952-1954 et 1968-1970, avaient progressé de quelque 20 pour 100. Les guillemets qui entourent l'adjectif «justifiée» s'expliquent par le problème pratiquement inextricable du «juste prix», problème que nous ne pouvons qu'effleurer car il implique un ensemble de considérations tant économiques que philosophiques.

QUEL EST LE «JUSTE PRIX» DU PÉTROLE?

La notion de «juste prix» prend son origine dans la théologie de nombreuses religions. Ainsi, dans les commentaires de l'Ancien Testament, les marges de profit sont fixées au maximum à un sixième de la valeur de l'objet. Et la question du juste prix a retenu l'attention des théologiens du Moyen Âge européen. Avec la naissance de la science économique, le problème des prix demeura au centre des analyses; mais c'est surtout la question des modalités de la détermination, de la formation des prix ou de la valeur qui a été privilégiée. Il est évident que la notion de juste prix ne

1. Une tonne de pétrole équivaut à 7,3 barils.

peut recevoir de contenu absolu : elle restera toujours une notion arbitraire. Il est tout aussi évident que, pour des produits spécifiques, au-delà d'un certain niveau la notion d'un prix excessif, pour ne pas parler d'un prix injuste, devient patente. Par exemple, dans la France du début de 1991 où aucune pénurie alimentaire ne régnait, quel était dans une boulangerie-pâtisserie le juste prix d'un croissant au beurre (de 35 à 40 g) vendu généralement au-dessus de 3 F, alors que le prix de détail de la farine était de 3 à 6 F/kg et celui du beurre de 28 à 33 F/kg ? Question difficile. Mais à 10 F le croissant, il n'y a plus de doute : le prix est excessif !

Le problème est encore plus complexe pour le pétrole ou pour tout autre produit provenant de sources d'approvisionnement non renouvelables, dont les données disponibles fixent l'épuisement en termes de décennies et non en siècles. Si les échéances d'épuisement du pétrole se mesurent en décennies, pour le charbon il s'agit de siècles et même de millénaires. Voici les données en ce domaine : les réserves prouvées mondiales du pétrole d'après le rapport *Énergie internationale*[1] sont passées de 63,5 à 123,8 milliards de tonnes entre 1968 et 1988. Le chiffre de 1988 représente 34 ans de la production de 1990. Pour le charbon et la lignite, les réserves prouvées s'élèveraient en 1988 à 3 200 milliards de tonnes, soit plus de 6 siècles de la production de 1988. En outre, signalons que, selon les méthodes d'estimation, les réserves probables tant de pétrole que de charbon s'élèveraient de 4 à 7 fois plus. Si l'on table

1. 1990-1991.

sur des réserves totales qui, en général, sont 5 fois plus élevées que les réserves prouvées, cela nous conduit à 170 ans pour le pétrole et à 3 000 ans pour le charbon. Et comme, en outre, on peut substituer au pétrole des sources renouvelables pour maints usages actuels, on peut donc, pour simplifier (abusivement) le problème, ne pas tenir compte de ce facteur.

DU PRIX DU PÉTROLE À L'ARME DU PÉTROLE

En 1961 fut créée l'OPEP[1] qui, au départ, ne comprenait que cinq pays membres (Arabie Saoudite, Iraq, Iran, Koweit et Venezuela), tous très proches, sinon dépendants, du monde occidental. Progressivement, cette organisation s'étendit à d'autres pays moins proches de l'Occident et, à la veille de ses premières mesures de quelque importance (1971), elle comptait onze membres qui produisaient l'essentiel du pétrole du Tiers-Monde. Entre février 1971 et octobre 1973, une série de décisions de l'OPEP entraîna de nouvelles hausses du prix du brut. Si la première hausse était en quelque sorte un rattrapage, les suivantes furent plus largement des facteurs d'inflation mondiale que des réponses à celle-ci. Mais, en septembre 1973, le prix du pétrole (3 dollars le baril) restait encore en rapport plus ou moins réaliste avec le prix des autres sources d'énergie et avec celui des produits manufacturés, disons un prix justifié pour ne pas dire un prix juste. La guerre israélo-arabe d'octobre 1973

1. Organisation des pays exportateurs de pétrole ; en anglais OPEC.

entraîna un boycottage des livraisons de pétrole à destination du monde occidental de la part des pays arabes (très largement dominants au sein de l'OPEP). Ce qui créa un contexte économique irrationnel qui permit une série de décisions, prises entre octobre 1973 et les premiers mois de 1974, qui firent quadrupler le prix de l'or noir, passant ainsi de 3 à 11,5 dollars le baril, c'est-à-dire que la calorie pétrole exportée par le Tiers-Monde était vendue deux fois plus cher que la calorie charbon exportée par les États-Unis. Ce fut ce que l'on qualifie aujourd'hui de «premier choc pétrolier». Et celui-ci fut très largement responsable de l'accélération de l'inflation mondiale et de la dépression de 1974-1975. Ce premier choc fut suivi, en 1979, de trois hausses successives (destinées à «corriger» la hausse internationale des prix et la baisse du dollar) qui amenèrent le prix du brut à 24 dollars le baril. Enfin, deux nouvelles hausses (novembre 1980 et octobre 1981) portèrent ce prix à 34 dollars le baril. Ce fut le second choc, suivi par la seconde dépression (1981-1982) et par une baisse, à partir de 1986, des prix du pétrole qui, par la suite, se sont plus ou moins stabilisés vers les 18 dollars le baril.

Paradoxalement, le deuxième choc pétrolier a été, sinon rendu possible, du moins facilité par le fait que, après le premier choc, les États-Unis, contrairement à l'Europe, avaient accru leur dépendance vis-à-vis des importations de pétrole. Ainsi, dans les pays d'Europe occidentale, la proportion des importations nettes d'énergie en pourcentage de la consommation totale d'énergie est passée, entre 1970 et 1980, de 68 à 58 pour 100. Par contre, aux États-Unis, durant la même période, cette proportion est passée de 8 à 16 pour 100. Vu l'importance de la consommation américaine, cela a été suffisant pour faire passer cette proportion au niveau de l'ensemble des pays développés occidentaux de 33 à 34 pour 100, donc pas d'atténuation de la dépendance.

Le drame de ces hausses des prix du pétrole ne réside que très accessoirement dans les deux récessions qu'elles ont occasionnées dans les pays développés, mais dans le coût supplémentaire qu'elles ont impliqué pour les pays du Tiers-Monde non exportateurs et le gaspillage des ressources dans les pays exportateurs de pétrole. Coût supplémentaire à la fois pour le pétrole proprement dit et pour une large gamme de produits, dont surtout les engrais. Quant au gaspillage des ressources, nous les évoquerons dans le chapitre XXXIV.

UNE ACCÉLÉRATION D'UNE INFLATION CHRONIQUE DES PRIX

L'envol des prix du pétrole brut a non seulement entraîné une vague d'inflation dans les pays développés occidentaux, mais a conduit aussi à une aggravation durable de l'inflation qui touche beaucoup de pays du Tiers-Monde. Historiquement, si l'on excepte le cas de certains pays d'Amérique latine, qui, au cours du XIXᵉ siècle, ont connu des périodes de forte inflation, on peut considérer que jusqu'à la fin de la Seconde Guerre mondiale l'évolution intérieure des prix a été, *grosso modo*, le même dans le Tiers-Monde que dans le monde développé. Mais, dès le début des années 1950, on commença à constater un écart sensible. Ainsi, au niveau des prix de détail, durant la période allant de 1950 à 1967, ceux-ci ont augmenté dans le Tiers-Monde à économie de marché de 11,3 pour 100 par an, comparé à 2,6 pour 100 pour les pays développés occidentaux. Notons qu'à l'intérieur du Tiers-Monde, c'est surtout l'Amérique latine qui a été concernée (18,5 pour 100 par an contre 4,5 pour 100 pour l'Asie).

Le début de l'inflation, qui s'est amorcé dans les pays développés déjà quelques années avant le premier choc pétrolier, n'a pas eu de répercussions sur le Tiers-Monde. En revanche, dès 1973, l'inflation prend de fortes proportions. De 1973 à 1985, les prix de détail dans le Tiers-Monde progressent annuellement de 25 pour 100, comparés à 8 pour 100 dans les pays développés. Et alors que dans ces derniers, depuis 1986, le rythme de progression des prix est retombé, l'inflation s'est encore aggravée dans le Tiers-Monde. De 1986 à 1995, le taux annuel d'inflation a été inférieur à 4 pour 100 dans les pays développés occidentaux, alors qu'il dépasse 50 pour 100 dans le Tiers-Monde. Ce notamment en raison de la très forte inflation latino-américaine, de l'ordre de 170 pour 100 par an, comparé à environ 30 pour 100 pour l'Afrique, et à 10 pour 100 pour l'Asie. C'est en Argentine et davantage encore au Brésil que l'inflation a été le plus aiguë. Entre 1963 et 1995, les prix de détail au Brésil ont été multipliés par 3 300 milliards, soit un taux annuel moyen de 1 040 pour 100. Enfin, en Chine où, jusqu'à 1976 (année de la mort de Mao), les prix à la consommation soit baissaient, soit, plus rarement, augmentaient très faiblement, on a constaté en 1977 une hausse de 2,5 pour 100. L'inflation est demeurée modeste entre 1978 et 1984 (4 pour 100 par an) ; mais, de 1984 à 1995, celle-ci a été de 8 pour 100, avec deux pointes au-delà des 20 pour 100 (en 1988 et 1994).

MAIS, PENDANT CE TEMPS, LES QUATRE DRAGONS...

Bien que les prémices de la fantastique expansion industrielle de ce que l'on va qualifier les « quatre dragons » commencent à Hong-kong dès le début des années 1960, pour les trois autres (Taïwan, Corée du Sud et Singapour) cela commence une dizaine d'années plus tard. Ces quatre pays, dont en 1980 les 51 millions d'habitants ne représentent même pas 2 pour 100 de la population du Tiers-Monde, fournissent près de 65 pour 100 des exportations d'articles manufacturés en provenance du Tiers-Monde. Ces deux ratios montrent à la fois le degré de réussite de ces pays et la difficulté de généraliser ce modèle aux 98 pour 100 restants du Tiers-Monde. Le cas des quatre dragons et celui des pays semi-industrialisés seront traités dans le chapitre XXXIV.

1981-1995 : une mauvaise
troisième Décennie du développement
mais une quatrième mieux amorcée

La décennie qui s'est achevée il y a quelques années a été marquée dans le Tiers-Monde par une quasi-stagnation de l'économie. Si l'on retient les chiffres officiels, il s'agit même d'une régression du PNB par habitant, et selon nos calculs d'une quasi-stagnation. Cela contraste douloureusement avec l'objectif de cette troisième décennie qui retenait une croissance annuelle du PNB par habitant de 4,5 pour 100[1] par rapport à 3,5 pour 100 pour la deuxième décennie. Il est vrai que l'objectif pour le secteur clé qu'est toujours l'agriculture (en 1980, 69 pour 100 de la population était encore rurale) ne fut pas modifié. La modification du taux annuel global résulte essentiellement du relèvement de l'objectif industriel : de 8 à 9 pour 100. L'objectif industriel, que l'on peut considérer comme totalement irréalisable, pour ne pas dire fantaisiste, résulte de la déclaration dite de Lima, qu'il ne faut pas confondre avec celle de 1938 qui obligeait les États d'Amérique du Nord et du Sud à unir leurs défenses en cas d'agression extérieure d'un des pays. La déclaration de Lima résulte de la réunion, en 1975, de la deuxième conférence générale de l'ONUDI[2] et dont une des résolutions préconisait d'atteindre pour l'an 2000 une situation dans laquelle le Tiers-Monde fournirait 25 pour 100 de la production mondiale d'articles manufacturés. Or, au lieu d'une croissance de la production manufacturière de 8 à 9 pour 100, cette production ne s'est accrue entre 1980 à 1990 que de moins de 6 pour 100 ; et encore, cela résulte en partie de la performance exceptionnelle des quatre dragons. Sans ces pays, la croissance annuelle de la production manufacturière du Tiers-Monde à économie de marché a été de 4,5 pour 100.

1. Nations unies, 1981.
2. Organisation des Nations unies pour le développement industriel.

LE LOURD FARDEAU DE LA DETTE

La généralisation de l'inflation entraînée par l'envol des prix du pétrole a abouti à une forte hausse des taux d'intérêt internationaux. Par exemple, dès 1973, le taux d'escompte aux États-Unis dépassa, avec 7,3 pour 100, son sommet historique atteint dans les années 1920; il atteignit un nouveau sommet en 1980 avec 13 pour 100. Ce qui conduisit à une forte augmentation du service de la dette du Tiers-Monde qui, en 1982, était de 96 milliards de dollars, soit 19 fois plus qu'en 1971. D'où, pour un grand nombre de pays (surtout d'Amérique latine), des difficultés à remplir leurs obligations financières internationales. Malgré la diminution des taux d'intérêt, les services de la dette restent un facteur écrasant en raison de l'augmentation de celle-ci, ce qui poussa ces pays à faire appel au FMI, lequel leur proposa d'adopter un vaste ensemble de mesures, qualifié de programme d'ajustements structurels.

UNE SOLUTION DOULOUREUSE:

LES AJUSTEMENTS STRUCTURELS DU FMI

La politique de promouvoir les ajustements structurels a été lancée en 1980 par la Banque Mondiale et le Fonds Monétaire International. Il s'agit de subordonner l'aide de la Banque Mondiale à des réformes financières et économiques, allant dans le sens du libéralisme économique et de l'orthodoxie financière. Il s'agit essentiellement de réduire autant que possible l'inflation grâce à une réduction des déficits budgétaires et à un contrôle plus strict de la masse monétaire. En ce qui concerne les prix «intérieurs», ces mesures visent à suspendre toutes les subventions et à abandonner toutes les réglementations en ce domaine. En ce qui concerne les prix «extérieurs», les directives du FMI préconisent l'abandon des taux de change estimés comme étant surévalués.

L'ajustement structurel, une solution douloureuse? Oui, car sur l'autel de l'orthodoxie financière, de nombreux aspects sociaux ont été sacrifiés. C'est notamment le cas de certaines subventions, à des produits alimentaires de base, visant, par des prix très faibles, à assurer à de larges couches de la population une nourriture suffisante. On a également constaté en règle générale une hausse du chômage et du sous-emploi en raison de la disparition de certaines activités que les taux de change antérieurs rendaient viables. Tout cela s'est traduit, dans la plupart des cas, par une inégalité croissante de la distribution des revenus et par une augmentation de la proportion de population vivant au-dessous du seuil de pauvreté. En quelque sorte, il s'agit de ce que l'économiste français Gilbert Blardone appelle [1] l'«économie d'exclusion».

MAIS AUSSI UNE DÉCENNIE QUI COMPORTA
DES ACQUIS

Mais tout n'a pas été sombre et il n'y eut pas que des déboires dans cette décennie; on peut même noter quelques victoires retentissantes, dont d'abord et surtout la poursuite des succès des quatre dragons que — et ceci est symptomatique — l'on commence à appeler les nouveaux pays

1. 1993.

industrialisés (NPI). La production manufacturière de ces quatre dragons a été multipliée par plus de deux entre 1980 et 1990, et leurs exportations d'articles manufacturés par plus de quatre. À ces quatre dragons s'est encore ajouté, depuis le milieu des années 1980, un certain nombre d'autres pays qui ont suivi à peu près la même voie, notamment la Malaisie et la Thaïlande. Mais, du point de vue démographique, tout cela ne représente qu'une petite fraction du Tiers-Monde.

Plus importante sur le plan social est la poursuite de la réduction de la mortalité infantile, et dans une moindre mesure de l'extension de l'éducation. Pour l'ensemble du Tiers-Monde, le taux de mortalité infantile, qui était de 116 pour 1 000 pour la période 1975-1980, est passé à 87 pour 1 000 pour 1985-1990, et le taux brut de scolarisation du niveau universitaire est passé de 5 pour 100 en 1980 à 8 pour 100 en 1990.

Cette troisième Décennie du développement (1980-1990) s'est ainsi achevée à un moment où, comme nous l'avons noté au début de ce chapitre, l'écroulement du communisme à l'Est risque de handicaper un peu plus les possibilités de développement économique de l'ensemble du Tiers-Monde. Si cet effondrement marque certainement le début d'une nouvelle phase dans l'histoire mondiale, il est trop tôt cependant pour savoir si ce sera aussi une nouvelle phase dans l'histoire économique du Tiers-Monde.

UNE VAGUE DE PRIVATISATIONS

Après les aspects positifs de la troisième Décennie du développement, nous passons, pour termi-

ner, aux privatisations, évolution très positive pour
les uns, très négative pour les autres. Comme nous
l'avons laissé entrevoir dans le chapitre XXV, la
vague de privatisations qui a touché les pays développés à partir du début des années 1980 a eu sa
contrepartie (et une contrepartie dominante)
dans le Tiers-Monde. De 1980 à 1992, environ les
trois quarts des opérations de privatisation du
monde occidental ont eu lieu dans le Tiers-Monde.

LA QUATRIÈME DÉCENNIE DU DÉVELOPPEMENT:
UN MEILLEUR DÉBUT?

L'adoption de la quatrième Décennie des Nations
unies pour le développement est passée pratiquement inaperçue dans les médias. La résolution fut
votée à la 71ᵉ séance plénière de décembre 1990.
Contrairement aux recommandations des trois
précédentes, le document présentant la «stratégie
internationale du développement» pour cette
quatrième décennie n'a pas fixé d'objectifs quantitatifs ni sur le plan global ni sur le plan sectoriel.
Pour ce dernier aspect, le document présente
timidement ce qui pourrait passer pour un objectif dans le domaine agricole: «Si la production
alimentaire enregistrait un taux annuel de croissance de 4 p. 100 en moyenne, on ferait un grand
pas vers la sécurité alimentaire et le développement agro-industriel se trouverait encouragé.»
Davantage que lors des précédentes stratégies,
l'accent est mis sur les aspects sociaux et sur
l'environnement.

Sur le plan de l'économie dans son ensemble,
la première moitié de cette décennie (1990-1995)
fut nettement plus positive que la décennie pré-

cédente. Si l'on utilise les données du FMI
(1996), le PIB par habitant pour l'ensemble du
Tiers-Monde, qui avait progressé annuellement
de 1,5 pour 100 de 1980 à 1990, a progressé de
3,3 pour 100 durant la première moitié de la
décennie 1990. Certes, l'essentiel de cette accélération résulte de la très forte croissance de la
Chine : 10,3 pour 100. Cependant, même pour le
Tiers-Monde à économie de marché, toujours
d'après les données du FMI, on est passé d'un
recul annuel du PIB par habitant proche de 1
pour 100 à une progression annuelle de 1,3 pour
100. Et cette performance est réalisée malgré la
poursuite du recul dans un grand nombre de
pays. Même si l'on utilise mes estimations, on est
passé pour le Tiers-Monde à économie de marché d'une stagnation pour la décennie 1980-1990
à une progression annuelle de 1,1 pour 100 pour
la période 1990-1995 ; pour la Chine, il s'agit respectivement de 3,3 pour 100 et de 4,7 pour 100.
Nous reviendrons sur ces éléments avec plus de
détails au chapitre XXXVI ; signalons simplement
ici qu'à l'intérieur du Tiers-Monde à économie de
marché l'évolution a été la plus positive en Asie
et la plus négative en Afrique.

En juin 1992, un événement majeur se déroule,
qui caractérise une nouvelle orientation du développement : la réunion à Rio de Janeiro de la Conférence des Nations unies sur l'Environnement et le
Développement (CNUED ; en anglais UNCED).
Celle-ci a concrétisé ce que l'on appelle le «développement durable», c'est-à-dire un développement
économique qui ne nuit pas à l'environnement :
«Afin que la Terre reste un lieu de séjour hospitalier pour l'homme et les autres formes de vie.»

XXXII. LA POPULATION:
DES ORIGINES
DE L'INFLATION
DÉMOGRAPHIQUE
À L'EXPLOSION URBAINE

Il n'y a aucun doute que l'emballement démographique qui caractérise le Tiers-Monde depuis plus d'un demi-siècle est un phénomène d'une importance capitale sur le plan mondial. En raison de la croissance démographique sans précédent historique et de l'importance numérique du Tiers-Monde, c'est l'ensemble de la population mondiale qui, depuis, progresse à des rythmes inconnus auparavant. La population mondiale, qui avait mis 300 ans pour doubler entre 1500 et 1800 et 120 ans entre 1800 et 1920 pour doubler à nouveau, n'a mis que 37 ans pour doubler entre 1950 et 1987. Et l'accélération est encore plus marquée pour la population des villes. Ces deux aspects importants seront au centre de l'analyse de ce chapitre, ainsi que les aspects suivants: l'évolution de la structure de la population active et les modifications importantes dans l'éducation.

LA POPULATION :
UNE INFLATION
SANS PRÉCÉDENT HISTORIQUE

Comme nous l'avons vu, dans les pays occidentaux l'accélération de la progression démographique a été sinon suscitée du moins permise
par l'augmentation des ressources alimentaires
résultant de la révolution agricole. Cette révolution agricole ayant permis et entraîné plus tard
non seulement un développement économique,
mais également médical, qui rendit possibles des
progrès spectaculaires dans la lutte contre certaines formes de mortalité et surtout de mortalité
infantile. Mais les modifications profondes de la
société qui accompagnèrent et favorisèrent cette
baisse de la mortalité ont également entraîné
des changements dans les structures mentales
de larges couches de la population ; changements
qui se sont traduits notamment par un abaisse-
ment volontaire de la natalité. De ce fait, les taux
de progression démographique des sociétés occidentales pendant leur phase de démarrage au
XIXe siècle sont demeurés relativement modestes,
bien que sans précédent historique. Dans le
Tiers-Monde, ce synchronisme relatif a fait défaut.
La médecine des XIXe et XXe siècles a été introduite, souvent de force, dans des sociétés traditionnelles, voire primitives, entraînant des chutes
très rapides de la mortalité à un moment où la
structure des mentalités ne permettait pas encore
de susciter un mouvement sensible de baisse

volontaire de la natalité, d'où l'inflation démographique.

Les tendances de l'évolution démographique

Le tableau XXXII.1 nous fournit les grandes lignes de l'évolution de la population du Tiers-Monde et des pays développés depuis le début du XIXᵉ siècle. Il est évident que les données pour le Tiers-Monde d'avant 1950 comportent une marge d'erreur assez importante, mais qui néanmoins ne mettent pas en question la tendance fondamentale.

Sur la base des chiffres concernant le Tiers-Monde à économie de marché (qui comportent des marges d'erreur plus faibles que celle de la Chine), nous voyons que, dès les premières années du XXᵉ siècle, sans que l'on puisse encore parler d'inflation démographique, la progression de la population est déjà plus rapide que celle de la moyenne des sociétés traditionnelles européennes au XVIIIᵉ siècle, puisque le taux annuel de progression a été de l'ordre de 0,5 pour 100 (contre 0,3 à 0,4 pour 100 pour l'Europe du XVIIIᵉ siècle), les effets de la médecine occidentale se faisant déjà sentir dans un grand nombre de pays du Tiers-Monde. Dès 1920, la population progresse à un taux de l'ordre de 1,2 pour 100 par an pour atteindre, entre 1930 et 1950, 1,5 pour 100, c'est-à-dire un taux bien supérieur à celui jamais réalisé par l'ensemble des pays développés ni, bien sûr, par d'autres grandes régions. À partir de la fin de la Seconde Guerre mondiale,

TABLEAU XXXII.1

POPULATION TOTALE; ÉVOLUTION PASSÉE

ET PROJECTIONS

(en millions)

	Tiers-Monde			Pays développés	Monde
	Économie de marché	Économie planifiée	Total		
1800	400	330	730	240	970
1860	500	420	920	360	1 280
1900	635	450	1 090	550	1 640
1920	700	490	1 190	665	1 850
1930	800	525	1 325	740	2 070
1950	1 083	588	1 671	848	2 520
1960	1 364	693	2 057	964	3 020
1970	1 749	875	2 624	1 074	3 700
1980	2 221	1 055	3 276	1 168	4 440
1990	2 812	1 225	4 038	1 235	5 270
1995	3 161	1 301	4 462	1 260	5 720
Projections[a]					
2025	5 220	1 660	6 880	1 415	8 290
2050	6 640	1 770	8 410	1 420	9 830

a Hypothèse moyenne.

Sources : 1800-1950 : nos calculs d'après données nationales et travaux des Nations Unies.
    1950-1995 et projections : d'après Nations Unies (1995); Nations Unies, *Bulletin mensuel de statistique*, diverses livraisons; et données nationales.

la panoplie médicale et aussi les possibilités de contrôle de certains parasites s'étant considérablement élargies, la progression de la population a pris un véritable caractère inflationniste. Toujours pour le Tiers-Monde à économie de marché (voir le tableau XXXII.2), la croissance annuelle de la population entre 1950 et 1960 s'est élevée à

2,3 pour 100, pour passer de 1960 à 1970 à un peu plus de 2,5 pour 100. La décennie 1970-1980 a vu un léger fléchissement de cette croissance : un peu moins de 2,5 pour 100 (les chiffres moins arrondis étant respectivement 2,53 et 2,44). Enfin, dans la décennie 1980-1990, il y eut à nouveau un fléchissement, mais plus faible que le précédent : le taux de croissance a été de 2,4 pour 100 (non arrondi : 2,39). Mais même un tel taux implique un doublement de la population en 29 ans. Dans la période où la croissance démographique des pays développés a été la plus rapide, la population a pris 70 ans pour doubler (de 1860 à 1930). Et encore cela a-t-il été favorisé par la forte expansion des territoires habités par ces populations (l'Amérique du Nord notamment). En Europe, durant la période à croissance démographique la plus rapide, la population a mis 90 ans pour doubler. Pour ce qui a trait à l'évolution durant la première moitié de la décennie 1990, d'après les estimations actuelles (mi-1996) des Nations Unies, il apparaît qu'il n'y a pas eu de changement significatif, puisque le taux annuel de croissance a été de 2,4 pour 100. Mais il faudra attendre l'an 2004 pour que, à la suite des résultats du recensement de l'an 2000, l'on dispose de données plus valables.

Pour l'ensemble de la période considérée ici, à savoir 1900-1995, nous constatons que, sur le plan régional, la croissance démographique est nettement plus élevée en Amérique latine. Dans les premières décennies, cette différence doit être attribuée en partie aux mouvements migratoires. Des disponibilités alimentaires plus importantes sont probablement à l'origine de l'écart des périodes plus récentes. D'ailleurs, déjà dans la seconde moitié du XIXe siècle (voir le tableau XXXII.2), la progression démographique de cette région est plus de deux fois plus rapide que celle du reste du Tiers-Monde. C'est là la première illustration, que nous rencontrerons à plusieurs reprises, du fait que l'Amérique latine a préfiguré de plusieurs décennies l'évolution du reste du Tiers-Monde.

L'Amérique latine demeurera jusqu'à la décennie 1960-1970 la région à croissance démographique la plus élevée. À partir de ce moment, l'Afrique prend cette place et dépasse même le rythme maximum atteint par l'Amérique latine. L'Afrique est d'ailleurs le seul continent du Tiers-Monde où l'on n'observe pas, durant la décennie 1980-1990, de ralentissement du rythme d'expansion de la population. L'Asie à économie de marché est globalement le continent à croissance démographique le moins rapide ; néanmoins, l'on reste au-dessus des 2 pour 100. Le cas très contrasté de la Chine est traité plus loin.

Durant la première moitié des années 1990, l'inflation démographique de l'Afrique s'est encore accélérée : le taux annuel de progression dépassant même les 3 pour 100. Un tel rythme n'avait jamais été atteint dans une autre région, le maximum ayant été de 2,7 pour 100 pour l'Amérique latine de 1950 à 1970. De 1960 à 1995, c'est-à-dire en trente-cinq ans, la population africaine a été multipliée par deux et demi, passant de 265 à 683 millions. Cette forte inflation démographique a été, sinon le principal élément, du moins un facteur aggravant des très gros problèmes économiques de ce continent.

TABLEAU XXXII.2
TAUX ANNUEL DE CROISSANCE DE LA POPULATION
TOTALE DU TIERS-MONDE
(en pourcentage)

	Afrique	Amérique
1800-1850	0,1	1,0
1850-1900	0,5	1,4
1900-1950	0,9	1,8
1950-1995	2,7	2,4
1900-1995	1,8	2,1
1940-1950	1,3	2,2
1950-1960	2,3	2,7
1960-1970	2,6	2,7
1970-1980	2,7	2,4
1980-1990	2,8	1,9
1990-1995	3,1	1,9
1995-2025[a]	3,0	1,6
2025-2050[a]	1,5	0,7

[a] Projections (hypothèse moyenne).

Sources : Voir le tableau XXXII.1.

Au niveau des pays, les différences du taux de croissance démographique sont très importantes. Sans prendre les cas extrêmes, pour la période 1950-1995 on peut situer les progressions les plus lentes vers 1,5 pour 100 et les plus rapides vers 3,5 pour 100. En général, outre les facteurs économiques, des facteurs socio-religieux interviennent dans la différenciation des rythmes de croissance démographique ; c'est ainsi qu'en règle générale la progression est plus rapide dans les

Asie à économie de marché	Tiers-Monde à économie de marché	Asie à économie planifiée	Total Tiers-Monde
0,4	0,3	0,5	0,4
0,6	0,6	0,1	0,4
1,0	1,1	0,5	0,8
2,3	2,4	1,8	2,2
1,6	1,6	1,1	1,5
1,4	1,5	0,4	1,1
2,2	2,3	1,7	2,1
2,5	2,5	2,4	2,5
2,3	2,4	1,9	2,2
2,3	2,4	1,5	2,1
2,2	2,4	1,2	2,0
1,8	2,1	1,0	1,8
0,8	1,0	0,3	0,8

pays musulmans et dans ceux à très forte pratique catholique. Ainsi, de 1970 à 1995, le taux annuel de croissance de la population, qui, pour l'ensemble du Tiers-Monde, a été de 2,1 %, a dépassé les 3 % dans des pays tels que le Nicaragua, la Zambie et l'Iran ; et les 4 % en Arabie Saoudite et à Oman ; dans ces deux derniers cas, l'immigration a également joué un rôle. Pour la Chine, la différence marquée concerne non seulement le XXe siècle mais aussi le XIXe siècle : il y eut même probablement une période de recul de la population. De ce fait, ce pays qui, vers 1800, représentait près de 45 pour 100 de la population totale du futur Tiers-Monde, ne représentait plus que 27 pour 100 de celle-ci en 1995, ce qui, pour les dernières décennies, traduit le succès de la politique du contrôle des naissances menée par les autorités chinoises.

Le contrôle des naissances dans le Tiers-Monde

L'accélération de l'inflation démographique n'implique pas nécessairement qu'aucun progrès n'ait été réalisé récemment dans la réduction de la fécondité. Étant donné la structure actuelle de la pyramide des âges de la population du Tiers-Monde, même une forte baisse de la fécondité n'entraînerait pas un ralentissement à court terme de la natalité et, par là, du taux de progression démographique. Relevons d'abord que l'hostilité systématique que l'on pouvait rencontrer au début des années 1950 et même encore dans la décennie 1960 contre tout contrôle de la natalité a largement disparu, et cela depuis le début des années 1970. Certes, cette évolution de comportement concerne davantage les dirigeants religieux que les dirigeants politiques. Que ce soit chez les catholiques ou chez les musulmans, beaucoup de dignitaires demeurent farouchement opposés à toutes les méthodes « non naturelles » de contrôle des naissances.

Dans de nombreux pays du Tiers-Monde, et notamment dans ceux où la religion domine, l'appareil politique est totalement opposé à toute mesure de planning familial et favorable aux mesures propres à augmenter la natalité. C'est le cas notamment des pays dits islamiques. Cependant, même dans ce contexte, on assiste à des revirements. C'est le cas du pays où l'islam est le plus omniprésent dans la vie politique, nous voulons parler évidemment de l'Iran d'après la « révolution » de l'imam Ruhollah Khomeiny, qui a instauré en 1979 la république islamique. Après une période où l'accent a été mis sur la promotion des naissances, il y eut, en 1986, une première inflexion en faveur d'une politique antinataliste, d'abord non entièrement approuvée par l'essentiel des autorités religieuses. Récemment, se place une radicalisation de cette politique. Il y eut notamment une loi de l'ayatollah Ali Khamenei, successeur de l'ayatollah Khomeiny, qui va jusqu'à autoriser la vasectomie ; et un des responsables religieux a notamment déclaré : « Nous avons compris que si nous ne contrôlons pas la population, nous aurons des problèmes dans le domaine de l'économie, de l'éducation, de la santé et de la culture. Les défavorisés qui ont fait la révolution en deviendraient encore plus défavorisés. » Ainsi, même dans ce contexte spécifique, disparaît l'idée que la croissance démographique est plutôt une composante positive de développement.

Ce qui, en général, a plus encore disparu, c'est cette idée fausse : le contrôle des naissances comme intrusion, presque sacrilège, dans une société traditionnelle. On s'est rendu compte, en somme, que les sociétés traditionnelles ne l'étaient plus réellement dès l'instant où l'on avait introduit des techniques médicales brisant l'ancien contrôle de la croissance démographique que constitue la forte mortalité infantile.

Au milieu des années 1950, seuls deux pays avaient officiellement une politique de freinage de la population (l'Inde et le Pakistan). Au milieu des années 1960, ils étaient déjà 8 ; en 1970, 33 ; et, en 1990, 128. Cependant, au milieu de la décennie 1990, seulement 58 pour 100 des pays du Tiers-Monde estimaient que leur taux d'accroissement de leur population était trop élevé. Un peu partout les mesures en faveur de la réduction de la fécondité doivent procéder par bonds successifs. Les échecs, souvent amplifiés à tort, entraînent le discrédit de la méthode. Ainsi, pour le stérilet, le discrédit provient en général des nombreuses complications médicales qu'entraîne sa pose, le personnel chargé de ces opérations ayant souvent une qualification insuffisante. Même les expériences de vasectomie sont parfois des échecs : les hommes ayant subi cette intervention n'étant pas souvent informés du fait qu'ils ne deviennent stériles que trois mois environ après cette opération, d'où de nombreux cas de rapports féconds qui jettent un discrédit sur cette méthode pourtant très sûre. Mais ces difficultés n'ont pas empêché l'extension du contrôle des naissances.

Donnons quelques chiffres afin d'illustrer cette évolution, et prenons le cas de l'Inde, pays où cette politique est la plus ancienne et qui est aussi le plus grand pays du Tiers-Monde à économie de marché, dont il représente près de 30 pour 100 de la population totale. Vers le milieu des années 1960, seulement 2 pour 100 des couples âgés de 15 à 44 ans étaient «protégés» (suivant la terminologie des statistiques indiennes) par une méthode de contrôle des naissances. Pour 1972-1973, il s'agit de 16 pour 100; pour 1976-1977, de 26 pour 100; et pour 1979-1980, de 24 pour 100 (dont plus des quatre cinquièmes par stérilisation). Signalons que, dans ce pays, en vue de réduire la fécondité, on a retardé l'âge légal du mariage des femmes de 18 à 21 ans. De telles mesures ont été prises dans d'autres pays; toutefois, la tendance inverse existe également. Sur le plan de l'ensemble des pays du Tiers-Monde, en se basant sur les enquêtes faites autour de 1990, 53 pour 100 des couples dont la femme est en âge de procréer utilisent une méthode de contraception (pour près de la moitié de ceux-ci, il s'agit de la stérilisation). Au niveau des grandes régions, le pourcentage de couples utilisant la contraception varie de 18 pour 100 pour l'Afrique Noire à 79 pour 100 pour l'Asie de l'Est.

Ce sont des proportions appréciables, mais la baisse de la mortalité a été encore plus rapide. Rappelons qu'en Occident, il s'est écoulé environ un siècle entre la phase de la baisse de la mortalité et celle de la baisse généralisée et volontaire de la fécondité. Il est vrai que l'Occident avait le temps: la baisse de la mortalité ayant été beaucoup plus lente. Le passage de 190 à 120 pour 1000 de la mortalité infantile, qui, comme nous pouvons le voir dans le tableau XXXII.3, a pris moins de 35 ans dans le Tiers-Monde, a pris plus d'un siècle en Europe.

TABLEAU XXXIII.3
QUELQUES PARAMÈTRES DÉMOGRAPHIQUES
DU TIERS-MONDE SANS LA CHINE
(par mille habitants pour la natalité et la mortalité,
par mille naissances vivantes pour la mortalité
infantile; moyennes annuelles quinquennales)

	Natalité[a]	Indice synthétique de fécondité
1935/1939	39,0	6,16
1950/1955	45,0	6,14
1960/1965	43,6	6,12
1970/1975	39,8	5,66
1980/1985	35,2	4,84
1985/1990	34,0	4,45
1990/1995[c]	32,0	4,13

a Taux bruts par mille habitants.
b Par mille naissances vivantes.
c En partie projections.

Note : L'indice synthétique de fécondité exprime le nombre d'enfants que
mettrait au monde une femme qui vivrait jusqu'à la fin de ses années de

Quels ont été les résultats de ces politiques antinatalistes? Comme on peut le voir dans le tableau XXXII.3, dans l'ensemble on peut considérer que celles-ci ont été couronnées par un succès relatif. D'ailleurs, les modifications observées dans la fécondité peuvent aussi résulter en partie d'une évolution plus spontanée. Voici les données pour ce qui concerne le taux synthétique de fécondité. Rappelons que nous avons décidé d'utiliser de préférence comme indicateur de la fécondité l'indice synthétique de fécondité, celui-ci étant utilisé dans la plupart des études compa-

Mortalité[a]	Mortalité infantile[b]	Espérance de vie à la naissance (années)
25,1	190	39,5
23,1	173	40,1
18,7	140	46,9
15,2	117	51,6
12,1	96	56,1
10,8	84	58,6
9,8	75	60,5

procréation en donnant naissance, à chaque âge, au nombre d'enfants correspondant au taux de fécondité pour cet âge.

Sources : 1935-1939 : calculs de l'auteur d'après les sources nationales (données approximatives).
1950-1995 : d'après Nations Unies (1995).

ratives sur le développement[1]. Nous avons alors donné la définition technique de cet indice qui, en langage plus concret, signifie, *grosso modo*, le nombre d'enfants par femme (et non pas le nombre d'enfants survivants). Donc, concrètement, ceci signifie que si cet indice est au-dessous du niveau 2, le renouvellement de la population ne s'effectue pas.

Pour l'ensemble du Tiers-Monde sans la Chine, cet indice de fécondité est passé de 6,1 pour

1. Voir chap. XVIII, tome II.

1950-1955 à 4,1 pour 1990-1995. Le recul le plus accusé a été celui de l'Amérique latine (de 5,9 à 3,1). Par contre, en Afrique (sans l'Afrique du Sud), on a même assisté, jusqu'au début des années 1970, à une augmentation de la fécondité et, par la suite, la baisse a été très modérée. Toujours entre 1950-1955 et 1990-1995, on est passé de 6,0 à 5,9. Pour la seule Afrique Noire, l'évolution a été encore plus négative, car, après le sommet du début des années 1970, le recul a été plus modéré qu'en Afrique du Nord, de sorte que le niveau de 1990-1995 (6,4) est très voisin de celui de 1950-1955 (6,6), ce niveau étant d'ailleurs le plus élevé des grandes régions du Tiers-Monde. Tempérons un peu ce diagnostic très négatif. Dans les premières années de la décennie 1990, les enquêtes ont permis de constater dans un certain nombre de pays une nette tendance à la diminution de la fécondité. Il s'agit notamment des pays suivants : Ghana, Guinée, Cameroun, Côte-d'Ivoire, République centrafricaine, Sénégal., pays qui ont ainsi rejoint le Botswana, le Kenya et le Zimbabwe où cette tendance a été plus précoce. Enfin, l'Asie, à économie de marché, a connu une évolution à mi-chemin entre celle de l'Amérique et de l'Afrique. Dans ce cas on est passé de 6,0 à 3,8.

Dans toutes ces régions, l'évolution, au cours de ces quatre décennies de changement, n'a évidemment pas été uniforme au niveau des pays, ce qui a conduit, en règle générale, à une plus grande dispersion des situations. Commençons par l'Afrique du Nord. Pour 1950-1955, entre le pays à plus faible fertilité et celui à la fertilité plus élevée, l'écart n'était que de l'ordre de 10 pour 100

(Égypte 6,6 ; Algérie 7,3), alors que pour 1990-1995 il était de plus de 100 pour 100 (Tunisie 3,1 ; Libye 6,4). La dispersion est encore plus forte pour le reste de l'Afrique où, pour 1990-1995, cela va de 2,3 (île Maurice et la Réunion) à 7,9 (Côte d'Ivoire et Niger). L'Amérique latine se caractérise déjà au début des années 1950 par une assez large dispersion. Parmi les pays à faible fertilité, citons l'Uruguay (2,7) et l'Argentine (3,1) ; et parmi les pays à fertilité élevée, le Honduras (7,5) et le Nicaragua (7,4). Dans ce cas la dispersion ne s'est accrue que faiblement, puisque pour 1990-1995 elle va de 1,8 (Barbades et Cuba) à 5,4 (Guatemala) et à 5,0 (Nicaragua). En Asie, l'augmentation de la dispersion a été plus accusée, puisque l'on passe d'environ 30 pour 100 à près de 400 pour 100. Pour 1990-1995, les taux les plus faibles sont ceux des quatre dragons (vers 1,5) et de la Chine (1,9) ; les plus élevés sont ceux de nombreux pays musulmans, tels que Oman (7,2), Afghanistan (6,9), Pakistan (6,2). Enfin, signalons que pour le deuxième pays le plus peuplé du monde, à savoir l'Inde, on est passé de 6,0 à 3,8 ; ce dernier indice étant donc près de deux fois plus élevé que celui du pays le plus peuplé (la Chine).

LA CHINE : D'UNE POLITIQUE NATALISTE
À L'ENFANT UNIQUE

Même si les deux derniers recensements (1982 et 1990) ont relevé des chiffres de population dépassant (chacun de plus de 20 millions) les objectifs fixés, cela n'implique pas une croissance rapide de la population : entre 1970 et 1990, celle-ci a progressé de 1,7 pour 100 par an. Donc, dans le cas chinois, à la fois réussite et échec. Réussite, car incontestablement la croissance démographique de ce pays a été beaucoup plus modérée que dans le reste de l'Asie à régime plus libéral. Échec, mais échec très relatif, dans la mesure où, du moins en ce qui concerne la période récente, le gouvernement ayant cherché à freiner avec vigueur la progression de la population, celle-ci a augmenté plus vite que prévu.

En ce qui concerne la politique gouvernementale, celle-ci a été caractérisée par l'improvisation et des revirements. Jusqu'à la connaissance des résultats du premier recensement, réalisé par le nouveau régime (1953), les seules mesures d'ordre démographique ont été un encouragement à l'émigration vers les régions périphériques et très peu peuplées du nord et du nord-ouest (Tibet, Hsin-chiang, Mongolie). Ce mouvement, qui avait aussi des objectifs économiques (défrichement) et stratégiques (défense des frontières et renforcement du contrôle du Tibet, jadis indépendant), s'accentua d'ailleurs après 1956. Le recensement de 1953 ayant montré que la population était plus élevée que prévue, on assista au début d'une véritable politique démographique. Chou En-lai, qui était en quelque sorte le bras droit de Mao, a posé en 1955 pour la première fois le problème de la population en termes de développement économique. En 1957, le ministre de la Santé inaugurait une véritable politique de contrôle des naissances, déclarant notamment: «Notre pays est grand et surpeuplé [...] Si la croissance de notre population n'est pas conforme à une natalité planifiée, cela empêchera notre pays de sortir de sa pauvreté...» En 1958, à la suite du bond en avant, on assista à un retour à une politique nataliste : propagande en faveur de la natalité et, peut-être même, mesures en faveur des familles nombreuses. Avec les très mauvaises récoltes des années 1960-1961, causées surtout par des calamités naturelles, on constata un retour à la propagande antinataliste qui semblait être encore en vigueur juste avant la révolution culturelle. La révolution culturelle, qui débuta en août 1966 et se termina en 1969, a été dans ce domaine, comme partout ailleurs, une période instable où cohabitèrent des politiques souvent contradictoires.

Depuis la fin de la révolution culturelle et encore plus nettement depuis la mort de Mao (1976) et l'élimination de la «bande des quatre» (1977), une pression très vive est déployée afin de réduire d'une façon draconienne la croissance démographique, l'idéal et l'objectif étant l'enfant unique. Et toute une série de mesures sociales et économiques sont prises envers ceux qui ne suivent pas ce modèle. Mieux que tout discours, la chute de la fécondité montre l'ampleur de la réussite chinoise dans la prévention des naissances. On est passé d'un indice synthétique de fécondité de 5,93 pour 1965-1970 à 2,38 pour 1985-1990. Malgré la mise en place, à partir de 1988, des nouvelles réformes économiques, il n'y a pas eu de modifications sensibles dans la politique démographique. Lors de la conférence de mars 1994 sur la planification de la population, il fut réitéré que la politique en ce domaine ne subirait pas de changements, avec néanmoins des mesures qui peuvent être considérées comme une prise de conscience du problème de l'infanticide des filles, surtout en milieu rural. En effet, il fut décidé que la politique serait «d'encourager les familles urbaines à n'avoir qu'un enfant, les familles rurales pouvant cependant en avoir un deuxième si la première est une fille et si cette famille a besoin d'une aide additionnelle». De surcroît, il a aussi été dit explicitement que le programme «peut être plus souple pour les minorités ethniques».

Ce qui est peut-être plus important, c'est que dorénavant le contrôle des naissances est considéré comme une nécessité pour le développement économique. Ainsi, dans une interview accordée par la vice-présidente de la Commission d'État pour le planning familial[1], à la question: «Pourquoi le planning familial est-il important pour la Chine?», les éléments essentiels de sa réponse ont été les suivants: «La population est nombreuse tandis que les terres cultivables sont insuffisantes, les ressources naturelles disponibles par habitant sont faibles et la base économique peu solide [...] Chaque année, le quart de la part du revenu national nouvellement augmentée est absorbé par la population nouvellement augmentée. Cela implique le ralentissement de l'accumulation des fonds et donc du développement économique. En outre, la croissance démographique trop rapide a fait naître de grandes difficultés dans les domaines de l'emploi, de l'éducation, du logement, des transports et de la santé.» Planning familial qui reste efficace puisque, de 1992 à 1995, la population n'a augmenté que de 1,0 pour 100 par an et le taux brut de natalité s'est établi à 18 pour 1 000, le plus faible depuis 1986, déjà atteint toutefois à plusieurs reprises auparavant, notamment entre 1976 et 1979.

---

1. *Beijing Information*, 1er août 1994.

UNE PARENTHÈSE SUR L'INFANTICIDE DES FILLES

L'infanticide des filles évoqué ci-dessus n'est pas le triste apanage de la seule civilisation chinoise. Dans le cas de la Chine contemporaine, il a été favorisé par la rigueur de la politique de l'enfant unique. L'infanticide des filles se retrouve plus ou moins accentué dans toutes les civilisations et à toutes les époques, et ce, malgré le fait que cette pratique, comme celle de l'infanticide en général, est combattue par les autorités religieuses et politiques.

Un bon indicateur de l'infanticide des filles est ce que les démographes appellent le taux de masculinité, c'est-à-dire le ratio du nombre d'hommes par 100 femmes. En raison de l'espérance de vie plus longue des femmes, ce taux est «normalement» au-dessous de 100, c'est-à-dire qu'il y a moins d'hommes que de femmes dans l'ensemble de la population. Ainsi, par exemple, pour l'Europe, dans laquelle on peut considérer que l'infanticide des filles est extrêmement faible, le taux de masculinité s'est situé ces dernières années vers 93-95. En revanche, pour l'Asie (et la période 1970-1990), il se situe à 105, pour l'Afrique à 99, et pour l'Amérique latine à 100. Par conséquent, c'est un problème grave, surtout en Asie.

La situation s'est même aggravée durant le XXᵉ siècle, surtout en Inde où l'on est passé, entre le début de ce siècle et 1990, de 103 à 108. Si l'on se limite à l'évolution enregistrée depuis 1950, c'est-à-dire à partir du moment où les données sont généralement assez fiables, l'aggravation

récente de l'infanticide en Chine n'a pas encore
influé sur le taux de masculinité de l'ensemble de
la population ; il était même plus élevé vers 1950
que vers 1990 (respectivement 108 et 106). En
Inde, la gravité du problème est même visible au
niveau du taux de masculinité de la population
totale : on est passé de 105 à 107 de 1950 à 1990.
Par contre, au Pakistan, où la situation était
encore plus grave, on note une légère amélioration (110 à 109). L'amélioration est encore plus
nette dans l'autre pays de l'ancien Empire de
l'Inde britannique, à savoir le Bangladesh, où ce
taux est passé de 114 à 106. Il est vrai que dans
ce dernier pays on est en présence d'un des rares
cas où l'espérance de vie des femmes est sensiblement plus courte que celle des hommes.

Les migrations internationales :
des réfugiés politiques
aux réfugiés économiques

Entre la fin du massif et douloureux trafic
d'esclaves et aujourd'hui, le flux des migrations
internationales du Tiers-Monde a été marqué par
quatre flux très différents. Le premier s'inscrit
dans une perspective à très long terme, qui a commencé au début du XVIe siècle et qui concerne le
flux des Européens s'installant dans les colonies,
et d'une façon moins marquée dans d'autres
régions du Tiers-Monde. Le deuxième flux est
le mouvement inverse de populations du Tiers-
Monde s'installant dans les pays occidentaux.
Enfin, et ce fut surtout important dans la seconde
moitié du XXe siècle, il y a d'un côté le terrible sort

de millions de réfugiés qu'entraînent les conflits dans cette région et, de l'autre côté, surtout à partir des années 1960, ce que l'on qualifie de « réfugiés politiques » du Tiers-Monde qui cherchent asile dans les pays développés.

Commençons par le flux des Européens vers le Tiers-Monde. Ce mouvement migratoire ne fut pas très massif et fut même très marginal vers les pays tropicaux ou semi-tropicaux. Il convient, en effet, d'établir une nette distinction entre deux flux de migrants vers les Tiers-Mondes : celui à destination des régions tempérées et celui vers le grand « reste » des Tiers-Mondes. Vers ce grand reste, l'essentiel des immigrants a été constitué de fonctionnaires coloniaux et de planteurs ou autres entrepreneurs (et leurs cadres). Par contre, vers les régions tempérées (Argentine, Chili, Uruguay et Afrique du Nord), le flux s'apparentait à celui vers l'Amérique du Nord et l'Océanie, et a été essentiellement composé d'agriculteurs et d'artisans venant des régions marginalisées d'Europe. Notons toutefois une exception : le cas du Brésil. Bien que ne pouvant être considéré comme un pays tempéré, le Brésil a reçu un flux massif d'immigrants. Comme nous l'avons vu[1], l'abolition de l'esclavage a conduit, à partir de la fin des années 1890, à un flux massif d'immigrés, essentiellement en provenance du Portugal. Entre 1885 et 1899, le nombre total d'immigrants s'est élevé à 1,5 million ; de 1900 à 1939, leur nombre était de 2,6 millions. Puis, à l'exception d'une quinzaine d'années suivant la fin de la Seconde Guerre mondiale, le flux s'est considérablement ralenti :

1. Voir chap. XX, tome II.

0,2 million de 1963 à 1995. Ce ralentissement marque aussi le flux vers les pays tempérés d'Amérique latine et il est à mettre en rapport avec l'augmentation du niveau de vie dans les pays les moins riches d'Europe. En Amérique latine, c'est l'Argentine qui a reçu le plus d'immigrants : 4,5 millions. Mais là, comme ailleurs, il y eut aussi un fort mouvement de retour ou de départ, puisque durant la même période on a compté 2,1 millions d'émigrants.

À la veille de la Seconde Guerre mondiale, que l'on peut considérer comme étant la période où la présence européenne dans les colonies du Tiers-Monde était à son apogée, leur nombre s'élevait à quelque 3 à 3,3 millions, dont plus de la moitié en Afrique du Nord, région qui s'apparentait au cas de pays de peuplement européen. À cela il faut, bien entendu, ajouter les données concernant les pays du Tiers-Monde alors déjà indépendants, c'est-à-dire essentiellement l'Amérique latine où, là aussi, l'essentiel des Européens était installé dans les pays tempérés.

Passons au flux dans l'autre sens, c'est-à-dire des Tiers-Mondes vers l'Occident. Avant le début du XXe siècle et même dans la période de l'entre-deux-guerres, ce flux a été extrêmement modeste. Depuis le début du XIXe siècle jusqu'à la veille de la Seconde Guerre mondiale, on peut estimer qu'en tout il a été d'environ 1 à 2 millions, dont l'essentiel était des Chinois qui émigrèrent surtout aux États-Unis. Mais, dans ce cas surtout, il ne faut pas négliger la migration vers d'autres colonies d'Asie, qui a entraîné la mise en place de véritables diasporas de Chinois. Rien qu'entre 1911 et 1927, on estime à quelque 3 millions le nombre d'émigrants chinois venus s'installer en Asie du Sud et principalement en Malaisie. Un premier changement important se produit après la Seconde Guerre mondiale avec les mouvements importants de réfugiés liés à des séquelles de l'indépendance. Le second changement a lieu à partir du début des années 1970 avec un afflux dans les pays développés de ce que l'on appelle, plus ou moins justement, des réfugiés «économiques». Mais voyons d'abord les exodes de réfugiés «politiques».

INDÉPENDANCES, GUERRES ET RÉFUGIÉS

Le premier grand exode de réfugiés a concerne les anciennes Indes britanniques, où la division de ce grand ensemble en deux États sur une base essentiellement religieuse a entraîné, en 1947, un énorme déplacement de population. On estime que le nombre total de réfugiés s'est élevé à 14 ou 16 millions; les deux flux étant à peu près de même ampleur; et quelque 200 000 personnes périrent en chemin, généralement à la suite de massacres. Si nous restons en Asie, les flux les plus importants concernent l'avènement du communisme en Chine (1949), avec environ 3 millions de personnes, et la guerre du Viêt-nam et du Cambodge (1975-1980), environ 2 millions. En Afrique, les multiples conflits ont conduit à près d'une dizaine de millions de réfugiés. Certes, il y eut de nombreux cas de reflux relativement importants, mais, au début de 1995, il subsistait dans l'ensemble du Tiers-Monde environ 11 à 12 millions de réfugiés, dont 7 millions en Afrique.

L'essentiel de ces mouvements de réfugiés ne

s'est pas traduit par une installation provisoire ou définitive dans les pays développés. À l'exception du reflux des Européens de certaines colonies, le nombre total des réfugiés politiques du Tiers-Monde installés dans le monde développé ne s'est élevé, entre 1946 et le début des années 1990, qu'à quelques centaines de milliers. Les pays d'accueil étaient surtout le Canada, les États-Unis et la France ; mais, en termes relatifs, certains petits pays, comme la Suède et la Suisse, en ont encore accueilli davantage.

L'AFFLUX DE RÉFUGIÉS ÉCONOMIQUES VERS LE NORD

L'arrivée d'un nombre croissant d'immigrants illégaux fausse — mais de combien ? — les statistiques existantes sur l'afflux d'immigrants dans les pays développés en provenance du Tiers-Monde. Autre facteur qui brouille les données : le reflux d'Européens après l'indépendance de certaines colonies. D'après les calculs des Nations Unies, l'immigration nette de populations du Tiers-Monde dans les pays développés s'est élevée à 2,5 millions de personnes dans la décennie 1950-1959. Dans la période 1960-1969, il s'est agi de 5,7 millions, dont il convient de soustraire près d'un million afin de tenir compte du reflux des Européens des colonies (pour la décennie précédente, à savoir 1950-1959, ce reflux a dû être inférieur au demi-million). Dans la décennie 1970-1979, au cours de laquelle le reflux des Européens a été peu important, il s'agissait de 10,4 millions, donc un afflux de migrants du Tiers-Monde plus de deux fois plus élevé. Dans les premières années de la décennie 1980, à savoir de 1980 à 1984, on aurait assisté à un ralentissement de la tendance, puisqu'il ne se serait agi que de 3,8 millions ; soit 0,77 million par an, comparé à 1,45 million pour la période 1975-1979. Bien que ce chiffre soit remonté par la suite (1,28 million par an de 1985 à 1989), il serait demeuré inférieur à celui de la décennie 1980. L'emploi ici du conditionnel est justifié non seulement par le problème des migrations clandestines, mais aussi par les modalités d'élaboration des données qui risquent d'être entachées d'une marge d'erreur en raison des résultats parfois encore non définitifs des recensements de 1990 (alors que l'étude des Nations Unies a été réalisée en 1995). Cependant, même si les chiffres de la dernière décennie sont sous-estimés, cela impliquerait néanmoins entre 1950 et 1989 une immigration nette de 27 millions de personnes. Si l'on pouvait tenir compte des immigrants clandestins, surtout très nombreux aux États-Unis, ce chiffre atteindrait ou même dépasserait les 35 millions. Ce sont évidemment les pays développés occidentaux qui ont accueilli la quasi-totalité de ces immigrants, dont une (petite) proportion sont des réfugiés politiques. Mais, bien entendu, la distinction entre réfugiés économiques et politiques est à la fois difficile à établir et en partie arbitraire.

LA STRUCTURE
DE LA POPULATION ACTIVE

Quelques mots sur l'évolution du nombre total
d'actifs avant de présenter l'historique des modifications intervenues dans la structure de la
population active. La croissance très rapide de la
population ayant entraîné un élargissement de la
base de la pyramide des âges, et donc une proportion plus grande de jeunes, l'importance relative de la population active dans la population
totale s'est quelque peu réduite. De ce fait, l'augmentation de l'importance de la population
active a été un peu plus modérée que celle de la
population totale. Plus modérée... mais non pas
lente, puisque entre 1900 et 1990 l'importance de
la population active a été pratiquement multipliée par 4 (voir le tableau XXXII.4). Bien
entendu, les différences régionales sont, *grosso
modo*, les mêmes que pour l'évolution de la population totale présentée plus haut.

Évolution structurelle :
les grandes lignes

On trouvera dans le tableau XXXII.4 nos calculs sur la répartition par secteurs de la population active du Tiers-Monde à économie de
marché. La structure des activités de la Chine
n'était certes pas très différente de celle du reste
du Tiers-Monde, du moins jusqu'en 1950 ; mais la

marge d'erreur des données est plus forte (surtout pour les données antérieures à 1980), c'est la raison pour laquelle nous l'avons exclue de ce tableau. Et comme nous ne reviendrons pas à ce pays, donnons ici les points saillants de l'évolution. Jusqu'au milieu des années 1970, la structure de la population active chinoise était restée très traditionnelle, puisque alors près de 80 pour 100 des actifs étaient occupés dans l'agriculture et que les industries comme le tertiaire n'en représentaient qu'environ 10 pour 100. Au début des années 1990, l'agriculture n'occupait plus que 72 pour 100 des actifs ; en revanche, les deux autres secteurs étaient passés à 15 pour 100 (pour les industries) et à 13 pour 100 (pour les services).

Voyons donc les principales modifications de la structure des activités du Tiers-Monde à économie de marché. En ce qui concerne l'agriculture, on notera que, malgré la faible régression de l'importance relative de ce secteur entre 1900 et 1950 en raison de l'inflation démographique, on constate un fort accroissement du nombre absolu d'actifs dans ce secteur. En raison du caractère beaucoup plus aléatoire des données concernant les femmes travaillant dans l'agriculture, nous avons privilégié dans le tableau XXXII.4 les seuls actifs agricoles masculins. Entre 1900 et 1950, leur nombre progresse de plus de 60 pour 100. De même, il convient de noter que l'accélération qui s'est produite après 1950 dans la réduction de l'importance relative de la population active agricole s'est traduite, en raison de l'accentuation de l'inflation démographique, par une nouvelle augmentation du nombre absolu des actifs. Rien

TABLEAU XXXII.4

STRUCTURE DE LA POPULATION ACTIVE

DU TIERS-MONDE À ÉCONOMIE DE MARCHÉ

	1900	1930	1950	1970	1980	1990
RÉPARTITION (en pourcentage)						
Agriculture	77,9	76,6	76,1	66,7	61,9	55,0
Secteur secondaire	9,9	10,0	9,5	12,9	14,1	16,1
mines	0,3	0,4	0,5	0,6	0,6	0,5
industries manufact.	8,6	8,5	7,4	9,7	10,0	11,3
construction	1,0	1,1	1,6	2,6	3,5	4,2
Secteur tertiaire	12,3	13,3	14,5	20,3	24,0	29,0
CHIFFRES ABSOLUS (en millions)						
Total	275	325	461	669	913	1 173
Agriculture (masculine)	145	170	240	302	341	393

Sources : 1900-1950 : Bairoch, P. (1971) ; avec ajustement pour 1950.
1970-1990 : d'après BIT (1996) (calculs complémentaires pour les mines et la construction).

qu'entre 1950 et 1990, celle-ci a été aussi importante que durant les cinquante années précédentes, de sorte qu'en 1990 il y avait plus du double d'agriculteurs masculins qu'en 1900. Il s'agit là d'un phénomène lourd de conséquences économiques, car étant donné la faible disponibilité de terres agricoles, cela implique une diminution de plus de la moitié de la superficie exploitée par actif agricole. Cela explique en grande partie les problèmes rencontrés par le Tiers-Monde pour accroître sa productivité agricole (voir le chapitre suivant).

Sur le plan régional, on constate des différences d'évolution plus marquées que celles qui touchent l'ensemble de la population active. Pour la période allant de 1950 à 1990, on observe les taux suivants d'accroissement annuel de la population active agricole : Afrique 1,9 pour 100 ; Amérique latine 0,9 ; et Asie (à économie de marché) 1,5 pour 100. Pour l'ensemble du Tiers-Monde à économie de marché, il s'agit de 1,5 pour 100. Quant à la Chine (non reprise dans le tableau XXXII.4), en raison même de la progression beaucoup plus modérée de sa population totale, le nombre d'actifs agricoles n'a progressé durant cette période (1950 à 1990) que de 1,4 pour 100 par an. On l'aura remarqué, l'écart est plus faible qu'en ce qui concerne les rythmes de croissance de la population totale, cela s'expliquant par le rythme d'urbanisation plus faible de la Chine.

La stagnation du nombre des actifs du secteur minier de 1980 à 1990, et, en fait, depuis 1975 déjà, s'explique surtout par des facteurs conjoncturels. Néanmoins, elle est aussi un indicateur d'une certaine saturation des possibilités d'exportation de minerais après la phase de substitution rapide des mines du Tiers-Monde à celle des pays développés occidentaux. Signalons que l'Amérique latine est la seule région où l'emploi minier est sensiblement plus important que la moyenne du Tiers-Monde.

La faiblesse de l'emploi industriel

La faible importance relative de l'industrie manufacturière (12 pour 100 environ en 1990) souligne les difficultés qu'a rencontrées ce secteur dans le passé, et qu'il continuera de rencontrer dans l'avenir, à absorber une importante fraction du surplus des actifs ruraux. En effet, nous avons pu estimer que le taux d'épongeage du surplus de la population active rurale par l'industrie a été de l'ordre de 10 pour 100 seulement de 1950 à 1970, c'est-à-dire que l'industrie n'a pu absorber que 10 pour 100 des actifs en surnombre dans l'agriculture. De 1920 à 1950, ce taux a même été plus faible. Des estimations similaires que nous avons effectuées pour les pays européens nous ont fourni des taux d'épongeage de l'ordre de 80 pour 100 vers 1890, et de 30 à 40 pour 100 lors des toutes premières phases de l'industrialisation. La différence entre ces taux et ceux enregistrés actuellement par le Tiers-Monde ne découle pas d'une industrialisation plus rapide des pays européens de l'époque, mais essentiellement des taux différents de progression démographique. Si la population du Tiers-Monde entre 1950 et 1970 n'avait progressé que de 0,6 pour 100 par an, avec le même rythme de développement industriel, le taux d'épongeage aurait atteint les 70 pour 100. Ainsi apparaît une fois encore le caractère extrêmement négatif de l'inflation démographique.

Sur le plan régional, toujours pour 1990, la dispersion de l'importance relative de l'emploi manufacturier est très large. C'est évidemment en Amérique latine que ce secteur est le plus développé, cette région comptant deux grands pays possédant une base industrielle significative : le Brésil et le Mexique. Pour l'ensemble de l'Amérique latine, l'emploi dans les industries manufacturières représente 14 pour 100 de l'emploi total. En Afrique, au contraire, il s'agit de moins de 6 pour 100. En Asie (à économie de marché), de 12,5 pour 100, avec, dans ce cas, l'impact non négligeable de ce que l'on appelle «les nouveaux» pays industrialisés, notamment les quatre dragons. Si l'on exclut de l'Asie (à économie de marché) les quatre dragons et la Malaisie, l'importance de l'emploi manufacturier passe de 12,5 à 11,8 pour 100.

L'hypertrophie du tertiaire

Enfin, dernière évolution importante (même très importante) : la rapide montée tant absolue que relative du tertiaire. Entre 1950 et 1990, la population active travaillant dans le tertiaire a été multipliée par près de 4. Ce qui a conduit à ce que l'on qualifie, à juste titre, d'hypertrophie du tertiaire, qui résulte d'un développement pléthorique de la distribution commerciale et des services publics dans la plupart des pays concernés et par l'impossibilité du secondaire d'absorber le total du surplus d'actifs de l'agriculture. L'écart entre le niveau des revenus du tertiaire et celui de l'agriculture permet une réduction de la productivité du tertiaire, sans pour autant cesser de procurer même aux actifs à très faibles revenus des ressources égales ou supérieures au niveau minimal de subsistance.

Cette hypertrophie du tertiaire peut être considérée comme la résultante de la croissance trop
rapide des villes ; nous aurons donc l'occasion
d'y revenir plus loin. C'est dans cette section également que nous traiterons du secteur informel,
et notamment aussi de sa définition. Cette hypertrophie du tertiaire est surtout marquée en Amérique latine où ce secteur représente 51 pour 100
de l'emploi total.

L'ÉDUCATION ET LA FORMATION

Les recherches récentes ont conduit à une modification de la vision que l'on avait de l'alphabétisme des sociétés traditionnelles non-européennes.
Alors que l'on considérait auparavant que les
faibles taux d'alphabétisation de ces sociétés au
XIXe siècle étaient le reflet fidèle des situations
antérieures, on s'aperçoit de plus en plus que les
sociétés traditionnelles non-européennes ressem-
blaient aussi en ce domaine aux sociétés traditionnelles européennes. Il ne faut pas oublier que
l'Europe avant la révolution industrielle était non
seulement un monde très différencié géographiquement, mais aussi un monde différencié historiquement. Géographiquement... avec notamment
des régions, surtout les pays où la Réforme s'était
implantée, où la population sachant lire et écrire
représentait 80 à 95 pour 100 des adultes, donc
seulement 5 à 20 pour 100 d'analphabètes ; et
d'autres où ce taux d'analphabétisme était de 75 à
95 pour 100. Mais aussi différencié historique-

ment : par exemple, l'Italie du début du xive siècle comportait une proportion d'analphabètes beaucoup plus faible que l'Italie du début du xixe siècle.

Dans le Tiers-Monde, on retrouve les mêmes situations. En Chine, grâce à une espèce de sténo qui permettait de réduire l'inconvénient du très grand nombre d'idéogrammes, durant les phases positives de cette civilisation, 30 à 40 pour 100 de la population savaient lire et écrire (donc un taux d'analphabétisme de 60 à 70 pour 100), alors qu'au xixe siècle ce taux d'analphabétisme était supérieur à 95 pour 100. On retrouve une évolution voisine en Inde avec une chronologie légèrement différente. Bien que, par la suite, le Japon ait bifurqué vers le monde développé, rappelons ici que, à la veille de la révolution Meiji, seulement la moitié de la population était analphabète. Dans les sociétés musulmanes, le fait que les premières années d'éducation religieuse se limitaient à l'apprentissage par cœur du Coran a conduit à des taux d'analphabétisme assez élevés. Assez élevés... oui, car certainement beaucoup plus élevés que ceux de l'Europe de la Réforme, mais pas nécessairement plus élevés que ceux du reste de l'Europe traditionnelle.

*Les grandes tendances
de l'alphabétisation*

L'impact de la colonisation sur ce domaine n'est pas suffisamment connu, faute d'études. Il apparaît cependant qu'entre les premières phases de cette colonisation et les années 1880 à 1890, où la plupart des administrations coloniales prirent

des mesures positives en la matière, l'irruption
des civilisations occidentales, avec la mise en avant
de l'utilisation de la langue des colonisateurs,
entraîna un recul de l'alphabétisme traditionnel.
Recul qui, pendant des décennies, n'a pas été
compensé par la modernisation de l'éducation.
En revanche, en Amérique latine, dont la quasi-
totalité des pays jouissait de l'indépendance dès le
début du XIXᵉ siècle, des mesures gouvernementales en faveur de l'enseignement primaire furent
très précoces. Ainsi, au Paraguay, dès 1815, José
Gaspar Rodriguez Francia, devenu par la suite le
Perpetual Dictator, prit des mesures en vue de
l'enseignement primaire obligatoire. En Colombie, le congrès, que réunit Simon Bolivar en 1821,
vota une législation sur l'école primaire, qui fut
renforcée cinq ans plus tard. Des lois en faveur de
l'enseignement primaire obligatoire furent votées
au Costa Rica, en 1869 ; au Mexique, en 1888
(mais entrées en vigueur en 1996) ; à Cuba, en
1901 ; au Pérou, en 1905, etc. Cela n'implique pas
du tout qu'à la veille de la Première Guerre mondiale l'ensemble des pays d'Amérique latine aient
adopté des systèmes d'enseignement primaire obligatoire et gratuit, ni surtout qu'il n'existait pas de
vastes poches arriérées en ce domaine. Ainsi, vers
1910, au Brésil, l'analphabétisme dépassait 80
pour 100. Et, partout, la situation était très différenciée selon les origines de la population. En ce
qui concerne les pays tempérés, nous avons présenté les données dans le chapitre IX et nous
avons vu que, à l'opposé de l'Argentine, la situation au Chili y était assez négative. Comme nous
l'avons signalé dans le chapitre précédent, les
mesures en faveur de l'éducation s'intensifièrent

presque partout dans le Tiers-Monde entre les deux guerres, et, avec l'indépendance retrouvée, la grande majorité des gouvernements fit de l'éducation générale de la population une des priorités, d'ailleurs reprise par les organisations internationales. Et les progrès ont été rapides, très rapides même. Et puisque, plus haut, nous avons parlé du Brésil, signalons qu'entre 1906 et 1940 le nombre d'élèves des écoles primaires y est passé de 0,6 à 3,1 millions.

On trouvera dans le tableau XXXII.5 les principales données permettant d'appréhender l'évolution historique en ce domaine. Comme on peut le voir, le taux d'analphabètes (pourcentage d'illettrés dans la population âgée de 15 ans et plus) a peu évolué entre 1900 et 1950. En revanche, de 1950 à 1995, les progrès ont été considérables. Durant ces 45 ans, pour l'ensemble du Tiers-Monde, le taux d'analphabètes a été divisé par plus de deux, passant de 72 à 30 pour 100. Le recul le plus accusé a eu lieu en Amérique latine et le plus faible en Afrique. Étant donné que cette dernière était la région où le taux d'illettrés était le plus fort et l'Amérique latine celle où ce taux était le plus faible, l'écart entre ces deux régions s'est encore creusé au cours de 40 ans. L'Amérique latine a d'ailleurs une très ancienne tradition en matière d'éducation et de culture en général. Avant le XIXᵉ siècle, il y avait déjà probablement entre 20 et 30 universités dans cette région. Actuellement, dans de nombreux pays d'Amérique latine, le taux d'analphabètes est nettement inférieur à celui de certains pays européens. Mais aussi bien dans ce continent que dans les autres, on constate de fortes divergences par pays.

TABLEAU XXXII.5

TAUX D'ANALPHABÉTISME DU TIERS-MONDE

(en pourcentage de la population âgée de plus
de 15 ans ne sachant ni lire ni écrire)

| | Tiers-Monde à économie de marché | | | | Chine | Ensemble Tiers-Monde |
	Afrique	Amérique	Asie	Total		
1900	–	–	–	85	–	84
1930	–	55	86	82	–	78
1950	85	42	77	74	69	72
1960	82	32	64	63	53	60
1970	71	26	50	50	43	48
1980	61	20	48	46	35	42
1990	49	15	38	37	22	33
1995[a]	44	13	35	34	19	30

a En partie projections.

Sources : 1900-1930 : calculs et estimations de l'auteur sur base des sources nationales.

1950-1995 : UNESCO, *Annuaire statistique*, diverses livraisons ; UNESCO, *Compendium des statistiques relatives à l'analphabétisme*, diverses livraisons, et estimations de l'auteur.

Outre les différences régionales très importantes, on observe partout des différences notables du taux d'analphabètes par sexe et par lieu de résidence. C'est ainsi que si l'on prend la situation de l'ensemble du Tiers-Monde, en 1990, il s'agit de 29 pour 100 pour les hommes et de 45 pour 100 pour les femmes. On ne dispose pas de statistiques globales pour ce qui a trait au taux d'analphabètes par lieu de résidence. Sur la base de données concernant une trentaine de pays, on peut estimer que, vers 1980, le taux d'illettrés des habitants des campagnes était deux fois supérieur à celui des citadins, soit pour le Tiers-Monde à économie de marché un taux d'analphabètes de l'ordre de 29 à 31 pour 100 pour les citadins et de 58 à 64 pour 100 pour le monde rural. Bien entendu, plus le niveau d'analphabètes est élevé, plus faible est la différence ; et vice versa.

Certes, comme le font remarquer certains experts, en raison de l'inflation démographique, le nombre absolu d'illettrés dans le Tiers-Monde a augmenté rapidement. On peut estimer à quelque 690 millions le nombre d'illettrés (âgés de 15 ans et plus) dans le Tiers-Monde à économie de marché vers 1990, alors que vers 1950 ils n'étaient que 480 millions. Toutefois, cette façon d'aborder le problème est erronée, car dans ce domaine ce sont les proportions qui sont significatives et non les chiffres absolus. Les États-Unis ont aujourd'hui pratiquement autant d'illettrés qu'un siècle auparavant, mais ce qui est significatif, c'est que la proportion de ceux-ci par rapport à la population est tombée de 20 à 2 ou 3 pour 100 durant ce siècle.

Les données pour la Chine pour la période précédant 1982 sont très aléatoires ; cependant, il est certain que les progrès ont été dans ce cas encore plus rapides que dans le Tiers-Monde à économie de marché. La principale incertitude se rapporte à la situation au moment de la proclamation de la République populaire, à savoir en 1949. Les estimations varient entre des taux d'analphabétisme supérieurs à 95 pour 100 et inférieurs à 60 pour 100. Le chiffre le plus probable étant de l'ordre de 70 pour 100. Selon le recensement de 1982, considéré comme étant le premier fiable, le taux d'analphabétisme en Chine ne serait plus que de 34,5 pour 100. Et les résultats du recensement de 1990 fournissent un taux de l'ordre de 22,2 pour 100. Ainsi, dans ce domaine, une réussite plus grande que dans le reste de l'Asie, sans que pour autant l'écart entre les sexes et le lieu de résidence ait disparu. Ainsi, le taux d'illettrés était de 13,0 pour 100 pour les hommes et de 31,9 pour 100 pour les femmes. Écart pratiquement du même ordre entre ville et campagne : 12,0 pour 100 pour la population urbaine et 26,2 pour 100 pour la population rurale. Ces différences subsistent même pour les classes d'âges des personnes nées après la révolution. C'est ainsi que, toujours selon le recensement de 1990, le taux d'illettrés dans la classe d'âges de 25 à 29 ans était de 2,8 pour 100 pour les hommes et de 11,4 pour 100 pour les femmes.

L'évolution de l'enseignement : de l'école primaire à l'université

La forte chute du taux d'analphabétisme résulte, bien entendu, de l'extension de l'enseignement. À présent, nous allons présenter brièvement les évolutions en la matière en commençant par l'enseignement primaire. Dans le Tiers-Monde à économie de marché, on est passé d'un taux brut de scolarisation (nombre d'élèves inscrits par rapport au nombre d'enfants de 5 à 14 ans) de 15 pour 100 vers 1939 à 26 pour 100 en 1950 ; 62 pour 100 en 1970 ; et pratiquement 100 pour 100 en 1990. En raison des redoublements et d'autres biais, un taux brut de scolarisation de 100 pour 100 correspond à peu près à un taux effectif de l'ordre de 85 pour 100. Cependant, dans certains pays et encore davantage dans certaines régions, la situation récente est loin d'être aussi positive. Par exemple, au Bangladesh, le taux net de scolarisation n'est que de 69 pour 100 et il est encore plus faible au Yémen. En ce qui concerne la Chine et les autres pays communistes, la situation est voisine de celle de la moyenne du Tiers-Monde à économie de marché.

Plus rapide encore a été l'extension de l'enseignement secondaire. On est passé d'un taux brut de scolarisation de 3 pour 100 vers 1939 à 48 pour 100 en 1990. Le taux de scolarisation de 1990 est proche de celui de l'Europe occidentale vers la fin des années 1950. Notons, toutefois, et cela est valable tant pour l'enseignement primaire que pour l'enseignement secondaire, qu'il faut relativiser ces chiffres et taux, car l'absentéisme ainsi que la fréquence des redoublements sont relativement importants : la rapide extension des systèmes scolaires posant évidemment des problèmes ardus d'encadrement. D'autre part, et cela est évident, il existe de fortes différences au niveau des régions et des pays. Par exemple, pour 1990, le taux brut de scolarisation du niveau secondaire était en Afrique bien inférieur à la moitié de celui du reste du Tiers-Monde. Pour ce qui est de la Chine, le taux de scolarisation y est également élevé, atteignant 55 pour 100 au début des années 1990, contre 48 pour 100 en 1980 et 3 pour 100 en 1950.

L'UNIVERSITÉ : UNE EXPANSION TRÈS RAPIDE

Sans atteindre le rythme de l'enseignement secondaire, les progrès dans l'enseignement universitaire ont été relativement très rapides déjà dans les années 1920, et surtout durant les quatre dernières décennies. C'est ainsi que le nombre d'étudiants dans les universités et écoles supérieures de l'ensemble du Tiers-Monde qui était très faible avant la Première Guerre mondiale où, comme nous l'avons indiqué dans le chapitre précédent, leur nombre était de l'ordre de 95 000, a atteint environ 350 000 à la veille de la Seconde Guerre mondiale. Mais, dès 1950, ce nombre s'élevait déjà à 1,1 million, puis triplait pratiquement durant la décennie suivante. En 1970, ces étudiants étaient au nombre de 7 millions, et en 1995 de l'ordre de 43 millions. À ce nombre, il faut encore ajouter plus d'un demi-million d'étudiants à l'étranger, ce qui veut dire que plus de 10 pour 100 des jeunes du groupe d'âge concerné (20 à 24 ans) étaient inscrits dans de telles institutions, taux qui était à peu près celui de l'Europe à la fin des années 1960. Donc, eu égard au niveau de développement économique, un taux très élevé. Le niveau de développement du Tiers-Monde de 1995 est à peu près celui de l'Europe de 1900 ; et à cette date, moins de 1 pour 100 de la classe d'âge concerné étaient inscrits dans une université. Pour le Tiers-Monde à économie de marché, l'expansion a été encore plus rapide ; on peut estimer que vers 1995 le taux de scolarisation du niveau universitaire était de l'ordre de 12 pour 100. Ce qui veut dire que ce taux en Chine était beaucoup plus faible. Au milieu de la décennie 1990, seulement 1,5 pour 100 des jeunes de 20 à 24 ans auraient été inscrits à l'université ; ce qui est donc faible, mais résulte d'une politique délibérée afin de réduire les risques de dissidence politique. Les événements du printemps 1989, terminés par une

répression au début de juillet, passés dans l'histoire sous le nom de Tiananmen, où les étudiants
ont été à la pointe du mouvement en faveur de la
démocratie, ont certainement été un facteur
important de cette politique.

TABLEAU XXXII.6

TAUX BRUTS DE SCOLARISATION

DU NIVEAU UNIVERSITAIRE DANS LE TIERS-MONDE

(en pourcentage de la population
âgée de 20 à 24 ans)

	Tiers-Monde à économie de marché				Chine	Ensemble du Tiers-Monde
	Afrique	Amérique	Asie	Total		
1913	–	0,5	0,1	0,2	–	0,1
1937	0,1	0,9	0,3	0,4	0,1	0,3
1950	0,2	1,8	1,0	1,0	0,3	0,7
1960	0,7	3,0	2,9	2,1	0,2	1,5
1970	1,5	6,3	5,3	4,6	0,1	3,2
1980	3,5	13,5	6,2	7,2	1,2	5,0
1990	5,0	17,1	9,1	9,1	1,7	7,0
1995[a]	5,5	19,0	13,2	12,4	5,0	10,5

a En partie projections.

Note : Non compris les étudiants inscrits dans des universités hors du Tiers-
Monde (dont la proportion était assez significative avant 1980).

Sources : 1913-1937 : calculs et estimations de l'auteur (données plus
approximatives).
À partir de 1950 : d'après UNESCO, *Annuaire statistique*, diverses
livraisons.

Mais, même à l'intérieur du Tiers-Monde à économie de marché, on constate d'énormes différences, non seulement au niveau des régions
(comme on peut le voir dans le tableau XXXII.6),
mais également au niveau des pays de chaque
région. Au niveau des grandes régions, malgré un

processus d'égalisation des situations, l'Amérique latine avait, en 1990, une proportion d'étudiants trois fois et demie plus élevée que celle de l'Afrique (en 1939 : neuf fois plus). Certains pays d'Amérique latine, essentiellement les pays tempérés, avaient des taux de scolarisation universitaire supérieurs à la moyenne des pays développés. Ainsi, par exemple, pour 1990, il s'agissait de 43 pour 100 en Argentine, de 19 pour 100 au Chili et de 50 pour 100 en Uruguay. Nous sommes ici en présence d'une constante historique : vers 1937, le taux était en Argentine de 2,3 pour 100, alors que la moyenne pour l'Europe s'établissait à 1,6 pour 100, et que pour le pays d'Europe où ce taux était le plus élevé, à savoir la Suisse, il était de 2,7 pour 100 (2,2 pour 100 pour la France). À l'opposé, on trouve actuellement des pays du Tiers-Monde où le taux de scolarisation universitaire est voisin, voire inférieur, à 1 pour 100. C'est notamment le cas des pays suivants : Angola, Éthiopie, Haïti, Malawi, Mozambique, Niger, Tchad, etc.

Nous avons insisté, à juste titre, sur la rapidité du processus de scolarisation à tous les niveaux. En effet, on peut estimer que ce processus a été deux à trois fois plus rapide que dans les pays occidentaux, en dépit de la contrainte démographique. Toutefois on assiste, à partir du début des années 1980, à un net ralentissement du rythme de progression, tant au niveau secondaire qu'universitaire. C'est ainsi que le taux brut de scolarisation secondaire, qui avait progressé de 1,8 pour 100 par an en 1970 et 1980, n'a progressé que de 1,7 pour 100 de 1980 à 1990. Pour l'université les chiffres sont respectivement de 5,7 pour 100 et de 3,1 pour 100. Malgré ce ralentissement, cela implique néanmoins des charges financières très importantes. C'est ainsi que, au milieu de la décennie 1990, les dépenses des gouvernements centraux pour l'éducation, exprimées en pourcentage du PNB, dépassent les 5 pour 100 dans de nombreux pays africains et les 3 pour 100 dans un certain nombre de pays d'Asie et d'Amérique latine.

L'ENSEIGNEMENT TECHNIQUE

Enfin, il convient de noter que les progrès ont été également très rapides dans l'enseignement technique. Sur le plan statistique, une partie de ce type de formation est incluse dans l'enseignement secondaire dont il représente, dans le Tiers-Monde, seulement le dixième des étudiants, soit une proportion deux fois plus faible que celle des pays développés. Cependant, la comparaison avec la situation des pays développés vers 1950 est plus significative : à cette date, en Europe occidentale, l'enseignement technique représentait près de la moitié (45 pour 100) des étudiants du secondaire. Comme toujours, cette moyenne du Tiers-Monde résulte d'une dispersion assez large et d'une évolution non homogène. Actuellement, la part de l'enseignement technique dans le secondaire est de l'ordre de 23 pour 100 en Amérique latine ; de 7 pour 100 en Asie ; et de seulement 6 pour 100 en Afrique au sud du Sahara. D'ailleurs, c'est dans cette région que cette proportion a sensiblement baissé depuis 1970, où elle était de l'ordre de 10 pour 100, alors que dans les autres régions il y a relative stabilité.

L'URBANISATION :
DU RATTRAPAGE
À L'HYPERTROPHIE

Les sociétés traditionnelles d'avant la révolution industrielle étaient des mondes beaucoup
plus urbanisés qu'on ne l'avait supposé. Bien
entendu, ces mondes étaient surtout et avant tout,
comme ailleurs, des mondes où la ville était
l'exception et où la vie rurale dominait largement.
Néanmoins, les recherches récentes[1] ont permis
de mettre en évidence qu'en règle générale 9 à 12
pour 100 de la population des sociétés traditionnelles vivaient dans des villes, au lieu des 3 à 5
pour 100 qui étaient la proportion acceptée auparavant. Et il est même probable qu'avant que la
révolution industrielle n'entraînât dans le monde
développé un processus d'urbanisation accéléré,
le futur Tiers-Monde avait, dans son ensemble, un
niveau d'urbanisation voisin de, sinon supérieur
à, celui de l'Europe. D'autre part, la colonisation
jusqu'au début du XXe siècle n'avait pas provoqué
de bouleversement du point de vue du taux moyen
d'urbanisation de ce Tiers-Monde, le faible recul
enregistré par l'Asie ayant été compensé par la
progression de l'Amérique latine et de l'Afrique.
Et, sur le plan régional, la stagnation (ou le recul)
des villes de l'intérieur des pays a été compensée
par la progression rapide de certaines villes por-
tuaires. De sorte que, vers 1910, alors que dans le

---

1. Dont notamment les nôtres ; 1985.

monde développé 32 pour 100 de la population vivait dans des villes de plus de 5 000 habitants, le pourcentage correspondant pour le Tiers-Monde n'était que de 9 à 10 pour 100.

Nous venons de parler de «villes de plus de 5 000 habitants». C'est le critère utilisé ici, comme dans la plupart des études, pour définir le seuil de l'urbanisation. Certes, à l'instar de tout critère, celui-ci comporte une part d'arbitraire. Depuis la seconde moitié du XXᵉ siècle et dans les pays où l'appareil statistique est évolué, on utilise une batterie de critères afin de définir ce seuil : taille de l'agglomération, certes, mais aussi densité et configuration de l'habitat et proportion d'emplois non agricoles. Cependant, on constate que, pour les XIXᵉ et XXᵉ siècles, le critère de 5 000 habitants correspond assez bien à la réalité au niveau des moyennes nationales, car même alors on est en présence de véritables villes qui ont même moins de 2 000 habitants et de véritables villages qui ont plus de 7 000 à 8 000 habitants. Pour les périodes précédant le XIXᵉ siècle, le critère des 2 000 habitants apparaît comme étant plus réaliste. Notons que pour la période 1950-1990, pour laquelle on dispose de séries homogènes élaborées par les Nations Unies, le critère de 5 000 habitants aboutit, pour le Tiers-Monde, à un taux d'urbanisation un peu plus faible que celui utilisé par les Nations Unies découlant des critères nationaux. Mais nous préférons retenir ce critère pour des raisons d'homogénéité avec les données antérieures et des autres régions.

Tendances et modalités
de l'urbanisation depuis 1900

Nous venons de voir que, durant le XIXᵉ siècle, l'importance relative des citadins ne s'était pas sensiblement modifiée dans le Tiers-Monde. Mais déjà, de 1910 à la Seconde Guerre mondiale, la tendance a été très différente. Pratiquement dans tous les pays du Tiers-Monde, la population urbaine a augmenté beaucoup plus rapidement que la population totale qui, elle aussi d'ailleurs, a commencé à croître plus rapidement. Toutefois, cela demeura une expansion relativement modérée, surtout par rapport à ce qui allait suivre. Si de 1910 à 1950 la population urbaine s'accrut annuellement de 2,2 pour 100 et le taux d'urbanisation de 1,2 pour 100, de 1950 à 1990, ces taux ont doublé (respectivement, 4,4 pour 100 pour la population urbaine, et 2,1 pour 100 pour le taux d'urbanisation). Les années 1947-1965, qui correspondent à la décolonisation, ont d'ailleurs été marquées par des rythmes d'urbanisation encore plus rapides que la moyenne de la période 1950-1990. Davantage encore que pour la population totale, il faudra, pour disposer de données valables sur l'évolution durant la première moitié de la décennie 1990, attendre les résultats des recensements qui seront effectués autour de l'an 2000. Il faudra donc attendre jusque vers 2004.

Même si l'on prend l'ensemble des 45 années qui vont de 1946 à 1990, force est de constater qu'une telle évolution est unique dans l'histoire de l'humanité, à la fois dans son rythme et dans ses modalités. Dans le monde développé, durant

TABLEAU XXXII.7

POPULATION URBAINE PAR RÉGION

DU TIERS-MONDE

	1900	1930	1950	1980	1990	1995[b]
POPULATION URBAINE (en millions)						
Afrique	7	12	22	105	165	208
Amérique latine	13	30	66	232	312	356
Asie (écon. marché)	43	59	101	362	539	623
Tiers-Monde écon. mar.	64	101	189	700	1 011	1 191
Chine[a]	35	56	70	217	330	421
Ensemble Tiers-Monde	99	157	259	917	1 348	1 611
TAUX D'URBANISATION (en % de la pop. totale)						
Afrique	5,5	8,0	10,5	23,4	27,8	31,1
Amérique latine	20,3	27,6	40,0	64,0	71,0	75,1
Asie (écon. marché)	9,9	11,0	14,5	25,7	30,4	32,5
Tiers-Monde écon. mar.	10,0	12,6	17,6	31,4	36,2	38,8
Chine[a]	7,9	10,6	12,0	20,6	26,9	32,8
Ensemble Tiers-Monde	9,1	11,8	15,7	28,0	33,4	37,0

a Et autres pays d'Asie à économie planifiée ; ces chiffres sont plus approximatifs, surtout pour avant 1980.
b En partie projections.

Note : Est considérée ici comme urbaine la population vivant dans les villes de 5 000 habitants et plus.

Sources : Bairoch, P. (1985), chiffres révisés et mis à jour ; et Nations Unies (1995).

la période où la croissance urbaine qui résultait de la révolution industrielle a été le plus rapide, à savoir entre 1860 et 1900, la population des villes n'a progressé que de 2,3 pour 100 par an (ou une multiplication par un peu moins de 10 en un siècle). Entre 1946 et 1990, les villes de l'ensemble du Tiers-Monde ont vu leur population progresser d'un peu plus de 4,2 pour 100 par an (ce qui implique une multiplication par plus de 6,1 en un siècle). En termes absolus, cela signifie que la population urbaine du Tiers-Monde a progressé d'environ 1,2 milliard de personnes, soit un chiffre deux fois plus élevé que celui de toute la population urbaine que comptait le monde entier vers 1946, laquelle résultait d'un processus d'urbanisation plusieurs fois séculaire.

Si l'on se limite au Tiers-Monde à économie de marché, la croissance de la population urbaine a été encore plus rapide (voir le tableau XXXII.7). Entre 1950 et 1990, la population des villes a progressé à un taux annuel de 4,3 pour 100 et elle s'est ainsi trouvée multipliée par cinq et demi ; en Afrique, la multiplication a même été de sept et demi. Un taux annuel de 4,3 pour 100 implique une multiplication par 6,7 en un siècle. Dans ces 40 années, le taux d'urbanisation du Tiers-Monde à économie de marché a plus que doublé, passant de 18 à 37 pour 100. En Chine, la croissance urbaine a été, sur l'ensemble de cette période (mais pas durant les deux dernières décennies), plus modérée, quoique plus rapide que ne l'espéraient les autorités. Le caractère plus aléatoire des données chinoises et surtout la spécificité de ce cas vont nous conduire à traiter séparément de ce pays. Par conséquent, les analyses qui suivent sont consacrées au Tiers-Monde à économie de marché.

UNE URBANISATION
SANS SOUBASSEMENT ÉCONOMIQUE VALABLE

Alors qu'en Europe et dans le reste des pays développés l'expansion urbaine du XIXᵉ siècle a eu comme base essentielle un accroissement de la productivité agricole et un processus d'industrialisation, l'inflation urbaine du Tiers-Monde peut être caractérisée comme une urbanisation sans surplus agricole et surtout sans industrialisation. Nous verrons dans le chapitre suivant que le niveau de la productivité agricole était encore, vers le début des années 1960, voisin de celui d'avant la Première Guerre mondiale. Dans les pays développés, quand ceux-ci avaient un niveau d'urbanisation proche de celui du Tiers-Monde de 1990, à savoir vers 1925, le niveau de la productivité agricole y était deux fois supérieur à celui du Tiers-Monde vers 1990, et trois fois supérieur à celui du Tiers-Monde avant le début de l'accélération de son processus d'urbanisation. Dans le Tiers-Monde, en 1990, les actifs travaillant dans l'industrie manufacturière ne représentaient que 12 pour 100 de l'ensemble des actifs (8 pour 100 en 1950). Dans les pays développés, quand le taux d'urbanisation était celui du Tiers-Monde de 1990, 35 pour 100 des actifs travaillaient dans l'industrie.

Qui dit stagnation ou faible progression de la productivité agricole et non-industrialisation, dit aussi non-développement économique. Et c'est là un aspect important. L'explosion urbaine du Tiers-Monde s'est réalisée sans développement

susceptible de l'expliquer ou, plutôt, de la justifier. Quand l'Europe (sans la Russie) avait à peu
près le même niveau d'urbanisation que le Tiers-
Monde à économie de marché de 1990 (à savoir
vers 1910), les Européens jouissaient d'un niveau
de vie presque deux fois plus élevé. Cela veut dire
que cette explosion urbaine a abouti à ce que l'on
qualifie, à juste titre, d'hypertrophie urbaine ou
de sururbanisation. Il s'agit d'une hypertrophie
d'une ampleur sans précédent dans l'histoire de
l'humanité.

L'EXPLOSION DES GRANDES VILLES

Une des caractéristiques importantes et lourdes
de conséquences de la phase d'urbanisation accélérée que le Tiers-Monde a traversée est la forte
concentration de la population urbaine dans les
grandes villes. Dans le cadre du monde préindus-
triel, beaucoup de régions du futur Tiers-Monde
ont été caractérisées par la présence de grandes
villes. Mais à partir de 1930, on assiste à une véritable explosion des grandes villes du Tiers-Monde.
Dans le Tiers-Monde à économie de marché, le
nombre de villes de plus de 100 000 habitants
s'est trouvé multiplié par près de 14 entre 1930 et
1990. Et le nombre de très grandes villes, celles
de plus d'un million d'habitants (le million d'habitants étant à peu près la limite supérieure des plus
grandes villes du monde traditionnel), est passé
de 6 à 129 environ.

Au milieu des années 1980, on considérait que
Mexico (avec quelque 18 à 19 millions d'habitants) était devenue selon toute probabilité la plus
grande ville du Tiers-Monde. Nous disons «toute

probabilité» car il n'existe pas de réel consensus sur les définitions des très grandes aggloméra tions. De ce fait, c'est tantôt Tokyo que l'on consi- dérait comme la plus grande ville du monde, et tantôt Mexico. Les estimations disponibles actuel- lement (1995) ont conduit à réviser fortement les données. Car, en 1990, Mexico n'aurait eu que 15,1 millions d'habitants, faisant d'elle la 3ᵉ agglo- mération du monde, après Tokyo (25,0 millions) et New York (16,1). D'ailleurs, Mexico ne dépasse que de peu Sao Paulo (14,8). L'incertitude est évi- demment plus grande encore quand on s'aven- ture dans l'avenir. Au début de l'année 1970, les prévisions, et notamment celles préliminaires des Nations Unies, prévoyaient pour Mexico et l'an 2000 une population de l'ordre de 33 à 35 millions d'habitants. Les données publiées par les Nations Unies en 1975 fixèrent cette popula- tion à 31,6 millions, confortant ainsi la position de Mexico comme la plus grande ville du monde, laquelle serait suivie de Tokyo avec 26,1 millions. En 1980 encore, les Nations Unies prévoyaient pour Mexico et l'an 2000 une population de 31 millions, mais ce chiffre fut ramené à 25,6 en 1991 ; et dans les prévisions publiées en 1995 à 16,4 !

Mais laissons de côté les prévisions, toujours très hasardeuses, et revenons à la situation en 1990. Sao Paulo et Mexico n'étaient pas, et de loin, les seules mégalopoles géantes. Shanghai a dépassé les 13 millions ; Bombay, Buenos Aires, Rio de Janeiro, Peking et Calcutta ont toutes dépassé les 10 millions ; T'ien-Tsin, Djakarta, Le Caire et Delhi ont, elles, dépassé les 8 millions, etc. Certes, de telles tailles ont déjà été atteintes

TABLEAU XXXII.8

POPULATION DES PLUS GRANDES AGGLOMÉRATIONS[a] DU TIERS-MONDE (en millions)

	1850	1900	1930	1950	1970	1990	1995[b]
Alexandrie	0,1	0,4	0,6	1,0	2,0	3,2	3,6
Bagdad	0,1	0,1	0,3	0,6	2,0	4,0	4,5
Bangkok	0,2	0,5	0,7	1,4	3,1	5,9	6,6
Bogotá	*	0,1	0,3	0,7	2,4	4,9	5,6
Bombay	0,6	0,8	1,3	2,9	5,8	12,2	15,1
Buenos Aires	0,1	1,0	2,1	5,0	8,4	10,6	11,0
Calcutta	0,4	1,5	2,1	4,5	6,9	10,7	11,7
Canton (Guangzhou)	0,9	0,9	1,2	1,3	3,1	3,6	4,7
Caracas	*	0,1	0,2	0,7	2,0	2,8	4,1
Chongqing	0,2	0,6	0,3	1,6	2,3	3,1	3,5
Delhi	0,2	0,2	0,4	1,4	3,5	8,2	9,9
Djakarta	0,1	0,1	0,4	1,5	3,9	9,2	11,5
Harbin (Ha-êrh-pin)	–	–	–	1,0	2,1	2,9	3,3
Hong-Kong	*	0,3	0,8	1,6	3,5	5,4	5,6
Istanbul	0,6	0,8	0,7	1,0	2,8	6,5	7,8
Karachi	0,1	0,1	0,3	1,1	3,1	8,0	9,9
Lagos	*	*	0,1	0,3	2,0	7,7	10,3
Le Caire	0,3	0,7	1,3	2,4	5,3	8,6	9,7

	1850	1900	1930	1950	1970	1990	1995[b]
Lima	0,1	0,1	0,5	1,0	2,9	6,5	7,5
Madras	0,3	0,6	0,6	1,4	3,0	5,3	5,9
Manille	0,1	0,2	0,3	1,5	3,6	8,0	9,3
Mexico	0,2	0,3	1,0	3,1	9,1	15,1	15,6
Pékin (Peking)	1,6	1,1	1,0	3,9	8,1	10,9	12,4
Moukden (Shen-yang)	*	*	0,5	2,1	3,5	4,7	5,3
Rio de Janeiro	0,2	0,8	1,8	2,9	7,0	9,5	9,9
Saigon (Hô Chi Minh-Ville)	0,1	0,2	0,2	1,2	2,0	3,2	3,6
Santiago	0,1	0,3	0,7	1,3	2,8	4,6	5,1
Sao Paulo	0,1	0,2	0,9	1,3	8,1	14,8	16,4
Seoul	0,2	0,2	0,3	1,0	5,3	10,6	11,6
Shanghai	0,2	0,8	3,3	5,3	11,2	13,5	15,1
Singapour	0,1	0,2	0,6	1,0	2,1	2,7	2,8
Téhéran	0,1	0,3	0,4	1,0	3,3	6,4	6,8
Tianjin (T'ien-Tsin)	0,2	0,7	0,9	2,4	5,2	9,3	10,7
Wu-han[c]	–	–	–	1,2	2,7	3,8	4,4

* Population nulle ou inférieure à 50 000 habitants.
a Agglomérations ayant 2 millions ou plus d'habitants en 1970.
b En partie projections.
c Agglomération formée par la réunion des trois villes suivantes : Han-k'ou, Nan-yang, Wu-ch'ang.

Sources : D'après Chandler, T. (1987) ; Eggiman, G. (1997) ; Nations Unies (1995).

par des villes de pays développés, mais cela à des stades de développement beaucoup plus avancés. Les grandes villes concentrent aussi une très forte proportion de la population urbaine. Vers 1980, les villes de plus de 500 000 habitants concentraient déjà 43 pour 100 de la population urbaine du Tiers-Monde à économie de marché. À niveau de taux d'urbanisation semblable, les pays développés, vers 1910, n'avaient que 29 pour 100 de leur population urbaine dans de telles villes, et jamais depuis lors ce taux n'a dépassé les 42 pour 100. À elles seules, les 77 agglomérations de plus d'un million d'habitants concentraient 33 pour 100 de la population urbaine totale et celles de plus de 5 millions 14 pour 100. Pour 1990, les 20 plus grandes agglomérations concentraient à elles seules 190 millions d'habitants, soit près d'un citadin sur cinq.

LES BIDONVILLES : UNE FORME MAJEURE DE L'HABITAT

Les bidonvilles, cet « habitat spontané », comme disent pudiquement les spécialistes, ne sont pas un phénomène nouveau, ni une caractéristique spécifique du fait urbain du Tiers-Monde. En revanche, ce qui caractérise le phénomène dans le Tiers-Monde, c'est son ampleur sans précédent et sa généralisation. Pratiquement aucune des grandes villes du Tiers-Monde n'échappe à cette solution lamentable qui « résout » un problème apparemment sans issue : loger très rapidement une grande masse de nouveaux venus en ville, dont les ressources économiques sont quasi inexistantes. Les bidonvilles sont une forme majeure de l'habitat.

Les favelas? Les bidonvilles, l'habitat spontané? Les termes ne manquent pas pour décrire ce type d'habitat, ce type de quartier. Noms très nombreux, surtout en Amérique latine où l'imagination, jointe au fait que ce phénomène y a commencé plus tôt et où, en raison de l'intensité de l'inflation urbaine (et démographique), il revêt une importance plus grande, a conduit à une floraison de termes. Complétons donc cette liste sans prétendre pour autant à l'exhaustivité, et commençons par l'Amérique latine : *azoteas, barriadas, barrios* et *barrios piratas, callampas, colonias proletarias, carralones, favelas, ranchos, tugurios, vacindares, vilas de emergência.* En Iran, *halabi abad* (conserves ville); *alatchir* (huttes paysannes) et *gode* (trous, carrières). En Turquie, *gecekodular* (érigés en une nuit). En Iraq, *serifas* (huttes). En Indonésie, *kampongs* (petits villages). En Inde, *bustees* (juste un endroit pour vivre). Dans les pays où prédomine l'anglais : *spontaneous settlements*; *squatter settlements*; *shanty towns*; et aussi *slums*, qui est plus équivoque car signifiant taudis. Dans les pays francophones, le terme de bidonville est quasi universel; il a été d'abord utilisé au Maroc entre les deux guerres mondiales. Ce terme de bidonville a d'ailleurs pénétré d'autres langues, notamment l'allemand, l'italien et le russe.

Bien que l'on puisse citer de nombreux exemples prouvant que le phénomène a débuté très tôt dans maintes villes du Tiers-Monde, toutes les analyses historiques s'accordent pour dire que ce phénomène n'a pris de l'ampleur qu'à partir des années 1960, c'est-à-dire à partir du moment où l'inflation urbaine avait déjà entraîné un gonflement des villes, et où le flux des immigrants était devenu si massif qu'il a fait craquer les possibilités de formes traditionnelles de logement. Inutile de décrire les terribles conditions de vie qu'impliquent la plupart du temps ces bidonvilles ; même si, sur le plan affectif, socioculturel, ils représentent pour le paysan, nouveau venu en ville, un milieu moins traumatisant que les H.L.M. (habitations à loyer modéré) des quartiers modernes. Conditions de vie dont on peut certes retrouver un parallèle avec celles des ouvriers européens du XIXe siècle. Mais ce qui est surtout différent, c'est l'importance du phénomène.

L'importance de ces bidonvilles ? Les données sont fragmentaires, mais suffisantes pour en confirmer l'ampleur. Au début des années 1990, on peut estimer que presque 35 à 40 pour 100 des citadins du Tiers-Monde vivaient dans des bidonvilles, précisons du Tiers-Monde à économie de marché. Car le bidonville est absent de la Chine, en tout cas de la Chine de Mao, et est resté encore marginal par la suite puisque les contrôles freinant l'exode rural n'ont été levés que tardivement. Donc, dans le Tiers-Monde à économie de marché, quelque 370 à 420 millions de personnes, dont 140 à 160 millions d'enfants de moins de 15 ans, vivaient dans des bidonvilles. Bref, en paraphrasant le titre de l'ouvrage de B. Granotier[1], une véritable «planète des bidonvilles».

1. 1980.

Les causes de l'inflation urbaine

Rechercher les causes de l'inflation urbaine revient aussi à rechercher celles de l'exode rural ; car, bien que l'accroissement naturel de la population urbaine ait joué aussi un rôle très important, celui joué par les mouvements migratoires a été loin d'être marginal. Ainsi, au niveau de la population totale, on peut estimer qu'entre 1950 et 1980 les mouvements migratoires ont été responsables, à raison de 35 à 45 pour 100, de l'accroissement de la population urbaine des pays du Tiers-Monde à économie de marché. Au niveau de la population active, l'influence des mouvements migratoires est encore plus importante, puisque représentant 45 à 55 pour 100 de l'accroissement du nombre d'actifs urbains.

LA DENSITÉ DE PEUPLEMENT AGRICOLE

Les théories classiques des causes des migrations ont toujours distingué les facteurs de répulsion de ceux d'attraction. Et, parmi les facteurs de répulsion, la densité trop forte de peuplement agricole a une place privilégiée. Si ce facteur a constitué l'une des causes valables dans l'explication des migrations internes ou internationales des pays industrialisés, il est indéniable que, vu l'ampleur de la pression démographique du Tiers-Monde, il joue dans ce cas un rôle infiniment plus important. Or, signalons qu'en raison de la progression très rapide du nombre d'actifs agricoles, on a assisté dans le Tiers-Monde à une forte augmentation de la densité des terres agri-

coles. Rien qu'entre 1900 et 1970, la densité de
ces terres a doublé si l'on considère le Tiers-
Monde comme un ensemble. Certes, la gravité de
la situation n'est pas la même partout. Le fait
que l'Amérique latine a notamment des densités
beaucoup plus favorables que l'Asie ne l'a pas
empêchée de connaître un fort exode rural, car
ce n'est pas là le seul facteur explicatif.

DES REVENUS PLUS ÉLEVÉS EN VILLE

De même que la forte densité des terres agricoles occupe une place privilégiée parmi les facteurs de «répulsion», les niveaux plus élevés des
revenus urbains constituent un élément essentiel
des facteurs d'«attraction». La façon la plus
valable d'appréhender ce problème est de comparer les salaires des ouvriers agricoles à ceux
des manœuvres dans l'industrie. Dans ce cas, on
trouve des écarts de l'ordre de 80 à 150 pour 100.
Cet écart entre revenu urbain et revenu rural est
un phénomène qui, dans son ampleur, est spécifique du Tiers-Monde ; en effet, lors des phases de
démarrage des pays actuellement industrialisés,
il était beaucoup plus faible (de l'ordre de 20 à 30
pour 100), voire, dans certains cas, pratiquement
inexistant. Sans entrer ici dans une analyse expli-
cative, il est évident que le caractère dualiste des
économies de la plupart des pays du Tiers-Monde
constitue la cause la plus importante d'une telle
situation. L'adoption généralisée de législations
des salaires minimaux semble également avoir
contribué à cette situation ; législations beaucoup
plus appliquées dans les villes que dans les campagnes. D'ailleurs, en Occident, ce type de légis-

lations n'est venu qu'après la Seconde Guerre
mondiale, soit déjà après le processus d'urbanisation; dans le Tiers-Monde, il a été introduit
déjà à partir des années 1960.

S'INSTRUIRE ET ÉMIGRER VERS LA VILLE

L'inadaptation, tant quantitative que qualita-
tive, de l'enseignement aux besoins réels de l'économie est un problème quasi universel. Pour les
sociétés du Tiers-Monde, il présente une acuité
plus grande en raison de la triple contrainte posée
par le niveau élevé des techniques contemporaines, le fort niveau d'analphabétisme et l'héritage d'un système d'éducation trop fidèlement
calqué sur celui des anciennes métropoles. Cette
inadaptation de l'enseignement joue un rôle essentiel dans l'accélération de l'émigration rurale.
Les enquêtes confirment la remarque de René
Dumont[1] pour qui « le nombre de jeunes qui, étant
restés plus de trois ou quatre ans sur les bancs de
l'école, consentent à retourner à la terre est généralement infime ». Il faut aussi rappeler la boutade très pertinente du regretté Tibor Mende faite
lors d'une conférence : « En enseignant Racine
aux enfants du Tiers-Monde, on les déracine. »
Cette liaison entre le niveau d'éducation et la
propension à émigrer, et surtout à émigrer vers
la ville, ressort de la plupart des études sur
les causes des migrations dans le Tiers-Monde.
D'ailleurs, c'est là un facteur non spécifique aux
pays en voie de développement. Or, nous l'avons
vu, l'extension de l'alphabétisme en général, et

1. 1962.

de l'enseignement secondaire et universitaire en particulier, a été très rapide. Et l'on aboutit, dès la décennie 1960, à des taux de scolarisation élevés. La rapidité de cette scolarisation a contribué, surtout en milieu rural, à créer un fossé entre les générations. Beaucoup de jeunes du Tiers-Monde se trouvent en présence de parents analphabètes et considèrent que le fait de savoir lire et écrire doit impliquer l'abandon du milieu rural. Prenons un exemple : en 1975, dans la population rurale tunisienne, 76 pour 100 des jeunes garçons âgés de 15 à 19 ans savaient lire et écrire, alors que cette proportion n'était que de 12 pour 100 pour les hommes âgés de 45 à 64 ans et encore plus faible pour les femmes. Dans ce contexte, l'inadaptation de l'enseignement a également joué un rôle considérable. En Occident, au XIXe siècle, non seulement l'évolution a été plus progressive, d'où un fossé moins important entre les générations, mais l'éducation ne véhicula pas seulement des «images urbaines». La vie rurale était très présente ; par exemple, dans les manuels de lecture, dans les textes de dictées, dans la littérature et la poésie. Même les exercices d'arithmétique étaient plus «ruraux». Et, d'une certaine façon, le monde rural traditionnel était plus proche aussi, car l'urbanisation était plus récente et ne concernait qu'une partie de l'humanité.

LA VILLE DU TIERS-MONDE N'EST PLUS UN FREIN À SA PROPRE CROISSANCE

Aussi loin que des études valables peuvent remonter, celles-ci font ressortir que la ville des sociétés traditionnelles ne s'est pas seulement nourrie du pain ou du riz de la campagne, mais également des fils et des filles de celle-ci. Les conditions de vie des villes entraînaient en effet une surmortalité importante, de sorte qu'en l'absence de nouveaux venus en provenance des campagnes avoisinantes, la population des cités aurait eu tendance à reculer. Ce qui est encore plus surprenant, c'est que, dans les pays développés, la ville soit restée un lieu généralement plus dangereux que la campagne jusqu'aux années 1920-1930. Donc, toute la phase de croissance rapide des villes du monde occidental s'est réalisée avec des milieux urbains qui étaient des freins à leurs propres croissances. Le jeune couple de campagnards européens qui, au milieu du xixᵉ siècle, allait s'installer dans une ville industrielle ne se doutait pas que, de ce fait, il réduisait son espérance de vie d'environ 6 à 9 ans et que ses futurs enfants (probablement moins nombreux que s'il était demeuré à la campagne) auraient une fois et demie plus de risques de mourir avant d'avoir atteint l'âge d'un an.

On ne possède pratiquement pas d'études sur les démographies comparées des villes et campagnes des sociétés non occidentales d'avant le xixᵉ siècle. Ce qui est sûr, c'est qu'à la fin du xixᵉ siècle, les villes du Tiers-Monde étaient encore marquées par une surmortalité très accusée. Ainsi, pour la période 1880-1900, dans les grandes villes d'Asie, la mortalité infantile était de l'ordre de 350 à 450 pour 1 000 naissances, alors que dans les régions rurales, elle devait se situer vers les 210 à 250. À la même époque, l'écart était beaucoup moins accusé en Amérique latine : grandes villes, 210 à 260, régions rurales, 180 à 200.

Mais, déjà entre les deux guerres, la situation s'est améliorée, et même les grandes villes d'Asie ont commencé à connaître une croissance naturelle de leur population. Et après la Seconde Guerre mondiale, la croissance naturelle des villes devint rapide. Malgré le fait que dans les villes du Tiers-Monde, comme dans les autres villes, la fécondité a tendance à baisser en raison des changements de mentalité, la chute rapide de la mortalité a entraîné depuis les années 1950 une forte croissance naturelle de la population d'autant plus forte que le flux migratoire des campagnes, en rajeunissant la population des villes, entraîne davantage de naissances et moins de décès. D'après les données que nous avons pu réunir, cette croissance naturelle de la population des villes a été, à peu de chose près, celle des campagnes, c'est-à-dire variant de 2 à 4 pour 100 par an selon les pays. Taux sans précédent dans l'histoire de l'urbanisation.

Ainsi, contrairement à la ville de l'Occident (qui, depuis le début du processus d'urbanisation moderne et durant un siècle et demi, a été un frein à sa propre croissance), la ville du Tiers-Monde, 10 à 20 ans après le début de l'accélération de l'urbanisation, est en elle-même un facteur de croissance. L'augmentation naturelle de la population explique, déjà à elle seule, plus de la moitié de l'inflation urbaine.

ET ENCORE D'AUTRES FACTEURS QUI EXPLIQUENT
L'INFLATION URBAINE

Aux facteurs évoqués ci-dessus, il faut encore
en ajouter d'autres. Parmi ceux-ci, il faut d'abord
parler du processus de décolonisation qui a été un
élément important de l'accélération de l'urbanisation. Cela en raison notamment des éléments
suivants : gonflement des administrations ; politique d'industrialisation ; suppression des restrictions administratives qui, sous la colonisation,
limitaient le droit d'installation dans beaucoup
de villes ; balkanisation des anciens empires coloniaux ; et, enfin, troubles politiques qui, dans de
nombreuses régions, ont gonflé maintes villes (il
est difficile de se réfugier en milieu rural). D'autre
part, il faut rappeler l'attraction inhérente à la
ville. Des cités grecques aux mégalopoles d'aujourd'hui, en passant par les villes du Moyen Âge,
le mode de vie urbain a toujours exercé un puissant attrait sur les différentes couches sociales,
chacune de celles-ci y trouvant des services différents, inexistants ou peu développés en milieu
rural. Mais voici ce qui différencie la situation
actuelle du Tiers-Monde (et, bien entendu, à cet
égard, des pays développés aussi) : grâce au développement prodigieux des moyens de communication, l'existence de ces services est mieux
connue, et de ce fait ils exercent un effet d'attraction plus grand. Moyens de communication au
double sens du terme. En effet, les transports interviennent eux aussi. Jusqu'au milieu du xixᵉ siècle,
un déplacement de quelque 100 km impliquait
une durée (aller et retour) de plus d'une semaine.

Aujourd'hui, cela peut être fait dans la journée et à un coût peu élevé. Enfin, il ne faut pas non plus négliger, dans les décisions d'émigration vers les villes, le rôle de l'aspiration, justifiée ou non, peu importe, à la « modernisation ». En passant du milieu rural à la ville, les paysans ont souvent l'intention de passer du monde sous-développé, assimilé (à tort souvent) à un stade inférieur de « civilisation », au monde développé, qui, lui, est à tort synonyme de « stade supérieur ».

Conséquences de l'inflation urbaine:
chômage, hypertrophie du tertiaire, etc.

Au début des années 1950, quand la question du sous-développement a commencé à préoccuper certains économistes et responsables politiques, le problème de l'emploi était surtout celui du sous-emploi rural. Les choses se sont modifiées peu à peu au milieu des années 1960, et, progressivement, on a découvert en même temps le caractère exceptionnel de la croissance urbaine et le grave problème du chômage urbain. Avant d'examiner l'ampleur de ce chômage, il convient d'insister sur le caractère arbitraire de l'application de ce concept à des sociétés très différentes de celles pour lesquelles il a été élaboré.

Dans une grande fraction des sociétés du Tiers-Monde, l'extension des liens de parenté, l'importance de certaines activités marginales modifient sensiblement la situation sociale et économique du chômeur dans un sens positif, et ce, sans parler des revenus extralégaux qui, dans certains centres urbains, sont perçus par une fraction appréciable

de la population. Par contre, l'absence d'allocations de chômage influe, d'une façon négative, sur
la situation économique des chômeurs.

D'autre part, et c'est là une réserve très importante, dans bon nombre de sociétés traditionnelles
du Tiers-Monde, sinon dans toutes, l'absence
d'un emploi n'est pas considérée comme une cir-
constance nécessairement défavorable. D'ailleurs,
même en Occident, la notion de chômage, telle
qu'elle est entendue de nos jours, est relativement
récente. C'est ainsi qu'en français le terme «chômage» vient de «chômer», dont la racine en bas-
latin est *caumare*[1] et a eu d'abord le sens de «se
reposer pendant la chaleur» pour devenir par la
suite synonyme de jour férié. Le terme «chômeur» n'a été utilisé dans le sens où nous l'enten-
dons aujourd'hui qu'à partir de 1876.

Ces réserves importantes faites, il faut néanmoins souligner qu'en milieu urbain, et cela
chaque jour davantage, les notions de chômage,
de plein-emploi et de sous-emploi prennent un
sens et un contenu réels. Et qu'en tout cas le chômage et le sous-emploi, s'ils ne sont pas perçus de
la même façon qu'en Occident, ont *grosso modo*,
sur le plan de l'ensemble du Tiers-Monde, les
mêmes conséquences économiques. Ce chômage,
au sens très strict, a atteint, déjà vers 1970, de très
fortes proportions. Si, comme nous avons cherché à le faire[2], on tente d'établir une moyenne, on
peut conclure à un chômage urbain de l'ordre de
12 pour 100, ce qui est une fois et demie à deux
fois plus important qu'en milieu rural. Ce chô-

1. Du grec *kauma* : chaleur brûlante.
2. Bairoch, 1972.

mage urbain touche surtout les jeunes, pour lesquels il est de l'ordre de 30 pour 100 (contre 10
pour 100 pour le reste de la population) ; ce sont
surtout des jeunes avec un niveau moyen d'éducation. Et de 1970 à 1995, ce chômage a encore progressé, notamment dans la décennie 1980, en
raison partiellement des conséquences négatives
des programmes d'ajustement structurel préconisés par le FMI.

DES ROMES SANS EMPIRES

Au chômage proprement dit, il convient d'ajouter le chômage partiel et le sous-emploi. Globalement, on peut estimer que l'inactivité totale est de
l'ordre de 30 à 40 pour 100 du temps actif potentiel. C'est une situation qui n'a pas de précédent
historique, sauf peut-être dans le cas de la Rome
antique. Si l'on compare la situation du Tiers-
Monde actuel avec celle des pays développés au
cours du XIXᵉ siècle, on décèle deux différences
fondamentales. Un taux de chômage moyen beaucoup plus faible dans les villes des pays développés, de l'ordre de 4 à 6 pour 100 ; et surtout le fait
qu'il s'agissait d'un chômage cyclique, c'est-à-
dire d'un chômage concentré essentiellement
dans les années de mauvaise conjoncture, alors
que, pour le Tiers-Monde, il s'agit d'un chômage
structurel. Le jeune du Tiers-Monde émigre vers
la ville parce qu'il ne peut pas ou ne veut plus
vivre en milieu rural, le jeune Européen du
XIXᵉ siècle émigrait vers la ville, attiré surtout par
les emplois urbains.

Nous disions que le seul précédent historique
de la situation de l'emploi des villes du Tiers-

Monde était peut-être la Rome antique, le «peut-être» se justifiant par l'incertitude du niveau du sous-emploi à Rome. Il y a même une seconde similitude : la nourriture des habitants des villes du Tiers-Monde provient, pour une grande part, d'autres pays. En outre, comme à Rome, mais d'une façon moins généralisée, le «blé» est distribué gratuitement. Mais, évidemment, il y a des différences énormes. D'abord l'ampleur du phénomène. Rome était pratiquement la seule ville dans une telle situation, alors que l'on dénombrait déjà en 1980 près de 80 villes de plus d'un million d'habitants. Globalement, Rome avait environ un million d'habitants ; les villes du Tiers-Monde en 1995 en ont plus d'un milliard si l'on se limite seulement aux pays à économie de marché. Et, surtout, la différence essentielle est qu'il s'agit de Romes sans empires, de Romes qui doivent importer leur nourriture de pays techniquement et militairement plus avancés qu'elles. Les seules Romes avec des empires informels sont les villes pétrolières, pour lesquelles le quasi-monopole de l'énergie joue un rôle voisin du quasi-monopole militaire de Rome.

UNE HYPERTROPHIE DU TERTIAIRE

Plus haut, lors de l'analyse de l'évolution de la structure de la population active, nous avons relevé le rapide gonflement du tertiaire. Il est évident que ce tertiaire est principalement concentré dans les villes où il représente l'essentiel des activités, alors que les villes de l'Occident du XIXe siècle et de la première moitié du XXe siècle étaient surtout des villes manufacturières. Néan-

moins, cette hypertrophie joue un rôle social
important en permettant de répartir plus largement les revenus. Mais, sur le plan économique,
il est indéniable qu'elle pèse lourdement sur
l'ensemble de l'économie en drainant vers elle
une trop forte proportion des ressources dont les
besoins ailleurs sont criants. Dans l'alternative
chômeur ou occupé à maigre revenu dans le tertiaire, le choix penche pour le tertiaire ; cependant, la véritable alternative devrait être chômeur
urbain ou faiblement employé à la campagne, et
dans ce cas le choix est pour la campagne.

LE SECTEUR INFORMEL : LES FRONTIÈRES IMPRÉCISES
D'UN VASTE DOMAINE

Premier écueil du secteur informel : sa définition. Elle n'est pas aisée et pour cause, puisque
l'une de ses caractéristiques est justement ses
frontières assez vagues. Cela va du gamin aux
yeux rieurs, cireur de chaussures, au vieillard
à barbe blanche, vendeur de billets de loterie ;
du dynamique entrepreneur, qui, avec quelques
ouvriers et un équipement rudimentaire, fabrique
des sandales aux semelles découpées dans de
vieux pneus, à l'artisan aux gestes millénaires qui
sculpte des statuettes destinées aux touristes. Cela
inclut aussi cette frange de population vivant en
marge de la légalité, qui va de l'homme par lequel
on passe pour accéder à l'administration et dont
les passe-droits n'ont de valeur qu'en raison de
l'ignorance des « rites » modernes de la fonction
publique, à la véritable pègre présente dans toute
ville. Tentons une définition succincte. Il s'agit
d'activités échappant à toute réglementation, et à

forte intensité de main-d'œuvre dont les qualifications ont été acquises hors du système scolaire. La propriété des «entreprises», qui sont petites, est familiale, et les ressources locales (essentiellement matières premières) très largement utilisées.

La notion est récente. Elle serait apparue la première fois au début des années 1970. Elle marque une rupture par rapport à la notion d'économie dualiste telle qu'on la concevait à la fin des années 1950. Économie dualiste où la frontière, la ligne de partage était essentiellement celle séparant le rural de l'urbain : d'un côté la campagne — à l'agriculture traditionnelle et, par conséquent, peu productive —, de l'autre la ville, aux industries utilisant des technologies empruntées à l'Occident et dont les niveaux de productivité étaient proches de ceux de l'Occident. Avec le secteur informel, la frontière passe aussi à travers la ville, qui possède une vaste gamme d'activités même industrielles proches de ce que l'on pourrait très grossièrement qualifier de traditionnelles. Notion nouvelle, mais aussi problème nouveau, en tout cas par son ampleur. Bien que l'on puisse retrouver la présence d'activités informelles dès le début de l'intrusion de la révolution industrielle, et ce, même dans des villes européennes, le phénomène ne prend de l'ampleur qu'avec l'inflation urbaine du Tiers-Monde et la création du déficit d'emplois qu'elle entraîne.

Les estimations de l'importance du secteur informel sont, par la force des choses, approximatives. Dans peu de villes, ce secteur représente moins de 30 pour 100 des activités, la dominance devant se situer vers les 40 à 50 pour 100 pour les villes de plus de 100 000 habitants. Ce secteur

informel est-il un atout économique ? Ou du chômage déguisé ? Ce problème préoccupe la plupart
des spécialistes du développement. Comme toujours, la réponse n'est pas univoque : par de nombreux aspects, il s'agit d'un élément positif, par
d'autres, la remarque émise plus haut quant à
l'hypertrophie du tertiaire (dont il est d'ailleurs
une des expressions) est valable également ici.

Avant de passer au cas spécifique de la Chine, il
faut encore rappeler, parmi les conséquences de
l'inflation urbaine, deux éléments qui ont déjà été
présentés comme des caractéristiques spécifiques
de l'urbanisation à Tiers-Monde : les bidonvilles et
la forte concentration de la population urbaine
dans de très grandes villes. Enfin, et nous y
reviendrons dans le chapitre suivant, il convient
de signaler qu'une des causes des fortes importations de produits alimentaires découle de l'inflation urbaine.

La Chine communiste :
des politiques urbaines contrastées

Avant la première moitié du XXᵉ siècle, l'évolution urbaine de la Chine ne diffère pas fondamentalement de celle du reste du Tiers-Monde, et
notamment de celle du reste de l'Asie. Les choses
changent radicalement avec la prise du pouvoir,
en 1949, par les communistes qui ont la volonté
de réguler l'évolution urbaine. Depuis 1949, on
peut distinguer quatre phases principales. Dès la
« libération » ou la « prise du pouvoir », le gouvernement s'attacha d'abord à réduire l'influence de
Shanghai qui était devenue le point de pénétra-

tion économique des Occidentaux et, de ce fait, la plus grande ville chinoise, puisque ayant atteint probablement 5,3 millions d'habitants vers 1950 (contre 3,9 pour Peking). D'une façon plus globale, la politique consista, jusque vers 1957, en un effort de restructuration spatiale davantage qu'en un freinage général du processus d'urbanisation. Politique qui se traduisit par un désir de limiter l'afflux vers les villes côtières en concentrant dans deux types de villes la localisation ou la relocalisation des industries et des services : les petites villes qui existaient à l'intérieur et les nouvelles villes créées dans des territoires peu peuplés et surtout très peu urbanisés.

Dès 1957, on note un changement de politique. Dans un premier temps, on renvoie en milieu rural une vingtaine de millions de jeunes citadins considérés la plupart comme chômeurs et, d'autre part, on décongestionne les grandes villes en créant des villes satellites. Il est vrai que la croissance des grandes villes a sûrement été très rapide. Puis survint le fameux bond en avant qui, dans le domaine de la politique urbaine, eut de profondes répercussions. Il ne s'agissait ni plus ni moins que de créer un système tout nouveau ; on pourrait même dire de réaliser la boutade d'Alphonse Allais de construire les villes à la campagne, plus concrètement, d'incorporer dans les nouvelles unités de base de l'organisation économique, qu'étaient devenues les communes, des activités industrielles dans les communes rurales et d'incorporer des activités agricoles dans les communes urbaines.

L'échec ou le semi-échec du bond en avant et surtout les mauvaises récoltes amenèrent un nouvel effort de dispersion de la population urbaine qui, apparemment, continuait à croître, d'où un renvoi de citadins en milieu rural. Il s'agissait surtout de jeunes, et ce transfert vers le milieu rural a reçu une nouvelle impulsion en 1968, quand il fut officieusement appuyé par Mao Tsê-tung. Le nombre de jeunes ainsi transférés aurait atteint les 40 millions dès 1964 et peut-être le double vers 1975.

Quelle est la nouvelle politique en ce domaine depuis la mort de Mao (septembre 1976), et surtout depuis l'éviction de la «bande des quatre» (juillet 1977), depuis ce virage extrêmement radical de la politique chinoise? Virage radical tant sur le plan politique qu'économique. En pratique, les principes de base de la modernisation de l'économie doivent entraîner, et l'ont effectivement fait, une accélération de l'urbanisation, comme nous le verrons plus loin, et comme cela est visible dans le tableau XXXII.7. En tout cas, la politique dans le domaine de l'urbanisation est en pratique fondamentalement différente de celle d'avant 1977. Il est symptomatique de noter que les autorités conseillent aux jeunes «chômeurs» éduqués des villes de créer des entreprises collectives. Le chômage est reconnu comme une réalité, même si le terme n'est employé que par «inadvertance», le chômage ne pouvant pas exister théoriquement dans un régime communiste, que la Chine, même actuelle, reconnaît comme sien. En définitive, sans exagérer, on peut prétendre que la fin du régime de Mao a été, en termes pratiques, la fin de la défiance vis-à-vis de la ville. Bien que les contrôles de la mobilité spatiale de la population soient loin d'être entière-

ment levés, il en est évidemment résulté une forte
poussée de l'urbanisation.

Comme nous l'avons vu, à partir de 1988 il y eut
une intensification des réformes économiques,
une véritable marche vers l'économie de marché.
Dans le domaine urbain, cela s'est traduit par une
quasi-liberté des migrations ; et ces dernières
années, entre 1992 et 1995, l'exode rural s'est
accéléré, en raison notamment de l'écart croissant entre le niveau de vie des campagnes et celui
des villes à forte poussée industrielle. Pour 1993,
on estime à quelque 10 millions le nombre de paysans ayant quitté le monde rural. On assiste aussi
à l'apparition de quasi-bidonvilles, et d'un sous-
emploi urbain, bien que les estimations officielles
ne situent celui-ci qu'à moins de 3 pour 100 du
chômage.

L'ÉVOLUTION DES VILLES CHINOISES

Passons aux données sur l'évolution de la
population urbaine. Comme le laissaient présager les grandes lignes des politiques poursuivies
de 1949 à 1995, on peut discerner trois phases
dans l'évolution de l'urbanisation. Une première,
qui va de 1949 à 1957-1958, voit un assez rapide
progrès du taux d'urbanisation, qui passe d'environ 12 pour 100 à probablement 20 pour 100.
Puis il y a même un recul de ce taux qui devait se
situer vers les 17 à 18 pour 100 en 1977. La troisième phase, celle de la libéralisation, est sans
conteste marquée par une croissance rapide de la
population urbaine. Des problèmes de définition
de la population urbaine dans le recensement de
1982 ont rendu difficile l'interpolation de l'évolu-

tion antérieure à cette date. Mais les résultats du recensement de 1990 font apparaître une progression annuelle de 4,5 pour 100 de la population urbaine et une progression de 2,9 pour 100 du taux d'urbanisation. Cela est plus faible que ne le prévoyaient, encore au milieu de 1990, les séries statistiques des Nations Unies, qui estimaient la progression annuelle de la population urbaine chinoise à 5 pour 100 par an entre 1980 et 1990. Néanmoins, sans parler de la comparaison avec l'évolution antérieure de la Chine, la progression enregistrée est même rapide par rapport au reste de l'Asie. Dans cette dernière région, entre 1980 et 1990, la population urbaine a progressé de 3,4 pour 100 par an et le taux d'urbanisation de 1,7 pour 100. Cependant, le niveau d'urbanisation de la Chine de 1990 est un peu plus faible que celui du reste de l'Asie (voir le tableau XXXII.7), respectivement 27 et 30 pour 100.

Les conséquences de la croissance urbaine ont été jusqu'ici moins négatives que dans le reste du Tiers-Monde. Bien que le chômage existe, il se situe selon toute probabilité à un niveau beaucoup plus faible que dans le reste du Tiers-Monde ; le nombre total de chômeurs était estimé à la fin de 1993 à un peu moins de 5 millions, il est vrai presque tous en ville. Mais cela ne représente qu'environ 2 à 3 pour 100 de la population active. De même, les bidonvilles sont pratiquement inexistants, ce qui ne veut pas dire que les conditions de logement soient bonnes. Enfin, afin d'être bref, les importations de produits alimentaires atteignent des niveaux beaucoup plus faibles, comme nous le verrons dans le chapitre suivant. Mais tout cela est en train d'évoluer très rapidement, et notamment pour ce qui est du chômage. Les autorités chinoises prévoyaient, en 1994, que pour l'an 2000 le nombre de chômeurs atteindrait ou même dépasserait les 100 millions ! Dans certains articles, le chiffre de 268 millions de chômeurs a même été avancé ; mais il devait s'agir du nombre de personnes impliquées par le chômage des chefs de ménage. 268 millions de chômeurs impliquerait un taux de chômage de l'ordre de 50 pour 100. En tout état de cause, c'est bien le glas de ce que l'on appelait le « bol de riz en fer », c'est-à-dire de la politique de l'emploi garanti à vie.

XXXIII. L'AGRICULTURE : D'UN EXCÉDENT ALIMENTAIRE À UN DÉFICIT CROISSANT

En quelque sorte, c'est l'évolution du principal soubassement économique des sociétés du Tiers-Monde que nous passerons en revue dans ce chapitre. Comme nous l'avons vu dans le précédent chapitre, l'agriculture représentait encore vers 1950 quelque 76 pour 100 de l'ensemble de la population active. Et même si cette proportion s'est réduite sensiblement depuis lors, au début des années 1990 on était encore voisin des 55 pour 100, avec il est vrai une forte dispersion, déjà visible au niveau des continents. Alors que, vers 1990, la population active agricole ne représentait plus que 25 pour 100 en Amérique latine, cette proportion était de 66 pour 100 en Afrique, l'Asie occupant une situation médiane : 58 pour 100. Généralement, en raison de la colonisation, l'agriculture du Tiers-Monde revêt un caractère dualiste : d'un côté, les cultures d'exportation où domine (et surtout dominait) habituellement, mais pas toujours, le système des plantations et où la technologie utilisée est parfois fort avancée ; de l'autre côté, les cultures vivrières, parfois spoliées d'une partie de leurs meilleures terres et presque toujours exploitées à l'aide des technologies traditionnelles, voire quelquefois primitives. Ce dualisme nous amène tout naturellement à traiter de chacun de ces secteurs séparément, bien qu'il ne faille pas oublier qu'il existe des liens organiques entre les deux. Nous terminerons par une section consacrée aux outils et à la nourriture.

LES CULTURES TROPICALES : EXPANSION ET ESSOUFFLEMENT

Nous parlons de cultures tropicales mais d'autres termes sont souvent utilisés afin de désigner cette fraction de l'agriculture du Tiers-Monde, notamment : cultures non vivrières et cultures d'exportation. Mais toutes ces appellations comportent un risque d'équivoque qui découle essentiellement de trois éléments : 1) une partie de ces cultures sert également à l'alimentation des populations locales, donc regroupent des cultures vivrières. Il s'agit surtout du sucre et des fruits (bananes notamment) mais aussi du cacao qui peut contribuer valablement à l'alimentation. 2) Une partie des cultures réellement non vivrières est aussi consommée localement, le cas le plus net étant le thé, dont la consommation dans le Tiers-Monde représente actuellement les trois quarts de sa production. 3) Certains de ces produits ne sont pas des produits tropicaux proprement dits, leur culture étant possible notamment dans des climats méditerranéens ; c'est le cas par exemple du coton et des agrumes. En outre, en ce qui concerne le sucre, il convient de faire la remarque suivante : si le sucre de canne est effectivement une production tropicale, on peut produire du sucre à partir de la betterave, laquelle est essentiellement une culture des climats tempérés. Et, bien entendu, il y a dans le Tiers-Monde des cultures vivrières dont une partie est exportée et dont certaines sont spécifiquement tropicales.

Notre choix en faveur du terme tropical résulte du fait que c'est là un aspect qui a des répercussions sur la problématique du Tiers-Monde et que cela rend moins ambiguë la notion d'exportations de produits d'exportation, ce qui ne nous empêchera pas d'utiliser parfois les autres termes. Signalons qu'en anglais le terme le plus utilisé est *cash crops*, c'est-à-dire cultures destinées à fournir des recettes monétaires, ce qui correspond assez bien à la réalité. En raison de ce qui vient d'être dit, il n'est pas superflu d'énumérer les produits qui sont généralement considérés comme étant d'« exportation » : sucre, oléagineux des régions tropicales, café, thé, cacao, fruits « tropicaux » (bananes, agrumes, ananas, etc.), épices, coton, jute (et fibres apparentées), sisal.

Dans la troisième partie (tome II), nous avons vu comment, en raison des différences climatiques, il a été possible dès le milieu du XVIe siècle, malgré les coûts très élevés de transport, de rentabiliser, en vue de l'exportation vers les marchés européens, certaines cultures de l'Amérique latine. La baisse des coûts de transport, la domination coloniale sur l'Asie et l'Afrique, et surtout l'augmentation de la demande rendue possible par la hausse du niveau de vie résultant de la révolution industrielle, ont permis d'amplifier considérablement ce système d'exploitation. Aussi le XIXᵉ siècle, et surtout sa seconde moitié, a-t-il été marqué par une forte expansion de la production et des exportations de produits tropicaux. Voyons ce qu'il en a été au XXᵉ siècle.

Une expansion irrégulière de la production

Durant le XXᵉ siècle, l'expansion des cultures tropicales s'est poursuivie ; mais elle a connu deux périodes de ralentissement. La première est de nature conjoncturelle et concerne les années 1933-1935 à 1946-1948, qui ont été marquées par une dépression dans de nombreux pays développés et par la période de la guerre et d'immédiate reconstruction. La seconde période est plus importante dans ses implications pour le Tiers-Monde, elle débute vers 1970. Il s'agit du net ralentissement de la croissance de la production causé par un essoufflement des exportations à destination des pays développés occidentaux, essoufflement qui est lié à une certaine saturation de la demande d'une vaste gamme de produits tropicaux.

L'expansion a été très rapide du début de ce siècle jusqu'aux années 1930. La production de produits agricoles non vivriers a progressé de 2,7 pour 100 par an entre 1898-1902 et 1934-1938. Expansion due à la fois à la poursuite de la croissance de la production des produits traditionnels, tels que le sucre, le café ou le coton, et à l'apparition massive d'autres produits, tels que notamment les bananes, les oléagineux et le caoutchouc

TABLEAU XXXIII.1

PRODUCTION

DES PRINCIPAUX PRODUITS TROPICAUX

DU TIERS-MONDE

(en milliers de tonnes ;
moyennes annuelles quinquennales)

	1860	1900	1936	1950	1970	1990
Agrumes	–	–	4 500	5 680	15 900	43 500
Bananes	–	370	7 900	12 200	36 500	46 300
Cacao	20	100	730	770	1 430	2 500
Café	350	980	2 420	2 220	4 280	5 920
Caoutchouc	5	50	990	1 730	2 910	5 020
Coton	400	1 150	3 190	3 340	6 990	14 040
Jute[a]	55	1 210	1 950	2 020	3 440	3 270
Oléagineux[b]	90	2 300	9 600	11 000	21 500	34 600
Sucre[c]	1 940	3 730	18 200	31 400	51 000	66 000
Thé	130	290	510	580	1 280	2 290
Total ci-dessus	2 300	8 100	50 000	67 600	145 200	221 500

[a] Jute et fibres apparentées.
[b] Ensemble des oléagineux végétaux exprimé en équivalent-huile. Les données antérieures à 1970 ont été converties par l'auteur sur la base des coefficients de chaque produit.
[c] Sucre brut : centrifugé et non centrifugé.

Sources : Pour 1860 et 1900 : calculs et estimations de l'auteur d'après sources nationales et Institut International d'Agriculture ; pour les périodes suivantes : d'après les publications de la FAO et de la CNUCED.

(voir le tableau XXXIII.1). Par exemple, la production de bananes ainsi que celle de caoutchouc ont été multipliées par 20. De 1934-1938 à 1948-1952, on constate un très net ralentissement, la production totale de produits tropicaux ne progressant que de 1,6 pour 100 par an. Mais les deux décennies de 1950 à 1970 voient à nouveau une expansion rapide (3,3 pour 100), proche de celle des premières décennies de ce siècle. En revanche, la période qui va de 1970 à aujourd'hui (1995) est caractérisée par un sérieux ralentissement : la progression de la production entre 1968-1972 et 1991-1995 a été de l'ordre de 2,3 pour 100. Et, ainsi que nous le verrons plus loin, le ralentissement des exportations de produits tropicaux a été encore plus marqué.

UNE REDISTRIBUTION DES AIRES GÉOGRAPHIQUES
DE PRODUCTION

Globalement, cette expansion des cultures d'exportation s'est réalisée par une redistribution des aires géographiques de spécialisation des productions. Même si au début du xixᵉ siècle chacun des trois continents du Tiers-Monde produisait et exportait déjà des produits tropicaux, chaque continent avait en quelque sorte ses spécialités. En outre, si l'on excepte l'Amérique latine, les niveaux de production et d'exportation étaient très faibles. Au fur et à mesure que l'on avance dans le xixᵉ siècle, puis dans le xxᵉ siècle, on constate une égalisation des situations, qui néanmoins fut assez lente à se produire. Même à la veille de la Première Guerre mondiale, le café était le quasi-monopole de l'Asie et, surtout, de l'Amérique latine. L'Afrique, pourtant selon toute probabilité la patrie d'origine du café (plus précisément l'Éthiopie), occupait une place très marginale dans l'approvisionnement mondial : moins de 1 pour 100. Vers 1950, l'Afrique fournissait déjà un septième de la production mondiale. Pour le cacao, le transfert est plus précoce. Ce produit, monopole de la seule Amérique latine, est devenu dès avant la Première Guerre mondiale une culture importante en Afrique; et, vers 1950, ce continent représentait 65 pour 100 de la production mondiale de cacao. Vers 1950, le caoutchouc, qui, jusqu'au début de ce siècle, avait été le monopole de l'Amérique latine — notamment du Brésil —, est produit essentiellement en Asie; même l'Afrique en produit plus que l'Amérique latine. D'autres produits suivent plus ou moins le même scénario.

L'ÉMERGENCE D'UN EXPORTATEUR IMPORTANT
DE PRODUITS TROPICAUX: LA MALAISIE

Récemment, un pays, petit exportateur jusqu'alors, s'est très rapidement haussé à une place prédominante. Il s'agit en quelque sorte d'un dragon agricole (par analogie aux dragons industriels que nous rencontrerons dans le chapitre suivant): la Malaisie, qui est en train de devenir un dragon industriel. Ce pays de 19 millions d'habitants a non seulement conservé son rôle de producteur dominant de caoutchouc, mais est devenu rapidement l'un des plus gros producteurs, et surtout un exportateur, d'oléagineux et de cacao. Ainsi, entre le début des années 1970 et le début des années 1990, la part de ce pays dans les exportations d'oléagineux de l'ensemble du Tiers-Monde est passée de moins de 10 pour 100 à près de 30 pour 100. Pour le cacao, le passage a été de 0,3 pour 100 à un peu moins de 10 pour 100. Tout cela ne s'est fait que très partiellement, au détriment du caoutchouc, dont la production a régressé de moins d'un dixième entre le début des années 1970 et celui des années 1990. Mais, selon les années, la Malaisie reste le premier ou le deuxième exportateur mondial de ce produit. Au début des années 1990, la Malaisie était, avec la Thaïlande et l'Argentine, le troisième plus gros exportateur de produits agricoles du Tiers-Monde, après la Chine et le Brésil. En termes d'exportation par habitant, elle occupait probablement la première place, en tout cas bien devant les deux autres pays, puisque, pour 1992, ses exportations agricoles par habitant s'élevaient à 265 dollars, contre 60 pour le Brésil et 10 pour la Chine.

La saturation des besoins du monde développé

Le ralentissement du taux d'expansion doit être mis en rapport avec la saturation des besoins des pays développés. En effet, la demande d'une grande partie de ces produits tropicaux est assez rigide. À partir d'un certain niveau, la consommation par habitant de produits tels que le cacao, le café, le thé, les matières grasses, stagne ou même régresse. Dès lors, la demande ne progresse plus qu'à un rythme voisin ou inférieur à celui de la population. Citons deux exemples. La consommation de sucre de l'Europe (sans la Russie), qui était de l'ordre d'un demi-kilo par habitant vers 1700, atteint 12 kg en 1900, 21 kg en 1953 et 39 kg en 1970. Le sommet est atteint en 1974, avec 42 kg, et, depuis lors, fluctue à un niveau proche ou inférieur à 40 kg. Passons au café dont l'augmentation de la consommation n'a pas été étrangère à celle du sucre ; pratiquement nulle vers 1700, elle n'atteint le demi-kilo (toujours par habitant et pour l'Europe sans la Russie) que vers 1830; mais, dès 1900, il s'agit de 1,7 kg. Le niveau de 1964 est de 2,3 kg et celui de 1975 de 3,8 kg. Et, depuis lors, la consommation par habitant stagne pratiquement vers les 4,5 kg. L'évolution est très voisine pour les corps gras, le cacao et les épices, sans parler des fibres textiles, concurrencées par les fibres artificielles. Dès lors, on comprend aisément le ralentissement de l'expansion de la production de la plupart de ces produits dans le Tiers-Monde, et ce, sans parler, comme c'est le cas du sucre, de la concurrence des producteurs des pays développés.

UNE RUPTURE HISTORIQUE :
UN RECUL DES EXPORTATIONS
D'UN GRAND NOMBRE DE PRODUITS TROPICAUX

D'autre part, et cela constitue une rupture importante dans l'histoire plusieurs fois centenaire des exportations de ces produits tropicaux, on constate depuis le début des années 1970 un recul du volume de ces exportations. Cela résulte de la conjonction de deux facteurs. Le premier est celui que nous venons d'évoquer (stagnation ou diminution de la consommation par habitant dans les pays développés); le second est lié à une rupture historique encore plus importante, et passée inaperçue dans les analyses des problèmes mondiaux du développement. En raison de la croissance plus rapide de la productivité agricole des pays développés occidentaux et malgré l'écart énorme des salaires, les coûts de production sont devenus progressivement moins élevés dans les pays développés que dans le Tiers-

Monde. Bien entendu, les conséquences de cette évolution affectent surtout les cultures vivrières ; mais certains produits tropicaux, et non des moindres, sont également touchés : principalement les oléagineux tropicaux (concurrencés par le soja et le tournesol) et le sucre. Nous reviendrons plus longuement sur cet aspect crucial lors de l'analyse de la productivité agricole. Ici, il convient simplement de mettre en évidence la rupture dans le domaine des exportations, ce qui est fait dans le tableau XXXIII.2.

TABLEAU XXXIII.2

EXPORTATIONS NETTES DU TIERS-MONDE

D'UN CHOIX DE PRODUITS TROPICAUX IMPORTANTS

(en milliers de tonnes ;
moyennes annuelles quinquennales)

	Banane et agrumes	Cacao	Café	Coton	Oléagineux[a]	Sucre
Vers 1790[b]	–	2	21	25	–	235
Vers 1830	–	11	80	50	–	480
Vers 1860	–	19	280	150	–	1 010
1898-1902	450	100	900	600	–	3 000
1909-1913	1 090	220	1 090	930	1 200	7 500
1934-1938	2 500	710	1 650	1 680	3 450	5 910
1948-1952	2 650	630	1 760	975	2 500	6 420
1968-1972	7 470	1 090	3 120	1 630	2 430	9 690
1978-1982	7 500	990	3 130	– 30	1 320	7 660
1988-1992	9 690	1 610	4 330	570	1 500	4 640

a En équivalent-huile.
b Données très approximatives.

Sources : Avant 1934-1938 : calculs et estimations de l'auteur. Après cette date : d'après FAO, *Annuaire du Commerce*, diverses livraisons ; et données communiquées par le Secrétariat de la CNUCED.

On constate d'une part un net ralentissement de la croissance du volume des exportations de certains produits et d'autre part un recul accusé d'autres produits. Le ralentissement concerne essentiellement les fruits, le café et le cacao ; le recul concerne le coton, les oléagineux et le sucre. Pour ce qui est du coton, l'un des produits par excellence exportés par le Tiers-Monde depuis des siècles, on est pratiquement placé devant un équilibre de la balance commerciale. Si l'on considère l'ensemble du Tiers-Monde (y compris la Chine), on a même atteint cette situation paradoxale que les industries consomment plus de coton que leur agriculture n'en produit. Cela s'est produit pour la première fois en 1985, et depuis lors, sauf quelques années isolées, cela s'est maintenu, et même aggravé. Autour des années 1990, le Tiers-Monde importait des pays développés près de 600 000 tonnes de coton brut, soit à peu près autant que les pays développés en avaient importé du Tiers-Monde vers 1900.

Quant au volume des exportations nettes des oléagineux, il ne représentait, pour 1978-1982, qu'un peu plus du tiers de celui de 1934-1938. Et encore cet excédent résultait-il essentiellement de celui de la Malaisie. Entre 1963-1967 et 1978-1982, les exportations nettes d'oléagineux de Malaisie sont passées de 185 000 à 2 390 000 tonnes d'équivalent-huile. Si, pour 1978-1982, on excluait ce petit pays, pour l'ensemble du Tiers-Monde on aurait, au lieu d'un excédent de 1 230 000 tonnes, un déficit de 1 160 000 tonnes et pour 1988-1992, au lieu d'un excédent de 2 970 000 tonnes, ce serait un déficit de 2 590 000 tonnes. Sur le plan du Tiers-Monde à économie de marché, si l'on excluait la Malaisie, le déficit aurait débuté en 1979. Même l'Afrique Noire, qui était devenue un des principaux exportateurs de ce type de produits, est devenue depuis 1981 un importateur net d'oléagineux ; et le déficit pour 1988-1992 était de 230 000 tonnes annuellement. Le Nigeria notamment, qui était un gros exportateur encore à la fin des années 1960 (avec plus d'un tiers du total de l'Afrique Noire), est devenu un exportateur secondaire au début des années 1990 (moins d'un dixième).

Enfin le sucre, qui, depuis le XVIIᵉ siècle et jusqu'au début des années 1970, était en termes de volume le principal produit d'exportation, a été dépassé par les fruits et ne représentait plus vers 1990 qu'une faible part des exportations nettes des produits tropicaux : moins d'un cinquième en termes de volume, contre plus de neuf dixièmes au début du XIXᵉ siècle. L'excédent des exportations de sucre du Tiers-Monde à économie de marché, qui avait atteint un sommet historique avec plus de 11 millions de tonnes annuellement pour 1926-1930 et qui était encore de 11 millions pour 1968-1972, est descendu au-dessous de 5 millions pour 1988-1992. De surcroît, les exportations de sucre ne représentent qu'une très faible part de la production locale de ce produit (environ 6 pour 100), alors qu'au début de ce siècle il s'agissait de 80 pour 100. Si c'est l'Europe la principale concurrente du Tiers-Monde en ce qui concerne le sucre, pour les oléagineux comme pour le coton ce sont les États-Unis. Bien que l'essentiel de la concurrence exercée par les États-Unis dans le domaine des oléagineux ait été jusqu'ici concentrée dans la production de soja, rappelons que nous avons vu que l'on avait mis récemment au point une variété de colza permettant de concurrencer directement les noix de coco et les palmistes[1].

LA PLACE DES CULTURES TROPICALES

Les cultures tropicales occupent et ont occupé une place centrale et dominante dans la problématique du Tiers-Monde. Cela va du rôle des plantations, qui, dans la plupart des pays, ont été directement liées (et parfois tragiquement) à l'histoire de la colonisation, au commerce extérieur, dans lequel ces produits étaient plus que largement dominants. Cela a été au cœur du problème de la détérioration des termes des échanges que nous traiterons ultérieurement. C'était et cela reste pour le monde développé l'aspect le plus visible de l'existence même du Tiers-Monde, grâce à cette consommation de produits tropicaux. Tout cela laissait supposer que ces cultures d'exportation couvraient une proportion importante de terres agricoles et occupaient la majorité des agriculteurs. En fait il n'en est rien, la place des cultures tropicales est secondaire, même très secondaire, comme nous allons le voir.

DES CULTURES TROPICALES PEU GOURMANDES EN TERRE

Cette place est très secondaire, car, contrairement à une idée largement répandue, la fraction des terres occupées par les cultures d'exportation

1. Chap. XXX.

a été relativement modeste. En effet, si nous nous basons sur la situation de 1948-1952, on peut considérer que pour l'ensemble du Tiers-Monde les cultures d'exportation (cacao, café, caoutchouc, coton, fruits tropicaux, jute, sucre, thé, etc.) occupent 74 à 78 millions d'hectares. Mais il faut tenir compte de la consommation locale de ces produits, qui est importante mais variable pour chacune des productions. Par conséquent, nous avons calculé pour chaque production la proportion exportée et appliqué cette proportion aux superficies cultivées. Ce qui ramène à 26 ou 28 millions d'hectares la superficie consacrée dans le Tiers-Monde aux cultures d'exportation effectivement exportées. Or, la superficie de l'ensemble des terres agricoles (terres arables et cultures permanentes) était de l'ordre de 690 millions d'hectares (dont 217 millions dévolus aux céréales). Donc des cultures d'exportation destinées aux pays développés n'occupant que 4 pour 100 des terres cultivées. En outre, si l'on tenait compte des prairies et pâturages permanents, ce qui ne se justifie pas pleinement, car beaucoup de ces terres sont difficilement utilisables pour des cultures, cette proportion tomberait même nettement au-dessous des 2 pour 100. Si l'on exclut la Chine qui exporte très peu de produits tropicaux, cette proportion (prairies et pâturages exclus) passe à 5 pour 100. Cette proportion résulte évidemment d'une dispersion très large au niveau des pays. Comme les exportations de produits tropicaux ont progressé jusqu'au début de 1970 à un rythme qui a dû être plus rapide que celui des rendements de ces mêmes produits, cette proportion a dû progresser également. Vers 1970, pour le Tiers-Monde à économie

de marché, il a dû s'agir d'environ 6 à 7 pour 100.
À la fin des années 1980, pour le Tiers-Monde à
économie de marché, il s'agissait d'une superficie
très voisine de celle de 1950 (27 millions d'hectares), ce qui représentait seulement 4 pour 100
des terres cultivées. Ce léger recul s'explique par
l'évolution défavorable des exportations de ces
produits tropicaux mise en relief plus haut.

L'AGRICULTURE VIVRIÈRE : UNE DÉPENDANCE EXTÉRIEURE ACCRUE

Sur les 1 170 millions d'agriculteurs que comptait l'ensemble du Tiers-Monde vers 1990, environ
1 110 millions étaient occupés uniquement à produire les maigres rations alimentaires qui sont
l'ordinaire des peuples de ces régions, les autres
étant surtout employés dans les cultures d'exportation. L'agriculture vivrière est donc le secteur le
plus important en termes d'emploi puisque occupant en 1990 environ 59 pour 100 de tous les
actifs du Tiers-Monde (78 pour 100 vers 1900).
Sur le plan régional, on retrouve, *grosso modo*, les
mêmes différences que pour l'ensemble de l'agriculture. Une première distinction à faire est évidemment celle concernant la Chine, où, en raison
de la plus forte proportion de population active
agricole et d'une plus faible place prise par
les cultures d'exportation, la proportion d'actifs
occupés dans l'agriculture vivrière est actuellement de l'ordre de 70 pour 100. À l'intérieur du

Tiers-Monde à économie de marché, même au niveau des grandes régions, la dispersion est très forte. Pour l'ensemble de ce Tiers-Monde, la proportion est de l'ordre de 52 pour 100 et le taux le plus faible est celui de l'Amérique latine, où il est d'environ 23 pour 100. En Afrique, cette proportion est de l'ordre de 63 pour 100. Et, ainsi que le laisse entrevoir la part restreinte des terres destinées aux cultures d'exportation, les cultures vivrières occupaient l'essentiel des terres agricoles et une proportion dominante des agriculteurs.

Les cultures vivrières : globalement,
une augmentation très faible
de la production par habitant

Dans ce secteur dominant et vital, que s'est-il passé depuis le début de ce siècle ? Jusqu'aux années 1934-1938 les données sont assez aléatoires et les indices de la production agricole calculés par la FAO ne remontent qu'à cette date. Si l'on se limite au Tiers-Monde à économie de marché, de 1900 à la veille de la Seconde Guerre mondiale, l'évolution de la production alimentaire a été assez irrégulière (voir le tableau XXXIII.3). Progression assez rapide jusqu'à la Première Guerre mondiale, puis ralentissement qui, concomitant d'une accélération de la croissance de la population, entraîna même un recul de la production par habitant durant la période qui sépare les deux guerres mondiales. Malgré cela, les pays du Tiers-Monde avaient, encore vers 1934-1938, une balance commerciale excédentaire de céréales, c'est-à-dire que le Tiers-Monde exportait en moyenne plus de céréales qu'il n'en importait, et ce même si l'on exclut l'Argentine, comme nous le ferons systématiquement ici pour ces problèmes. L'Argentine, depuis la seconde moitié du XIXe siècle, est un des gros exportateurs de céréales et dans ce domaine, comme dans bien d'autres d'ailleurs, elle ne fait pas réellement partie du Tiers-Monde. Donnons l'exemple des exportations de céréales : l'Argentine, dont la population vers 1936 représentait moins de 1 pour 100 de celle du Tiers-Monde, était responsable, à raison de plus de 70 pour 100, de l'excédent du commerce des céréales du Tiers-Monde pour 1936-1938.

TABLEAU XXXIII.3

INDICE DE LA PRODUCTION AGRICOLE
DU TIERS-MONDE À ÉCONOMIE DE MARCHÉ
(1958-1962 = 100 ;
moyennes annuelles quinquennales)

	Production alimentaire		Production agricole totale	
	Totale	Par habitant	Totale	Par habitant
1900[a]	44	94	39	84
1912	54	110	49	85
1927	59	103	57	99
1936	64	99	64	99
1950	71	89	74	90
1960	100	100	100	100
1970	133	103	131	101
1980	178	102	173	100
1990	227	104	224	101

a Données comportant une marge d'erreur beaucoup plus importante que les données suivantes.

Sources : Bairoch, P. (1979a) ; données mises à jour (pour 1978-1982 et 1988-1992) sur la base de données de la FAO.

Depuis 1934-1938, les données sont un peu plus
sûres. Le tableau XXXIII.3 nous fournit les principales indications quant à l'évolution de la production alimentaire et agricole du Tiers-Monde à
économie de marché[1]. Deux constatations peuvent
être tirées de ce tableau pour la période allant de
1934-1938 à nos jours. La première concerne le
taux de croissance de la production alimentaire
totale; celui-ci est relativement élevé, de l'ordre
de 2,4 pour 100 par an de 1934-1938 à 1988-1992,
c'est-à-dire un taux voisin de celui des pays développés durant la même période, mais nettement
supérieur au taux de croissance de ce secteur
pendant les premières phases d'industrialisation
des pays aujourd'hui développés. Et cela reste
valable, même en tenant compte de la probabilité
d'une surestimation du taux de croissance dans le
cas du Tiers-Monde. Par le passé, la production
agricole se heurtant à des rigidités structurelles
plus fortes que celles rencontrées par l'industrie,
les taux de croissance de ce secteur n'ont jamais
été fort élevés. Au cours du XIXᵉ siècle, la production agricole nette de l'ensemble des pays développés a progressé à un rythme annuel de l'ordre
de 1,4 pour 100, taux qui a été le même pour la
production alimentaire. En tout état de cause,
dans les pays développés, la production agricole
non alimentaire était très marginale, davantage
encore que dans le Tiers-Monde, et ce surtout à
partir du XIXᵉ siècle où le coton, venu d'outre-mer,
a remplacé en partie la production locale d'autres
fibres textiles, notamment le lin.

En revanche, et c'est là la deuxième constatation

1. Nous verrons le cas de la Chine plus loin.

importante pouvant être tirée du tableau **XXXIII**.3, en ce qui concerne les taux de croissance de la production par habitant, le caractère négatif de l'évolution est très évident. Le niveau de la production alimentaire ou même de l'ensemble de la production agricole par habitant du Tiers-Monde vers 1990 était, *grosso modo*, du même ordre que cinquante ou soixante ans auparavant. Les progrès rapides de la production ont donc été tout juste suffisants pour compenser les effets de l'inflation démographique, ce, bien entendu, sur l'ensemble du Tiers-Monde à économie de marché ; donc, une situation moyenne qui masque des différences importantes, ne serait-ce qu'au niveau des grandes régions, sans parler des pays sur le plan individuel, dont il est exclu d'examiner ici la situation. Il n'est peut-être pas superflu de signaler que, même en se limitant aux pays dont la population est supérieure à 10 millions, ceux-ci sont au nombre d'une cinquantaine, et que l'on compte en tout plus de 165 pays (et territoires) dans le Tiers-Monde.

Passons donc à présent à un bref examen de l'évolution au niveau des grandes régions du Tiers-Monde en se concentrant sur l'évolution de la production alimentaire par habitant (voir le tableau **XXXIII**.4). Jusqu'au début des années 1950, l'évolution est, peu ou prou, la même dans chacun des trois continents, surtout si l'on tient compte de la marge d'erreur des données. Seule l'Afrique échapperait apparemment à la baisse de la production par habitant enregistrée entre le début des années 1930 et celui des années 1950. Mais pour cette région les données sont plus fragiles. Par rapport à la situation qui prévalait à la veille de la Première Guerre mondiale, dans les années de l'après-Seconde Guerre mondiale, le niveau de la production alimentaire par habitant est inférieur d'environ 18 à 28 pour 100 en Asie (à économie de marché) et d'environ 13 à 20 pour 100 en Amérique latine. Comme nous l'avons signalé, ce recul marqué est la résultante d'une production totale qui progresse à peu près au même rythme qu'auparavant, mais qui est accompagnée d'une accélération de la progression de la population. Entre 1913 et 1950, la population s'est accrue d'un peu plus de 1,2 pour 100 par an, alors que de 1880 à 1913, il s'agissait d'un peu moins de 0,6 pour 100.

TABLEAU XXXIII.4
PRODUCTION ALIMENTAIRE PAR HABITANT
DES RÉGIONS DU TIERS-MONDE
(1958-1962 = 100 ;
moyennes annuelles quinquennales)

| | Tiers-Monde à économie de marché | | | | Chine |
	Afrique	Amérique	Asie	Total	
1900	89	104	94	94	111
1911	90	115	116	110	106
1927	84	110	107	103	105
1936	88	102	102	99	103
1950	91	96	88	89	87
1960	100	100	100	100	100
1970	98	103	103	103	122
1980	82	109	105	102	143
1990	80	106	117	104	220

Note : Les chiffres pour 1900 ainsi que ceux de l'Afrique et de la Chine jusqu'en 1927 sont très approximatifs.

Sources : Voir le tableau XXXIII.3.

Dans les quatre décennies allant de 1950 à 1990, on constate l'évolution suivante. En Amérique latine, la progression de la production alimentaire par habitant est assez régulière, mais très faible (0,3 à 0,4 pour 100 par an), de sorte que le sommet de 1909-1913 n'est pas encore atteint en 1988-1992. En Asie, la progression est un peu plus rapide (0,6 pour 100 par an), et ce en raison surtout d'une accélération durant les 10 à 15 dernières années liée à la révolution verte. En raison de cette croissance, l'Asie retrouve, vers 1990, pratiquement le niveau qui était le sien en 1909-1913. Sans en venir à l'analyse des situations par pays, il faut dire que l'évolution a été très différente dans la partie du Moyen-Orient incluse dans l'Asie, surtout depuis le début des années 1960. De 1961-1965 à 1988-1992, la production alimentaire par habitant a progressé de moins de 0,2 pour 100 par an. Cette stagnation de la production par habitant est essentiellement la résultante des larges ressources financières dues aux recettes pétrolières.

L'évolution en Afrique ressemble à celle du Moyen-Orient, mais avec la différence fondamentale que l'évolution négative n'est pas causée par la richesse. Vers 1990, la production alimentaire par habitant est inférieure de près d'un quart à celle de 1958-1962. L'évolution a été particulièrement négative à partir des années 1972-1974. De 1968-1972 à 1988-1992, la production alimentaire par habitant a reculé de 1,2 à 1,4 pour 100 par an ; il est vrai que, comme nous l'avons vu, l'Afrique est aussi le continent où l'inflation démographique est devenue la plus forte : 3 pour 100 par an de 1980 à 1990. Ainsi, on retrouve cette corrélation angoissante entre population et alimentation : dans les continents où l'inflation démographique s'est ralentie, les choses vont beaucoup mieux que dans celui où cette inflation s'est aggravée. Mais les choses ne sont jamais simples. L'Asie, qui est effectivement le continent où la population s'est accrue le plus lentement, est aussi le continent où la disponibilité en terres est le plus faible ; or, il est évident que cela constitue un obstacle à la croissance de la production agricole et, surtout, de la productivité agricole. D'autre part, il ne faut pas oublier que les bénéfices de la révolution verte n'ont pu être aussi importants pour l'Afrique qu'ils l'ont été pour le reste du Tiers-Monde. Cela résulte du fait que les variétés améliorées de riz et de blé, constituant l'essentiel de cette révolution verte, affectent moins la production vivrière de l'Afrique où le manioc et d'autres types de tubercules jouent un très grand rôle [1].

Un déficit commercial alimentaire croissant

La quasi-stagnation de la production alimentaire par habitant a conduit à un déficit commercial croissant et massif du commerce de ce qui constitue le produit alimentaire par excellence : les céréales. Voici de quelle façon a évolué le solde des échanges céréaliers du Tiers-Monde à

1. Nous reviendrons sur ces aspects dans la section consacrée à la productivité ainsi que dans celle traitant de la révolution verte.

économie de marché. Les chiffres dans ce cas
sont beaucoup plus sûrs que ceux de la production, et ce, même pour les données d'avant 1936.
Pour des raisons évidentes, l'Argentine, l'un des
plus importants exportateurs nets de céréales, est
exclue de ce calcul.

Vers 1900	excédent de 2 millions de tonnes
1934-1938	excédent de 4 millions de tonnes
1948-1952	déficit de 4 millions de tonnes
1958-1962	déficit de 12 millions de tonnes
1968-1972	déficit de 27 millions de tonnes
1978-1982	déficit de 63 millions de tonnes
1988-1992	déficit de 88 millions de tonnes
1991-1995	déficit de 94 millions de tonnes

L'excédent de 1934-1938 représentait un peu
plus de 2 pour 100 de la production, alors que le
déficit de 1991-1995 représentait 15 pour 100 de
la production. Cette moyenne pour le Tiers-Monde
à économie de marché résulte de situations très
différenciées non seulement au niveau des pays,
mais aussi au niveau des continents. Différences
qui, en quelque sorte, sont l'image complémentaire de celle de l'évolution de la production alimentaire, ce qui nous permet d'être bref. Ainsi,
pour 1988-1992, le déficit céréalier représentait
26 pour 100 de la production pour l'Afrique Noire,
25 pour 100 pour l'Amérique latine (sans l'Argentine), seulement 5 pour 100 pour l'Asie à économie de marché (sans le Moyen-Orient), mais 39
pour 100 pour le Moyen-Orient. À propos de
l'Afrique, signalons néanmoins le rôle très important, bien que décroissant, des tubercules dans
l'alimentation de ce continent. Ainsi, en termes de
calories, la production des tubercules représen-

tait pour 1985-1989 en Afrique 49 pour 100 de la production de céréales, contre 7 pour 100 pour le reste du Tiers-Monde à économie de marché.

À cet énorme déficit céréalier du Tiers-Monde à économie de marché s'est ajouté, depuis le milieu des années 1970, un déficit croissant d'autres produits alimentaires, essentiellement des produits d'élevage. C'est ainsi qu'annuellement pour la période 1988-1992, on est en présence, toujours pour le Tiers-Monde à économie de marché, d'un déficit de plus de 3 millions de tonnes de produits laitiers et de près de 3 millions de tonnes de viandes diverses. On est même en présence d'un déficit pour les légumineuses sèches de l'ordre de 1,6 million de tonnes, et pour les pommes de terre de l'ordre d'un demi-million de tonnes. Certes, comme me le faisait remarquer récemment Gilbert Étienne, une partie de ce déficit est davantage un indice de développement économique que celui de carence de l'agriculture. C'est notamment le cas des nouveaux pays industrialisés, qui peuvent trouver avantage à réduire rapidement leur emploi agricole. Toutefois, ces pays ne sont responsables que d'une très faible fraction de ce déficit alimentaire (moins de 10 pour 100 pour les déficits céréaliers).

LES CAUSES DU DÉFICIT ALIMENTAIRE

Une des causes essentielles de ce déficit croissant est à rechercher dans la conjonction d'une inflation de la population urbaine du Tiers-Monde avec une disponibilité de céréales à faible prix dans le monde développé occidental. Nous avons vu que, de 1930 à 1990, la population des villes du Tiers-Monde à économie de marché avait été multipliée par plus de 10. Dans les pays développés occidentaux, se produisit ce que nous avons appelé la troisième révolution agricole[1], ce qui permit une augmentation sensible de la production et un véritable bond de la productivité, d'où plus de disponibilités et baisse des prix. Même l'Europe, qui était déficitaire en céréales, est devenue excédentaire. De surcroît, l'importation de céréales dans le Tiers-Monde a été facilitée par la concentration de grandes villes sur les côtes.

L'aide alimentaire intervient également pour expliquer le déficit alimentaire : en effet, elle a contribué à amorcer la pompe des importations de céréales. Certes, la motivation de base de l'aide alimentaire a été, et reste largement, de pallier de graves situations de pénurie alimentaire. Mais on est allé au-delà de cette exigence ; et la création d'excédents de productions dans les pays développés a encouragé les gouvernements à recourir à cette forme d'aide qui avait aussi l'avantage d'assainir les marchés agricoles locaux[2]. Ici, il convient de noter que l'essentiel de cette aide a consisté en céréales (incluses dans le calcul du déficit présenté plus haut). Le programme d'aide alimentaire a débuté en 1954. Mais c'est au début des années 1960 que cette aide s'est mise à prendre de l'ampleur, aide essentiellement composée, alors comme aujourd'hui, de livraisons gratuites de céréales. Un sommet fut atteint en 1964

1. Voir chap. XXV.
2. Nous reviendrons avec plus de détails sur l'historique et les modalités de cette aide dans le chapitre XXXVI.

avec 19,8 millions de tonnes, ce qui représentait 69 pour 100 des importations totales de céréales. Malgré un recul temporaire de ce flux d'aide en céréales, la pompe avait été amorcée. Depuis le début des années 1980, l'aide alimentaire a pratiquement stagné, fluctuant autour des 11 millions de tonnes (ce qui ne représentait plus que 12 à 14 pour 100 des importations). Une des raisons essentielles de cette stagnation de l'aide alimentaire est à mettre en relation avec la prise de conscience des effets pernicieux de ces livraisons gratuites de céréales qui découragent les efforts locaux en matière agricole.

L'augmentation du déficit alimentaire résulte également en partie des modifications de certaines habitudes de consommation, modifications entraînées par les contacts accrus avec le mode de vie occidental. En Afrique Noire, cela s'est surtout traduit par une augmentation de la consommation de pain (donc de blé) au détriment du manioc. Dans certaines régions d'Asie, on constate le même scénario, mais au détriment du riz. Dans l'ensemble du Tiers-Monde, ces contacts ont conduit à privilégier une consommation accrue de viande et de charcuterie, de même qu'ils ont privilégié la consommation de produits spécifiques, tels que, par exemple, la crème glacée, certaines boissons et certains légumes.

Enfin, un dernier élément explicatif, et non des moindres, de l'augmentation rapide du déficit céréalier sur lequel il faut revenir : la véritable explosion de la productivité agricole des pays développés occidentaux qu'entraîna la troisième révolution agricole. Le niveau très élevé de cette productivité explique et les problèmes de surplus que nous venons d'évoquer et le faible prix des céréales sur le marché international, et ce d'autant plus que, en raison des énormes gains de productivité dans les pays développés et malgré l'énorme différence des salaires, les prix de revient de la production agricole sont devenus en moyenne moins élevés dans les pays développés occidentaux que dans le Tiers-Monde. Afin de fournir des ordres de grandeur, signalons que, vers 1950, les salaires agricoles des pays développés occidentaux étaient environ 15 à 20 fois plus élevés que ceux dans le Tiers-Monde, et la productivité près de 7 fois plus élevée. Donc, très grossièrement, un «prix de revient» 2 à 3 fois plus élevé dans les pays développés occidentaux que dans le Tiers-Monde. Vers 1985, les salaires dans les pays développés occidentaux étaient de 22 à 28 fois plus élevés et le niveau de productivité quelque 36 fois plus élevé, donc, très grossièrement encore, un prix de revient de 1,2 à 1,6 fois plus élevé dans le Tiers-Monde que dans les pays développés occidentaux. Cette évolution s'est poursuivie, en tout cas jusqu'au milieu de la décennie 1990.

UNE RUPTURE HISTORIQUE IMPORTANTE :
LE TIERS-MONDE A CESSÉ D'ÊTRE UN EXPORTATEUR
IMPORTANT DE PRODUITS AGRICOLES

La conjonction de ces déficits alimentaires croissants avec le ralentissement des exportations de produits tropicaux signalés plus haut a amené la quasi-disparition de l'excédent du commerce de l'ensemble des produits agricoles et, bien entendu, un déficit du commerce des produits alimentaires. Depuis au moins le début du XVIIIᵉ siècle, les exportations de produits agricoles du Tiers-Monde étaient en tout cas au moins deux fois plus importantes que les importations de ces mêmes produits. Si l'on se limite au Tiers-Monde à économie de marché (Argentine exclue), à la veille de la Seconde Guerre mondiale les exportations de produits agricoles étaient trois fois plus importantes que les importations. Dès 1969-1971, il ne s'agissait plus que de 1,7 fois, pour tomber à un quasi-équilibre (5 pour 100 de différence) pour 1979-1981 et se maintenir autour de ce niveau depuis lors.

Pour l'Afrique, où cette différence était de l'ordre de 1 à 2,0 vers 1955 et encore de 1 à 2,3 pour 1969-1971, on est en présence d'un déficit : les importations de produits agricoles dépassent d'un quart les exportations. Donc le continent qui, par excellence, était considéré comme étant le fournisseur important de produits agricoles, est devenu un gros importateur de produits agricoles. En termes de volume, ce déficit est encore plus massif, puisque, en moyenne, la valeur des céréales (principaux produits importés) est inférieure à celle des principaux produits tropicaux exportés (café, cacao, oléagineux, etc.).

Le déficit est encore plus grave dans le Moyen-Orient, mais là il est largement lié à une situation spécifique (déjà évoquée) : la large disponibilité de recettes financières qui résultent des exportations pétrolières, à quoi s'ajoutent les limites du milieu physique, plus contraignantes qu'ailleurs. Pour cette région les importations de produits agricoles qui, vers 1953, étaient d'un quart inférieures aux exportations, sont plus de trois fois plus importantes pour 1988-1992. Mais les recettes pétrolières n'expliquent pas tout. Ainsi les deux pays qui, depuis des millénaires, avaient été les greniers à blé du Bassin méditerranéen (et qui ne disposent que de peu [Égypte] ou pas du tout [Tunisie] de recettes pétrolières), sont devenus largement déficitaires en céréales. Pour la moyenne de la période 1988-1992, la production locale de céréales ne couvre plus que 61 pour 100 de la consommation en Égypte et 51 pour 100 en Tunisie. Au milieu de la décennie 1990, la situation était encore plus négative, puisque la production locale ne fournissait que la moitié de la consommation. Il est vrai que l'Égypte de 1995, avec ses 59 millions d'habitants, a une population treize fois supérieure à celle de 1800 ; pour la Tunisie, il s'agit d'une multiplication par neuf.

On ne peut pas quitter le Moyen-Orient sans signaler ce fait très spécifique qui a fait l'objet de nombreux articles de presse, parfois trompeurs, présentant l'Arabie saoudite comme un pays excédentaire en céréales. Certes, l'Arabie saoudite est devenue, à partir de la fin des années 1970, un exportateur de céréales. Ces exportations, presque exclusivement de blé, sont passées de pratiquement zéro avant 1975 à 1,5 million de tonnes annuellement pour 1988-1992. Mais, malgré cela, les importations de céréales l'emportent toujours très largement, de sorte que le déficit céréalier était, au début des années 1990, de l'ordre de 100 pour 100 de la production intérieure, ce qui est même supérieur à la situation du début des années 1960. Mais tout est relatif : la hausse des prix du pétrole a entraîné une double évolution : baisse de la production et hausse de la consommation, de sorte que le déficit céréalier a fait un bond énorme, atteignant un sommet de 1 300 pour 100 pour 1980-1982, avant de retomber à un niveau proche de celui des années 1960. Enfin, la progression de la production céréalière a impliqué des coûts très élevés, notamment pour de gros travaux d'irrigation (la superficie irriguée a été multipliée par huit entre 1966 et 1993), et aussi des coûts économiques et énergétiques, car dans cet objectif il a fallu construire des usines de dessalement de l'eau de mer.

La productivité :
une évolution inquiétante

Avant d'aborder l'histoire de l'évolution de la productivité agricole, il convient de garder en mémoire les éléments que nous avons exposés assez longuement au début du chapitre III (tome I) à propos des différences entre la notion de rendement et celle de productivité. La première mesure la production par superficie, la seconde l'efficacité, puisque mesurant la production par quantité de travail et autres facteurs de production. Nous avons également insisté sur le fait qu'il n'y a pas nécessairement évolution concomitante de ces deux aspects, ni corrélation sur le plan spatial.

Sans entrer dans des détails méthodologiques superflus, précisons que l'indice de la productivité qui sera utilisé ici résulte du calcul de la production agricole nette (semences exclues) par actif agricole masculin employé dans l'agriculture, convertie en calories directes (par calories directes ou non élaborées, on entend celles qui n'ont pas été transformées en lait ou en viande). Les calories indirectes ont été évidemment comptabilisées dans nos calculs après conversion en calories directes. Nous commencerons par l'analyse de l'évolution de la productivité agricole au niveau des deux grandes régions du Tiers-Monde. Les données sont présentées dans le tableau XXXIII.5 qui fournit la production agricole nette par actif agricole masculin exprimée en 10 millions de calories directes.

TABLEAU XXXIII.5

PRODUCTIVITÉ AGRICOLE DU TIERS-MONDE
(production nette de calories
par actif masculin agricole ; en millions ;
moyennes annuelles quinquennales)

	1911	1950	1960	1970	1980	1990
Tiers-Monde à économie de marché	4,9	5,2	5,5	6,2	6,8	7,8
Afrique[a]	4,6	4,2	4,5	4,8	4,4	5,0
Amérique latine	6,7	10,2	12,6	14,7	18,3	20,7
Extrême-Orient	4,7	4,5	4,5	4,8	5,4	6,5
Proche-Orient	5,9	5,1	6,2	7,3	9,2	11,1
Tiers-Monde à économie planifiée	4,7	3,7	5,1	5,7	6,1	11,0
Ensemble du Tiers-Monde	4,8	4,6	5,3	6,2	7,1	8,7

a Non compris l'Égypte, la Libye, le Soudan qui font partie du Proche-Orient.

Sources : Bairoch (1979a) et calculs complémentaires. La classification par région est celle de la FAO.

Le premier fait marquant concerne l'évolution très négative enregistrée entre la veille de la Première Guerre mondiale et le début des années 1950, que laissait déjà présager l'évolution de la production par habitant. Pour l'ensemble du

Tiers-Monde, nous sommes en présence d'une baisse sensible de la productivité agricole. De surcroît, l'évolution plus positive de l'Amérique latine conduit à freiner la baisse de la moyenne ; en effet, durant cette période, pour l'ensemble de l'Asie, on peut estimer très grossièrement que la productivité a baissé entre ces deux périodes d'environ 6 à 11 pour 100. Voyons à présent quelles sont les causes de cette stagnation ou du recul du niveau de la productivité agricole vivrière dans le Tiers-Monde. Celles-ci sont essentiellement de deux ordres.

D'abord et surtout l'inflation démographique. Comme nous l'avons vu dans le chapitre précédent, en raison de l'inflation démographique, les capacités d'absorption des autres secteurs d'activité ont été insuffisantes pour éponger le surplus de la population active agricole. De ce fait, on a assisté à une augmentation de cette population : on peut considérer (voir le tableau XXXII.4) qu'entre 1900 et 1950 la population active agricole du Tiers-Monde à économie de marché a augmenté de plus de 60 pour 100. Or, comme les superficies agricoles ne se sont accrues que très faiblement, cette évolution a entraîné une forte réduction de la superficie disponible par actif agricole. C'est là un paramètre de première importance, qui mérite que l'on s'y arrête.

LA TERRE : UNE RESSOURCE LIMITÉE

La situation et l'évolution des terres agricoles dans le Tiers-Monde ont été très différentes de ce qu'elles ont été dans le monde occidental. Au moment où le monde occidental s'engageait dans

le processus de développement économique, les
disponibilités en terres agricoles étaient relativement abondantes, et il a été même possible de les
accroître sensiblement. Sans parler des pays développés d'outre-mer où la situation était exceptionnellement favorable, et même en excluant la Russie
très peu peuplée à l'époque, on peut estimer que
l'Europe disposait au début du XVIIIᵉ siècle d'environ 3 à 4 hectares de terres cultivables par actif
masculin travaillant dans l'agriculture. Par terres
cultivables, on entend les terres arables proprement dites, ainsi que les terres consacrées aux
cultures arborescentes (ou cultures permanentes),
ce qui laisse de côté les prairies et les pâturages
permanents, dont les qualités sont très inégales
et pour lesquels on ne dispose pas de séries
historiques tant soit peu valables. Durant le
XIXᵉ siècle, la superficie cultivée a progressé de
presque 60 pour 100, et celle de l'ensemble des
pays développés a plus que doublé. Et si, au cours
du XXᵉ siècle, les superficies cultivables ont même
régressé, le recul du nombre des agriculteurs a
été beaucoup plus rapide, de sorte que la disponibilité de terres cultivables par actif a fortement
progressé. Au milieu de la décennie 1990, il s'agit
de plus de 10 hectares pour l'Europe sans la Russie et de près de 25 hectares pour l'ensemble des
pays développés.

Dans le Tiers-Monde, si l'on se situe vers 1900,
on peut estimer que chaque actif agricole disposait en moyenne d'environ 2 hectares de terres
cultivables, c'est-à-dire à peu près la moitié de
l'Europe au XVIIIᵉ siècle, et le tiers de l'ensemble
des pays développés vers 1900. De 1900 à 1950,
la superficie cultivable dans l'ensemble du Tiers-

Monde a probablement progressé d'environ 10 à
15 pour 100. De 1950 à 1990 (où les données
sont meilleures), la progression a été de l'ordre
de 11 pour 100. Malheureusement, cette progression est allée de pair avec une déforestation, qui
a pris dans certaines régions de très grandes proportions. Rien qu'entre 1970 et 1990, dans l'ensemble du Tiers-Monde, la superficie des forêts
est passée de 2 350 à 2 110 millions d'hectares,
ce dernier chiffre ne représentant que 27 pour
100 de la superficie totale des terres, alors que
dans le monde développé il s'agit de 31 pour 100.
Sur le plan régional, le recul a été le plus accusé
en Amérique latine (moins 16 pour 100), contre
moins 8 à moins 9 pour 100 dans les autres
régions. Il est vrai aussi que l'Amérique possède,
en termes relatifs, le plus de forêts (43 pour 100 de
sa superficie totale, contre 21 pour 100 pour le
reste du Tiers-Monde). Revenons aux terres agricoles. Comme la population active agricole a fortement progressé au milieu de la décennie 1990,
chaque actif agricole masculin du Tiers-Monde
ne dispose que de 1,4 hectare de terres cultivables,
soit 18 fois moins que dans le monde développé.

Dans ce domaine, comme dans tous les autres,
la moyenne du Tiers-Monde résulte d'une forte
dispersion au niveau des trois continents, et bien
sûr encore davantage au niveau des pays. Au
niveau des pays, nous n'évoquerons que deux cas :
la Chine et l'Argentine. En Chine, vers 1990,
comme depuis plusieurs siècles, la situation est
très défavorable, puisque chaque agriculteur masculin ne dispose que de 0,4 hectare. En Argentine,
qui est un des cas limites, il s'agit de 60 fois plus
(24,4 ha). Au niveau des continents, la situation

est la meilleure en Amérique latine où, même sans l'Argentine, il s'agit de 3,6 ha (avec l'Argentine 4,3). La situation est la plus défavorable en Asie où, sans la Chine et sans le Moyen-Orient, le ratio est de 1,5, suivie par l'Afrique où il s'agit de 1,8.

Ce faible niveau de disponibilité de terres, et surtout l'aggravation en la matière, ont conduit à faire jouer d'une manière accentuée la vieille loi des «rendements décroissants», que nous avons déjà présentée dans le chapitre III du tome I, et qui implique que toute augmentation de la quantité de travail sur une terre déjà densément occupée aboutit à une augmentation plus faible de la production que celle du travail qui y est consacré, donc à un recul de la productivité.

La seconde cause, mais beaucoup moins déterminante, de la régression de la productivité agricole du Tiers-Monde réside dans l'inéquation de certains types de cultures aux densités plus fortes de population. C'est notamment le cas de la culture par brûlis, qui consiste à défricher un espace de forêt en brûlant les arbres, de cultiver cette terre pendant une ou quelques années, jusqu'à l'épuisement de celle-ci, et de répéter l'opération sur un autre endroit. Tant que cette pratique concernait de petites superficies, cela permettait à la forêt de se reconstituer, évitant ainsi les problèmes d'érosion des sols. Mais avec l'augmentation de la population, la superficie des terres défrichées périodiquement doit s'accroître, suscitant ainsi de graves problèmes d'érosion et d'appauvrissement des sols.

LA PRODUCTIVITÉ DE L'AGRICULTURE VIVRIÈRE :
UNE ÉVOLUTION ENCORE PLUS NÉGATIVE

À côté du calcul de la productivité de l'ensemble de l'agriculture, nous avons également calculé celle de l'agriculture vivrière. Ce qui implique une marge d'erreur supplémentaire, en raison de la difficulté d'estimer le nombre de personnes travaillant dans les cultures tropicales ; c'est d'ailleurs pourquoi nous nous contenterons de signaler ici que l'évolution de la productivité de l'agriculture vivrière a été encore plus négative que celle de l'ensemble de l'agriculture. La raison principale de cet état de fait, outre le problème de l'inadéquation de certaines pratiques de cultures évoquées ci-dessus, réside dans l'accaparement d'une partie des terres, souvent les plus fertiles, par la création de plantations de produits tropicaux destinés principalement à l'exportation. L'extension de la superficie de ces plantations, en raison de l'accroissement de la demande des pays développés, a refoulé vers des terres moins fertiles une fraction des cultures vivrières. Cette évolution a eu d'autant plus de résultats négatifs pour l'agriculture vivrière que cette perte de terres fertiles n'a pu être compensée par un éventuel transfert des techniques plus évoluées employées dans les plantations. La différence de types de culture et la technologie trop avancée employée dans les plantations ont conduit, en effet, à empêcher pratiquement le transfert d'innovations vers l'agriculture vivrière.

Revenons à la productivité de l'ensemble de l'agriculture. La progression de la productivité enregistrée entre le début des années 1950 et durant les premières années de 1960 peut être largement considérée comme un processus de rattrapage. D'ailleurs, le niveau atteint en 1958-1962 est à peu de chose près celui de 1908-1912. La progression enregistrée par la suite est à mettre, elle, en rapport avec la diffusion de la « révolution verte » qui a entraîné, comme nous le verrons plus loin, une forte augmentation des rendements de blé et de riz. De 1958-1962 à 1988-1992, la productivité agricole dans le Tiers-Monde à économie de marché progresse à un rythme annuel de l'ordre de 1,2 pour 100 par an.

La Chine, une évolution plus positive
depuis le milieu des années 1950,
mais...

La première moitié du XXᵉ siècle en Chine a été pour l'agriculture une période assez négative. Au cours de ces années, la production a augmenté de 6 à 10 pour 100, alors que dans le reste du Tiers-Monde cette progression a été de 80 à 85 pour 100. La période de l'invasion japonaise a été particulièrement négative, puisque l'on a assisté à un recul de la production. Comme durant ce demi-siècle la population a progressé d'environ un quart, il en est résulté un recul de la production par habitant de l'ordre d'un cinquième. L'évolution ayant été plus négative pour les cultures d'exportation que pour les cultures vivrières, le recul de la production alimentaire par habitant a été de l'ordre d'un septième. La productivité agricole a, elle aussi, reculé durant cette période, probablement d'un même ordre de grandeur que la production alimentaire par habitant. Tout cela doit être replacé dans le contexte du début du XXᵉ siècle déjà peu favorable. D'après nos estimations, vers 1910 le niveau de la productivité agricole de la Chine se situait à peine au-dessus de celui de l'Inde, mais au-dessous de celui de l'Amérique latine non tempérée.

UNE PHASE POSITIVE, MAIS...

Si l'on passe à la seconde moitié du XXᵉ siècle, période qui est celle de la Chine communiste, l'évolution apparaît beaucoup plus positive. Voyons d'abord ce qui s'est passé dans la première phase du régime communiste, celle qui va jusqu'à la mort de Mao (1976). Il faut d'abord relever que, sur le plan de la politique économique, dès le début le régime chinois a accordé sinon une priorité, du moins une place importante à l'agriculture, ce qui constitue un contraste avec la politique poursuivie par la quasi-totalité des pays du Tiers-Monde à économie de marché, où une priorité presque absolue était accordée à l'industrie. Certes, le premier plan quinquennal, qui portait sur la période 1953-1957 (mais élaboré en 1955), était largement inspiré du modèle soviétique, donc avec une priorité à l'industrie lourde. Le principe du plan était que «l'industrialisation est la tâche principale», et le «principe directeur est de donner la priorité à l'industrie lourde». D'ailleurs, seulement 6 pour 100 des investissements prévus étaient destinés à l'agriculture, contre 62 pour 100 à l'industrie. Mais, dès le milieu des années 1950, l'agriculture commença à être considérée comme le «fondement de l'économie». En 1956 fut publié le «Programme de douze ans pour le développement de l'agriculture», dans lequel s'inscrira «la Charte des huit points», dite aussi «Charte de Mao», car elle aurait été formulée par lui. Ses huit points concernent : l'eau, l'engrais, le sol, les semences, le planté serré, la protection des maladies, les instruments et la direction.

Apparemment, la politique chinoise a porté ses fruits, même en incluant les années peu positives du début. Nous disons apparemment, car, comme pour les autres pays communistes, il y a l'épineux problème de la validité des statistiques officielles chinoises. Cependant, même en se basant sur les estimations d'experts occidentaux, on est placé devant une progression beaucoup plus rapide de la production en Chine que dans le reste du Tiers-Monde. De 1948-1952 à 1973-1977, celle-ci a progressé d'environ 3,5 pour 100 par an, comparé à 2,9 pour 100 pour le reste du Tiers-Monde. Étant donné que la population a progressé plus lentement en Chine, en termes de production par habitant la comparaison est encore plus favorable pour la Chine : respectivement 1,4 et 0,5 pour 100 par an.

LA TRAGÉDIE DU «GRAND BOND EN AVANT»

Cette évolution positive doit être tempérée par les tragiques conséquences du grand bond en avant qui a transformé des conditions climatiques exceptionnellement mauvaises en une famine catastrophique : il s'est agi d'une année très pluvieuse durant laquelle plus de la moitié des terres arables furent inondées. D'après les chiffres officiels, fournis actuellement, la production agricole baissa de 13,6 pour 100 en 1959 et de 12,6 pour 100 en 1960. Et, toujours d'après les mêmes sources, on peut déduire de l'évolution du taux de mortalité une surmortalité de l'ordre de 10 à 12 millions de personnes. Certaines estimations occidentales donnent une trentaine de millions, et récemment le chiffre de 43 millions de morts a même été avancé, sur la base de rapports chinois non diffusés officiellement. Ce qui ferait de cette famine de 1959-1961 (si l'on retient ce chiffre) la plus meurtrière de l'histoire mondiale. La famine la plus meurtrière en chiffres absolus, et non en importance relative. En effet, comme vers 1960, la population chinoise étant de l'ordre de 650 millions de personnes, cela représentait un peu plus de 6 pour 100 de la population totale ; or, comme nous l'avons vu, la grande famine irlandaise du milieu du XIXᵉ siècle a causé la mort de 13 à 16 pour 100 de la population totale. Toutefois, si le chiffre de 10 à 14 millions de morts que l'on retenait auparavant est probablement sous-estimé, celui de 43 millions est probablement surestimé, la réalité devant se situer entre les deux chiffres de cette fourchette.

Bien qu'il faille être aussi très prudent pour la suite, il y a en tout cas une convergence des données et des opinions quant à une très nette amélioration de la situation alimentaire du milieu des années 1970 par rapport à celle d'avant-guerre. Or, cette amélioration a été réalisée sans importations massives de céréales (les statistiques en ce domaine sont très fiables). Le déficit annuel du commerce des céréales fluctue autour du 1,5 million de tonnes jusqu'au milieu des années 1960,

ce qui ne représentait qu'un peu plus de 1 pour
100 de la production. Du milieu des années 1960
au milieu des années 1970, on assiste à une tendance à l'augmentation de ce déficit ; mais, même
pour 1973-1977, il ne se montait qu'à 2,2 millions
de tonnes, ce qui représente un peu moins
d'1 pour 100 de la production.

Après la mort de Mao, et notamment après
l'élimination en 1977 de la bande des quatre, la
Chine a pratiqué une politique de libéralisation.
Dans le chapitre XXXI, nous avons présenté les
principaux aspects des réformes successives où
l'agriculture a eu une grande place. Ces réformes
se sont surtout traduites par une autonomie des
paysans beaucoup plus large. Apparemment, cela
a conduit à une accélération de la croissance de
la production agricole. De 1973-1975 à 1988-
1992, celle-ci a progressé d'environ 2,7 pour 100
par an et par habitant, ce qui contrastait avec la
quasi-stagnation dans le Tiers-Monde à économie
de marché. Toutefois, il est possible, et même
probable, qu'il s'agisse d'une surestimation, car
si l'on prend l'ensemble des 40 années qui vont
de 1950 à 1990, cela signifierait une consommation alimentaire par habitant multipliée par 2,1,
ce qui paraît beaucoup même si le niveau de
1950 était très bas. Mais, encore une fois, selon
d'autres indications, il se confirme que l'évolution en Chine a été néanmoins très positive. En
outre, pour l'ensemble des quatre décennies, on a
également assisté à une progression rapide de la
productivité. Notons toutefois que, au cours de la
première moitié de la décennie 1990, la production de céréales a commencé à marquer le pas,
entraînant une hausse des importations et donc

un élargissement du déficit céréalier, mais qui reste encore faible.

La révolution verte : miracle ou mirage vert ?

Pendant que, dans les années 1966-1976, la révolution culturelle et le petit livre rouge de Mao secouaient la Chine, en Occident on commençait à parler de plus en plus d'une révolution verte, voire d'un miracle vert. Relevons que si la révolution verte est née en Occident, elle a aussi touché la Chine. Le terme «révolution verte» fut utilisé la première fois en 1968 par l'administrateur du programme d'aide américaine W.S. Gaud, mais le phénomène a débuté plus tôt.

UN BREF HISTORIQUE

D'abord, de quoi s'agit-il ? D'adapter en quelque sorte aux conditions spécifiques du Tiers-Monde une des plus importantes composantes de la révolution agricole des pays occidentaux, à savoir la mise au point de variétés de céréales à haut rendement adaptées aux climats tropicaux ou semi-tropicaux. Cette entreprise de longue haleine (souvent il faut plus d'une dizaine d'années pour faire aboutir une sélection) est liée à Norman Ernest Borlaug. À partir de 1944, il travailla en ce sens dans le cadre d'une station de recherches au Mexique, dépendant du gouvernement et de la Rockefeller Foundation. C'est en 1955 que fut mise au point la principale variété de blé amélioré appelée Sonora ou «blé mexicain». Et, sept ans plus tard, dans le cadre d'une autre institution qui réunissait le gouvernement philippin, la Ford Foundation et la Rockefeller Foundation localisées aux Philippines, fut créée la principale variété de riz appelé IR-8 ou « riz philippin ». Bien entendu, comme c'est le cas avec toutes les nouvelles variétés de semences qui, généralement, deviennent progressivement plus vulnérables aux attaques des parasites, le IR-8 a été remplacé par d'autres variétés. Les nouvelles semences pour le riz sont évidemment plus importantes pour le Tiers-Monde que celles concernant le blé, puisque, au niveau de l'ensemble du Tiers-Monde, le riz représente plus du double de la consommation de blé. À juste titre, ces recherches furent couronnées en 1970 par l'attribution à Norman Borlaug du Prix Nobel de la paix. Les variétés nouvelles ont pour caractéristiques de bien réagir aux engrais, d'être plus résistantes aux vents et de se prêter plus facilement à l'utilisation de moissonneuses. Certaines des variétés sont insensibles aux effets de la durée du jour, ce qui permet leur utilisation dans des climats très variés.

MIRACLE ET MIRAGE : RÉUSSITE ET ÉCHEC

L'utilisation pratique de ces semences, qui a débuté vers 1956 pour le blé et vers 1966 pour le riz, entraîne une très forte augmentation des rendements : en général de 100 à 200 pour 100 en quelques étapes. Donc, de prime abord, il s'agit d'un progrès décisif méritant l'épithète de miraculeux. Épithète accordée d'autant plus facilement qu'un concours de circonstances a proba-

blement entraîné à en surestimer les effets possibles dans les années 1967-1968, des progrès
dus largement à des effets météorologique ayant
été imputés aux semences. Miracle et mirage,
réussite et échec, notions-nous plus haut. Le
miracle est que, malgré ces handicaps et grâce
aux immenses efforts déployés (et l'aide de technologies modernes), la diffusion de l'utilisation
des nouvelles variétés a été plus rapide que l'on
ne pouvait s'y attendre ; surtout pour le blé, pour
lequel déjà, vers 1980, les deux tiers environ des
surfaces emblavées dans le Tiers-Monde à économie de marché l'étaient avec de nouvelles variétés. Pour le riz, cette proportion (vers 1980)
n'était que de l'ordre de la moitié, puisque la diffusion des nouvelles semences a commencé une
dizaine d'années plus tard. Depuis lors, la diffusion s'est encore accélérée. Mais la riziculture est
plus complexe que la culture du blé, car elle est
entreprise pendant la saison des pluies, ce qui
entraîne des parasites plus nombreux.

Miracle aussi, mais disons plutôt réussite car,
dans le Tiers-Monde à économie de marché, les
rendements de blé, qui, de 1934-1938 à 1958-
1962, n'avaient augmenté que de 0,5 pour 100
par an, ont augmenté de 2,5 pour 100 par an
entre 1958-1962 et 1988-1992, passant de 9 à
près de 20 q/ha. C'est là un taux de progression
voisin de celui des pays développés de 1950 à
1990 ; mais, auparavant, et notamment durant le
XIXe siècle, les rendements de blé n'avaient progressé que de 0,5 pour 100 en Europe et même
stagné aux États-Unis, car les larges disponibilités de terre ont privilégié une agriculture extensive. Pour le riz, la progression des rendements

moyens du Tiers-Monde à économie de marché a été de 0,5 pour 100 par an de 1934-1938 à 1961-1965 et de 1,9 pour 100 de 1961-1965 à 1988-1992, passant de 16 à 27 q/ha.

Puisque nous parlons de riz, signalons que la Chine a également connu la révolution verte ; on y a même mis au point des variétés nouvelles de riz très performantes, ainsi que d'ailleurs d'autres céréales, et notamment du blé. Pour ce qui est du riz, représentant près de la moitié de la production de l'ensemble des céréales, les rendements sont passés, entre 1961-1965 et 1988-1992, de 28 à 56 q/ha. À ce propos, notons que pour le riz, comme pour les autres céréales, les rendements sont calculés indépendamment du fait qu'il s'agit d'une ou de deux récoltes annuelles. Dans les cas de rendements très élevés, en particulier pour le riz, cela résulte des doubles récoltes. En ce qui concerne le blé, et toujours entre 1961-1965 à 1988-1992, on est passé de 25 à 31 q/ha.

Le mirage ? L'échec ? Hélas, oui aussi, car malgré la réussite dans la diffusion des nouvelles semences et l'augmentation des rendements, la progression de la production alimentaire par habitant ne s'en est pas trouvée modifiée positivement. Si l'on utilise des moyennes de sept ans pour éliminer encore plus totalement les effets de fluctuations annuelles, on s'aperçoit qu'entre 1948-1954 et 1961-1967 la production alimentaire du Tiers-Monde à économie de marché s'était accrue de 2,8 à 3,1 pour 100 par an, alors que de 1961-1967 à 1989-1995 cette croissance n'a été que de 2,7 à 2,9 pour 100, c'est-à-dire au mieux un *statu quo*. Rappelons aussi qu'entre 1961-1967 et 1989-1995, le déficit moyen annuel du commerce des céréales est passé de 20 à plus de 90 millions de tonnes, et qu'à ce déficit croissant se sont encore ajoutés un amoindrissement des excédents d'exportations d'autres produits alimentaires (sucre et oléagineux en particulier) et un élargissement du déficit pour les produits d'origine animale (viande, produits laitiers). De ce fait, on ne peut que très partiellement imputer aux exportations de produits tropicaux le déficit alimentaire. Si, vers 1990, les terres dévolues aux produits exportés avaient été cultivées en céréales, ces terres n'auraient suffi à produire que 37 à 42 pour 100 du déficit alimentaire total (céréales, viande, produits laitiers, etc.) du Tiers-Monde à économie de marché.

Une partie du déficit alimentaire croissant s'explique par le haut niveau des recettes financières des pays exportateurs de pétrole. Une autre conséquence, beaucoup plus négative encore, de la hausse des prix de l'or noir est l'augmentation, surtout entre 1973 et 1981, du prix des engrais que cette hausse a entraînée et qui handicape sérieusement le succès de la révolution verte, ce d'autant plus que les besoins en engrais chimiques pour les nouvelles variétés de céréales ont entraîné une véritable explosion de la consommation de ceux-ci dans le Tiers-Monde. Pour le Tiers-Monde à économie de marché, cette consommation est passée de 1,4 milliard de tonnes d'éléments fertilisants par an pour 1953-1957 à 12,0 milliards de tonnes pour 1972, soit une progression de 13 pour 100 par an. De 1972 à 1990, la progression n'a été que de 6 pour 100 par an et il y a eu stagnation après chaque hausse des prix. D'autre part, des études ont montré que les nouvelles variétés de riz (notamment le RI-64) demandent actuellement une quantité plus grande d'engrais (environ 40 pour 100) pour produire la même quantité de riz qu'au début de l'utilisation de cette semence améliorée. Cet élément explique un ralentissement du rythme d'expansion des rendements, constaté depuis la fin des années 1980.

Échec, ou plutôt semi-échec aussi dans le domaine primordial de la productivité. Car si, comme nous l'avons vu, dans la plupart des régions du Tiers-Monde la productivité a progressé depuis le début des années 1960, cette progression a été beaucoup plus modérée que celle des rendements. Rappelons que pour l'ensemble du Tiers-Monde à économie de marché, la productivité s'est accrue entre 1958-1962 et 1988-1992 de 1,2 pour 100 par an, comparée à 2,2 à 2,6 pour 100 pour les rendements des céréales. Et semi-échec aussi, car il faut replacer l'évolution dans le contexte comparatif ; nous avons vu que la productivité agricole des pays développés occidentaux s'était accrue durant la même période de 4,6 pour 100, soit près de quatre fois plus rapidement que celle du Tiers-Monde, alors que pour les rendements la progression du blé, par exemple, n'a été que de 2,7 pour 100 par an. Il est d'ailleurs significatif de noter que la FAO, dans son rapport de 1991 sur la situation mondiale de l'agriculture et de l'alimentation, s'interroge sur le fait que la « révolution agricole était révolue », en notant que les gains des rendements s'étaient sérieusement ralentis. Ce qui s'est trouvé confirmé au cours des années qui suivirent. Davantage pour le riz que pour le blé et aussi bien pour le Tiers-Monde à économie de marché que pour la Chine, la rupture s'est située vers 1985. De 1986-1990 à 1991-1995, les rendements de riz du Tiers-Monde à économie de marché n'ont plus progressé qu'à un rythme annuel de 1,3 pour 100 (pour la Chine : 1,5 pour 100).

Échec aussi, ou du moins demi-échec, sur le plan social. Car le clivage entre paysans riches et paysans pauvres s'est généralement accentué avec les nouvelles variétés de céréales, les riches pouvant payer plus facilement les coûts additionnels impliqués par ces semences (engrais, etc.), et les pauvres recevant moins de recettes des ventes de leurs surplus dont le prix moyen s'est trouvé, en termes relatifs, déprécié par l'augmentation des rendements qu'amènent les nouvelles variétés cultivées par les riches. *Nouvelles semences et pauvres* est le titre (ici traduit) d'une des études les plus complètes sur ce problème[1]. Cet ouvrage, bien qu'atténuant certaines conclusions trop négatives, constate néanmoins que ces nouvelles semences n'ont certainement pas été un facteur de recul de la pauvreté. Bien entendu, il faudrait nuancer davantage tant au niveau des continents qu'à celui des pays. D'autre part, un accroissement des inégalités de revenu, parallèlement à une progression des faibles revenus, comporte néanmoins un aspect positif.

Est-ce dire alors qu'il faille conclure en définitive à un bilan très négatif des trois premières décennies de la révolution verte ? Non, car il est probable, vu la forte densité des terres agricoles dans les années 1960, que sans ces nouvelles variétés de blé et de riz la situation serait deve-

1. M. Lipton et R. Longhurst, 1989.

nue catastrophique. Cependant, d'un autre côté, il faut insister sur le fait que, comme le font remarquer les agronomes, la dépendance générale envers un nombre restreint de variétés de céréales accroît considérablement les risques d'une catastrophe sous la forme d'une maladie entraînant de fortes chutes de la production.

LES OUTILS ET LA NOURRITURE

Quel contraste entre l'évolution de ces deux composantes de l'agriculture situées aux deux extrémités du processus ! Du côté des inputs [1], on assiste à une très rapide progression de la consommation d'engrais chimiques et à une augmentation tout aussi rapide de l'utilisation de machines agricoles. Par contre, les progrès quantitatifs et qualitatifs de l'alimentation, loin d'être nuls, ont été assez modestes. D'ailleurs, dans certaines régions, et notamment en Afrique, comme le laissait présager l'évolution de la production, on a même assisté récemment à une détérioration de la situation.

---

1. Terme utilisé par les économistes pour désigner les facteurs apportés (ou entrant) à la production.

Les engrais chimiques : une explosion
récente de la consommation

Comme nous l'avons vu dans le chapitre X (du tome II), alors que dans le monde développé la consommation d'engrais chimiques atteignait déjà, dès le début du XXᵉ siècle, des niveaux assez élevés, dans le Tiers-Monde, cette consommation demeura faible jusqu'au milieu des années 1950. Vers 1913, le Tiers-Monde ne consommait que 0,2 million de tonnes d'équivalent-fertilisants, alors que le chiffre comparable pour le monde développé était de 3,7 millions de tonnes. Or, le Tiers-Monde comptait alors près de trois fois plus d'agriculteurs que le monde développé, de sorte que, en termes de consommation par agriculteur, les quantités étaient environ 47 fois plus importantes dans le monde développé que dans le Tiers-Monde. Bien que, entre 1913 et le milieu des années 1950, la progression de la consommation ait été plus rapide dans le Tiers-Monde, pour 1953-1957, il s'agit respectivement de 1,5 et de 17,5 millions de tonnes. Mais, entre-temps, le nombre d'agriculteurs des pays développés avait baissé de 7 pour 100, alors que celui du Tiers-Monde avait progressé d'environ 66 pour 100.

À partir du milieu des années 1950, par conséquent période d'avant la révolution verte, la consommation d'engrais connaît une véritable explosion, passant pour l'ensemble du Tiers-Monde entre 1953-1957 et 1973 de 1,5 à 14,4 millions de tonnes. Explosion stimulée par les besoins des nouvelles semences de céréales issues de la révolution verte, et aussi par une évolution favorable des prix de ces engrais. Après 1973, les fortes hausses des prix du pétrole entraînèrent la hausse des prix des engrais, ce qui a conduit à un certain ralentissement du rythme de la croissance de la consommation ; ce qui ne l'empêcha pas d'atteindre près de 70 millions de tonnes en 1993. Dans ces quantités, la Chine a pris une place croissante. Au début des années 1950, elle représentait moins de 10 pour 100 du total du Tiers-Monde, et, au début des années 1990, 40 pour 100.

Dès le début des années 1950, la Chine a été autosuffisante, ce qui ne fut pas le cas du Tiers-Monde à économie de marché où, au début des années 1950, la production locale d'engrais ne couvrait que 50 pour 100 environ de la consommation. Mais on a assisté à une forte croissance de la production qui, au début des années 1990, a mené le taux de couverture au-delà des 80 pour 100. Bien entendu, ce fort taux recouvre des différences régionales. Ainsi, le taux de couverture n'est que de 45 pour 100 en Afrique Noire, alors que l'Afrique du Nord ne consomme que le cinquième de sa production.

Le machinisme agricole : des progrès
pas nécessairement positifs

Si l'utilisation croissante d'engrais chimiques dans le Tiers-Monde, vu ses quantités encore relativement limitées, ne comporte que peu d'aspects négatifs, il n'en est pas de même des machines agricoles dont l'utilisation ne se justifie pas toujours dans le contexte économique et social du

Tiers-Monde. Contexte de sous-emploi rural, de prix relatifs élevés des machines dont, de surcroît, une forte proportion est importée. L'essentiel des machines agricoles se limite aux tracteurs et aux moissonneuses. Ce qui ne veut pas dire qu'il n'y a pas eu d'autres améliorations pour l'outillage (notamment charrues).

LES TRACTEURS AGRICOLES

L'utilisation de tracteurs agricoles dans le monde développé n'ayant réellement démarré que dans l'entre-deux-guerres, il est tout à fait compréhensible que, vers 1950, le Tiers-Monde ne compta qu'un peu moins de 0,2 million de ces machines, comparé à 5,8 millions pour les pays développés. Et comme nous l'avons signalé, une partie importante de ces tracteurs était utilisée en Amérique latine tempérée (plus d'un tiers), la seule Argentine utilisant pratiquement le quart de l'ensemble du Tiers-Monde, alors que sa population n'en représentait que le centième. D'ailleurs, dans ces pays tempérés d'Amérique latine, l'utilisation des tracteurs a été très précoce, précédant même beaucoup de pays européens. Dès 1973, le nombre de tracteurs dans le Tiers-Monde atteignait 1,6 million, soit 10 pour 100 du total mondial (contre 3 pour 100 vers 1950). Les 5,0 millions (!) sont dépassés en 1989; le Tiers-Monde possédait alors 19 pour 100 du parc mondial. Notons que le rythme d'accroissement s'est ralenti à partir du début des années 1980. En 1995, le parc du Tiers-Monde n'était que de l'ordre d'un peu plus de 6 millions, dont environ 700 000 pour la Chine et un peu moins de 400 000 pour les trois pays tempérés d'Amérique latine. Ces pays ayant, dès la fin du XIXe siècle, un parc de machines agricoles, principalement de moissonneuses, très important, davantage même que dans maints pays développés.

LES MOISSONNEUSES

Dans la deuxième partie de cette étude, nous avons mis en évidence le rôle important joué dans la seconde moitié du XIXe siècle par l'introduction des moissonneuses. Et même si des pays comme l'Argentine ont, très tôt, introduit ce type de machine et même des moissonneuses-batteuses, dans le reste du Tiers-Monde l'usage en demeura très limité jusqu'après la Seconde Guerre mondiale. On ne dispose pas de statistiques valables pour les moissonneuses qui d'ailleurs, à partir des années 1960, sont pratiquement remplacées par les moissonneuses-batteuses. En ce qui concerne ces dernières, on peut estimer que, vers 1950, leur nombre dans le Tiers-Monde était de l'ordre de 50 000 à 60 000 ; vers 1970, il s'élevait déjà à 125 000 ; mais cela ne représente que 5 pour 100 du parc mondial. En 1995, leur nombre est de l'ordre de 700 000 (soit près d'un 5 pour 100 du monde). Encore davantage que pour les tracteurs, c'est l'Amérique latine, et essentiellement les pays tempérés de cette région, qui possédait le parc de moissonneuses-batteuses le plus important : probablement près de 90 pour 100 vers 1950 ; et encore plus des trois quarts vers 1970 (et les trois pays tempérés 40 pour 100 du Tiers-Monde, alors que, en termes du nombre d'agriculteurs, ils ne représentaient que 0,3 pour 100). Mais au milieu de la décennie 1990, ces trois pays tempérés ne possédaient qu'environ 15 pour 100 du total du Tiers-Monde. Notons qu'à cette date la Chine dispose seulement de moins d'un dixième des moissonneuses-batteuses de l'ensemble du Tiers-Monde. Et puisque au début de cette section nous avons mentionné le sous-emploi agricole, relevons qu'une moissonneuse-batteuse moderne performante accomplit le travail d'environ 600 à 900 personnes utilisant la faux et le battage manuel.

L'IRRIGATION

On ne peut pas quitter cet aperçu de l'outillage sans évoquer un aspect assez proche de celui-ci : l'irrigation. Bien que, dans quelques cas non marginaux, des installations d'irrigation se soient révélées négatives (notamment à travers l'accroissement de la salinité des sols), dans l'ensemble on peut considérer l'extension des superficies irriguées comme un acquis positif. Acquis positif, car non seulement l'irrigation permet d'accroître les rendements, mais elle permet d'atténuer les risques de famine. Ainsi, par exemple, on considère qu'en Inde (dans ses frontières d'avant la partition), pays qui dispose du plus vaste domaine irrigué, le coup d'envoi d'un vaste programme d'irrigation a été lancé en 1878, année de la fin de la plus cruelle famine qu'ait connue ce pays, et qui a causé la mort de 5 millions de personnes. En trois décennies, la superficie irriguée est passée d'environ 2 à 15 millions d'hectares. Au milieu de la décennie 1990, pour le même espace géographique, cette superficie était de l'ordre de 70 millions d'hectares.

Des statistiques comparables, et couvrant l'ensemble des pays du Tiers-Monde, ne remontent qu'au début des années 1960. Cependant, on peut disposer d'ordres de grandeur de l'évolution antérieure. Pour le Tiers-Monde à économie de marché, la superficie irriguée vers 1900 peut être estimée très grossièrement à quelque 20 millions d'hectares. Un demi-siècle plus tard, il s'agissait d'environ 44 à 48 millions, et vers 1995 cette superficie a encore triplé, s'établissant à environ 125 millions d'hectares, ce qui représente un cinquième des terres dites cultivables, c'est-à-dire les terres arables et celles consacrées à des cultures permanentes (essentiellement arbres fruitiers). Comme nous l'avons vu, ces superficies n'ayant pas beaucoup progressé depuis le début de ce siècle, il en résulte que la proportion de terres irriguées au début des années 1990 est trois fois plus élevée que vers 1950, et près de cinq fois plus que vers 1900.

La Chine, qui dispose actuellement d'un des plus vastes domaines irrigués (environ 50 millions d'hectares), ne disposait au début des années 1950 que de moins de la moitié. Mais ces 20 millions d'hectares représentaient près du quart des terres agricoles. Comme, là aussi, la superficie des terres agricoles a assez peu progressé, cela signifie qu'au début des années 1990 les terres irriguées représentaient plus de la moitié des terres agricoles. Tant pour la Chine que pour le reste du Tiers-Monde et afin d'éviter toute équivoque, il convient de fournir la définition statistique de la FAO pour les terres irriguées : « Superficies irriguées volontairement, y compris les terres irriguées par submersion contrôlée. »

La consommation alimentaire :
un faible niveau et des progrès inégaux

On ne dispose pas de séries valables quant au niveau de la consommation alimentaire avant le début des années 1960. Sur la base de données fragmentaires, on peut estimer que, vers 1934-1938, pour le Tiers-Monde à économie de marché, la consommation moyenne journalière de calories s'élevait à environ 1 950 à 2 000 unités. À la même période, les pays les plus pauvres d'Europe avaient un niveau d'environ 20 pour 100 plus élevé, et la moyenne des pays d'Europe occidentale de 50 pour 100 plus élevé. Le niveau moyen du Tiers-Monde de 1934-1938 était même plus faible que celui des pays d'Europe un siècle auparavant, où il devait s'agir d'environ 2 100 à 2 300 calories. Il convient néanmoins de tenir compte à la fois des conditions climatiques différentes, qui nécessitaient moins de calories dans les régions chaudes du Tiers-Monde, et de la taille humaine moyenne plus faible dans la plus grande partie du Tiers-Monde. Entre l'avant-guerre et le début des années 1950, il y eut un léger recul : la moyenne devant s'établir alors autour des 1 900 à 1 950 calories. Moyenne qui est tirée vers le haut en raison des niveaux sensiblement plus élevés d'Amérique latine.

La FAO a amélioré ses méthodes de calcul, ce qui permet de disposer de données assez valables à partir des années 1961-1963 ; et le tableau XXXIII.6, basé sur cette source, nous fournit l'évolution enregistrée depuis lors à la fois pour les calories totales et les protéines

TABLEAU XXXIII.6

CONSOMMATION ALIMENTAIRE PAR HABITANT

DE CALORIES ET DE PROTÉINES

	1961/ 1963	1969/ 1971	1978/ 1981	1988/ 1990
TOTAL CALORIES (nombre)				
Tiers-Monde économie de marché	2 054	2 181	2 324	2 401
Afrique	2 117	2 138	2 180	2 204
Amérique latine	2 363	2 502	2 693	2 690
Extrême-Orient	1 935	2 067	2 179	2 290
Proche-Orient	2 116	2 292	2 425	2 626
Chine	1 658	1 988	2 324	2 631
Ensemble Tiers-Monde	1 940	2 117	2 324	2 473
PROTÉINES (grammes)				
Tiers-Monde économie de marché	50	55	57	59
Afrique	54	54	54	53
Amérique latine	62	65	67	67
Extrême-Orient	44	51	52	55
Proche-Orient	64	67	76	79
Chine	49	48	55	64
Ensemble Tiers-Monde	50	52	56	61

Sources : D'après FAO, *Annuaire de la production*, diverses livraisons. Les moyennes pondérées du Tiers-Monde à économie de marché et de l'Extrême-Orient à économie de marché ont été calculées par l'auteur.

considérées comme très importantes sur le plan de la santé. L'évolution la plus positive depuis le début des années 1960 est celle de la Chine, dont il est vrai le niveau de 1961-1963 était très faible (1 660 calories et 49 g de protéines). Il convient de replacer cette faible consommation dans la perspective des conséquences négatives du bond en avant sur la production agricole. Mais après celui-ci, et surtout depuis les années récentes, de rapides progrès ont été constatés. C'est ainsi que le niveau de la Chine vers 1990 a dépassé non seulement celui du reste de l'Asie, mais également celui de l'ensemble du Tiers-Monde à économie de marché.

En Afrique, les importations accrues de produits alimentaires n'ont pas permis de contrecarrer valablement l'évolution négative de la production, surtout durant la dernière décennie qui voit une réelle stagnation s'installer après deux décennies de très faibles progrès. Selon toute probabilité, la situation alimentaire moyenne du début des années 1990 est un peu moins bonne que celle d'avant la Seconde Guerre mondiale. L'Asie et, notamment, le Moyen-Orient connaissent une évolution assez positive, sans atteindre au début des années 1990 des niveaux favorables. Pour l'Extrême-Orient, c'est surtout la résultante de l'évolution assez positive de la production, alors que pour le Moyen-Orient il s'agit d'une croissance des importations rendue possible par les recettes accrues des ventes de pétrole.

XXXIV. LES INDUSTRIES :
DE L'EXPLOITATION
MINIÈRE AUX NOUVEAUX
PAYS INDUSTRIALISÉS

Si l'agriculture a été, et est encore, le soubas-sement principal des économies du Tiers-Monde, l'industrie a constitué depuis plus de six décennies l'objectif principal des responsables politiques et économiques. Certes, la priorité presque absolue à l'industrialisation, qui a été de mise dès l'après-guerre et dans les années 1950 et 1960, a heureusement laissé place à une politique plus équilibrée où le rôle de l'agriculture est mieux reconnu. Dans les industries, il convient de faire une nette distinction entre les industries extractives (ou minières) et les industries manufacturières. Ce sont évidemment ces dernières qui étaient l'objet des priorités. Les industries minières ont été un secteur très extraverti, dont la croissance rapide a commencé très tôt, le véritable démarrage de l'industrie manufacturière étant plus tardif. Non seulement il s'agit de deux types d'activité très dissemblables, mais dans le cas du Tiers-Monde (et surtout du Tiers-Monde à économie de marché), ces deux grands secteurs ont des débouchés dominants très différents.

L'INDUSTRIE EXTRACTIVE :
UNE EXPANSION RAPIDE
ET PRÉCOCE

Les pages qui suivent seront consacrées largement aux pays du Tiers-Monde à économie de
marché, car l'industrie extractive chinoise remplit essentiellement la fonction de pourvoyeuse de
matières premières pour l'industrie manufacturière locale, alors que, dans le Tiers-Monde à économie de marché, il s'agit essentiellement d'une
production destinée à l'exportation. Mais ici, il
faut insister sur le fait que si l'essentiel de la
production des minerais a été destiné aux pays
développés, ces derniers n'ont pas toujours été
largement déficitaires pour ces produits. Comme
nous l'avons vu dans le chapitre XXVIII, jusqu'à
la Seconde Guerre mondiale les pays développés
étaient pratiquement autosuffisants en matières
premières et même excédentaires en produits
énergétiques. Cela n'excluant aucunement le fait
que, très tôt, le Tiers-Monde ait commencé à
produire essentiellement pour l'exportation une
gamme assez variée de matières premières, y
compris de produits miniers. Mais les quantités
concernées restèrent très faibles jusqu'au milieu
du XIXᵉ siècle, période où, grâce à l'effet combiné
de l'extension de la colonisation et de la baisse des
coûts de transport et aussi de la demande croissante des pays développés, les quantités produites
commencèrent à progresser très rapidement.

Une expansion rapide,
mais récemment un ralentissement

Vers 1850, la production annuelle de minerais métalliques de l'ensemble du Tiers-Monde s'élevait à quelque 30 000 tonnes (de contenu métal), la plus grande partie étant composée de cuivre. En ce qui concerne les combustibles, il s'agissait, et pour cause, uniquement de charbon dont il est difficile d'évaluer les quantités produites ; mais les exportations étaient très faibles. Vers 1900, la production de minerais s'élevait à environ 1,4 million de tonnes, dont environ la moitié de minerai de fer. À cela s'ajoutaient 9,8 millions de tonnes de combustibles (dont 0,6 de pétrole). Après 1900, la production du secteur minier a continué à être caractérisée par une expansion rapide dans laquelle on peut discerner trois phases relativement distinctes. La première s'étend entre 1900 et 1948 et est marquée par un taux de croissance de l'industrie extractive de l'ordre de 5,5 pour 100 par an. Ce taux, replacé dans son contexte historique, peut être considéré comme très élevé. Au cours de cette phase, les deux produits dont la croissance a été le plus rapide sont le pétrole et les minerais de fer. Dès le début des années 1920, en termes de volume, le pétrole dépassa le charbon qui constituait la principale production minière ; mais, contrairement au charbon, surtout destiné aux marchés locaux, le pétrole était essentiellement exporté, ce qui était aussi le cas du minerai de fer. Sur le plan géographique, on constate une grande diversification des producteurs. Vers 1880, moins d'une demi-douzaine de pays du Tiers-Monde étaient des producteurs (et exportateurs) significatifs de minerais ; vers 1950, leur nombre s'élevait à deux douzaines. Cette même diversification est valable pour le pétrole. À la veille de la Première Guerre mondiale, seuls 5 pays du Tiers-Monde produisaient chacun plus d'un million de barils de pétrole. Vers 1948, 15 pays (du Tiers-Monde) produisaient chacun plus de 10 millions de barils.

TABLEAU XXXIV.1
INDICE DE LA PRODUCTION DE L'INDUSTRIE
MINIÈRE PAR RÉGION DU TIERS-MONDE
À ÉCONOMIE DE MARCHÉ
(1959-1961 = 100 ; moyennes annuelles triennales)

	Afrique	Amérique	Asie	Total
1900[a]	3	5	5	5
1910	12	8	11	9
1928	24	24	28	24
1938	45	30	43	35
1950	55	58	54	57
1970	663	153	256	254
1980	–	200	318	316
1990	–	258	240	267
1994	–	271	280	297

a Chiffres plus approximatifs.

Sources : Bairoch, P. (1979a) ; avec mises à jour sur la base des données des Nations unies.

Dans la deuxième période, qui va de 1948 à 1973, on assiste à une forte accélération de cette exploitation ; les taux annuels de croissance de ce secteur dépassent en moyenne 8 pour 100. Il n'est pas besoin d'insister sur le caractère extrêmement élevé de tels taux. C'est essentiellement la forte augmentation de la production pétrolière qui explique la rapidité de cette croissance de la production de l'industrie extractive. Augmentation qui résulte à la fois d'une progression de la production des pays déjà producteurs au début de la période, et de l'apparition de nouveaux producteurs. L'expansion de la production de minerais de fer a été également très rapide.

La troisième période, qui a commencé en 1973 et se prolongea jusqu'en 1991, est marquée par une nette rupture : un recul de la production, de sorte que le niveau du début des années 1990 se situe à peu de chose près au niveau de 1969-1971. Cette rupture est essentiellement la résultante du recul de la production pétrolière, handicapée par les fortes hausses des prix, et par le recul de la demande d'autres matières premières des pays développés occidentaux résultant du ralentissement depuis 1975 de la croissance économique. Cependant, cette rupture avec l'évolution passée est aussi un indicateur d'une certaine saturation des possibilités d'exportation des minerais après la phase de substitution rapide des mines du Tiers-Monde à celles des pays développés occidentaux. La reprise de l'expansion entre 1992 et 1995 a été entraînée par celle des combustibles ; quant à la production des minerais métalliques, elle n'a que peu progressé.

Un secteur extraverti

Revenons à la deuxième phase (1948-1973), celle de l'expansion rapide, car elle a façonné de nombreux aspects de l'économie du Tiers-Monde. D'emblée, il convient de souligner que ce ne sont nullement les besoins de l'industrie locale qui ont été la cause de la très forte augmentation de la production de l'industrie extractive du Tiers-Monde. En effet, celle-ci n'absorbe qu'une faible fraction de la production. C'est ainsi, par exemple, que vers 1970 plus de 95 pour 100 du minerai de fer extrait dans les pays du Tiers-Monde à économie de marché servaient à alimenter les hauts fourneaux des pays développés occidentaux.

Des situations, sinon semblables, du moins très voisines, se retrouvent pour la plupart des autres produits de l'industrie extractive. De cette manière, la part du Tiers-Monde croît graduellement dans la production extractive mondiale. Pour quelques minerais, des indications sur cette évolution sont fournies dans le tableau XXXIV.1. Pour les minerais à valeur spécifique élevée, l'exploitation des mines situées loin des lieux de transformation a été rentable depuis une période relativement longue ; les coûts de transport ne représentant qu'une faible fraction du prix de revient, même si ceux-ci étaient élevés. Mais pour les combustibles et les minerais à prix spécifique bas (ce qui est le cas notamment du minerai de fer), une séparation des mines d'extraction des hauts fourneaux n'a été possible qu'à partir du moment où les prix de transport avaient atteint un faible niveau.

TABLEAU XXXIV.2
PART DE L'ENSEMBLE DU TIERS-MONDE
DANS LA PRODUCTION MONDIALE DE PÉTROLE
ET DES PRINCIPAUX MINERAIS
(moyennes annuelles triennales, sauf 1913 et 1990)

	Pétrole	Minerai de fer	Bauxite	Minerai de cuivre
PART DE TIERS-MONDE DANS LA PRODUCTION (%)				
1860	1	1	–	53
1900	3	1	–	15
1913	12	3	1	15
1928	22	7	21	34
1937	25	8	27	42
1950	38	9	71	42
1960	47	25	65	46
1970	59	33	58	41
1980	57	35	53	44
1990	58	45	51	49
PRODUCTION MONDIALE (millions de tonnes)[a]				
1860	0,1	7,0	–	0,1
1900	20,2	40,0	–	0,5
1937	266,0	84,0	0,8	2,0
1980	3 040,0	510,0	19,2	8,0
1990	2 950,0	544,0	23,9	9,2

[a] En contenu métal pour les minerais.

Sources : Calculs et estimations de l'auteur d'après sources nationales et publications des organisations internationales ; notamment UNCTAD, *Annuaire des produits de base*, diverses livraisons.

Au XIXe siècle, la localisation de l'industrie sidérurgique était conditionnée spatialement par les disponibilités locales de charbon et de minerai de fer. Même vers 1930, le prix de transport restait encore un obstacle important. Ainsi une étude de la Société des Nations (1937) sur les possibilités d'exploitation des minerais d'Afrique concluait que les distances maximales (compte tenu des coûts de transport) séparant le point d'exploitation du port d'expédition étaient les suivantes : « Normalement le charbon, le minerai de fer et les phosphates ne sont exploitables que dans un rayon de 100 km et les huiles minérales dans un rayon de 250 km à partir du littoral. Le minerai de manganèse et le minerai de chrome peuvent être exploités à une plus grande distance de la côte que le minerai de fer et les minerais de zinc ou de plomb à une distance encore plus grande. Toutefois, les seuls métaux communs qui puissent être extraits économiquement dans la plus grande partie du monde — c'est-à-dire à de grandes distances de la côte — sont le cuivre et l'étain. » Or, actuellement, si nous prenons encore une fois l'exemple du minerai de fer, nous constatons qu'en Mauritanie, les gisements mis en exploitation se situent à quelque 700 km du port d'exportation, soit à une distance sept fois supérieure à celle considérée comme normale avant la guerre. Il en est d'ailleurs de même des gisements de Rourkela (Inde, 720 km) ; de Cassinga (Angola, 630 km) ; de Vale do Rio Doce (Brésil, 560 km) ; etc.

LES CAUSES DE LA PROGRESSION DU SECTEUR MINIER

L'accroissement de la part relative du Tiers-Monde dans la production de la plupart des minerais et du pétrole a également résulté des profonds changements intervenus dans les transports maritimes. La construction de minéraliers de plus en plus grands a conduit à une réduction progressive des coûts de transport ; la relocalisation de la sidérurgie des pays développés sur les côtes, qui était à la fois cause et effet de cette évolution, a accentué encore cette tendance. La même évolution s'est produite pour les pétroliers. Au début des années 1970, les plus gros pétroliers en service avaient une capacité de 325 000 tonnes, soit 16 fois la moyenne des pétroliers de 1958 (et ce avec un équipage plus réduit) et 150 fois plus que celle des premiers pétroliers (1868, Angleterre), sans tenir compte des vitesses beaucoup plus grandes de navigation, de chargement et de déchargement. Vers 1980, les tankers de plus de 175 000 tonnes, inexistants avant le milieu des années 1960, représentaient les deux tiers de la flotte mondiale de ce type de navires.

La baisse progressive des coûts de transport constitue donc une des causes de cette impulsion reçue par l'industrie extractive du Tiers-Monde. Par ailleurs, on constate un épuisement progressif des gisements les plus riches ou les plus rentables dans les pays développés. D'autre part, la réalisation d'un matériel très élaboré de construction et de travaux publics a fait d'énormes progrès lors de la dernière guerre. C'est surtout l'armée américaine au cours du conflit avec le Japon qui a joué en ce domaine un rôle capital. Il s'agissait de construire rapidement des terrains d'atterrissage et d'autres infrastructures de transport dans des îles très éloignées des États-Unis. Cela a suscité une amélioration accélérée du bulldozer et la mise au point ou l'amélioration d'autres équipements similaires et permis, après la guerre, la mise en exploitation de mines situées dans des régions peu peuplées du Tiers-Monde avec des équipes très restreintes de techniciens originaires des pays développés et d'ouvriers autochtones non qualifiés. Il n'en reste pas moins que sans un faible coût de transport, l'exploitation des minerais du Tiers-Monde n'aurait pas pu se réaliser sur une telle échelle ; et surtout (c'est un point très important), cette expansion n'aurait pas pu se réaliser en vue de l'exportation.

CROISSANCE RAPIDE DE L'INDUSTRIE EXTRACTIVE, OUI,
MAIS DÉVELOPPEMENT ÉCONOMIQUE ?

Par le passé, la découverte et l'exploitation d'une source de matière première ouvrent comme première et principale possibilité la continuation en aval des activités ainsi créées, c'est-à-dire l'établissement d'une industrie valorisant cette matière première. Dans le courant du XIXᵉ siècle, il était impensable, sur le plan économique, de concevoir une trop grande distance entre les lieux d'exploitation des matières premières et ceux des sièges de transformation. Donc, en pratique, l'exploitation extractive était généralement le prélude à l'implantation d'activités de transformation. Cependant, la liaison inverse existait aussi : le développement d'une industrie de transformation suscitant la recherche de gisements miniers, puis favorisant l'exploitation de nouvelles ressources minérales. Cependant, depuis le début des années 1950, du fait de la baisse des coûts de transport, cette séparation s'avère possible et, comme nous l'avons noté précédemment, une fraction largement dominante de l'industrie extractive du Tiers-Monde sert à l'alimentation des industries localisées dans les pays développés. Il y a même des cas extrêmes : par exemple, celui de l'établis-

sement de grosses unités sidérurgiques sur le littoral européen dépendant entièrement pour le
minerai et pour le charbon des mines du Tiers-
Monde.

Mais ce n'est pas là le seul aspect négatif découlant de la croissance rapide de ce secteur. Sans
entrer dans l'analyse de cas que nous avons exclus
dans cet ouvrage, il est évident que la nature de la
société commerciale exploitante et le régime politique du gouvernement jouent ici un grand rôle.
On peut poser comme règle générale que nous
nous trouvons placés ici devant des sociétés où le
capital étranger est dominant, et dont le but
essentiel est la réalisation et, surtout, le rapatrie-
ment d'une fraction aussi importante que possible
des bénéfices. En effet, l'investissement n'a été
réalisé dans le Tiers-Monde que dans la mesure
où les rendements étaient plus élevés que dans les
pays développés, ne serait-ce que pour couvrir les
risques beaucoup plus grands de nationalisation
et de troubles politiques. C'est d'ailleurs en partie
la raison pour laquelle il n'entre pas dans les
plans de ces sociétés d'étendre leurs activités en
aval, car dans ces conditions ces pays n'offrent
pas d'avantages supplémentaires par rapport aux
pays développés. Seule la richesse de leur sous-
sol, qui permet une exploitation beaucoup plus
rentable, est susceptible de créer ce supplément
de rentabilité des capitaux qui se trouve réduite
du fait que la localisation des marchés ne se situe
pas à proximité des sièges d'exploitation.

Notons cependant qu'à partir des années 1960
et plus encore des années 1970, et surtout en ce
qui concerne le pétrole, il y eut un grand nombre
de nationalisations, ce qui a permis de retenir

localement une fraction plus importante des bénéfices générés. Malheureusement, dans la quasi-
totalité des cas, ces ressources additionnelles n'ont
pas été utilisées à bon escient : bien plus pour la
consommation (et souvent une consommation de
luxe) que pour des investissements productifs.
Comme l'a très bien montré Bouda Etemad dans
sa thèse[1], il s'est agi d'un véritable «oreiller de
paresse». De surcroît, dans le cas du Moyen-
Orient, qui a le plus bénéficié de cette «manne
pétrolière», une partie importante des recettes a
été utilisée pour les dépenses militaires. Ainsi,
pour l'ensemble du Moyen-Orient (y compris
l'Égypte), la part des dépenses militaires en proportion du PNB était, et est toujours, la plus élevée. Il s'agissait de 17 pour 100 en 1983 et de près
de 9 pour 100 encore au milieu de la décennie
1990. Enfin, il convient de signaler, et cela est
valable pour l'ensemble du XXᵉ siècle, que les
effets induits des secteurs miniers sur le reste de
l'économie ont été marginaux. En effet, l'essentiel,
pour ne pas dire la totalité des biens d'équipement, a été importé. D'autre part, la localisation
des mines, souvent situées dans des régions déser-
tiques et toujours bien reliées à des ports d'exportation, a conduit, en ce qui concerne les produits
alimentaires, à favoriser davantage les produits
importés que les produits locaux. De toute façon,
en raison des techniques modernes utilisées,
l'emploi dans les industries manufacturières a
toujours été, ainsi que nous l'avons vu, très faible.
Donc, globalement, peu d'effets sur le développement économique.

1. 1983.

L'INDUSTRIE
MANUFACTURIÈRE :
UN SECTEUR CHOYÉ

Dans la troisième partie, nous avons vu que le phénomène de la colonisation, ou de la néocolonisation, avait, au cours du XIXᵉ siècle, entraîné le déclin de l'industrie traditionnelle dans la plupart des pays du Tiers-Monde. Cette évolution s'est poursuivie pendant les premières années du XXᵉ siècle et l'on peut considérer que vers 1920-1930 le phénomène avait atteint ses limites. À ce moment, tout ce qui pouvait être fourni d'une façon rentable, pour les pays exportateurs, par les manufactures des pays développés l'était effectivement. Bref, ce que l'on qualifie généralement de «désindustrialisation du Tiers-Monde» était à son apogée. Le tableau XXXIV.3 fournit des ordres de grandeur de cette évolution.

De la fin de la désindustrialisation
aux prémices de la réindustrialisation

Pour l'ensemble du Tiers-Monde, le niveau d'industrialisation par habitant se situait vers 1900 à moins du tiers du niveau de 1750. Certes, pour quelques pays, et notamment certains pays indépendants d'Amérique latine, on a assisté durant le XIXᵉ siècle à un démarrage d'un processus d'industrialisation. Nous avons d'ailleurs présenté ces cas dans la troisième partie. Si l'on se place vers 1900, on peut considérer que seulement quatre pays disposaient d'une base industrielle de quelque importance : l'Inde et la Chine pour l'Asie, et le Brésil et le Mexique pour l'Amérique latine. Dans le reste du Tiers-Monde, on est en présence d'un quasi-désert industriel, surtout en ce qui concerne les industries modernes ; en effet, dans nombre de régions reculées, un artisanat plus ou moins important a subsisté et subsistera (dans quelques cas) encore quelques décennies.

Il n'y eut pratiquement pas de modifications entre 1900 et 1913 autres que la poursuite de la désindustrialisation de la majorité des régions du Tiers-Monde et que la poursuite de cette phase de l'industrialisation des quatre pays mentionnés plus haut. La Première Guerre mondiale, en occasionnant un arrêt des exportations d'articles manufacturés, avait d'ailleurs favorisé cette industrialisation, mais pas aussi fortement que ne le laissent supposer les données sur l'évolution de la production. En effet, l'arrêt des exportations d'articles manufacturés des pays développés signifie également l'arrêt des exportations de biens d'équipement. Par conséquent, il y eut augmentation de la production du Tiers-Monde grâce à une utilisation plus grande du potentiel industriel existant, mais non accroissement de celui-ci. Cependant, les profits réalisés durant la guerre ont facilité l'augmentation de la capacité de production dans l'immédiat après-guerre et par la suite aussi. Nous avons déjà donné quelques indications sur la filature de coton, où le nombre de broches, qui avait progressé de moins de 1 pour 100 par an entre 1900 et 1930, a progressé de 7

TABLEAU XXXIV.3

INDUSTRIE MANUFACTURIÈRE,

NIVEAU PAR HABITANT

(ROYAUME-UNI DE 1900 = 100) ET PART RELATIVE

DU TOTAL DANS LA PRODUCTION MONDIALE

(moyennes annuelles triennales, sauf 1913 et 1995)

	Tiers-Monde à économie de marché	Chine	Ensemble Tiers-Monde	Pays déve-loppés	Monde
Niveau par habitant					
1750[a]	7	8	7	8	7
1860	4	4	4	16	7
1900	2	3	2	35	14
1913	2	3	2	55	21
1938	3	4	4	181	31
1953	4	5	5	135	48
1973	12	18	14	311	100
1980	14	24	19	348	103
1990	19	43	29	400	113
1995	19	61	30	410	117
Part dans le monde (%)					
1750[a]	40,1	32,8	73,0	27,0	100,0
1860	16,8	19,7	36,6	63,4	100,0
1900	4,7	6,2	11,0	89,0	100,0
1913	3,8	3,6	7,5	92,5	100,0
1938	4,1	3,1	7,2	92,8	100,0
1953	4,1	2,3	6,5	93,5	100,0
1973	5,8	3,9	9,9	90,1	100,0
1980	6,7	4,9	11,8	88,2	100,0
1990	8,9	7,9	17,0	83,0	100,0
1995	8,9	10,6	19,8	80,2	100,0

a Chiffres très approximatifs.

Sources : Bairoch, P. (1982) ; avec mise à jour et corrections. Voir tableau XXVII.1.

pour 100 entre 1920 et 1925. En ce qui concerne la sidérurgie, l'expansion a été très rapide, mais nécessite deux remarques importantes. Si l'expansion est rapide car l'on passe entre 1909-1911 et 1927-1929 de 310 000 à 1 880 000 tonnes — le point de départ est très faible, puisque ne représentant que 0,5 pour 100 de la production mondiale (2 pour 100 pour 1927-1929). Cette augmentation de la production s'est réalisée pratiquement sans diversification géographique : aux quatre producteurs (Chine, Inde, Brésil, Mexique) s'est seulement ajoutée la Corée où il s'agissait d'une industrie montée par les Japonais.

LES ANNÉES 1930 : UN DÉMARRAGE INDUSTRIEL DANS QUELQUES PAYS

Assez paradoxalement, les années 1930, qui furent une période de dépression dans un grand nombre de pays développés, voient éclore quelques nouvelles tentatives d'industrialisation. Celles-ci furent en règle générale d'inspiration gouvernementale et ne concernèrent qu'un nombre restreint de pays, et furent relativement modestes. Les pays concernés sont notamment l'Iran, la Thaïlande, la Turquie et la Bolivie. Il s'agit de la mise en place de secteurs très proches de la consommation et à technologie assez simple, tels que des industries alimentaires et du tabac. Mais il y eut également le développement du secteur de la filature mécanique de coton, surtout en Iran et en Turquie, pays qui, en 1939, avaient déjà respectivement 130 000 et 104 000 broches installées.

Dans les autres pays du Tiers-Monde, il faudra attendre les années 1950, c'est-à-dire l'indépen-

dance politique pour beaucoup d'entre eux, pour
assister à de nombreux cas de véritable démarrage industriel. Ce qui ne veut évidemment pas
dire que dans les pays demeurés jusqu'alors à
l'écart de l'industrialisation, aucun cas de création
d'entreprises industrielles ne se soit produit ; mais
leur importance était, en règle générale, restreinte
et surtout ces entreprises étaient créées soit dans
des secteurs de biens de consommation pour lesquels l'importation était économiquement non
rentable, soit dans des secteurs de première transformation avant exportation de matières premières
ou produits agricoles. Les nombreuses brasseries
africaines qui ont drainé les revenus monétaires
des populations locales sont typiques de ces industries de biens de consommation. Le traitement de
certains minerais et la production de sucre brut
sont les exemples majeurs des industries de première transformation largement présentes. Mais
il ne s'agit pas d'un véritable processus d'industrialisation.

Les années 1930 voient aussi, dans les quatre
pays qui avaient déjà une base industrielle au début
du XXe siècle, la poursuite du développement.
Nous avons déjà présenté certains aspects secto-
riels de cette poursuite de l'industrialisation[1].
Globalement, le secteur manufacturier de ces
quatre pays a progressé, entre 1928 et 1938, de 27
à 29 pour 100, ce qui est même un peu plus rapide
que pour l'ensemble des pays développés, où cette
progression a été de 25 pour 100. Cependant, en
termes d'industrialisation par habitant, le niveau
atteint à la veille de la Seconde Guerre mondiale

1. Voir chap. XXXI.

était encore très faible. Pour le Brésil, le niveau était un peu supérieur à celui de l'Europe avant la révolution industrielle, et pour la Chine et l'Inde, de la moitié environ.

INDÉPENDANCE = INDUSTRIALISATION

L'accession à l'indépendance après la Seconde Guerre mondiale d'un grand nombre de colonies a entraîné une forte accélération de l'industrialisation. L'industrialisation était considérée par la majorité des leaders indépendantistes comme la condition *sine qua non* de l'indépendance : un véritable impératif. Largement inspiré par le modèle soviétique, l'accent était mis sur l'industrie lourde comme voie essentielle du développement industriel.

Comme on peut le voir dans le tableau XXXIV.4, de 1900 à 1950 la production manufacturière a été multipliée par deux et demi, soit une progression annuelle de l'ordre de 2 pour 100, ce qui, traduit en termes de croissance par habitant, se ramène à seulement 1 pour 100. Mais, de 1950 à 1975, la production de ce secteur a progressé d'environ 7 à 8 pour 100 par an (soit 5 à 6 pour 100 par habitant). Depuis 1975, on a assisté à un net ralentissement de cette croissance. Entre 1975 et 1995, la progression n'a plus été que de 4,9 pour 100, soit moins de 3,0 pour 100 par habitant. Et si l'on élimine ce qu'il est convenu d'appeler les quatre dragons, la croissance annuelle du Tiers-Monde à économie de marché n'est plus que de l'ordre de 3,1 pour 100, soit à peine 0,8 pour 100 par habitant. Nous reviendrons plus longuement sur la période 1975-1995 et, surtout,

TABLEAU XXXIV.4

INDICE DE LA PRODUCTION MANUFACTURIÈRE
DU TIERS-MONDE
(1959-1961 = 100 ; moyennes annuelles triennales,
sauf 1913 et 1995)

| | Tiers-Monde à économie de marché | | | | Chine | Ensemble Tiers-Monde |
	Amérique	Asie	Total	Total rectifié[a]		
1900[b]	10	19	15	15	16	15
1913	15	22	19	19	18	19
1927	22	26	24	24	30	26
1938	31	35	33	33	34	33
1950	57	45	48	48	28	41
1970	190	182	186	186	215	197
1975	262	250	254	248	257	255
1980	329	347	327	323	357	355
1990	372	754	497	401	749	665
1995	409	1 031	618	456	1 100	904

a Hong-Kong, la Corée, Taïwan et Singapour ont été exclus du Tiers-Monde à économie de marché.
b Chiffres très approximatifs.

Sources : Bairoch, P. (1979a) ; avec données mises à jour sur la base des données des Nations Unies et de sources nationales, avec ajustements.

sur le cas spécifique de ces quatre pays, en nous concentrant sur le spécifique de la Chine. Mais il convient d'abord de se pencher sur le cas général du Tiers-Monde à économie de marché durant la période 1945-1975, qui constitue une phase importante de l'industrialisation de cette région.

1945-1975 : la phase
d'industrialisation rapide

Donc, de 1945 à 1975, la production manufacturière a progressé de 5 à 6 pour 100 par an et par habitant. Ce sont là des taux de croissance extrêmement élevés comparés surtout à ceux enregistrés par les pays développés au cours de leurs propres phases de démarrage. Les taux de croissance annuels par habitant à long terme de l'industrie manufacturière des pays européens durant le premier siècle du démarrage ont été de l'ordre de 1,5 pour 100 à 3,0 pour 100. Pour l'ensemble des pays développés entre 1830 et 1913, la progression a été de 3 pour 100 par an en termes globaux et de 2 pour 100 par habitant. Même durant les années 1950-1973, qui ont été pour les pays développés la période de croissance la plus rapide jamais enregistrée, le taux n'a été que légèrement supérieur à 4 pour 100 (toujours par habitant). Le taux de croissance de l'industrie manufacturière du Tiers-Monde a même été plus rapide que celui des pays développés entrés plus tardivement dans l'industrialisation (Japon, Suède, etc.) au cours de leur phase de démarrage, mais pas plus rapide que celui de ces mêmes pays durant le dernier quart de siècle.

UNE SUBSTITUTION AUX IMPORTATIONS

C'est la substitution aux importations qui explique largement cette rapide progression de la production industrielle, dont le volume était en 1975 près de sept fois supérieur à celui de 1938 (en termes de volume par habitant, trois fois supérieur). En somme, il s'agit d'un renversement du phénomène du XIXe siècle où les importations se sont au contraire substituées à la production locale. Comme dès le début des années 1970 les limites de cette substitution ont été pratiquement atteintes pour les biens que le Tiers-Monde est en mesure de produire sans problèmes majeurs, il était prévisible que l'on assisterait à un ralentissement de la croissance de l'industrie manufacturière.

Les marchés extérieurs auraient pu — ils l'ont fait en partie — contribuer à maintenir cette croissance rapide. Mais les possibilités sont dans ce domaine limitées par les obstacles mis par les pays développés à l'importation de ces biens en vue de protéger les entreprises et les emplois locaux. Ces obstacles sont, en règle générale, moins grands néanmoins que ceux imposés aux importations en provenance d'autres pays développés ne faisant pas partie d'un regroupement douanier ou économique (CEE, AELE, etc.). En effet, les exportations d'articles manufacturés (notamment de textile) en provenance du Tiers-Monde jouissent de certains avantages, toutefois peu importants, dans la plupart des pays développés occidentaux. D'ailleurs, on peut se demander dans quelle mesure une division internationale du travail qui conduirait les pays du Tiers-Monde à se cantonner dans la production d'articles, tels que les textiles et les chaussures, ne conduirait pas en définitive à perpétuer l'écart de développement, car ce sont là des biens dont la demande augmente à un rythme beaucoup plus lent que celui des articles manufacturés de haute technicité qui resteraient l'apanage presque exclusif des pays développés. D'autre part, et c'est un point très important, seul un nombre limité de petits pays a su profiter des marchés des pays développés occidentaux, notamment les quatre dragons qui démontrent à la fois les possibilités et les limites de cette voie d'industrialisation. Mais cela n'est qu'un des multiples aspects qui ternissent le diagnostic apparemment positif de cette phase d'industrialisation.

En effet, toute médaille a son revers ; et nous venons d'évoquer deux aspects des caractéristiques négatives du processus d'industrialisation du Tiers-Monde : la prédominance de secteurs traditionnels et la concentration géographique. À cela, il convient d'ajouter encore une dépendance extérieure et un gaspillage des ressources.

UNE PRÉDOMINANCE DES SECTEURS TRADITIONNELS
ET UNE DÉPENDANCE EXTÉRIEURE

Si l'on se place vers 1973, donc à la veille des changements conjoncturels importants, on peut estimer qu'à ce moment l'ensemble du Tiers-Monde, qui assurait 10 pour 100 de la production manufacturière mondiale, assurait près de 50 pour 100 de la production de fils de coton, mais seulement 1 à 2 pour 100 de la production de fibres artificielles. La part du Tiers-Monde dans le secteur du ciment était de 22 pour 100 ; mais elle n'était que de 1 à 2 pour 100 pour l'électronique de pointe et l'aéronautique et d'un pourcentage voisin pour la chimie.

La dépendance extérieure revêt un double aspect largement complémentaire. Le premier est celui de la dépendance envers les sociétés multinationales. Si nous reprenons 1973 comme point de référence, alors que dans les pays développés occidentaux 11 pour 100 de la production de l'industrie manufacturière étaient élaborés dans des sièges à l'étranger d'entreprises multinationales, pour le Tiers-Monde à économie de marché, cette proportion était de l'ordre de 28 à 31 pour 100 (33 à 36 pour 100 en moyenne en Amérique latine, 16 à 19 pour 100 en Asie). Et, bien entendu, l'essentiel de ces multinationales appartient à des pays développés, la liste des multinationales du Tiers-Monde étant très réduite et la plupart d'entre elles de faible importance. Enfin, dans de nombreux cas, des multinationales implantées dans le Tiers-Monde utilisent des techniques moins avancées que celles implantées dans les pays développés. Le second aspect de la dépendance extérieure est celui d'une nouvelle division internationale du travail, celle qui se réalise à l'intérieur même des secteurs. C'est à partir du milieu des années 1960, et d'une façon accélérée depuis 1970, que s'est mise en place cette nouvelle forme de division internationale du travail qui consiste en un transfert vers le Tiers-Monde d'une partie du processus de fabrication, celle qui implique une forte quantité de main-d'œuvre relativement peu formée. La conception du produit, sa commercialisation ainsi que la production des pièces exigeant un niveau technique avancé s'effectuent dans les pays développés, alors que le montage et la production des pièces plus simples sont réalisés dans le Tiers-Monde. Élément explicatif fondamental : les coûts horaires totaux du travail dans ces entreprises représentaient moins d'un dixième de ceux en vigueur aux États-Unis ou dans d'autres pays très développés.

UN GASPILLAGE DES RESSOURCES, OUI, MAIS...

Le gaspillage des ressources ? Oui, sans aucun doute, même si les données en la matière sont difficiles à rassembler et à quantifier. Les anecdotes abondent quant aux cas d'investissements qui se sont avérés totalement inutiles. Dans ce domaine, la responsabilité des pays développés est aussi engagée, car, très souvent, la fourniture d'équipements était proposée dans le cadre des programmes d'aide bilatérale. Toutefois, le gaspillage des ressources dans le domaine des investissements industriels, comme dans d'autres, n'est pas une spécificité du Tiers-Monde. Il en est de même de la corruption. Mais il est plus que probable qu'il y a été plus important et plus coûteux, vu le faible niveau de développement. D'ailleurs, l'histoire du gaspillage reste à écrire et sa définition même pose des problèmes. Jean Lhomme[1] — un de mes premiers maîtres — est un des rares économistes à s'être penchés sur ce sujet. Il est significatif de révéler qu'entre 1946 et 1995 apparemment aucun livre de synthèse n'a été publié sur la question. Certes, depuis que les problèmes de pollution et d'énergie sont venus à l'ordre du jour, on trouve de nombreuses études traitant du gaspillage de l'énergie et des matières premières, mais pas du gaspillage économique proprement dit. D'ailleurs, très rares sont les dictionnaires économiques qui consacrent un article à ce thème. Sur dix dictionnaires que nous avons dépouillés (en français et en anglais), deux seule-

1. 1946.

ment traitaient de ce sujet. Et pour l'un des deux, il s'agit d'un très bref article sur les déchets (*waste*). Une des exceptions notables est le dictionnaire que dirigea Jean Romeuf[1]. L'article, datant par conséquent de trois décennies et demie, garde pour les raisons évoquées plus haut toute sa valeur. Puisons-y la définition : « Utilisation incomplète ou incorrecte de biens économiques, dont résulte une situation dans laquelle des besoins qui auraient dû être satisfaits ne le seront pas. »

Une dépense superflue d'une administration publique est beaucoup plus facilement considérée comme gaspillage que la faillite d'un entrepreneur. Cet élément doit être gardé en mémoire dans le cas du Tiers-Monde où l'État a joué un rôle plus important dans les décisions d'investissement industriel que dans les pays développés à économie de marché.

Une des plus importantes composantes du gaspillage dans le Tiers-Monde est la sous-utilisation des capacités de production manufacturière. Apparemment, c'est en Afrique que cette sous-utilisation est la plus forte. La proportion la plus souvent avancée est de l'ordre de 50 pour 100. À titre de comparaison, relevons que le degré de sous-utilisation de la capacité de production des États-Unis fluctue depuis la fin de la Seconde Guerre mondiale entre un minimum de l'ordre de 10 pour 100 et un maximum de l'ordre de 30 pour 100. En moyenne, il s'agissait de 21 pour 100 pour la décennie 1980-1989. Bien entendu, dans la période de la grande dépression des

1. 1956-1958.

années 1930, ce taux était beaucoup plus élevé. En outre, et là il s'agit plus nettement de gaspillage, on a été en présence de nombreux cas de créations de complexes industriels qui n'ont jamais, ou très peu, fonctionné et qui, par la suite, ont été abandonnés.

LA CONCENTRATION GÉOGRAPHIQUE

Passons à la quatrième composante négative de l'industrialisation du Tiers-Monde : la concentration géographique. Celle-ci est certes davantage la caractéristique du Tiers-Monde des années 1990 que des années 1970. Mais, déjà au début des années 1970, avant que l'expansion industrielle très rapide des quatre dragons n'amenât ces pays à occuper une place importante, six pays (les quatre dragons plus le Brésil et le Mexique) concentraient alors une fraction appréciable du potentiel industriel du Tiers-Monde à économie de marché. Ainsi, en 1973, alors que leurs populations ne représentaient que le dixième de cet ensemble, leur part dans ce potentiel était proche du tiers. Et, d'ailleurs, ces six pays ont été responsables en partie de la croissance des deux décennies précédentes, puisque, vers 1953, ils ne représentaient qu'environ 21 pour 100 du potentiel industriel de cette région. Dès la fin des années 1950, l'expansion de la production manufacturière des quatre dragons a été extrêmement rapide : celle-ci a progressé en moyenne de 11,2 pour 100 par an entre 1960 et 1995. On peut estimer qu'en 1995 ces quatre petits pays, dont la population ne représente que 3 pour 100 de celle du Tiers-Monde à économie de marché, concen-

trent plus du quart de la production manufacturière de cet ensemble et fournissent près de la
moitié des exportations de ces produits. Ce cas
mérite donc bien que l'on s'y arrête plus longuement. Mais, auparavant, il convient d'examiner la
phase du sérieux ralentissement de la production
manufacturière de l'ensemble du Tiers-Monde à
économie de marché, qui a débuté en 1975.

Ralentissement de l'expansion industrielle depuis 1975

Plus haut, nous avons signalé que l'on était en
présence depuis 1975 d'un ralentissement sensible
du rythme de croissance de ce secteur. Même si
l'on inclut les quatre dragons, ce ralentissement
subsiste. En fait, déjà l'année 1974 fut marquée par une mauvaise performance. Mais l'année
1975, avec une progression de la production
manufacturière totale inférieure à 3 pour 100, fut
une des cinq plus mauvaises années depuis la fin
de la Seconde Guerre mondiale. Les quatre autres
mauvaises années, encore plus négatives que
1975, furent 1981, 1982, 1983 et 1989. Cette chronologie permet déjà de mettre en évidence le
caractère négatif de la période 1975-1983. Donc,
même si l'on inclut les quatre dragons, le taux
annuel de croissance a été de 4,5 pour 100 durant
ces 8 années ; soit un rythme inférieur de près
d'un tiers à celui des 8 années précédant 1975. En
excluant les quatre dragons — ce qui se justifie —,
le taux annuel de croissance tombe à 3,6 pour 100,
soit un rythme inférieur de près de moitié aux
8 années précédentes. Ce très fort ralentissement

est non seulement lié aux problèmes conjoncturels consécutifs aux deux chocs pétroliers qui sont
apparus aussi bien dans les pays développés que
dans ceux du Tiers-Monde, mais également à des
causes structurelles.

Parmi ces causes structurelles, la plus importante est l'épuisement des possibilités de substitution de la production locale aux importations; en
tout cas, pour la gamme d'articles dont la production dans le Tiers-Monde ne se heurte pas à des
obstacles technologiques trop importants. Il s'agit
essentiellement d'industries de biens de consommation, et notamment de textile. Pour ces produits, beaucoup de pays du Tiers-Monde sont
arrivés à un niveau de production proche du
niveau de leur consommation. Sur le plan international, ce ralentissement du processus d'industrialisation a surtout touché l'Afrique et l'Amérique
latine. En Asie, même si l'on exclut les quatre dragons, la croissance industrielle est demeurée élevée, entraînée il est vrai par quelques autres petits
pays, ainsi que nous le verrons plus loin. En
Afrique et en Amérique latine, il convient également de signaler l'inégalité au niveau des différents pays. C'est ainsi que la bonne performance
du Brésil et du Mexique contraste avec la piètre
performance de l'Argentine.

L'ensemble de la période qui va de 1983 à 1995
a été encore plus négative que la précédente
(1975-1983); cependant, les années 1984-1986
ont été plus positives. Pour le Tiers-Monde à économie de marché (les quatre dragons exclus),
entre 1982 et 1995, la production manufacturière
a progressé de 2,8 pour 100 par an (0,6 pour 100
par habitant); on est donc encore plus loin du

taux de la phase positive qui précéda 1975. De surcroît, une fraction dominante de pays a connu un développement industriel beaucoup plus faible ; la moyenne étant influencée par les très bonnes performances d'un certain nombre de pays semi-industrialisés (Brésil, Mexique) et aussi par l'apparition de ce que l'on appelle les « nouveaux » dragons (Malaisie, Thaïlande et Turquie). Nous revenons donc sur ces deux types de pays auxquels nous ajouterons un troisième.

LES NOUVEAUX
PAYS INDUSTRIALISÉS
ET SEMI-INDUSTRIALISÉS

Le lecteur attentif a certainement été frappé par les multiples exceptions que nous avons été amené à faire dans l'analyse du processus d'industrialisation, surtout pour la période postérieure aux années 1970. Les exceptions positives ont été nombreuses et si, hélas, elles ne sont pas devenues la règle, progressivement ces pays représentent une fraction non marginale du Tiers-Monde. Il s'agit bien entendu et surtout des quatre dragons, mais aussi des pays qualifiés de semi-industrialisés et enfin d'un nombre croissant de pays, que l'on considère comme des dragons potentiels, qui présentent certaines des caractéristiques et souhaitent atteindre ce stade. Ce sera l'ordre dans lequel nous présenterons ces trois types de pays, auxquels il convient de joindre le cas très spécifique de la Chine.

Les quatre dragons :
une industrialisation très rapide

Historiquement, le premier dragon fut Hong-
kong, dont le processus d'industrialisation, axé
surtout sur les exportations destinées aux pays
développés occidentaux, reçut une impulsion grâce
à l'afflux de réfugiés en provenance de la Chine
après la prise du pouvoir des communistes. Cette
colonie britannique, qui en 1960 ne comptait que
3 millions d'habitants, connut à partir de cette
année une expansion extrêmement rapide de sa
production et de ses exportations d'articles manufacturés. Taïwan débuta son expansion industrielle deux ou trois ans plus tard ; mais, au début,
le niveau demeura plus modeste. La Corée a suivi
à partir de 1968 ou 1969 et Singapour quelque
deux ou trois ans plus tard.

En l'espace de moins de deux décennies, ces
quatre pays, pris globalement, sont devenus des
exportateurs très importants d'articles manufacturés. En excluant les réexportations de Hong-
kong (essentiellement en provenance de la Chine)
ainsi que celles de Singapour, ces exportations
sont passées, entre 1960 et 1973, de 1 à 11 milliards de dollars. En 1983, ces exportations s'élevaient à 65 milliards de dollars et, en 1995, à 345.
Entre 1960 et 1973, ces quatre pays sont passés de
1 à 11 pour 100 des exportations d'articles manufacturés du Tiers-Monde. Ce qui veut dire que,
déjà vers 1973, ils commençaient à représenter
une fraction non négligeable du commerce mondial de ces produits : 2,5 pour 100. Mais, entre
1973 et 1995, cette part fait un nouveau bond,

atteignant 8,4 pour 100. Si l'on ajoute la Malaisie et la Thaïlande, qui ont en quelque sorte rejoint les quatre dragons, cette part est même de 11 pour 100. Ces ventes sont essentiellement destinées aux pays développés occidentaux, dont elles représentèrent d'ailleurs une part non négligeable des importations d'articles manufacturés. Ainsi, entre 1963 et 1995, la part de ces quatre dragons (plus la Malaisie et la Thaïlande) dans les importations nettes de l'ensemble des pays développés occidentaux est passée de 1,2 à 8,9 pour 100. La progression a été encore plus forte pour le « grand dragon » qu'est, d'une certaine façon, la Chine, dont la part est passée, elle, de 0,1 à 4,3 pour 100.

Si au début il s'agissait de secteurs industriels traditionnels (textile, chaussure, etc.), très rapidement les secteurs de pointe ont pris une place importante. Il est symptomatique de signaler qu'en 1992 une firme coréenne (Samsung) est devenue le plus gros producteur mondial de mémoires d'ordinateurs, et que sa production a été largement concentrée dans les nouveaux types de mémoire (notamment 16 méga bytes de capacité). D'ailleurs, sur le plan de la taille des entreprises, d'après le classement effectué en 1996 par le magazine *Fortune* pour 1995, en ce qui concerne les entreprises d'équipements électroniques, la firme Samsung se plaçait au 14e rang dans le monde et une autre firme coréenne, Daewoo, au 6e rang, précédant ainsi les Japonais Sony et Nec et la firme néerlandaise Philips. D'ailleurs, parmi les 14 plus grandes entreprises de ce secteur, l'Europe occidentale (12 fois plus peuplée que la Corée du Sud) n'en comptait que 4 : outre Philips (donc 9e place), il s'agissait de Siemens (Allemagne, 4e place), Abb Asea Brown Bovery (Suisse, 11e), Alcatel Almsthom (France, 12e). De surcroît, ces firmes coréennes sont très diversifiées ; ainsi, par exemple, Daewoo est aussi un important constructeur d'automobiles.

En ce qui concerne les produits intermédiaires, signalons la récente expansion de la production et des exportations coréennes de voitures. La production de voitures de tourisme, qui à la fin des années 1970 était inférieure à 100 000 unités par an, a dépassé le million en 1991, et a atteint 2 millions en 1995, faisant ainsi de ce pays le 5e producteur mondial, derrière les États-Unis, le Japon, l'Allemagne et la France. Le Canada est très proche de la Corée, avec cependant une production qui est le fait, presque totalement, d'entreprises non locales. D'ailleurs, nous reviendrons plus loin sur le caractère autochtone de l'industrialisation coréenne. La plus grande firme automobile de ce pays, Hyundai Motor, est, en 1995, la 20e sur le plan mondial. Certains des grands groupes industriels de ces pays commencent à investir dans les pays développés et atteignent des tailles qui les placent parmi les grands du monde.

LES FACTEURS DE SUCCÈS

S'il n'y a pas de doute que la condition *sine qua non* de cette rapide industrialisation fut les possibilités d'exportation dues largement à la faible taille de ces pays, il convient de s'interroger aussi sur les facteurs structurels et les mesures qui ont permis à ces pays de se présenter dans des conditions favorables sur le marché international des articles manufacturés. Si l'on se place vers 1960, c'est-à-dire avant leur rapide expansion, on peut déjà discerner des spécificités importantes par rapport au reste de l'Asie, pour ne pas parler du reste du Tiers-Monde.

LE POIDS ET LES ACQUIS DU PASSÉ

Tant la Corée que Taïwan avaient été colonisés par le Japon qui avait poursuivi une politique active de développement agricole et aussi en partie industriel. Il y eut même, à la fin des années 1930, un plan coordonné d'industrialisation pour la Corée et, dans une moindre mesure, pour Taïwan. Déjà, à la veille de la Seconde Guerre mondiale, la Corée disposait, entre autres, d'industries textiles, sidérurgiques, électriques et de cimenteries, ces dernières les plus importantes en termes de production par habitant du Tiers-Monde. Certes, il s'agissait d'une industrialisation dépendante de la métropole japonaise mais déjà assez importante pour nécessiter dès lors la formation d'une main-d'œuvre locale. La filature de coton coréenne disposait, en 1939, de 60 000 broches à filer, c'est-à-dire par habitant autant que l'Inde. En 1940, la production de fonte atteignait 305 000 tonnes (par habitant le double que l'Inde). Une partie importante de l'industrie était cependant localisée dans le nord et ne fut donc pas un héritage industriel pour la Corée du Sud, qui est celle qui nous intéresse ici. La Corée du Nord, devenue communiste (en 1945), a bien entendu suivi une tout autre voie, bien que s'étant aussi industrialisée.

Taïwan était moins industrialisé, mais disposait néanmoins d'une base en ce domaine. D'autre part, et cela est notable, tant la Corée que Taïwan, c'est-à-dire les deux pays d'une certaine importance territoriale, avaient une agriculture relativement performante. Pour 1958-1962, le niveau de la productivité agricole se situait à l'indice 6 en Corée, et surtout à 13,4 à Taïwan, contre 4,5 pour le reste de l'Asie à économie de marché[1]. Hong-kong ainsi que Singapour étant en quelque sorte des cités-États, la composante agricole est négligeable (environ 7 pour 100 des actifs seulement). Toujours vers 1960, alors que le taux d'analphabètes de l'Asie à économie de marché était encore de 64 pour 100, il n'était que de 29 pour 100 en Corée et à Hong-kong, de l'ordre de 35 pour 100 à Singapour et de 40 pour 100 à Taïwan. Signalons aussi que la croissance démographique de ces quatre pays a été sensiblement plus lente que celle du reste de l'Asie. De 1970 à 1990, (Hong-kong mis à part), le taux annuel de croissance s'est situé entre 1,4 et 1,6 pour 100, comparé à 2,3 pour 100 pour l'Asie à économie de marché. Le flux de réfugiés a entraîné à Hong-kong une progression démographique plus rapide, surtout de 1950 à 1965 (4,3 pour 100 par an). Mais de 1965 à 1995, il s'est agi de 1,7 pour 100.

Autre spécificité, et non des moindres, l'ampleur de l'aide reçue — pour des raisons essentiellement politiques, il est vrai —, surtout par la Corée et Taïwan. Ainsi, pour la décennie 1960-1969, l'aide publique bilatérale et multilatérale nette s'est élevée annuellement à 210 millions de dol-

1. Voir chap. XXXIII.

lars pour la Corée et à 70 millions de dollars pour
Taïwan. Cela n'inclut pas l'aide militaire et représente respectivement 7,4 et 5,6 dollars par habitant, comparé à 3,3 dollars pour le reste de l'Asie
à économie de marché. En outre, l'afflux des capitaux privés a également été plus important que
dans le reste de l'Asie. Soulignons que pour ces
deux derniers pays, l'industrialisation a été aussi
aidée par une politique de substitution aux importations.

Enfin, le cas de Hong-kong et celui de Singapour. Bien que partageant avec les deux autres
dragons des caractéristiques communes (telles
qu'un haut niveau d'éducation), chacun d'eux
a des spécificités très particulières. Pour Hong-
kong, il s'agit de l'effet combiné d'une histoire
de plus d'un siècle comme enclave britannique
avec l'effet de l'afflux de réfugiés, dont beaucoup
avaient un niveau élevé de qualification, en provenance de la Chine lors du changement de régime.
Dès avant la Première Guerre mondiale, Hong-
kong avait commencé à exporter des articles manufacturés. Sa base industrielle était déjà diversifiée :
textiles, ciment, papier, construction navale, etc.
Quant à Singapour, c'est un des rares cas dans
l'Asie du XXe siècle d'une cité-État, peuplée elle
aussi largement par des Chinois. D'ailleurs, c'est
un très petit pays qui, en 1995, comptait 3,0 millions d'habitants, comparé à 6,2 pour Hong-kong,
21,2 pour Taïwan et 44,9 pour la Corée. En
termes d'exportation d'articles manufacturés par
habitant, Singapour occupe, depuis 1993, la première place sur le plan mondial, ayant alors
dépassé la Suisse.

UNE INDUSTRIE AUTOCHTONE

Sur le plan général, les spécialistes mettent en avant — mais c'est en partie une tautologie — que le développement rapide de ces pays résulte des forts taux d'investissement et de la rapide progression de la main-d'œuvre dans l'industrie. Effectivement, les taux d'investissement ont été élevés, atteignant par exemple un sommet de 47 pour 100 du PNB à Singapour en 1984, et des taux de 40 pour 100 ont été atteints presque partout et durant des périodes assez longues. Une partie (mais non déterminante) de ces investissements provient des investissements étrangers, qui ont atteint des niveaux élevés, mais elle provient surtout — et ceci est important — de taux d'investissements locaux, eux aussi élevés. Si l'on prend l'ensemble des quatre dragons au début des années 1980, ceux-ci avaient reçu 17 pour 100 du total des investissements directs de l'ensemble du Tiers-Monde à économie de marché ; au début des années 1990, il s'agissait même de 20 pour 100.

En effet, les investissements internationaux ont représenté une faible proportion de l'investissement industriel et des investissements en général. Ainsi, entre le milieu des années 1970 et le début des années 1990, la part des capitaux étrangers dans la formation du capital a été de l'ordre de 1 pour 100 pour la Corée, de 2 pour 100 pour Taïwan et de 5 pour 100 pour Hong-kong. Pour Singapour, cette proportion a été de l'ordre de 20 pour 100, mais dont une partie seulement dans l'industrie. Pour le reste du Tiers-Monde à économie de marché, cette proportion a été de l'ordre de 3 à 4 pour 100. Au niveau individuel des pays, pour certains (également dans les pays développés) cette proportion dépasse les 10 pour 100. Autre indication du caractère autochtone de l'industrialisation des quatre dragons : l'importance relative de l'emploi manufacturier occupé dans des entreprises appartenant à des multinationales étrangères. Cette proportion a été de l'ordre de 8 à 10 pour 100 en Corée et à Taïwan, de 12 pour 100 à Hong-kong et de 5 pour 100 à Singapour, alors qu'elle a été de 14 pour 100 au Brésil ; sans parler de cas extrêmes, comme l'île Maurice ou la Jamaïque (où elle était de 26 pour 100). Et sans parler non plus des proportions très élevées dans la plupart des pays développés (moyenne supérieure à 30 pour 100).

En ce qui concerne la progression rapide de la main-d'œuvre, là où il existait des réservoirs de population active agricole (essentiellement Corée et Taïwan), le transfert vers l'industrie a été effectivement rapide, et dans les autres pays l'immigration a joué un rôle voisin.

L'INTERVENTION DE L'ÉTAT

Comme l'écrit l'économiste Ajït Singh[1], le vieux débat entre les tenants du libéralisme (notamment la Banque mondiale) et ceux plus proches de l'interventionnisme (notamment la CNUCED) a fait des progrès : « Il y a maintenant un accord sur le fait que les gouvernements de ces pays sont intervenus fortement dans toutes les sphères de

1. 1995.

l'économie afin d'atteindre une croissance écono
mique et une industrialisation rapides.»

Donc conditions spécifiques et aussi possibilités spécifiques découlant de la taille restreinte
de ces pays. Il est impossible de généraliser à
l'ensemble du Tiers-Monde ce modèle de développement industriel axé essentiellement sur des
exportations vers les pays développés occidentaux, et ce pour la simple raison de l'impossibilité
du monde développé d'absorber des quantités
aussi importantes d'articles manufacturés. En
effet, si l'ensemble du Tiers-Monde à économie de
marché avait exporté par habitant autant d'articles
manufacturés que la moyenne des quatre dragons, cela aurait représenté pour 1990 un montant plus de deux fois supérieur au commerce
mondial de ces produits, et un montant trois fois
supérieur à celui des importations totales d'articles
manufacturés dans les pays développés occidentaux. En d'autres termes, cela représenterait une
quantité de produits manufacturés proche de la
consommation totale des pays développés occidentaux, ce qui impliquerait pour ceux-ci l'abandon presque total de ce secteur fondamental
d'activité.

S'AGIT-IL ENCORE DE PAYS DU TIERS-MONDE?

Si au début des années 1980 le doute était
encore possible, il ne l'est plus au début des
années 1990. Il s'agit alors de pays qui présentent
pratiquement toutes les caractéristiques de pays
développés et même de pays très développés.
Ainsi, sans parler du niveau élevé du PNB par
habitant, dépassant celui de maints pays dévelop-

pés, signalons les indicateurs significatifs suivants. La mortalité infantile est inférieure à 10 pour 1000 dans la plupart de ces pays ; ce qui correspond à la situation des pays avancés du monde développé. Il en est évidemment de même, les deux choses étant largement liées, de l'espérance de vie à la naissance, qui, toujours au début des années 1990, dépasse les 70 ans. Les taux de scolarisation du niveau secondaire et du niveau universitaire sont très proches de ceux des pays développés. Dans le domaine des exportations, non seulement il s'agit essentiellement d'articles manufacturés, mais la part de ce que les Nations Unies appelaient les nouveaux produits manufacturés (essentiellement des produits électroniques avancés) est même plus élevée que dans les pays développés. Entre 1980 et 1993, la part de ces produits dans les exportations totales d'articles manufacturés est passée pour les quatre dragons de 16,2 pour 100 à 31,7 pour 100, alors que pour les pays développés elle n'était, en 1993, que de 12,6 pour 100 et de 24,5 pour 100 pour le Japon. Enfin, sans être exhaustif, signalons que la distribution des revenus est beaucoup plus égale que dans le Tiers-Monde en général.

Les pays semi-industrialisés

Dans les pages précédentes, nous avons un peu perdu de vue les quatre pays qui, au début de ce siècle, avaient déjà une certaine base industrielle : Brésil, Chine, Inde et Mexique. Qu'en est-il advenu de ces pays ? Pour l'instant, nous laisserons de côté la Chine. Des trois autres pays, le

Brésil et le Mexique sont indiscutablement devenus ce que nous appelons des pays semi-industrialisés. Semi-industrialisés dans le contexte,
bien entendu, du Tiers-Monde ; c'est ainsi que le
Brésil, pays le plus industrialisé du groupe, dont
le niveau d'industrialisation par habitant vers
1995 était deux fois et demie de celui du reste
du Tiers-Monde à économie de marché, ne se
situe qu'au onzième du niveau des pays développés occidentaux et donc bien au-dessous des pays
les moins industrialisés de ces pays développés,
tels que le Portugal ou la Grèce. Le niveau du Brésil d'aujourd'hui est, *grosso modo*, celui des pays
développés vers 1913, avec tout ce qu'une comparaison de cette nature comporte d'anachro-
nismes.

Par contre, l'Inde, qui, en termes absolus, est
après la Chine la deuxième puissance industrielle
du Tiers-Monde, ne peut être, ou pas encore,
caractérisée réellement comme un pays semi-
industrialisé. Déjà, en termes de potentiel manufacturier par habitant, l'Inde se situait vers 1995 à
moins du double de la moyenne du Tiers-Monde à
économie de marché. Et si l'on fait la même comparaison que ci-dessus pour le Brésil, l'Inde d'aujourd'hui a un niveau d'industrialisation qui était
celui des pays développés vers 1880. Mais si l'on
ne peut pas, ou pas encore, parler d'un réel pays
semi-industrialisé, il ne faut pas se laisser prendre
au piège que peuvent représenter les données par
habitant, piège qui peut parfois comporter autant
d'inconvénients que celui des données globales.
Vu la forte taille du pays, qui inclut de vastes
régions très peu industrialisées, les régions industrialisées de l'Inde ont un niveau assez avancé.

L'industrie de l'Inde compte des entreprises à
haut niveau technique. Le groupe Tata, dont nous
avons raconté le rôle de pionnier qu'il a joué dans
le processus de réindustrialisation[1], est actuellement un groupe très diversifié et très important.
Tout cela explique pourquoi nous en parlerons
encore (mais brièvement) plus loin. Peu ou prou,
c'est aussi le même cas pour le Mexique. Mais
commençons par les réels pays semi-industrialisés.

LE BRÉSIL : LA TROISIÈME PUISSANCE INDUSTRIELLE DU TIERS-MONDE

Dans la continuité de la politique amorcée en
1879[2], le Brésil met en place, en 1956, un nouveau
programme d'industrialisation par le biais d'un
protectionnisme commercial et d'autres mesures
incitatives, notamment une politique d'accueil aux
capitaux étrangers. Il s'agit du plan dit de Métas,
lancé par le président Juscelino Kubitschek, qui
cherchait à réaliser «50 ans d'industrialisation en
5 ans». Une nouvelle impulsion du même ordre
fut donnée en 1964 sous la présidence du maréchal Castello Branco, arrivé au pouvoir par un
coup d'État. Le but général de ces politiques ainsi
que d'autres qui suivirent, inscrites dans des
contextes sociaux et politiques différents et qui
comportaient des modalités différentes, était de
favoriser une forte diversification du secteur industriel, y compris dans les domaines de haute technologie tels que les ordinateurs. Quelles que soient
les critiques, en partie justifiées, adressées à cette

1. Voir chap. XXII, tome II.
2. Voir chap. XX, tome II.

politique, il n'en reste pas moins que, à partir de
1982, le déficit en matière de commerce extérieur
d'articles manufacturés laisse place à un excédent qui croît progressivement (même si ce n'est
qu'irrégulièrement). Le Brésil qui, par excellence,
était un pays exportateur de produits bruts
(encore 91 pour 100 en 1969), voit en 1973, pour
la première fois, les ventes de café dépassées par
celles d'articles manufacturés ; en 1995, ces
articles représentaient 53 pour 100 des exportations totales (contre 37 pour 100 en 1980).

Le Brésil est d'ailleurs devenu un exportateur
d'articles manufacturés important sur le plan
mondial ; entre 1970 et 1992, il est passé de la 37ᵉ
à la 25ᵉ place, pour retomber à la 30ᵉ en 1995. Et,
ce qui est plus significatif, en 1995, sur le plan du
Tiers-Monde, il occupe la 9ᵉ place, précédé bien
sûr par les quatre dragons, mais aussi par la
Chine, le Mexique, la Malaisie et la Thaïlande (ces
deux derniers pays ne l'ayant dépassé qu'en
1991). Mais plus important encore est le fait que
le Brésil du début des années 1990 était, sur le
plan mondial, le 10ᵉ ou 11ᵉ producteur d'automobiles (le 5ᵉ pour les camions) ; le 9ᵉ producteur
d'acier (devant la France et même le Royaume-
Uni !) ; le 6ᵉ constructeur de navires marchands ;
le 7ᵉ ou 8ᵉ producteur de récepteurs de télévision ;
le 5ᵉ ou 6ᵉ pour l'acide sulfurique ; etc. Tout cela
fait du Brésil, en termes globaux, la 9ᵉ ou 10ᵉ puissance industrielle mondiale, et la 3ᵉ du Tiers-
Monde, après la Chine et l'Inde (respectivement 8
et 6 fois plus peuplés). Le Brésil est devenu, à partir de 1981, autosuffisant en produits manufacturés, dégageant même un excédent croissant.

Malgré ces réussites industrielles, l'interrogation émise à propos des quatre dragons reçoit pour le Brésil une réponse négative : il s'agit encore d'un pays du Tiers-Monde. Donnons une première indication : au début des années 1990, la mortalité infantile y était encore de l'ordre de 60 pour 1000, ce qui est la moyenne de l'ensemble du Tiers-Monde, influencée favorablement, il est vrai, par le taux très faible (30 pour 1 000) de la Chine. Mais le Brésil est aussi un des pays aux plus fortes inégalités régionales : entre la région de São Paulo et celle du Nordeste, l'écart est énorme.

LE MEXIQUE ET L'INDE

Grâce notamment à la création à partir de 1965 des *maquiladoras*, c'est-à-dire des zones franches pour les entreprises industrielles tournées vers le marché international, le Mexique est devenu le 6e exportateur d'articles manufacturés du Tiers-Monde ; et si ce pays n'est devenu autosuffisant pour sa consommation d'articles manufacturés qu'en 1995 (en partie en raison de son entrée dans l'ALENA), dégageant même un léger surplus (4 pour 100), le déficit commercial en la matière s'était déjà considérablement réduit depuis le milieu des années 1960, passant de 80 pour 100 en 1970 à 22 pour 100 en 1994. Sans atteindre le niveau d'industrialisation par habitant du Brésil, le Mexique dépasse néanmoins la moyenne de l'ensemble du Tiers-Monde de près de la moitié, et est ainsi, les quatre dragons mis à part, le deuxième pays le plus industrialisé du Tiers-Monde à économie de marché et le troisième de l'ensemble du Tiers-Monde, étant aussi dépassé par la Chine.

L'Inde se situe à peu près au niveau d'industrialisation de l'ensemble du Tiers-Monde et son intervention sur le commerce international d'articles manufacturés est très marginale (moins de 2 pour 100). En raison de quoi (et notamment de la première caractéristique) on ne peut pas considérer ce pays comme étant un pays semi-industrialisé. Cependant le pays est pratiquement autosuffisant pour sa consommation d'articles manufacturés, ainsi que nous l'avons laissé entendre, et dispose d'une industrie très diversifiée, tant dans le domaine des biens de consommation que dans celui des biens d'équipement. Comme nous avons parlé de zones franches industrielles à propos du Mexique, signalons que l'Inde fut en fait le premier pays du Tiers-Monde à avoir créé une telle zone (à Kandla en 1956). Mais alors que dès 1986 on en comptait 17 au Mexique, on n'en comptait que 2 en Inde. Notons que si l'Inde n'est pas (ou pas encore) un exportateur important d'articles manufacturés, ceux-ci représentent cependant une part croissante de ses exportations totales : étant passés d'un peu plus de 5 pour 100 dans le début des années 1970 à 8 pour 100 dans le début des années 1990.

Malaisie, Thaïlande et Turquie :
de récents pays semi-industrialisés,
ou de nouveaux dragons ?

On peut considérer qu'au début des années 1990 la Malaisie, la Thaïlande et la Turquie sont passées, mais récemment, au stade de pays semi-industrialisés ou de dragons. Pour la Turquie, il s'agit davantage d'une industrialisation basée sur le marché local, donc plutôt d'un pays semi-industrialisé. Pour les deux autres, il s'agit d'un type d'industrialisation proche du modèle de celui des quatre dragons. Ces deux pays sont devenus au début des années 1990 les 6e et 7e exportateurs d'articles manufacturés du Tiers-Monde, juste après trois des quatre dragons, la Chine et le Mexique. D'ailleurs, certaines analyses économiques les considèrent comme faisant partie de ce «club» restreint. Toutefois, cela paraît encore prématuré, surtout pour la Thaïlande. Dans les deux cas, ce rôle d'exportateur important d'articles manufacturés ne date que du milieu des années 1980, époque où l'on considérait alors que les dragons en devenir étaient plutôt les Philippines et l'Indonésie. Mais ces deux derniers pays, qui exportaient alors autant d'articles manufacturés que la Thaïlande, n'en ont exporté au début des années 1990 que les trois quarts pour l'Indonésie, et moins du tiers pour les Philippines. En termes d'exportation d'articles manufacturés par habitant, tant la Malaisie que la Thaïlande sont néanmoins, au milieu de la décennie 1990, assez loin de la moyenne des quatre dragons (pour 1995 : respectivement 2 650 et 700 dollars, contre 3 670). En outre, la structure de la production manufacturière et des exportations y était moins diversifiée, beaucoup moins sophistiquée et aussi moins autonome. Par exemple, la Thaïlande était certes, en 1995, avec plus de 300 000 voitures, le 7e producteur du Tiers-Monde (après, dans l'ordre : la Corée, le Brésil, la Chine, le Mexique, l'Inde et Taïwan). Toutefois, il ne s'agit pas de firmes autochtones, mais étrangères (surtout japonaises);

et une part importante de la production comporte une proportion dominante de pièces d'importation. Donc pas (ou peut-être pas encore) de véritables « dragons ».

ET L'INDONÉSIE? ET LE VIÊT-NAM?

Ce sont également les cas d'un ancien et d'un tout récent prétendant à ce statut. L'ancien prétendant est l'Indonésie, qu'à la fin des années 1970 beaucoup d'analystes voyaient comme un futur dragon. Effectivement, entre 1972 et 1983, la production et surtout les exportations d'articles manufacturés s'étaient accrues rapidement. Mais, par la suite, le phénomène s'est ralenti, et le niveau des exportations au milieu de la décennie 1990 resta encore relativement faible, vu surtout la taille du pays. En 1995, celles-ci s'élevaient à un peu moins de 200 dollars par habitant, soit le treizième du dragon le plus peuplé et dont les exportations par habitant étaient les plus faibles des quatre dragons : la Corée. Le récent prétendant est le Viêt-nam, dont *Business Week* faisait sa couverture du 23 mai 1994 sous le titre : «Vietnam Asia's Next Tiger ?». Il est évident, vu l'ouverture très récente de ce pays, que l'interrogation est de mise. Nous reviendrons à ce cas dans le chapitre XXXVI.

La Chine, un grand dragon ?

Si les quatre dragons, parfois qualifiés en Extrême-Orient, et à juste titre en raison de leur assise démographique, de «petits dragons», ont réussi leur industrialisation grâce au commerce

extérieur, le schéma est très différent pour le
«grand dragon» qui, pendant longtemps, a axé
son industrialisation sur le marché intérieur; il
est 15 fois plus peuplé que celui de l'ensemble des
quatre petits dragons! La question de l'exempla-
rité du cas de la Chine se pose surtout pour sa
période de planification et d'absence de propriété
privée dans ce secteur; disons, *grosso modo*, de
1949 à 1977. La période ultérieure, sans être
encore un retour total à l'économie de marché,
présente des caractéristiques différentes et plus
proches de celles du reste du Tiers-Monde. Cette
période sera examinée plus loin. Et c'est à propos
de cette seconde période qu'il commence à y avoir
un début de justification au terme de «dragon»;
en effet, la Chine a vu, à partir de la fin des années
1970, une expansion extrêmement rapide de ses
exportations d'articles manufacturés.

LA PHASE COMMUNISTE:
UNE BASE INDUSTRIELLE ÉQUILIBRÉE

La Chine, au moment de la création de la République populaire, est un pays meurtri par les
conséquences de l'invasion japonaise et la longue
guerre civile. En revanche, elle a hérité aussi des
investissements réalisés par le Japon en Manchourie. Toutefois, son niveau d'industrialisation
par habitant vers 1949 était à peu de chose près
celui de 1938 qui, lui-même, n'était que légèrement
supérieur à celui de 1913: donc, pratiquement,
une stagnation du niveau d'industrialisation entre
1913 et 1949, alors qu'en Inde, par exemple, on a
assisté à un doublement. Vers 1949, le niveau
d'industrialisation de la Chine était voisin ou un

peu inférieur à celui de la moyenne du Tiers-Monde à économie de marché. Or, le niveau atteint par la Chine en 1976 à la mort de Mao est (d'après mes estimations basées sur les sources occidentales) supérieur de quelque 65 à 75 pour 100 au niveau d'industrialisation moyen du Tiers-Monde à économie de marché (mais supérieur de seulement 40 à 45 pour 100 à celui de l'Inde ; et inférieur de 60 à 70 pour 100 à celui du Brésil). Il est possible que notre estimation soit un peu trop faible, car pour ce type d'information, comme pour toutes les autres données statistiques de la Chine, on dispose de deux séries de renseignements : la première est constituée par les chiffres officiels ; la seconde par les estimations d'experts occidentaux (généralement des émigrés chinois qui travaillent aux États-Unis) qui, doutant de la réalité des chiffres officiels qu'ils considèrent comme trop optimistes, cherchent à réévaluer l'évolution sur la base de données qu'ils jugent plus réalistes. L'arrivée au pouvoir de la nouvelle équipe a apparemment entraîné une sobriété plus grande des chiffres pour la période actuelle, avec aussi peut-être un biais dans l'appréciation des réalisations du pouvoir précédent et notamment des « erreurs » de la « bande des quatre ».

D'autre part, nous sommes en présence d'une industrialisation plus diversifiée, on peut même dire plus équilibrée que celle du reste du Tiers-Monde. À côté d'une vaste gamme d'industries de biens de consommation, on note la présence d'une gamme très étendue de biens d'équipement. Cette orientation a d'ailleurs été accélérée après la rupture avec l'URSS qui débuta dès 1960. Notons que cette forme d'industrialisation

plus équilibrée se retrouve à un moindre degré en
Inde. C'est ainsi qu'à la fin des années 1960, en
Inde, les importations de machines et d'équipements de transport s'élevaient à quelque 700 millions de dollars et représentaient près de 30 pour
100 des importations totales, alors qu'en Chine ces
importations étaient pratiquement nulles. L'industrialisation chinoise ne s'est pas faite sans heurts.

LE BOND EN AVANT : UN ÉCHEC

L'objectif de ce bond en avant était de rattraper
en 15 ans le niveau industriel du Royaume-Uni.
Le choix de ce pays étant doublement symbolique ; car, lorsque Mao, en 1911, s'engage dans
l'armée révolutionnaire chinoise, le Royaume-
Uni n'était pas seulement le pays qui dominait la
Chine, mais était aussi considéré comme la plus
grande puissance industrielle du monde. En 1958,
quand le bond en avant fut lancé, le Royaume-Uni
était encore la 2e puissance industrielle du monde
occidental, dont le potentiel cependant ne représentait que le sixième de celui des États-Unis, ce
qui explique que l'objectif retenu n'ait pas été ce
dernier pays. Pour la Chine, en 1958, rattraper le
potentiel du Royaume-Uni signifiait une multiplication par 3 (rattraper les États-Unis aurait donc
impliqué une multiplication par 18). Non seulement les objectifs à court terme furent loin d'être
atteints, mais une partie de la production fut de
qualité insuffisante. C'est ainsi qu'en 1958 et
1959, plus d'un tiers de l'acier produit se révéla
impropre à l'utilisation, surtout celui produit par
les hauts-fourneaux dits « de poche » qui étaient de
petites unités de production utilisant des tech-

niques semi-industrielles. Selon les estimations actuelles émanant des autorités chinoises, la production a continué à baisser, même après la fin officielle du bond en avant, effaçant une partie des progrès enregistrés. Le niveau de la production de 1962 ne dépassait que de 20 pour 100 le niveau de 1957. À ce propos, il convient de rappeler la grave famine de 1959-1961. Et il convient aussi de signaler la désorganisation causée par le brusque rappel (en juillet 1960) des spécialistes de l'Union soviétique, rappel qui s'inscrit dans le mouvement de rupture entre les deux grands du monde communiste qui s'est amorcé au milieu de 1959, et qui implique également l'interruption presque totale de l'aide soviétique. Cela fut d'ailleurs invoqué par Mao comme l'une des deux causes principales de l'échec du bond en avant, l'autre étant (toujours selon Mao) la déformation des directives par les «leaders prosoviétiques», notamment Deng Xiaoping, qui a été le véritable dirigeant (soit directement, soit indirectement) de la Chine de 1975 jusqu'au début des années 1990.

Toutefois, assez rapidement, dès 1963, la croissance industrielle reprit un rythme élevé, et 15 ans après le lancement du bond en avant, en se basant sur les estimations occidentales, la Chine avait probablement dépassé le niveau du Royaume-Uni de 1958. Bien entendu, il s'agit du niveau total et non de celui par habitant ; le niveau d'industrialisation par habitant de la Chine de 1973 étant, à peu de chose près, celui du Royaume-Uni du début du XIXe siècle (mais dépassant déjà d'environ la moitié celui du reste du Tiers-Monde).

LA CHINE DES RÉFORMES :
UNE CROISSANCE INDUSTRIELLE TRÈS RAPIDE

Sans entrer ici dans le détail des multiples aspects des nouvelles politiques poursuivies par la Chine dans le domaine industriel, signalons que celles-ci impliquent une plus grande souplesse des entreprises nationalisées ; une intervention plus importante de l'initiative privée, et de très larges possibilités offertes aux investissements étrangers. Apparemment, cette politique s'est traduite par une croissance très rapide, bien qu'irrégulière. Nous disons apparemment, car bien que les chiffres de cette période ne fassent plus, ou pas encore, l'objet d'une réévaluation et bien qu'ils soient cautionnés implicitement par la Banque Mondiale, nous sommes convaincu qu'ils sont surestimés. Voyons d'abord les données officielles. Globalement, depuis le début des réformes, de 1977 à 1995, la production industrielle a progressé en moyenne de 12,7 pour 100 par an. Or, l'emploi dans l'industrie n'a progressé que de quelque 3 pour 100 par an, ce qui laisserait supposer un gain de productivité de l'ordre de 9,4 pour 100 par an, ce qui paraît excessif. En admettant une croissance annuelle de la productivité de 4,5 pour 100, ce qui est plus du double de celle observée dans le Tiers-Monde à économie de marché, le taux annuel de croissance de l'industrie se trouve ramené à 7,6 pour 100, ce qui reste élevé, mais plus vraisemblable. Cette croissance rapide venant s'ajouter à celle également rapide de la période 1949-1979 conduit actuellement à un niveau d'industrialisation nettement plus élevé que celui du reste du Tiers-Monde. D'après mes calculs basés sur les données occidentales, au début des années 1990 la Chine aurait dépassé le niveau (par habitant) du Mexique, alors que vers 1980 elle se situait à la moitié de celui-ci. Si l'on exclut les quatre dragons, la Chine est, en 1995, le pays le plus industrialisé du Tiers-Monde, mais elle n'a pas encore rattrapé le Royaume-Uni, ce qui prendra encore de nombreuses années, car le niveau de la Chine n'est que le septième de celui du Royaume-Uni.

UNE PRÉSENCE DE PLUS EN PLUS MASSIVE
SUR LES MARCHÉS INTERNATIONAUX

La justification de ce titre provient aussi du fait que, à partir de la fin des années 1970, la Chine a commencé à être un exportateur important d'articles manufacturés largement destinés aux pays développés. Ces exportations sont passées de 3 milliards de dollars en 1975 à 125 milliards en 1995, faisant ainsi de la Chine le 10e exportateur mondial de ces produits et le premier du Tiers-Monde, suivie par la Corée et Taïwan. Toutefois, il ne faut pas oublier la taille du pays: ces 125 milliards ne se traduisent que par 104 dollars par habitant, contre 3 670 pour la moyenne des quatre dragons. Ce qui montre à l'évidence que la voie suivie par les quatre dragons ne peut pas être généralisée aux très grands pays. Sur le plan du commerce international, ces 125 milliards de dollars d'articles manufacturés sont une masse relativement importante, mais rééquilibrés pour l'instant par des importations d'articles manufacturés presque aussi importantes.

Une part prépondérante de ces exportations d'articles manufacturés a été produite dans des espèces de zones franches créées à partir de 1980, c'est-à-dire deux ans après que les entreprises privées furent autorisées. Il s'agit de trois types de régions, toutes localisées sur les côtes. Les plus importantes sont les quatre «zones économiques spéciales» situées dans la région de Canton, partie de la Chine la plus tournée vers le monde extérieur depuis des siècles. À quoi s'ajoutent six «zones ouvertes» et l'île de Hainan qui dispose d'un statut économique «spécial». Sans entrer dans les nuances, le principe de ces zones est l'économie de marché, allant jusqu'à des possibilités d'investissements étrangers (qui sont même souhaités). L'essentiel des entreprises travaille en vue du marché international. Bref, en simplifiant un peu, on peut dire que le capitalisme, et même le capitalisme sauvage, règne en maître. De quoi faire se retourner dans sa tombe Mao, le «Grand Timonier», dont on a quand même célébré, avec un certain faste, en décembre 1993, le centième anniversaire de la naissance et dont l'artisan de ces zones, Deng Xiaoping, le «Petit Timonier», prétendait être le continuateur.

XXXV. LE COMMERCE EXTÉRIEUR ET LES TERMES DES ÉCHANGES

Un aspect fondamental de l'évolution du Tiers-Monde est celui de ses échanges avec le monde développé. On peut même considérer que le commerce extérieur de cette région est en quelque sorte le miroir des changements structurels résultant de la colonisation et de la décolonisation. Le commerce extérieur fera l'objet de la première section de ce chapitre. Exporter et importer, mais à quel niveau de prix ? Cette question, que nous traiterons ensuite, est surtout cruciale pour les exportations, dont l'instabilité des prix a été et reste le caractère dominant. Mais cette question est aussi au cœur du problème des termes des échanges. La détérioration des termes des échanges a entraîné la nécessité d'un rééquilibrage de la balance financière du Tiers-Monde et, de ce fait, a conduit aux programmes d'aide (et à son revers : l'endettement). Nous examinerons ces problèmes dans le chapitre suivant.

LE COMMERCE EXTÉRIEUR

Quelles ont été les grandes tendances du commerce extérieur ? Quels sont les produits que le Tiers-Monde exporte et importe, et quels changements ont marqué cette structure par produit du commerce ? Ces aspects seront traités dans les trois sous-sections qui suivent. Notons que dans cette analyse, la Chine et les autres pays communistes d'Asie seront laissés de côté. Cette exclusion est motivée uniquement par la problématique différente présentée par ces pays. D'ailleurs, le commerce extérieur a occupé une place très restreinte dans leur économie, à la fois dans la période communiste qui a commencé en 1949, mais également avant, car la Chine surtout a eu jusqu'à récemment (comme nous avons eu l'occasion de le voir dans le chapitre XXII) un commerce extérieur assez réduit. Ce fut également le cas des deux des trois autres pays communistes : Corée, Mongolie ; le Viêt-nam ayant été un exportateur plus important. Toutefois, vu l'importance démographique (et aussi politique) de la Chine et vu aussi les changements importants intervenus depuis le début des années 1980, nous consacrerons une sous-section au commerce extérieur de ce pays.

*Évolution générale
du commerce extérieur :
des phases contrastées*

L'évolution générale du commerce extérieur du Tiers-Monde à économie de marché depuis le début de ce siècle peut se diviser en trois phases assez distinctes, comme le fait d'ailleurs ressortir le tableau XXXV.1. Jusqu'à 1950 environ, on note une progression de l'importance relative du Tiers-Monde dans le commerce mondial ; entre 1950 et 1971, on est en présence d'une perte de vitesse ; et, à partir de 1972, en raison des fortes variations des prix pétroliers, on a assisté à une évolution très erratique et très différenciée, selon qu'il s'agit de pays exportateurs ou de pays non exportateurs de pétrole. Si l'on prend l'ensemble du Tiers-Monde à économie de marché, sa part dans les exportations mondiales a atteint un creux en 1986, avec un peu plus de 19 pour 100, mais a progressé depuis lors pour s'établir à 24 pour 100 en 1995. Nous examinerons chacune de ces phases séparément, en nous intéressant davantage à celle de 1950 à 1971 où s'inscrit notamment la phase de la détérioration des termes des échanges.

JUSQU'EN 1952 : UNE RAPIDE EXPANSION

La première phase, qui a débuté probablement déjà vers 1880 pour prendre fin au début des années 1950, a donc vu un accroissement progressif de l'importance des pays du Tiers-Monde dans le commerce mondial et plus spécifiquement

TABLEAU XXXV.1
COMMERCE EXTÉRIEUR DU TIERS-MONDE
À ÉCONOMIE DE MARCHÉ
(en dollars courants)

| | Importations | Exportations | | Balance commerciale | |
	Milliards de dollars	Milliards de dollars	En % du monde	Milliards de dollars	En % des importations
1830	–	0,3	28,0	–	–
1860	–	0,7	22,0	–	–
1880	–	1,4	21,0	–	–
1900	1,7	1,8	20,0	0,1	6,0
1910	3,5	3,9	23,0	0,4	11,0
1928	6,5	7,6	23,0	1,1	17,0
1938	5,8	5,9	25,0	0,1	2,0
1950	16,7	18,7	30,2	2,0	12,1
1960	29,4	27,5	21,2	– 1,9	– 6,4
1970	55,6	56,7	17,3	1,2	2,2
1980	444,2	557,0	27,9	112,8	25,4
1990	742,9	760,0	22,1	17,1	2,3
1995	1 284,2	1 200,3	23,8	– 83,9	– 6,5

Sources: 1830-1938 : nos calculs et estimations sur la base de Bairoch, P. et Etemad, B. (1985).
   1950-1994 : d'après CNUCED, *Manuel de statistiques du commerce international et du développement*, diverses livraisons. Et données communiquées par le Secrétariat de la CNUCED et par celui de l'OMC.

européen. Cette croissance rapide s'explique essentiellement par l'expansion des exportations de produits agricoles tropicaux et le début d'exportations plus massives de matières premières. Rappelons que nous limitons ici cette analyse au Tiers-Monde à économie de marché mais que l'inclusion de la Chine ne modifierait pas les tendances observées, vu la faible ampleur de son commerce extérieur. Cette période se caractérise également par une balance commerciale excédentaire ou positive. Celle-ci commence a être très importante à partir des premières années du xxᵉ siècle et a atteint son apogée vers 1928 où l'excédent de la balance commerciale représentait 17 pour 100 des importations. Et ce malgré le fait que, comme cela est la règle, les importations sont exprimées en valeur c.a.f.[1], alors que les exportations sont exprimées en valeur f.o.b.[2]. Si l'on tenait compte de ces éléments, l'excédent dépasserait les 25 pour 100.

Cette période voit aussi un profond changement dans la part relative des diverses régions et pays du Tiers-Monde. Le fait le plus marquant a été la progression de l'Afrique, en réalité, essentiellement de l'Afrique Noire, dont la colonisation économique avait débuté effectivement dans les dernières décennies du xixᵉ siècle. Celle-ci qui, vers 1900, ne représentait même pas 4 pour 100 des exportations du Tiers-Monde (à économie de marché), en représente 10 pour 100 vers 1950. Si l'on tient compte de l'Afrique du Nord, on est passé de 12 à 17 pour 100. Ce qui laisse entrevoir la forte perte de vitesse des exportations de l'Afrique du Nord qui passent de 9,2 à 6,6 pour 100 du total. Ce recul relatif est surtout le fait de l'Égypte et de l'Algérie, dont les exportations sont passées de 7,9 pour 100 du total du Tiers-Monde à 4,5 pour 100, toujours entre 1900 et 1950. Malgré la forte avance de l'Afrique Noire, l'Amérique

1. Ou c.i.f. en anglais, c'est-à-dire incluant les coûts des assurances et surtout les frets.
2. De l'anglais *free on board*, c'est-à-dire frets et assurances non compris.

latine maintient et améliore un peu sa part relative (passant de 34,9 à 39,9 pour 100). En revanche,
l'Asie recule sensiblement (de 47 à 42 pour 100) ;
ce recul est très largement imputable à l'Inde qui,
vers 1900, représentait 21 pour 100 du total et qui
ne représentait plus que 9 pour 100 (en combinant
évidemment les deux entités : Inde et Pakistan).
En revanche, la part de l'Indonésie a fortement
progressé (de 6 à 11 pour 100).

MAIS DANS LAQUELLE S'INSCRIT
UNE PÉRIODE FORTEMENT PERTURBÉE

Cette période perturbée est celle des années
1930. Et l'adjectif « perturbée » est faible, puisque
l'on a assisté à un véritable effondrement de la
valeur des exportations, en raison surtout d'une
très forte diminution des prix de la quasi-totalité
des produits exportés. Comme nous l'avons vu
dans le chapitre XXIV, de 1929 à 1932, le commerce mondial recula de 72 pour 100 en valeur
(et d'environ 60 pour 100 en volume). Et, malgré
une reprise, le commerce mondial était encore
en 1938 d'un tiers inférieur au niveau de 1929
(tant en valeur qu'en volume). Cette crise affecta
plus gravement le Tiers-Monde, surtout pour ce
qui concerne l'évolution des prix. Laissons de
côté le creux de 1932, pour nous intéresser plus
particulièrement à l'évolution de 1929 à 1938.
Au cours de cette période, on est placé devant
l'évolution approximative suivante : volume des
exportations du Tiers-Monde + 7 pour 100 ; prix
des exportations – 32 pour 100, et valeur des
exportations – 26 pour 100. Nous reviendrons
plus loin sur la baisse des prix.

Mais, à partir de 1952 et surtout 1955, et malgré la très forte expansion des ventes de pétrole, la part du Tiers-Monde dans le commerce mondial régresse constamment. Dès 1958 cette part descend au-dessous des 20 pour 100. Les années 1970-1972, qui sont les dernières avant le bouleversement dû à la hausse du prix du pétrole, constituent un creux : le Tiers-Monde ne fournit plus que 18 pour 100 des exportations mondiales, c'est-à-dire un taux légèrement inférieur à celui de 1900 et proche de la moitié de celui de 1950. Parallèlement à cette perte de vitesse du commerce des pays du Tiers-Monde, on observe une détérioration de la balance commerciale. On assiste à l'émergence d'un déficit commercial qui demeure modéré, mais qui masque un excédent élevé des pays exportateurs de pétrole et un déficit très important des autres pays. L'excédent de la balance commerciale des pays gros exportateurs de pétrole (pays qui représentent moins de 3 pour 100 de la population du Tiers-Monde) était, durant les dernières années avant le bouleversement pétrolier (c'est-à-dire au début des années 1970), de l'ordre de 7 milliards de dollars, ce qui établit aux environs de 9 milliards le déficit commercial des autres pays, soit plus de 20 pour 100 de leurs importations. Le montant de ce déficit commercial représente plus de 80 pour 100 des montants de l'aide financière accordée à ces pays par les pays développés.

Quels sont les facteurs qui expliquent la perte de vitesse du commerce extérieur du Tiers-Monde ?

D'abord il convient de signaler que celle-ci s'est produite pendant une période durant laquelle l'expansion des échanges des pays développés a été exceptionnellement rapide. De ce fait, cette perte de vitesse du commerce extérieur du Tiers-Monde n'implique pas nécessairement que la croissance des échanges de cette région ait été ralentie à partir de 1955 ; au contraire, depuis lors, et surtout depuis 1959, le taux de croissance des exportations a été plus rapide qu'auparavant. Néanmoins, le Tiers-Monde n'a pas pu tirer pleinement profit de la très forte expansion des échanges internationaux.

UNE CROISSANCE PLUS LENTE
DE LA DEMANDE DE PRODUITS BRUTS

Les causes essentielles d'une telle carence sont doubles. La première de ces causes est liée à la structure par produits des exportations du Tiers-Monde. Comme nous le verrons par la suite avec plus de détails, depuis au moins un siècle et demi et jusqu'au milieu des années 1970, les trois quarts des produits exportés sont des produits bruts agricoles ou miniers, alors que pour les pays développés il ne s'agit que d'un quart. Or, la demande de ces biens progresse plus lentement que celle des articles manufacturés. C'est là une constante de l'évolution économique à long terme ; déjà dans le courant du XIXᵉ siècle, Ernst Engel (1821-1896), l'un des précurseurs de l'économétrie moderne, avait démontré que l'accroissement du niveau de la consommation entraînait une progression moins rapide de la demande des biens primaires. D'autre part, au niveau des besoins de matières premières de l'industrie, les progrès techniques amènent une diminution constante des quantités de matières premières nécessaires pour produire des articles finis. On peut évidemment se poser la question de savoir pourquoi ce facteur n'a pas joué son rôle avant les années 1950. La réponse est simple : à l'origine, la plupart des produits tropicaux constituaient des articles de luxe et, de ce fait, leur consommation s'accroissait plus vite que le niveau général de la consommation. Mais, progressivement (et cela commença alors), la demande a été saturée et ces produits sont passés insensiblement du stade d'articles de luxe à celui de biens de consommation courants.

LA BAISSE DES PRIX D'EXPORTATION

La seconde cause essentielle de cette perte de vitesse des échanges extérieurs du Tiers-Monde est liée à un phénomène qui a déjà fait couler beaucoup d'encre : la baisse du prix des produits bruts exportés, surtout des produits agricoles. En effet, entre 1954-1955 et 1960, les prix de la plupart des produits exportés par les pays en voie de développement ont enregistré des baisses d'ampleur variable, mais sensibles dans presque tous les cas. Nous reviendrons sur cet important problème quand nous traiterons des termes des échanges.

1972 À 1995 : LE PÉTROLE MÈNE LA DANSE

Passons à présent à la troisième et dernière phase, celle qui a débuté avec la première hausse (modérée) du prix du pétrole suite aux accords de Téhéran de février 1971 et qui s'affirme avec l'envolée des prix de 1973. Nous avons déjà décrit

les principales étapes des chocs pétroliers. Rappelons simplement ici qu'entre 1970 et 1982, le
prix d'exportation du pétrole brut est passé de 13
à 248 dollars la tonne (ou, si l'on préfère, de 1,8
à 34,0 dollars le baril), et ce principalement en
deux étapes : 1973 et 1980. Comme vers 1970 le
pétrole représentait déjà un tiers des exportations du Tiers-Monde à économie de marché, de
telles hausses des prix ont totalement bouleversé
l'évolution du commerce extérieur de cette région.
Ainsi, par exemple, entre 1970 et 1974, les exportations du Tiers-Monde à économie de marché
sont passées de 18 à 27 pour 100 du commerce
mondial. Dans les exportations du Tiers-Monde,
la part du pétrole est passée de 33 à 60 pour 100.
Toujours entre 1970 et 1974, d'un léger excédent
commercial de l'ordre des 2 milliards de dollars
(soit 5,5 pour 100 des importations) on est passé
à un excédent de l'ordre des 60 milliards de
dollars (soit 36 pour 100 des importations).
Mais cette évolution masque un élargissement
considérable de l'excédent commercial des pays
exportateurs de pétrole et un fort accroissement
du déficit commercial du «grand reste» du Tiers-
Monde. Dans le premier cas, on passe d'un excédent de 8 à 94 milliards de dollars, et dans le
second cas d'un déficit de 5 à 34 milliards de
dollars.

Mais qui dit disponibilités de recettes extérieures dit aussi probabilité d'une augmentation
des importations, surtout si ces recettes extérieures
se traduisent par une progression des revenus des
particuliers, ce qui s'est produit dans les pays
pétroliers. Du sommet de 94 milliards en 1974,
l'excédent commercial de ces pays était retombé à

53 milliards de dollars en 1978. Mais la nouvelle forte hausse du prix du pétrole de 1979-1980 amena cet excédent à un nouveau sommet de 177 milliards de dollars en 1980. Les baisses du prix du pétrole et aussi une stagnation de la consommation de cette source d'énergie amenèrent à nouveau un fort recul de l'excédent commercial qui a atteint un creux en 1988 avec seulement 19 milliards de dollars. Au début des années 1990, cet excédent commercial s'est accru, mais sans atteindre les sommets antérieurs. De ce fait, et en raison de la baisse des prix des autres produits, pour l'ensemble du Tiers-Monde à économie de marché, on a noté une réapparition du déficit commercial, qui pour 1995 atteint 7 pour 100 des importations. Pour les seuls pays non pétroliers, ce déficit est même de l'ordre de 12 pour 100, niveau relatif des plus élevés depuis 1983 ; et, avec environ 130 milliards de dollars (courants), il s'agit d'un sommet historique.

Mais le clivage qui, déjà auparavant, existait entre les pays pétroliers et l'essentiel du Tiers-Monde s'en est trouvé considérablement accru. Pour l'essentiel de ce Tiers-Monde, ce que l'on appelle aujourd'hui les non-exportateurs de pétrole, la hausse du prix de l'or noir a entraîné un déficit énorme (voir le tableau XXXV.2). Déficit qui, en 1980, a atteint un sommet de 67 milliards de dollars, représentant 22 pour 100 de leurs importations. Car non seulement ces pays ont dû payer leurs importations de pétrole beaucoup plus cher, mais leurs termes des échanges, par rapport aux articles manufacturés, se sont aussi détériorés. De plus, l'aide fournie par les pays de l'OPEP ne compensa qu'une très faible

TABLEAU XXXV.2
COMMERCE EXTÉRIEUR DU TIERS-MONDE
À ÉCONOMIE DE MARCHÉ PAR RÉGION
(en milliards de dollars courants)

	1950	1960	1970	1980	1990	1995
Importations						
Total	16,7	29,4	55,6	444,2	742,9	1 284,2
Non-export. de pétrole	13,7	23,0	41,2	299,8	616,8	1 151,1
Export. de pétrole	3,0	6,4	11,4	146,5	126,1	169,1
Exportations						
Total	18,7	27,5	56,7	557,0	760,0	1 200,3
Non-export. de pétrole	14,1	19,0	37,6	233,3	550,6	985,1
Export. de pétrole	4,5	8,5	19,1	323,7	209,4	215,2
Balance commerciale						
Total	2,0	– 1,9	1,2	112,8	17,1	– 83,9
Non-export. de pétrole	0,4	– 4,0	– 4,5	– 66,5	– 66,1	– 130,0
Export. de pétrole	1,6	2,2	7,7	177,3	83,3	46,2
Balance commerciale (en % des import.)						
Total	12,1	– 6,4	2,2	25,4	2,3	– 6,5
Non-export. de pétrole	3,4	– 17,5	– 10,9	– 22,2	– 10,7	– 11,7
Export. de pétrole	51,9	33,7	68,1	121,0	66,1	27,3

Sources: D'après CNUCED, *Manuel de statistiques du commerce international et du développement*, diverses livraisons; et données communiquées par le Secrétariat de la CNUCED et par celui de l'OMC.

fraction des coûts accrus des importations de pétrole. La baisse du prix du pétrole a progressivement ramené le déficit des pays non exportateurs de pétrole à une situation voisine de celle du début des années 1950[1].

Revenons brièvement aux pays exportateurs de pétrole, car il ne s'agit pas d'un groupe homogène. Tels que définis ici[1], les exportateurs de pétrole comprennent 20 pays, dont 13 sont membres de l'OPEP, allant d'un minuscule pays comme le Qatar (moins d'un demi-million d'habitants) aux deux géants que sont le Nigeria (111 millions) et l'Indonésie (194 millions). Dès lors, si l'on exclut ces deux pays, les exportateurs de pétrole, qui ne représentent que 6 pour 100 de la population du Tiers-Monde, fournissaient, dans les années de prix élevés, plus de 50 pour 100 des exportations totales du Tiers-Monde. À la suite de la première hausse (1973) des prix du pétrole, les exportations de ce groupe de pays ont fait un bond : triplant entre 1972 et 1974. La part relative de ces pays est ainsi passée de 38 à 56 pour 100.

L'IMPORTANCE RELATIVE DU COMMERCE EXTÉRIEUR

Dans le chapitre XVIII du tome II, nous avons mis en évidence la part croissante prise par le commerce extérieur dans l'économie du Tiers-Monde. De 1830 à 1913, le taux d'exportation de l'économie, c'est-à-dire la part des exportations exprimées en pourcentage du PNB, est passé de 2-4 pour 100 à 19-24 pour 100, l'évolution ayant

1. C'est la définition de la CNUCED que nous adoptons.

été relativement régulière. Durant le XXᵉ siècle, l'évolution a été moins régulière, reflétant à la fois les grandes lignes du mouvement de la valeur des exportations décrites plus haut, celles des prix d'exportation qui seront abordées plus loin, et bien sûr aussi celles du PNB. Le XXᵉ siècle commence avec un bond du taux d'exportation puisque, de 1900 à 1913, la valeur des exportations a plus que doublé, alors que la valeur du PNB n'a progressé que de 40 à 60 pour 100. D'ailleurs, le niveau de 1913 constitue probablement un sommet qui ne sera plus retrouvé jusqu'au deuxième choc pétrolier. Nous disons probablement, car les données de 1913 sont approximatives, et il est possible que le niveau de 1928 ait été aussi élevé que celui de 1913. Mais surtout la période de la dépression des années 1930, où les prix d'exportation ont reculé fortement, voit une diminution de ce taux. L'immédiat après-guerre est marqué par une remontée ; et vers 1950 les exportations représentent environ 19 pour 100 du PNB. Mais, avec la baisse des prix, cette proportion passe aux environs de 15 pour 100 entre la fin des années 1950 et le début des années 1970. Les hausses des prix du pétrole entraînèrent, jusqu'au début des années 1980, des taux dépassant certaines années les 27 pour 100, pour revenir progressivement, mais irrégulièrement, vers les 19 pour 100 au début des années 1990.

LA PARTICIPATION DES GRANDES RÉGIONS

Rappelons que dans la présente analyse, nous omettons les pays communistes d'Asie. De 1900 à la veille de la Seconde Guerre mondiale, la part relative des grandes régions dans les exportations totales du Tiers-Monde (à économie de marché) a subi des modifications substantielles. Certes, la part de l'Asie est restée assez stable, autour de 42 pour 100, mais celle de l'Afrique a progressé, passant d'environ 12 pour 100 à 16 pour 100. Cette avance s'est donc faite au détriment de l'Amérique latine, dont la part a reculé de 42 pour 100 à 39 pour 100. C'est là la résultante de la diffusion de l'exploitation économique des colonies africaines, qui a concurrencé les produits traditionnels de l'Amérique. Cette tendance s'est renforcée pendant la Seconde Guerre mondiale, de sorte que, vers 1953, l'Afrique représentait près du cinquième (19 pour 100) des exportations totales, les deux autres régions se trouvant à peu près à égalité, avec chacune deux cinquièmes.

De 1953 à 1995, on constate deux phases assez distinctes. La première, qui va jusqu'au début des années 1970, voit la poursuite de la progression de l'importance relative de l'Afrique, qui passe de 19 à 22 pour 100 entre 1952-1954 et 1969-1971. Parallèlement, l'Amérique latine recule (de 40 à 29 pour 100) et l'Asie reste stable (avec une légère progression : de 41 à 46 pour 100). Durant la seconde phase, la conjonction de la hausse des prix du pétrole, dont les principaux producteurs se trouvent en Asie, et de la progression des quatre dragons conduit à une forte augmentation de la part de l'Asie, qui passe entre 1960-1971 et 1993-1995 de 46 à 75 pour 100. L'Amérique latine passe, quant à elle, de 20 à 18 pour 100. Mais c'est surtout l'Afrique qui s'effondre littéralement, puisqu'elle régresse d'un peu plus de 22 pour 100 à moins de 7 pour 100. L'analyse de l'évolution de la structure par produits permettra d'expliquer cet effondrement africain.

Évolution de la structure par produit

À la fin du chapitre XVIII du tome II, nous avons fourni une description des changements intervenus dans la structure des exportations avant le XXe siècle, et notamment durant le XIXe siècle. Rappelons ici les deux faits majeurs du XIXe siècle. Il s'agit d'abord du déclin relatif du sucre, concurrencé par la production européenne, qui perd sa prééminence et passe de 25 pour 100 des exportations totales vers 1830 à 9 pour 100 pour 1900, perdant ainsi la première place. Cette place est prise par les céréales, qui passent de moins de 2 pour 100 vers 1830 à près de 11 pour 100 vers 1900. Si l'on se place vers 1900, les autres produits principaux d'exportation du Tiers-Monde étaient : le café (8 pour 100) ; le coton (7 pour 100) ; la laine (5 pour 100) ; le thé, les oléagineux, le tabac, les métaux précieux (chacun 4 pour 100 du total). Les minerais métallifères ne représentaient que 2,6 pour 100 des exportations ; et les combustibles 0,4 pour 100. Comme on le voit, une place très marginale pour ces matières premières. D'ailleurs l'ensemble des matières premières, bien qu'occupant une place importante dans les exportations du Tiers-Monde, est loin d'être aussi dominant qu'on le suppose généralement. Toujours vers 1900, ces produits ne représentaient que 28 pour 100 des exportations, contre 46 pour 100 pour les produits alimentaires. C'est le moment de rappeler, encore une fois, ce que nous présentons à propos du fort degré d'autosuffisance en matières premières des pays développés jusqu'au début des années 1950[1].

L'APPARITION DU PÉTROLE ET LA DISPARITION DES CÉRÉALES

Déjà durant la première moitié du xxᵉ siècle, la structure des exportations se modifie plus profondément, notamment avec l'apparition du pétrole comme produit très important, et une très forte diminution des céréales. Alors que vers 1900 le pétrole ne représentait même pas 1 pour 100 des exportations totales, à la veille de la Seconde Guerre mondiale la proportion était proche de 13 pour 100, faisant déjà de ce produit le plus important, dépassant de peu les céréales (11 pour 100). Dès l'après-guerre, vers 1953, le pétrole était passé à 20 pour 100 et les céréales à 4 pour 100. Le sucre, lui, a continué son déclin relatif amorcé au xixᵉ siècle, et avec un peu plus de 4 pour 100 des exportations n'était plus que le 7ᵉ produit d'exportation. Toutefois, en termes de quantités, le réel déclin ne commença que dans les années 1970. À l'intérieur des produits agricoles, le café a encore accru sa prééminence. Vers 1953, avec plus de 10 pour 100 des exportations, il était le principal produit agricole, suivi par le coton (6 pour 100) et le caoutchouc (5 pour 100). Relevons aussi la place non négligeable prise par les minerais (près de 9 pour 100), qui démontre la place croissante prise par ces produits dans la consommation des industries des pays développés occidentaux.

1. Voir chap. XXXIII.

TABLEAU XXXV.3

STRUCTURE PAR PRODUITS INDIVIDUELS DES EXPORTATIONS DU TIERS-MONDE
(Répartition en pourcentage des produits classés)

	1830	1860	1900	1912
Sucre	24,5	18,0	8,6	7,7
Coton	8,0	7,0	8,0	7,2
Café	7,9	11,4	8,4	7,9
Textiles manufacturés	7,3	3,4	5,0	4,7
Métaux précieux	7,1	4,4	3,9	2,8
Thé	6,6	5,8	4,2	3,2
Opium	6,5	8,0	2,0	0,8
Soie	5,2	4,9	2,5	1,6
Indigo	3,7	2,4	0,5	0,0
Cuirs, peaux	3,4	4,0	3,3	4,2
Oléagineux et huiles	2,4	2,8	5,3	7,8
Minerais métalliques	1,9	3,4	2,6	1,6
Céréales	1,8	5,0	10,8	13,6
Bois	1,6	0,9	0,4	0,9
Tabac	1,4	4,0	3,9	2,9

	1830	1860	1900	1912
Épices	1,2	0,9	0,6	0,6
Fruits et légumes	0,7	1,6	2,5	2,7
Engrais	0,5	4,5	3,2	3,7
Animaux, viande	0,4	0,6	2,8	2,7
Cacao	0,2	0,7	1,0	1,2
Caoutchouc	0,0	0,2	3,5	3,9
Combustibles	0,0	0,0	0,4	2,0
Jute	0,0	0,3	1,8	2,0
Total ci-dessus en pourcentage	92,3	94,2	85,2	85,7
Total classés (milliards $ cour.)	253,7	629,4	1 626,8	3 618,2
Total (milliards $ cour.)	275,3	696,7	1 777,0	3 887,2

Sources : Bairoch, P. et Etemad, B. (1985).

LA SECONDE MOITIÉ DU XXe SIÈCLE :
PÉTROLE ET ARTICLES MANUFACTURÉS

La période allant du début des années 1950 au début des années 1970, période de la première montée du pétrole, est aussi caractérisée d'une part par la poursuite des tendances observées durant le demi-siècle (et même tout le siècle) qui précède et, d'autre part, par l'apparition de trois ruptures assez fondamentales. En raison de la dépendance accrue des pays développés occidentaux envers le pétrole, la part de ce produit dans les exportations totales passe d'un cinquième au début des années 1950 à un tiers vers 1970. De même, et pour les mêmes raisons, les minerais progressent en importance absolue et relative. Se poursuit également la tendance à la réduction de l'importance relative des matières premières agricoles. Il s'agit là uniquement d'un recul relatif et non absolu. La deuxième rupture fondamentale concerne les articles manufacturés : on constate depuis le début des années 1960 une expansion très rapide de ces exportations. Malgré la progression du pétrole, la part des produits manufacturés dans les exportations totales est passée de 10 pour 100 en 1953 à 16 pour 100 en 1970. Le phénomène a pris davantage d'extension après 1970 ; nous l'analyserons plus loin.

LA CONCURRENCE DES PRODUITS DE SUBSTITUTION

La troisième rupture concerne les produits de synthèse qui ont concurrencé certaines productions traditionnelles du Tiers-Monde. Cette substitution a débuté au XIXᵉ siècle, avec le sucre de betterave, et s'est poursuivie à la fin du siècle, avec les colorants. Dans la seconde moitié du XXᵉ siècle, cela concerne essentiellement les trois produits suivants : caoutchouc, fibres textiles et oléagineux. Tous ces produits sont remplacés partiellement grâce aux progrès réalisés par l'industrie chimique. Pour les deux premiers produits, on trouvera dans le tableau XXXV.4 les tendances depuis 1913. En ce qui concerne les oléagineux, relevons qu'il s'agit essentiellement des détergents, et même de certains savons, pour lesquels des substances chimiques ont remplacé les huiles végétales (essentiellement huile de palme). Mais, pour ces oléagineux, il y a aussi eu la concurrence des producteurs des pays développés grâce au soja.

À côté de ces produits importants, il y eut encore d'autres cas de substitution. Citons l'exemple « exotique » de la noix de Tagua. Une fois sèche, cette noix ressemble par sa couleur et sa texture à l'ivoire ; dès lors elle fut utilisée massivement pour la production de boutons. On l'appelait d'ailleurs l'« ivoire végétal » (ou noix d'ivoire). En Équateur, l'un des principaux producteurs de cet ivoire végétal, cette noix a longtemps été le deuxième produit d'exportation (après le cacao). Elle représentait 12 pour 100 des exportations totales de ce pays en 1900, et encore 7 pour 100 en 1936, puis presque plus rien après la guerre. En 1990, un groupe d'écologistes a cherché à revitaliser cette production, mais les boutons d'ivoire végétal sont beaucoup plus friables que ceux en plastique qui les ont remplacés.

TABLEAU XXXV.4
PART DES PRODUITS SYNTHÉTIQUES
DANS LA PRODUCTION MONDIALE DE CAOUTCHOUC
ET DE TEXTILE
(moyennes annuelles triennales, sauf 1913)

	Caoutchouc	Fibres textiles
Part des synthétiques (en % du total)		
1913	0,0	0,2
1928	0,0	1,4
1936	0,5	5,0
1950	29,0	12,0
1960	48,0	16,0
1970	63,0	24,0
1980	65,0	40,0
1990	65,2	39,0
Production mondiale naturelle + synthétique (en mille tonnes)		
1913	120	8 500
1936	995	10 900
1950	2 500	13 100
1980	10 300	35 000
1990	15 200	41 600

Note : Pour les fibres naturelles, il s'agit du total coton, laine (lavée), lin, chanvre, soie et jute.

Sources : Calculs et estimations de l'auteur d'après FAO, *Annuaire de la production*, diverses livraisons ; Nations Unies, *Annuaire statistique*, diverses livraisons ; *Textile Organon*, diverses livraisons ; et sources nationales.

OLÉAGINEUX, SUCRE ET COTON : DES EXCÉDENTS
EN FORT RECUL

Mais revenons aux oléagineux, car, avec le sucre et le coton, ils constituent une catégorie de produits bruts dont l'excédent commercial s'est lentement réduit (ou a même disparu) depuis le début des années 1970.

Comme nous l'avons signalé dans le chapitre XXXIII, le volume des exportations nettes
des oléagineux ne représentait, pour 1978-1982,
qu'un peu plus du tiers de celui de 1934-1938. Et
encore cet excédent résultait-il essentiellement de
celui de la Malaisie. Ce pays a connu depuis le
début des années 1970 une véritable explosion
de sa production et de ses exportations en ce
domaine [1]. Si, pour 1978-1982, on excluait ce petit
pays, pour l'ensemble du Tiers-Monde on aurait,
au lieu d'un excédent de 1 230 000 tonnes (voir le
tableau XXXIII.2), un déficit de 1 160 000 tonnes
et pour 1988-1992, au lieu d'un excédent de
2 970 000 tonnes, ce serait un déficit de
2 590 000 tonnes. Sur le plan du Tiers-Monde à
économie de marché, si l'on excluait la Malaisie,
le déficit aurait débuté en 1979. Même l'Afrique
Noire, qui était devenue un des principaux exportateurs de ce type de produits, est devenue depuis
1981 un importateur net d'oléagineux ; et le
déficit pour 1988-1992 était de 230 000 tonnes
annuellement. Le Nigeria notamment, qui était
un gros exportateur encore à la fin des années
1960, avec plus d'un tiers du total de l'Afrique
Noire, est devenu très secondaire au début des
années 1990 (moins d'un dixième).

Le sucre qui, depuis le XVIIᵉ siècle et jusqu'au
début des années 1970, était en termes de volume
le principal produit d'exportation a été dépassé
par les fruits et ne représentait plus vers 1990
qu'une faible part des exportations nettes des produits tropicaux : moins d'un cinquième en termes
de volume contre plus de neuf dixièmes au début

1. Voir chap. XXXIII.

du XIXe siècle. L'excédent des exportations de
sucre du Tiers-Monde à économie de marché, qui
avait atteint un sommet historique avec plus de
11 millions de tonnes annuellement pour 1926-
1930 et qui était encore de 11 millions pour 1968-
1972, est descendu au-dessous de 5 millions pour
1988-1992. De surcroît, les exportations de sucre
ne représentent qu'une très faible part de la production locale de ce produit (environ 6 pour 100),
alors qu'au début de ce siècle il s'agissait de 80
pour 100. Si c'est l'Europe la principale concurrente du Tiers-Monde pour ce qui concerne le
sucre, pour les oléagineux comme pour le coton,
ce sont les États-Unis.

Qui aurait pu imaginer, au début du XIXe siècle,
que le Tiers-Monde serait un jour importateur net
de coton ? Il est vrai que la concurrence des pays
développés, et en l'occurrence les États-Unis, a
commencé encore plus tôt que pour le sucre ; respectivement : dernière décennie du XVIIIe siècle et
deuxième décennie du XIXe siècle. Cependant,
malgré le rôle primordial joué par les États-Unis
jusqu'au milieu des années 1980, le Tiers-Monde
était encore exportateur net de cette fibre importante. La première année de déficit a été 1986. Ce
déficit s'est progressivement accru et a atteint,
pour 1992-1994, 1,9 million de tonnes par an. Il
n'est pas dû à un déplacement des centres de production de coton brut mais à une augmentation
de la consommation industrielle du Tiers-Monde,
laquelle est passée entre 1979-1981 et 1992-1994
de 7,9 à 13,2 millions de tonnes annuellement.

1972-1980 : LA MONTÉE DU PÉTROLE

De 1972 à 1983, la structure des exportations est totalement bouleversée par les fortes hausses du prix du pétrole. Au début des années 1970, le pétrole représentait le tiers des exportations totales. Cette proportion est passée pratiquement aux deux tiers autour des années 1980, ce qui, bien entendu, a eu pour conséquence de réduire les parts relatives des autres produits. Par exemple, l'ensemble des produits bruts (combustibles exceptés), qui, vers 1970, formaient la moitié des exportations totales (les deux tiers dans les décennies précédentes) ne représente plus qu'un cinquième vers 1980 (voir le tableau XXXV.5).

DEPUIS 1980 : LA MONTÉE
DES ARTICLES MANUFACTURÉS

Deux faits marquants caractérisent les changements intervenus entre 1980 et le milieu de la décennie 1990 : la réduction de l'importance des combustibles et la poursuite de la montée de l'importance des articles manufacturés. Bien que nous retrouvions ici, mais sous un angle différent, des éléments présentés dans le chapitre précédent, arrêtons-nous un peu sur les exportations d'articles manufacturés. Ceux-ci enregistrent, depuis le début des années 1960, une expansion extrêmement rapide, passant d'environ 10 pour 100 des exportations totales au milieu des années 1950 à 58 pour 100 en 1995. Rappelons que nous traitons ici du Tiers-Monde à économie de marché. D'ailleurs, comme nous le verrons plus loin, la Chine dans ce domaine a connu une évolution encore plus favorable. Certes, la rapide progression des exportations de produits manufacturés du Tiers-Monde à économie de marché est en grande partie due aux quatre dragons, mais pas uniquement. Ainsi, pour le Tiers-Monde à économie de marché sans les quatre dragons, la part de ces articles dans les exportations totales est passée de 11 pour 100 à 46 pour 100 entre 1970 et 1995. Le volume de ces exportations d'articles manufacturés a été multiplié par neuf durant la même période. C'est très largement l'Amérique latine qui est responsable de cette expansion, notamment le Brésil et le Mexique. C'est la région, si l'on excepte les quatre dragons, dont l'importance relative des articles manufacturés dans les exportations est la plus forte. Au contraire, c'est en Afrique que cette proportion est la plus faible ; encore faut-il noter que l'Afrique du Nord fournit près de 85 pour 100 du total des exportations d'articles manufacturés de ce continent. Il est significatif dans ce cas de signaler que l'Algérie, le plus riche en pétrole des quatre grands pays d'Afrique du Nord, est le seul pays à n'avoir pas accru sensiblement ses ventes d'articles manufacturés. Il faut encore signaler qu'en Asie, à part les quatre dragons, l'expansion des exportations d'articles manufacturés a été également rapide depuis deux décennies dans les quatre pays suivants : Indonésie, Malaisie, Philippines et Thaïlande.

Somme toute, et cela est normal, on retrouve ici cette concentration géographique que nous avons mise en relief à propos du phénomène récent de l'industrialisation. Si l'on exclut des

TABLEAU XXXV.5

STRUCTURE PAR GROUPE DE PRODUITS

DES EXPORTATIONS DU TIERS-MONDE[a]

(en % du total, non répartis exclus ;
sur base de moyennes annuelles triennales)

	Produits bruts[b]					Produits manufact.[c]
	Aliments	Mat. prem. agricoles	Min. et métaux	Combust.	Total	
1830	48,6	19,7	2,5	–	92,0	8,0
1912	53,1	24,4	8,7	2,0	91,5	8,5
1938	48,0	21,1	9,5	12,6	91,1	8,9
1953	39,0	18,3	11,6	21,8	89,9	10,1
1970	26,8	10,1	13,6	33,0	83,7	16,3
1980	11,3	3,6	4,3	61,3	81,4	18,6
1990	12,2	3,3	4,5	29,6	49,6	50,4

a 1830 à 1938 : ensemble du Tiers-Monde ; à partir de 1953 : Tiers-Monde à économie de marché.
b Y compris les métaux précieux.
c Non compris les métaux précieux et les métaux non ferreux qui représentent environ 2 % des exportations totales durant le XXᵉ siècle ; ces produits sont inclus dans « minerais & métaux ».

Sources : 1830-1938 : Bairoch, P. et Etemad, B. (1985).
          1953-1990 : d'après CNUCED, *Manuel de statistiques du commerce international et du développement*, diverses livraisons.

exportations d'articles manufacturés du Tiers-Monde à économie de marché, outre les quatre dragons et les trois autres pays d'Asie mentionnés ci-dessus, le Brésil et le Mexique, on exclut près des deux tiers de ces exportations, alors que ces neuf pays ne représentent que le septième de la population du Tiers-Monde à économie de marché.

UNE SPÉCIALISATION DANS CERTAINS PRODUITS BRUTS

Durant le XIXᵉ siècle ou la première moitié du XXᵉ siècle, pour des raisons historiques et aussi en raison des caractéristiques des sols, un grand nombre de pays du Tiers-Monde se sont progressivement spécialisés dans un nombre restreint de productions agricoles d'exportation. Cette concentration entraîne une forte dépendance (à la demande de ces produits) et surtout une grande vulnérabilité aux fluctuations des prix. Néanmoins, dans l'ensemble, on a assisté durant les quatre à cinq dernières décennies à une amélioration de la situation en ce domaine, sauf pour les pays exportateurs de pétrole qui, surtout depuis la hausse des prix de l'or noir, ont pratiquement abandonné les autres produits d'exportation. Ainsi, vers 1990, en Libye les produits pétroliers représentaient 96 pour 100 des exportations totales; et cette proportion est encore plus forte dans d'autres pays. En ce qui concerne les pays non pétroliers, donnons quelques exemples de la concentration des exportations vers 1990. Burkina-Faso: coton 62 pour 100; Burundi: café 76 pour 100; Côte d'Ivoire: cacao 35 pour 100; El Salvador: café 45 pour 100; Ghana: cacao 37 pour 100; Mali: coton 47 pour 100; Mauritanie: minerai de fer 48 pour 100; Ouganda: café 90 pour 100; Réunion: sucre 71 pour 100; Soudan: coton 40 pour 100; Tchad: coton 61 pour 100; Zaïre: cuivre 58 pour 100, etc. Un calcul similaire pour 1960 fournit des concentrations encore plus élevées. Ainsi, par exemple, pour le Ghana et le cacao il s'agissait de 65 pour 100; et pour le Soudan et le coton de 56 pour 100, etc.

LA STRUCTURE DES IMPORTATIONS :
UNE RELATIVE STABILITÉ

En ce qui concerne les importations, des séries détaillées et complètes ne sont disponibles que depuis 1953. Cependant, sur la base de données approximatives, on peut avancer des ordres de grandeur valables. Tant durant le xixᵉ siècle que durant la première moitié du xxᵉ siècle, les articles manufacturés constituaient l'essentiel des importations de toutes les régions du Tiers-Monde. Ces articles manufacturés représentaient environ les trois quarts du total et étaient essentiellement composés de biens de consommation, notamment de produits textiles. En ce qui concernait les biens d'équipement, il s'agissait surtout de matériels de transport : locomotives, wagons et rails jusqu'aux années 1930 ; voitures automobiles par la suite. Dans le quart restant des importations, on trouve une grande variété de produits, allant du charbon aux céréales.

Du début des années 1950 au début des années 1990, dans ses grandes lignes la structure des importations est demeurée inchangée. Les articles manufacturés ont représenté autour des 70 pour 100 du total, et cette proportion passe même à 80 pour 100 en ce qui concerne les importations en provenance des seuls pays développés. Cependant, on constate deux modifications significatives. La première est une augmentation de la proportion de biens d'équipement et une réduction des biens de consommation pour les articles manufacturés. C'est là l'expression du processus d'industrialisation. La seconde modification significative des importations est l'accroissement des achats de produits alimentaires, et notamment de céréales, dans les pays développés. Nous avons déjà présenté les données quantitatives à ce propos dans le chapitre XXXIII. Toutefois, étant donné le faible coût de ces importations, dont une partie est fournie sous forme d'aide, cela n'a pas entraîné de fortes modifications au niveau de la structure relative de la valeur des importations.

Structure géographique des échanges : la prédominance des pays développés

Une des caractéristiques essentielles de la structure géographique du commerce extérieur du Tiers-Monde est la très faible importance des échanges intra-régionaux, c'est-à-dire des échanges entre pays du Tiers-Monde. Ce commerce a d'ailleurs tendance à baisser ; voisin de 25 pour 100 avant la Seconde Guerre mondiale, il était remonté à 30 pour 100 dès la fin de la guerre par suite de la réduction relative du commerce extérieur de l'Europe ; mais, dès 1953, il redescendait à 25 pour 100, pour se stabiliser autour des 20 pour 100 à partir du milieu des années 1950 et jusqu'au premier choc pétrolier de 1973. La hausse des prix du pétrole entraîne une augmentation rapide du commerce entre pays du Tiers-Monde, étant donné que la plus grande partie du Tiers-Monde est, à l'instar des pays développés, importateur net de ce combustible. Un sommet est atteint en 1981-1983 avec 30 pour 100. La rechute des prix du pétrole a évidemment eu un effet contraire : dès 1987-1989 on est redescendu autour des 26 pour 100. Cette tendance s'est poursuivie et, au début des années 1990, cette proportion est de l'ordre de 25 pour 100. C'est donc avec les pays développés, et essentiellement les pays développés occidentaux, les échanges avec les pays communistes demeurant très faibles, que s'effectue le commerce extérieur des pays du Tiers-Monde. Les trois quarts environ des échanges (tant exportations qu'importations) de ces pays se sont effectués avec les pays développés occidentaux. En ce qui concerne les pays de l'Est, leur part a fluctué longtemps autour des 5 pour 100 ; et, après les récents événements, cette proportion est même tombée à 3 pour 100.

UN DÉSÉQUILIBRE DES RAPPORTS

Donc une place plus que prépondérante des pays développés occidentaux. Il est intéressant d'observer la situation du point de vue des pays développés et de voir quelle place le Tiers-Monde occupe dans le commerce extérieur des pays développés. Déjà le simple fait que, comme nous l'avons vu lors de l'analyse du commerce extérieur du monde développé [1], l'essentiel des échanges de cette région s'effectuait entre pays développés, laisse entrevoir la dissymétrie en la matière. Au xixe siècle, ce sont seulement quelque 18 pour 100 des exportations du monde développé qui étaient destinés au Tiers-Monde ; et au xxe siècle cela a fluctué autour des 20 pour 100. Mais la meilleure façon de mesurer l'importance relative des deux flux des exportations est de rapporter celles-ci au

1. Chap. XIII, tome II.

PIB de la région concernée. Mesurons donc le
degré de dépendance des deux régions avant le
bouleversement pétrolier, et au début des années
1990. Ainsi, si l'on exprime la part des exportations pour 1969-1971 des pays développés vers le
Tiers-Monde en pourcentage du PIB de ces pays
développés, nous obtenons un peu moins de 2
pour 100, ce qui est évidemment très peu. Ce
pourcentage était un peu plus élevé précédemment, mais de peu. Pour le début des années
1990, cette proportion est de 2,5 pour 100. En
revanche, si nous traduisons les exportations du
Tiers-Monde à destination des pays développés en
pourcentage de leur PIB, nous obtenons 11 pour
100 vers 1970, et 12 pour 100 au début des années
1990. La différence entre 2 pour 100 et 12 pour
100 permet d'expliquer beaucoup d'«effets de
domination» de la part des pays développés. Par
effets de domination, on se réfère implicitement
aux théories de l'économiste français François
Perroux, pour lequel les rapports économiques
internationaux sont dissymétriques, permettant
aux pays développés d'exercer des effets de domination qui privilégient leurs intérêts, au détriment
de ceux des pays moins développés.

Cette situation défavorable, ce rapport de
forces nettement au profit des pays développés
sont cependant quelque peu atténués par le fait
que ceux-ci dépendent, pour certains produits,
entièrement des importations en provenance du
Tiers-Monde. C'est évidemment le cas pour la
quasi-totalité des produits tropicaux et pour certains minéraux. Mais l'effet de cette dépendance
est actuellement très largement atténué par un
ensemble de facteurs qui ne permettent malheu-

reusement pas de rétablir ainsi un certain équilibre dans le rapport des forces en ce domaine. Il
y a d'abord le fait que, pour pratiquement tous les
produits, l'offre dépasse depuis deux décennies la
demande, la production ayant très fortement progressé, tant au xixe siècle que durant la première
moitié du xxe siècle. En outre, depuis le début des
années 1970, il y a une certaine stagnation de la
demande. Enfin, pour un grand nombre de marchandises, la mise au point et l'usage accru de
produits de synthèse ont brisé le monopole des
pays du Tiers-Monde. Enfin il convient de ne point
oublier qu'à la dépendance des pays développés
envers certaines matières premières correspondent une dépendance tout aussi contraignante
pour le Tiers-Monde envers certains types de
biens d'équipement qu'il n'est possible de fabri-
quer actuellement que dans certains pays développés, ainsi qu'une dépendance croissante pour
les céréales et d'autres produits alimentaires.

La Chine : l'ouverture récente
d'une économie fermée

Ainsi que nous l'avons vu dans le chapitre XXII
du tome II, depuis le xvie siècle, et encore davantage depuis le milieu du xviiie siècle, la Chine
s'était refermée au reste du monde, réduisant à
peu de chose son commerce international. Certes,
l'ouverture forcée, en 1841, a entraîné une augmentation des échanges, mais en raison de la taille
du pays et aussi des réticences intérieures, la Chine
n'a pas tenu de rôle important dans le commerce
mondial. En 1913, ses exportations ne représen-

taient que 7 pour 100 de celles de l'ensemble du Tiers-Monde, alors que sa population en représentait près de 40 pour 100. De 1913 à 1949, date de la prise du pouvoir par Mao, la situation de base ne se modifie pas profondément ; mais l'invasion japonaise et la guerre avaient entraîné un niveau d'échanges très faible. En 1948, les exportations n'atteignaient que 100 millions de dollars environ, ce qui était le tiers du niveau de 1935 et ne représentait même pas 1 pour 100 des exportations de l'ensemble du Tiers-Monde.

En raison des échanges accrus avec les pays développés de l'Est, les exportations chinoises augmentent rapidement jusqu'en 1960, date de la rupture avec l'URSS. Cependant, même alors, ces exportations ne représentaient que 2 milliards de dollars, soit 7 pour 100 de l'ensemble du Tiers-Monde. Jusqu'à 1970-1971, ces exportations sont demeurées stables, fluctuant autour des 2 milliards, ce qui ne représentait plus que 3 pour 100 des exportations de l'ensemble du Tiers-Monde.

Depuis lors, en raison dans un premier temps d'achats accrus de céréales — qui, évidemment, obligent à exporter davantage afin d'équilibrer la balance commerciale — et surtout de l'ouverture plus grande de l'économie chinoise, les exportations ont progressé très rapidement. Celles-ci ont dépassé les 5 milliards de dollars en 1973 et les 18 milliards en 1980. Puis un autre facteur de croissance des exportations, qui s'inscrit d'ailleurs dans la politique des réformes économiques de la Chine, a commencé à intervenir. Il s'agit de la rapide expansion des articles manufacturés. Les exportations totales ont atteint 52 milliards de dollars en 1990 et 149 milliards en 1995, soit 11 pour 100 de l'ensemble du Tiers-Monde. Les exportations d'articles manufacturés sont passées, entre 1980 et 1995, de 9 à 125 milliards de dollars, ce qui fait de la Chine du milieu de la décennie 1990 le premier exportateur du Tiers-Monde de ces produits. Les articles manufacturés sont passés de 48 pour 100 des exportations totales chinoises en 1980 à 84 pour 100 en 1995.

L'INSTABILITÉ DES PRIX D'EXPORTATION

L'évolution des prix d'exportation pose deux problèmes importants. Le premier est la forte instabilité de l'évolution de ceux-ci, ce qui sera présenté brièvement dans cette section ; le second, encore beaucoup plus grave, concerne l'évolution négative des termes des échanges qui sera présentée dans la section suivante.

L'intensité des fluctuations

Parmi les premières études réalisées par les Nations unies sur ce que l'on appelait alors les pays sous-développés figure une analyse de l'instabilité des prix et des recettes d'exportation. Cette étude, publiée en 1949 et intitulée *Prix relatifs des importations et des exportations des pays sous-développés*, fut complétée par une autre datant de 1962 qui met davantage l'accent sur l'instabilité des prix d'exportation. Les conclusions de ces études (et d'autres) sont que non seulement les exportations du Tiers-Monde ont une forte composante de produits bruts plus susceptibles de réagir aux fluctuations des prix, mais qu'en règle générale, les produits bruts du Tiers-Monde subissent des fluctuations des prix plus accusées que ceux des pays développés. Déjà, lors des années 1930, les matières premières du Tiers-Monde avaient été affectées plus fortement par la chute des prix.

GRAPHIQUE XXXV.1

PRIX DU SUCRE ET DU CUIVRE (DOLLARS LA TONNE)

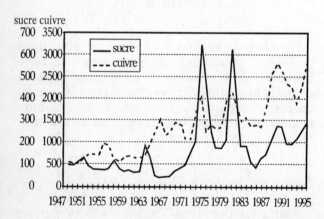

L'ampleur des fluctuations des prix, et notamment des prix d'exportation, est très variée au niveau des différents produits. Parmi les produits agricoles, les plus instables sont (dans l'ordre) : le sucre, le sisal, le cacao, le caoutchouc et le café. Si l'on passe aux produits miniers, il s'agit du tungstène, du phosphate, du zinc et du cuivre. Mais il va de soi que l'impact de ces fluctuations dépend aussi de l'importance des produits. Par exemple, les fluctuations des prix du cuivre ont plus d'impact que celles du tungstène et celles du sucre et du café plus que celles du sisal.

Les conséquences de l'instabilité
des prix d'exportation

Il est évident que la première des conséquences de l'instabilité des prix des produits bruts est l'instabilité des recettes d'exportation vu la place prédominante que prennent ces produits dans les exportations du Tiers-Monde. Instabilité souvent extrêmement grande au niveau des pays individuels mais qui est même sensible au niveau des grandes régions. Ainsi, si l'on se concentre d'abord sur la période 1950-1972, c'est-à-dire avant que les courbes ne soient fortement affectées par les prix du pétrole, on constate que les exportations d'Amérique latine ont enregistré, au cours de ces 22 années, 3 cas de recul, alors qu'il n'y en a eu que 1 (1958) pour les exportations des pays développés occidentaux et qu'il n'a été que de 5 pour 100, tandis que le plus accusé pour l'Amérique latine (1954) a été de 8 pour 100 et de 41 pour 100 pour l'Argentine ! La courbe de l'Afrique est plus stable en raison des politiques de soutien des prix de la part des métropoles coloniales, et celle d'Asie en raison de l'importance plus grande du pétrole et des articles manufacturés. Au niveau de l'ensemble du Tiers-Monde à économie de marché, durant ces 22 années, il y a eu 2 cas de recul et un cas de relative stagnation.

Passons à la période suivante. De 1973 à 1995,

pour l'ensemble du Tiers-Monde à économie de marché, il y a eu durant les 21 années 6 cas de recul des recettes d'exportation, alors que pour les pays développés il n'y en a eu que 2 (et beaucoup plus modérés). Même si l'on se limite aux pays du Tiers-Monde qui ne sont pas de gros exportateurs de pétrole ou d'articles manufacturés, on constate 4 cas de recul. Au niveau des pays individuels, cette occurrence est beaucoup plus importante et les reculs beaucoup plus accusés. Ainsi, par exemple, si l'on prend une année (1984) où il n'y a pas eu de recul au niveau de l'ensemble des pays (et même une augmentation de 6,3 pour 100), près de 50 pays du Tiers-Monde enregistrent un recul de leurs recettes d'exportation.

Ces fluctuations des recettes d'exportation posent certainement des problèmes, mais pas aussi graves qu'on ne le supposait dans les années 1960, quand cette question était à l'avant-scène des préoccupations. Mais des études assez nombreuses ont démontré qu'il y avait peu de rapports étroits entre les fluctuations des recettes d'exportation et celles de l'économie dans son ensemble. Cependant peu de rapports n'implique pas une absence totale de rapports. De plus, au niveau des finances publiques, l'impact est plus important et pose parfois de graves problèmes, surtout quand les reculs sont accusés. De surcroît, pour la partie de la population et/ou de la région directement concernée par les produits ayant causé le recul des exportations, les conséquences peuvent être parfois dramatiques. Ces éléments expliquent pourquoi l'on cherche, et depuis longtemps, à stabiliser les prix des matières premières.

Les programmes de stabilisation des prix

Dans le chapitre XX du tome II, nous avons vu qu'en 1902, après quatre décennies de négociations, un premier accord de stabilisation du prix d'un produit brut fut signé. Il concernait le sucre ; ce fut un succès relatif. Et cette négociation rentrait bien davantage dans le cadre des relations entre pays développés que dans celui entre pays du Tiers-Monde. D'autre part, cet accord ne prévoyait pas de politique de stockage et cherchait surtout à réduire les obstacles aux importations de sucre de canne dans les pays européens producteurs de sucre de betterave. D'ailleurs le sucre figure sur la liste des produits qui, après la Seconde Guerre mondiale, ont été l'objet d'accords internationaux, destinés essentiellement à stabiliser les prix. Parmi les autres accords précoces, citons celui concernant le caoutchouc, appelé le *Stevenson Rubber Scheme* ou *Stevenson Restriction Plan*. Ce plan, entré en vigueur en 1922, concerna d'abord les colonies britanniques puis y prirent part également les colonies néerlandaises. Voyons brièvement les divers accords.

LE CAFÉ : UNE DIFFICILE MISE EN PLACE

Commençons et concentrons-nous sur le café, dont la production est presque exclusivement celle du Tiers-Monde. En termes de valeur, le café a été à plusieurs reprises, depuis le milieu du XIXᵉ siècle, le premier ou le deuxième produit d'exportation de cette région. Si le premier véri-

table accord international n'a été signé qu'en
1962, dès 1906 le Brésil, qui produisait alors les
trois quarts de ce produit, mit en place ce qui fut
appelé une politique de valorisation. Le stockage
des excédents était financé tant par le gouvernement de l'État de São Paulo que par les banques
internationales et par des négociants. L'étape suivante, toujours nationale, se place en 1924, quand
l'État de São Paulo créa l'Institut de Défense permanente du café, lequel réussit à stabiliser les
prix jusqu'à la dépression des années 1930, où il y
eut une série de conférences internationales qui
n'aboutirent pas. De 1931 à 1942, près de 5 millions de tonnes de café furent détruites (soit
l'équivalent de 3 années de consommation mondiale).

Le premier accord international, mais limité à
l'Amérique latine, fut signé en 1957 ; il s'agit de
l'accord de Mexico. Cependant cet accord, comme
d'autres tentatives de contrôle international des
prix, se heurta à l'hostilité des États-Unis, favorables au principe de la non-intervention et qui
étaient progressivement devenus un important
consommateur de café. Il a fallu l'arrivée de John
Kennedy à la présidence et le spectre de la
«menace» d'un autre Cuba «communiste» pour
voir un changement de politique, qui s'inscrivit
dans le «Programme d'Alliance pour le Progrès»,
mis en place en 1961. Cela facilita la signature de
l'accord de 1962, qui réunissait presque tous les
pays producteurs et pratiquement tous les pays
consommateurs. Une organisation internationale
du café fut créée (basée à Londres). Chaque pays
membre bénéficiait d'un quota d'exportation,
modulé suivant l'évolution des prix internationaux,

et comportant le stockage des surplus financé surtout par le Brésil qui avait accepté des quotas bien inférieurs à sa capacité d'exportation. L'accord fut renouvelé en 1968 et en 1976 ; mais, à partir du début des années 1980, il rencontra des difficultés, dues en partie aux changements de la politique du Brésil qui a progressivement vu sa part dans la production mondiale passer de 48 pour 100 pour 1958-1962 à 28 pour 100 pour 1980-1984. De ce fait, durant la décennie 1980, l'accord a été à plusieurs reprises suspendu et réactivé et, depuis 1989, on a assisté à un véritable démantèlement du système, auquel une conférence (septembre 1992) a tenté de remédier. Entre 1986 et 1992, le prix du café s'est littéralement effondré. Si l'on utilise l'indice composite, le prix du café est passé d'un sommet de 3 750 dollars la tonne (sommet, il est vrai, qui n'a été atteint ou dépassé que deux fois : en 1977 et 1979) à un creux de 1 176 dollars. Pour retrouver un prix courant aussi faible, il faut remonter à 1972 ; mais si l'on tient compte de l'évolution générale des prix, le niveau de 1992 est le plus faible jamais enregistré dans l'histoire, en tout cas depuis le début du XIXᵉ siècle. Si les prix du café ont plus que doublé en 1993 et 1995, les problèmes d'organisation internationale ne sont pas encore réglés.

LES AUTRES PRODUITS

Dans l'entre-deux-guerres, bien que la Société des Nations se soit à maintes reprises préoccupée des problèmes des matières premières, les tentatives de stabilisation des prix furent très limitées, sauf en ce qui concerne l'accord de 1933 sur le blé. Il y eut notamment en 1931 un accord sur l'étain et en 1934 sur le caoutchouc, mais tous deux de faible portée. À la veille de la Seconde Guerre mondiale, les accords internationaux ne concernaient que six produits. Outre les accords déjà mentionnés pour le blé, le café, le caoutchouc, l'étain et le sucre, signalons celui sur le thé qui date de 1933 et ne concernait que l'Inde, Ceylan et les Indes néerlandaises, trois pays qui, il est vrai, fournissaient, vers 1939, environ 80 pour 100 des exportations mondiales de ce produit.

En fait, il a fallu attendre plus d'une décennie après la création (en 1964) de la CNUCED pour que, progressivement, des accords internationaux touchassent un plus grand nombre de produits. D'ailleurs, dans les objectifs fixés à la CNUCED figurait en bonne place ce problème, qui a abouti en 1976 à ce que l'on appelle le « programme intégré pour les produits de base », qui concerne, avec plus ou moins de succès, 18 produits : bananes, bois tropicaux, cacao, café, caoutchouc, coton et fils de coton, fibres dures et produits de ces fibres, huiles végétales et graines oléagineuses, jute et produits du jute, sucre, thé, viandes de l'espèce bovine, bauxite, cuivre, étain, manganèse, minerai de fer et, enfin, phosphates. Un des obstacles au succès du « programme intégré » fut le peu de moyens disponibles et le délai de la création du « fonds commun » destiné à ce programme qui ne fut mis en place qu'en 1989, en raison notamment de l'opposition tant des États-Unis que de l'URSS. D'ailleurs, comme le note Alfred Maizels[1], un des

1. 1994.

meilleurs analystes de ce problème : « Les principaux pays développés exportateurs ont été traditionnellement fortement opposés à toute proposition qui pourrait impliquer une augmentation des prix des produits bruts au-dessus des tendances du marché. »

LES TERMES DES ÉCHANGES : DU MYTHE D'UNE DÉTÉRIORATION SÉCULAIRE À LA DURE RÉALITÉ DES ANNÉES 1950 ET 1980

Parmi les principaux concepts des termes des échanges, le plus largement utilisé dans le contexte de la problématique du Tiers-Monde est celui des termes des échanges nets. Et, implicitement, chaque fois que l'on traite des termes des échanges, il s'agit des termes des échanges nets. Ceux-ci expriment le rapport qui existe entre les prix moyens des exportations et ceux des importations soit d'un pays ou d'un groupe de pays, soit d'un produit ou d'un groupe de produits. De ce fait, une amélioration des termes des échanges, c'est-à-dire un accroissement relatif des prix d'exportation par rapport aux prix d'importation, conduit à une augmentation des recettes, et vice versa. Autre façon, peut-être plus significative, de présenter les choses : une amélioration des termes des échanges permet à une même quantité de produits exportés de s'échanger contre une quantité plus importante de produits importés et vice versa. Dans la mesure où les pays du Tiers-Monde exportent essentiellement des produits bruts et importent surtout des produits manufacturés, on a généralement assimilé les termes des échanges des pays du Tiers-Monde à ceux des produits bruts.

Les années 1870-1930 :
le mythe d'une détérioration séculaire
des termes des échanges

L'analyse de l'évolution séculaire des termes des échanges du Tiers-Monde, qui a fortement cristallisé l'attention des économistes et des hommes politiques pendant plusieurs décennies, a été obscurcie par l'existence d'une estimation de la Société des Nations, très largement reprise et acceptée, faisant apparaître entre le dernier quart du XIXᵉ siècle et la veille de la Seconde Guerre mondiale une réduction de l'ordre de plus de 40 pour 100 des prix mondiaux d'exportation des produits bruts par rapport à ceux des produits manufacturés.

Étant donné les renseignements disponibles sur l'évolution de la productivité des divers facteurs, il est peu probable que l'on ait assisté à une telle évolution. En effet, une des tendances fondamentales du processus du développement a été le très rapide accroissement de la productivité de l'industrie manufacturière qui, grâce à d'importantes innovations techniques et organisationnelles, a permis de réduire fortement le prix de revient de sa production. Une telle évolution a dû évidemment conduire à une amélioration des termes des échanges des produits bruts, surtout d'origine agricole et aussi minière; en tout cas jusqu'au milieu du xxe siècle, où la productivité s'était accrue plus lentement que dans l'industrie manufacturière.

Le biais le plus important contenu dans les estimations de la Société des Nations a consisté en l'utilisation presque exclusive des prix d'importation pour mesurer l'évolution des prix des produits bruts. Or, entre 1870-1880 et 1930-1938, les prix de transport ont subi une baisse très importante qui s'est traduite évidemment par une baisse des prix mesurés aux ports d'importation. En fait, il paraît de plus en plus probable qu'au lieu d'une détérioration séculaire des termes des échanges des produits bruts, il y a eu en réalité une amélioration de ces termes des échanges que nous avons pu estimer comme étant de l'ordre de 20 à 40 pour 100 entre les années 1876-1880 et 1928-1929.

D'ailleurs, des calculs rétrospectifs effectués durant les dernières décennies, tant au niveau des termes des échanges des pays individuels du Tiers-Monde qu'à celui des groupes de produits bruts, ont confirmé qu'à l'exception du cas du sucre, et, de ce fait, des pays principalement exportateurs de sucre, l'on a assisté durant cette période à une amélioration des termes des échanges. Si l'on néglige les années de la grande crise et de la guerre, on peut estimer que cette amélioration des termes des échanges des matières premières s'est poursuivie jusqu'au milieu des années 1950.

LES RAISONS DE L'ACCEPTATION DU MYTHE

Une des raisons qui firent accepter cette thèse de la détérioration séculaire des termes des échanges par maints économistes du développement, thèse qui fut quasi unanimement rejetée par les spécialistes du commerce international ainsi que par certains économistes et historiens, est qu'elle correspondait à une certaine réalité pour une partie de l'Amérique latine, qui compte tant de bons spécialistes des problèmes du développement. En effet, pour le sucre, qui gardait encore une place prépondérante dans les exportations des régions chaudes de ce sous-continent, l'évolution des prix avait été défavorable, vu la concurrence du sucre de betterave européen. Si, pour l'Amérique latine, le sucre est resté longtemps le produit dominant d'exportation, tel ne fut pas le cas pour l'ensemble du Tiers-Monde. Et si l'histoire de l'Amérique latine est très importante pour ses propres habitants et pour l'histoire de la colonisation, elle n'en demeure pas moins l'histoire d'une faible partie du Tiers-Monde. Vers 1860, malgré le caractère extraverti de son économie, les exportations de l'Amérique latine non tempérée ne représentaient que 37 pour 100 de celles de l'ensemble du Tiers-Monde, et la population de l'ensemble de l'Amérique latine ne représentait que 4 pour 100 de celle de l'ensemble du Tiers-Monde.

Avant d'abandonner cette période et de passer aux cinq décennies qui ont suivi la Seconde Guerre mondiale, il est bon de s'arrêter un peu sur les années 1930, dont nous avons déjà signalé l'évolution négative des prix. Cette décennie a été marquée par une chute générale et profonde des prix qui n'a pratiquement pas eu de précédent historique. Sur le plan du prix des exportations mondiales entre 1928 et 1937-1938, le recul a été de l'ordre de 22 pour 100 ; mais pour les exportations du Tiers-Monde, ce recul a été de l'ordre de 31 pour 100 (pour les pays développés, 17 pour 100), ce qui, d'ailleurs, fait de ces années exceptionnelles probablement la première période de détérioration réelle des termes des échanges du Tiers-Monde. Si l'on examine l'évolution des prix des produits bruts et des produits manufacturés (toujours sur le plan des exportations mondiales), le recul est respectivement de l'ordre de 31 pour 100 et de 22 pour 100, ce qui, bien sûr, explique la différence entre Tiers-Monde et pays développés. Signalons que le creux de la baisse des prix ne se place pas durant les années d'immédiat avant-Seconde Guerre mondiale, mais en 1932, où le niveau des prix des produits bruts se trouva à environ 40 pour 100 au-dessous de celui de 1937-1938.

Pour les principaux produits bruts exportés par le Tiers-Monde, l'évolution n'a pas été, et de loin, uniforme. Pour paraphraser la fable de La Fontaine à propos des animaux malades de la peste : « Ils ne mouraient pas tous, mais tous étaient frappés. » À l'intérieur des produits agricoles, représentant alors plus de 80 pour 100 des exportations du Tiers-Monde, et en comparant les prix moyens de 1926-1929 à ceux de 1935-1939, la baisse a été plus forte pour les produits alimentaires tropicaux (environ moins 47 pour 100) que pour les produits alimentaires non tropicaux ou les matières premières agricoles (moins 35 pour 100). Cela ne signifie pas pour autant que certaines matières premières agricoles n'aient pas été très fortement affectées. C'est ainsi qu'au niveau de l'ensemble des produits agricoles, le caoutchouc fut le plus touché, avec une chute de 77 pour 100 ! Il est vrai que c'est ce produit qui a connu au cours de cette période la plus forte augmentation de l'offre, avec la forte diversification des aires de production (entre 1909-1914 et 1935-1939, la production de caoutchouc du Tiers-Monde est passée de 177 à 996 millions de tonnes). Les oléagineux, qui eux aussi avaient enregistré une forte augmentation de l'offre, voient leur prix chuter de moitié environ. Même ordre de grandeur (52 pour 100) pour le café. Par contre, le prix du thé ne recula « que » de 36 pour 100. Le Royaume-Uni, grand consommateur de cette boisson, a connu une bonne conjoncture dans les années 1930, contrairement à la France, gros consommateur de café. À l'époque, l'opinion publique fut très choquée par les images des Brésiliens détruisant leur stock de café en le faisant brûler dans les chaudières des locomotives. Autre utilisation « brésilienne » de ce café, dont le Brésil produisait alors 60 pour 100 du total mondial : matière première pour la fabrication des matières plastiques ; une première usine fut ouverte en juin 1941.

En ce qui concerne les produits miniers, notons que sur le plan du Tiers-Monde leurs prix se sont beaucoup moins dépréciés que ceux des produits agricoles : respectivement un peu moins de 20 pour 100 et un peu plus de 40 pour 100. La baisse a touché davantage le cuivre et le plomb que l'étain, et davantage le pétrole que le charbon.

Les années 1946-1973 : où se place
une première détérioration des termes
des échanges

En raison du rôle prépondérant du pétrole qui, même à la veille du premier choc pétrolier, représentait un tiers des exportations totales, et du caractère exceptionnel des hausses puis des baisses des prix de l'or noir, les années qui vont de 1973 à nos jours constituent une période très spécifique, surtout si l'on tient compte de la localisation particulière des réserves pétrolières concentrées dans un nombre restreint de pays. C'est la raison pour laquelle nous traiterons séparément à partir de 1973 l'évolution des régions pétrolières et des régions non pétrolières.

De la fin de la Seconde Guerre mondiale au premier choc pétrolier, l'évolution des termes des échanges du Tiers-Monde a été caractérisée par trois phases assez contrastées, dont la deuxième a le plus cristallisé l'attention des spécialistes du développement et les responsables politiques. Voyons d'abord brièvement chacune de ces trois phases.

De 1946 à 1952-1956, on est en présence d'une amélioration des termes des échanges, mais il

TABLEAU XXXV.6

TERMES DES ÉCHANGES DU COMMERCE EXTÉRIEUR
(1963 = 100; années ou moyennes annuelles, sauf 1938 et 1948)

| | Tiers-Monde à économie de marché | | | Pays développés à économie de marché | Monde |
	Pays non exportateurs de pétrole	Pays exportateurs de pétrole	Ensemble		Produits bruts par rapport aux produits manufact.[a]
1900	–	–	–	–	87
1913	–	–	–	–	108
1928	–	–	113	–	100
1938	78	–	80	99	72
1948	96	–	95	95	118
1950-1954	115	100	111	91	118
1960-1964	101	101	101	101	100
1965-1969	104	89	91	102	94
1970-1972	107	98	90	103	89
1973-1975	116	236	147	96	113
1976-1978	111	300	171	93	115

	Tiers-Monde à économie de marché			Pays développés à économie de marché	Monde Produits bruts par rapport aux produits manufact.[a]
	Pays non exportateurs de pétrole	Pays exportateurs de pétrole	Ensemble		
1979-1981	106	486	225	85	102
1982-1984	100	549	235	84	99
1985-1987	95	365	189	91	97
1988-1990	88	288	172	95	98
1991-1993	73	261	151	96	92
1994-1995	73	244	151	99	99

a   À partir de 1965-1969 : produits agricoles par rapport aux produits manufacturés.

Sources : D'après CNUCED, *Manuel de statistiques du commerce international et du développement*, diverses livraisons ; FMI (1996) ; FMI, *International Financial Statistics. Yearbook*, diverses livraisons ; Nations Unies, *Annuaire statistique du commerce international*, diverses livraisons ; données communiquées par le Secrétariat de la CNUCED ; et estimations complémentaires de l'auteur.

s'agit aussi d'une période très troublée en ce qui concerne les prix en raison d'une forte poussée d'inflation consécutive à la guerre de Corée (1950-1953). Dès 1946, l'amélioration des termes des échanges du commerce extérieur du Tiers-Monde était de l'ordre de 10 pour 100 par rapport à 1936-1938. Cette tendance se poursuivit jusqu'à 1949, bien qu'irrégulièrement. La guerre de Corée ayant entraîné, en 1950 et 1951, une hausse beaucoup plus accusée des produits bruts (surtout des produits tropicaux) que celle qui a touché les produits manufacturés, il en est résulté une forte amélioration des termes des échanges du Tiers-Monde (de l'ordre de 25 pour 100). Même si la guerre s'est poursuivie en 1952, les prix se norma-lisèrent, ce qui entraîna un recul des termes des échanges de l'ordre de 13 pour 100. Ce fort recul de 1952 a conduit la quasi-totalité des analystes du problème de la détérioration des termes des échanges à considérer cette année comme la pre-mière de cette phase de détérioration. Cependant, comme le niveau de 1952 est encore supérieur de quelque 10 pour 100 à ce qu'il était en 1949, que l'année 1954 voit une augmentation sensible (5 pour 100), et qu'en 1955 le niveau reste station-naire, il serait plus adéquat de considérer plutôt la baisse de l'année 1956 comme étant la pre-mière de cette phase.

Cette phase de détérioration des termes des échanges dura jusqu'à 1962, soit sept ans, soit onze ans selon la date de départ retenue. En tout état de cause, c'est une période suffisamment longue pour ne pas être considérée comme un phéno-mène conjoncturel, car, de surcroît, il s'agit d'une période sans perturbations dans l'économie inter-

nationale. Si l'on part de 1951, la détérioration a
été de l'ordre de 20 pour 100 ; si l'on part de 1955,
de l'ordre de 12 pour 100. Quoi qu'il en soit, vu la
tendance historique et le caractère normal de la
période, il s'est bien agi d'un fait nouveau, méritant l'attention qu'on lui a portée ; et nous verrons
plus loin les causes probables d'une telle évolution. Auparavant, voyons brièvement l'évolution
intervenue dans la dernière décennie avant le premier choc pétrolier.

Entre 1962 et 1973, on est entré dans une
période caractérisée par une relative stagnation
des termes des échanges du Tiers-Monde, ce qui,
par conséquent, était également valable pour les
termes des échanges des pays développés. Nous
disons par conséquent, car étant donné que l'essentiel du commerce extérieur de chacune de ces
deux régions s'effectue avec l'autre, automatiquement une détérioration des termes des échanges
de l'une des deux se traduit par une amélioration
de l'autre, et vice versa. Mais, dans le cas du Tiers-
Monde, il s'agit d'une stagnation située près des
niveaux les plus bas atteints depuis la fin de la
guerre, alors qu'au contraire pour les pays développés cette stagnation se situe près des niveaux
les plus hauts atteints depuis cette même période.

Causes de la détérioration des termes des échanges des années 1950

Donc, dans les années 1950, un phénomène
nouveau et sans précédent, si l'on considère qu'il
se place dans une période de conjoncture normale : la détérioration des termes des échanges

des produits bruts et, par conséquent, des exportations du Tiers-Monde. Quelles sont les causes d'une telle détérioration des termes des échanges ? Phase où l'effet perturbateur du pétrole n'a pas joué et qui a fait l'objet de nombreux débats et de multiples recherches. De nombreux facteurs ont été avancés ; après analyse de ceux-ci, on peut en retenir six, dont surtout les trois suivants (dans l'ordre décroissant d'importance) :

1) Très forte augmentation de l'offre des matières premières produites par le Tiers-Monde. Nous avons vu dans les chapitres précédents que tant pour les produits agricoles d'exportation que pour les produits miniers on avait assisté à une forte progression de la production ; toutes les régions du Tiers-Monde élargissant leur gamme de productions agricoles et prospectant leurs ressources minières.

2) Différence dans les modalités de l'affectation des bénéfices résultant de l'augmentation de la productivité des matières premières produites par le Tiers-Monde par rapport aux modalités de cette affectation pour les articles manufacturés des pays développés, thèse avancée par R. Prebisch[1]. C'est-à-dire que, dans le cas des produits manufacturés, les progrès de la productivité se traduisent en général par des hausses de salaires et des profits entraînant des augmentations de prix. Alors que dans le cas des matières premières, en raison de la pression des groupes d'acheteurs bien organisés qui font face à des vendeurs, à des producteurs et à des ouvriers moins bien organisés, la progression de la productivité se traduit

1. 1950.

par un *statu quo* ou une régression des profits et
des salaires et par une baisse des prix.

3) Mise au point et production sur une grande
échelle de produits de synthèse. Ce point est suffisamment connu pour que nous ne nous y attardions
pas (dans le tableau XXXV.4, nous avons présenté
des indications à ce propos).

Les trois facteurs suivants ont également joué
dans le même sens, mais leur impact a été considéré comme moins fort que celui des facteurs
déjà cités :

4) Relative inélasticité de la demande des produits bruts par rapport à celle des produits manufacturés. Nous avons déjà évoqué cet aspect.
L'analyse des tendances de la consommation a
mis en évidence que les besoins en produits bruts,
et notamment des aliments, se heurtent très vite à
un plafond, alors que les «besoins» en produits
manufacturés, grâce notamment à l'élargissement des types de produits, sont pratiquement
illimités[1].

5) Réduction des coefficients de l'input des
matières premières dans l'industrie manufacturière du fait des progrès techniques. Ici, il s'agit
d'une constante assez généralisée dont nous
n'évoquerons qu'un exemple. L'amélioration de
la qualité de l'acier fait que les quantités d'acier
nécessaires pour manufacturer un type donné de
produit fini (voiture, machine à laver, etc.) se rédui-
sent progressivement. De même, les progrès techniques ont conduit à une diminution de la quantité
de charbon nécessaire pour produire cet acier.

---

1. Les économistes parlent de plus ou moins grande élasti-
cité.

6) Mesures restrictives à l'importation et à la consommation de certains produits bruts originaires du Tiers-Monde dans les pays développés. Ce sont notamment des produits tels que le café, le thé ou le tabac qui sont souvent fortement taxés, leur prix n'influençant pas fortement la consommation et ne gênant pas, et pour cause, les producteurs locaux.

QU'EN EST-IL DE LA PRODUCTIVITÉ DIFFÉRENTIELLE?

Soulignons que l'on a trop rarement, pour ne pas dire jamais, fait intervenir les différences de rythme de croissance de la productivité. Si la productivité de la production d'articles manufacturés dans les pays développés s'était accrue plus lentement que celle qui concerne les produits bruts du Tiers-Monde, cela pourrait expliquer et justifier une telle détérioration. En somme, c'est ce qui s'est passé depuis un demi-siècle dans les pays développés où depuis le début des années 1950 en Europe (et un peu avant en Amérique du Nord), la productivité agricole s'est accrue presque deux fois plus rapidement que dans l'industrie, alors que c'était l'inverse depuis le début de la révolution industrielle. De ce fait, on constate dans le monde développé occidental, depuis les années 1950, une détérioration des termes des échanges des produits agricoles par rapport aux produits manufacturés: un agriculteur doit vendre des quantités croissantes de sa production afin d'acheter la même quantité de produits manufacturés. L'hypothèse selon laquelle la productivité agricole des cultures d'exportation et la productivité minière du Tiers-Monde se seraient accrues plus rapidement que la productivité de l'industrie manufacturière des pays développés, pourrait expliquer cette détérioration des termes des échanges, qui revêtirait alors un caractère beaucoup moins négatif. L'emploi du conditionnel se justifie ici par l'absence d'études dans ce domaine précis.

Caractère moins négatif... oui, et même positif : en effet, il faut bien tenir compte du fait qu'un des signes d'une économie performante est la croissance rapide de la productivité qui permet une baisse des prix, qui permet à son tour d'élargir le marché national et international. Du début de la révolution industrielle jusqu'à la fin du XIXᵉ siècle, l'Angleterre a connu une détérioration des termes des échanges. C'est d'ailleurs pour cette raison qu'un autre concept des termes des échanges est préconisé, celui des termes des échanges factoriels doubles qui ne sont que très rarement calculés, parce qu'incluant la notion de productivité. En fait, ils expriment le rapport entre les quantités de travail contenues dans les échanges. Une amélioration de ces termes implique que, pour une quantité donnée d'exportations, on obtient une quantité d'importations impliquant plus de travail que celui contenu dans les exportations. Or il est apparu que la productivité de l'essentiel de l'économie des pays développés s'est accrue plus rapidement que celle du Tiers-Monde. Si l'on prend la période de 1950 à 1990, la productivité de l'ensemble de l'économie a progressé en moyenne de 2,5 à 2,7 pour 100 par an dans les pays développés occidentaux, alors que dans le Tiers-Monde à économie de marché, il s'agissait de 1,4 à 1,7 pour 100. L'écart est encore plus important dans les premières décennies d'après-guerre. De ce fait, il est probable que les termes des échanges factoriels doubles du commerce du Tiers-Monde se sont détériorés à la fois sur la courte et la longue période. Ou, autrement dit, pour une même quantité de travail contenue dans ses exportations, le Tiers-Monde achetait une plus faible quantité de travail des pays développés, mais pas nécessairement moins de produits, au contraire, car la productivité des pays développés a progressé rapidement. Cette remarque et cette analyse des causes de la détérioration des termes des échanges des années 1950 valent aussi pour celles que nous rencontrerons dans la suite de l'historique que nous reprenons.

La période 1973-1995 :
les perturbations des fortes variations
des prix du pétrole

Après 1973, les termes des échanges sont devenus un des domaines les plus bouleversés par les fortes fluctuations du prix du pétrole. Entre 1970-1972 et le sommet du prix de l'or noir qui se place en 1981-1983, on note une amélioration de l'ordre de 170 pour 100 des termes des échanges du Tiers-Monde à économie de marché, et le niveau de 1981-1983 dépassa même de 110 pour 100 le sommet précédent du début des années 1950 (voir le tableau XXXV.6). En même temps, et pour les mêmes causes, les termes des échanges des pays développés subissaient une détérioration : de l'ordre de 15 pour 100. Mais l'amélioration des termes des échanges pour l'ensemble des exportations du Tiers-Monde masque un abîme de différences entre l'évolution des termes des échanges des pays pétroliers et celle des termes des échanges des autres exportateurs. Pour l'essentiel de la population du Tiers-Monde, c'est-à-dire les non-exportateurs de pétrole, les termes des échanges de son commerce durant la même période (1970-1972 à 1981-1983) se sont détériorés de 3 pour 100. Par conséquent, il faut tracer l'histoire de l'évolution des termes des échanges en distinguant nettement les deux types de pays et en se concentrant davantage sur les pays non exportateurs de pétrole, car ils forment l'écrasante majorité du Tiers-Monde.

De 1973 à 1995, pour les pays non exportateurs de pétrole, on est en présence de deux phases et peut-être de l'amorce d'une troisième. La première, de courte durée, allant jusqu'à 1977, est en quelque sorte la prolongation de la phase précédente que caractérisait une relative stagnation des termes des échanges, avec une faible tendance à la hausse : le niveau de 1975-1977 se situant à 5 pour 100 au-dessus de celui de 1969-1971. Mais n'oublions pas que le niveau de 1969-1971 constitue, dans la perspective historique, plutôt un creux qu'un sommet (voir le tableau XXXV.6). La seconde phase, qui va de 1978 à 1993, a été caractérisée par une détérioration constante, bien qu'irrégulière, de ces termes des échanges. Enfin, l'année 1994 voit, elle, une amélioration.

À partir de 1978, pour les pays non pétroliers, on est donc en présence d'une nouvelle phase. Entre le dernier sommet triennal, qui se place en 1973-1975, et les années 1991-1993, la détérioration des termes des échanges a été de l'ordre de 22 pour 100. C'est-à-dire qu'en moyenne, pour une quantité donnée de produits exportés par le Tiers-Monde «non pétrolier», celui-ci ne pouvait acheter au début des années 1990 que 78 pour 100 de la quantité qu'il pouvait acheter vingt ans plus tôt. Donc, le problème de la détérioration des termes des échanges garde toute son actualité et son acuité, même si pour cette période récente, la hausse du prix du pétrole est également responsable de cette évolution. Ce qui ne veut pas dire du tout que les autres facteurs, notamment ceux qui ont été responsables de la détérioration de 1956 à 1962, ne soient pas intervenus.

Il est évident que l'évolution a été divergente selon les produits et les pays, plus ou moins spécialisés dans un nombre plus ou moins restreint de produits. Nous laisserons de côté les produits marginaux et les pays individuels afin de nous arrêter sur les grandes régions et sur quelques produits importants. Toujours pour la période 1975-1977 à 1991-1993 et pour les pays non pétroliers, la détérioration des termes des échanges a été la plus grave en Amérique latine, en raison de l'évolution très défavorable des prix du café. Le recul des termes des échanges a été de l'ordre du tiers. À l'opposé, c'est en Afrique que l'évolution a

TABLEAU XXXV.7
ÉVOLUTION DES PRIX
DE QUELQUES PRODUITS BRUTS
(cotations ; en dollars courants la tonne)

	1948/ 1950	1959/ 1961	1969/ 1971	1979/ 1981	1989/ 1991	1993/ 1995
Produits végétaux						
Cacao	685	642	784	2 657	1 238	1 310
Café	905	983	1 107	3 730	2 158	2 453
Caoutchouc	578	746	457	1 264	889	1 195
Sucre	94	65	84	84	249	259
Produits miniers						
Cuivre	503	655	1 320	2 039	2 640	2 385
Étain	2 141	2 269	3 534	15 462	6 832	5 520
Pétrole	125	136	141	1 946	1 367	1 180
Zinc	322	229	297	783	1 450	998

Sources : D'après CNUCED, *Annuaire des produits de base*, diverses livraisons ; CNUCED, *Bulletin mensuel des prix des produits de base*, diverses livraisons ; et FMI (1973).

été la moins défavorable, le recul n'ayant été que de l'ordre du cinquième. Quant à l'Asie, elle se situe dans la moyenne du Tiers-Monde. Au niveau des produits (voir le tableau XXXV.7), nous avons déjà relevé l'évolution négative du prix du café. À cela, il faut ajouter le cas du cacao mais non celui du thé. Le sucre, qui avait atteint des niveaux extrêmement faibles au milieu des années 1980, s'est quelque peu redressé. En revanche, l'évolution a été beaucoup plus positive pour les bananes, dont les prix pour 1993-1995 sont près de deux fois supérieurs à ceux de 1975-1977. Pour les minerais en général, l'évolution a été plus positive que celle des produits agricoles ; les baisses concernent notamment le tungstène et l'étain, les hausses, le fer et le cuivre.

Si l'on veut coller à l'actualité, signalons qu'après la période récente (de 1975 à 1993) de détérioration des termes des échanges des pays du Tiers-Monde non exportateurs de pétrole, on a constaté en 1994 une amélioration de ceux-ci, de l'ordre de quelques pour-cent, et en 1995 un relatif *statu quo*. L'amélioration de 1994 a été causée par une hausse accusée pour pratiquement tous les produits bruts d'exportation du Tiers-Monde, qu'il s'agisse de produits agricoles ou miniers. Le seul produit tropical n'ayant pas bénéficié de cette hausse est le thé; pour les minerais, il s'agit de trois produits: phosphate, fer et manganèse. Mais une hirondelle ne fait pas le printemps et, par conséquent, il faut attendre quelques années afin de déterminer s'il s'agit d'un véritable retournement de la tendance pour s'en réjouir et pour chercher à l'expliquer. En ce qui concerne l'augmentation des prix d'exportation et surtout des prix de quotations de 1994, selon la plupart des analystes elle s'expliquerait largement par les conséquences de la spéculation. Certes, depuis toujours, les spéculateurs se sont intéressés aux matières premières mais, très récemment, on a noté une forte augmentation de l'intervention en ce domaine des fonds de pensions qui disposent d'énormes avoirs. Notons que cette hausse quasi généralisée n'a pas touché le pétrole.

LES TERMES DES ÉCHANGES DES PAYS PÉTROLIERS

L'évolution relative du prix du pétrole, que l'on peut déduire du tableau XXXV.7, est un très bon indicateur de l'évolution des termes des échanges des pays pétroliers, étant donné que, dans la majorité des cas, le pétrole représente la quasi-totalité de leurs exportations. Donc une évolution en dents de scie. Entre 1971-1973 et le premier sommet de 1974, ces termes s'améliorèrent de 190 pour 100! Puis, de 1974 à 1979, relative stabilité, avec une légère tendance à la baisse, surtout marquée en 1978 (baisse de plus de 10 pour 100). Entre 1979 et 1981, nouvelle et forte progression (70 pour 100). Puis s'amorce la chute, d'abord modérée, mais qui en 1986 est de l'ordre de 50 pour 100. Après une reprise en 1987, on est à nouveau en présence en 1988 d'une forte chute (de l'ordre d'un cinquième). Après deux ans d'amélioration (1989 et 1990), la baisse reprend en 1991 et s'est poursuivie jusqu'en 1994, puisque le pétrole n'a pas participé à la hausse des prix des produits bruts qui a marqué durant cette année la quasi-totalité des produits bruts. L'année 1995 a été, quant à elle, marquée par une nouvelle et sensible détérioration de ces termes des échanges de l'ordre de 7 pour 100. Notons cependant, que si le niveau des termes des échanges de 1993-1995 se situe à un peu moins de la moitié du sommet de 1981-1983, il est encore plus de deux fois et demie plus élevé que le niveau d'avant la hausse des prix du pétrole de 1973-1974.

XXXVI. L'AIDE, LA DETTE
ET LA CROISSANCE
ÉCONOMIQUE

En guise de transition par rapport au chapitre précédent, relevons qu'à la fin des années 1950, en raison de la détérioration des termes des échanges, on a assisté à l'émergence d'un mouvement en faveur d'un «rééquilibrage» des relations Nord-Sud. Un des plus percutants slogans était «Trade, not Aid», avec le sous-entendu évident qu'il fallait augmenter les recettes financières des pays du Tiers-Monde grâce à une augmentation des prix des exportations et non grâce à l'aide. Cela, et surtout la nécessité d'équilibrer la balance des paiements afin que le Tiers-Monde puisse continuer à importer de l'Occident, a entraîné une augmentation substantielle de l'aide. En fait, c'est déjà au cours de la Seconde Guerre mondiale que se fit jour l'idée d'une aide souhaitable, sinon nécessaire, aux régions du Sud comme on les appelait alors. Cette aide favorisait leur développement économique et social, car l'on commençait à prendre conscience que des exportations accrues de produits tropicaux et de produits miniers n'étaient pas nécessairement la voie d'un développement économique et social. Une brève description des décisions en la matière, et surtout la présentation de l'évolution de l'aide et de ses modalités feront l'objet de la première section de ce chapitre, alors que la dette, qui, en quelque sorte, constitue le revers de la médaille de l'aide, fera l'objet de la deuxième section.

La troisième section de ce chapitre est de loin la plus importante, car elle résume en quelque sorte toute l'évolution économique. Enfin nous terminerons, avec les écarts de niveaux de développement, qui sont en quelque sorte une des expressions des déboires du développement économique mondial. Le fait que l'on traite de la croissance immédiatement après l'aide et la dette ne veut évidemment pas dire que ces deux aspects soient nécessairement liés. En tout état de cause, sauf exceptions ponctuelles, l'aide n'a pas été assez massive pour avoir un impact important sur la croissance ; et la dette, bien que représentant un handicap important, n'est pas l'explication majeure des cas d'échecs économiques.

L'AIDE : DES OBJECTIFS BIEN LOIN D'ÊTRE ATTEINTS

L'aide... Rarement un terme a été aussi impropre ; en effet, dans ce que l'on qualifie généralement d'aide, celle-ci est très minoritaire, et les prêts à intérêts très majoritaires. Il est vrai qu'à l'inverse une fraction des prêts sont, en quelque sorte, des dons déguisés, car les prêteurs, généralement dans ces cas-là les gouvernements, savent pertinemment que ceux-ci ne seront remboursés que très partiellement ou pas du tout. Donc nous commencerons par une définition. Après quoi nous passerons à un historique de cette aide et terminerons avec les modalités de celle-ci.

Définition et évolution de l'aide, ou des prêts souvent baptisés «dons»

On a trop souvent eu tendance à assimiler les prêts avec intérêts accordés au Tiers-Monde à une aide pure, à des dons. Sans entrer ici dans des détails techniques trop poussés, signalons que, selon la définition la plus couramment utilisée, outre les dons proprement dits (tant en espèces qu'en nature), les montants de l'aide financière incluent notamment les montants nets des prêts à durée supérieure à une année, qui représentent environ 30 pour 100 du total, les investissements et les prêts du secteur privé (environ 27 pour 100) et les crédits à l'exportation garantis (environ 12 pour 100). Ainsi, si l'on exclut ces trois derniers postes, on arrive à réduire de 70 pour 100 environ l'importance de l'aide fournie au Tiers-Monde, ce qui nous laisse environ 30 pour 100 de dons ou de transferts assimilés à des dons. Il est évident que ces proportions ne sont pas uniformes ni dans le temps ni dans l'espace. Ainsi des considérations, tant d'ordre politique qu'humanitaire, peuvent pendant certaines périodes et pour certains pays accroître considérablement la proportion des «dons effectifs».

Si l'on défalque des montants de l'aide nette les remboursements des capitaux effectués par les pays bénéficiaires, il n'en est pas de même des intérêts des prêts. Ce qui avait un impact marginal quand la dette était relativement faible et les taux d'intérêt peu élevés, mais avec l'effet cumulé de la forte hausse du niveau de la dette et de celle des taux d'intérêt, cela a conduit au bouleversement total de la situation en matière du flux total des ressources financières. À partir de 1984, ce flux devient même négatif pendant quelques années. Notons d'autre part que les traitements (y compris la part rapatriée) des experts en mission dans les pays du Tiers-Monde sont inclus dans les transferts assimilés à des dons. En fait, l'aide pure ne doit représenter que quelque 20 à 25 pour 100 du montant traditionnellement considéré comme aide, mais parfois plus justement appelée recettes, appoints ou flux financiers à destination des pays du Tiers-Monde. C'est d'ailleurs cette dernière appellation que nous utiliserons souvent. Avant de passer à l'évolution de ces flux financiers, il convient encore de signaler que la quasi-totalité de l'aide fournie par les différents pays consiste en ce qu'il est convenu d'appeler «aide liée», c'est-à-dire comportant généralement l'obligation d'utiliser les sommes ainsi mises à la disposition des pays bénéficiaires à des achats auprès d'entreprises localisées dans les pays donateurs.

UN HISTORIQUE DE L'AIDE

La question de l'aide financière aux pays du Tiers-Monde n'a commencé à se poser qu'à partir du moment où la majeure partie de ceux-ci avaient acquis leur indépendance politique. D'ailleurs, durant l'époque coloniale, il était exceptionnel de prévoir un prélèvement des ressources de la métropole en faveur des colonies sous la forme d'aide de caractère plus ou moins permanent. Certes, dans quelques cas limités, le bilan des échanges financiers entre certaines métropoles et certaines colonies pouvait être négatif pour les premières ; des considérations militaires, stratégiques ou simplement de prestige pouvant justifier financièrement, ou, plutôt, budgétairement, le maintien d'un territoire non rentable. D'autre part, il y avait également des cas où, sur le plan budgétaire, certaines colonies n'étaient pas «rentables», mais cette situation était compensée par les profits économiques retirés par les colons ou entreprises originaires des métropoles.

Il n'existe pas de bilan global précis des relations financières entre les métropoles et leurs colonies. Dans l'ensemble et surtout jusqu'à la Seconde Guerre mondiale, celui-ci était apparemment en faveur des métropoles. Ce n'est qu'à partir du début des années 1950 qu'il est possible de suivre l'évolution des montants mis à la disposition des pays du Tiers-Monde. On trouvera dans le tableau XXXVI.1 les données sur cette évolution.

Du début des années 1950 au milieu de la décennie 1990, le montant des moyens financiers mis à la disposition des pays du Tiers-Monde a été multiplié par 65 en dollars courants. En termes de prix et de dollars constants, il ne s'agit plus que d'une multiplication par 6,1 (soit une croissance annuelle de 4,3 pour 100). Si l'on se limite à l'aide publique, qui se rapproche davantage de la notion d'aide réelle, l'évolution est un

TABLEAU XXXVI.1

RECETTES FINANCIÈRES NETTES

VERSÉES AU TIERS-MONDE PAR ORIGINE

ET NATURE

(en milliards de dollars;
années ou moyennes annuelles)

	1950/ 1955	1960/ 1961	1970	1980	1990	1995
Évolution en dollars courants						
Total	3,7	9,6	20,3	128,3	126,2	239,3
Répartition par origine						
Pays occidentaux	3,4	7,3	16,8	101,7	99,5	213,2
Pays de l'Est	0,1	0,2	1,0	2,8	2,2	–
OPEP	–	–	0,4	8,7	5,9	0,6
Organis. multilatéraux^a	0,1	0,3	1,1	12,6	13,5	19,5
Dons privés^b	–	–	0,9	2,4	5,1	6,0
Répartition par nature						
Aide publique	1,9	5,4	8,5	45,6	69,7	69,4
Recettes à conditions non libérales^c	1,7	4,2	10,9	78,3	47,0	162,0
Évolution aux prix et taux de change de 1983						
Total	15,9	34,8	53,1	93,9	62,3	96,3
dont aide publique	8,4	19,5	22,2	36,1	46,5	37,8

a Financés à concurrence d'environ 95 % par les pays occidentaux.
b Chiffres approximatifs; y compris les dons des organisations non gouvernementales; l'ensemble à concurrence de près de 100 % étant fourni par les pays développés occidentaux.
c Investissements privés, crédits à l'exportation, etc.

Note: Les séries ne sont pas strictement homogènes en raison des changements intervenus dans l'élaboration des données.

Sources: D'après OCDE (1985b); et OCDE, *Coopération pour le développement*, (rapport annuel), diverses livraisons.

peu moins positive, puisqu'il s'agit d'une multiplication par 4,5. Mais l'essentiel de la progression est dû à la croissance rapide intervenue
entre 1950-1955 et 1960. En effet, l'évolution n'a
pas été, et de loin, uniforme. Si l'on analyse l'évolution du total des recettes financières en valeur
constante, on peut discerner cinq phases très
contrastées. La première, qui commence au
début des années 1950 et qui s'achève vers 1960-
1961, est marquée par une expansion extrêmement rapide. La croissance annuelle est de l'ordre
de 10 pour 100 pour le total des recettes financières; et supérieure à 11 pour 100 pour l'aide
publique. De 1960-1961 à 1971 cette progression
se ralentit fortement pour le flux total, et stagne
pratiquement pour l'aide publique (respectivement plus de 4 pour 100 et moins de 2 pour 100).
La progression du total des recettes financières
s'expliquant par une très rapide augmentation
des crédits à l'exportation et des investissements
privés. De 1971 à 1981, et c'est la troisième
phase, on assiste à nouveau à une augmentation
assez rapide, mais très irrégulière, de l'aide
totale. Le flux total est doublé entre ces deux
dates (soit 7 pour 100 par an); mais, encore une
fois, la progression est beaucoup plus lente pour
l'aide publique (4 pour 100), en dépit d'une forte
augmentation de l'aide des pays de l'OPEP. De
1981 à 1987, toujours en termes de valeur
constante, on assiste à un véritable effondrement
du flux total, lequel est divisé par deux. Cette
chute est essentiellement due au flux du secteur
privé (investissements et prêts bancaires notamm-
ment). De 1987 à 1995, en prix constants, le total
de l'aide a été marqué par un mouvement ascen-

dant, en dents de scie (baisse en 1990). En revanche, l'aide publique a reculé et a atteint, en 1995, en termes de pourcentage du PNB, le niveau le plus bas depuis 1973.

On s'éloigne de plus en plus des objectifs

Le premier inventaire des besoins et recommandations sur l'aide à fournir au Tiers-Monde [1] fut réalisé par un groupe d'experts des Nations Unies. Ce rapport suggérait que les pays développés transfèrent annuellement environ 3 pour 100 de leur revenu national. Ceci devait permettre de couvrir environ 50 pour 100 des besoins d'investissements du Tiers-Monde. Ces 3 pour 100 s'inspiraient de l'ampleur de l'aide que les États-Unis ont fournie à l'Europe dans l'immédiat après-guerre, dans le cadre du Plan Marshall. La Première Conférence des Nations Unies sur le commerce et le développement [2] fixa à 1 pour 100 du revenu national l'objectif de l'aide. La Deuxième Conférence [3] porta cet objectif à 1 pour 100 du PNB ; comme *grosso modo*, le PNB dépasse de 20 pour 100 le revenu national, ceci implique une augmentation de 20 pour 100 de l'objectif. En 1969, le Rapport Pearson, du nom d'un ancien Premier ministre du Canada, recommanda que l'aide publique représente 0,7 pour 100 du PNB. Ce taux fut retenu comme étant l'objectif par excellence pour l'aide

1. Publié en 1951.
2. 1964.
3. 1968.

publique. Dans la mesure où, à l'époque, l'aide
publique représentait 0,3 pour 100 du PNB, cela
impliquait plus qu'un doublement par rapport à
la situation existante.

Voyons à présent dans quelle mesure les réalisations ont correspondu aux objectifs. En ce qui
concerne les pays développés occidentaux qui
sont (et de loin) les principaux fournisseurs
d'aide au Tiers-Monde. Le plus significatif est,
bien entendu, l'aide publique au développement
dont l'objectif a été fixé à 0,7 pour 100 du PNB.
Cette aide publique (exprimée donc en pourcentages du PNB) des pays occidentaux, qui s'élevait
à 0,34 pour 100 pour 1950-1955, atteignit un
sommet de 0,53 pour 100 pour 1961-1962. Puis
ce fut la décrue très progressive jusqu'en 1972 où
l'on se retrouva avec 0,33 pour 100, soit un peu
au-dessous du niveau de 1950-1952. Le choc
pétrolier amena, en même temps que des besoins
accrus pour le Tiers-Monde non-exportateur de
pétrole, une baisse de l'aide publique des pays
occidentaux qui, en 1973, s'établit au-dessous de
0,3 pour 100. Dès lors, cette aide demeurera au-
dessous des 0,4 pour 100 durant les décennies
1970 et 1980. Par conséquent, l'objectif fixé n'a
jamais été atteint. Dans les premières années de
la décennie 1990, la situation s'est encore dété-
riorée : en 1995, il s'agissait de 0,27 pour 100.

Néanmoins, l'écart croissant entre le niveau de
vie des deux grandes régions a eu pour conséquence une augmentation de l'importance relative de l'aide exprimée en pourcentage du PNB du
Tiers-Monde et ce, notamment, durant la décennie 1980. Le PNB (en valeurs courantes et en taux
de changes courants) des pays développés occiden-

taux, qui, vers 1980, représentait 3,6 fois celui du Tiers-Monde à économie de marché, représentait 5,7 fois celui-ci en 1995. Donc, très grossièrement, l'aide publique des pays développés occidentaux, en passant de 0,37 à 0,27 pour 100 du PNB de ces pays, est aussi passée de 1,3 à 1,5 pour 100 du PNB du Tiers-Monde à économie de marché.

Puisque nous venons de mettre en évidence la non-réalisation des objectifs d'aide de l'Occident, il convient de dire quelques mots des pays de l'Est. Ces pays n'ont jamais adopté des objectifs spécifiques, bien que s'associant généralement dans le cadre des Nations Unies aux résolutions que fixaient les objectifs d'aide. Et, en ce qui concerne des réalisations de ces pays développés de l'Est, la performance a été encore plus faible que celle de l'Occident, car l'aide totale (essentiellement publique) fournie par ces pays n'a jamais dépassé les 0,2 à 0,3 pour 100 de leur PNB. Cependant, il faut souligner qu'en règle générale les taux d'intérêt demandés par les pays de l'Est sont plus faibles que ceux de l'Ouest; mais, là aussi, il s'agit presque toujours d'aide liée. Depuis 1972, en termes réels, cette aide a encore fortement baissé et, dans la décennie 1980, elle ne représentait plus que 0,1 pour 100 du PNB de ces pays. Les 80 pour 100 de cette aide vont à des pays du Tiers-Monde à économie planifiée qui, il est vrai, ne représentent qu'une population restreinte, puisque, depuis la rupture de l'URSS avec la Chine en 1960, cette dernière est exclue des bénéfices de l'aide des pays développés de l'Est. D'ailleurs, l'aide fournie à la Chine avant cette rupture était très faible, puisque de 1950 à 1957 les crédits à long terme se seraient élevés à 420 millions de dollars seulement. Il est inutile d'insister sur le fait que, depuis l'écroulement du communisme et les graves problèmes économiques que ceci a créé, les choses se sont encore détériorées. Le niveau de l'aide des pays de l'Est au Tiers-Monde est tombé de 3,4 milliards de dollars en 1989 à environ 1,1 milliard en 1991 et a été probablement bien inférieur par la suite, tombant pratiquement à zéro en 1995.

Si l'aide des pays de l'Est n'a pas été remplacée «réellement» par celle de l'Occident, en revanche, et ceci concerne surtout la Chine, rappelons qu'on a assisté, avec l'ouverture et le semi-capitalisme croissants, à un flux d'investissements étrangers qui est devenu important dans la fin des années 1980. L'année 1982 est la première où les investissements directs de l'étranger en Chine ont atteint un niveau significatif : 0,4 milliard de dollars, ce qui représente 3 pour 100 du total du Tiers-Monde. Les 2 milliards ont été dépassés en 1987. Entre 1988 et 1991, ces investissements ont fluctué autour de 3 à 4 milliards de dollars, pour faire un bond à 11,2 milliards en 1992. La Chine est alors devenue le plus gros bénéficiaire des investissements directs de l'étranger, suivie par Singapour (6,7 milliards), la Malaisie (5,2) et le Mexique (4,9). Entre 1993 et 1995, il y eut de nouvelles et très fortes progressions, puisque pour 1995 il s'est agi de 37,5 milliards, soit 38 pour 100 du total du Tiers-Monde. La Chine est ainsi devenue une destination importante des investissements à l'étranger du monde occidental, dont une partie, il est vrai, provient de la communauté chinoise vivant dans le monde occidental.

Les « donateurs »

À présent, voyons qui sont les principaux donateurs. Si l'on exclut les pays de l'OPEP, qui n'ont
joué un rôle significatif qu'entre 1973 et 1985, on
peut considérer qu'en moyenne 96 pour 100 du
flux financier en faveur du Tiers-Monde sont originaires des pays occidentaux, et donc seulement
4 pour 100 des pays de l'Est. À l'intérieur des
pays occidentaux, ce sont les États-Unis qui, jusqu'en 1988, ont été le principal donateur. En
1989, le Japon a pris cette place, alors qu'en
1975-1976 il occupait encore la troisième place
(la France, la deuxième). L'arrivée au pouvoir à
la Chambre et au Sénat américains des républicains va probablement renforcer le recul relatif,
et peut-être absolu, de l'importance de l'aide de
ce pays, ceux-ci ayant clairement exprimé quelles
étaient leurs intentions en ce domaine. L'aide de
l'OPEP, insignifiante avant le début des années
1970, atteint un sommet en 1974 : environ 11
pour 100 du total mondial, pour retomber à 2
pour 100 en 1978. Et, après une temporaire et
irrégulière remontée, la part des pays de l'OPEP
se situe environ à 0,3 pour 100 au milieu de la
décennie 1990. Mais si, en termes absolus, les
États-Unis et le Japon sont d'importants bailleurs
de fonds, en revanche, en importance relative
(rapport au PNB du pays donateur), un certain
nombre de petits pays occupent les premières
places. En ce qui concerne le pourcentage d'aide
publique par rapport au PNB, le Danemark, la
Norvège et la Suède sont en tête avec (pour 1993-
1995) des proportions de l'ordre de 0,9 à 1,0

pour 100; alors que pour les États-Unis, le Japon et l'Italie il ne s'agit que de 0,1 à 0,3 pour 100. La France est parmi les pays de grande taille où la proportion est élevée : 0,6 pour 100, mais un tiers de ce montant va aux DOM-TOM (départements et territoires français d'outre-mer) dont la population combinée ne représente même pas 1 pour 100 de celle du Tiers-Monde.

L'AIDE DE L'OPEP : UNE COMPENSATION
À LA HAUSSE DES PRIX DU PÉTROLE?

Comme on a pu le voir dans le tableau XXXVI.1, l'aide fournie au Tiers-Monde par les pays de l'OPEP s'est fortement accrue entre 1970 et 1980, passant de 0,6 à 8,7 milliards de dollars courants, soit une multiplication par 14 qui, en termes de prix constants, est ramenée à une multiplication par 4, ce qui reste une forte progression. En outre, la part de l'aide publique est beaucoup plus importante que dans l'aide fournie par les pays développés occidentaux, celle-ci ayant représenté entre 1973 et 1980 les trois-quarts des transferts financiers, cette proportion était inférieure à 40 pour 100 dans l'Occident durant la même période. Et, enfin, l'importance de l'aide totale par rapport au PNB a été plus forte que pour l'Occident : 3,3 pour 100 en 1980.

Donc, un faisceau d'aspects très positifs. Mais il n'y a aucune raison que l'esprit critique appliqué à l'adresse des pays développés ne le soit pas aussi à celle des pays du Tiers-Monde, surtout quand ceux-ci ont des ressources! Et le revers de la médaille de l'aide fournie par l'OPEP comporte aussi des aspects non négligeables, dont le plus important est que l'aide aux pays non arabes du Tiers-Monde n'a représenté qu'une très faible fraction de l'aide. Dans la décennie faste de cette aide (à savoir les années 1973 à 1981), seulement 7 à 12 pour 100 de l'aide ont été donnés à ces pays, qui représentaient pourtant 95 pour 100 de la population du Tiers-Monde, alors que les 88 à 93 pour 100 restants sont allés aux pays arabes qui, eux, ne représentaient que 5 pour 100 du Tiers-Monde. D'autre part, cette aide aux pays non arabes n'a compensé qu'une fraction minime du seul coût direct de l'augmentation de leur facture pétrolière. Nous avons estimé ce coût direct découlant de cette augmentation en tenant compte des variations des quantités importées. Pour la période 1973 à 1981, ce coût direct peut être estimé à 220 ou 240 milliards de dollars. D'ailleurs, entre 1973 et 1981, les exportations de l'OPEP à destination du Tiers-Monde (hors OPEP) ont dépassé de 300 milliards de dollars le montant de ce qu'elles auraient dû représenter si le niveau des prix de 1969-1971 s'était maintenu. Or l'aide reçue de l'OPEP par ces pays ne s'est élevée qu'à 6 ou 7 milliards de dollars, soit 3 pour 100 du coût direct, et probablement pas plus de 2 pour 100 des coûts directs et indirects. La forte baisse de cette aide après 1982 (voir le tableau XXXVI.1) rend superflu tout calcul similaire pour la période 1982-1990. Signalons simplement ici que l'aide de l'OPEP, qui représentait 3,3 pour 100 du PNB des pays donateurs, n'en a plus représenté que 1,4 pour 100 pour 1986-1988, et moins de 1 pour 100 pour 1993-1995.

Inégalité des bénéficiaires

À l'inégalité des donateurs correspond une inégalité des bénéficiaires, et ce non seulement en ce qui concerne l'aide de l'OPEP, mais également en ce qui concerne le flux total de l'aide. Toutefois, dans ce domaine, on a pu discerner récemment quelques améliorations. En règle générale, on peut formuler la « loi » suivante : l'importance de l'aide publique reçue par habitant est fonction :

— D'une part de l'importance du pays. Plus le pays est peuplé, plus faible sera en général le niveau de l'aide par habitant. Cette fonction semble provenir du fait qu'il y a pratiquement un plancher et un plafond au montant total de l'aide. Le plancher favorise les petits pays et le plafond est défavorable aux très grands pays.

— D'autre part du facteur politique. La fonction est ici plus complexe. Les minima sont évidemment atteints par les pays totalement opposés aux pays donateurs ; toutefois, près de ces minima, on trouve également des pays très engagés du côté des pays donateurs. Les maxima sont atteints soit par des pays « amis », mais dont la stabilité politique ou militaire est précaire, soit par des pays plus ou moins neutres que l'aide est censée empêcher de passer dans l'autre camp. La fin du communisme à l'Est a évidemment modifié cette situation ; et les besoins de ces pays risquent d'amoindrir les disponibilités pour les pays du Tiers-Monde, ce non seulement en raison de la quasi-disparition de l'aide fournie par les pays de l'Est au Tiers-Monde, mais aussi en raison du fait que l'Occident accorde à présent de l'aide aux anciens pays communistes.

En termes concrets, si l'on dresse le bilan de l'aide reçue, il s'avère que celle-ci a été secondaire pour la plus grande partie du Tiers-Monde. De surcroît, la partie prédominante de cette aide, qui n'est pas constituée de dons, a conduit au grave problème de l'endettement.

Quelques aspects spécifiques de l'aide

Voyons brièvement trois aspects spécifiques de l'aide : l'aide alimentaire ; les initiatives dites privées et semi-privées et, enfin, la présence d'étudiants et stagiaires du Tiers-Monde dans les pays développés et d'experts occidentaux dans le Tiers-Monde.

L'AIDE ALIMENTAIRE

Sans entrer ici dans une analyse de la répartition sectorielle de l'aide, il convient d'ouvrir une parenthèse sur l'aide alimentaire qui a été le premier programme structuré d'aide. Le programme d'aide alimentaire a commencé en 1954. Et ce furent d'abord les États-Unis qui dispensèrent l'essentiel de cette aide dans le cadre de leur programme « Food for Peace ». Programme voté par la « Public Law 480 », d'où l'appellation PL480 pour ce programme. Par la suite, d'autres pays y participèrent, notamment ceux de l'UE. Mais c'est au début des années 1960 que cette aide a commencé à prendre de l'ampleur, aide essentiellement composée, alors comme aujourd'hui, de livraisons gratuites de céréales. Un sommet, d'ailleurs non retrouvé depuis lors, fut atteint en 1964 avec 19,8 millions de tonnes, ce qui représentait 69 pour 100 des importations totales de céréales qui étaient alors de 28,5 millions de tonnes. Ce sommet s'explique aussi en partie par la mise en place par la FAO et les Nations unies du Programme Alimentaire Mondial[1]. Programme qui fut créé en 1961 et devint opérationnel en 1963. L'objectif principal du PAM est de pallier des situations de crises alimentaires, en contribuant aussi bien par des livraisons alimentaires que par des soutiens financiers et des aides aux transports des produits alimentaires.

Dans le chapitre XXXIII, nous avons vu que cette aide alimentaire a été un des facteurs qui ont amorcé la tendance à l'importation de céréales, et, par là, la création d'un déficit grandissant en la matière. Cela et d'autres effets pervers, dont le découragement à la production dans le Tiers-Monde, ont entraîné des réexamens de cette politique d'aide alimentaire. En termes concrets, après le sommet de 1964, les exportations de céréales par les pays développés occidentaux à titre d'aide se sont pratiquement stabilisées autour des 12 millions de tonnes. Pour 1991-1995, elles étaient de 8,8 millions de tonnes par an ; ce qui, exprimé par habitant du Tiers-Monde, signifie 3 fois moins qu'en 1964. La grande partie (80 pour 100) de cette aide alimentaire a été fournie aux pays dits «FFDA», sigle utilisé afin de définir les «pays déficitaires du point de vue de l'alimentation où le revenu par habitant est inférieur au niveau retenu par la Banque Mondiale» qui bénéficieront de

---

1. PAM ; en anglais WFP.

certains avantages en matière d'aide. Ce qui signifie, en pratique, que l'Afrique a reçu une grande
partie, et une partie croissante de ces céréales
fournies au Tiers-Monde. De moins d'un tiers au
milieu des années 1970, cette part de l'Afrique est
passée à la moitié au début des années 1980, à un
sommet de 62 pour 100 en 1990 (52 pour cent
pour 1991-1995).

La précision «fournie au Tiers-Monde» est
nécessaire pour la période après 1990, année où
ont commencé des envois massifs aux pays ex-
communistes d'Europe, et notamment à l'URSS.
La part du Tiers-Monde dans cette aide céréalière
est aussi passée de 100 pour 100 en 1990 à 60
pour 100 en 1993-1995. Ceci ajoute à la perti-
nence de la question que se pose Jacques Nagels
dans le titre de son ouvrage de 1993, *La Tiers-
Mondisation de l'ex-URSS*? Et c'est l'autre grand
pays, les États-Unis, qui a continué à fournir les
plus grandes quantités de ces céréales : plus de 60
pour 100 au milieu des années 1970 et 55 pour
100 au début des années 1990. Les produits autres
que les céréales, fournis dans le cadre de cette aide
alimentaire, sont quantitativement moins importants, dépassant rarement le million de tonnes.

LES INITIATIVES PRIVÉES ET SEMI-PRIVÉES D'AIDE

On ne peut quitter le problème de l'aide sans
présenter, ne serait-ce que brièvement, les initiatives privées qui ont revêtu, et revêtent toujours,
des formes variées. Dans le tableau XXXVI.1, nous
pouvons voir que, en ce qui concerne les montants financiers, ceux-ci n'ont commencé à représenter des montants significatifs qu'à partir de la

fin des années 1960. Entre 1970 et 1995, en valeur
courante cette aide a été multipliée par moins de 7 ;
c'est-à-dire un peu moins que l'aide totale (multipliée par près de 12). Mais, bien sûr, il s'agit de
dons et souvent cette aide est plus adéquatement
utilisée grâce à l'effet des organisations non gouvernementales qui la collectent et la distribuent.

LES ORGANISATIONS NON GOUVERNEMENTALES

Sans tenir compte des missions religieuses et
autres initiatives locales de nature confessionnelle,
la première de ces organisations, dont l'essentiel
des objectifs constitue l'aide aux populations du
Tiers-Monde, est apparemment l'OXFAM, fondée en 1942. Parmi les autres de ces organisations, citons Caritas International (1950), Terre
des Hommes (1960) et Médecins sans Frontières
(1971).

LES *PEACE CORPS* : DES VOLONTAIRES AMÉRICAINS

Passons à une action de caractère mixte : les
Peace Corps américains. Ils ont été créés en 1961,
grâce à l'initiative du président John Kennedy,
dans le but d'envoyer des volontaires américains
à l'étranger afin d'aider le Tiers-Monde dans ses
besoins en main-d'œuvre qualifiée. À l'apogée du
mouvement, en 1966, les *Peace Corps* comptaient
10 000 membres œuvrant dans 52 pays. À partir
de 1981, les *Peace Corps* devinrent une agence
gouvernementale indépendante. Les volontaires,
après avoir suivi une formation, sont envoyés
pour une période de deux ans dans un pays du
Tiers-Monde. Ils ne touchent pas de salaire mais

une simple allocation de résidence. Entre 1962 et 1994, ce sont plus de 120 000 volontaires qui furent envoyés dans 99 pays différents. Après l'écroulement du communisme, des volontaires de *Peace Corps* furent envoyés dans ces pays. C'est ainsi, par exemple, qu'en décembre 1992, quelque 200 cadres dans le domaine de la gestion des entreprises (y compris quelques présidents de corporations) arrivèrent en Russie. Notons que dans le Tiers-Monde, une fraction importante des volontaires de *Peace Corps* sont des instituteurs et des professeurs.

ÉTUDIANTS ET STAGIAIRES

Pour terminer et avant de passer aux revers de l'aide, donnons quelques indications sur l'évolution du nombre d'étudiants et de stagiaires en provenance du Tiers-Monde dans les pays développés occidentaux et sur le nombre d'experts occidentaux se trouvant dans le Tiers-Monde. Toutes ces personnes sont celles financées par le secteur public.

Commençons par les étudiants et les stagiaires. Ceux-ci sont passés de près de 40 000 en 1962 à plus de 100 000 en 1966. Puis leur nombre fluctua autour des 80 000 à 110 000 jusqu'en 1985 ; après quoi il a poursuivi sa progression, pour dépasser les 160 000 en 1992. Au début des années 1990, le plus important contingent se trouvait au Japon (environ le tiers), suivi par l'Allemagne, le Canada et la France (chaque pays environ un huitième). Les États-Unis, qui, au début des années 1960, accueillirent environ le quart de ces personnes, n'en ont plus accueilli que le dixième au début des années 1990. Jusqu'à récemment, les pays de l'Est ont également accueilli un nombre important d'étudiants et de stagiaires. Mais, dans ce cas, les considérations politiques étaient plus importantes (et les données sont plus aléatoires).

EXPERTS ET VOLONTAIRES

Les données sont aussi moins bonnes en ce qui concerne l'évolution des experts et volontaires des pays développés occidentaux se trouvant dans le Tiers-Monde. L'évolution de l'importance numérique atteint un sommet à la fin des années 1960, avec environ 110 000 personnes (contre 80 000 au début de la décennie). Puis, au cours des années 1970 et 1980, leur nombre a fluctué autours des 70 000 et a même subi un recul au milieu de la décennie 1980 où leur nombre était de 60 000. Au début des années 1990, leur nombre est remonté vers les 80 000. Dans ce domaine, les États-Unis ont gardé leur prédominance, avec environ un cinquième du total. En revanche, la France, qui avait été encore plus prédominante que les États-Unis au début des années 1960 (plus de la moitié), en représentait moins d'un dixième au début des années 1990. L'évolution a été dans le même sens pour le Royaume-Uni (qui est passé d'un cinquième à moins d'un vingtième). C'est là une conséquence assez directe de la décolonisation. En revanche, le Japon a pris une place rapidement croissante. Au début des années 1960, ses experts et volontaires ne représentaient que 3 pour 100 ; au début des années 1990, ils représentaient plus du quart, donnant au Japon la première place (et de loin).

Quant au Canada, par rapport à sa taille, il n'occupa une place prépondérante qu'à partir du milieu des années 1980. Au début des années 1990, sa part se rapprochait des 10 pour 100, alors qu'en termes de population le Canada ne représentait que 3 pour 100 des pays développés occidentaux.

LA DETTE ET SON FARDEAU : LES INTÉRÊTS

À présent, il convient de traiter du revers de la médaille de l'aide, revers qui résulte du fait que l'essentiel de l'aide est fourni sous forme de prêts. Il s'agit de l'endettement du Tiers-Monde qui en résulte, et qui concerne essentiellement le Tiers-Monde à économie de marché. D'ailleurs, pour les pays du Tiers-Monde à économie planifiée, les données ne sont pas sûres (surtout avant 1980) et les montants de la dette beaucoup moins graves, ce qui nous permettra d'être très bref à ce sujet lorsque nous l'examinerons plus loin. Bien entendu, le principal aspect négatif de la dette est constitué à la fois par la nécessité de la rembourser, mais aussi et surtout par les intérêts qui découlent de celle-ci.

Il n'est pas superflu de présenter quelques éléments sommaires des définitions. La dette extérieure totale, selon les définitions des organisations internationales, comprend tous les types de dettes (envers l'extérieur) publiques et privées, bilatérales ou multilatérales. Ne sont généralement pas incluses les dettes militaires financées par des crédits publics, ni les dettes en monnaies locales. La plupart des analyses se basent sur ce que l'on qualifie de dette à long terme, c'est-à-dire excluant les dettes à échéance inférieure à un an.

La dette extérieure :
des montants devenus énormes

En vue de disposer de séries historiques plus longues nous baserons surtout l'analyse sur la dette extérieure à long terme (supérieure à un an), la seule qui ait été calculée jusqu'en 1982, année durant laquelle d'ailleurs la méthodologie a subi quelques modifications. Signalons que la dette à court terme du Tiers-Monde à économie de marché est demeurée pratiquement stable de 1982 à 1990 : autour des 220 milliards de dollars. En ce qui concerne la dette à long terme, celle-ci a commencé à croître rapidement dès le milieu des années 1950 dans un premier temps, en raison du déficit commercial créé par la détérioration des termes des échanges. Elle s'élevait à 9 milliards de dollars vers 1955, et s'établit aux environs des 67 milliards en 1970, c'est-à-dire à la veille des bouleversements pétroliers. Cette borne historique se justifie, étant donné que le choc pétrolier a non seulement entraîné des besoins accrus d'aide, mais aussi, comme nous l'avons vu, une période de forte inflation et de niveaux très élevés des taux d'intérêt. Dès lors (voir le tableau XXXVI.2), la dette du Tiers-Monde à économie de marché a progressé à un rythme galopant : 163 milliards en 1975 ; et

1 290 milliards en 1995. Soit, si l'on prend l'ensemble de la période 1955 à 1995, une dette multipliée par 143 en dollars courants et par environ 21 en dollars constants.

TABLEAU XXXVI.2

DETTE À LONG TERME ET SERVICES DE LA DETTE

DU TIERS-MONDE À ÉCONOMIE DE MARCHÉ

(en dollars courants ; fin de l'année pour la dette)

	Dette		Services de la dette	
	Milliards de dollars courants	*en % du PNB*	*Milliards de dollars*	*En % des exportations*
1955	9	7	–	–
1971	83	18	5	8
1975	163	16	21	10
1980	423	20	72	13
1985	785	35	112	25
1990	980	26	140	19
1995	1 290	26	240	20

Note : Les données antérieures à 1985 ne sont pas strictement comparables avec les précédentes. Toutefois, afin d'améliorer la comparabilité, elles ont été ajustées par nous, à savoir : ajout de 3,64 % pour la dette et réduction de 3,97 % pour les services de la dette.

Sources : D'après FMI, *World Economic Outlook*, diverses livraisons ; et OCDE, *Financement et dette extérieure des pays en développement*, diverses livraisons.

Plus significatif encore, le fait suivant : en pourcentage du PNB, cette dette du Tiers-Monde à économie de marché est passée de 7 pour 100 vers 1955 à 35 pour 100 en 1985. Au début des années 1990, pour une vingtaine de pays, cette dette a dépassé les 40 pour 100 de leur PNB, et même pour une dizaine les 50 pour 100. De 1985 à 1995, la dette a progressé plus lentement que le

PNB, d'où un recul de ce ratio qui s'établit à 29 pour 100 en 1995. À la fin de 1993, les pays les plus endettés (dette publique et dette privée à long terme) étaient dans l'ordre : le Brésil (80 milliards de dollars), le Mexique (76 milliards), l'Inde (72 milliards), l'Indonésie (68 milliards), l'Argentine (57 milliards) et la Turquie (57 milliards). En termes de pourcentage du PNB, on compte un grand nombre de pays pauvres qui sont très fortement endettés. Ainsi, pour 1990-1993, on est en présence des taux suivants : Guyane, 302 pour 100 ; Sao Tomé et Principe, 287 pour 100 ; Guinée-Bissau, 131 pour 100 ; Somalie, 111 pour 100 ; Tanzanie, 89 pour 100.

Avant de passer au service de la dette, présentons brièvement l'évolution de la dette dans les pays communistes du Tiers-Monde et commençons par la Chine. La dette extérieure (à long terme) de la Chine a été pendant très longtemps extrêmement faible tant en termes absolus que relatifs. En effet, elle s'élevait pour 1982-1984 à un peu plus de 6 milliards de dollars, soit moins d'une dizaine de dollars par habitant contre près de trois cents dollars par habitant pour le reste du Tiers-Monde (pour les mêmes années). Mais, à partir de 1985, cette dette progresse à un rythme très élevé, s'élevant à 18 milliards de dollars en 1986, 34 milliards en 1988 et 90 milliards à la fin de 1994. À cela s'ajoute encore une dette à court terme qui atteint 22 milliards de dollars. Si l'on traduit cette dette à long terme en pourcentage du PNB, on obtient un taux très faible : de l'ordre de 2 pour 100. En revanche, les deux autres pays socialistes d'Asie ont une très forte dette extérieure : pour la République populaire de Corée, celle-ci s'élève à près de 6 milliards de dollars (ce qui doit représenter environ un tiers de son PNB); au Viêt-nam, elle est de l'ordre des 20 milliards de dollars (ce qui doit représenter environ la totalité, sinon davantage, de son PNB). Enfin, hors d'Asie, il faut aussi relever la dette très importante de Cuba (de l'ordre de 31 milliards, soit très approximativement 60 à 90 pour 100 de son PNB). Toutefois, alors que l'essentiel de la dette chinoise est dû aux pays développés occidentaux, celle des autres pays est due surtout aux pays de l'Est; mais cela a commencé à se modifier, surtout pour le Viêt-nam.

Le service de la dette extérieure :
une charge écrasante

Le service, c'est-à-dire le paiement des intérêts et les remboursements éventuels de la dette extérieure à long terme du Tiers-Monde à économie de marché peut être estimé aux environs de 0,5 milliard de dollars en 1955, soit 3 pour 100 des exportations; ce qui était une charge assez supportable. La dette ayant fortement augmenté, elle représentait, en 1971, déjà 5 milliards (8 pour 100 des exportations). Mais, à partir de 1973 et jusqu'à 1982, on assiste à une très forte montée des taux d'intérêt. Étant donné qu'une partie des dettes du Tiers-Monde est constituée de dettes à taux d'intérêt flottants, il en découle une forte poussée de ces taux. Autour de 1972, le taux d'intérêt moyen de la dette du Tiers-Monde était de 5 pour 100 (8,3 pour 100 pour les taux flottants). Pour 1977-1978, il s'agit de 6,3 pour 100, et le sommet est atteint en 1982 avec 10 pour 100 (17,1 pour 100 pour les dettes à taux flottants). Dès lors, comme la dette avait continué à progresser, le service de la dette fit un véritable bond, atteignant 96 milliards de dollars en 1982, soit 19 fois plus qu'en 1971. Et, surtout, ces 96 milliards représentaient 19 pour 100 des exportations. Bien que la baisse des taux d'intérêt se soit amorcée en 1983, ceux-ci sont demeurés élevés jusqu'en 1986. Durant cette année, le service de la dette exprimé en pourcentage des recettes d'exportation a atteint son sommet avec 28 pour 100. Ce qui, déjà au niveau de la moyenne du Tiers-Monde, représente des charges très lourdes. Au niveau des pays fortement endettés, la ponction a été au milieu des années 1980 énorme. Ainsi, pour un nombre non négligeable de pays, le service de la dette a représenté alors plus de 40 pour 100 des recettes d'exportations. Il s'agit d'une quinzaine de pays, parmi lesquels citons l'Argentine, le Brésil, l'Égypte et la Côte-d'Ivoire. À partir de 1987, avec la poursuite du recul des taux d'intérêt qui se conjugue avec une progression plus modérée de la dette, l'importance relative du service de la dette amorce une courbe descendante, passant au-dessous de la barre des 20 pour 100 en 1989, pour s'établir en 1995 à ce même taux. Mais le montant absolu de ces payements a continué à progresser, atteignant les 240 milliards de dollars en 1995, soit 48 fois le montant de 1971.

En ce qui concerne les pays communistes et notamment la Chine, signalons que, malgré une ampleur très restreinte de la dette, le service de celle-ci affecte sensiblement (8 pour 100) les recettes extérieures en raison de la faiblesse du taux d'exportation. La Chine s'est d'ailleurs fixée un plafond de 15 pour 100 en la matière. En ce qui concerne Cuba, l'importance relative de ces paiements est à peu près du même ordre que celle de la Chine, sauf pour les premières années de la décennie 1990, en raison de l'effet combiné d'une augmentation des paiements et d'une diminution des exportations.

DETTE ÉNORME + TAUX D'INTÉRÊT TRÈS ÉLEVÉS
= INVERSION DU FLUX NET DES RESSOURCES

Comme nous le notions plus haut, l'effet combiné de l'augmentation de la masse de la dette et des taux d'intérêt a conduit depuis 1982 à une forte réduction du solde net des transferts financiers à destination du Tiers-Monde et même, en 1984 et 1985, à un déficit. Certes, comme le notaient la Banque Mondiale et le FMI, le concept du montant global net du transfert financier doit être interprété avec prudence, comme d'ailleurs tout agrégat, car à un stade plus avancé de développement il n'implique pas nécessairement des conséquences négatives. Mais en ce qui concerne le Tiers-Monde à économie de marché cette évolution est préoccupante. Alors que, pour 1980-1982, il s'agissait encore d'un excédent relativement important (63 milliards de dollars de 1987), le déficit a été de l'ordre de 5 milliards de dollars (toujours en dollars de 1987) pour 1984-1985 ; et l'excédent pour les dernières années de la décennie 1980 n'a été que de l'ordre de 12 milliards. Encore que ces calculs ne tiennent pas compte des transferts privés de capitaux à l'étranger qui sont loin d'être marginaux et qui, bien sûr, vont dans le sens Tiers-Monde-pays développés. De surcroît, comme nous l'avons signalé à propos du service de la dette des pays développés, dans le cas du Tiers-Monde non seulement on est en présence d'un transfert de ressources des classes défavorisées vers les classes plus favorisées, mais d'un transfert des classes défavorisées du Tiers-Monde vers les classes favorisées des pays développés. Une simple confrontation du montant des transferts financiers (tableau XXXVI.1) et de celui des payements des services de la dette (tableau XXXVI.2) nous montre que, malgré un ralentissement de l'aggravation des services de la dette, ceux-ci sont restés, dans la seconde moitié de la décennie 1980 et les premières années de la décennie 1990, voisins ou supérieurs aux montants de l'aide.

LES RÉAMÉNAGEMENTS DE LA DETTE
ET LEURS ÉCUEILS

Cette situation très défavorable a donné lieu à une série d'événements. Parmi ceux-ci, relevons l'élément positif de la prise de décisions de nombreux réaménagements des dettes et même dans certains cas de moratoires. Le phénomène a commencé en 1956 déjà, lorsqu'un groupe informel (baptisé «Club de Paris»), émanant des États créanciers, s'est réuni afin d'éviter la faillite de l'Argentine. Il s'agissait pour ce groupe de définir en commun les facilités de paiement à accorder aux débiteurs en difficulté. Plus structuré et jouant un rôle plus important, le «Club de Londres» regroupe l'ensemble des banques créditrices et négocie les conditions d'un nouvel échelonnement des remboursements de capital, et éventuellement l'octroi de nouveaux prêts. Ce club est devenu réellement actif à partir de 1983, ce qui a entraîné une accélération du réaménagement des dettes. Alors que de 1956 à 1979 on peut recenser 42 cas de réaménagements des dettes, il y en a eu 139 du début de 1980 à mars 1990.

Mais réaménager une dette signifie, dans la plupart des cas, un simple report des échéances. Les cas de moratoires ont été beaucoup plus limités. C'est ce qui explique en partie la pression en faveur d'un moratoire général des dettes du Tiers-Monde, solution que ne prônent pas tous les pays du Tiers-Monde, car cela implique le risque certain d'une réduction de l'aide et des financements ultérieurs. Bref, on est à la recherche de ce qu'un haut fonctionnaire de la Banque Mondiale, Jean Baneth[1], qualifie de «potion magique : les montages financiers». Dans ce contexte, relevons l'apparition depuis 1982 d'un marché secondaire de la dette, en quelque sorte la «revente» à un prix réduit des dettes pour lesquelles existent des risques d'insolvabilité. Selon une étude, le volume de ces transactions est passé d'environ 6 à plus de 60 milliards de dollars rien qu'entre 1985 et 1989, et ce qui est, hélas, plus significatif : le «prix» exprimé en pourcentage de la valeur nominale de ces dettes est passé de près de 70 pour 100 en 1986 aux environs des 35 pour 100 en 1990.

Parmi les autres événements importants de la décennie 1980, marquée par le paroxysme de la crise de la dette et des initiatives tendant à la surmonter, relevons la décision prise en 1982 par le Mexique de suspendre les paiements du service

1. 1990.

de sa dette extérieure, et la mise en œuvre du « Plan Baker ». Ce plan, qui porte le nom de celui qui était alors secrétaire au Trésor des États-Unis, a surtout concerné la période 1985-1987 et était intitulé « Programme pour une croissance soutenue ». Il avait pour postulat de base que la solution au problème de l'endettement passait par un retour à la croissance économique des pays emprunteurs. En outre, le plan prévoyait des prêts sur trois ans à hauteur de 30 milliards de dollars, ce qui aurait entraîné une augmentation du service de la dette, et au bénéfice des pays les plus endettés, à condition que l'emprunteur mît en œuvre une politique d'ajustement en accord avec le FMI.

Et signalons enfin deux projets importants. Il y a d'abord ce que l'on appelle le « Plan Brady », du nom d'un autre secrétaire au trésor américain qui, en mars 1989, rejoignait en quelque sorte le courant sinon du moratoire général, du moins de l'allégement de la dette, qui ne serait consenti cependant qu'aux pays qui feraient preuve d'efforts de redressement économique. Plus récemment, à la suite d'une réunion du G7 à Naples, en décembre 1994, le Club de Paris a décidé d'accorder de nouvelles et meilleures conditions aux pays les plus endettés (conditions qualifiées de *Naples Terms*). Une nouvelle décision en ce sens a été prise en septembre 1996.

LES DETTES À LA BOURSE

Les cours de la bourse étant devenus une information importante, même au niveau des bulletins d'information de la radio et de la télévision, citons pour terminer cette section l'évolution récente de quelques cours de la dette du Tiers-Monde qui, comme beaucoup de cotations, sont très volatils. En effet, comme tout produit coté sur une bourse, la cotation, la «valeur» de ces dettes peut varier considérablement en fonction de multiples facteurs qui peuvent influencer la performance des économies concernées. Ainsi des réformes introduites dans le sens d'une économie plus libérale influent évidemment sur ces «bourses»; ce qui, par exemple, a conduit, entre octobre 1993 et le début de 1994, à faire passer la «valeur» relative de la dette de l'Equateur de 33 à 50 pour 100, celle du Pérou de 43 à 72 pour 100, etc. L'effet est encore plus marqué quand il s'agit de pays à régime «communiste». Ainsi, par exemple, avant le début de la véritable libéralisation de l'économie, la dette du Viêt-nam avait une valeur «marchande» ne représentant que 10 pour 100 de sa valeur nominale. En 1993, il s'agissait de 20 pour 100 et au début de 1995 les 50 pour 100 étaient dépassés. Dans l'ensemble, ce «marché» des dettes, qui représentait des transactions de l'ordre de 100 milliards de dollars en 1990, a atteint 2 760 milliards en 1994.

LA CROISSANCE ÉCONOMIQUE

D'une certaine façon on peut considérer cette section et la suivante comme la conclusion aux trois chapitres précédents consacrés à l'évolution économique du Tiers-Monde durant le XXe siècle.

En effet, la croissance économique donne une image de synthèse de l'évolution des divers secteurs même si l'image est loin d'être parfaite.

La croissance économique : mesures et problèmes de mesure

L'évolution du volume du produit ou revenu national reste pour le moment le meilleur, ou, si l'on préfère, le moins mauvais, des indicateurs de synthèse de la performance moyenne des économies. Les réserves justifiées que soulèvent les concepts de la comptabilité nationale ayant déjà été exposées (chapitre XXII, tome II), nous ne les répéterons pas ici. Cependant, insistons sur le problème des comparaisons des niveaux du PNB lorsque ceux-ci sont exprimés en monnaie internationale (en l'occurrence le dollar) sans tenir compte des différences internationales des prix. Dans le cas du Tiers-Monde, la tendance générale qui en découle est de sous-estimer le niveau de vie « réel ». Donnons ici un exemple. Le PNB par habitant des pays du Tiers-Monde les plus pauvres s'établissait en 1990 vers les 120 à 140 dollars courants par habitant, ce qui, au niveau des dépenses de consommation individuelle, représente quelque 80 à 90 dollars, soit un peu plus de 0,2 dollar par jour. Même si l'on concentrait toutes les dépenses pour la seule alimentation (donc pas de vêtements, pas de logement, etc.), on ne pourrait acheter, dans les pays développés, avec une telle somme qu'environ 150 g de pain ; c'est-à-dire un cinquième de ce qu'il faut pour ne pas être sous-alimenté. Autre exemple de distorsion pris dans le monde développé : quand, entre 1970 et 1974, le dollar est passé de 4,3 à 2,5 francs suisses, le PNB par habitant (en dollars courants) des États-Unis, qui, en 1970, était de 43 pour 100 supérieur à celui de la Suisse, est devenu, en 1974, de 10 pour 100 inférieur à celui de la Suisse (alors qu'en termes réels les changements ont été très faibles).

Les données que nous allons présenter et analyser ici, ainsi que la plupart des données se rapportant au PNB utilisées dans ce livre, sont largement des estimations et calculs de l'auteur [1] qui tendent autant que possible à corriger, à tenir compte de ces différences du pouvoir d'achat. Ces corrections ont été basées sur des études très élaborées, réalisées aussi bien par quelques chercheurs isolés que par l'OCDE et les Nations Unies. Elles sont exprimées en prix et dollars des États-Unis de 1960, c'est-à-dire qu'elles correspondent à peu près en termes de pouvoir d'achat intérieur (intérieur des pays du Tiers-Monde) à cette situation. Bien entendu, une correction d'un biais entraîne presque toujours, *ipso facto*, la création d'un autre biais. Et, dans ce cas, il faut garder en mémoire que si, par exemple, en termes de pouvoir d'achat intérieur le PNB moyen d'un habitant du Tiers-Monde à économie de marché ne représentait en 1990 que le onzième de celui de la moyenne d'un habitant des pays développés occidentaux, en termes de pouvoir d'achat sur le marché international il ne s'agissait que du quinzième. Rappelons que pour traduire approximativement les données exprimées en prix et dollars des États-Unis de 1960 en

---

1. Bairoch, 1979a ; 1981 et 1997a.

prix et dollars des États-Unis de 1990, il faut multiplier les chiffres par environ 4,26 (pour passer aux prix de 1995, le coefficient est d'environ 5,0).

Enfin, relevons que ce n'est que récemment[1] que le Fonds Monétaire International (ainsi que l'ONU et l'OCDE) a tenu compte, dans ses analyses comparatives du niveau du PNB des divers pays, des différences des pouvoirs d'achat des monnaies. Du coup, tout le classement du niveau par habitant et du potentiel total de nombreux pays, et surtout du Tiers-Monde, s'en trouve bouleversé. C'est ainsi que, dans les analyses du FMI, l'ensemble du Tiers-Monde voit sa part dans le PNB mondial doubler (passant de 17,7 à 34,4 pour 100). La plus faible réévaluation concerne les pays du Moyen-Orient (moins de 5 pour 100), suivie par celle pour l'Amérique latine (85 pour 100), l'Afrique (135 pour 100) et l'Asie (142 pour 100). Ce fort taux pour l'Asie résulte surtout de celui de la Chine (plus de 300 pour 100). Pour les quatre dragons, il ne s'est agi que de 19 pour 100 ; ce qui confirme, entre autres, leur appartenance actuelle au monde développé.

*Une croissance économique
non uniforme dans le temps*

Durant le XIXᵉ siècle, il apparaît comme probable que la croissance du PNB total du Tiers-Monde ait été un peu plus lente que celle de la population ; de sorte qu'en moyenne le niveau de

1. Dans *World Economic Outlook* de mai 1993.

vie a baissé durant cette période. Ce recul a touché surtout l'Asie. Le creux a dû être atteint vers 1880-1900, avec pour l'Asie une baisse de 10 à 20 pour 100 par rapport au niveau du milieu du xviiiᵉ siècle. Cette baisse a été compensée par une hausse de 20 à 30 pour 100 pour l'Amérique latine, et par un *statu quo* relatif pour l'Afrique, de sorte que, pour l'ensemble du Tiers-Monde, la baisse du PNB par habitant aurait été de 6 à 12 pour 100 environ. Depuis 1880-1900, le Tiers-Monde a été caractérisé par une croissance du PNB dans laquelle on peut distinguer trois phases principales.

TABLEAU XXXVI.3
TAUX ANNUEL DE CROISSANCE DU VOLUME
DU PNB PAR HABITANT DU TIERS-MONDE

	Tiers-Monde à économie de marché	Chine	Ensemble du Tiers-Monde
1800-1860	– 0,1	– 0,1	– 0,1
1860-1900	0,1	– 0,1	0,0
1900-1913	1,0	0,2	0,7
1913-1928	0,2	0,0	0,1
1928-1938	0,5	0,0	0,4
1938-1950	0,4	– 1,0	0,0
1950-1960	1,6	3,3	2,1
1960-1970	1,7	2,9	2,1
1970-1980	1,9	3,2	2,6
1980-1990	0,0	3,2	1,4
1990-1995	1,1	4,7	2,2

Sources : Bairoch, P. (1997a).

La première de ces phases va jusqu'à la fin de la Seconde Guerre mondiale et est caractérisée par une croissance faible et irrégulière. Entre 1900 et 1950, le PNB total progressant de 1,2 pour 100 par an et le PNB par habitant progressant de 0,3 pour 100 par an. La seconde phase, qui a débuté dans l'immédiat après-guerre, est marquée par une nette accélération de la croissance. De 1950 à 1980, le PNB total de l'ensemble du Tiers-Monde s'est accru annuellement de 4,5 pour 100 et le PNB par habitant de 2,2 pour 100. Ce sont là des taux extrêmement élevés si on les replace dans le contexte historique ; puisque, durant le premier siècle du démarrage de l'Occident, il s'est agi d'environ 1 pour 100 pour le PNB par habitant. Toutefois, bien que mes estimations aient cherché à éliminer les biais les plus flagrants, il est possible que mes chiffres surestiment encore la réalité. Il n'est pas du tout exclu qu'au lieu d'une croissance annuelle du PNB par habitant de 2 pour 100, la réalité soit plus proche de 1,7 à 1,8 pour 100. Mais, même dans une telle hypothèse, il s'agit toujours d'une croissance rapide, plus rapide que ne le fut celle de l'Occident à un stade de développement voisin. Donc, sous cet aspect, réussite. Richesse et pauvreté, victoire et déboire étant aussi des concepts relatifs, il faut d'emblée rappeler que, durant les trente années écoulées, la croissance a été encore plus rapide dans le monde développé, ce qui a conduit à élargir le fossé qui sépare ces deux mondes. Ainsi, il faut parler de semi-réussite ou de semi-échec.

Mais à partir de 1978-1980 commence la troisième phase qui, pour beaucoup de pays du Tiers-Monde à économie de marché, est caractérisée par un échec total pour ce qui est de la croissance économique. En effet, comme on peut le voir dans le tableau XXXVI.3, même au niveau de l'ensemble du Tiers-Monde à économie de marché la dernière décennie (1980-1990) est marquée par un net ralentissement de la croissance ; on peut même parler d'une stagnation puisque la croissance du PNB a été nulle. De surcroît, il est possible que nous soyons en présence d'une surestimation. Si l'on examine cette période de plus près, le caractère négatif de la décennie 1980 est très largement imputable aux cinq très mauvaises années qui sont celles de 1981 à 1985. Les années qui suivirent furent plus positives : entre 1986 et 1995, le PNB par habitant a progressé annuellement de plus de 1 pour 100. La décennie 1990 a commencé beaucoup mieux en moyenne que l'ensemble de la décennie 1980, mais elle reste caractérisée par un rythme très faible de croissance. Selon toute probabilité, le ralentissement observé depuis 1978-1980 n'a pas touché la Chine qui déjà, au cours des trois décennies précédentes, avait enregistré une croissance considérablement plus rapide que celle du Tiers-Monde à économie de marché. Au moment où les économies planifiées de l'Europe de l'Est s'effondrent littéralement, cette réussite chinoise mérite que l'on s'y attarde ; ce que nous ferons dans l'avant-dernière section.

LA PREMIÈRE MOITIÉ DE LA DÉCENNIE 1990

Comme nous l'avons déjà signalé, la quatrième Décennie du développement a mieux commencé. Si l'on utilise les données du FMI[1], pour l'ensemble du Tiers-Monde, la progression annuelle du PIB par habitant a été de 3,8 pour 100 de 1990 à 1995, comparé à 1,5 pour 100 de 1980 à 1990. Certes l'essentiel de cette accélération est dû à la très forte croissance de la Chine : 10,3 pour 100. Cependant, même pour le Tiers-Monde à économie de marché, on est passé (toujours du FMI), d'un recul annuel proche de 1,0 pour 100 à une progression annuelle de 1,3 pour 100. Et cette performance est réalisée malgré la poursuite du recul dans un grand nombre de pays. Au niveau des grandes régions et si l'on utilise toujours les données du FMI, l'évolution a été la plus positive en Asie et la plus négative en Afrique. En Asie (y compris la Chine), la progression du PNB par habitant entre 1990 et 1995 a été supérieure à 6 pour 100 par an. Si l'on utilise nos données ajustées, l'évolution est un peu plus négative (voir le tableau XXXVI.4). En Afrique, il s'est agi d'un recul annuel de l'ordre de 1 pour 100, alors qu'en Amérique latine, la progression a été d'environ 1,1 pour 100. Ce sont là des moyennes qui résultent d'évolutions nationales parfois très divergentes. Ainsi, en Afrique, on constate qu'un certain nombre de pays ont connu un début de décennie assez positif. C'est le cas notamment du Bénin, du Ghana, du Lesotho, du Soudan et de la Tanzanie

1. 1996.

TABLEAU XXXVI.4

VOLUME DU PNB PAR HABITANT DES RÉGIONS
DU TIERS-MONDE ET PAYS DÉVELOPPÉS
(exprimé en dollars et prix des États-Unis de 1960)

	1900	1938	1950	1970	1980	1990	1995
TIERS-MONDE							
Afrique	130	160	180	270	270	250	230
Amérique	310	400	470	610	780	750	790
Asie (écon. marché)	160	190	180	250	300	310	350
Tiers-Monde (écon. marché)	170	210	220	310	370	370	390
Chine	180	190	170	310	420	580	/30
Ensemble Tiers-Monde	170	200	200	310	390	430	480
Pays développés occidentaux	660	1 070	1 260	2 610	3 150	3 740	4 020
Ensemble pays développés	540	860	1 050	2 280	2 900	3 460	3 320
MONDE	300	440	490	880	1 050	1 150	1 100

Note : Pour passer en dollars et prix des États-Unis de 1995 il convient de multiplier ces chiffres par 5.

Sources : Bairoch, P. (1979a), données mises à jour ; Bairoch, P. (1981) ; Bairoch, P. (1997a).

*Le Tiers-Monde à économie de marché,
un monde à croissance
et à niveau de vie très différenciés*

À l'intérieur du Tiers-Monde à économie de
marché la croissance a été inégale. Sans parler
des fortes différences au niveau des pays, il faut
signaler la lenteur de la croissance de l'Afrique,
surtout dans la période 1972-1992. L'Amérique
latine a connu, elle aussi, une période défavorable, surtout dans les années 1980. En revanche,
l'Asie, qui, comme on a pu le voir dans le
tableau XXXVI.4, a connu une phase négative de
1938 à 1950, n'a plus connu de régressions dans
les décennies suivantes. Voyons tout ceci d'un peu
plus près.

L'AFRIQUE NOIRE : UN CONTINENT À LA DÉRIVE
DEPUIS LE DÉBUT DES ANNÉES 1970

Globalement, du début de ce siècle jusqu'à la
fin des années 1960, la croissance économique de
l'Afrique a été assez positive, surtout en termes
relatifs. Vers 1900, le niveau du PNB de l'Afrique
représentait environ les trois-quarts de celui du
Tiers-Monde ; vers 1970, presque les neuf dixièmes.
Certes, ces chiffres sont fragiles, mais ils expriment bien la tendance générale. En termes de
taux annuel de croissance du PNB par habitant, il
s'est agi de 1,0 pour 100 durant ces 70 ans ; mais
l'essentiel du gain a été réalisé de 1946 à 1971 :
2,1 pour 100. Puis, en 1972, débute une phase très
négative qui a duré en tout cas jusqu'à 1993 ; les
années 1994 et 1995 étant marquées par une pro-

gression qui reste néanmoins un peu inférieure à celle de la population. À ce propos, rappelons que l'inflation démographique s'est encore aggravée : le taux annuel de progression ayant atteint 3,1 pour 100 entre 1990 et 1995.

Durant ces années, on peut même parler de régression. Sur ces vingt-trois années (1972-1995), quatorze ont été marquées par des reculs du PNB par habitant, de sorte que le niveau par habitant de 1995 se situe de 17 à 20 pour 100 au-dessous du sommet de 1975. Le cri d'alarme de René Dumont[1] *L'Afrique noire est mal partie* s'est révélé, hélas, confirmé par les faits. Ce recul résultant de la conjoncture d'une évolution négative tant dans le domaine agricole qu'industriel. Et ce recul est d'autant plus grave que ce continent était déjà caractérisé par un niveau de vie moyen assez bas. À propos du diagnostic, hélas pertinent, de René Dumont, notons que si on limite l'analyse de la croissance à la seule Afrique Noire, l'évolution est encore plus négative. Ainsi, si l'on prend les données officielles, qui fournissent une image trop optimiste de l'évolution de 1980 à 1990, le recul du PNB par habitant pour ces dix années a été de l'ordre de 7 pour 100 en Afrique du Nord et de 12 pour 100 en Afrique Noire. On le voit, le terme de déboire est souvent, et notamment dans le cas présent, trop faible.

En Amérique latine, c'est la période 1981-1990 qui a été très négative : six années sur dix de recul du PNB par habitant, de sorte que le PNB par habitant de 1990 se retrouve à 5 pour 100 au-

1. 1962.

dessous de celui de 1980. Comme déjà de 1950 à 1980 la croissance de cette région avait été un peu plus faible que celle de l'Asie, l'écart entre ces deux continents s'est rétréci. Il est vrai que l'évolution de l'Asie a été positivement influencée par la croissance rapide des quatre dragons et des petits pays pétroliers. Depuis 1991, la croissance a repris en Amérique latine mais à un rythme assez faible : le taux moyen de progression du PNB par habitant y a été de 1,1 pour 100 de 1990 à 1995.

Dans l'Asie à économie de marché, ce n'est que vers 1938 que fut retrouvé le niveau moyen du PNB par habitant qui était celui du début du xixe siècle. Comme on est à nouveau en présence d'un recul entre 1938 et 1950 (et malgré les progrès enregistrés par la suite), le niveau de 1995 ne se situe que de 70 à 90 pour 100 au-dessus de celui du début du xixe siècle, comparé à 180 à 200 pour 100 pour l'Amérique latine. Bien que l'on soit, là aussi, en présence d'un ralentissement, contrairement aux deux autres continents la croissance s'est poursuivie dans la décennie 1980 et dans les premières années de la décennie 1990, avec une progression d'un peu plus de 1 pour 100 du PNB par habitant. Toutefois, il faut tenir compte de l'impact grandissant qu'ont les quatre dragons et les petits pays pétroliers sur l'évolution de l'ensemble de cette région vaste et, surtout, très peuplée. La part du PNB de ceux-ci dans l'ensemble de cette région est passée de 8 pour 100 en 1960 à 15 pour 100 en 1970, et à 36 pour 100 en 1990, alors que leur population ne représente en 1990 que 5 pour 100 de cette région. Donc l'exclusion de cette dizaine de petits pays peut modifier sensiblement l'évolution du reste de l'Asie, surtout à partir du début des années 1970. Ainsi la croissance annuelle du PNB par habitant entre 1970 et 1990 s'en trouve réduite de moitié, passant de 1,4 pour 100 à 0,7 pour 100.

DE FORTES INÉGALITÉS DE CROISSANCE DES PAYS

Il est évident qu'au niveau de chaque pays, on retrouve aussi de fortes inégalités dans le rythme de croissance. Ici, nous nous bornons à mettre en évidence les faits saillants en laissant de côté les pays pétroliers soumis à d'énormes fluctuations. Nous nous concentrerons sur les quatre dernières décennies, car les données antérieures sont rares et plus sujettes à caution. Un nombre non négligeable de pays ont connu une régression de leur PNB par habitant. Ce sont surtout des pays africains, tels que l'Angola, le Ghana, la Guinée, le Libéria, le Sénégal. À l'opposé, on trouve des pays dont le PNB par habitant a progressé de plus de 4 pour 100 par an : il s'agit des quatre dragons, auxquels on peut ajouter la Thaïlande (sans parler de la Chine). Nous présenterons plus loin un tableau (XXXVI.5) fournissant l'évolution du PNB par habitant pour la trentaine de pays les plus importants.

LES PAYS LES PLUS PAUVRES PROGRESSENT PLUS LENTEMENT

Un aspect, et un aspect très négatif, des inégalités de croissance économique est la tendance à de faibles performances pour les pays les moins riches. Les statisticiens des Nations Unies partagent les pays du Tiers-Monde en trois groupes, en fonction de leur revenu : les pays à revenu élevé, les pays à revenu moyen et les pays à faible revenu. Pour la classification telle qu'elle existait en 1990, les pays à revenu élevé était ceux dont le PNB par habitant en 1985 était supérieur à 1 500 dollars ; pour les pays à revenu faible la limite supérieure était de 500 dollars (tout cela en dollars courants). Les riches représentaient (en 1990) 6 pour 100 de la population du Tiers-Monde à économie de marché, les pauvres 54 pour 100. Durant deux décennies, de 1960 à 1980 (et peut-être aussi avant, mais les données font défaut), les pays les plus pauvres ont enregistré une croissance économique sensiblement plus faible que les pays moins pauvres (ou à revenu intermédiaire) qui, eux aussi, ont connu une croissance plus faible que les pays riches (ou à revenu élevé). Et les différences ne sont pas marginales, surtout dans la décennie 1960 où, selon les données officielles, la croissance annuelle du PNB par habitant a été de 1,9 pour 100 pour les pays pauvres, et de 6 pour 100 pour les pays riches (pour la décennie 1970 : respectivement 0,9 et 2,3 pour 100). Il est évident que les pays riches comprennent les pays pétroliers et les quatre dragons. Dans la période plus récente (1985-1995) en raison de la baisse des prix du pétrole qui, dans de nombreux pays gros exportateurs, entraîna un recul du PNB par habitant, la croissance des pays à faible revenu a été plus positive que celle des pays à revenu élevé.

LA CROISSANCE TRÈS RAPIDE DES QUATRE DRAGONS

Étant donné la forte croissance industrielle et la faible place de l'agriculture, qui, elle aussi, a réalisé des progrès notables, il est normal que ces quatre pays soient caractérisés par une croissance économique très rapide durant les dernières décennies. En revanche, durant la première moitié du XXᵉ siècle, ces pays ont été caractérisés par une croissance très faible, voire dans le cas de la Corée d'une régression (toujours en termes de PNB par habitant). De 1950 à 1995, si partout la croissance a été rapide, néanmoins elle a été inégale dans le temps, en raison surtout des différences des périodes de démarrage des pays. Au niveau de l'ensemble des quatre dragons, le taux annuel de progression a été de l'ordre de 6 pour 100 par an de 1950 à 1995, mais seulement de l'ordre de 4 pour 100 de 1950 à 1970. Sur l'ensemble de ces quatre dernières décennies et demi, la croissance a été la plus rapide en Corée, avec 6,2 pour 100 et la plus faible à Singapour, avec 5,2 pour 100 (Taïwan 6,1 pour 100 et Hong-kong 5,4 pour 100).

LES INÉGALITÉS DES NIVEAUX DU PNB ENTRE PAYS

Passons aux inégalités internationales du niveau du PNB par habitant. La période la plus reculée pour laquelle on dispose de données assez valables du PNB réel pour la quasi-totalité des pays du Tiers-Monde est 1960. À cette date, le PNB par habitant (en prix et dollars des États-Unis de 1960) des cinq pays les plus pauvres était de l'ordre de 110 dollars. Il s'agissait essentiellement de pays africains, tels que le Malawi, le Zaïre, la Tanzanie, le Niger et l'Éthiopie, pour ne citer que les plus importants d'entre eux. À l'autre extrémité, on trouve les pays tempérés d'Amérique latine :

Argentine, Chili, Uruguay, auxquels il faut joindre le Venezuela, riche en ressources pétrolières. Pour ces derniers pays, le PNB par habitant était de l'ordre de 1 200 dollars ; c'est-à-dire un écart de 1 à 11 entre les plus pauvres et les plus riches. À cette date, le niveau du PNB par habitant des pays pétroliers (Venezuela exclu) n'avait pas encore atteint les sommets auxquels il s'élèverait par la suite. Toujours en 1960, si l'on exclut les quatre premiers pays que l'on peut considérer comme exceptionnels, le niveau moyen du PNB des autres pays les plus riches était de l'ordre de 600 à 700 dollars ; donc un écart de 1 à 6 entre les pays pauvres et les pays riches. En 1995, le niveau des pays les plus pauvres n'a pas beaucoup évolué (donc environ 110 dollars) et l'on retrouve à peu près les mêmes pays. En revanche, en ce qui concerne le niveau des pays les plus riches, le plafond s'est élevé. Même si l'on exclut les cas que l'on peut considérer comme marginaux et exceptionnels, tels que les pays pétroliers, les quatre dragons et les pays tempérés d'Amérique latine, on se retrouve vers les 1 200 à 1 400 dollars (toujours en dollars et prix de 1960). Par conséquent, l'écart entre pauvres et riches (non exceptionnellement) du Tiers-Monde est passé de 1 à 6 vers 1960 à 1 à 12 en 1995. À titre de comparaison, signalons qu'en ce qui concerne les pays développés occidentaux l'écart n'est que de 1 à 3.

Aux fortes inégalités entre continents et pays s'ajoutent encore des inégalités au niveau des régions à l'intérieur des frontières d'un même pays. Et, bien entendu, le Tiers-Monde n'échappe pas à la plus terrible des inégalités : celle qui touche les individus. Non seulement il n'y échappe pas, mais ces inégalités y sont encore plus criantes que dans le monde développé. Voyons brièvement chacun de ces aspects.

LES INÉGALITÉS RÉGIONALES À L'INTÉRIEUR DES PAYS

Pratiquement aucun pays du Tiers-Monde à économie de marché n'échappe à cette inégalité de la répartition des revenus. À l'instar des inégalités entre individus, les inégalités régionales sont une constante de l'histoire ; et dans le monde occidental la révolution industrielle a entraîné, en tout cas pendant le premier siècle, un accroissement de ces inégalités, puisque certaines régions sont demeurées pendant longtemps à l'écart du processus de développement. Dans le Tiers-Monde on retrouve la même évolution pour les pays qui ont connu un certain développement. Le cas le plus classique est celui du Brésil où la région qui entoure Sao Paulo peut être considérée presque comme un monde développé et où le « Nordeste » (l'ancienne région sucrière) s'est considérablement appauvrie. Nous verrons plus loin que l'on retrouve des inégalités régionales importantes dans les pays communistes.

LES INÉGALITÉS ENTRE INDIVIDUS

Inégalités de la répartition des revenus entre individus : c'est certes là une des constantes de l'histoire des sociétés humaines (et même à l'intérieur des sociétés animales, l'égalité n'existe pas partout ni pour le partage de la nourriture ni pour celui du sexe). Mais la révolution industrielle a accru, dans une première phase, l'inégalité des revenus; «davantage de pain, mais plus d'inégalités», telle était la constatation que nous avons faite dans le chapitre VIII (tome I) où nous dressons le bilan de la révolution industrielle. Bien que les comparaisons en ce domaine soient très difficiles, il apparaît que, dans le Tiers-Monde actuel, les inégalités sont encore plus grandes qu'elles ne l'étaient dans le monde occidental lorsque celui-ci se situait à un niveau voisin de développement. En tout état de cause, ces inégalités sont très grandes et les disparités internationales très accusées. Ainsi, pour le début de la décennie 1970, on peut estimer qu'en Amérique latine le revenu moyen des 20 pour 100 des ménages les plus riches était 20 à 30 fois plus élevé que le revenu moyen des 20 pour 100 des ménages les plus pauvres. En Asie, cet écart était de 8 à 15. Les données pour l'Afrique sont trop rares pour que l'on puisse se prononcer valablement. À titre de comparaison, relevons que, dans le monde développé, cet écart n'était que de 6 à 8. De 1970 au début des années 1990, contrairement à ce qui s'est passé dans les pays développés où l'on a assisté à une détérioration, la situation en ce domaine n'a pas beaucoup évolué (mais les données ne sont pas suffisamment nombreuses et homogènes pour que l'on puisse être plus affirmatif). Les données pour l'Amérique latine sont plus nombreuses et plus fiables. Dans ce cas, la décennie 1980 a été marquée par une augmentation d'environ 17 pour 100 de la proportion de pauvres; mais il faut tenir compte de la mauvaise conjoncture des dernières années de cette décennie.

À propos des inégalités de revenus, nous avons evoqué dans le chapitre XII (tome II) le point de vue dominant des économistes (libéraux) qui voient dans cette inégalité un facteur positif pour la croissance économique. Bien qu'il n'entre pas dans ce cadre d'analyser et de discuter ces éléments théoriques, il est néanmoins intéressant de rappeler que l'on a assisté récemment à une percée du point de vue opposé, ce qui a même eu les honneurs d'un article du *New York Times* [1] sous le titre « Economies of Equality ; A New View ». Article qui rapporte les discussions à ce propos lors de la réunion annuelle de l'American Economic Association. Une plus grande égalité de revenus ne serait pas un obstacle à une croissance plus rapide, elle serait même favorable à celle-ci.

LES INÉGALITÉS ENTRE INDIVIDUS
DANS LES PAYS COMMUNISTES

Dans l'autre Tiers-Monde, la situation est, ou plutôt était, très différente. Tant en Chine que dans les autres pays se réclamant du régime communiste, très probablement il y avait une distribution moins inégale des revenus, ce qui ne veut pas dire évidemment qu'il n'y existait pas de groupes privilégiés. Si l'on excepte ceux-ci (généralement la classe politique dominante), qui ne représentent en termes relatifs que très peu de personnes, les très fortes inégalités ont été dans ces pays du domaine du passé et seront probablement aussi du domaine du futur. En ce qui concerne les différences interrégionales, il apparaît que, là aussi, si elles n'étaient pas absentes, elles étaient probablement en moyenne plus atténuées que dans les pays du Tiers-Monde à

1. Du 8 janvier 1994.

économie de marché. Mais pour cet aspect, comme pour d'autres, les informations statistiques sont souvent incomplètes. Des estimations disponibles pour la période 1979-1981, c'est-à-dire au tout début de l'ère des réformes, montrent qu'en Chine, même au niveau des disponibilités alimentaires, les écarts pouvaient être assez importants. Entre les provinces les «plus riches» et les «plus pauvres» la consommation quotidienne de calories allait d'un peu plus de 3 000 à un peu moins de 2 000. Les écarts étaient encore plus grands pour la possession de biens durables. Les séries chronologiques sur la consommation montrent que c'est au cours de la période de 1968-1969 à 1976-1977 que l'inégalité a été la plus faible. Cela ne veut pas dire que la pauvreté n'existait pas dans la Chine d'avant les réformes. D'après les estimations occidentales (notamment celles reprises par la Banque Mondiale), en 1978 quelque 270 millions de Chinois vivaient dans la pauvreté absolue, soit 28 pour 100 de la population.

Bien entendu, tout ceci concerne les pays communistes du Tiers-Monde avant l'introduction de l'économie de marché, avant les réformes qui, comme nous l'avons vu, ont été très profondes en Chine, mais ont aussi touché plus tardivement et moins profondément le Viêt-nam, la Mongolie, et encore plus marginalement Cuba. En fait, le seul pays communiste à ne pas avoir amorcé jusqu'ici (début 1995) une libéralisation de son économie est la Corée du Nord. Étant donné que nous n'avons pas encore examiné les éléments disponibles sur la croissance économique en général des pays communistes du Tiers-Monde, nous examinerons (plus loin) surtout le cas de la Chine, mais en ne laissant pas totalement de côté les autres cas moins importants et encore moins connus. Et puisque nous avons cité la Banque Mondiale à propos du niveau de pauvreté d'avant les réformes, signalons que, d'après cette organisation (1995), au milieu de la décennie 1990 le nombre de Chinois vivant dans la pauvreté absolue aurait fortement diminué : il serait de l'ordre de 80 à 100 millions (soit 7 à 8 pour 100 de la population totale) mais qu'en revanche l'écart entre les revenus urbains et les revenus ruraux se serait accru depuis 1984.

*Le cas des pays les plus importants
du tiers-monde à économie de marché*

Avant de passer au cas très spécifique de ce qui reste le pays le plus peuplé du monde, à savoir la Chine, il nous apparaît utile de fournir une brève synthèse sur l'évolution économique d'une trentaine des plus importants pays du Tiers-Monde à économie de marché. Le critère d'importance est la population de ceux-ci ; mais afin de mieux équilibrer cet échantillon, nous avons retenu dans chacun des trois continents au moins 10 pays. L'ensemble de ces 31 pays représente 82 pour 100 de la population totale du Tiers-Monde à économie de marché. Si, comme nous le ferons plus loin, on ajoute la Chine, la couverture passe à près de 86 pour 100 de la population de l'ensemble du Tiers-Monde. Quand nous reviendrons plus longuement sur le cas important de la Chine, nous évoquerons aussi plus brièvement les autres pays « communistes ». Nous ferons cette synthèse sur la

croissance des pays du Tiers-Monde à économie
de marché essentiellement à l'aide d'un tableau
statistique (XXXVI.5) qu'accompagne une analyse sommaire. Puis nous passerons au cas très
spécifique des trois pays tempérés d'Amérique
latine qui, au cours du xxᵉ siècle, ont glissé de la
position de pays riches à celle de pays du Tiers-
Monde.

Ce tableau présente les très grandes lignes de la
croissance du PNB par habitant depuis le début
du xxᵉ siècle, en partageant ce siècle en cinq
périodes, qui suivent celles du tableau précédent
(XXXIV), sauf que nous avons omis 1938.

UNE PREMIÈRE MOITIÉ DU SIÈCLE TRÈS DIVERSIFIÉE
RÉGIONALEMENT

Commençons donc par la première période
(1900-1950), pour laquelle les renseignements sont
incomplets et, de plus, certainement pas strictement comparables (mais ce sont les meilleurs
dont on dispose). Celles-ci ne sont d'ailleurs disponibles que pour un peu plus de la moitié des
pays repris dans le tableau. Ce qui ressort le plus
nettement, c'est que les différences par continent
sont, en général, plus marquées que celles concernant les pays à l'intérieur d'un continent. Nous
laisserons de côté le cas de l'Afrique, où l'on ne
peut suivre que deux pays très différents (Égypte
et Ghana). Pour l'Amérique latine, le continent à
croissance économique la plus positive, tous les
pays enregistrent une croissance. Et pour six des
huit pays, celle-ci est assez unifiée, puisque
s'échelonnant entre 1,2 et 1,6 pour 100 par an et
par habitant ; les deux exceptions étant le Pérou

(2,1 pour 100) et, surtout, le Venezuela (4,5 pour 100), ce dernier cas étant l'illustration du rôle positif joué dans le domaine du revenu moyen par le pétrole (le Venezuela était, vers 1950, le deuxième producteur mondial, avec 16 pour 100). On remarquera que le taux de croissance pour l'ensemble de l'Amérique latine est plus faible que la moyenne des pays repris, ce qui est dû en partie au fait que les données pour les continents ont été ajustées par nos soins sur la base de données plus nombreuses (notamment sectorielles). En ce qui concerne l'Asie, la majorité des pays connaissent même un recul de leur PNB par habitant. C'est notamment le cas des trois pays qui formaient les Indes avant les partitions. Il en est de même de la Chine. En revanche, l'autre grand pays, l'Indonésie, connaît une croissance, bien que limitée (0,3 pour 100 par an).

UNE SECONDE MOITIÉ DU SIÈCLE TRÈS DIVERSIFIÉE
CHRONOLOGIQUEMENT

Il va de soi que la première moitié du siècle a également été non uniforme. Cependant, le degré d'imprécision des données ne permet pas d'être aussi exhaustif. La période de 1950 à 1970 est marquée dans tous les pays par une progression, mais la dispersion est importante. En Afrique, cela va de moins de 0,5 pour 100 (Ghana et Maroc) à environ 3 pour 100 (Côte-Ivoire et Égypte). La dispersion est du même ordre en Amérique latine : l'Argentine se situe au bas de l'échelle, le Brésil et le Mexique au sommet. La dispersion est encore plus forte en Asie, où le sommet se situe vers 5

TABLEAU XXXVI.5

TAUX DE CROISSANCE DU VOLUME DU PNB PAR HABITANT D'UN CHOIX DE PAYS DU TIERS-MONDE

	1900-1950	1950-1970	1970-1980	1980-1990	1990-1995
AFRIQUE					
Algérie	–	2,5	3,7	0,0	– 2,2
Côte d'Ivoire	–	3,0	2,0	– 4,1	– 2,5
Égypte	0,1	2,8	4,6	3,2	– 0,5
Éthiopie	–	1,8	0,2	– 1,2	– 5,2
Ghana	1,2	0,4	– 2,0	– 0,8	1,4
Kenya	–	1,9	1,3	0,5	– 3,0
Maroc	–	0,4	1,9	1,5	– 1,0
Nigeria	–	2,5	2,6	– 0,6	– 0,2
Tanzanie	–	1,7	0,6	– 0,9	0,7
Zaïre	–	0,6	– 2,9	– 1,8	– 12,6
AMÉRIQUE LATINE					
Argentine	1,2	1,9	1,0	– 1,7	3,8
Bolivie	–	0,5	2,0	– 0,6	1,4
Brésil	1,7	3,1	5,0	– 0,2	1,3
Chili	1,3	1,7	0,6	1,3	5,7
Colombie	1,6	1,9	3,2	1,4	2,7
Équateur	–	1,7	5,9	– 0,7	1,1
Guatemala	–	1,7	2,9	– 2,1	1,3

	1900-1950	1950-1970	1970-1980	1980-1990	1990-1995
AMÉRIQUE LATINE (suite)					
Mexique	1,2	3,0	3,5	– 0,6	– 2,1
Pérou	2,1	2,6	1,1	– 3,1	3,4
Venezuela	4,5	1,7	– 0,4	– 2,0	– 0,6
ASIE					
Bangladesh	– 0,2	0,5	– 0,3	1,9	2,4
Birmanie	– 0,9	1,8	2,3	– 1,0	4,5
Chine[a]	– 0,1	2,8	3,2	6,5	10,3
Inde	– 0,1	1,9	0,9	3,5	2,1
Indonésie	0,3	1,7	4,4	3,0	5,5
Iran	–	4,8	– 0,3	– 1,5	2,1
Pakistan	– 0,2	2,1	1,8	3,3	1,8
Philippines	0,5	1,6	3,4	– 0,9	– 0,4
Corée du Sud	0,0	5,0	6,7	8,1	6,4
Taïwan	0,4	5,6	7,6	6,4	5,5
Thaïlande	0,1	3,2	4,2	5,6	7,1
Turquie	0,8[b]	3,1	3,2	3,0	1,4

a Les taux de croissance rapportés ici sont différents de ceux utilisés ailleurs ; voir le texte.
b De 1913 à 1950.

Sources : 1900-1990 : d'après Maddison, A. (1995).
1990-1995 : d'après FMI (1996).

pour 100 et concerne les nouveaux pays industrialisés.

La décennie 1970, à l'exception de quelques
cas, est plus uniforme. Parmi ces cas, citons deux
pays d'Afrique Noire qui, en quelque sorte, antici-
pent la très mauvaise décennie 1980. Il s'agit du
Ghana et du Zaïre, avec des reculs annuels de 2,0
et 2,9 pour 100 respectivement (toujours par an et
par habitant). Le caractère négatif de la décennie
1980, plus particulièrement pour l'Afrique Noire,
ressort très nettement du tableau XXXVI.5, car sur
les dix pays qui y sont repris, six voient un recul
de leur PNB par habitant. La situation est très voisine en Amérique latine, où le recul concerne huit
pays sur dix et où deux sont caractérisés par une
stagnation ou une quasi-stagnation. L'Asie, pour
laquelle cette décennie a été assez positive (même
si l'on exclut les 4 dragons), ne connaît que trois
cas de recul du PNB par habitant parmi les onze
pays du tableau (Birmanie, Iran et Philippines).

Enfin notons que les cinq premières années de
la décennie 1990 sont marquées par une évolution assez favorable dans la quasi-totalité des
pays d'Amérique latine. On relèvera notamment
l'amélioration de la situation en Argentine et au
Chili, dont la croissance annuelle a été de l'ordre
de 6 pour 100, rompant ainsi avec des décennies
de très faible progression. En Asie, relevons le
redressement de l'Iran après quatre décennies de
recul ; cependant le niveau de 1995 est encore 10
à 15 pour 100 au-dessous du niveau de 1950.
L'évolution a continué à être négative en Afrique
Noire où, à l'exception du Ghana et de la Tanzanie, les pays continuent d'enregistrer un recul du
PNB par habitant.

LE GLISSEMENT VERS LE SOUS-DÉVELOPPEMENT
DES PAYS TEMPÉRÉS D'AMÉRIQUE LATINE

Comme déjà signalé à deux reprises (dans les parties précédentes), les trois pays tempérés d'Amérique latine (Argentine, Chili et Uruguay), qui, à la veille de la Première Guerre mondiale figuraient parmi les 10 à 15 pays les plus riches du monde, ont été incorporés parmi le Tiers-Monde dans la quasi-totalité des classifications établies dès la fin des années 1950. Quelles sont les étapes et les causes d'une telle évolution négative ? Nous allons voir cela brièvement, en privilégiant l'Argentine qui constitue le cas le plus intéressant et le plus important (vers 1913, sa population représentait 62 pour 100 de celle de l'ensemble de ces trois pays).

On peut faire remonter l'évolution défavorable de l'économie argentine au début des années 1930, période où l'Europe commença à prendre des mesures restrictives aux importations de céréales. C'est ainsi que les exportations de blé argentin, qui s'élevaient annuellement à 4,3 millions de tonnes pour 1924-1929, sont tombées à 2,8 millions de tonnes pour 1935-1938, pour décliner encore après la Seconde Guerre mondiale. Pour la viande, autre produit important d'exportation, l'évolution a été dans le même sens ; mais, dans ce cas, il y eut également des facteurs internes qui ont joué, notamment la diminution de l'importance relative du cheptel. Vers 1870, il y avait en Argentine quelque 50 têtes de l'ensemble du cheptel pour chaque habitant ; vers 1930, cela est descendu à 8 et à moins de 3 pour le début des années 1990. La part de l Argentine dans les exportations mondiales, qui avait fortement progressé de 1860 à 1929, recula sensiblement de 1929 à 1937. Il y eut une remontée dans la période suivant immédiatement la Seconde Guerre mondiale, mais au début des années 1990 on était très proche du niveau de 1929. Or cette évolution négative de l'agriculture n'a pas été compensée par des progrès dans le domaine industriel ; de sorte que, au point de vue du PNB réel par habitant, l'Argentine est passée de la 6e-9e place dans le monde vers 1913 à la 44e-45e au début des années 1990. Les deux périodes les plus négatives ayant été les années 1930 et les années suivant 1974.

Outre les facteurs externes, on insiste souvent pour expliquer la divergence d'évolution entre le cas des pays tempérés d'Amérique latine (et surtout l'Argentine) et celui des pays de peuplement européen, tels que l'Australie et le Canada, sur certains aspects structurels et sociaux. Il y a d'abord l'héritage colonial différent (Espagne et Angleterre), qui a conduit notamment à une structure agraire différente : prédominance de grandes propriétés en Amérique latine, de petites dans les autres cas. Or la petite exploitation familiale est plus propice à la consommation d'articles manufacturés locaux. L'origine géographique des immigrants durant le XIXe siècle (et avant) a été très différente elle aussi. Dans le cas de l'Argentine, il s'agissait essentiellement de migrants des pays de la Méditerranée, alors bien moins développés.

Nous passerons très rapidement sur le cas de l'Uruguay, qualifié dans le temps de « Suisse de l'Amérique latine ». En termes de population, ce pays ne représentait (vers 1913) que le dixième de la population des trois pays tempérés. Son évolution ressemble à celle de l'Argentine, son économie étant basée à peu près sur les mêmes produits. Le Chili, bien qu'étant également un exportateur important de céréales, était également un exportateur majeur de produits miniers : cuivre et surtout nitrate de soude. Ce dernier produit représentait, à la veille de la Première Guerre mondiale, les trois-quarts des exportations totales du pays. Le Chili avait le quasi-monopole de ce produit, au point que dans les années 1920 encore on l'appelait en anglais *Chile Nitrate of soda*. À partir du début des années 1920, il a été concurrencé par le nitrate synthétique, ce qui, combiné avec la dépression, a causé une forte chute de son prix. Sur le marché de Londres, entre 1928 et 1937, son prix (exprimé en franc-or par kg d'azote) est passé de 1,7 à 0,7. Le cuivre, lui, s'est trouvé concurrencé par les producteurs africains. Vers 1929, le Chili produisait deux fois plus que l'ensemble du continent africain ; vers 1938, la parité était acquise, ce qui est à peu près la situation au début des années 1990 (le prix du cuivre de fonderie électronique à Londres est passé de 1,9 à 0,7 franc-or le kg). Le Chili était encore moins industrialisé que l'Argentine. D'après les estimations de l'ONUDI [1], en 1990, son niveau par habitant se situait à un quart au-dessous de l'Amérique latine (l'Argentine près du double). Enfin, l'hypertrophie urbaine, et surtout celle de la capitale, a affecté encore plus gravement le Chili que l'Argentine. En 1995, Santiago représentait 36 pour 100 de la population totale du pays, Buenos Aires 32 pour 100.

1. 1993.

L'INDE : UN BILAN MITIGÉ

Avant de passer à la Chine, le pays le plus peuplé du monde, il est opportun de s'arrêter, ne serait-ce que brièvement, au cas de l'Inde, le deuxième pays en termes démographiques (respectivement en 1995 : 1 200 et 940 millions d'habitants). L'Inde, qui a été le modèle de la colonisation et de la désindustrialisation au XIXᵉ siècle, a été en quelque sorte au cours des quatre décennies qui suivirent son indépendance (1947) un modèle de développement, à mi-chemin entre le socialisme et le libéralisme. Le changement de cap vers le libéralisme se place en 1991, à la fois sous la pression du FMI et de certains économistes indiens, dont notamment Manmohan Singh, ministre des finances. Quel bilan peut-on dresser pour la période 1947-1991 ? En termes de croissance économique, sujet de cette section, le bilan est mitigé ainsi qu'on peut le voir dans le tableau XXXVI.5. De 1950 à 1980, l'Inde se situe plutôt au-dessous de la moyenne de l'Asie, alors que de 1980 à 1990 elle est au-dessus de cette moyenne. Sur le plan sectoriel, comme nous l'avons vu dans les chapitres précédents, le bilan comporte un peu plus d'éléments positifs que négatifs, qu'il s'agisse de l'agriculture ou de l'industrie.

Les réformes de 1991 ont consisté notamment en une forte libéralisation du commerce extérieur ; en l'abolition du régime des licences industrielles ; en l'élimination progressive des subventions et la réduction des dépenses publiques ; en une réforme du système bancaire. Il est difficile d'apprécier valablement les résultats de ces réformes, ne serait-ce qu'en raison du manque de recul. Cependant, sur le plan de la croissance économique, on ne peut certainement pas parler d'un réel succès, puisque, de 1991 à 1995, la progression du PIB par habitant a été nettement inférieure à celle de la décennie 1980 à 1990 (respectivement 3,5 et 2,4 pour 100). Notons cependant que les deux dernières années de cette période ont été plus positives que les deux premières.

La Chine, une réussite économique ?

Avant de se concentrer sur près du demi-siècle de régime communiste, voyons quelle a été l'évolution de la Chine entre 1913 et 1949, année où les communistes ont pris le pouvoir. Cette période très troublée (guerres civiles et invasions japonaises) est, sur le plan économique, une période qui, sur un fond de stagnation, voire de recul du niveau de vie, voit néanmoins des éléments positifs. Éléments positifs tant en matière d'éducation, aussi bien primaire qu'universitaire, que dans le domaine de l'industrie, dont les secteurs modernes progressent rapidement mais ne sont pas encore importants. En revanche, le commerce extérieur régresse fortement. La Chine, qui en 1913 représentait 15,2 pour 100 des exportations de l'Asie (sans le Japon), ne représentait plus que 7,2 pour 100 de celles-ci en 1936 (c'est-à-dire avant l'invasion japonaise). Sur le plan mondial, le pays le plus peuplé du monde, qui occupait la 15ᵉ place dans le commerce mondial en 1913, est passé à la 25ᵉ place en 1936. En raison de quoi on peut estimer que le PNB par habitant vers 1949 devait être de 10 à 12 pour 100 inférieur à ce qu'il était en 1937.

Comme nous l'avons déjà laissé entendre à plusieurs reprises, les données statistiques sur la République Populaire de Chine, comme celles d'ailleurs des autres économies communistes, posent des problèmes de validité. Même après les réformes économiques et politiques de 1977, qui impliquent également une ouverture plus large et une plus grande sobriété des statistiques, les problèmes sont loin d'être résolus. Et ce d'autant plus que les experts occidentaux sont moins enclins à effectuer des réévaluations des données officielles, surtout celles d'après les réformes. Si l'on se base sur les données «officielles» disponibles actuellement, qui, d'ailleurs sont cautionnées implicitement par la Banque Mondiale pour celles concernant la période 1960-1993, on aboutit, pour l'ensemble des quatre dernières décennies, à des rythmes de croissance très peu vraisemblables. Pour s'en convaincre, il suffit d'un raisonnement assez simpliste. Selon les données officielles, de 1950 à 1995, l'équivalent du PNB total aurait été multiplié par 27,2. Et comme la croissance de la population a été assez modérée, une multiplication par 2,2 (de 547 à 1 200 millions), le PNB par habitant aurait été multiplié par 12,4 (soit un taux annuel de croissance de 5,8 pour 100). En supposant pour 1950 un PNB par habitant très faible (et trop faible) de 150 dollars (en prix et dollars de 1960), c'est-à-dire un niveau inférieur de près de 20 pour 100 à celui du reste de l'Asie, cela impliquerait pour 1995 un niveau de 1 860 dollars (traduit en dollars de 1995 cela en représenterait 9 300). Un semblable niveau est près de cinq fois plus élevé que celui du Tiers-Monde à économie de marché. Ou autre comparaison qui démontre encore mieux le caractère irréaliste des chiffres officiels : il s'agirait pour 1995 d'un niveau de vie qui était celui de l'Europe occidentale vers la fin des années 1960.

Qu'en est-il des estimations des experts occidentaux ? Examinons d'abord la période 1950-1993 ; après quoi nous distinguerons la phase du communisme « pur » de celle des réformes. En procédant à des ajustements mineurs afin de couvrir l'ensemble de la période selon les trois principales estimations récentes [1], le PNB par habitant aurait progressé d'un peu plus de 4 pour 100, ce qui impliquerait que les estimations officielles surestiment la croissance d'environ 43 pour 100, ou de 1,7 point de pourcentage.

Pour la période communiste « pure », donc de 1950 à 1977, les estimations officielles (actuelles) font apparaître un taux annuel de croissance du PNB par habitant de 3,6 pour 100. Les données diffusées avant la période des réformes parlaient même de 6,5 à 7,0 pour 100. Selon les experts occidentaux, la croissance n'aurait été que de l'ordre de 2,5 pour 100. Pour la période des réformes, les estimations officielles aboutissent à un taux annuel de croissance de 8,1 pour 100 de 1977 à 1995. Les estimations occidentales sont peu nombreuses, et elles aboutissent à un taux (toujours du PNB par habitant) de l'ordre de 6 pour 100.

Les chiffres que nous avons retenus (repris dans le tableau XXXVI.4) sont basés sur la rééva-

1. R. Summers et A. Heston, 1991 ; I. Borenstein, 1993 ; et H. Wu, 1993.

luation des experts occidentaux pour les périodes
précédant 1977 et de façon plus secondaire sur
mes propres estimations pour les années suivantes. Ils impliquent, entre 1950 et 1995, une
multiplication par plus de quatre du niveau du
PNB par habitant, soit un taux annuel de croissance de 3,1 pour 100.

Certes, même pour ce taux réduit, il y a encore
la possibilité d'une marge d'erreur un peu plus
importante pour la Chine que pour le reste des
régions du Tiers-Monde; cependant, il y a de
fortes probabilités que l'ordre de grandeur des
données soit en réalité très proche de celui présenté ici. Voyons donc ces données dans un
contexte comparatif. Alors qu'en Chine, entre
1950 et 1995, le PNB par habitant s'est probablement accru à un rythme annuel de 3,1 pour 100,
pour le Tiers-Monde à économie de marché il
s'est agi de 1,3 pour 100. Donc, apparemment,
une brillante réussite de la Chine. Mais les choses
ne sont pas si simples : il faut relativiser la réussite
chinoise... D'abord une partie importante de la
différence résulte d'une progression plus modérée de la population chinoise, puisque, en termes
de croissance du PNB total, on a respectivement
5,0 et 3,7 pour 100. De surcroît, le niveau de la
Chine de 1950 était «anormalement» bas en raison des effets de la guerre sino-japonaise et de
la guerre civile. Ainsi, si l'on prend la période
1938-1995, on a respectivement les taux annuels
suivants : PNB total : Chine 3,9 pour 100, Tiers-
Monde à économie de marché 3,3 pour 100 ; PNB
par habitant : Chine 2,4 pour 100, autres 1,1 pour
100. Étant donné que le plus important est la
croissance par habitant et que, d'autre part, on ne

peut pas négliger totalement les effets défavorables des années 1938-1950, il est clair que le
degré de réussite a été plus important en Chine.

Même si l'on estime que le niveau de la Chine
de 1995, tel qu'il figure dans le tableau XXXVI.4,
est surestimé de 15 pour 100 et que celui du reste
de l'Asie est sous-estimé de 5 pour 100, la Chine a
néanmoins un revenu par habitant supérieur de
près de 70 pour 100 à celui du reste de l'Asie alors
que, vers 1938, il y avait à peu près parité. D'autre
part, et cela est un aspect que nous avons déjà
présenté, il est indiscutable que la répartition des
revenus est plus égale, ou, si l'on préfère, moins
inégale, en Chine que dans le reste de l'Asie. Donc,
déjà à ce niveau, réussite plus grande, même si,
au niveau des pays individuels du Tiers-Monde à
économie de marché, on peut trouver maints pays
ayant connu durant certaines périodes une croissance plus rapide que celle de la Chine. C'est
notamment le cas de Taïwan, cette «Chine capitaliste», qui entre 1950 et 1995 a enregistré une
croissance annuelle de 6,3 pour 100 de son PNB
par habitant, soit deux fois plus rapide que celle
de la «grande» Chine. Toutefois, sans parler de
l'importance de l'aide extérieure dans les premières phases du développement, il faut tenir
compte des progrès antérieurs accomplis, notamment dans l'agriculture et, surtout, des grandes
possibilités d'exportation de produits industriels.

Le verdict plus positif prononcé pour la Chine
réside dans la combinaison des trois caractéristiques suivantes : 1) cette croissance concerne une
longue période ; 2) elle concerne un pays très
important du point de vue démographique ; 3) elle
concerne un pays fort peu aidé de l'extérieur.

Et cette différence entre la semi-réussite de la Chine et le semi-échec du Tiers-Monde à économie de marché des quarante dernières années prises dans leur ensemble pose néanmoins le problème des causes qui sont à l'origine d'une telle divergence. Malheureusement la réponse que l'on peut apporter à cette question est assez nuancée. Car si, pour simplifier le problème, on oppose les deux grands d'Asie, c'est-à-dire la Chine et l'Inde, nous devons souligner que si les niveaux économiques de départ étaient assez voisins, les conditions structurelles l'étaient moins. À côté des différences dans l'agriculture (en Inde, disponibilité de terres plus restreinte et présence de cultures d'exportation), il convient de remarquer que l'absence en Chine d'un régime colonial direct et, surtout, ancien, a joué également un rôle important dans le domaine industriel : la pénétration des produits anglais ayant fait disparaître presque totalement l'artisanat non artistique de l'Inde, alors que celui-ci a subsisté en Chine où il peut jouer un rôle dans le processus de l'industrialisation (en revanche, l'aide reçue par l'Inde a été beaucoup plus importante que celle reçue par la Chine).

Ces différences structurelles et d'autres (peut-être aussi importantes) dans le domaine du substrat religieux et social ne permettent pas d'affirmer avec certitude que ce sont aux régimes et aux méthodes en vigueur en Chine qu'il convient d'attribuer les mérites de sa semi-réussite économique, ce d'autant plus que la croissance après les réformes a été au moins aussi rapide, sinon plus, qu'avant celles-ci. Mais, d'autre part, ces différences structurelles ne sont pas suffisantes pour expliquer entièrement cette réussite. En conclusion, nous pensons que la voie chinoise (ou, plutôt, les voies chinoises) est très probablement à la base de la semi-réussite économique enregistrée dans ce pays, mais qu'il n'est pas certain qu'appliquée à d'autres sociétés elle puisse réussir aussi largement et ce sans parler des problèmes d'échelle : l'entité économique chinoise ayant en 1995 une population supérieure à celle cumulée de 140 environ des quelque 165 pays (et territoires) que compte l'ensemble du Tiers-Monde (vers 1950 l'importance relative de la Chine était encore plus dominante).

Les autres pays communistes d'Asie et Cuba

En termes relatifs, les trois autres pays communistes d'Asie sont peu de chose par rapport à la Chine. Même le Viêt-nam, le plus important d'entre eux, n'a (en 1995) que 76 millions d'habitants ; la Corée (du Nord) n'en a que 24 millions, et la Mongolie que 2 millions. Si nous avons insisté sur le caractère aléatoire des données de la Chine, ceci s'avère encore plus valable pour les trois autres pays. En raison de sa taille, nous laisserons de côté la Mongolie, dont le rôle important dans l'histoire de l'Asie a pris fin au XIVᵉ siècle. Peu importante aussi est la population de Cuba (11 millions), mais les résonances politiques de ce cas méritent que l'on s'y arrête, ne serait-ce que brièvement.

LE VIÊT-NAM : D'UNE COLONIE « PROSPÈRE »
À UN FUTUR DRAGON ?

Que de simplification dans ce titre, et surtout quelle grave omission que celle de la période intermédiaire qui a vu une des plus longues et terribles guerres du monde contemporain : commencée en décembre 1949 en tant que lutte pour l'indépendance, elle ne s'est réellement terminée que par l'évacuation des Américains en janvier 1973 qui avaient pris la relève des Français dans ce qui était devenue une guerre très «chaude» à l'intérieur de la guerre froide. Du côté du Viêt-nam dans son ensemble, il y eut environ 1,4 million de soldats tués, et probablement plus du double de civils. Du côté des forces françaises et américaines près de 100 000 soldats tués.

Colonie prospère... En effet, surtout en prenant cette expression dans le sens qu'elle avait à l'époque, c'est-à-dire dans la réussite de l'exploitation coloniale. L'Indochine a pris entre 1913 et 1938 (et encore davantage entre 1890 et 1913) une place croissante dans les exportations d'Asie. Et malgré la présence d'une population européenne assez importante, et donc importatrice de produits de la métropole, le commerce extérieur dégageait un excédent important (46 pour 100 en 1938). Mais prospère aussi dans l'ensemble, car à la veille de la Seconde Guerre mondiale, le pays était le 3e exportateur mondial de riz (après l'Inde et la Thaïlande), et malgré cela la consommation de céréales par habitant était de l'ordre de 240 kg, soit un tiers de plus qu'en Inde.

Nous passerons sur les trois décennies qui ont

suivi la Seconde Guerre mondiale, qui, outre les guerres, ont vu la division du pays. Du milieu des années 1970 au début 1992, qui marque le véritable début de la libéralisation, l'évolution économique apparaît avoir été très positive dans son ensemble. Si l'on utilise les données reprises par la Banque Mondiale, de 1975 à 1992 le volume du PIB total a progressé de 5,8 pour 100 par an. Comme la population a progressé durant la même période à un rythme annuel de 2,2 pour 100, cela signifie une progression annuelle du PIB par habitant de 3,5 pour 100. L'autre série importante disponible est celle de la production agricole. Selon la FAO, de 1974-1976 à 1990-1993 la production agricole par habitant aurait progressé de 42 pour 100 (ou de 3 pour 100 par an), ce qui est très positif, mais repose largement sur des données officielles. Cependant, il apparaît que la réussite agricole a été surtout celle de l'ancien Viêt-nam du Sud, qui avait gardé, malgré son passage sous la domination communiste, une agriculture non collectivisée. C'est d'ailleurs la constatation de l'évolution plus positive de la production de riz de l'ancien Viêt-nam du Sud qui a été un élément dans les décisions de réformes concernant l'organisation de l'agriculture. Une première réforme eut lieu dès 1979, mais la plus importante est celle de 1986, appelée *Doi moi* («renouveau»), préconisée par l'économiste Nguyen Xuan Oanh, qui libéra notamment les prix des produits agricoles.

C'est en avril 1992 que fut adoptée une nouvelle constitution impliquant des mesures importantes de libéralisation de l'économie, et en décembre de la même année que l'embargo américain fut assoupli et que les sociétés américaines furent autorisées à signer des contrats commerciaux. Et, comme déjà signalé, le 23 mai 1994, la couverture du *Business Week* avait pour titre : « Viêt-nam Asia's next tiger ? » Il est évidemment prématuré de répondre à cette question, mais celle-ci est assez pertinente, car l'évolution a été très rapide de 1989 à 1995. Les exportations totales sont passées de 1 milliard de dollars en 1988 à 2,4 milliards en 1990 et à 5,3 milliards en 1995 et l'on a constaté une forte progression des exportations d'articles manufacturés. Le flux des investissements directs étrangers, bien qu'étant encore très modeste, a néanmoins augmenté fortement entre 1988 et 1991, passant de 1 à 32 millions de dollars, et s'est maintenu autour des 25 millions en 1992 et 1993 ; puis il y eut un bond et, en 1995, il s'élevait à 150 millions. Toutefois, il s'agit d'un montant près de 15 fois plus faible que celui de la Thaïlande (moins peuplée : respectivement 75 et 59 millions). Le stock des investissements étrangers directs, qui avait stagné à 38 millions de dollars entre 1982 et 1987, a atteint 66 millions en 1990 et près de 400 millions en 1995. Le PIB par habitant a progressé à un rythme annuel d'un peu plus de 5 pour 100. D'autre part, le Viêt-nam est redevenu depuis 1989 un important exportateur de riz, se situant durant la première moitié de la décennie 1990 au troisième rang mondial (après la Thaïlande et les États-Unis). Cependant, il convient de signaler que la consommation intérieure reste relativement faible, puisqu'elle est de l'ordre de 200 kg par an et par habitant, c'est-à-dire moins élevée qu'à la veille de la Seconde Guerre mondiale.

LA CORÉE DU NORD :
LE DERNIER BASTION DU COMMUNISME

La période coloniale, qui, bien entendu, a concerné les deux Corées et a duré jusqu'en 1945, ayant été déjà évoquée, c'est la période suivante qui sera très brièvement présentée ici. Bien qu'ayant autorisé à partir de 1984 des *joint-ventures* avec des firmes occidentales, et créé (à partir de 1991) des zones spéciales, la Corée du Nord est restée un des pays les plus «communistes» et est demeurée très fermée aux relations économiques extérieures. Sa part dans le commerce extérieur du Tiers-Monde s'est même rétrécie depuis une dizaine d'années. L'évolution économique a apparemment été assez favorable jusqu'au milieu des années 1980. Mais depuis lors, on assiste à une grave détérioration de la situation, notamment en matière agricole. Selon l'indice de la FAO, la production agricole par habitant, qui avait progressé entre 1961-1965 et 1985-1989 de 44 pour 100 (soit 1,5 pour 100 par an), a reculé entre 1985-1989 et 1992-1995 de 13 pour 100 (soit – 2,1 pour 100 par an). Le recul du PNB par habitant aurait été encore plus accusé ; mais les données sont très fragiles, pour ne pas dire plus.

CUBA : UN DÉSÉQUILIBRE ENTRE RÉUSSITE SOCIALE
ET DÉBÂCLE ÉCONOMIQUE

Cuba, à la veille de la prise du pouvoir de Fidel Castro, au début de 1958, était une économie assez classique du Tiers-Monde. Le sucre était la principale ressource (près de 80 pour 100 des exportations totales). Seulement la moitié des enfants étaient scolarisés au niveau primaire et un sur six au niveau secondaire. Ce sont là des taux inférieurs à ceux de la moyenne de l'Amérique latine. Par contre, en ce qui concerne la mortalité infantile, la situation, sans être positive (70 pour 1000), était meilleure que celle de la moyenne de cette région (110 pour 1000). Cela est l'expression d'un niveau de vie assez favorable, probablement quelque 40 à 50 pour 100 au-dessus de la moyenne de l'Amérique latine, mais ne se situant néanmoins qu'à la 7e-9e place dans cette région. Cuba était un pays très tourné vers les États-Unis avec lesquels il effectuait les deux tiers de ses échanges et 40 pour 100 des plantations de sucre appartenaient à des citoyens des États-Unis. La réforme agraire (mai 1959) qui, entre autres, déposséda les planteurs américains, fut un motif de l'embargo économique américain mis en place en août 1960, précédé un mois plus tôt par le refus des États-Unis de l'achat du reliquat du quota sucrier cubain. Depuis lors, cet embargo a été maintenu et même renforcé en mai 1996 avec une loi prévoyant des sanctions contre les firmes non américaines ayant des relations économiques avec Cuba.

Au milieu de années 1990, la mortalité infantile à Cuba était de l'ordre de 9 pour 1000 (Amérique latine : 47 pour 1000) et l'espérance de vie de 76 ans (Amérique latine : 64 ans). Au début des années 1990, le taux brut de scolarisation du secondaire était de 89 pour 100 (Amérique latine : 53 pour 100) et celui du niveau universitaire de 22 pour 100 (Amérique latine : 18 pour 100). De surcroît, près de 60 pour 100 des étudiants à l'université sont des femmes (Amérique latine : 48 pour 100). Les soins médicaux sont pratiquement gratuits et le nombre de médecins, rien qu'entre 1960 et 1985, est passé de 6 000 à 19 000. Bien qu'il existe à Cuba, comme dans tous les régimes communistes, une classe privilégiée, l'inégalité de la distribution des revenus, qui était très importante avant le régime castriste, s'est considérablement réduite. Mais, diront les opposants du régime, c'est un partage équitable de la pauvreté. Oui et non. Non, car même si l'on prend les estimations occidentales, le niveau de vie du début des années 1990 est supérieur à celui de la fin des années 1950. Oui, car en raison notamment de l'embargo commercial la croissance n'a pas été rapide, et qu'en raison de la fin des relations privilégiées avec les pays de l'Est, entre 1989 et 1993 on a assisté à un recul de près de 40 pour 100 du PNB. Mais 1994 et, surtout, 1995 furent des années de reprise. Années de reprise, dont certains voient l'origine dans les réformes économiques libérales mises progressivement en place à partir de 1993. Il s'agit notamment de l'utilisation du dollar (août 1993), de l'autorisation du travail à compte personnel (septembre 1993) et des marchés libres agricoles (octobre 1994).

LES ÉCARTS
DE DÉVELOPPEMENT
OU UN FOSSÉ
QUI DEVIENT UN GOUFFRE

Comme nous l'avons déjà laissé entendre à plusieurs reprises, avant la révolution industrielle, disons jusqu'à la fin du XVIIᵉ siècle, le niveau de vie du futur Tiers-Monde et celui du futur monde développé étaient très voisins. Il est même possible, vu l'avance chinoise et le poids relatif de ce pays dans le futur Tiers-Monde et vu le retard de la Russie et aussi le poids relatif de ce pays dans l'autre région, que l'ensemble du futur Tiers-Monde ait eu en moyenne un niveau de vie un peu plus élevé que celui de la moyenne du futur monde développé. Mais, en tout état de cause, dans un sens ou dans l'autre, l'écart ne dépassait certainement pas les 10 pour 100. Avec l'entrée en scène de la révolution industrielle, on a commencé à assister au creusement du fossé qui sépare d'un côté les pays qui s'industrialisent et de l'autre ceux qui restent à l'écart de ce mouvement.

Selon mes estimations, jusqu'en 1820-1830, la situation ne s'était pas encore modifiée sensiblement, car le développement n'a touché au début qu'un nombre restreint de pays. Mais, dès 1860-1870, entre le futur Tiers-Monde et le futur monde développé l'écart en termes de niveau de vie moyen était déjà de 1 à 2 ; et l'essentiel de cet écart provenait d'une progression du niveau des pays

TABLEAU XXXVI.6

DISPARITÉS DU PNB RÉEL PAR HABITANT

ENTRE TIERS-MONDE ET PAYS DÉVELOPPÉS

	Ensemble pays dév. par rapport à l'ensemble du Tiers-Monde	Pays dév. occid. par rapport au Tiers-Monde à économie de marché	Pays le plus dév. par rapport à l'ensemble du Tiers-Monde	Pays le plus dév. par rapport aux moins dév. du Tiers-Monde
1800	1,1	1,2	1,3	1,8
1830	1,3	1,6	2,0	2,8
1860	1,9	1,7	3,3	4,5
1900	3,2	3,9	6,1	8,2
1913	3,4	4,1	7,0	10,4
1938	4,3	5,1	7,8	11,9
1950	5,1	5,7	11,7	19,0
1960	5,8	6,5	11,2	25,5
1970	7,4	8,4	11,7	31,0
1980	7,4	8,5	11,0	37,0
1990	8,0	10,2	11,6	47,0
1995	6,9	10,3	10,9	49,0

Note : Pays le plus développé : 1800-1860 : le Royaume-Uni ; après 1860 : les États-Unis. Pays du Tiers-Monde les moins développés : moyenne des cinq pays du Tiers-Monde au plus faible PNB par habitant.

Sources : Bairoch, P. (1981) et Bairoch, P. (1997a).

développés. Dès 1950 (voir le tableau XXXVI.6), il s'établissait à 1 à 5,1. Malgré le ralentissement à partir de 1975 de la croissance des pays développés, vers 1980 cet écart est de 1 à 7,4. Durant la décennie 1980-1990, le ralentissement de la croissance ayant été beaucoup plus marqué dans le Tiers-Monde que dans les pays développés, l'écart se creuse encore très sensiblement puisque, en

1990, l'écart est de 1 à 8. Durant les premières années de la décennie 1990, vu la faible croissance économique enregistrée par les pays développés occidentaux ainsi que le fort recul des pays ex-communistes et la forte croissance de la Chine, l'écart entre le Tiers-Monde et le monde développé s'est même rétréci ; en 1995, il s'établissait de 1 à 6,9.

MAIS UNE ÉVOLUTION NON UNIFORME

La comparaison effectuée ci-dessus concerne l'ensemble du Tiers-Monde et l'ensemble du monde développé. Or, depuis près d'un demi-siècle, l'évolution a été plus positive en Chine que dans le reste du Tiers-Monde, pris comme un tout ; et, d'autre part, l'évolution des pays développés de l'Est a été, depuis près de trois décennies (et encore davantage depuis 1990), plus négative que dans les pays développés occidentaux. De ce fait, la confrontation Tiers-Monde à économie de marché et pays développés occidentaux s'impose également. On trouvera dans la deuxième colonne du tableau XXXVI.6 l'évolution de cet écart. En 1950, au lieu d'un écart de 1 à 5,1, il s'agissait de 1 à 5,8 ; et pour 1990, au lieu de 1 à 8, il s'est agi de 1 à 10,2. Vu la crise de 1991-1993 en Occident, l'écart ne s'est creusé que de très peu de 1990 à 1995.

Étant donné, comme nous l'avons vu, que, même en excluant les petits pays gros exportateurs de pétrole et les quatre dragons, l'échelle du PNB par habitant (toujours en prix et dollars de 1960) allait, vers 1995, d'un minimum de 110 dollars à un maximum de l'ordre de 1 300 dollars, soit un écart de 1 à 12 entre les pays les plus pauvres et

les pays les plus riches du Tiers-Monde. De ce fait,
il est aussi intéressant d'établir la comparaison
entre les pays les plus pauvres du Tiers-Monde et
les pays les plus riches du monde développé, on
aboutit à un écart de 1 à 49 pour 1995, comparé à
1 à 8 en 1900 et à 1 à 2 au début du XIXe siècle.
Même en utilisant des approches alternatives pour
mesurer les niveaux internationaux de «développement» ou de «richesse», l'écart entre le «sommet» et le «bas» reste énorme et, parfois, est même
plus accusé que celui découlant du PNB. Ainsi, si
l'on utilise la tentative récente de la Banque Mondiale, qui inclut dans le calcul notamment les ressources naturelles et la formation, l'écart entre les
trois pays les plus «pauvres» (Éthiopie, Népal,
Burundi) et les trois pays les plus «riches» (Australie, Canada, Luxembourg) est de 1 à 430.

Rappelons que tous ces chiffres concernent le
PNB réel, c'est-à-dire corrigé des différences du
pouvoir d'achat des monnaies. Exprimés simplement en dollars courants, comme cela se fait souvent faute de données encore suffisantes, au niveau
des pays individuels les écarts sont encore plus
importants. Ainsi, vers 1990, même en excluant
les «riches» du pétrole, l'écart du niveau du PNB
par habitant entre les pays les plus pauvres et les
pays les plus riches du Tiers-Monde est de l'ordre
de 1 à 20. Entre les pays les plus pauvres du Tiers-
Monde et les pays les plus riches du monde développé l'écart est de 1 à 180. Notons, en passant,
que le pays le plus riche du Tiers-Monde, les Émi-
rats arabes unis, est d'ailleurs une fois et demie
plus riche que la Suisse. Ces écarts, moins significatifs que ceux basés sur les revenus réels, ont
néanmoins leur importance, car pour les achats

sur le marché international ce sont les taux de changes des monnaies qui sont déterminants.

Nous ne voudrions pas terminer cet historique de l'évolution économique du Tiers-Monde depuis le début de ce siècle sans nuancer quelque peu ce diagnostic pessimiste. Car si les données sur l'évolution du niveau réel du PNB reflètent assez bien l'essentiel du niveau de vie, elles peuvent cependant masquer d'importants changements sociaux que ne reflètent pas ou peu les comptabilités économiques. Ainsi, par exemple, il est tout à fait possible d'avoir le cas théorique suivant. Deux pays connaissent une stagnation du revenu réel ; mais dans l'un on a assisté à une forte réduction de la mortalité infantile et à une forte augmentation du taux de scolarisation grâce à une meilleure allocation des ressources, alors que dans l'autre on n'a assisté à aucune amélioration dans ces deux domaines. D'où le tableau XXXVI.7 qui fournit pour l'ensemble du Tiers-Monde à économie de marché une sorte d'examen de synthèse de l'évolution intervenue dans les divers aspects de la vie économique et sociale depuis 1913.

Parmi les faits plus positifs de l'évolution relevons que la mortalité infantile a été pratiquement divisée par trois entre 1913 et 1995 ; et, corollaire de cela, l'espérance de vie à la naissance s'est accrue de plus de la moitié, passant d'environ 35 ans à 61 ans. Le taux d'illettrés est tombé de 80 à 34 pour 100 ; et le nombre d'étudiants dans les universités est passé de quelques dizaines de milliers à 38 millions, ce qui représente un taux brut de scolarisation universitaire de l'ordre de 12 pour 100, ce qui est celui de l'Europe du début des années 1970. Bien entendu, comme pour tous les aspects analysés dans les chapitres précédents, les différences au niveau des régions et des pays sont très importantes. Si l'on prend un des plus importants aspects : l'espérance de vie, dont nous citions 61 ans pour 1995, cette moyenne résulte d'une dispersion allant de 45-49 ans, pour des pays tels que la Guinée, le Niger, le Tchad, à 67-70 ans, pour des pays tels que les Philippines, la Thaïlande, la Jordanie, le Brésil, la Colombie, Cuba, le Mexique (sans parler des pays tempérés d'Amérique latine où l'on est vers les 73 ans). Enfin, puisque nous avons parlé uniquement du Tiers-Monde à économie de marché, relevons qu'en Chine, d'après les Nations Unies, l'espérance de vie à la naissance y est de l'ordre des 68 ans.

Rappelons aussi, en revenant au Tiers-Monde à économie de marché (et cela ne figure que partiellement dans le tableau XXXVI.7), les progrès très rapides réalisés dans le domaine de l'éducation, qu'il s'agisse de l'enseignement primaire, secondaire ou universitaire. Entre 1950 et 1990, la proportion d'enfants fréquentant l'école primaire est passée d'environ un quart à plus de neuf dixièmes. La proportion de jeunes suivant un enseignement secondaire est passée d'environ 5 pour 100 à 50 pour 100. Enfin, sans être exhaustif, une fraction du Tiers-Monde (et cela est peut-être le plus important) est passée, ou est en train de le faire, dans le camp du monde développé. Il s'agit non seulement des quatre dragons et de leurs émules plus récents, mais aussi peut-être de pays

TABLEAU XXXVI.7

QUELQUES INDICATEURS DU DÉVELOPPEMENT DU TIERS-MONDE À ÉCONOMIE DE MARCHÉ

	1913	1950	1970	1980	1990	1995
Facteurs humains						
Population totale (millions)	690	1 084	1 752	2 225	2 812	3 161
Taux annuel de croissance[a]	0,6	1,4	2,4	2,5	2,4	2,4
Fécondité[b]	–	6,0	5,8	5,1	4,3	4,0
Espérance de vie à la naissance[c]	35	41	49	52	59	61
Mortalité infantile[d]	220	181	125	104	80	70
Taux d'urbanisation	11	18	26	31	36	39
Nombre de villes de plus d'un million	2	20	53	71	128	158
Taux d'illettrés (pop. plus de 15 ans)	80	74	52	46	37	34
Étudiants à l'université (millions)	0,1	1,1	7,0	15,0	27,5	38,0
Agriculture[e]						
Production agricole (1958/62 = 100)	49	74	131	172	238	253
Niveau de productivité[f]	5,9	5,0	6,5	6,8	7,8	7,9
Solde des échanges de céréales[g]	+ 2	– 4	– 27	– 63	– 88	– 94
Industrie[h]						
Production minière (1959/61 = 100)	11	57	254	316	267	297

	1913	1950	1970	1980	1990	1995
Production manuf. (1959/61 = 100)	19	48	186	327	497	618
Niveau d'industrial. par habitant[i]	2,2	4,0	9,6	13,8	19,0	19,0
Données macro-économiques						
PNB par habitant ($ et prix US 1960)	190	220	310	375	370	390
En % du PNB par hab. des pays dév. occ.	30	26	14	13	10	10
Exportations (milliards de $)	4	19	57	557	760	1 200
Dette publique (milliards de $)	–	–	62	423	980	1 290
Services de la dette (milliards de $)	–	–	5	72	140	240

a Par rapport à la date précédente. Pour 1913 : de 1880 à 1913.
b Indice synthétique.
c Les deux sexes.
d Par mille naissances.
e Les données agricoles sont des moyennes annuelles quinquennales centrées sur l'année citée (sauf 1995 = 1991/95).
f En millions de calories directes par actif agricole masculin.
g Millions de tonnes ; Argentine exclue.
h Moyennes annuelles triennales sur base Royaume-Uni de 1900 = 100.
i Royaume-Uni de 1900 = 100.

Note : La plupart des données de 1913 comportent une plus grande marge d'erreur.

Sources : Bairoch, P. (1990b) ; avec mise à jour.

que nous avons qualifiés de semi-industrialisés
(notamment Brésil et Mexique) et peut-être même
de la Chine. D'ailleurs, on utilise de plus en plus
souvent le terme d'«économies émergentes» pour
qualifier tous ces pays. Bref, toutes ces victoires
compensent en partie les déboires économiques,
pour l'instant encore plus nombreux que les victoires.

QUELQUES MOTS
DE CRAINTE ET D'ESPOIR
EN GUISE D'ÉPILOGUE

D'ici l'an 2005, c'est-à-dire bientôt, le monde dépassera le seuil où la moitié de sa population vivra dans des villes. Vie urbaine qui est porteuse de bien-être économique et de possibilités culturelles, mais aussi de fragilités écologiques et d'injustices sociales (notamment au cours de ces dernières décennies davantage d'exclusions dans les banlieues des grandes villes). Dans la région où le phénomène urbain est né en premier et qui était probablement il y a une dizaine de milliers d'années la région la plus « développée » du monde, les travaux des archéologues nous ont donné récemment un des premiers exemples du danger écologique que représente la ville. L'exemple concerne Aïn Ghazal (près de Amman), l'un des plus grands sites néolithiques connus au monde. Sa croissance a conduit, pour satisfaire les besoins de la construction des maisons, à la déforestation et, par là, à la désertification progressive du sol, entraînant une diminution des ressources agricoles. À partir de 7000 av. J.-C., la population commença à baisser et cette « ville » fut abandonnée vers 6000 av. J.-C., soit 2000 ans après sa « fondation ».

Exemple précoce de la fragilité du développe-

ment humain mais aussi de la vigueur de celui-ci,
car si cette cité a disparu, victime de son développement qui a fait fi de l'environnement, d'autres
sont nées dans cette région et y ont prospéré,
donnant finalement à l'humanité un des plus
importants berceaux de la civilisation. Et c'est de
cette civilisation qu'est née, en quelque sorte, la
révolution industrielle, rupture fondamentale de
l'humanité, mais rupture accompagnée pendant
longtemps de conséquences sociales négatives.
C'est aussi dans cette région qu'on trouve, avec la
Bible, les principales racines de l'État-providence
qui a permis d'atténuer l'essentiel des conséquences négatives des sociétés industrialisées et
qui a conduit à une société plus juste.

Cette révolution industrielle a aussi contribué à
faire naître la terrible inégalité de développement
qui a coupé le monde en deux : les pays développés d'un côté, le Tiers-Monde de l'autre. Les
« riches » d'un côté, les « pauvres » de l'autre. Bref,
des victoires et des déboires. Mais si les victoires
des pays développés ont été à la base de maints
déboires du Tiers-Monde, il faut souligner que ce
ne sont pas ceux-ci qui expliquent les victoires de
ceux-là. Ce qui est une constatation positive
pour le Tiers-Monde, car si l'exploitation du Tiers-
Monde avait été la cause principale ou même seulement un élément important de la révolution
industrielle et/ou du premier siècle de développement en Occident, ce serait très grave. Cela signifierait que le développement économique ne peut
être réalisé qu'au prix de l'exploitation de vastes
régions et que, comme le Tiers-Monde ne peut
satisfaire à ces conditions, son développement économique serait impossible.

Toutefois, même les riches ont des problèmes. Dans le monde développé occidental, la dernière décennie a vu, presque partout, l'amorce d'un puissant mouvement d'attaque contre l'État-providence. Attaque facilitée par la disparition du communisme dans l'Europe de l'Est qui a cessé d'être un danger forçant le monde du capitalisme à «lâcher du lest». Attaque aussi facilitée d'une part par les déficits budgétaires créés par les coûts croissants de l'État-providence et d'autre part par les effets pervers de certains programmes de cet État-providence. Mais, doit-on tuer tous les habitants d'un quartier sous prétexte que quelques truands y ont élu domicile?

Dans ce monde capitaliste, presque partout depuis une quinzaine d'années, l'inégalité des revenus, qui, depuis des décennies, s'était atténuée, a commencé à s'élargir, et un chômage massif, qui rappelle celui des années 1930, a pris, presque partout, la place du plein-emploi. Dans les entreprises industrielles et commerciales, la précarité des emplois est devenue plus grande, créant un sentiment d'insécurité même parmi ceux qui n'ont jamais été au chômage. Dans ce monde du néolibéralisme, que certains qualifient de capitalisme sauvage, pour un nombre croissant de gouvernements même la recherche, l'enseignement et la culture commencent à être considérés comme un luxe, alors qu'au milieu de la décennie 1990 ce monde est deux fois plus riche (en termes de revenu moyen par habitant) qu'au début des années 1960. Mais ces évolutions négatives vont probablement entraîner un puissant mouvement de contestations favorisant une nouvelle réorganisation sociale de la distribution des

richesses ; et, ce qui est peut-être plus important
encore, une plus grande égalité des chances pour
les jeunes.

Selon la plupart des économistes, au début du
XXIe siècle la région la plus dynamique du monde
sera la vaste Asie de l'Est, qui faisait encore partie
il y a deux décennies (si l'on excepte le Japon) du
Tiers-Monde. En revanche, une autre partie du
Tiers-Monde, à savoir l'Afrique, est devenue en
grande partie un véritable continent à la dérive,
de même que beaucoup de pays d'Asie et d'Amérique latine ont vécu récemment une ou deux
décennies de déclin économique. Mais partout
l'éducation a réalisé d'énormes progrès ; si l'on
excepte quelques cas isolés, actuellement plus de
neuf enfants sur dix du Tiers-Monde fréquentent
l'école primaire et plus d'un jeune sur huit fré-
quente l'université ; ce qui, pour l'université, n'a
été le cas de l'Europe qu'à la fin des années 1960.
Dans quelques décennies, il est probable que ce
potentiel humain va favoriser une diffusion, de
plus en plus rapide et large, du développement et
aussi bannir l'essentiel de la misère du Tiers-
Monde. Il est même possible que cette évolution
positive soit favorisée par une aide plus massive et
plus désintéressée du « monde riche ».

Enfin, il est probable que l'ensemble du monde,
plus conscient qu'auparavant des graves risques
écologiques du développement et de l'urbanisation, prendra des mesures et des dispositions de
plus en plus efficaces afin de réduire, sinon
d'écarter, ces risques ; ce qui permettra d'accéder
à un monde qui allie les charmes de l'avant-déve-
loppement au confort de l'après-développement.
Il est même possible que l'augmentation future de

la population mondiale soit moins forte qu'on ne l'a estimée il y a encore quelques années. Pour la fin du XXIᵉ siècle, selon la majorité des experts, la population du globe ne serait que de l'ordre de 10,4 milliards ; ce qui constitue néanmoins une progression de 92 pour 100 par rapport à 1995. Mais, d'autre part, les scénarios les plus pessimistes aboutissent à plus de 23 milliards.

À long terme, l'histoire économique et sociale du monde a été celle de mouvances. Elle a été faite d'instabilités et de vigueurs et a été aussi celle d'un monde où la grande masse de la population a été plus souvent victime que bénéficiaire. Les potentiels économiques et techniques actuels, sans aucun précédent historique, présentent des dangers, eux aussi sans précédent, mais pouvant amener un bien-être plus large et plus équitablement réparti, puisque le «gâteau» est beaucoup plus grand. Donc aux victoires et déboires du passé font suite de nombreuses et graves craintes mais aussi de grands et merveilleux espoirs.

Et, pour terminer, notons qu'il est évident, mais n'est-ce pas humain, que dans cet épilogue, contrairement au fil du texte, j'exprime certaines de mes convictions.

Genève, mi-octobre 1996

REMERCIEMENTS

Toute étude est redevable aux travaux de nombreux chercheurs et encore davantage un livre comme celui-ci qui couvre un large domaine. La bibliographie et, surtout, la liste des références citées — qui figurent à la fin de chaque tome — ne rendent que très incomplètement compte de l'importance de mes dettes. Afin d'alléger le livre, j'ai délibérément choisi de limiter les citations et celles qui y figurent sont, pour beaucoup, des témoignages d'amitié. Et, à ce propos, c'est pour moi un gage d'amitié de la part de ma collègue, Anne-Marie Piuz, d'avoir accepté de rédiger un chapitre de ce livre (celui traitant de l'Europe traditionnelle).

Un livre rédigé après de nombreuses années de cours doit également beaucoup aux étudiants. Cela est d'autant plus vrai dans le cas présent que, malgré l'auditoire très grand (plus de 700 étudiants) du cours de première année, j'ai toujours donné la parole aux étudiants, et les questions posées par ceux-ci m'ont amené à préciser et modifier maints éléments. Parfois, j'ai dû faire état de mon ignorance, et dans ce texte, j'ai tenté de répondre à des questions auxquelles je n'ai pu faire «dignement» face. Ce livre a également bénéficié des cours portant sur divers sujets de l'histoire économique et sociale destinés aux étudiants de la deuxième à la quatrième année ; il bénéficie ainsi des questions de ces étudiants. Il en est de même pour certains chapitres qui ont servi de base à des cours donnés pendant plus de trente ans à un auditoire très différent (formation complémentaire pour des licenciés s'intéressant aux problèmes du développement à l'Université Libre de Bruxelles). Auditoire dont les questions étaient souvent fort différentes de mes auditoires de Genève. Il en est de même de l'auditoire de l'Université Sir George Williams à Montréal où pendant deux ans j'ai donné un cours proche de celui qui a servi de base à ce livre.

Il est évident qu'un livre comme celui-ci s'appuie sur des travaux antérieurs. La (trop) longue liste des références à mes travaux est une indication. Dans ce contexte, je tiens à remercier ici le Fonds National Suisse de la Recherche Scientifique pour le soutien qu'il m'a apporté au cours de ces vingt-cinq dernières années.

Ce livre doit aussi beaucoup aux nombreux collègues et amis qui m'ont fait l'honneur et m'ont rendu le grand service de lire en totalité l'ensemble ou en partie des versions préliminaires. Ils ont relevé des imprécisions et fait des suggestions. Selon la formule consacrée, il est évident que je suis le seul responsable des erreurs qui peuvent subsister dans ce livre.

L'ensemble (ou la quasi-totalité) de l'une ou d'autres versions préliminaires a été lu par: Léon Bajrach, Jean Batou, Jacki Buffet, Thomas David, Bouda Etemad, René Fivaz, Herbert Glejser, Ariel Golan, Henri Iselin, Harold Lubell, Rafael Matos, Jean Mayer, Henry Rosy, Georges Thorn et Jean-Claude Toutain. Plusieurs chapitres ont été lus par: Amos Bairoch, Pierre Dockès, Gilbert Étienne, Jacques Grinewald, René Leboutte, Massimo Livi-Bacci, Anne-Marie Piuz, Ruggiero Romano et Paul Scheurer. Et enfin, des chapitres isolés ont été lus par: Maurice Aymard, Boris Batou, Jean-François Billeter, Louis Binz, Giovannino Busino, Pierre du Bois, Pierre Chaunu, Catherine Coquery-Vidrovitch, David Handley, Patrick de Laubier, Catherine Mayer, François-Xavier Merrien, Miklos Molnar et Jacques Nagels.

Je dois souligner également l'appui que m'ont prêté de nombreux membres des secrétariats de plusieurs organisations internationales à Genève, en me fournissant notamment des données chiffrées très récentes, et de la documentation. Il s'agit surtout du Bureau International du Travail, de la Conférence des Nations Unies sur le Commerce et le Développement, de l'Organisation des Nations Unies pour l'Alimentation et l'Agriculture, du GATT (devenu l'OMC : Organisation Mondiale du Commerce).

Bien entendu, mais ceci est davantage leur rôle, j'ai reçu généralement un accueil agréable et une aide efficace des multiples bibliothèques de Genève, et notamment de : Faculté des Sciences Économiques et Sociales ; Publique et Universitaire ; Hautes Études Internationales ; Institut Universitaire d'Études du Développement ; Bureau International du Travail ; Nations Unies. Cela sans tenir compte de quelques bibliothèques « renommées » et très riches consultées hors de la Suisse.

Je remercie de tout cœur Arlette pour le travail ingrat mais indispensable qu'elle a toujours rempli, qu'il s'agisse de la dactylographie des textes et tableaux, de l'amélioration du style, de la gestion des références, et de la lecture des épreuves. Je n'ai jamais pu la convaincre de me laisser lui exprimer ma reconnaissance ; mais, grâce à nos petits enfants Alice, Jonas et Colin, ce petit texte figure ici afin que plus tard ils sachent la place centrale qu'elle a prise dans mes recherches.

BIBLIOGRAPHIE

Cette bibliographie, comme celles des autres tomes, comporte deux sections. La première est une liste d'ouvrages classés par sujets afin de permettre au lecteur de poursuivre sa lecture sur les aspects abordés dans ce tome. La seconde section est une liste alphabétique des références citées dans ce tome, ce qui n'implique pas qu'il s'agisse nécessairement des principaux ouvrages utilisés pour ce travail, ni, *a fortiori*, consultés pour celui-ci. Ce sont simplement des textes que, pour une raison ou une autre, nous avons cités.

I. BIBLIOGRAPHIE GÉNÉRALE

Ouvrages généraux pour l'ensemble de l'ouvrage

ALDCROFT, D.H. et CATTERALL, R.E. (eds), *Rich Nations - Poor Nations. The Long Run Perspective*, Londres 1996.

ARENDT, H.W., *Economic Development. The History of an Idea*, Chicago 1987.

AUSTRUY, J., *Le Prince et le patron ou l'économie du Pouvoir*, Paris 1972.

BAECHLER, J., *Le capitalisme*, 2 volumes, Paris 1995.

BAIROCH, P., *Le Tiers-Monde dans l'impasse. Le démarrage économique du XVIIIᵉ au XXᵉ siècle*, Paris 1971, 3ᵉ édition revue et augmentée, Paris 1992.

BAIROCH, P., *De Jéricho à Mexico. Villes et économie dans l'histoire*, Paris 1985.

BAIROCH, P., *Mythes et paradoxes de l'histoire économique*, Paris 1994.

BEAUD, M., *Histoire du capitalisme de 1500 à nos jours*. Paris 1990.

BERNARD, P.J., *Histoire du développement économique*, Paris 1989.

BOSERUP, E., *Population and Technology*, Oxford 1981.

BRAUDEL, F., *Civilisation matérielle, économie et capitalisme*, 3 volumes, Paris 1979.

CAMERON, R., *Histoire économique du monde*, Paris 1991.

CARDWELL, D., *The Fontana History of Technology*, Londres 1994.

CHAUNU, P., *Trois millions d'années. Quatre-vingts milliards de destins*, Paris 1990.

CIPOLLA, C.M., *Histoire économique de la population mondiale*, Paris 1965.

CIPOLLA, C.M., *Guns, Sails and Empires*, New York 1966.

CROSBY, A.W., *Ecological Imperialism. The Biological Expansion of Europe 900-1900*, Cambridge 1996.

DAUMAS, M. (ed), *Histoire générale des techniques*, 5 volumes, Paris 1962-1979.

DOCKES, P. et ROSIER, B., *L'Histoire ambiguë — croissance et développement en question*, Paris 1988.

FREEMAN, C. (ed.), *The Long Waves in the World Economy*, Londres 1984.

GEREMEK, B., *La Potence ou la pitié. L'Europe et les pauvres, du Moyen Âge à nos jours*, Paris 1987.

GILLE, B. (sous la direction de), *Histoire des techniques*, Paris 1978.

GIRAUD, P.-N., *L'Inégalité du monde. Économie du monde contemporain*, Paris 1996.

KENWOOD, A.G. et LOUGHEED, A.L., *The Growth of the International Economy 1820-1990. An Introductory Text*, Londres 1992.

KINDLEBERGER, Ch., *World Economic Primacy: 1500 to 1990*, New York 1966.

KLATMANN, J., *Surpopulation, mythe ou menace?*, Paris 1996.

LÉON, P. (ed.), *Histoire économique et sociale du monde*, 6 volumes, Paris 1977-1978.

Le Roy Ladurie, E., *Histoire du climat depuis l'an mil*, Paris 1967.

Maddison, A., *L'Économie mondiale 1820-1992 : analyse et statistique*, Paris 1995.

Mauro, F., *Histoire de l'économie mondiale*, Paris 1971.

Mokyr, J., *The Lever of Riches : Technological Creativity and Economic Progress*, Oxford 1990.

Pacey, A., *Technology in World Civilization. A Thousand-Year History*, Oxford 1990.

Parker, G., *La Révolution militaire. La guerre et l'essor de l'Occident 1500-1800*, Paris 1993.

Reinhard, M., Armengaud, A. et Dupaquier, J., *Histoire générale de la population mondiale*, Paris 1968.

Rosenberg, N., *Exploring the Black Box. Technology, Economics and History*, Cambridge 1994.

Rostow, W.W., *The World Economy. History and Prospect*, Austin 1978.

Rotberg, R.I. et Rabb, T.K. (eds), *Climate and History*, Princeton 1981

Slicher van Bath, B.H., *The Agrarian History of Western Europe : A.D. 500-1850*, Londres 1963.

Vilar, P., *Or et monnaie dans l'histoire, 1450-1920*, Paris 1974.

Woodruff, W., *Impact of the Western Man*, Londres 1966

Le XXᵉ siècle chez les nantis
(voir aussi la deuxième section du tome II)

Aldcroft, D.H., *The European Economy 1914-1980*, Londres 1993.

Aldcroft, D.H. et Morewood, S., *Economic Change in Eastern Europe since 1918*, Londres 1995.

Allen, G.C., *A Short Economic History of Modern Japan*, New York 1981.

Asselain, J.-Ch., *Histoire économique de la France*, vol. 2 : *De 1919 à la fin des années 1970*, Paris 1984.

Asselain, J.-Ch., *Histoire économique du XXᵉ siècle*, 2 volumes, Paris 1995.

Barou, Y. et Keizer, B., *Les Grandes Économies. États-Unis, Japon, Allemagne fédérale, France, Royaume-Uni, Italie*, Paris 1984.

BEAUD, M., *L'Économie mondiale dans les années 80*, Paris 1989.

BEREND, I.T., *Central and Eastern Europe 1944-1993. Detour from the Periphery to the Poverty*, Cambridge 1996.

BOYER, R. (dir.), *Capitalismes fin de siècle*, Paris 1986.

BOYER, R. et DURAND, J.-P., *L'Après-fordisme*, Paris 1993.

BRAUN, H.J., *The German Economy in the Twentieth Century*, Londres 1990.

BRUS, W., *Histoire économique de l'Europe de l'Est : 1945-1985*, Paris 1986.

CARON, F., *Le Résistible Déclin des sociétés industrielles*, Paris 1985.

CIPOLLA, C.M. (ed.), *The Fontana Economic History of Europe*, vol. 5 et 6, Londres 1973 et 1974.

CORBIN, A., *L'Avènement des loisirs, 1850-1960*, Paris 1995.

CRAFTS, N.F.R. et WOODWARD, N.W.C., *The British Economy since 1945*, Oxford 1991.

CROZET, Y. et LE BAS, C.H., *L'Économie mondiale*, 2 volumes, Paris 1993.

DENIAU, J.-F., *Le Marché Commun*, Paris 1969.

DENTON, G.R. (ed.), *Economic Integration in Europe*, Londres 1971.

DOCKÈS, P. et ROSIER, B., *Rythmes économiques, crises et changement social. Une perspective historique*, Paris 1983.

EHRLICH, E. et REVESZ, G., *Hungary and its Prospects 1985-2005*, Budapest 1995.

EICHENGREEN, B., *The Gold Standard and the Great Depression, 1919-1939*, Oxford 1992.

EICHENGREEN, B. (ed.), *The Reconstruction of the International Economy 1945-1960*, Londres 1996.

FOSTER, C. (ed.), *Australian Economic Development in the Twentieth Century*, New York 1970.

FOURASTIÉ, J., *Le Grand Espoir du XXe siècle*, Paris 1949.

FOURASTIÉ, J., *Les Trente Glorieuses ou la révolution invisible de 1946 à 1975*, Paris 1979.

GUILLAUME, P. et DELFAUD, P., *Nouvelle Histoire Économique*, tome II : *Le XXe siècle*, Paris 1992.

HOBSBAWN, E., *The Age of Extremes. A History of the World, 1914-1991*, New York 1994.

KASER, M.C. (ed.), *The Economic History of Eastern Europe: 1919-1975*, 3 volumes, Oxford 1985.

KINDLEBERGER, C.P., *La Grande Crise mondiale, 1929-1939*, Paris 1988.

LAMBELET, J., *L'Économie suisse*, Paris 1993.

LAVIGNE, M., *L'Europe de l'Est: du plan au marché*, Paris 1992.

LÉVY-LEBOYER, M. et CASANOVA, J.-C. (dir.), *Entre l'État et le marché. L'économie française des années 1880 à nos jours*, Paris 1991.

MADDISON, A., *Les Phases du développement capitaliste*, Paris 1981.

MADDISON, A., *The World Economy in the 20th Century*, Paris 1989.

MAJNONI D'INTIGNANO, B., *La Protection sociale*, Paris 1993.

MARTIN, J.-M., *L'Économie mondiale de l'énergie*, Paris 1990.

MILANO, S., *La Pauvreté dans les pays riches: du constat à l'analyse*, Paris 1992.

«La Mondialisation de l'économie, menace ou progrès?» (numéro spécial), *Problèmes Économiques*, n° 2415-2416, Paris 1995.

MOREAU, M., *L'Économie du Japon*, Paris 1993.

NAGELS, J., *Du socialisme perverti au capitalisme sauvage*, Bruxelles 1991.

NOVE, A., *L'Économie soviétique*, Paris 1981.

OHKAWA, K. et ROSOVSKY, H., *Japanese Economic Growth. Trend Acceleration in the Twentieth Century*, Stanford 1973.

POSTAN, M.M., *An Economic History of Western Europe 1945-1964*, Londres 1967.

SAGNES, J. (sous la direction de), *Histoire du syndicalisme dans le monde des origines à nos jours*, Paris 1994.

SALOMON, J.-J., *Le Destin technologique*, Paris 1992.

SASSOON, D., *One Hundred Years of Socialism: West European Left in the Twentieth Century*, Londres 1995.

SIKLOS, P.L. (ed.), *Great Inflations of the 20th Century. Theories, Policies and Evidence*, Londres 1995.

SVENNILSON, I., *Growth and Stagnation in the European Economy* (Nations unies), Genève 1954.

THIESEN, V., *Aspects of Transition to Market Economies in Eastern Europe*, Londres 1994.

THOMAS, M. (ed.), *The Disintegration of the World Economy Between the World Wars*, Londres 1996.

TIPTON, F.B. et ALDRICH, R., *An Economic and Social History of Europe: 1890 to the Present*, 2 volumes, Londres 1987.

TSURU, S., *Japan's Capitalism Creative Defeat and Beyond*, Cambridge 1994.

VAN DER WEE, H., *Histoire économique mondiale, 1945-1990*, Louvain-la-Neuve 1990.

VUILLEUMIER, M., *Immigrés et réfugiés en Suisse. Aperçu historique* Zurich 1987.

Le XXᵉ siècle dans le Tiers-Monde
(voir aussi la troisième section du tome II)

AUSTRUY, J., *Le Scandale du développement*, Paris 1965.

AUSTRUY, J., *Le Scandale du développement. Vingt-cinq ans après*, Paris 1990.

BAIROCH, P., *Le Chômage urbain dans les pays en voie de développement*, Genève 1972.

BAIROCH, P., *The Economic Development of the Third World since 1900*, 2ᵉ édition, Londres 1977.

BAIROCH, P. et ETEMAD, B., *Structure par produits des exportations du Tiers-Monde 1830-1937*, Genève 1985.

BERTHELEMY, J.-C., *L'Endettement du Tiers-Monde*, Paris 1994.

BLARDONE, G., *Le Fonds Monétaire International: l'ajustement et les coûts de l'homme*, Paris 1990.

BRASSEUL, J., *Les Nouveaux Pays industrialisés*, Paris 1994.

BROWN, L.R., *Seeds of Change. The Green Revolution and the Development in the 1970*, New York 1970.

BRUNEL, S. (dir), *Tiers-Mondes: controverses et réalités*, Paris 1987.

BRUNEL, S., *Le Gaspillage de l'aide publique*, Paris 1993.

BURHOLDER, M.A. et JOHNSON, L.L., *Colonial Latin America*, Oxford 1994.

CHAPONNIERE, J.R., *La Puce et le riz: croissance dans le Sud-Est asiatique*, Paris 1985.

CHONCHOL, J., *Le Défi alimentaire et la faim dans le monde*, Paris 1987.

COMARIN, E. (dir.), *L'État du Tiers-Monde*, Paris, publication annuelle.

DEMBINSKI, P.H., *L'Endettement international*, Paris 1989.

DUMONT, R. et MOTTIN, M.-F., *Le Mal-développement en Amérique latine*, Paris 1981.

DUMONT, R. et PAQUET, C., *Les Raisons de la colère ou l'utopie et les Verts*, Paris 1986.

EASTERLIN, R.A. (ed.), *Population and Economic Change in Developing Countries*, Chicago 1980.

ETEMAD, B., *Pétrole et développement*, Berne 1983.

ETIENNE, G., *Développement rural en Asie*, Paris 1982.

FIELDHOUSE, D.K., *Black Africa 1945-1980. Economic Decolonization and Arrested Development*, Londres 1986.

GOUROU, P., *La Civilisation du riz*, Paris 1984.

GOUROU, P. et ETIENNE, G. (éd.), *Des labours de Cluny à la révolution verte*, Paris 1985.

GRIMAL, H., *La Décolonisation 1919-1963*, Paris 1965.

GUILLAUME, P., *Le Monde colonial XIXe-XXe siècles*, Paris 1994.

GUILLAUMONT, P., *Économie du développement*, 3 tomes, Paris 1985.

HENRY, P. M., *Pauvreté, progrès et développement*, Paris 1990.

HUGON, P., *Économie du développement*, Paris 1989.

HUGON, P., *L'Économie de l'Afrique*, Paris 1993.

JALEE, P., *Le Tiers-Monde dans l'économie mondiale*, Paris 1968.

JUDET, P., *Les Nouveaux Pays industriels*, Paris 1986.

KUMAR, D. et DESAI, M. (eds), *Cambridge Economic History of India*, vol. 2 : *1757-1970*, Cambridge 1983.

LACOSTE, Y., *Unité et diversité du Tiers-Monde*, Paris 1984.

LAMBERT, P.C., *Les Économies du Tiers-Monde*, Paris 1974.

MAIZELS, A., *Commodities in Crisis*, Oxford 1992.

MICHEL, M., *Décolonisations et émergence du Tiers-Monde*, Paris 1993.

MYRDAL, G., *Le Défi du monde pauvre*, Paris 1971.

OCDE, *Les Nouveaux Pays industrialisés. Défi et opportunités pour les industries de l'OCDE*, Paris 1988.

Pearse, A., *Seeds of Plenty, Seeds of Want. Social and Economic Implications of the Green Revolution*, Oxford 1980.

Riskin, C., *China's Political Economy. The Quest for Development since 1949*, Oxford 1987.

Rist, G. et Sabelli, F., *Il était une fois le développement*, Lausanne 1986.

Sachs, Y. et coll., *Initiation à l'écodéveloppement*, Paris 1981.

Salama, P. et Valier, J., *Pauvretés et inégalités dans le Tiers-Monde*, Paris 1994.

Sauvy, A., *Mondes en marche*, Paris 1982.

Wright, T. (ed), *The Chinese Economy in the Early Twentieth Century*, New York 1992

II. LISTE DES RÉFÉRENCES CITÉES DANS LE TEXTE ET LES TABLEAUX

Rappelons que cette liste reprend les références citées dans le texte et les tableaux, ce qui n'implique pas du tout qu'il s'agisse des principaux ouvrages utilisés pour ce travail, ni *a fortiori* consultés pour celui-ci, dont beaucoup figurent dans la bibliographie présentée plus haut. Afin d'éviter toute équivoque, je signale que j'ai souvent privilégié les travaux de mes collègues (surtout les jeunes) et de mes amis, naturellement quand cela se justifiait sur le plan scientifique. Par la force des choses, j'ai utilisé pour ce travail, entrepris en fin de carrière, beaucoup de mes travaux personnels, ce qui explique le (trop) grand nombre de ceux-ci repris dans cette liste. Bon nombre de ces références ont été aussi citées afin de fournir au lecteur une piste de lecture sur un sujet spécifique.

Alesina, A. et Perotti, R. (1994), *The Welfare State and Competitiveness*, NBER Working Paper n° 4810, Princeton.

Amin, S. (1970), *L'Accumulation à l'échelle mondiale*, Paris.
Annuaire statistique de la France, Paris, diverses livraisons.

Annuaire statistique de la Suisse, Berne, diverses livraisons.

ARDANT, G. (1959), *Le Monde en friche*, Paris.

BAIROCH, P. (1968) (dir), «La population active et sa structure», par DELDYCKE, T., GELDERS, H. et LIMBOR, J.-M., Bruxelles et New York.

BAIROCH, P. (1971), «Structure de la population active mondiale de 1700 à 1970» dans *Annales, E.S.C.*, 26e année, nº 5, septembre-octobre 1971, pp. 960-976.

BAIROCH, P. (1972), *Le Chômage urbain dans les pays en voie de développement*, (BIT), Genève.

BAIROCH, P. (1978), *Colonies*, in *Enciclopedia Einaudi*, vol. 3, Turin, pp. 365-387.

BAIROCH, P. (1979a), «Le volume des productions et du produit national dans le Tiers-Monde, 1900-1977», *Revue Tiers-Monde*, tome XX, nº 80, octobre-décembre 1979, pp. 669-691.

BAIROCH, P. (1981), *The Main Trends in National Economic Disparities since the Industrial Revolution*, in BAIROCH, P. et LÉVY-LEBOYER, M. (eds), *Disparities in Economic Development since the Industrial Revolution*, Londres, pp. 3-17.

BAIROCH, P. (1982), «International Industrialization Levels from 1750 to 1980», *The Journal of European Economic History*, vol. 11, nº 2, automne, Rome 1982, pp. 269-333.

BAIROCH, P. (1985), *De Jéricho à Mexico. Villes et économie dans l'histoire*, Paris.

BAIROCH, P. (1990b), *Développement*, in GREFFE, X., MAIRESSE, J. et REIFFERS, J.-L. (éd.), *Encyclopédie Économique*, Paris, pp. 133-176.

BAIROCH, P. (1994), *Mythes et paradoxes de l'histoire économique*, Paris.

BAIROCH, P. (1996a), *Globalization Myths and Realities: One Century of External Trade and Foreign Investment*, in: BOYER, R. et DRACHE, D. (eds), *States Against Markets. The Limits of Globalization*, Londres, pp. 173-192.

BAIROCH, P. (1996c), *La Croissance économique et le chômage de l'Europe: 1910-1939. Une analyse structurelle et comparative*, monographie du Centre d'histoire économique internationale, Université de Genève, Genève (à paraître).

BAIROCH, P. (1997a), «World's Gross National Product, 1750-1995 (Computations, Estimates and Guesses)» (à paraître).

BAIROCH, P. (1997b), *La Croissance économique et le chômage de l'Europe : 1910-1939. Une analyse structurelle et comparative*, monographie du Centre d'histoire économique internationale, Université de Genève, Genève (à paraître).

BAIROCH, P. et ETEMAD, B. (1985), *Structure par produits des exportations du Tiers-Monde 1830-1937*, Centre d'histoire économique internationale, Université de Genève, Genève.

BAIROCH, P., BATOU, J. et CHÈVRE, P. (1988), *La Population des villes européennes 800-1850, Banque de données et analyse sommaire des résultats*, Centre d'histoire économique internationale, Université de Genève, Genève.

BANETH, J. (1990), «La dette du Tiers-Monde», *Économie et statistique*, nᵒ 232, mai 1990, pp. 9-24.

BANQUE MONDIALE (1995), *Trends in Developing Countries, 1995*, Washington.

Beijing Information (1ᵉʳ août 1994).

BELL, D. (1973), *The Coming of Post-Industrial Society : A Venture in Social Forecasting*, New York.

BIT (1939), «World Index Number of Unemployment», *International Labour Review*, vol. XXXIX, nᵒ 1, janvier 1939, pp. 118-129.

BIT (1996), *Estimates and Projections of the Economically Active Population, 1950-2010*, 3ᵉ édition, Genève.

BIT, *Annuaire des statistiques du travail*, Genève, diverses livraisons.

BIT, *Bulletin des statistiques du travail*, Genève, diverses livraisons.

BIT, *Year-book of Labour Statistics*, Genève, diverses livraisons.

BLANPAIN, R. (1995), (ed.), *International Encyclopedia for Labour Law and Industrial Relations* (*Legislation*, 12 volumes), La Haye.

BLARDONE, G. (1993), «L'économie d'exclusion», *Informations et commentaires*, nᵒ 85, octobre/décembre 1993, pp. 45-48.

BORENSTEIN, I. (1993), *Comparative GDP Levels. Physical Indicators, Phase III* (Economic Commission for Europe, *Economics Studies n° 4*), New York.

BRAUDEL, F. (1967), *Civilisation matérielle et capitalisme*, Paris.

BREZIS, E.S., KRUGMAN, P.R. et TSIDDON, D. (1993), «Leap-frogging in International Competition: A Theory of Cycles in National Technological Leadership», *The American Economic Review*, vol. 83, n° 5, pp. 1211-1219.

BULLOCK, A.L. (1992), *Hitler and Staline: Parallel Lives*, New York.

BUNCH, B. et HELLEMANS, A. (1993) (eds), *The Timetables of Technology. A Chronology of the Most Important People and Events in the History of Technology*, New York.

CARSON, R. (1962), *Silent Spring*, Boston.

CAVAILLE, J. (1919), *La Journée de huit heures*, Paris.

CHAMBERS, J.D. (1961), *The Workshop of the World. British Economic History in the University of Nottingham*, Londres.

CHANDLER, A.D. Jr. (avec l'assistance de HIKINO, T.) (1990), *Scale and Scope. The Dynamics of Industrial Capitalism*, Cambridge (MA).

CHANDLER, T. (1987), *Fourthousand Years of Urban Growth*, 2e édition, New York.

CNUCED, *Annuaire des produits de base*, New York, diverses livraisons.

CNUCED, *Bulletin mensuel des prix des produits de base*, Genève, diverses livraisons.

CNUCED, *World Investment Report*, Genève, diverses livraisons.

CNUCED, *Manuel de statistiques du commerce international et du développement*, Genève, diverses livraisons.

COMMISSION ÉCONOMIQUE POUR L'EUROPE (1992), *Economic Survey of Europe in 1991-1992*, Nations Unies, New York.

COMMISSION ÉCONOMIQUE POUR L'EUROPE (1995), *Economic Survey of Europe in 1994-1995*, Nations Unies, New York.

COMMISSION ÉCONOMIQUE POUR L'EUROPE (1996), *World Industrial Robots 1995*, Nations Unies, New York.

DUMONT, R. (1962), *L'Afrique noire est mal partie*, Paris.

DUNNING, J. (1984), «Changes in the Level and Structure of

International Production : the Last one Hundred Years », in Casson, M. (ed.), *The Growth of International Business*, Londres, pp. 84-139.

Eggiman, G. (1997), *La Population des villes des Tiers-Mondes de 1500 à 1950*, Centre d'histoire économique internationale, Université de Genève, Genève (à paraître).

Ehrlich, P.R. (1968), *The Population Bomb*, New York.

Encyclopaedia Britannica (The), 14e édition, Chicago 1946.

Etemad, B. (1983), *Pétrole et développement*, Berne.

Etemad, B. (1997a), *La Possession du monde. Une pesée de la colonisation (XVIIIe-XXe siecles)* (à paraître).

Etemad, B. (1997b), *Les exportations du Tiers-Monde (1790-1937)* (à paraître).

FAO (1961), *L'Économie sucrière mondiale exprimée en chiffres, 1880-1959*, Rome, sans date (probablement 1961).

FAO (1995), *Bulletin trimestriel FAO de statistiques, 1995 1/2*, Rome 1995.

FAO, *Annuaire du Commerce*, Rome, diverses livraisons.

FAO, *Annuaire de la production*, Rome, diverses livraisons.

Flora, P. (1983-1987), *State Economy and Society in Western Europe, 1815-1975*, 2 volumes, Londres.

FMI (IMF) (1993), *World Economic Outlook*, octobre 1993, Washington.

FMI (IMF), *World Economic Outlook*, Washington, diverses livraisons.

FMI (IMF) (1996), *Perspective de l'économie mondiale*, octobre 1996, Washington

FMI (IMF), *International Financial Statistics. Yearbook*, Washington, diverses livraisons.

FMI (IMF), *Balance of Payments Statistics Yearbook*, Washington, diverses livraisons

Foster, C. (1981), *From street car to super highway*, Philadelphie.

Frybourg, M. (1990), « L'innovation dans les transports », *Futuribles*, no 145, juillet-août 1990, pp. 59-80.

Galenson, W. et Zellner, A. (1957), *International Comparison of Unemployment Rates* in *The Measurement and Behavior of Unemployment. A Conference* (A Report of the National Bureau of Economic Research), Princeton, pp. 439-583.

GATT, *Le Commerce international*, Genève, diverses livraisons. Depuis 1995 : OMC, même titre.

GIROD, R. (1991), *Le Savoir réel et l'homme moderne*, Paris.

GOLDIN, C. (1995), *Career and Family : College Women Look to the Past*, NBER Working Paper nº 5188, Cambridge (MA), juillet 1995.

GRANOTIER, B. (1980), *La planète des bidonvilles. Perspectives de l'explosion urbaine dans le Tiers-Monde*, Paris.

GUICHONNET, P. (1974), *Mussolini et le fascisme*, 4ᵉ édition, Paris.

HOFFMAN, P.G. (1963), *World Without Want*, Londres.

INSTITUT INTERNATIONAL D'AGRICULTURE, *Annuaire international de statistique agricole*, Rome, diverses livraisons.

KLEIN, J. (1996), « Monumental Calldusness », *Newsweek*, 12 août 1996 (page 39).

LABBENS, J. (1993), « La disqualification sociale et la « richesse de l'Empire », *Informations et commentaires*, nº 85, octobre-décembre 1993, pp. 38-44.

LAQUEUR, W. (1990), *Staline : the Glasnost Revelations*, New York.

LHOMME, J. (1946), *Utilisation, gaspillage, prodigalité, essai d'une classification rationnelle entre les divers emplois de biens*, Paris.

LIPTON, M. et LONGHURST, R. (1989), *New Seeds and Poor People*, Baltimore.

MADDISON, A. (1991), *Dynamic Forces in Capitalist Development. Long-run Comparative View*, Oxford.

MADDISON, A. (1995), *Monitoring the World Economy, 1820-1992*, OCDE, Paris.

MAIZELS, A. (1994), « Commodity Market Trends and Instabilities : Policy Options for Developing Countries », *UNCTAD Review 1993*, New York 1994, pp. 53-64.

MAYER, J. (1993), *Progrès et obstacles dans la mise en œuvre des droits de l'homme*, in NATIONS UNIES, *Conférence mondiale sur les droits de l'homme*, Rapport préliminaire (ronéo), Genève, avril 1993.

MEADOWS, D.H. et *alii* (1972), *Limits to Growth. A Report for the Club of Rome's Project on the Predicament of Mankind*, New York.

MILANO, S. (1992), *La Pauvreté dans les pays riches*, Paris.

Milsted, D. (1995), *They Got it Wrong! The Guinness Book of Regrettable Quotations*, Enfield.

Mishan, E.J. (1967), *The Costs of Economic Growth*, Londres.

Mitchell, B.R. (1992), *International Historical Statistics. Europe. 1750-1988*, 3e édition, Londres.

Mitchell, B.R. (1993), *International Historical Statistics. The Americas. 1750-1988*, 2e édition, Londres.

Mitchell, B.R. (1995), *International Historical Statistics. Africa, Asia and Oceania. 1750-1988*, 2e édition, Londres.

Monthly Labor Review, Washington, diverses livraisons.

Murray, C.J. (1984), *Losing Ground: American Social Policy, 1950-1980*, New York.

Murray, C.J. et Herrnstein, R. (1994), *The Bell Curve*, New York.

Nagels, J. (1991), *Du socialisme perverti au capitalisme sauvage*, Bruxelles.

Nagels, J. (1993), *La Tiers-mondisation de l'ex-URSS?*, Bruxelles.

Nations unies (1949), *Prix relatifs des importations et des exportations des pays sous-développés*, New York.

Nations unies (1962), *Instability in Export Markets of Under-Developed Countries*, New York.

Nations unies (1970), *La Croissance de la population mondiale, urbaine et rurale, 1920-2000*, New York.

Nations unies (1995), *World Urbanization Prospects. The 1994 Revision*, New York.

Nations unies, *Annuaire démographique*, New York, diverses livraisons.

Nations unies, *Annuaire statistique*, New York, diverses livraisons.

Nations unies, *Annuaire statistique du commerce international*, New York, diverses livraisons.

Nations unies, *Bulletin mensuel de statistique*, New York, diverses livraisons.

Nations unies, *World Population Prospects*, New York, diverses livraisons.

New Palgrave, The. A Dictionary of Economics (1981), edité par Eatwell, J., Milgate, M. et Newman, P., vol. 3, Londres.

NOBLE, D.F. (1984), *Forces of Production. A Social History of Industrial Automation*, New York.

NOVE, A. (1969), *An Economic History of the USSR*, Londres.

OCDE (1985a), *Social Expenditure 1960-1990: Problems of Growth and Control*, Paris.

OCDE (1985b), *Vingt-cinq ans de coopération pour le développement*, Paris.

OCDE (1991), *Tendances de la syndicalisation*, chapitre 4 in *Perspectives de l'emploi*, pp. 101-126, Paris.

OCDE (1994), *New Orientations for Social Policy*, OECD, Social Policy Studies n° 12, Paris.

OCDE (1996), *Social Expenditure Statistics of OECD Members Countries. Provisional Version*, Labour Market and Social Policy Occasional Papers n° 17, Paris.

OCDE, *Coopération pour le développement* (rapport annuel), Paris, diverses livraisons.

OCDE, *Financement et dette extérieure des pays en développement*, Paris, diverses livraisons.

OCDE, *Indicateurs économiques à court terme. Économies en transition*, Paris, diverses livraisons.

OCDE, *Perspectives économiques de l'OCDE*, Paris, diverses livraisons.

OCDE, *Perspectives de l'emploi*, Paris, diverses livraisons.

OCDE, *Principaux indicateurs économiques*, Paris, diverses livraisons.

OCDE, *Statistiques de la population active*, Paris, diverses livraisons.

OCDE, *Statistiques trimestrielles de la population active*, Paris, diverses livraisons.

OFFICE PERMANENT DE L'INSTITUT INTERNATIONAL DE LA STATISTIQUE, *Annuaire international de la statistique*, vol. I: *État de la population*, La Haye 1916.

OMC (1995), *Le commerce international*, Genève. Avant 1995: GATT, même titre.

ONUDI (1993), *Industrie et développement dans le Monde. Rapport 1993/94*, Vienne.

PREBISCH, R. (1950), *The Economic Development of Latin America and its Principal Problems*, New York.

RICHEZ, J.-C. et STRAUSS, L. (1995), *Un temps nouveau pour* les ouvriers : les congés payés (1930-1960), in CORBIN, A., *L'Avènement des loisirs, 1850-1960*, Paris, pp. 376-464.

ROMEUF, J. (1956-1958) (sous la direction de), *Dictionnaire des sciences économiques*, Paris.

SAUVY, A. (1952), «Trois mondes une planète», *L'Observateur*, 14 août 1952.

SCHUMPETER, J.A. (1934), *The Theory of Economic Development*, New York.

SICHERMAN, N. (1991), « "Overeducation" in the Labor Market», *Journal of Labor Economics*, vol. 9, n° 2, 1991, pp. 101-122.

SINGER, J.D. (dir.), *The Correlates of War Project*, University of Michigan.

SINGH, A. (1995), *How did East Asia Grow so Fast? Slow Progress toward an Analytical Consensus*, Unctad Discussion Paper n° 97, Genève.

SOCIÉTÉ DES NATIONS (1937), *Rapport de la Commission pour l'étude des problèmes des matières premières* (Annexe : HOGBOM, I., *Développement de la production mondiale de matières premières*), Genève.

SOCIÉTÉ DES NATIONS, *Annuaire statistique*, Genève, diverses livraisons.

SUMMERS, R. et HESTON, A. (1991), «The Penn World Table (Mark 5): An Expanded Set of International Comparisons, 1950-1988», *The Quarterly Journal of Economics*, mai 1991, pp. 328-368.

Textile Organon, diverses livraisons.

TONIOLO, G. et PIVA, F. (1988), *Unemployment in the 1930s: The Case of Italy*, in EICHENGREEN, B. et HATTON, T.J. (ed.), *Interwar Unemployment in International Perspective*, Dordrecht, Boston et Londres, pp. 221-245.

UNCTAD, *Annuaire des produits de base*, Genève, diverses livraisons.

UNESCO, *Annuaire statistique*, Paris, diverses livraisons.

UNESCO, *Compendium des statistiques relatives à l'analphabétisme*, Paris, diverses livraisons.

UNIDO (1995), *Industrial Development. Global Report 1995*, Oxford.

US DEPARTMENT OF COMMERCE (1973), *Long Term Economic Growth 1860-1970*, Washington, pp. 212-213.

US Department of Health and Human Services (1994), *Social Security Programs Throughout the World-1993*, Research Report n° 63, Washington.

Van der Wee, H. (1990), *Histoire économique mondiale, 1945-1990*, Louvain-la-Neuve.

Visser, J. (1990), *European Trade Unions in Figures*, Deventer.

Vuilleumier, M. et *alii* (1977), *La Grève générale de 1918 en Suisse*, Genève.

Wood, A. (1994), *North-South Trade Employment and Inequality. Changing Fortune in a Skill-Driven World*, Oxford.

Wu, H. (1993), « The Real Chinese Gross Domestic Product (GDP) for the pre-Reform period. 1952-77 », *Review of Income and Wealth*, série 39, n° 1, mars 1993, pp. 63-86.

INDEX DES NOMS*

* Établi par Catherine Joubaud.

SOMMAIRE
DES DEUX AUTRES TOMES

TOME I

TOME III

DANS LA COLLECTION FOLIO / HISTOIRE

Composition Interligne.
Impression Bussière Camedan Imprimeries
à Saint-Amand (Cher), le 22 octobre 1997.
Dépôt légal : octobre 1997.
1ᵉʳ dépôt légal dans la collection : avril 1997.
Numéro d'imprimeur : 1/2849.
ISBN 2-07-032978-X./Imprimé en France.

84630